珍藏本
纪念版

汉译世界学术名著丛书

弗雷格——语言哲学

〔英〕达米特 著

黄敏 译

商务印书馆
SINCE 1897 The Commercial Press

2017年·北京

Michael Dummett

Frege: Philosophy of Language

本书根据哈佛大学出版社 1981 年版翻译

汉译世界学术名著丛书
（120 年纪念版·珍藏本）
出 版 说 明

2017 年 2 月 11 日，商务印书馆迎来 120 岁的生日。120 年前，商务印书馆前贤怀揣文化救国的理想，抱持“昌明教育，开启民智”的使命，立足本土，放眼寰宇，以出版为津梁，沟通中西，为中国、为世界提供最富智慧的思想文化成果。无论世事白云苍狗，潮流左右激荡，甚至战火硝烟弥漫，始终践行学术报国之志，无改初心。

逐译世界各国学术名著，即其一端。早在 20 世纪初年便出版《原富》《天演论》等影响至今的代表性著作，1950 年代后更致力于外国哲学和社会科学经典的译介，及至 1980 年代，辑为“汉译世界学术名著丛书”，汇涓为流，蔚为大观。丛书自 1981 年开始出版，历时三十余年，迄今已推出七百种，是我国现代出版史上规模最大、最为重要的学术翻译工程。

丛书所选之书，立场观点不囿于一派，学科领域不限于一门，皆为文明开启以来，各时代、各国家、各民族的思想与文化精粹，代表着人类已经到达过的精神境界。丛书系统译介世界学术经典，引领时代思想，为本土原创学术的发展提供丰富的文化滋养，为推动中国现代学术和现代化进程做出了突出的贡献。

为纪念商务印书馆成立120周年，我们整体推出“汉译世界学术名著丛书”120年纪念版的珍藏本，寄望既利于文化积累，又便于研读查考，同时向长期支持丛书出版的译者、编者和读者致以敬意。

两甲子后的今天，商务印书馆又站在了一个新的历史时间节点上。我们不仅要铭记先辈的身影和足迹，更须让我们的步伐充满新的时代精神。这是商务人代代相传的事业，更是与国家和民族的命运始终紧密相连的事业。我们责无旁贷，必须做好我们这代人的传承与创造，让我们的努力和成果不仅凝聚成民族文化的记忆，还能成为后来人可以接续的事业。唯此，才能不负前贤，无愧来者。

商务印书馆编辑部

2017年10月

目　　录

第一版序

书要没有序的话，我总是会失望。这有点像应邀去赴宴，直接 ix
就被带进餐厅。书的正文是非个人化的，而序则带有个人色彩。它告诉你作者关于书的一些感受，或者诸如此类的东西。读者如果想保持超然的态度，跳过序不会有什么损失；但若希望以一种身临其境的方式开始读一本书，我觉得也未尝不可。

本书是关于弗雷格两卷本著作的第一卷，处理他的语言哲学。第二卷将处理他的数学哲学。像所有的划分一样，这做起来还是需要些主观的取舍。我把弗雷格关于分析性的定义全部留到第二卷，因为这个概念在他的语言哲学中不起什么作用，而对他的数学哲学来说却很重要；在这一卷中提到这个概念，主要是为了指出前一个事实。出于同样的理由，对于弗雷格关于类的学说我说得也相对较少。弗雷格的逻辑主义中一个重要的观点是，类的概念无可争议地属于逻辑，而他也没有想到要通过在非数学背景下使用这个概念来证明其逻辑地位。对于像弗雷格这样按照统一的构思进行工作的作者展开讨论，重叠在所难免——这一卷并没有完全避开数学哲学。把书分割成两卷的主要原因是篇幅，还有就是我想先出版一部分。

这本书写了很长时间。这部分地要归咎于我本人的工作方式缺乏条理,部分地要归咎于这样一个事实:从某个角度来说,要写弗雷格,就要涉及两个非常活跃的哲学分支中眼下讨论最多的一些问题。举一个极端的例子,要是写一本关于普洛提诺(Plotinus)的书,那就至少可以清楚地划分出一个阶段,然后万事俱备,就剩
x 动手写了;在这个阶段,只要掌握素材,再对素材作出评估,需要做的就只是制订计划了。而要是写弗雷格,只要作者对要写的主题怀有积极兴趣,他就不能这么做——他关于逻辑、语言哲学以及数学哲学所持有的想法,或者在其他人的著作中读到的想法,都会在他要对弗雷格的观点作出的阐述或评论中留下印记。出于这个原因,这本书虽经过了数年之久不断的修改,但对手稿的各个部分,我还从来没有达到过一种足以持续的总体上满意的状态。人们屡屡敦促我该收手了,但是,怎能出版明知仍有改进余地的东西呢?

之所以拖了这么久,还有一个完全不同的原因。1964 年秋,我还只计划写一卷,书的大部分已经完成,只需要几个月就可以竣工了。出于一种自愿的选择,到 1965 年年初,书还是没有写完。我把积极反对种族主义视为己任,而种族主义在英国人的生活中越来越甚嚣尘上。整整四年,这件事实际上占用了我所有的业余时间。结果,随着投入越来越多的时间,我不得不放弃写完书的希望。对这个决定,我既不后悔也不惋惜。伯特兰·罗素在去世前不久的一次电视采访中被问到,他是否认为在他生命的后期投身其中的政治工作,要比以前所做的哲学和数学上的工作更为重要。他回答说,“这取决于政治工作是否成功。如果成功,它就比另外那件事重要得多;但如果没有,那就只是无聊之举。”的确如此,人们可能不得不承担一些明知胜算很小的事情——如果有人遇到昭

然若揭的巨恶,而他有机会为消灭它做出贡献,那么要使他拒绝这么做,就一定需要很强的理由。我之所以能够基本上退出反种族主义组织的工作,从而在一段时间以后有时间完成这本书,是因为那场斗争的第一阶段我们不可挽回地失败了。我的妻子更为热情地投入了这场斗争,这本书就是献给她的。我和她在别处(《正义优先》(*Justice First*),刘易斯·多纳利(Lewis Donnelly)编)说明了我为什么认为失败了的理由——到了1968年,英国已经不可挽回地被这里的黑人认为是种族主义社会了,而对这场灾难负首要责任的是我们的政客,包括工党和保守党。这场斗争第一阶段的悲惨收场产生了两个后果。首先,要挫败英国的种族主义,还需要几代人的努力。而如果我们的领导人对短期的政治利益之外的东西,表现出一点责任感的话,可能也仍需要十年时间。其次,少数族裔已经非常孤立,参与斗争的白人除了在特殊条件下,也只能起到很小的辅助作用。一些人服膺于操控被征服人口的漫长传统,在终于不敌那些人之后,我感到不再能做出多大的贡献了。只有这时,我才认为自己有理由回到对任何人的幸福与未来都没有那么重要的抽象主题上,重新开始写作。 xi

如果有人说英国已经变成了一个种族主义社会,说这本可以避免,但主要归因于政客们不负责任的行为,说这是这个国家战后最为重要的变化,说这将会为我们所有的后代,包括白人和黑人带来巨大的痛苦,如果有人这么说,我很清楚,大多数人会认为这是非常可笑的狂想。我也非常肯定,十五年后,所有人都会认为这是最为起码的常识。我愿意利用这个不适当的机会,向这些年来和我一起工作的所有人表达我的感谢与敬佩,尤其是维施奴·沙尔

马(Vishnu Sharma)、瑞弗·威尔弗雷德·伍德(Rev. Wilfred Wood)和玛丽·迪纳斯(Mary Dines)。

重新捡起一本几年前几乎已经写完的书,这是一次让人沮丧的经历。一些章节的书稿我已经找不到了;有些看来表达得很糟糕,至少不像我后来愿意看到的那种样子。但至少我意识到,如果打定主意要写成就这个主题我认为可以写出来的尽可能好的书,我就要开始一个茫茫无期的过程。我知道书的布局远远算不上理想,而这部分地是因为要大段大段地保留以前写的章节,同时还要完全重写其他部分——但愿,缺陷主要集中在布局上。总的情况是这样的:导论与第十七至十九章完全是新加的;第十一至十五章进行了很大幅度的改写;第一至四章重新写过,但内容变化不大;第五至十章以及第十六章主要还是重新开始写作时的那个样子。结果恐怕就会有些地方重复了,并且,虽然我尽力避免,表述出来的观点也许还有些冲突。不过我还是希望,书在整体上表达了对弗雷格观点比较融贯的分析和评价。我希望借此机会感谢我的出版人科林·海克拉夫特(Colin Haycraft)。如果没有他的鼓励,我不觉得自己会完成这项任务;每当我不能完成承诺的事情,他都得体地解除了我的为难之感。

xii 这本书不光是解释性的,还是评价性的。这更要做主观的取舍。如果不对弗雷格所没有处理过的主题形成观点,如果未考虑过他没有机会加以谈论的观点,要恰当地评价他的学说,乃是不可能的。因此,本书中的一些部分几乎没有谈到弗雷格,而是谈论另外一些问题。若要判断弗雷格是否道出了真理,就必须考虑这些问题。但也不可能把所有这些问题都照顾到,因此我有时只是说

明有必要研究什么，而没有去深究。

像大多数哲学家一样，我受惠于这么多年来与其他哲学家之间的讨论，尤其是，我要向伊丽莎白·安斯康(Elizabeth Anscombe)、彼得·吉奇(Peter Geach)以及唐纳德·戴维森(Donald Davidson)表达我的谢意。我不愿任由自己去说他们不为本书可能出现的错误负责之类的迂腐昏话。显然只能**认为**我为这些错误负责——如果我能找到错误，那就应该已经改过来了；而既然我不能，那么我也就不会知道，那些错误是否能够回溯到那些影响过我的人的观点。

事情对我来说有些讽刺意味。多年来，我花费大量时间去思考、去研究他的哲学观点，而这个人却至少在晚年是个恶毒的种族主义者，尤其是个反犹分子。弗雷格遗稿中留存下来的日记片段揭示了这个事实，而在汉斯·赫尔姆斯(Hans Hermes)教授出版的《弗雷格遗著》(*Freges nachgelassene Schriften*)中没有收录这份日记。日记表明弗雷格信奉极右翼政治观点，激烈反对议会制度、民主党人、自由主义者、天主教徒、法国人，以及最后，反对犹太人。他认为应当剥夺犹太人的政治权利，并最好将其驱逐出德国。许多年前，在第一次读到这份日记时，我深感震惊，因为我把弗雷格当作一个即便或许不是很可爱，但肯定有理性的人而抱以尊敬。我为弗雷格遗稿的编者抽掉了那篇东西而失望。从这件事，我了解到了某种东西，如果不知道它我就会感到遗憾，这种东西关系到人性，或许，也关系到欧洲。

1972 年于牛津万灵学院

M. 达米特

第二版序

xiii 这一版与第一版的主要区别是，它提供了全文索引，并在页边注明了文献参考。即便是有两位学者的鼎力相助，编制索引还是一件非常费事的工作。这两位学者是以前在牛津大学，现在在汉诺威技术学院的马克·海尔姆博士(Dr Mark Helme)和阿穆赫斯特学院的查尔斯·多纳休先生(Mr Charles Donahue)。海尔姆博士是受我之请，而多纳休先生则是主动帮忙。两位为编写索引初稿不辞辛劳地做了大量工作，我向他们致以最诚挚的谢意。没有他们的帮助，我简直不敢指望能够完成这件工作。即便有他们的帮助，我还是觉得这件事既辛苦又困难。我非常希望，这样做为读者节约的时间总体上能配得上我们为此而花费的时间。必须承认，我对此还是感到怀疑。第一版既定的设想是，只编制简短的主题索引。有人评论说，条目的选择有些怪异。但作为毕竟非常了解这本书的我来说，这些是我觉得难以按语境猜测或记忆的条目。在我看来，其他主题借助人名索引[①]就可以容易地找到，其余的主题则属于分布过于零碎、不值得纳入索引。然而，评论者一致责怪我决策错误。我猜测，没有一个人没有因为缺少全文索引而抱怨

① 中文版依据第二版译出，在这一版中删去了第一版中的人名索引。——译者

过。经过我们三人的共同努力，这个缺点现在终于得以弥补。我们诚挚地邀请任何发现索引有不足之处的评论者和读者，都参与到改进的工作中来，以备也许会有的第三版之需。

对于索引，我的决定固然错误，但也属有意为之，而第一版里文献参考缺如，却是由于疏忽。几乎所有的评论者都为此提出了抗议。对于我归于弗雷格或者其他人的言论，有的读者不知道该 xiv
到哪里查证。我要向这些读者道歉。我不是故意让这本书遭受这种缺失，只是在写作的过程中我发现，停下来去找弗雷格或其他哲学家的某段话的出处，这会严重地影响写作的流畅性，而为了避免这一点，我选择依据记忆写作，而很少停下来查对原文。我原想最后再做我现在所做的事情，即在页边插入文献参考。不幸的是，在交付打印稿之后，需要做的工作多得出乎意料，我忘记了这件事情。所幸关于弗雷格或其他人的言论，我的记忆只在两处出现了误导性的错误。与此同时我认识到，引用原话常常更能说明问题，但这样做就要对正文做更多改动，而我又不愿这么做。

在核对弗雷格的文献参考时，我再次得到了海尔姆博士的帮助。对此我再次感谢备至。我希望这些文献标注有用并且易用。所用的缩写形式附列在这篇前言后面。有些标注在括号中写了页码，要理解这些页码，建议读者阅读列表前面的说明。

弗雷格可能是所有从事哲学写作的人中最清晰的一个。无论如何，即便有人据说在清晰性上与之匹敌，我也不觉得会有谁在这方面超过他。因此，在写这本书时，我认为没有必要花费时间，去为我对他的观点所采取的解释做出辩护。实际上，我知道有些研究者已经提出了对立的解释，我也提到过其中一些，但这些解释对我来说是悖谬的，是对弗雷格的著作不够熟悉所致。我的这一印象得到了印证。对于这些持有异见的解释者中的一个，我正好在“弗雷格论函数——一份回应”一文中进行了书面争论。我发现在弗雷格身后留下的未刊著作中，这种解释在一些明确的陈述面前得到了决定性的反驳。由此看来，为了捍卫本书解释的正确性而投入论证，乃是多余的。我觉得有必要做的只不过是，对于我所理解的弗雷格加以陈述，并假定对于任何认真读了他的著作的人来说，这样的陈述都显而易见地传达了他的意思。这样假定诚然让我省去文献参考的行为更加不可原谅，不过，尽管这种假定无疑是幼稚的，但我希望，这不是一种自以为是。我不把关于对弗雷格的
xv 解释当作严肃争论的主题，我认为认真的阅读就足以弄清他的意思。因此我根本就没有想要说，我给出的解释是原创性的。我努力为我的书赋予的优点是，对于弗雷格思想的基础与后果，因而对于这些思想是否为真，都进行了彻底考量。

1973 年这本书最初出版以来，大量关于弗雷格的文献面世。现在要做出同样的假定，已经不可能了。从那时起出现的关于弗雷格的文献，更多的不是要做我在这本书中所做的事情，不是要更深入地思考弗雷格的理论想要解决，或者由他的解决方案所引发的那些问题。要想按照那种方式在处理哲学家的著作时获益，人们必须先确保正确地理解他，并说服其他人也这样理解。关于弗雷格的新近文献所关心的，恰恰就是要获得正确的理解。一大批相互竞争的解释出现了，它们不仅针对弗雷格理论的细节，而且涉及其基本内涵。只有在阐释(exegesis)而不是注疏(commentary)的领域，人们才追求独创性。对于那些自认只有自己才领会了弗

雷格用意的人来说，指责他们不该提出自己的解释，不该批评别人的解释，乃是错误的——只要他们也相信，弗雷格照这样理解是一位重要的、值得研究的哲学家，他们也只能这么做。然而，目前还是有让人遗憾的地方。关于弗雷格学说的基本内容如果我们没有达成一致，对这些学说的建设性的讨论就必须推迟。鉴于弗雷格著作那种独一无二的清晰性，这种一致应当不会比看上去更难达到。因此，现阶段关于弗雷格解释的基本原则的争论，很有希望很快告终，并迎来一个成果更多的讨论阶段。在我看来，人们对弗雷格感兴趣，主要是因为，对于在分析传统内所进行的哲学思考来说，他的观点在最为紧迫的问题上具有非常直接的价值。当然，只有清楚这些观点是什么，它们在这些问题上的价值才能够估计出来。不过，在其他哲学家那里也是一样，阐释本身不是目的，而是为了评价所做出的必要准备。一个哲学家的著作如果过于晦涩，以至于对他的阐释无法达成共识，那么他的工作就是徒劳无功的。一望便知，如果弗雷格是这样的，那么就几乎没有其他哲学家不是这样的了。

由于这些原因，如果我现在才写这本书，就不可能像实际上的 xvi
那样进行了。我将不得不花很多笔墨来为我对弗雷格的解释进行辩护，并在对他的观点进行批判性的讨论之前，反驳其他的解释。对于在我看来完全错误或者部分错误的一些解释，这本书确实给予了反驳，比如马歇尔（W. Marshall）的、格罗斯曼（R. Grossmann）的和图根哈特（Tugendhat）的。但大部分其他的解释都是这本书最初出版以后才提出的，这样我就无法付诸讨论了。我原来试过为这本书给出的解释写篇辩护文章，并对对立的那些解释进行批判性考察，以此充当第二版加长了的序言。但我发现，即便是出版商非常大方地给我篇幅，我也无法从容地做这件事。于是我就把原来为这一版序言而写的东西，改成一本独立的书——《弗雷格哲学的解释》（*The Interpretation of Frege's Philosophy*），以作为原书第二版的某种附册问世。这样做显然没有按照自然的次序。理想的做法是，写一本关于弗雷格的全新著作，在阐述所给出的解释之际，穿插为这种解释所做的辩护。但那样做也会有很多缺点。一来，我不得不重复眼下这本书里的许多内容，要是读者在读过第一版后再去找新的内容，即使不感到困难，也会感到索然无味。二来，那意味着不能利用现有的印版，从而享有节约成本的好处了。不管怎样，我真的没有时间。按照计划，这本书终归是两卷本中的第一卷，后面要接上第二卷以讨论弗雷格的数学哲学。在本书第一版出版后，第二卷就一直以接近完成的形态搁置在我手上，一系列必须优先处理的事情接踵而至，让我无法完成它。为此，我向那些想读那本书的人道歉，同时我也希望能尽快完成它。之所以未能遂愿，一个原因就是我得写作《弗雷格哲学的解释》，这原是为完成现在这一版《弗雷格——语言哲学》服务的。即便不这么看，对于弗雷格基本学说充斥着的那些在我看来属于偏差以及错误的解释，我也感到有必要加以批评——比起完成第二卷，这更属当务之急。不管是谁，只要他是第一次读本书的现在这一版，并希望也读一下《弗雷格哲学的解释》，就会发现按照写作的先后次序读会更容易一些，因为在后来的那本书里，我
xvii 不得不假定读者对我的解释有所了解，以避免因为重复这本书的内容而使得篇幅过长。这本书展示了对弗雷格的解释，并在这种

解释的基础上展开讨论;在附册中则很少谈到弗雷格的观点是否正确,而只是捍卫这里给出的解释,目的是证明其他种类的解释是不正确的。

在准备出这一版的过程中,我对正文做了一些修改。为了节约成本,我尽可能少改。除了纠正印刷错误和在文体上有少许改进,我只改动在我看来确实有误,或者至少非常有误导性的地方。还有许多段落我宁愿重写,但这样做就会全部重新排版,大幅增加成本。再者,一旦这样全面修订,会觉得很难不去写一本全新的书,而如前所述,我不愿这样做。所有的改动,不论大小,我都在《弗雷格哲学的解释》中做了充分解释。这里我只简短地指出它们。

除了完全无关紧要的部分,正文中的改动有这样一些:

第 xiv 页,倒数第 12 至倒数第 10 行[①]:这段谈论数学家和哲学家的话现在更忠实地引用了原文,它来自于一篇没有发表的文章,而不是一封信。

第 xv 页,第 15 行:把“没有”改成“很少”。对这门学科,弗雷格确实有过明确的言论,但只是顺带提到过。

第 26 页,第 2 至 10 行:弗雷格关于不可分析性的观点得到了比以前更为准确的陈述。对这个问题的完整讨论在《弗雷格哲学的解释》中给出了。

第 55 页,第 18 行:“依附性的”改为“可分离的”。原来的用语没有表达出我的意思。

① 这里所说页码指以边码的形式标注的原书页码,行数亦为原书行数。——译者

第 72 页，第 9、10 两行：我原来说弗雷格从来没有说过颜色是对象，我弄错了。他这么说过，《算术基础》第 65 节以及第 106 节脚注中显然暗示了这一点。

第 93 至 94 页，第 93 页最后两行与第 94 页第 1 到 9 行：我针对弗雷格对“Bedeutung”一词的使用所说的话招来了批评，因为我给出的依据是，他**总是**以我使用“指称(reference)”一词的方式使用它。这个依据是不对的。最明显的反例出现于他写给《数学杂志》(*Rivisita di Matematica*)的编辑(皮亚诺)的信中，在第 55 至 56 页。然而，我觉得当初还是软化原来的说法为好，这还是足够接近正确的。

第 97 页，第 12 至 14 行：关于 Afla/Ateb 这个例子，我在叙述的准确性上做了少许改进。

第 98 页：第 7 行，我删掉了蒯因的名字，此处对他的引用没有

xviii 经过核对。第 14 至 16 行，关于 Afla/Ateb 这个例子给出了更准确的评论。

第 127 页，第 4 至 16 行与第 21、22 行；第 132 页，倒数第 4 到 2 行；第 133 页，第 4、7、8 行：在原来的版本中我说，克里普克把“意义(meaning)”一词理解为这一版中我所说的“内涵(connotation)”。虽然我觉得这种说法可以理解，但却是错误的。现在纠正了这一点，并在《弗雷格哲学的解释》中加以讨论。

第 127 页，第 24 至 38 行；第 128 页，第 2 至 4 行[①]、第 17 至 18 行，以及第 20 至 33 行：这些段落我做了相当大的改动。原来的表

---

① 应为“第 3 至 5 行”。——译者

述中有些不准确的地方，而这为克里普克在《命名与必然性》印刷版（牛津，1980 年）前言中的批评提供了机会。我希望加以维护的是三个主要论点：利用严格指示词来对模态句真值条件所做出的解释，总是可以换成利用辖域（scope）做出的解释；只有先理解了宽辖域（wide scope）词项的用法，严格性（rigidity）这个概念本身才能得到解释；要用这两种理论来解释的现象就只有模态句的行为，而在被认为是独立附加给非模态句的不同模态性质之间，并没有相应的合法区分。还有两个从属性的论点：含有限定摹状词（definite description）的模态句的歧义性，通过把摹状词（description）理解为有时是严格的（尽管辖域概念一般而言是不可缺少的），也可以得到解释；含有像"圣安娜"这样的专名（proper name）的模态句，有时也会出现类似的歧义，并且也没有什么依据，可据以把克里普克不看好的那种理解作为不恰当的排除掉，从而合乎他所指定的那种认识论上的必然性。在《弗雷格——语言哲学》第一版中，我对主要论点所做的概述有些笨拙。我把严格性与宽辖域理解等同起来，而对这种做法的辩护，则只限于两种机制的效果，以及为了理解这两种机制而需要什么条件这一层次，而没有深入机制本身。更具误导性的是，我进而把非严格性与窄辖域（narrow scope）等同起来。我这样做并不是想说，克里普克认为限定摹状词的模态语境中总是具有窄辖域。其实在同一段话中我指出过，他不是这么认为的。应当说，我的想法是，在一些情况下为它们指派宽辖域，就是要避免在这些情况下把它们当成是本身就具有非严格性。这样看待它们对我来说不仅毫无意义，而且会人为放大专名与限定摹状词之间任何一点可能实际存在的差异。

因此，我希望只在不同语义学理论的后果与基础这一层次上，而不是在那些理论的工作机制的层次上来理解我的评论。但表达方式上却有误导作用，因为如果不是在相应的层次上理解，这些评论就
xix 是不正确的。在《弗雷格哲学的解释》的附录 3 中，这个问题得到了详尽的讨论。

第 182 页，第 20 与 29 行：我原来说，涵义与指称之分最初出现在“论涵义与指称”一文中，而其实是出现在“论涵义与概念”这次讲座中。这是一种无法解释的粗心造成的，现在改过来了。

第 194 页，倒数第 12 至倒数第 11 行：把“这正是当弗雷格说，关系只能理解成某个关系表达式的所指时，想要说的东西”改为“这个事实可以这么表达：关系只能理解成某个关系表达式的所指”。我看，有两处我把弗雷格没有明确说过的话说成是他说的，这正是其中的一处，并且是重要的一处。我仍然认为，这个观点可以从肯定属于弗雷格的原则中确切地推出来，但声称这得到了弗雷格原文支持，却是相当错误的。这个问题在《弗雷格哲学的解释》中得到了详尽讨论。

第 214 页，最后一行：这里原来提到第 212 页末尾说过没有发表的一篇文章。实际上，一直到第 215 页顶端谈到的那种符号记法出现在给罗素的一封信中。我在页边标出了这封信。第 212 到 213 页的脚注提到发表于 1969 年的《遗稿》，这处脚注显然是相应正文写好以后才附上去的。实际上整个这一章都写于《遗稿》问世之前。我现在认为我的记忆可能错了，我把弗雷格未刊著作中的不同段落混在一起。相应的出处在第 213 页到 215 页的页边标出来了。

第 228 页，倒数第 6 行："一再"改为"专门"。这样的说法在弗雷格的著作中并不常见。

第 241 页，第 15 行："谓词"改为"概念"。这只是笔误。

第 242 页，第 22 行：把"识别性陈述"改为"重认性陈述"。第 243 页第 2 至 3 行也这么改。这是我对我自己的技术术语的使用不够小心导致的误用。

第 253 页，倒数第 10 行：现在所说的"基本上属于弗雷格"的三个要点，原来直接说是他的。我认为这些要点更多地是在精神实质上接近弗雷格所说的内容，但不能认为就是他所说的。在这种情况下，如果在写这段话前仔细读过他的表述，我就会把解释与注疏更清楚地区分开。

第 267 页，倒数第 5 行：我原来说，我做出的修正与弗雷格的其他观点完全协调。这是不对的。他明确主张，表达式的指称必须是仅仅取决于其涵义。他也主张说，在恰当地构造的语言中，同一个表达式在所有语境中都应当具有相同涵义，这样一来，对于自然语言中本身就有缺陷的表达手段来说，即便是他自己关于间接涵义的理论，也只能算是尽可能最优的解释。整个问题与弗雷格 xx
关于索引表达式的观点一起，在《弗雷格哲学的解释》中得到了非常细致的讨论。

第 308 页，第 7 行："论否定"改为"思想"。我不光是漏掉了所有的文献参考，这里还指错了地方。

第 367 页，倒数第 16 至倒数第 14 行：我原来只提到"思想"，而没有提到未发表的"逻辑"。在倒数第 11 行至倒数第 7 行，我把实际上由弗雷格本人给出的一个例子，换成了另外一个目的性更强的例子,这个例子也是弗雷格的——当然,他用的不是**我的**名字。

第383页,第14行:我原来以为"标记自反性"这个术语是由皮尔士(Peirce)而不是莱辛巴赫(Reichenbach)引入的。这一纠正要归功于大卫·卡普兰(David Kaplan)教授。

第384页,第7到9行:这里,我原来的例子改为在第一版367页所用的弗雷格的例子。

第450页,第8行:"11"改为"10"。同样,第453页第11行,"12"也改为"10"。这两处都是我把自己的书给引错了。

第471页,第7行:把"作为在哲学语境中使用的那个概念"改为"作为现在在哲学语境中常用的概念"。我因为这段话而遭到了批评,理由是康德大量使用过"*Gegenstand*(对象)"这个词。然而在《算术基础》第89节,弗雷格冒险表达了这样一个观点,即康德在一种有些不同的意义上使用"*Gegenstand*"。我觉得他在这一点上完全正确。在我看来,当代哲学中使用的"对象"一词之接近弗雷格,要远多于接近康德。因此,我基本上没有改动这段话,而只是软化了措辞,以减少误解的风险。

第539至540页,其中第539页最后一行,第540页第1至4行:在第一版的194页,我把涉及关系的那种学说错误地归于弗雷格,这里则把相应的涉及函项和概念的那种学说再次错误地归之于他。这次修改后这种错误得以避免。关于194页的修改说明提到过,《弗雷格哲学的解释》中充分地讨论了这个问题。

第543页,第5至7行:又是一处不正确的参考文献,这里应当是对胡塞尔的评论,而不是"函数与概念"。

第 551 页,第 10 至 12 行[①]:我改动了措辞,目的是避免从接下来那段话就可以明显看到我不愿产生的一种暗示,即吉奇认为,名词性词项"X"的意义可以独立于"同样的 X"这个短语而得到解释,从而只能说它确定了这个短语的涵义。相反,在对这些问题的思考中,吉奇后来越来越倚重于这样一个想法:我们必须先理解或者解释"……是与……相同的 X"这个短语,之后才能把"……是一个 X"的意思解释成"……是与某个东西相同的 X"。这个想法出现于《指称与普遍性》一书最后一页,而我在第 564 页加以引用。 xxi
我没有预见到这处引用,但我也无意于做出上述暗示,即便从我原来写的那三行文字中可以读出这种暗示。在《弗雷格哲学的解释》中,我用了一章来讨论吉奇关于相对同一性的观点,讨论中容纳了更新的材料。

第 553 页,第 5 至 8 行:原来的那几行是说,不加限制的量化对于吉奇来说是无意义的。这种说法后来在 557 页被纠正了。我修改了那句话,从而避免了我无论如何都不愿做出的一种暗示。

第 554 页,倒数第 10 至倒数第 8 行:有一处小改动,以避免像 553 页中的那种错误的暗示。

第 557 页,第 17、18 行:原来那句话的前半部分是,"早前我说过,吉奇把无限制的量化当作是无意义的而加以拒绝,但这是误导人的"。鉴于第 553 与 554 两页的改动,这句话就不能放在这里了。

第 560 页,第 15 至 17 行:我做了另一处改动,目的与 553 和

① 原文误作"第 5 至 7 行"。——译者

554 页的改动一样。

第 560 页，倒数第 10 至倒数第 3 行[①]：为了容纳吉奇后来的著作，特别是“存在量词抑或特称量词？（Existential or Particular Quantifier?）”一文，从倒数第 8 行开始的那段话全部重写了。在那篇文章中，他阐述了自己的学说。按照修改后的那段话的解释，“某个 A 是 F”与“对某个 x，x 是一个 A 并且 x 是 F”之间的区分是清楚的，当然，条件是我们接受吉奇的这样一个看法：存在专名“b”与“c”，与“b”相联系的同一性标准不是“……与……是相同的 A”所表达的那个标准，但“b 与 c 是相同的 A”，从而“b 是一个 A”仍然是真的。这样，表达成“某个 A 是 F”，或者用我的记号法表达成“对 A 中的某个 $\mathscr{n}$，$F(\mathscr{n})$”的那种受限制的量化，也就不能用无限制的量化来解释，至少不能解释成与“对某个 $\boldsymbol{a}$，$\boldsymbol{a}$ 是一个 F 并且 $F(\boldsymbol{a})$”直接等价。吉奇也主张这一点。出于这种考虑，我就对前面那段话的结尾做了软化处理。原来是说，吉奇反对关于无限制量化的“正统”观点的论战，最后完全烟消云散，而现在则说，只是看起来是这样。不过，在第二版的第 560 页倒数第 3 行结尾的那段话中给出的这种后来的解释，是否能与吉奇在《指称与普遍性》中表述的东西一致，在我看来还是可疑的。第十六章的整个主题就是量化与同一性的联系。在第 562 页上，我引用了蒯因关于
xxii 它们直接相关的论断，但没有加以解释；而在第 553 页则说，吉奇似乎也意识到这种联系。解释这种联系的一种方法在从第 554 页后部到 555 页的那段话中提示了。吉奇不会接受那种方法，因为

① 原文误作“倒数第 10 至倒数第 13 行”。——译者

它需要一种绝对的同一关系。不过他可以接受一种相似的联系，这种联系存在于受限量化“对 A 中的某个 *n*”与“……与……是相同的 A”所表达的那种相对的同一关系之间。到第 555 页顶部为止的那句解释性的话说明了这种联系。吉奇现在采纳的正是这一建议，他在此基础上做出了受限量化与无限制量化之间的区分，而这种区分我在第 560 页修改后的那段话中说明了。按这种解释，同一性标准这个概念对于解释受限量化来说是必不可少的——只要对某个与用“……与……是相同的 A”表达的同一性标准相联系的专名“*a*”来说，“*a* 是 *F*”为真，“某个 A 是 *F*”就是真的。然而在第 555 页说过，吉奇在《指称与普遍性》第 195 页明确拒斥了这个观点。那本书里说，名词性词项“A”能够用作主词，进而能够充当通名(common name)。但我没有找到这种观点，即这样的词项所能够命名的，只能是用“……与……是相同的 A”来表达同一性标准的个体，而不能是“是一个 A”所适用的其他个体。如果吉奇没有拒绝第 555 页所说的观点，他区分受限量化与无限制量化的基础，就会像他最终采纳这个观点时那样，表现得非常清楚。

第 564 页，第 16 至 24 行：我对这几行做了修改。就我的写作意图而言，我觉得它们虽不为错，但按照原来的写法，却可以从中读出一种对吉奇观点的错误解释。

第 565 页，第 2 至 6 行：与第 564 页情况相同。

第 567 页，倒数第 6 行：“没有”改成“几乎没有”。看起来，蒯因很可能相信无限制的量化。

第 568 页，第 11 至 14 行：这几行在准确性上有所改进。

第 630 页，倒数第 14 行：我原来写道，《算术基础》只获得了来自康托的一篇书评；事实上还有另外两篇。这一页的最后一行，“三”改为“四”。

第 642 页，第 9 行：我纠正了关于维特根斯坦的引文错误。

第 642 页，最后两行：我以前把第三阶段划到 1904 年为止。按照《弗雷格哲学的解释》中解释的理由，现在看来还是划到 1906 年为好。我认为在这一年弗雷格发现自己对罗素悖论的解决是无效的，因而对自己的整个逻辑主义计划丧失了信心。

xxiii 第 657 页，倒数第 11 至倒数第 5 行：出于上述理由，我把第四阶段的起点调到 1907 年（严格地说，是 1906 年 8 月）。

第 659 页，第 1 至 2 行：这里原来错误地引用了“否定”，实际上引用的是“思想”一文。

第 663 页，第 14 行[①]：“没有使用”不对，换成“只有一次使用过”。同样，在第 15 行[②]把“只是”改成“主要是”。

第 683 页，倒数第 17 至倒数第 7 行：我重写了这几行。原来的表述遭到了汉斯·斯鲁格（Hans Sluga）的激烈批评。斯鲁格认为这段话意味着，弗雷格对于黑格尔主义在德国的垮台起了作用。他的理由则是，黑格尔主义此前在德国早已失去了影响力。批评大体上是正确的。其不正确的地方是，按照斯鲁格的刻画，弗雷格在黑格尔主义垮台中起作用，这一点是我这本书的主要议题。更加错误的是，他认为这构成了我把弗雷格解释成实在论者的基础，甚至是主要基础。在《弗雷格哲学的解释》中，我用了一章来讨论

---

① 原文误作“第 15 行”。——译者

② 原文误作“第 16 行”。——译者

实在论与弗雷格思想的联系，还另辟一章来讨论弗雷格的实在论。

在第一版前言中，我提到过自己参与了反对种族主义的斗争，以此解释这本书为何迟迟没有完成。人们经常问我，现在的局面是否比以前乐观一些。既然在初版前言中谈到这个话题，我就不能不对这个问题给予简短的答复。不幸的是，比起当初所能作出的预期来说，局面要更糟一些。现在，黑人与白人居住在两个不同的不列颠国中。大部分白人完全没有意识到黑人通常遭遇到的东西，他们对我们作为一个民族所造成的现状浑然不觉。对于日渐频繁的种族谋杀以及对黑人财产的侵犯，他们知之甚少或者一无所知。他们不知道警察对于求助电话冷言相向的那种拖拉态度，以及对于侵害报告的无动于衷；他们不知道警察自己对黑人施以暴行，达到现在任何黑人青年到伦敦西区都有危险的程度；他们不知道，每年都会有上百人未经审判就被监禁，原因只是在合法进入这个国家时被怀疑提供了虚假信息，或者只是因为被怀疑未能主动提供并未被问及的信息；他们不知道这样一个事实，那些遭到监禁的人中有许多后来被"清除"，这同样未经庭审，而其余的人在数周或数月以后被释放，却没有因为冤狱而获得任何补偿；他们不知道这在民众中制造的不安全感，或许长期以来，合法居留权已经不能使其在任何时候都免于被逮捕、监禁以及"清除"；他们不知道， xxiv 在医院或者劳动力市场被要求出示护照，以证明其"移民身份"，这对在这个国家出生的年轻人造成了什么影响；他们不知道在居住和就业中的种族歧视所产生的野蛮效果；他们不知道这如何在总体上增加了年轻黑人的失业率，而在年长的黑人中更是如此；他们不知道我们的反歧视法那种可笑的无能；不知道许多教师有意无

意表现出来的偏见；更不知道折磨着大多数黑人的孤立和绝望之感。这样的列举本身就已经够可怖了，论起单个人的遭遇则更为可怖。有一个少年被逮捕，被监禁在父亲找不到的地方。几天之内他承受着毁灭性的遭遇——当他回到家，发现母亲被杀害，血溅在墙上。而他被关起来不是因为被怀疑参与谋杀，而是因为被怀疑出身有问题，因而无权留在这个国家。另外一个女人，在英国定居多年后，到纽约照顾即将去世的姐姐，却被拒绝入境，借口是她放弃了日常居所。这样的事情要归咎于十八年来灌输的一个观念，即任何损害都莫过于允许一个本来可以摆脱掉的黑人留下来。公务员、法官以及警察中有大量的人屈从于这一观念。从任何一个客观的角度讲，这些人都陷入了真正的疯狂。但这种疯狂在我们中间非常普遍，乃至于没有人注意到。

白人大多没有意识到这些事情，这部分是因为国内媒体很少报道，但同时也是因为有选择的忽视。比如 1976 年夏爆发的全国范围的种族骚乱（racial hysteria），这次骚乱以数人死亡而告终。如果我提到这次骚乱，所有黑人都知道我在说什么，但大部分白人会觉得不知所云，而其实那些事件在所有报纸的头版都曾经大加渲染过。黑人的感受不算数，他们必须得到处理而不是关切。政客们向我们保证，他们将谋求良好的种族关系。而他们唯一的处方则是，进一步收紧对于黑人入境和居留已经很苛刻的限制，从而在白人对黑人的敌意面前做出让步。他们没有能力想出其他补救办法，这是因为他们完全没有去关注黑人的感受，没有去考虑他们的感受对于种族关系的现状会产生什么影响。这种状况不能无限
xxv 期延续下去。黑人感到尊严遭到剥夺，感到希望破灭。他们极力

隐忍。当社会对他们的苦难保持冷漠和无视，当他们遭受巨大的不公和无数的暴力时，他们仍然做到了基本上遵守法律。在毫无改善希望的情况下，不可能指望任何人能够永远忍耐。当忍耐力超出极限，事情要么急剧恶化，要么终于向好的方向发展。而这取决于，我们是听命而去对社会动荡进行镇压，还是终于扪心自问自己哪里做错了。这种状况是由我们的放任引起的。当为数不多的黑人出现在我们中间，我们未能在不引起不必要的恐慌的前提下加以应对。还是让我们希望事情不要向我说的那个方向发展，希望我们以及我们的领导者们开始清醒地考虑这一现状吧。

1980 年于牛津新学院

M. 达米特

文献标注说明

xxvi 这一版在正文页边标注参考文献。每处标注都以所引文献名称的缩写形式开头——正体字表示这是弗雷格的著作或者著作编辑本，斜体字则表示其他人的著作。这两种缩写在这里分开列出，都用字母表顺序排列。条目左边的星号表示所列著作在参考文献（本书第 685 至 693 页）中引用过。没有打星号的条目在这里给出完整的出版信息。打了星号的条目只给出作者、标题和日期，完整的出版信息可参见参考文献。每个有星号的条目末端，都在括号中标出了参考文献中的对应位置，有的是用从参考文献 A 部分到 D 部分的条目编号，其他则直接标出页码。在弗雷格的著作中，缩写记号右边的短剑号表示相应著作收录于弗雷格的《克莱嫩手稿》（*Kleine Schriften*），安吉雷利（I. Angelelli）编于 1967 年（参考文献中的 B(2)）。如果没有专门说明，页边标注的页码依照的是这里所引用的（或者是第一次引用）版本，而打了星号的条目则是参考文献所引用的版本。突出的例外之处是，弗雷格和维特根斯坦的书使用了分节编号。下面也会说明这一点。弗雷格的文章是按照原始出版物的页码引用的。这是最方便的做法，因为直到最近，在像《克莱嫩手稿》这样的编辑本，和吉奇与布莱克 1960 年出版的第二版《弗雷格哲学著作选译》（*Translations from the*

Philosophical Writings of Gottlob Frege)(参考文献中的 C(2))中,这都是常用的做法。最遗憾的是,这种做法再往后被放弃了,比如拜纳姆(T. W. Bynum)于 1972 年翻译并编辑的《概念文字及相关文章》(*Conceptual Notation and Related Articles*)(参考文献中的 C(11)),以及吉奇翻译并编辑、1977 年在牛津出版的《逻辑研究》(*Logical Investigations*)。前一本书除了包含《概念文字》的英文译本,还翻译了参考文献中从 A(2)到 A(4)这几篇文 xxvii
章。这几篇文章的页边标注用的是《概念文字及相关文章》的页码。《逻辑研究》中收录了“思想”、“否定”以及“复合思想”这三篇文章(参考文献中从 A(21)到(23))的英文译本,关于这几篇文章的页边标注使用了原始出版物的页码,并在后面的括号中标出《逻辑研究》中的页码。最让人气恼的是,由朗(P. Long)和怀特(R. White)翻译、1979 年出版于牛津的《遗著》(*Posthumous Writings*),作为《遗稿》(*Nachgelassene Schriften*)(参考文献中的 D(1))的译本,既没有按德文版分页,也没有标出德文版页码;相应的页边标注只好标出《遗稿》的页码,然后在括号中标出《遗著》中的对应页码。同样,由卡尔(H. Kaal)翻译,麦克吉尼斯(B. McGuinness)编辑,1980 年由牛津出版的《哲学与数学通信》(*Philosophical and Mathematical Correspondence*),作为《学术通信》(*Wissenschaftlicher Briefwechsel*)的选译本,虽然给出了信件编号,但还是没有给出德文版的页码。因此,相应的页边标注就给出《学术通信》的德文版页码,如果引文包含在《哲学与数学通信》中,就在括号中标出《哲学与数学通信》的页码。

弗雷格的著作

* BG† 'Über Begriff und Gegenstand', 1892 (A(10)).

* Bs *Begriffsschrift*, 1879; references by section number (A(1)).

BW *Wissenschaftlicher Briefwechsel*, ed. G. Gabriel, H. Hermes, F. Kambartel, C. Thiel and A. Veraart, Hamburg, 1976.

* CN *Conceptual Notation*, trans. And ed. T. W. Bynum, 1972 (C(11)).

Coh† Frege's review of H. Cohen, *Das Prinzip der Infinitesimal-Methode und seine Geschichte* (Berlin, 1883), *Zeitschrift für Philosophie und philosophische Kritik*, LXXXVII, 1885, pp. 324-9.

* FB† *Function und Begriff*, 1891 (A(7)).

FT† 'Über formale Theorien der Arithmetik', *Sitzungsberichte der Jenaischen Gesellschaft für Medizin und Naturwissenschaft für das Jahr* 1885, Supplement to *Jenaische Zeitschrift für Naturwissenschaft*, XIX, 1886, pp. 94-104.

* Ged† 'Der Gedanke', 1918 (A(21)).

* Gg *Die Grundgesetze der Arithmetik*, 1893 and 1903; references by volume number and section number (or page number for Preface and Appendix) (A(11) and (16)).

* GG_1† 'Über die Grundlagen der Geometrie', 1903 (A(17)).

* GG_2† 'Über die Grundlagen der Geometrie', 1903 (A(19)).

* Ggf† 'Gedankengefüge', 1923 (A(23)).

* Gl *Die Grundlagen der Arithmetik*, 1884; references by volume number and section number (or page number for Preface and Appendix) (A(5)).

* Huss† Frege's review of E. Husserl, *Philosophie der Arithmetik* (Leipzig, 1891), 1894 (A(12)).

* LF† Letter by Frege to the Editor (Letter del sig. G. Frege all'Editore), 1896 (A(14)).

Ne† 'Le Nombre entier', *Revue de Métaphysique et de Morale*, III, 1895, pp. 73-8.

* NJ† Frege's note to Jourdain's article about him, 1912 (A(20)).

* NS *Nachgelassene Schriften*, ed. H. Hermes, F. Kambartel and F.

Kaulbach, 1969 (D(1)).

Re† *Rechnungsmethoden, die sich auf eine Erweiterung des Grössenbegriffes gründen*, Jena, 1879.

* SB† 'Über Sinn und Bedeutung', 1892 (A(9)).

* Schr† 'Kritische Beleuchtung einiger Punkte in E. Schröders *Vorlesungen über die Algebra der Logik*', 1895 (A(13)).

* Ver† 'Die Verneinung', 1918 (A(22)).

* WF† 'Was ist eine Funktion?', 1904 (A(18)).

ZS† Über die Zahlen des Herrn H. Schubert, Jena, 1899.

其他作者的著作

* *CAB* A. Church, 'On Carnap's Analysis of Statements of Assertion and Belief', 1905 (Bibl. p. 689).

Cat Aristotle, *Categories*; references by page, column and line.

CI H. S. Leonard and N. Goodman, 'The Calculus of Individuals and its Uses', *Journal of Symbolic Logic*, V, 1949, pp. 56-68.

CPG *The Collected Papers of Gerhard Genzen*, ed. M. E. Szabo, Amsterdam, 1969.

CPP *The Collected Papers of C. S. Peirce*, ed. C. Hartshorne and P. Weiss, Cambridge, Mass., 1931-58; references by volume and page number.

EA B. Russell, *Essays in Analysis*, ed. D. Lackey, London, 1973.

ESL H. Reichenbach, *Elements of Symbolic Logic*, New York, 1947.

* *FLPV* W. V. O. Quine, *From a Logical Point of View*, 1953(Bibl. p. 685).

* *FM* F. P. Ramsey, *The Foundations of Mathematics and other logical essays*, 1931 (Bibl. p. 685).

* *HTW* J. L. Austin, *How to Do Things with Words*, 2nd edn., Oxford 1971 (Bibl. p. 688).

ILT P. F. Strawson, *Introduction to Logical Theory*, London and New York, 1952.

* *IMT* F. Waismann, *Introduction to Mathematical Thinking*, trans. T. J. Benac, 1959 (Bibl. p. 692).

* *Ind* P. F. Strawson, *Individuals*, 1959 (Bibl. p. 692).

* *IWT* G. E. Anscombe, *An Introduction to Wittgenstein's Tractatus*, 1959 (Bibl. p. 688).

LC H. P. Grice, 'Logic and Conversation', in *The Logic of Grammar*, ed. D. Davidson and G. Harman, Encino and Belmont, 1975, pp. 64-75.

LE B. Russell, 'The Limits of Empiricism', *Proceedings of the Aristotelian Society*, new series XXXVI, 1935-6, pp. 131-50.

LFM *Wittgenstein's Lecture on the Foundations of Mathematics, Cambridge, 1939*, ed. C. Diamond, Hassocks and Ithaca, N. Y., 1976.

* *LK* B. Russell, *Logic and Knowledge, Essays 1901—1950*, 1956 (Bibl. p. 658).

LLP P. F. Strawson, *Logico-Linguistic Papers*, London, 1971.

LM P. T. Geach, *Logic Matters*, Oxford, 1972.

* *MA* P. T. Geach, *Mental Acts*, 1957 (Bibl. p. 689).

* *MBF* E. Tugendhat, 'The Meaning of "Bedeutung" in Frege', 1970 (Bibl. p. 692).

Meth W. V. O. Quine, *Method of Logic*, New York, 1950.

* *Mg* H. P. Grice, 'Meaning', 1957 (Bibl. p. 690).

* *MM* J. E. Littlewood, *A Mathematician's Miscellany*, 1953 (Bibl. p. 691).

MN R. Carnap, *Meaning and Necessity*, Chicargo, 1956.

* *NB* L. Wittgenstein, *Notebooks, 1914—1916*, 1961 (Bibl. p. 693).

* *NN* S. Kripke, 'Naming and Necessity', 1972 (Bibl. p. 690).

* *OR* W. V. O. Quine, *Ontological Relativity and other essays*, 1969 (Bibl. p. 691).

OST D. Davidson, 'On Saying That', *Synthese*, XIX, 1968. pp. 130-46.

PB L. Wittgenstein, *Philosophische Bemerkungen*, ed. R. Rhees, Oxford, 1964; English translation, *Philosophical Remarks*, trans. by

R. Hargreaves and R. White, Oxford, 1975; references by section number.

PG L. Wittgentein, *Philosophische Grammatik*, ed. R. Rhees, New York and Oxford, 1969; English translation, *Philosophical Grammar*, trans. A. Kenny, Oxford, 1974, with same pagination as German edition.

* *PI* L. Wittgenstein, *Philosophical Investigations*, 1953, 1958; references by section number (Bibl. p. 693).

* *PK* A. J. Ayer, *The Problem of Knowledge*, 1956 (Bibl. p. 688).

* *PL* W. V. O. Quine, *Philosophy of Logic*, 1970 (Bibl. p. 691).

* *PM* B. Russell and A. N. Whitehead, *Principia Mathematica*, 1910-1913; references by volume and page number (Bibl. p. 692).

* *PoM* B. Russell, *Principle of Mathematics*, 1903 (Bibl. p. 692).

PP B. Russell, *The Problems of Philosophy*, Oxford, 1946.

* *QME* G. Harman, 'Quine on Meaning and Existence', 1967-8 (Bibl. p. 690).

* *RG* P. T. Geach, *Reference and Generality*, 1962 (Bibl. p. 690).

* *RIT* W. V. O. Quine, 'On the Reason for Indeterminacy of Translation', 1970 (Bibl. 690).

* *RML* K. Gödel, 'Russell's Mathematical Logic', 1944 (Bibl. p. 690).

* *SCN* N. Goodman and W. V. Quine, 'Steps towards a Constructive Nominalism', 1947 (Bibl. p. 690).

SF M. Schirn (ed.), *Studien zu Frege/Studies on Frege*, Stuttgart and Bad Canstatt, 1976; references by volume and page number.

* *Sob* B. Sobociński, 'L'Analyse de l'antinomie russellienne par Leśniewski. IV: La correction de Frege', 1949 (Bibl. p. 692).

* *SPM* P. Bernays, 'Sur le platonisme dans les mathématiques', 1935 (Bibl. p. 688).

ST St. Thomas Aquinas, *Summa Theologica*; references by part, question, article.

* *STT* A. Church, 'A Formulation of the Simple Theory of Types', 1940 (Bibl. p. 689).

* *TLP* L. Wittgenstein, *Tractatus Logico-Philosophicus*, latest edn.

1961; references by section number (Bibl. p. 692).

* *TM* A. N. Prior, *Time and Modality*, 1957 (Bibl. p. 691).

* *TP* G. E. M. Anscombe and P. T. Geach, *Three Philosophers*, 1961 (Bibl. p. 688).

* *Tr* P. F. Strawson, 'Truth', 1949 (Bibl. p. 692).

* *WO* W. V. O. Quine, *Word and Object*, 1960 (Bibl. p. 691).

* *WT* E. Stenius, *Wittgenstein's Tractatus*, 1960 (Bibl. p. 692).

WVC F. Waismann, *Wittgenstein and the Vienna Circle*, trans. J. Schulte and B. McGuinness, Oxford, 1979, with the same pagination, from F. Waismann, *Wittgenstein und der Wiener Kreis*, ed. B. F. McGuinness, Oxford, 1967.

导　　论

戈特罗布·弗雷格(Gottlob Frege,1848—1925)是一名数学 xxxi
家,学生时代受过一些物理学和哲学训练。他在数学上的工作几 Re 27
乎完全限于数理逻辑和数学基础。这些领域的研究把他引向一种
哲学性的而非数学性的工作。但即便在哲学中,他的工作范围也
很有限,几乎没有超出过哲学逻辑(philosophical logic)与数学哲
学的范围。他生活在一种幻灭与挫折中。直到退休,他都几乎没
有离开过耶拿大学,他的精力完全为学术工作所占据。他不属于
那种会为公众兴趣而写作的学者,他也没有参与过公共事务或公
开的争论——考虑到前言提到过的他在政治上的那种观点,幸好
他没有那样做。他认定自己的工作没有引起任何反响,他感觉被 Gg I xi
孤立和忽视,不仅在耶拿,在哲学界和数学界都是如此。尽管他的
工作看起来范围狭窄,尽管他自己认为它几乎完全被误解和无视,
现在,至少哲学家和数学家都普遍会承认,他是过去一百年来最伟
大的人物之一。

他的这一地位要从三个方面看。首先,他开启了现代意义上的逻辑研究。逻辑一直以来被认为是哲学的一部分。这是理所当然的,因为对**逻辑后承**(logical consequence)这个概念作出分析,是任何成功的哲学都必须做的事情;这也是因为,对许多其他概念

的分析，以及对语言以及思想基本结构的理解，都取决于能否以一种正确的形式对句子构造和句子关联作出解释，而这种解释是逻
xxxii 辑的事情。现代逻辑截然不同于过去所有伟大的逻辑系统，包括古希腊罗马的、中世纪欧洲的，以及印度的系统，它有能力解释含有多重概括的句子，这种解释依赖于量词和约束变元机制。由于能够处理多重概括以及相比于以前的系统所具有的精巧性，现代逻辑对人类语言的语句所能提供的分析要深入得多。而发现使这种分析得以可能的机制，并实现其价值的，就是弗雷格。光是完成这一工作，他就已经为人类知识作出了深远的贡献。

在弗雷格的工作之前，就有像布尔(Boole)这样的数学家对逻辑产生过一些兴趣。是弗雷格所做出的发现，使这个学科丰富到足以被认为是数学中一个重要分支的程度。把同一个学科同时归于数学和哲学这两个不同的领域，当然没有什么不妥。一个学科如果可以用数学技术来处理，就可以归于数学，而弗雷格把逻辑推进到恰好使这一点成为可能的地步；另一方面，一个学科归于哲学则是因为其所激起的兴趣，而在逻辑中运用数学技术无论有多么成功，都无法剥夺哲学家对它的兴趣。

照这么说，在他在数理逻辑中做出发现之后，再把哲学逻辑学家(philosophical logician)作为第二个头衔加给他，就显得有些让人不解了。但这只是表面上的。在逻辑学本身以及数学哲学中都必然有由哲学家提出的问题，这些问题单凭数学技术无法解决，而需要把这些技术与真正的哲学论证结合起来。从弗雷格做事的方式可以看出，他充分意识到了这一点。在一篇没有发表的文章中
NS 293 (273) 他说，不懂数学的哲学家只是半个哲学家，而数学家如果不懂哲

学，也只算半个数学家。尽管这话不适于哲学或数学的其他部分，它还是直白地表达了这种意识。弗雷格在哲学逻辑中的工作当之无愧是基础性的。他在这个学科中的许多工作都是本世纪做出的，尽管如此，弗雷格的哲学逻辑理论甚至对当前这个领域中的所有研究者来说，都无疑还是必须当作起点。在很大程度上，能以最具建设性的方式提出基本问题所使用的术语，仍然是弗雷格制定的。

哲学的重心转移（至少在那些追随英美“分析”传统的人中间）
以后，这一点就更加重要了。哲学中总是有些特定部分显得要比 xxxiii
其他部分更加基础，因为，对一个分支的问题给出正确的解决，需要先正确地解决更基本分支的问题，而不是相反。例如政治哲学显然要后于伦理学，而伦理学要排在哲学心理学之后。笛卡尔革命中影响最为深远的部分，就是把认识论作为整个哲学中最基本的部分，整个学科都要从“我们知道什么，如何知道？”这样的问题开始。正是这种取向使笛卡尔以后的哲学与经院哲学大不相同。对后者来说，认识论即使被纳入考虑，也不过是枝节。笛卡尔这一取向的主导地位延续到本世纪，直到为维特根斯坦所抛弃。他在《逻辑哲学论》中把哲学逻辑当作哲学的基础，而把认识论放到一
个边缘位置上。与维特根斯坦不同，就哲学逻辑与认识论在学科 NS 3 (3)；
整体架构中的相对地位，弗雷格很少作出过明确的断言。但他工 Coh 392
作的方式却表明，他认为逻辑学可以独立于哲学的任何子结构（substructure）达到。他满怀热情地坚信，心理学的考虑与逻辑无关，也就是说，在获取或运用概念时我们所经历的心理过程，不应当在对这些概念作出的分析中起作用。弗雷格的哲学逻辑，植根

于他所发现的量化技术，而这是逻辑学中有史以来在深刻性上无出其右的技术，它恰好遇上逻辑取代认识论成为哲学的起点的年代。承认来得太迟了，弗雷格对此毫不知情，但他的工作时至今日应当说已经公认在当代哲学中占据了核心位置，这却一点也不奇怪。

弗雷格的第三项荣誉来自于他在数学哲学中的工作。像在逻辑学中一样，这项工作也包含两个部分，它们分别使用数学技术和哲学技术。像在逻辑学中一样，这两部分也紧密相连。对弗雷格来说，逻辑实际上首先是数学哲学的工具，是数学哲学研究的序曲。他对语言中像事态和模态那样在数学推理中不重要或用不到的东西，一般都不予关注，就说明了这一点。对本身就是一个数学分支的数学基础研究，弗雷格做出过深刻的贡献。而对他的数学基础工作中更有哲学味的部分，就不可能像我对哲学逻辑那样评
xxxiv 价，不能说它对在那个领域工作的任何人来说都仍然是起点。他的数学哲学只在历史意义上是个起点。弗雷格对数学哲学问题的表述，对我们来说已经不再是在这个学科中提出问题可以采取的最富于成果的方式；相反，后来的作者引发的作为核心议题的一些问题，看来已经毫无疑问地超越了弗雷格。然而，弗雷格在这个领域中的工作现在仍然是任何人都既不能忽视，也不能简单地认为它已经过时了的。从历史角度看，是弗雷格，让数学哲学到现时代又成为一门富于活力的学科，并经他之手，获得像哲学其他任何部门一样引人瞩目的进步。弗雷格在哲学逻辑中的工作仍然新颖，仍然与我们现在所研究的问题关联着，但他在数学哲学中的工作却显得有些老旧了，这一事实确实表明数学哲学的进步速度比哲学逻辑要快。

弗雷格第一个重要事业体现在1879年出版的《概念文字》中，即制定一个能够在其中进行数学证明的形式系统。这需要建立一种足以表达任何数学陈述的形式语言，并配备足以表达任何数学推理过程的形式推演规则。自布尔以来，数学家们用数学的方式处理逻辑已经有几十年时间，尽管如此，弗雷格的方案仍然是全新的。其新颖之处还不在于弗雷格的演算方式在现代的意义上是形式的。布尔本人没有尝试确定自己的演算方式中哪些转换是允许的，也没有对合式公式(properly formed formulas)作出规定，甚至从他的实际表现中也无法看出他想要做这两件事，尽管如此，他的继承者们要更接近于达到现代的标准。但这些早期的系统，看来都不像是能构造使数学推理能够直接得到实现的语言，因为它们都不能表征包含多重概括的句子，从而不能足够深刻地表现数学陈述的结构，而数学推理的有效性依赖于这些结构。

弗雷格不是为一种现代的目的来构造形式系统。按现代目的，把形式系统本身当成数学研究的对象，就会展现数学证明和数学定义的本质；而弗雷格的目的仅仅是要达到整个十九世纪数学 xxxv 为之而奋斗的严格性理想。十九世纪数学的任务之一就是，清理那些在十七、十八世纪被人接受的、错误的或不完整的证明，而代之以正确的证明，并为那些没有定义，或者只是以神秘的或非法的方式加以解释的概念，给出正确的定义。早前数学的逻辑漏洞有多大，就在这个过程中暴露出来。就连在以前被视为严格性楷模的欧基里德那里，人们也发现有些证明有缺陷，它们暗中引进没有明确陈述过的假定。只要是满意于仅仅依赖于直觉，就判断证明是否正确与完整，以及定义是否恰当，我们就无法保证以后不会出

现错误和疏漏，无论我们检查得多么仔细。一个定理在一些年里被广泛接受，但后来又在证明中发现失察之处，或者发现只有在附加假定的情况下才成立，或者根本就不成立，这样的事时有发生。弗雷格的想法是，通过在形式系统之内表述证明，就会确保排除这样的错误。我们应该有一种能行的(effective)[①]方法，从证明的形式，就能判断它在系统中能否得到证明。这样，完全的严格性，以及随之而来的真正的确定性，也就首次达到了。

不应当因为形式系统实际上没有这样得到使用而苛责弗雷格。对所有数学证明进行形式化，由此在精确性和确定性方面得到的收获，不能补偿相应的冗长而单调的劳动；再者，检查形式证明时可能出现的错误，比起评估非形式证明的直觉有效性可能出的错误，虽然在种类上有所不同，在程度上也不会逊色。后来证明更加重要的，不是对数学证明的完全严格的表述是否得到实现，而是精确地描述究竟什么是这样一种表述。这是由弗雷格首先提供的。比起当初的预期来说，它被证明有一种不同但远为重大的价值，这对他来说应当不为过。

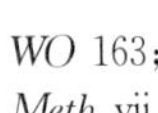

WO 163；Meth vii

蒯因(Quine)说过，《概念文字》的出版标志着现代逻辑的开始。这项让人瞠目的工作意在构造一个逻辑框架，使各种数学理论能够在其中得到形式化。它初次表述了二阶函项演算。它让人

① 对"effective"以及"effectively"这两个同根词，达米特大多是在一种技术性的意义上使用，在数理逻辑中通常译为"能行的"与"能行地"。其确切意思是，当一种计算或者识别过程可以通过一种机械的方式完成时，这种过程就是能行的。这里，所谓机械的方式，在认识论上就是运用最低的认知能力就可以实现的方式，因而可以交给机器来完成。这个专业术语可以在一种稍加扩展的意义上使用，此时可以译为"有效的"或"有效地"。——译者

惊讶是因为从来没有人做过这件事，就好像在没有任何外来影响
激发的情况下，从弗雷格头脑中蹦出来一样。在这本书中，量词和
变元的现代形式的记号法，以及对语句算子的现代形式的处理方
式(它迥然有别于布尔的方式)，都是首次出现。否定、蕴涵、全称 xxxvi
量词，以及等号，被当作初始词项。借助于量化技术，弗雷格在逻
辑史上首次能够对多重概括陈述的逻辑作出充分解释，并能够引
入表示关系和函项的变项。在为此所作出的非形式解释中，弗雷
格实际上给出了语句算子的真值表。这个系统的一阶部分，构成
了对于包含等号的一阶函项演算的完全的公理化。尽管没有关于
形成规则的精确陈述，而对推理规则的表述还不能算够上现代意
义上的严格性标准(因为在替换操作上的模糊性)，到希尔伯特
(Hilbert)和阿克尔曼(Ackermann)四十九年后出版《数理逻辑原
理》(*Grundzüge*)[①]为止，这本书在这些方面还是超过了包括《数学
原理》在内的所有其他作品。这还不算，这本书里还包括了著名 Bs 26
的、弗雷格用来定义关于给定关系的祖先(the ancestral)的方法，
而这是基础性的，它使归纳定义(inductive definition)转换为显式
定义(explicit definition)成为可能。

完成这项工作以后，弗雷格着手对特定的数学理论实施形式化，算术就自然而然被选作第一个课题。他原来的设想是，引入合适的初始概念，然后配备用来支配这些概念的公理，进而按照《概念文字》中的形式体系的规则，从公理导出数论的定理，这些定理中也包括那个时代通常被视为当然而非通过证明才被接受的一些

① 即 *Grundzüge der Theoretischen Logik*。该书初版出版于 1928 年。——译者

陈述。这里必须注意，戴德金（Dedekind）那时还没有给出我们熟知的、被称为“皮亚诺公理（Peano axioms）”的数论公理，因此选择合适的初始概念和公理的工作，就要留给弗雷格来做。然而，在这个过程中，弗雷格偶然发现了这样一个观点，即算术能够分析成不含专有的初始概念或公理的形式，并且，如果要对算术给出正确的解释，也应当这么分析。（弗雷格假定推演规则总是属于逻辑框架，而不为任何特定的数学理论所专有。）人们把这个著名的观点，当作数学哲学中的所谓“逻辑主义”学派的标志性特征。这样，在经过正确的分析以后，所有算术陈述单用逻辑概念就可以表达，能证明的算术陈述用纯逻辑的原则就能证明。（应当注意，弗雷格从来没有认为这适用于整个数学。他始终坚持几何真理是先天综合的，因而不能还原成纯粹逻辑的真理。另一方面，从自然数理论到分析，到实数理论，对他来说存在一种纯“逻辑的”转换。）

Re I; Gl 14, 89; NS 298 (279)

xxxvii 为表明这个观点可以接受，弗雷格在 1884 年出版了《算术基础》（*Grundlagen der Arithmetik*）。书中他在不使用符号的情况下勾勒了建立算术的方法。这本书标志着弗雷格从数学家向哲学家的转变。他不单单要说明怎样对算术进行公理化，这只需要像当代逻辑中所要求的那样，表明系统有望证明那些已知定理就行了；他还要为数论的概念提供一种分析，而这种分析在哲学上的可靠性必须得到捍卫。并且，从算术到逻辑的可还原性，有助于解决关于算术真理的地位的哲学问题——它表明密尔（Mill）错在把算术真理当作经验的，而康德错在把它们当作综合的。因此，弗雷格不仅要把对算术的建构工作，扩展到可以寄望于后续工作的地步，还必须为他的事业奠定哲学基础，指出其哲学价值，并在阐述的同时做出哲学的阐明。

关于数的本质和算术真理的地位，当时存在着一些其他的解释，这本书的第一部分几乎全都用来对这些对立的解释，展开漂亮而彻底的肃清工作，余下的部分则用来阐述自己的观点。他对自己的解释的阐述和辩护涉及大量哲学讨论，这些深奥的讨论不仅关系到数学哲学，而且具有一般的哲学意义，特别是关于同一性的概念、关于表达式意义，以及关于分析真理的讨论。除了关系到对数概念作出的分析，以及把算术还原为逻辑的那些讨论，他还得出了关于数学哲学的其他一些结论。书中尤其包含了后来称为“柏 Gl 96
拉图主义”的经典表述——“数学家像地理学家一样不能创造任何东西，他能做的也只是发现，并对被发现的东西进行命名。”

他的批评决定性地摧毁了那些对立的观点，至少就到那个时代为止得到表述，并且他考虑到的那些形式来说，确实如此。他关于算术所建立的大部分东西也是决定性的，其中最有价值的就是对“同样多”(等数)这个概念的定义。这个定义后来由康托(Cantor)独立地给出了。(正是这个定义，展示了数论与其运用之间的联系，让我们清楚地领会“多少个?”这样的问题的意义，并使我们能够清晰地理解，等数这个概念如何推广到无穷总体中。)在第二卷[①]中我们会看到的，这些成果的其他部分是让人生疑的。关于一般哲学问题的讨论中，有些想法深刻地影响了维特根斯坦，以及像蒯因和丘奇(Church)这样的作者，这些想法虽然还在引起 xxxviii

① 按照达米特在序中的预告，“第二卷”应当是指《弗雷格——数学哲学》(*Frege: Philosophy of Mathematics*)一书。——译者

争议，但仍然与相应问题的当代的处理方式密切相关。

人们早就注意到，弗雷格作为一个数学哲学家，毫无疑问具有希尔伯特（Hilbert）和布劳维尔（Brouwer）不具备的古风。他的两个主要论点是逻辑主义和柏拉图主义。在他建立算术的过程中，使用类（class）这个概念是至关重要的一步。这个概念在《算术基础》中完全没有分析过，弗雷格只是说，他假定人们知道什么是一个类（他称为“概念的外延”）。后来在发现集合论悖论时，以及在弗雷格自己的《算术的基本原则》的形式系统中，类这个概念就根本不再被认为是简单明确的了，而此时逻辑主义也就丧失了大部分吸引力。甚至“数学中的真陈述是否必然为真，如果是，其必然性来自何处”这样的一般性问题，也变得过时了。人们的兴趣转移到各种数学陈述的意义（以及有意义性）的本质。人们默认，陈述的意义一旦给定，就可以不用考虑它为真（如果它是真的）是什么意思了。（关于数学必然性的本质的问题由维特根斯坦重新提了出来。）

与此相反，柏拉图主义则是数学哲学中的争论焦点。但这里弗雷格也明显表现出古风做派。弗雷格的像前面引用过的那种柏拉图主义表述，看来是直白的。弗雷格主张，那些并非由我们（无论是在心灵中还是在纸上）创造的数学对象是存在的，它们没有开端，也不会消失，它们独立于我们而存在；我们给出的数学陈述是真是假，取决于这些对象具有何种性质和关系，而不取决于我们是否证明了或者能否证明这些陈述。对这一观点要抨击的首先自然而然是抽象实体的概念，但在这儿情况有些出乎意料。在《算术基础》以及以后的著作中，关于“对象”一词是什么意思有大量的讨

论。可以看到，我们想因为他描绘了一幅简陋的(naïve)图景而批评他，然而他对“对象”一词的使用却是高度精致的(sophisticated)；事实上，在他看来是简陋的，反而是我们对于抽象概念的反对。(然而确实还有一些作者，例如古德曼(Goodman)，还执着于这种简陋。他们进而把与柏拉图主义对立的观点当作“唯名论(nominalism)”，即拒绝所有抽象对象，而非人们通常正确地认为的那样，是构造主义(constructivism)。)按照弗雷格对“对象”一词的理解，存在数学对象，这一点完全是无可争议的。而正是因此，柏拉图主义作为一种仍然饱受质疑的学说，其本质就不可能在于数学对象存在这个论断。正如克瑞塞尔(Kreisel)谈到维特根斯坦时所说的那样，问题不在于数学对象是否存在，而在于数学陈述是否是客观的。弗雷格显然认为数学陈述是客观的，但除了他关于对象不得不说的那些话，弗雷格提供的支持极其有限。因此，尽管弗雷格是柏拉图主义者的典型，我们还不能这样理解他的著作，认为它在驳斥我们现在以为值得认真对待的那些与之对立的观点，以此为柏拉图主义辩护。

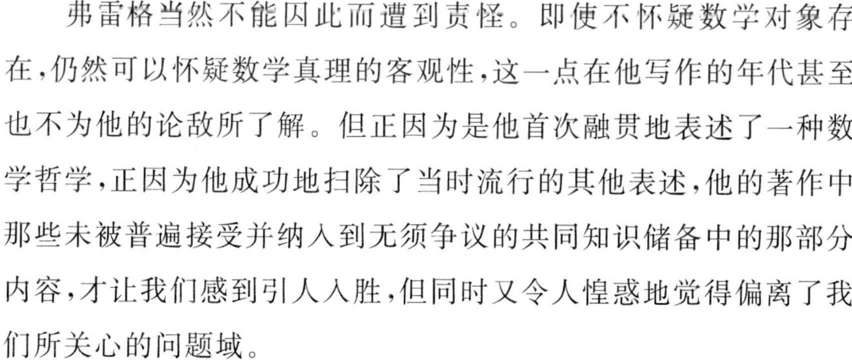

弗雷格当然不能因此而遭到责怪。即使不怀疑数学对象存在，仍然可以怀疑数学真理的客观性，这一点在他写作的年代甚至也不为他的论敌所了解。但正因为是他首次融贯地表述了一种数学哲学，正因为他成功地扫除了当时流行的其他表述，他的著作中那些未被普遍接受并纳入到无须争议的共同知识储备中的那部分内容，才让我们感到引人入胜，但同时又令人惶惑地觉得偏离了我们所关心的问题域。

《算术基础》出版以后，弗雷格着手做两件事：对《算术基础》中勾勒的结构进行严格的形式化，以及阐述一种哲学逻辑，在《算术基础》中他曾以此作为框架，来为这种结构给出辩护。第一件事在他的巨著《算术的基本原则》(*Grundgesetze der Arithmetik*)中完成，著作的第一卷出版于1893年。后一件事是通过一系列文章完成的，这些文章大部分在1893年之前就发表了。在这些文章中他建立了一套复杂而又精巧的逻辑哲学学说。但是，当随着彼此关联的部件增加，结构变得越加复杂时，他又受损于在《算术基础》中所没有的某种烦琐。那本书里的很多陈述都让人颇费思索，但绝不荒谬——它们不违背常理，因为他从不下没有直接理由支持的论断。不过，一旦建立了自己的哲学**体系**，他就会仅仅按照这个体系作出论断，无论这些论断看起来多么荒谬——它们自身的难以置信丝毫不会动摇他对体系的信心，只要它们实际上不能被驳倒就行了。

《算术的基本原则》第一卷在一个形式系统中构造了《算术基础》中勾勒的那种算术。这个系统与《概念文字》中的系统相似，只是在逻辑的公理化上有所不同。它使用了更少的公理和更多的推演规则，而对公式的处理方式则在某种意义上预示了甘岑(Gentzen)在NK系统中使用的“相继式(sequents)”这一概念。形成规则和替换规则得到了更满意的处理。主要的不同在于引入
xl 了类，以及在更一般的意义上，引入了“值—域(value-ranges)”。(正如概念是函项在只有一个主目时的特例，类是值—域的特例。类是概念的“外延”，而值—域是函项的“外延”。)类的概念在《算术基础》中只用了一次，但却很关键。把算术还原成逻辑的主张要获得支持，关于类的理论就必须被当作逻辑的一部分。由于类并没

有出现于《概念文字》，而《算术基础》也没有说明关于类作出了什么样的假定，弗雷格就必须为类制定记号并确定制约它们的公理。这就是著名的公理 V，由这个公理导致了罗素悖论。

弗雷格总是不满于自己的书获得接受的程度，这也难怪。《算术的基本原则》第一卷尤其让他气馁。这使他把第二卷的出版推迟了十年。这一卷完成了用形式化的方式推演出算术的工作，并推进到一个新的主题，即分析基础（实数理论）。像在《算术基础》中一样，在着手形式构造工作之前，他用了大量篇幅拆解对立的理论。这一次就远没有《算术基础》中所做的那么成功了。实际上他并没有触及康托和戴德金等人理论的核心部分，他只是批评其表述中的不严格性。这些批评确实是公正的。就对数学中的形式主义以及各种形式主义倾向的批驳而言，这本著作是强有力的，只是有时失之苛刻；但作为对引入实数的特定方法的批评，它却没有价 43
值。著作付梓之际，弗雷格收到罗素的信，信中罗素宣告他在弗雷 BW 211-12
格关于类的理论中发现的矛盾。由于关于这个主题的大量文献都 (130-1)
不准确，一番梳理工作还是值得一做。

弗雷格一开始是惊慌，这一点表现在他给罗素的第一封回信
中，这封信后来被广泛引用。第二封信以后他就恢复了镇静。即 BW 213 (132)
便在还没有弄清如何避免悖论之时，他仍然坚信自己的基本信条
是正确的，并在此基础上否决了罗素提出的一些临时性的建议。BW 217-29
罗素当时在大量各式各样的观点中间搜寻解决之道。通信往来进 (135-47)
行到一半时，弗雷格找到了对公理 V 似乎自认满意修正办法。BW 232-3 (150)
（罗素觉得弗雷格的解决可能是正确的，但到那时他已经给出了恶性循环原则，这当然继续吸引着他，而对弗雷格的反对不加理会。）

在为第二卷仓促写就的附录中，包含了弗雷格对罗素悖论的说明、他对原来的公理 V 的修正（公理 V′）、对这样如何避免悖论
xli 的解释，以及对其他解决办法的一般性的反对意见。在弗雷格去世第五年的 1930 年，波兰逻辑学家涅斯列夫斯基（Leśniewski）证
Sob 明了，尽管公理 V′实际上不会导致矛盾，但却导出了不存在两个不同对象这一结论，而把这个公理当作类理论，尤其是当作算术的基础，明显是荒谬的。事实上，在弗雷格自己的而非基于标准谓词逻辑的某个系统中，它确实会导致矛盾。因为，既然真值是对象，那么从**真**（the True）与**假**（the False）①可以证明的区别（写成记号就是 $\vdash\!\top(-a = \top a)$），就得到至少存在两个对象。没有证据表明弗雷格发现了公理 V′会导致这个结果，但人们通常认为弗雷格一直满意于自己的解决的那种看法，这却几乎肯定是错的。在弱化了一个理论的公理之后，接下来任何人都要做的事情就是，检查在原有基础上做出的证明是否仍然成立。哪怕是最粗略的检查都会发现，一旦把公理 V 弱化为公理 V′，每个自然数都有后继这一基本定理的证明就垮掉了。我们知道，当初在《算术基础》中引入类，本身就是因为这样能证明这个定理。因此，在公理被弱化后弗雷格第一个检查证明过程是否有效的，可能就是这个定理。弗雷格可能很快就意识到这个解决办法不起作用——由于他提出问题所使用的术语，恰好并不指向一种有效的解决方案，他应该会认为问题无解，而把算术还原成逻辑的整个事业也就垮掉了。

---

① 在弗雷格的系统中，真值（truth value）（包含真与假）被处理成对象，而这与真这个概念（the notion of truth）还不是一回事。文献中一般用“the True”与“the False”来表示前一情况。在翻译时就用粗体字“**真**”与“**假**”来表示。——译者

这个猜测与弗雷格后来为人所知的经历很好地吻合。1903 年,也就是《算术的基本原则》第二卷出版的那一年,弗雷格发表了两篇短文批评希尔伯特的《几何原理》(*Grundlagen der Geometrie*)。此后直到 1918 年,他没有发表任何值得注意的东西。他再没有任何建设性的工作,连他写的论战性文章比起以前的工作来说也了无新意,除了刻薄。尤其是,还未完成的《算术的基本原则》也不见下文。结果是,对于由他创建的那个学科,即数理逻辑以及以此为手段的数学基础研究来说,弗雷格没有参与到它的第二个发展阶段中。(1903 年到弗雷格去世的 1925 年发生了多少事情,列举一下就知道:策梅洛(Zermelo)从选择公理证明了良序定理,1904 年;他对集合论的公理化,1908 年;关于一阶函项演算的诺文海(Löwenheim)定理,1915 年;司寇伦(Skolem)对该定理的推广,1920 年;希尔伯特的文章"公理化思想(Axiomatisches Denken)",1918 年;布劳维尔对经典逻辑的第一次抨击,1908 年。)那时他极端低落的情绪可以从他 1912 年写给罗素的信中看出来,信中他拒绝了在举行于剑桥的数学家大会上 xlii
发言的邀请。1918 年他着手最后一次尝试写一本通论哲学逻辑(而不是处理数学基础)的著作。此前他有三次尝试这样做,第一次是紧接在《概念文字》出版以后。他发表的最后三篇文章(两篇发表在 1918 年,一篇在 1923 年),构成了这部未竟之作的前三章。1923 年至 1925 年,在他生命的最后三年里,他又写了几篇文章,一篇都没有发表。这些文章陈述了他关于数学的最后观点。那时他相信,自己此前关于数学的著作中唯一正确的东西,就是对于含有数词形容词的句子的逻辑形式作出的分析,用他的术语来说就

是这样一个原则，关于数作出的陈述，其内容就是关于概念的断定。把算术还原成逻辑的想法是完全误入歧途，基础性的错误在于引入类的概念，但没有这个概念，还原又是不可能的。如今他认定，类这个概念完全是欺骗性的，它来自于语言造成的幻觉。因此，对弗雷格来说，悖论的发现推翻了从逻辑推出算术的计划，而这被弗雷格认为是自己的首要成就。他永远地放弃了形式逻辑方面的工作，放弃哲学逻辑研究达十五年，放弃数学基础的工作长达二十年，他在重新恢复关于数学基础的工作时既拒绝关于类的理论，又拒绝逻辑主义，他在1912年情绪彻底低落——考虑到这些事实，再联系到他很有可能发现自己的解决方案是不充分的，我们最终可以确认这个推论。

弗雷格在他的时代籍籍无名。在哲学家中，他的工作只有罗素、维特根斯坦和胡塞尔了解。罗素当然受到他相当大的影响。他也深深地影响了维特根斯坦。（罗素用《数学的原则》（*Principles of Mathematics*）的一个附录来讨论他，而在“论指谓（On Denoting）”（1905）中又用大段篇幅批评他的一个观点；在《数学原理》（*Principia Mathematica*）第一卷（1910）序言中，他和怀特海写道，“在关于逻辑分析的所有问题上，我们都主要受惠于弗雷格”。维特根斯坦在《逻辑哲学论》（*Tractatus*）序言中谈到“弗雷格的伟大著作”，并在正文中一再援引他。）由于对胡塞尔早期著作《算术哲学》（*Die Philosophie der Arithmetik*）（1891年）的负面评论，他对胡塞尔也产生了某种影响。他严厉指责这本书，视其为“心理主义”（psychologism）（把心理学要素输入逻辑）和“抽象主义”（abstractionism）（源于英国经验论的一种关于概念形成的蹩脚理论)的典型。值得称赞的是,胡塞尔接受了弗雷格的批评,在自己的《逻辑研究》(*Logische Untersuchungen*)(1900 年)中把反心理主义当成自己纲领的要义之一,并慷慨地引证了弗雷格。(不过,他后来似乎又有反复。)另一方面,现象学阵营中的其他成员都 xliii
对弗雷格一无所知。梅农(Meinong)似乎一点都不知道,弗雷格预见到他关于"设定(assumptions)"的学说以及"对象理论",对象理论还采取了一种优越得多的形式。数学家中,弗雷格赢得了戴德金和策梅洛的尊重。然而康托对他怀有敌意。在《算术基础》中,弗雷格赞许地引证康托,但康托的回报却是针对此书的一篇毫不客气而且缺乏理解的书评。书评在康托的一本文集中,连同编者策梅洛的附言一起重印。策梅洛在附言中为这两个伟大人物之间的误解而惋惜。弗雷格写了一个简短的答复,并在《算术的基本原则》第二卷中通过批驳康托来报复。希尔伯特有时也会称赞弗雷格,比如他在 1904 年海德堡的国际数学家大会上的发言"论逻辑与数学的基础(Über die Grundlagen der Logik und der Arithmetik)"。但他倾向于认为他的工作因为产生悖论而失去了价值。布劳维尔表现得完全不知道弗雷格的存在,尽管弗雷格作为一个重要的柏拉图主义者,应该是他抨击经典数学时要找的理想对手。的确,他的有些论辩针对弗雷格应该比针对希尔伯特更加合适一些。皮亚诺与弗雷格有通信联系,但却愚蠢地不把他当回事,也不愿意下功夫去理解他。(洛文海也与弗雷格有长期的通信联系,可惜这些信件在战争中毁于轰炸。)除了我提到的这些,数学家和哲学家都同样对他一无所知。情况现在当然大不相同了,但在 1925 年,弗雷格无可挽回地觉得自己遭到了不公正的忽视,而自己生命之作大部分归于失败,郁郁而终。

第一章　涵义与语调

弗雷格原来在学术生涯之初为自己确定的任务，是为数学提 1
供一种手段，来确保证明过程达到绝对的严格性。这当然与寻找并发现证明的思想过程没有关系，它关系到已经找到的证明该如何表述。弗雷格想要的是一个框架，能够用来表现所有的数学证明，并确保能够杜绝不正确的推论——一个证明如果能够这样陈述，它就能够是不谬的，能够避免只在未加澄清的限制中才有效的情况，并能避免依赖于未予表述的假定。要达到这个目标，就必须设计一套符号语言，对任意给定的数学理论来说，只要把所要求的附加词汇表示出来，该理论的任何陈述就都可以用这种语言来表述。用现代术语说，这是一种形式化的语言，也就是说，对任何给定的符号搭配，都有一种能行的方法，可以用来识别出它是否是该符号语言的公式。并且，关于这种语言，必须规定证明的形式规则，它们按照特定方式表示出来，从而提供一种程序，该语言的哪些公式序列构成有效证明，按照这种程序都可以得到能行的判定。这件事必须做得有足够的包容性，以使我们能以一种至少是可以接受的方式，用符号语言中合乎给定规则的形式证明，来取代关于数学理论陈述的任意具有直观有效性的论证。

这样，弗雷格计划要做的，就是从十九世纪数学深切关注的、

对数学理论的公理化，推进到真正的形式化。公理化方法致力于分离出各数学理论的基本概念（使用这些概念可以定义理论中的
2 其他概念），以及基础性的假设（所有定理最终都可以从中推出），而弗雷格所要做的，就是把证明的过程本身也置于同样严格的分析之下。

要使关于证明的分析成为可能，必须先分析构成证明的那些陈述的结构。证明是否有效，取决于用于充当证明的前提、结论以及中间步骤的陈述的意义，以及它们之间的相互关系。陈述的意义则取决于构成陈述的词或单个符号的意义，以及这些符号结合起来构成陈述的方式。众所周知，自然语言的句子中，不同类别的词在确定句子整体的意义时，所起的作用极不相同，而这种差异为词的线性排列所掩盖。在构成句子时，词以及其他低层次的表达式所遵守规则的复杂性，也同样被掩盖。因此，弗雷格的首要任务就是分析我们语言中句子的结构，至少，要分析用于数学推理的那些句子的结构。这种分析少不了要确定哪些句子是正确地构造出来的，它还必须解释每个句子的意义如何为其内部结构所决定。用现代术语来说就是，分析必须是语义学的，而不能仅仅是句法上的。换言之，弗雷格必须为一种意义理论提供基础。

Bs 3,7 弗雷格区分了句子或表达式意义的两个要素，一个称为“涵义
SB 31; Ged 63 (9); (Sinn)”，另一个可以称为“语调”（弗雷格本人用“文饰
NS 209 (193); (Beleuchtung)”和“风格(Färbung)”这两个词来称呼后者）。他这
NS 214 (198); 样解释这个区别：涵义中只包括与确定句子真假有关的要素，而其
BW 102 (67) 意义中不影响真假的任何特征，则都属于语调。同样，表达式中只
与包含它的句子之真假相关的东西属于涵义，而其意义中没有这

种相关性的任何要素,都属于语调。

这个区别对当代哲学家来说极其熟悉。用“但是(but)”来替 Bs 7
换“并且(and)”会改变句子意义,但不能把真句子变成假句子,也
不会把假句子变成真句子。用“乌龟”来替换“王八”也是这样。[①] NS 152 (140)
因此,“但是”与“并且”,以及“乌龟”与“王八”之间在意义上的区别就属于语调而非涵义。这里出问题的不是涵义这个概念,而是语调。语言在本质上应当是这样的:它允许构造具有确定真值条件
的句子,并且这些句子可以在断定中使用,也就是说,句子被理解 3
为受制于这样的约定,说话者的目的在于只说那些真值条件得到满足的句子。即便当句子以不同方式使用,例如以祈使句的方式使用时,这种语言学实践也显然要求,句子应当描述当命令得到服从时所实现的那个事态,以使我们知道在何种条件下该事态得到实现。一时还不清楚,一个断定除了不为真,还能在何种意义上是不正确的;也不清楚,除了实际上对情况如何做出陈述,我们还能如何利用所说的东西来进行传达。更不清楚的是,句子或表达式的语调是不是意义中除了涵义之外的唯一特征,换言之,是不是基于同一个特征,才让我们得以区分“但是”和“并且”,以及“王八”与“乌龟”。我们迟些再讨论这个问题,眼下则把注意力限制在句子和词语的涵义上。

蒯因把这样一个信条归于弗雷格:意义的单元不是词而是句 *FLPV* 39
子。这个信条要么是贫乏的(truistic),要么是荒谬的,不管怎样

① 达米特原来使用的词是“dog”和“cur”,分别是“狗”和“贱狗”之意。但这个差别在汉语中并不体现为语调之别。汉语中合适的例子显然是“乌龟”和“王八”,故以此意译。——译者

它都不代表弗雷格强调过的任何观点。在一个词中，单个字母并不承载意义，例如，在“mean”与“lean”中“ean”这三个字母并不代表这两个词共同承载的意义成分。如果把蒯因陈述的信条理解成，就像字母在词中不承载自己的意义一样，词语在句子中也不承载自己的意义，那就是荒谬的。它违背这样一个显而易见而又至关重要的事实：我们从来没有听说过也没有想到过的新句子，只要是用我们理解的词以熟悉的方式放在一起构成的，就可以为我们所理解。把这个信条理解成只是在说，除了在能通过参照语境对说出的词语作出的补充、使其扩充成完整句子的情况下，我们不能用还不是句子的一串词说任何事情，不能作出断定、表达意愿、提出问题、下达命令等，一句话，不能走出维特根斯坦所说的“语言游戏中的一步”——如果这样理解，这个信条就是贫乏的，因为从逻辑而非排版印刷的意义上说，用来规定什么是一个句子的，恰恰是我们能用它来在语言游戏中走出一步（或“实施一个语言行为”）。

必须承认，在弗雷格之前还没有哪个哲学家成功地给予意义以解释，并在这种解释中体现出，“句子是意义的单元”这个口号为何在那种贫乏的意义上是真的。从亚里士多德直到洛克之后的连
4 续传统中，表达“观念”的能力都被归于单个词，而表达复合“观念”的能力则被归于词的组合。词的有些组合构成句子，有些组合构成只能充当句子成分的短语，这两者间至关重要的区别在这种讨论方式中被模糊了，或者至少未能得到解释。人们甚至一直都倾向于把一个句子为真，等同于一个复合的一般摹状词的一次运用，认为这两者都表达了实际上得到实现的观念。弗雷格向前迈出了一大步，他坚持在句子与由词得到、但不足以构成句子的合式组合

(well-formed combinations)之间,建立关键性的区分,并给出一种意义理论来解释这种区分。由此作出的重要贡献,已经成为关于意义的任何哲学解释的基础部分。然而,只把一个粗略的口号归于弗雷格,而不对他实际上给出的内容进行细致的表述,这是不行的。

要是还用一句口号,弗雷格的解释可以这样表述:按照**解释**(explanation)的顺序,句子的涵义是第一位的,而按照**辨认**(recognition)的顺序,词的涵义是初始的。弗雷格始终不渝地坚持,句子涵义,或者任何复合表达式的涵义,都是从构成它们的词的涵义得到的。这意味着我们理解句子(把握其涵义)的方式,就是知道其成分的涵义,并且,将各成分的涵义按照特定方式组合起来,这种组合的方式是由词本身构成句子的那种方式所决定的。因此我们关于任何特定句子涵义的知识,都是通过关于词的涵义的已经具备的知识,以及观察它们在句子中结合的方式得到的。我说,在弗雷格那里,按照辨认的顺序,词的涵义是第一性的,而句子涵义处于第二位,我要表达的正是这一点。任何意义理论如果不能贯彻这一点,就不能解释一个显而易见而又至关重要的事实,即我们能够理解新句子。但是,一旦我们要对句子和词具有涵义是怎么回事作出一般性的解释,要解释对我们来说什么是把握涵义,优先顺序就颠倒过来了。对弗雷格来说,词语的或者任何非语句表达式的涵义,都只有通过作为对它们所能构成的句子的涵义作出的贡献,才能得到理解。由于只有使用句子我们才能作出一个语言行为,我们才能**说**些东西,词或非语句复合表达式就只能在这种意义上具有涵义:制约着它的一般规则部分地表明了包含它的句子的涵义。如果真是这样,那么为了避免循环,关于句子涵义

5 的一般性概念，就必须在不参照作为构成部分的词或表达式的涵义的情况下，就能够得到解释。真值条件这一概念使这一点成为可能——把握句子的涵义，一般也就是说，知道在什么条件下句子为真，什么条件下句子为假。

这里，我们所关心的是，必须采取何种形式，来对什么是一个句子有涵义（或什么是知道一个句子的涵义），以及什么是一个词具有涵义（或者类似地，什么是知道一个词的涵义），给出**一般性**的解释。对于这样一个一般性解释的目的来说，句子涵义的概念是优先的，因为它可以通过参照真值条件的概念得到解释，而关于词语涵义的一般性概念，则只能通过词所能构成的句子的涵义得到解释。当然，词对决定它所构成的句子涵义的贡献，这个高度抽象的概念还仅仅是框架性的。要充实这个框架，我们必须先按照词和表达式对句子涵义所作贡献的种类，确定这些词和表达式所属的范畴，然后针对各范畴，来对制约它们的语义学规则所采取的形式，给予一般性的解释。

因此，按照弗雷格的思路，如果不参照词构成句子所能采取的方式，我们就无法把握词的涵义，但我们可以独立于包含它的任意特定句子，来理解词。我们对任何这样的特定句子的理解，都取决于我们如何理解构成它的词，这种理解对我们来说决定了句子的真值条件。但我们对这些词的理解，就在于我们把握了它们在句子中一般而言起作用的方式，以及一般说来它们是如何结合在一起，决定那些句子的真值条件的。

用一种非常简单的编码法来进行粗略的类比。每个代码词都由一个数字后面接一串字母构成，数字决定了字母在字母表中的偏移量，于是“can”这个词就可以写成“1dbo”或“5hfs”或“26can”，等等。确定被编码的词的程序服从一些一般规则，人们只需对构成代码词的数字和字母运用这些规则，就可以确定被编码的词是什么。因此，在每个代码词中，每个字母和数字都具有统一的意义。另一方面，如果不参照《用代码词代表普通词》这一一般性的概念，就不可能解释任何数字或字母在代码中的意义——除非这个概念先已给出，就不可能谈论代码数字和字母“意味着”什么。

在这一解释的语境中，问句子还是词被当作“意义单元”，是无 6
意义的。

这不是说，词的涵义只在于它对包含它的句子涵义所作出的贡献，这个学说要求对特定词的所有解释都必须明确提到它在句子中是如何出现的。词可以属于某个范畴，而对属于该范畴的词的涵义存在一种一般形式的解释，使我们不需要这样明确提及句子。弗雷格认为“专名”这个范畴就是这样的，我们通过说明它代表什么来给出属于这个范畴的词的涵义。但是，要能这样做，就必须假定我们拥有或者能够构造一种一般性的解释，按照专名与其所表示的对象之间的关系，来说明专名对于包含它的句子真值条件的贡献。关于这样的关系存在的想法本身只有在这种一般性解释的背景下，才具有内容。

把这个信条归于弗雷格，是由于在《算术基础》中极力强调的
一个论点，即“只有在句子语境中，词才有意义”。到此为止所说的 Gl x, 60,62, 106
东西还没有穷尽这个论点的内容，但肯定属于它想表达的内容的一部分。就前面提到过的例子来说，专名的涵义就通过名称与其专属对象之间的关系得到解释，而这种关系我们表达成，名称表示

对象。这种解释不需要明确提到名称出现于哪些句子。引入了名称与其所表示的对象间的关系,就已经隐含地涉及这种出现了。比较一下表述扑克游戏规则的情形,在那里人们说,“A 比别的所有牌都要大,10 比 A 小,而比别的牌大。”这里,不需要提到牌的玩法就可以确定牌的大小顺序,但是,如果后来不与玩牌的方法联系起来,如果不是利用定好的顺序来表述某个规则,这样确定的顺序就是空的无意义的。同样,为任何类别的词的涵义给出解释,如果没有明确提到词出现于其中的句子如何确定真值,那就只有在这种解释所用词项随后也被用来规定句子真值条件的情况下,才能达到目的。我们知道什么是一个名称表示一个对象,而这只有通过知道包含该名称的句子如何确定真值才行,而这种知识可以利
7 用名称与对象之间的那种关系来得到表述。因此,句子在语言中起了不可替代的作用。句子具备这种作用,这绝不是什么伟大的发现,弗雷格的成就在于在论述中承认并解释这种独特作用。

在《算术基础》之后的著作中,弗雷格不再承认句子的这种作
FB 18 用是独特的。相反,他把句子当作复合单称词项,认为它们表示真值,而这与复合词项表示其他种类的对象没什么不同。这对弗雷格来说是一种倒退,它掩盖了一个至关重要的事实,即说出一个句子总的来说与说出一个复合词项不同(除了在像回答问题这样一些特殊语境中),它可以用于实施一个语言行为,用于作出断定,下命令等等。这样,弗雷格对专名涵义的解释就不得不是这样的:对任何包含专名的复合词项来说,专名的涵义都在于对决定该词项表示哪个对象的方式,所作出的贡献。同样,词具有的涵义一般而言就不得不理解为,词作出的贡献是决定包含它的复合单称词项

代表什么,而不是决定包含它的句子的真值条件是什么。可能正是因为弗雷格采纳了这个新的学说,才使《算术基础》中极力强调的论点,即词只有在句子语境中才有意义,在后来的著作中无迹可寻。对于他在自己后来著作中每当要谈到这一点时都说了什么,我们都会看到某种可想而知近乎窘迫的为难之感。

第二章　量　　词

8 在其研究生涯之初，弗雷格发现了用于概括表达式的量词和
Bs 11 变项记号，这一发现支配着他此后关于逻辑的总体看法。凭借这个发现，他在整个逻辑史中首次解决了一个问题，这个问题难倒了关注它的绝大多数聪慧之士。毫不奇怪，弗雷格自此以后的研究路线，都取决于他认为自己从这个发现中学到了什么。

亚里士多德和斯多亚哲学家所研究的那种推演，本质上只涉及最多包含一个概括表达式的句子。经院逻辑曾经苦苦思考依靠多重概括句（其中包含不止一个概括表达式）建立的推演所产生的问题。为了处理这类推演，他们发展出关于各种“设定（*suppositio*）”（即表达式能够借以表示或运用于对象的不同方式）的一些空前复杂的理论。这些理论虽然精巧复杂，但无论是在句法上（用形式术语来规定推演的有效性），还是从语义上（解释多重概括句的真值条件），却都从未成功给出一种可以运用的统一解释。在微妙程度上不断累积，但从未最终成功解决问题，这种局面的结果就是，到了文艺复兴时期，整个逻辑学学科都陷入声名狼藉的境地，并作为经院时期成就的一部分被完全抛弃。十九世纪之前，除了莱布尼兹，欧洲的数学家和哲学家就再也没有人在逻辑上投入过真正的工作。莱布尼兹关于多重概括的工作也告失败。有些观点主张多

重概括问题并不存在，如果不是这些观点的阻碍，包含多重概括的
推演问题是否还会历经多个世纪而得不到解决，这确实还很难说。
任何用一阶谓词逻辑表达的句子，如果只包含一元谓词，就等价于 9
量词辖域内不再包含其他量词的某个句子。流行的观点认为，关
系仅仅是“理想的”，任何包含多元谓词的句子原则上都可以还原
成只包含一元谓词的句子。这个观点意味着，研究多重概括（概括
表达式的叠套）是多余的。逻辑如果只处理简单概括，就不能为哪
怕最简单的数学推理给出任何解释。对这个显而易见的事实，那
些认为亚里士多德已经从根本上解决了所有逻辑问题的哲学家
们，几乎无例外地视而不见。

要理解弗雷格，就必须清楚量词—变元记号的发现究竟影响多广，必须看到它解决了一个古老的问题，而这个问题阻碍逻辑学的发展长达好多个世纪。摩尔（Moore）把罗素的摹状词理论称为“哲学的典范”。这个称号给弗雷格发现的量化理论会更好些，因为它解决了一个深刻的问题，而一个巨大领域的进一步发展就取决于这个问题的解决。这种解决是决定性的，因为我们现在根本不会意识到这个问题，不会意识到这个问题是作为哲学问题解决的。但是，要理解弗雷格，把握这个发现波及的广度是不够的，还必须能够理解在他那里它本质上是什么。许多东西对我们来说明显得不值一提，因为量词—变元记号是逻辑的一种公认技术的一个基本构件，但这些对他来说则是难以抵抗的深刻洞见。如果不置身于他写作的那个语境去看，我们就难以理解为什么他会以他那种方式建立观点。

一个句子，或者在大多数记号法中的一个数学方程，都只是词

或记号的线性排列。对句子或方程结构最自然的解释，就是把它们当成由词或记号按照线性顺序排列构成的。当然，在给出这样的解释时，对要把什么样的词或记号串算作是有意义的，还需要给出特定限制，这些限制从不同的词或记号所起的不同作用获得解释。例如，在表达式“2＋3”中，记号“＋”显然以不同于“2”和“3”的方式起作用——它们是数字，而“＋”则是算子（operator）。算子的作用是把两个数字连接起来构成复合表达式，而这个表达式又是一个数词，也就是说，和数字一样起作用，例如可以放到“＝”这个记号两边。但是，在表达式“（2＋3）×6”中，括号虽然也构成记号的线性排列的一部分，但作用显然又很不相同——它们用来表明，在与算子“×”相连时，整个表达式“2＋3”算成一个整体。要尝试解释决定这类简单的表达式构造是否正确（或意义是什么）的规则，就必须放弃起初那个自然而然的观点，即记号的线性排列是构成复合表达式的可靠指引。也就是说，尽管最终的产物当然是线性排列的记号串，但不能认为其构造过程就是把同时给出的所有用于构造的记号放到一起，然后按照确定的规则来进行线性排列，而应当将其看作是分阶段的过程。构造上述表达式的第一阶段就是把“2”和“3”用“＋”连在一起形成“2＋3”，第二阶段则把由第一阶段构成的表达式与记号“6”通过算子“×”连在一起。在最终得到的线性表达式中，构造的顺序可以用像“（2＋3）×6”这样的括号加以表示；或者通过约定得到确定，比如“2＋3×6”；也可以像自然语言中常见的那样，让表达式在构造顺序上保持歧义，通过语境来消除这种歧义。

支持弗雷格发现量词记号的洞见之一是：应当用“句子是通过

一系列步骤构造的"这个想法来解释概括表达式是如何整合到句子中的。句子"所有人嫉妒某人"包含多重概括，用量词记号法表示，就应当把存在量词置于全称量词辖域之内。如果存在量词是句子中出现的唯一的概括记号，就很容易解释包含它的句子的真值条件。正是因为要解释概括表达式的叠用，中世纪关于设定的理论才变得复杂。难点在于，要把上述类型的句子当成是由动词表示的关系表达式以及两个概括记号，这样三个成分同时构成的。

弗雷格的洞见在于，句子要当作分阶段构造的，每个阶段对应 Gg I 26,30
于句子中出现的相应的概括记号。一个句子可以是一个概括记号与一个一元谓词结合构成。而一元谓词本身则被当作从一个句子中去掉一个单称词项（singular term）（专名）的一次或多次出现（occurrence）得到。我们从"彼得嫉妒约翰"这样的句子开始。从 11
这个句子我们去掉专名"约翰"，就得到一元谓词"彼得嫉妒 ξ"，其中希腊字母"ξ"只是用来表示去掉专名以后留下的空位。这个谓词可以与概括记号"某人"[①]结合起来得到句子"彼得嫉妒某人"。对由此得到的句子也可以进行同样的处理：去掉专名"彼得"，我们得到谓词"ξ 嫉妒某人"，它可以与概括记号"所有人"连接，得到句子"所有人嫉妒某人"。

"所有人嫉妒某人"这个句子也可以解释为以与"彼得嫉妒约

① "somebody"和"something"在英语中有单数和复数两种用法，而在理解为存在量词时，这个区别消失了。本书中出现了在日常语言中使用这些词来表示量词的大量例子，这些例子在语法上仍然需要区分单复数。在译文中有时使用单数"某人"、"某物"等，有时也使用复数，如"有些人"、"有些东西"等，这些都是量词的例子。——译者

翰”同样的方式，用“所有人”、“嫉妒”和“某人”这三个成分构成。为什么分阶段构成句子的想法，比这种想法更说明问题呢？原因不在句法（至少，到目前为止这只关系到决定哪些是正确构造的句子），而在语义学。它使我们在解释包含概括记号的句子的真值条件时，只需解释简单概括，只要这种解释只运用于引入相应概括记号的那个构造阶段就行了。这样我们就可以避免与概括的取值范围（range）相联系的问题。这些问题虽然极为重要，但如果只是在人类中进行概括，就不需要立即考虑它们。因此，只要当把一个给定个体的名称填入一个一元谓词的主目位置（空位），由此得到的句子是真的，这个谓词对于给定个体就为真。只要谓词对每个个体都为真，由该谓词与概括记号“所有人”构成的句子就为真；如果谓词对至少一个个体为真，由该谓词与概括记号“有些人”构成的句子就是真的。我们只要知道包含多重概括的句子是如何构造的，就能从这些简单的规则确定句子的真值条件。为此只需已知把概括记号换成专名得到的所有句子的真值条件即可。因此，只要每个这样的句子“彼得嫉妒某人”、“詹姆斯嫉妒某人”……为真，“所有人嫉妒某人”就为真；只要“彼得嫉妒约翰”、“彼得嫉妒詹姆斯”……这些句子中至少有一个为真，“彼得嫉妒某人”就为真。另一方面，这也不会让我们作出这样一个假的断定，即只要“所有人嫉妒约翰”、“所有人嫉妒詹姆斯”……其中之一为真，“所有人嫉妒
12 某个人”就为真。因为最后那个句子不是通过把概括记号“某个人”与谓词“所有人嫉妒 ξ”结合得到的，而是结合概括记号“所有人”与谓词“ξ 嫉妒某个人”得到。

在自然语言中，句子形式并不表明构造的顺序。一种专门的

约定使我们把“2＋3×6”解释成“2＋(3×6)”而非“(2＋3)×6”。同样，也是专门的约定，决定了我们要把句子“所有人嫉妒某个人”的构造顺序解释成，概括记号“所有人”在第二阶段引入，而非其他顺序。如果想表达按照其他顺序得到的命题，我们就必须使用被动语态，说“某个人为所有人所嫉妒”，或者用关系从句，“有某个人，所有人都嫉妒他(There is somebody whom everybody envies.)”[①]。这是因为，按照默认的专门约定，构造的顺序与概括记号出现在句子中的顺序相反。“所有人”如果在“某个人”前面，就要理解为在依序构造的过程中后来才引入的，反而反之。因此自然语言的表达能力，依赖于较低阶次(level)上的某种备用结构(redundancy)——正是因为主动句“彼得嫉妒约翰”完全等价于被动句“约翰为彼得所嫉妒”，并等价于关系从句“约翰就是彼得嫉妒的那个人”，概括记号出现时，才可能利用专门约定，来为对应的形式赋予不同而又确定的涵义。

获得这一洞见之后，弗雷格就着手把自然语言中用来表达概括的记号换成新的记号，即量词与变元。新记号的目的在于使任何句子的构造过程都得到无歧义的确定，而不需要任何专门约定，因而也不需要任何低阶次上的备用结构来提供支持。要是没有用来排除这种歧义的约定，句子“所有人嫉妒某个人”本来可以通过用概括记号“某个人”来连接谓词“所有人嫉妒 ξ”得到；但“对所有 x，对某个 y，x 嫉妒 y”这种形式则不能通过把量词“对某个 y”加给“对所有 x，x 嫉妒 ξ”得到。在自然语言中，概括记号插入到谓

① 按照英语语法，关系从句(relative clause)即定语从句。——译者

词的主目位置上，这样，一旦出现两个概括记号，就只有求助于特殊约定，才能确定在分阶段构造句子的过程中哪个概括记号是最
13 后引入的，它附加在哪个谓词上。然而在弗雷格的记号中，概括记号放在谓词前面，它所带的约束变元也应当出现在谓词的主目位置上，因而能毫无歧义地表明句子是如何构成的。

自然语言的句子中出现的概括记号，按约定要被当成是按照与出现的顺序相反的顺序引入的。我们知道，要使这个约定起作用，所有包含两个专名的句子都必须对应一个等价的句子，其中两个专名按相反次序出现。做到这一点的一种方法是使用被动语气。这一点显然可以推广。如果要使自然语言能够表达任意有限数量的量词、以任意次序表达的东西，而歧义要通过援引约定来加以避免，那么，对包含任意数目的不同专名的任何自然语言句子来说，就必须存在由同样名称按任意不同次序构成的等价句子。这就要求在自然语言中，在不含概括记号的语句所在的阶次上，要配备大量的备用结构——要使自然语言所使用的表达概括的手段生效，所需要的备用结构还不止这些。

在某个句子中去掉同一个专名的两个或更多的出现，由此得到一些谓词。在使用量词和变元记号时，关于这些谓词当然没有什么困难。在两个或更多的空位（它们一起构成一个主目位置）上填入同一个约束变元就行了。而在使用自然语言记号的情况下，就没有这样简单的解决办法了，因为此时概括记号必须占据谓词的主目位置。在几个空位中的都插入同样的概括记号，这得不到需要的效果——如果句子“某个人杀了某个人”被理解为具有句子“对某个 x，x 杀了 x”的涵义，那就无法表达“对某个 x，对某个 y，

x 杀了 y”。在自然语言中这个困难是通过在低阶次上引入更多的备用结构克服的——对包含某个专名的两个或更多次出现的任一句子，都必定存在一个等价句子，其中那个名称只出现一次；从这个句子中可以得到谓词，使概括记号仅插入代表其主目位置的一个空位。达到这一效果众所周知的方法就是使用代词，尤其是反身代词。要识别有效推演，理解不同形式间的等价关系是关键。例如下面的三段论：

任何杀死布鲁图斯的人都是叛国者； 14

布鲁图斯杀死他自己；

因此，布鲁图斯是叛国者。

它的有效性依赖于“布鲁图斯杀死他自己”与“布鲁图斯杀死布鲁图斯”之间的等价关系。

这样我们就可以说，用量词和变元记号可以表达的内容，是否都能用自然语言表达，这要取决于，对包含任意数量专名的任意次出现的任意句子，是否总能找到一个等价句子，在这个句子中每个名称都只以任意特定次序出现一次。自然语言是否确实有这种能力，这一点还不完全清楚。可以肯定，如果没有相当冗长的形式，这通常是无法实现的。

这样，利用量词—变元记号，就能够对各种全称量词和存在量词作出整齐划一的解释。（弗雷格虽然指出了“对某些 x，……x……”与“并非对所有 x，并非……x……”之间众所周知的等价关系，但在自己的逻辑记号法中，他事实上没有使用任何特定记号来表示存在量化，也没有定义这样的记号。这一点在目前的语境中并不重要。）正是因为经院逻辑学家没有想到要把句子当作是分阶段构造出来的，他们才感到不得不按照（可以这么说）位于其辖域中其他概括记号的数目，来为概括记号赋予不同种类的设定（*suppositio*）。弗雷格的记号使这种复杂性得以避免。在这里，一种“解释”要么按照语义学的方式，理解为对包含概括表达式的句子的真值条件作出规定，要么按照证明论的方式，理解为对这类句子遵守的推演规则所作出的规定。这样的解释首先运用于结合量词和谓词直接得到的句子，用现代术语说，在这样的句子中量词构成首要的逻辑常项。而对于句子是分阶段构造的这一观念来说，关键是这样也足以解释所有以其他形式出现的量词。用来为形如“$\exists y A(y)$”的句子确定真值条件的规则，不能直接用于句子“$\forall x \exists y$（x 嫉妒 y）”，因为形式不一样。但我们明白，只要知道所有形如“a 嫉妒 b”的句子的真值条件，我们就能运用那个规则来确定双重量化的句子，因为在其构成过程中出现了“$\exists y$ 彼得嫉妒 y”这样的句子，它具有那种形式。

15 除了用来在句子中引入概括，分步骤构造句子的想法当然有更加广泛的用途。用语句算子（sentential operators）连接句子也要算作是分步骤构造的情形，因为它显然也对句子的真值条件产生影响，无论量词被当作是出现于例如条件句的前件，还是被认为制约了整个条件句。按同样方式，我们得以对各种量词给予单一解释，进而，把分步骤构造句子的想法运用于语句算子，也使我们可以不必认为相应的算子连接了亚语句表达式。在“有些人是可爱并且诚实的”中，连接词“并且”连接的不是句子，这个句子作为整体也不等价于用“并且”连接两个句子构成的任何句子。这个句子由谓词“ξ是可爱并且诚实的”，附加上概括记号“有些人”后构成。其中的谓词却是从“彼得是可爱并且诚实的”这样的句子得到的，而这样的句子等价于“彼得是可爱的并且彼得是诚实的”，其中的“并且”连接两个句子。因此，用“并且”来连接形容词，这一点可以当作自然语言所使用的另外一种手段，它把包含一个专名的两次出现的句子，转换成只包含一次出现的等价句子。像“并且”这样的连接词并不止出现在整句之间，尽管如此，只要知道把从句连接起来构成的句子的真值条件，包含这类连接词的任意句子的真值条件也就确定了，因为，在得到最后那个句子的分步骤构造过程中，最初引入连接词的那个步骤所产生的正是这样的句子。

在这种解释的过程中，除了句子的分步骤构造，还引入了一个
基本观念，即通过省略同一个专名的一次或多次出现，来从句子获 NS 204
得一个复合谓词。这里极其重要的是，不要把谓词本身看作是由 (187)；**19** NS 273
一些构件构造而成的。我们不需要引入两个谓词的合取这样的概 (253)
念，例如，不必用“ξ是可爱的”与“ξ是诚实的”来解释谓词“ξ是可
爱并且诚实的”；我们也不需要针对特定的主目位置把量词运用于
二元谓词，来解释如何得到谓词“$\exists y$(ξ杀死 y)”；更不需要把二元
谓词的主目位置等同起来，来解释如何得到“ξ杀死ξ”。就目前的 16
目的而言，我们根本不需要引入二元谓词的概念。给定原子句的基本储备，所有其他句子都可以认为是通过一系列操作构成的。这些操作有三种：通过语句算子用句子构成新句子；在句子中省略一个专名的一次或多次出现，从而得到一元谓词；对一元谓词使用量词来构成句子。

这种解释并不与现代谓词逻辑课本中的解释完全一致，但本质是一样的。现代记号法区别于弗雷格的记号法的地方通常是，它允许合式表达式中包含变元，即“自由变元”，它们不被任何量词约束。弗雷格的记号法中没有任何东西严格对应于自由变元。像我们使用的希腊字母“ξ”真正说来不是记号语言中的一部分，它只是用来标出谓词的主目位置。在现代记号法中通常使用与“自由变元”相同的字母，来充当约束变元。这样，只要描述了“开语句”（除了能够包含自由变元，其他都像句子的表达式）是如何得到的，形成规则（构成句子的规则）就可以陈述得相当简单——不必另外规定构造谓词的操作，只需在开语句前加上量词，自由变元就转换成了约束变元，其中自由变元与附加于新量词的变元形式相同。一个句子因而就可以说成是不包含自由变元的开语句。（在当前语境中没有考虑出现模式字母的情况。为简单起见，我们只考虑语言中对个体常项、谓词符号及函数符号作出固定解释的情形。）然而，这种简化或多或少是个错觉。在解释句子真值条件时，还是必须以归纳的方式来做这件事[即定义谓词]。既然构造句子的基础既包括其他句子，又必须包括开语句，实际上必须加以定义的，就是开语句相对于某个指派（assignment）的真与假，此时这种指派就是把约束变元定义域（domain）中的个体指派给自由变元。对任意给定开语句，这样的指派为其中出现的自由变元，赋予了个体常项或专名实际上具备的那种地位。再者，对于与量词相关联的开语句来说，为其真值条件给出归纳式规定的条款，是利用准备为其附加量词的开语句的真值条件来陈述的。要得到这些开语句的真值条件，就要把除了要用新量词约束的变元以外的其他自由变元固定下来，同时允许约束变元在定义域中的所有个体上取值。17
这种规定本质上就相当于，把去掉“自由变元”的所有出现后得到的谓词，当作应该为新量词所约束的东西，并问它对哪些个体为真。一元谓词**对**一个给定个体**为真**(true of)，这个概念按照与弗雷格同样的方式得到解释。因此我们可以说，在标准形式的解释中，自由变元被当作专名加以处理，这个专名出现在对给定句子进行构造的每个步骤中，直到对其进行约束的那个量词被附加上去这一步骤——而在这个步骤中，它恰好被视为弗雷格用来标出谓词中主目位置的希腊字母。因此，这里根本没有与弗雷格解释形成真正对立，解释在本质上是一样的。

对弗雷格来说，只有当谓词对所有东西为真时，在该谓词上添加全称量词得到的句子才为真。我们可以进而理解谓词对给定个体为真这个概念，因为我们知道，这等价于把个体的名称放到谓词的主目位置上得到的句子为真。弗雷格没有把这种形式的解释，理解为预设我们已经有一种实际上包含所有对象的名称的语言，因为这使量化只对有限或可数定义域才有可能。相反他假定，只要我们理解包含专名(一次或多次出现)的任何句子的真值条件，我们也就同样理解，对于从句子中去掉(那些出现的)专名所得到的谓词来说，它为任意对象所满足，这是怎么回事，而不管在我们的语言中关于那个对象是否实际上拥有或者能够给出一个名称。因此，如果要考虑的谓词是“A(ξ)”，而“c”是专名，那么谓词“A(ξ)”当然可以通过在句子“A(c)”中去掉名称“c”(某些或者所有出现)而得到。而弗雷格的假定是，如果我们理解“A(c)”，那就同样理解，对不管什么对象来说，把该对象的名称，而不是“c”，放

在“$A(\xi)$”的主目位置上得到的句子真值条件是什么。用“自由变元”为量化句子的真值条件给出的解释，恰好就建立在这个假定的基础上。在这种解释之下，我们应该把开语句“$A(x)$”当成相对于特定指派而具备真值，这个指派把变元定义域中的一个对象指派给自由变元“x”。而现在，为了走出对把握量化句子“$\forall xA(x)$”
18 来说必要的那一步，我们必须考虑与“$A(x)$”相关的那些真值条件，这些真值条件是通过依次把定义域中的每个对象指派给自由变元“x”得到的。这样就假定了，对句子“$A(x)$”来说，我们在一开始把握在“x”的指派下它的真值条件的同时，也理解它在针对该自由变元所能作出的所有其他指派下的真值条件。这恰好也是弗雷格的假定。同样，如果个体变元的定义域是不可数的，我们的语言中实际上就不可能包含定义域中所有对象的名称，因而，在这样的情况下我们实际上就不能把“$\forall xA(x)$”为真，等同于所有句子“$A(a)$”、“$A(b)$”、“$A(c)$”、……的合取式为真。构成合取式的这些句子是把语言中的每个名称依次置于“$A(\xi)$”的主目位置中得到的。不过，正是由于弗雷格做出了那样的假定，我们刚才陈述的那个假定，也就适用于这种情况。

因此，把弗雷格对如何构造包含概括记号(量词)的句子所做出的解释，以及对这些句子的真值条件的解释，与现在的标准解释对立起来，就是非常错误的。区别仅仅是表面上的。但为了理解弗雷格，更为了得到对这个问题的一般性的正确理解，就应该用弗雷格的术语来给出解释。“自由变元”仅仅是方便的记号手段，它使形成规则得到简化的陈述。它不对应于语言实际起作用所需要的任何类型的表达式，但有了它，就可以按照需要轮换着用它充当个体常项，和用于标识谓词中的主目位置。

那么，在弗雷格的解释及现在标准的解释中起基础作用的那个假定，究竟有多大说服力呢？很容易把这个假定表述得看起来比实际上更有说服力些。这样陈述它就可以做到这一点：如果理解一个句子“A(c)”的真值条件，那我们就同样理解，从这个句子得到的谓词“A(ξ)”对任意给定对象为真的条件。这样的假定确实有说服力，但这正是因为我们利用“给定”这个词偷运了这样一个预设——我们心目中已经有了某个确定的对象。对任何“给定”于我们的对象，我们势必已经有了一些手段来指称它，或者标出哪个对象是所考虑的那个对象。或许指称该对象的手段恰好不在我们要处理的那种特定的语言之内，但在这种情况下，很容易设想把该语言扩展到包含这种指称手段的地步。

看来，如果“c”和“d”是一种语言中的两个专名，而我们理解句 19
子“A(c)”，那么我们肯定也理解句子“A(d)”——当然，只要理解名称“d”就行了。如果我们选择的名称指的是属于不同范畴的对象，例如一条河和一个政党，这种印象肯定就荡然无存了。因为在这种情况下，替换的结果是把一个非常简单易懂的句子，变得即便有意义，我们也不知所云。但这不是我们现在关心的那种情况。相反，我们默认，语言中所有初始谓词和函数表达式，对变元定义域中的所有对象都有定义，而如果确实如此，所有复合谓词也就同样如此。那个假定看来有道理，仅仅是因为我们通过理解构成句子的表达式来理解句子。我们理解“A(c)”为真的条件，不仅是通过理解名称“c”表示什么对象，而且也要理解构成谓词“A(ξ)”的表达式。既然如此，只要知道名称“d”表示什么对象，我们肯定能

以恰好相同的方式确定“A(*d*)”的真值条件。

但这当然不是问题所在。困难的产生仅仅是因为，我们不会假定我们的语言包含了所有对象的名称，尤其是当对象多得我们的名称无法应付的时候。要设想我们考虑谓词是否对某个“给定”对象为真的情形，就要处理这样一种情况，我们心目中的那种语言中碰巧没有名称，来对应于所考虑的对象。在这种情况下假定，根据对“A(*c*)”的理解，我们能够得到谓词“A(ξ)”对给定对象为真的条件，就合理性而言这实际相当于假定，在给定“*d*”的涵义的情况下，我们可以得到另外一个句子“A(*d*)”的真值条件。但问题根本不在这里，而在于我们是否能够假定，从关于“A(*c*)”的真值条件的知识，我们可以知道谓词“A(ξ)”对定义域内所有对象为真所需要的条件，而此时我们没有也不能有指称每个对象的手段。

这显然是一个困难的问题，现在我们不去追究它，而暂时满足于提出这个问题。现在我们想要理解的是，发现量化之后，弗雷格该如何看待关于逻辑的哲学问题，以及关于语言的分析。

弗雷格从他的发现中得到的最一般的教训，是对自然语言的
20 某种贬低。对于经院逻辑学家纠缠多年的多重概括问题，中世纪关于设定的复杂理论未能提供一种适用于所有情况的解决办法。一旦弗雷格找到这种办法，经院学者失败的原因就立见分晓——他们过于依从自然语言表达形式的指引了。只从自然语言的句子结构上看，像“有些人”、“所有人”这样的概括记号看起来与专名完全一样——它们在句子中占据同样的位置，受制于同样的语法规则。只有在考虑真值条件，或者考虑包含它们的句子的推理效能(implicational power)时，差别才表现出来。我们还知道，从句子

的最终形式中看不出句子是分步骤构造的，但句子涵义却必须利用这种构造来解释。由于受自然语言这两个表面特征的误导，在尝试用来解释概括记号的理论中，经院逻辑学家把表示对象的能力归于这些记号，其所采取的方式虽然更加复杂，但仍类似于专名表示其承载者（bearer）这样的关系。再者，经院逻辑学家也没有看到包含概括记号的句子是分步骤构造出来的，他们单纯求助于赋予概括记号的各种设定。而弗雷格则通过忽略自然语言，解决了这个困扰逻辑学家上千年的问题。他丝毫没有想要用一种系统的方式，来解释那些包含多重概括的自然语言句子的真值条件或推理效能，而是设计了一种全新的方法来表达概括，从而能够为概括给出一种清晰而又直截了当的解释。如果自然语言的句子具备精确而不含混的涵义，那么任何理解这些句子的人，都能够利用弗雷格设计的记号来改写它们；如果不能，那对自然语言来说就更加糟糕了。无论如何，我们都不需要对自然语言表达概括的方式作出直接的解释，也不需要制定一套规则，来把自然语言的句子翻译成弗雷格改进了的那种语言。

这一状况让弗雷格觉得，自然语言对于表达思想来说是一种 NS 6 7 (6-7)
很不合适的工具。往好处说，它通过深埋于表面以下的原则起作
用，这些原则既复杂，又在很大程度上是任意的；而往坏处说，它所 NS 74-5 (67)
允许的那些句子构造容忍不同解释，或者只具备不确定的涵义。
出于与概括表达式无关的一些原因，弗雷格后来确实得到自然语 NS 289 (270)
言在原则上不融贯的结论，也就是说，不可能设计一套规则，来确
定自然语言句子的真值条件，这套规则既与使用这些句子的方式 21 BW 102-3 (68)
相一致，又能避免在特定情况下赋予同一句子以不同真值。当然，

就其本身作为对自然语言的一种指责而言,这不会让人费解。如果在自然语言中真的(显然如此)有本质上就是歧义的句子,也就是说,为了消除歧义,没有通用的规则可用,而只有借助常识推测,那么这种指责肯定是有效的。需要考虑的仅仅是,自然语言的这种不融贯程度究竟多深,或者说,要消除这种不融贯,对于制约其结构的原则所要作出的修正,究竟要达到何种程度。弗雷格认为程度相当深。显而易见,他这样想,缘于他从关于量词—变元记号的发现中吸取的经验。

Ged 66n (13n)

其次,分步骤构造句子的观念,作为对语言展开分析的关键要素,深深打动了弗雷格。这里插一段并非弗雷格本人做出的评论是值得的。关于逻辑与其他哲学分支之间的界线在哪里,哲学家们在过去几十年里有许多讨论,这些讨论还未有定论。许多人得出结论说,这条界线多多少少是任意的。按这种观点,哲学的任何分支,都关注于对某个范围内的词或表达形式的意义作出分析,关注于如何确定包含这些词或使用这些表达形式的句子的真值条件或推理效能。由于这正好就是逻辑学家关于所谓的逻辑常项所做的事情,哲学其他分支与逻辑在原则上的界限就消失了,得到的想法就是,“逻辑常项”这个词只能通过列举它所适用的表达式得到定义。正是在这一观点造就的背景下,像“成就动词(achievement-verb)的逻辑”、“颜色词的逻辑”,甚至(上帝啊!)“上帝话语(God-talk)的逻辑”这样的说法流行起来。

但事实上,自弗雷格开启现代逻辑以来,我们手头就有一个简单而又精确的区分原则。分步骤构造句子的基本思想,涉及对两类句子,进而相应两类表达式的区分。句子可以区分成原子句

(atomic sentence)和复合句(complex sentence):原子句由基本成
分构成,这些成分本身不是句子,也不由句子构成;而复合句则来
自于分步骤构造法,把一些构造句子的手段运用于其他句子,或者
运用于像谓词那样本身就从句子得到的"不完整"表达式,也就得
到了复合句,整个构造过程当然是从原子句开始的。专名(个体常 22
项)、初始谓词和关系表达式,这些用来构成原子句的表达式属于
一种类型;而像语句算子和量词这样的造句算子(sentence-
forming operator),则引导着从原子句到复合句的可迭代的变换
过程,它们属于另外一个类型。(后一类型应当也包括所有构词算
子(term-forming operators),例如摹状词算子,它们用于从谓词这
样的不完整表达式得到单称词项。)可以认为真正意义上的逻辑只
关注第二类型的词和表达式,其中包括的显然不仅有量词和语句
算子,同样还有模态(modal)表达式,例如"可能地"、"必然地"、
"会(may)"、"必定(must)"等等。而按照这个观点,对第一类型的
词和表达式,逻辑仅仅关心其模式,也就是说,关心相应的一般规
则,这些规则制约了第一类型的词如何细分为不同逻辑范畴(专
名、一元谓词、关系表达式等等),以及这些不同类型的词如何能够
放在一起构成原子句,而对这些范畴中任何特定词或表达式的涵
义,则不加理会。例如这样一个问题,"比起……更偏爱……
(prefer)"这个词的涵义,是否决定了"比起 ζ,约翰更偏爱 ξ"所代
表的那种关系是可传递的,逻辑学家就不会关心;相反,"模态逻
辑"这个短语则被完全接受。这个区分原则确实只是一个建议,但
它与实践非常一致,它还为区分逻辑常项和其他种类的词提供了

非常清晰的标准,我们没有理由拒绝它。[①]

我们已知,把分步骤构造句子的想法运用于概括表达式,对弗
23 雷格来说就必定要以这种一般的方式来理解一元谓词,我们将其当作从句子中略去专名得到,而不是当作其构成成分组合的结果。由于关于谓词的这一观点对弗雷格的哲学逻辑的整体理解至关重要,以比弗雷格本人更加明确的方式对其特征多费些笔墨,还是值得的。为了对语言中的句子结构给出完全的刻画,有必要在描述一个原子句如何由其部分构成的同时,描述一下从原子句一步一步构成复合句所需要的各种操作。我们知道,在弗雷格那里,这些操作分为三种:其一,使用语句算子,也就是说,为句子添加否定号,或者用“或者”或“并且”这样的连接词来连接两个句子;其二,从句子得到一元谓词;以及其三,把量词加给一元谓词得到句子。如果考虑的是自然语言,那就还要加上其他操作,例如引入模态表

① 原注:也有表达式通常被当作逻辑常项,但按照这个原则应当从第一类型中排除出去,这就是等号。人们基于一种相当不同的理由将其当作逻辑常项,这个理由可以表述如下。我们把任何这样的条件都称为**二阶条件**(second-level condition):对于对象的某个域,这个条件被定义为被在该对象域中定义的每个谓词所满足或不满足。一个二阶条件如果在对象域的所有变换下都保持不变,就被称为**量词条件**(quantifier condition)。也就是说,对任意谓词“$F(\xi)$”以及任意变换 φ,如果在“$F(\xi)$”对 a 为真时,它[量词条件]就满足恰好适用于对象 $\varphi(a)$ 的谓词,那么它就会满足“$F(\xi)$”。[这里达米特在表述上似乎有混淆。由于量词条件是二阶条件,而二阶条件为谓词所满足,而不能说二阶条件满足谓词,因此,这句话应当这么说:“对任意谓词‘$F(\xi)$’以及任意变换 φ,如果在‘$F(\xi)$’对 a 为真时,恰好适用于对象 $\varphi(a)$ 的谓词就满足量词条件,那么‘$F(\xi)$’也就会满足它。”——译者]这样,借助于全称量词、存在量词以及语句算子,我们就可以看出任意这样的表达式也是逻辑常项,它使我们得以表达量词条件,而这种量词条件单凭两种量词和语句算子不能得到表达。按照这个标准,就可以承认等号是逻辑常项,因为它使我们能够表达谓词最多适用于一个对象这一量词条件,而这个条件舍此就不能得到表达。

达式。但正如我们已经指出的，弗雷格首先关注的是足以表达数学命题的语言所具备的结构，而就这一目的来说那些额外的手段是无关的。至于原子句，弗雷格认为它们由四种表达式构成：逻辑上简单的专名；函数表达式；谓词；以及关系表达式。这些当然就是普通的一阶谓词逻辑所处理的表达式。这不奇怪，因为当代逻辑所处理的语言在弗雷格的记号语言基础上扩展很少（除了引入一些包含无限长表达式的语言）。但是，为了充分地处理自然语言允许构成的句子，还必须添加一些成分，因为弗雷格的范畴中既没有包含（例如）副词，也没有时态变化。但这些缺陷还是与对数学语言的分析没有关系。

要说明原子句的一般形式，必须先说明**单称词项**一般是如何构成的。这种构成方式是递归性的，也就是说，简单专名本身就是单称词项，而一个单称词项可以通过在函数表达式的主目位置上插入一个单称词项构成。一元函数表达式在此就被理解为包含了一个空位的表达式，空位表明可以在哪里放置单称词项，从而构成更加复杂的单称词项。通常，空位出现在表达式的后部，例如“the capital of ξ(ξ的首都)”、“the father of ξ(ξ的父亲)”，但原则上没有理由说它不应当出现在前部，例如“ξ's father(ξ的父亲)”，也没 24
有理由说不应当出现在中间。只有一点是必需的，即代表主目的词项插入的位置应当确定下来。另一方面，这里也根本不会允许把包含两个或更多空位的函数表达式，当成是要填入相同的专名或其他词项。包含两个空位的函数表达式当然要予以考虑，这是些二元函数表达式，比如“ξ和ζ最大的孩子”、“ξ和ζ之间的中点”，或“ξ和ζ的最大公约数”，这里的两个空位通常要填入两个

不同词项。刻画单称词项构成的方式是递归式的，也就是说，一些表达式被直接承认是单称词项，给定的程序则用于由已经给出的单称词项得到新的单称词项。既然如此，我们就有理由说，甚至所谓原子句的构成过程事实上也是分步骤的。但重要的是，在这里我们不是像在使用量词和语句算子时所做的那样，从已经得到的**句子**构造新句子。

一元谓词和二元以及多元关系表达式，都是按照与一元、二元或多元函数表达式相同的方式处理的，即直接被看成带有一个或多个空位的、词或符号的连接。当然，区别在于，填补空位的过程不是迭代的——把单称词项插入谓词或关系表达式空位后，得到的是（原子）句子，只有通过我们前面看到的其他一些程序，才能由此得到新的句子。就像在函数表达式的情况下一样，对于谓词和关系表达式来说，也没有余地来让我们承认有多于一个空位，并且让这些空位表示同一个单称词项的不同出现的谓词。

这里有必要就弗雷格的术语说几句。前面区别了逻辑上简单的专名，与可以通过函数表达式从它们构造出来的复合单称词项。弗雷格非常清楚这个区别，他甚至相当执着于表达式在逻辑上的简单与复合之别。逻辑上简单的表达式在音素上或字形上可能非常复杂，而它之所以简单，是因为并不存在这样一种一般性的规则，说这种语言的人知道这种规则，用它就可以按照表达式的成分构成表达式的方式，来确定该表达式的涵义。在谓词或关系表达式的情况下，逻辑上简单的表达式甚至可能是不连续的，例如“ξ
25 took ζ to task（ξ 指责 ζ）”。由于时态变化，这里的情况实际上更加复杂，不过我们忽略这一因素。显然，理解了“took”、“to”和

GgII 66；App 255；NS 224-6 (207-9)

“task”，这不足以确定，甚至无法确定“took …… to task”的意义。但弗雷格以一种反常的方式来使用“专名”一词，他用它来指通常用“单称词项”所指、也就是前面所定义的那些东西。“专名”对他来说并不像通常那样意味着“逻辑上简单”。后面在弗雷格用“专名”的地方，我会经常使用“单称词项”或者只是“词项”，但我不会在未加说明的情况下，特意在其严格的、蕴涵“逻辑上简单”这一意义上，使用“专名”这个词。 BG 197n

像弗雷格那样，在前面定义的范围之外理解逻辑简单性这个概念，应当是个错误。包括罗素在内的许多哲学家，都把不可还原的简单性当作专名的标志，它至少表明哪些表达式在真正意义上配得上“专名”这一称呼——这样的表达式不仅本身没有任何逻辑复合性，而且没有任何具有与之相同意义的表达式，在逻辑上能够是复合的。在弗雷格那里根本没有这种想法。对他来说，逻辑上简单的表达式仅仅是这样一类表达式，它不是由各自具有涵义，进而共同决定整体涵义的从属表达式构成——这里并不要求那个表达式所承载的涵义，不**能**为在这种意义上具有逻辑复合性的表达式所承担。如果一个名称或别的表达式是通过定义，作为某个复合表达式的等价缩略词引入的，那么这样定义的表达式即使其涵义按照规定与复合表达式相同，它本身在逻辑上仍然是简单的。当然，我们可以把通过定义引入的表达式与其他表达式区分开，但由于弗雷格很少谈到并非由定义引入的词的涵义，这样区分对解释弗雷格没有什么帮助。弗雷格屡次强调，不可能让一个语言的每个词都通过定义引入，因为定义预设事先理解了用来定义的表达式，由此产生的循环使得不可能从这个解释系统中了解所有东 Ver 150 (42)

西。他也清楚地说过，复合表达式的涵义要被当作是由其构成成
NS 275 (255) 分的涵义构成，由此推出，通过被定义为与复合表达式等价引入的
词，在涵义上是复合的。但弗雷格从未讨论过，在什么条件下应该
把一个词的涵义当作简单的。他虽然强调不可能定义所有词，但
26 也极少说某个特定的词不可能是定义出来的。他认为不可定义的
Huss 302; Ged 60(6); BG 193 词例如有等号，以及“真”、“对象”和“函数”这样的词。弗雷格似乎
承认，这些不可定义的表达式具有简单涵义，并且，比起那些仅仅
是碰巧不通过定义引入、但换一种方式就可以定义的词语来说，这
些表达式在更强的意义上不是可以定义的。但不可分析性这个概
念在他的思想中不太重要，他也没有将其与专名联系起来。尤其
是，他实际上也没有主张说，所有句子都可以分析成完全由不可分
析的表达式构成的形式。

弗雷格使用术语的另外一个特征也要提一提。“关系”这个词
在他那里通常只表示“二元关系”，在谈到关系表达式时也是如此。
而在要谈到三元关系或者三元关系表达式时，他都会明确提到主
NS 269 (249) 目的数量。他从来不谈高阶关系，也不会用“关系”这个词而不提
到有多少主目。他很少使用“谓词”这个词，而偏爱他自己自创的
“概念词”——我通常不会这样做。

真正说来，在讨论原子句的构成时，应该提到另外一种函数表达式，即二阶函数，它带有一个约束变元，要得到一个单称词项，就要将其附加给一个谓词（该谓词的主目位置填入的约束变元，对应于函数表达式或算子所附带的变元）。这类表达式在弗雷格对算术基础的构造中起极为重要的作用，而最为熟悉的例子就是限定摹状词算子（在自然语言中这一作用由定冠词承担）。关于逻辑基

础的许多解释事实上都认为，在自然语言中唯一算得上复合单称词项的，就是罗素所说的“限定摹状词”，即在一个（语法上是单数的）谓词表达式前面添加定冠词得到的表达式。这些解释是否赋予这样的表达式以复合单称词项的地位，取决于是否接受罗素的摹状词理论。如果不接受，那么这类表达式按照这里描述的方式就在记号语言中表示成单称词项，比如“罗马的创建者”就解释成这样的形式“那个 x，x 创建了罗马（the x such that x founded Rome）”。按这种解释，前面描述的那种一阶函数表达式就不会在自然语言中出现。当然，使用一种包含摹状词算子而没有一阶函数表达式的语言，这是可能的，但在数学中这样做极其麻烦。用一 27
种语言稍微尝试一下对算术进行形式化，就很容易表明这一点。在这种语言中我们用相应的三元关系记号，来替代加号、乘号以及指数记号。弗雷格和谓词逻辑的现代解释都不愿放弃这种一阶算子，原因就在这里。至于自然语言是否包含这样的算子，或者能否在有了摹状词算子的情况下不用这些算子，这样的问题还没有什么明确的意义。自然语言中构造限定摹状词的手段，比起这里描述的通过一阶函数表达式进行构造的方法，显然要复杂多样得多。同时，它们也远不能认为是利用了摹状词算子这一手段，因为这种手段使用了约束变元，而自然语言中没有这些东西。因此，自然语言中的大部分复合单称词项，真正说来既非通过函数表达式得到，也非来自于摹状词算子。即便从表达上的方便性来说，把“法国的首都”当作“那个 x，x 是法国的首都”的改写形式，比起弗雷格那样当成类似于（例如说）“4!”的形式来说，肯定也是更加烦琐而不 FB 18
自然的。

不过，弗雷格确实承认、并在关键地方使用了与摹状词算子属于同一范畴的二阶算子。就此而论，前面对原子句的刻画是不完整的。当然，只要纳入这样的算子，就作为构成原子句的准备而言，构成单称词项的过程就不能与构成复合句的过程截然分割开。因为对要为其添加构词算子的谓词来说，作为构成这些谓词的基础的句子本身，可能是高度复合的，可能还包含了量词和语句算子。在前面的刻画中略去这类二阶算子，目的是避免这样的复杂性，从而把注意力集中在关键点上。

这个关键点就是，必须清楚地区分两个谓词概念，一个对概括作出弗雷格式解释来说是必需的，另一个则用来解释原子句结构。弗雷格本人没有在这上面花太大力气。这两个概念要起的作用实际上颇为不同。在关注原子句结构时所需要考虑的谓词或关系表
NS 19 (17) 达式，只是在逻辑上简单的那种。例如说，为了解释如何把握“布
28 鲁图斯杀死凯撒”这个句子的意义，我们只需把它当作是由三个表达式构成的，两个（简单的）专名，“布鲁图斯”和“凯撒”，以及一个（简单的）关系表达式“杀死（kill）”——这里我还是照例忽略“杀死”这个词实际上包含的那种由词根和时态屈折变化引起的复杂性。这里的关系表达式可以当作整体上简单的表达式，当作像两个专名一样本身独立的语言学实体。和这些专名一样，它自己不能形成句子（除非句子的其余部分通过语境得到理解）；不过，它作为词可以从物理上与句子分离，这却与专名一样。即便用希腊字母表示主目位置，从而将其表示成“ξ 杀死 ζ”，这也只是为了表明专名（或其他单称词项）相对于它应该放在哪里，从而形成句子。例如，可以对比一下“ξ 娶了 ζ”与“ξ 和 ζ 是夫妻”。这些形式表明

关系表达式如何与专名相连接，这些形式必须与关系表达式而非专名相联系，因为连接的方式取决于关系表达式，而不是专名。像“布鲁图斯”这样的表达式在原子句中必须放在开头、中间还是结尾，对此并不一概而论。无论如何，没有理由认为，“ξ 杀死 ζ”是由句子“布鲁图斯杀死凯撒”，或者别的任何类似句子得到的——相反，那个句子是这个表达式再加上两个专名得到。

与此不同，把复合谓词当成是通过略去专名的一次或多次出现从句子得到的，是为了解释包含量词（或更一般地说，通过附加用来对变元进行约束的算子，例如摹状词算子，而得到的表达式）的句子。在这个阶段需要这种理解，是因为需要解释量词的涵义，从而需要解释可以利用该量词构造的、形式上最一般的句子的真值条件，而对这种一般的句子形式唯一正确的刻画是，“通过为复合谓词添加量词得到的句子”。一旦为此目的引入了这种复合谓词的概念，也就有必要把复合谓词看作是出现于一类句子中的，而复合谓词正是从这类句子构成的——当人们谈到对同一个句子作出同样合法但彼此不同的逻辑分析时，人们所谈论的东西正是源出于此。但重要的是，要注意为何需要这种“分析”。把“布鲁图斯
杀死凯撒”表示为在一个（复合）一元谓词“ξ 杀死凯撒”的主目位 29
置上添加名称“布鲁图斯”构成，这只是为了陈述在某种推演中我们所依据的一般原则。例如这样一个推演，从那个句子和“任何杀死凯撒的人都是高贵的”这个句子得出结论，“布鲁图斯是高贵的”。确切地说，若推演中包含这个句子，以及某个带有概括记号的句子，而这里的概括记号与要考虑的那个复合谓词相连接，那么要解释这种推演，我们就需要用这种方式表示句子。把句子表示

为由“布鲁图斯”和“ξ 杀死凯撒”构成，这与怎样解释原子句的意义如何由其成分决定，是两不相干的。很容易做出这样一个推演，为了解释这个推演的一般模式，我们必须把句子“如果布鲁图斯杀死凯撒，那么布鲁图斯的妻子憎恨布鲁图斯”当成是由名称“布鲁图斯”和谓词“如果 ξ 杀死凯撒，那么布鲁图斯的妻子憎恨 ξ”构成的。但这个句子能够这样“分析”，并不表明句子是如何构成，以及我们如何把握其意义的。我们通过参照句子的构成过程来理解句子，我们把这里的句子当作是由连接词“如果”来连接两个原子句，而这些原子句又通过连接单称词项与关系表达式得到。即使是最牢靠地把握了那个句子，也可能根本就没想到句子中出现的是像上面所说的那种复合谓词。

按这一想法，只有在想引入或者解释某个带有两个约束变元的算子时，才真正需要把复合关系表达式，当成是从句子通过略去其中两个专名的一次或多次出现得到的。例如在这种情况下就是如此：要引入的是算子“$\mathrm{T}x, y$:”，通过将其附加给一个关系表达式“$\mathrm{A}(\xi, \zeta)$”，可以得到句子“$\mathrm{T}x, y$: $\mathrm{A}(x, y)$”，句子的涵义是“对所有 x 和 y，如果 $\mathrm{A}(x, y)$，那么并非 $\mathrm{A}(y, x)$”。在形式逻辑系统中，在涉及所谓的“导出的推演规则”时，复合关系表达式尽管并不是真正需要，但确实很有用处。例如，从某个形如“$\exists x \forall y \mathrm{A}(x, y)$”的句子，可以推出结论“$\forall y \exists x \mathrm{A}(x, y)$”，如果需要的话，这可以通过一些非常简单的步骤完成。在任何特定情况下，都可以不用复合关系表达式。但一旦在多个特定情况下都实施了这样的推理步骤，就可以注意到其一般模式，这样就希望在心里（或者用别的方式）记下这种模式，以便在后面的推理中使用，而不必每次都把所
30 式）记下这种模式，以便在后面的推理中使用，而不必每次都把所

有步骤逐个再过一遍。要表达这种一般的推演形式，就有必要利用模式化的方式（例如前面用的“A(ξ，ζ)”）来表示一个任意复杂的关系表达式。于是，要识别这种一般模式，也就要在无形中利用复合关系表达式的一般概念。

要理解任何句子的涵义，甚至在要辨别它的形式是否正确时，都必须识别出句子中包含的简单谓词或关系表达式。而只有在必须处理量词或其他概括表达式时，才需要复合谓词的概念。如果一个复合谓词的主目位置不是由约束变元，而是由单称词项占据，那么，为了理解包含这个谓词的句子，就没有必要从句子中识别该谓词。说复合谓词不是直接从构成它的表达式得到，而是从包含它的句子得到，其隐含意思就是这样的。当谓词的主目位置由一个词项占据，那么只有在为着不同目的以及在特殊的情况下，才有必要在句子中识别出该谓词。此时的目的就是，判断以该句子作为前提或结论的论证是否有效。

如果没有清楚理解简单谓词与复合谓词在作用上的这种巨大差别，就很容易弄混弗雷格的不完整表达式的概念。弗雷格本人没有把注意力放到这种区别上。在证明复合谓词的概念对解释概括表达式的必要性之后，他就不加说明地对简单谓词与复合谓词给予同样的处理。这样做在某种意义上确实是经济的。一旦获得复合谓词的概念，我们就很难拒绝把“复合”谓词“ξ打鼾”当作一种退化形式，当作是从类似于“赫伯特打鼾”这样的句子，通过略去名称“赫伯特”得到的。坚持把简单谓词“……打鼾”当作另外一种语言学实体，就显得有些多余了。然而严格地说，如果把“ξ打鼾”当作复合谓词，而要与例如“如果所有人打鼾，那么ξ打鼾”完全一

致，我们仍然确实需要承认，简单谓词“……打斝”也是独立存在
的。原因是，正是因为必须认为“复合”谓词“ξ打斝”是从“赫伯特
31 打斝”这样的句子得到的，它本身就不能是构成“赫伯特打斝”的成
分，从而，按照弗雷格自己的解释，其涵义就不能参与构成“赫伯特
NS 246 打斝”的涵义。应当说，出于经济的目的，需要否弃的是退化的“复
(228), 262(243) 合”谓词，而在“所有人打斝”中，概括记号在这种特殊情况下应当
Gl 60; 看作是直接加给简单谓词。

NS 192 (177); NS 217 这样，复合谓词就构成了弗雷格式“不完整”表达式的典型。
(201) 这样的表达式被他说成包含了空位，进而是**不独立的**
(*unselbständig*)——它们不能持存(subsist)，或者说，本身不独立
存在。考虑到复合谓词是通过从句子中略去同一专名的多次出现
得到的，这样说的目的就立即清楚了。复合谓词“ξ杀死ζ”不能在
Gg I 1 真正的意义上当成是包含它的句子的**部分**，它不是一个词或一串
词，甚至也不是一个不连续的词串。“布鲁图斯杀死布鲁图斯”与
“凯撒杀死凯撒”共同的部分中，没有任何东西不是出现于“布鲁图
斯杀死凯撒”这个句子中，但出现在前两个句子中的谓词“ξ杀死
ξ”并不出现在第三个句子中。这样的复合谓词应当当作两个句子
的共同**特征**，即在两个句子中，简单关系表达式“……杀死……”的
两个主目位置上出现了同一个名称。(据说出现了该复合谓词的
句子，并不都具有那样的简单结构，但这些句子的构造历史中都出
现过这样的句子。)正是在这个意义上，弗雷格说一个表达式是“不
完整的”——它并不仅由词或符号的特定序列构成，而且取决于这
样的序列如何在句子中出现，如何与出现在句子中的词项以某种
统一的方式建立关系。正是出于这个原因，它不能真正从句子中

移出并单独出现。我们只能用表示主目位置的希腊字母，与属于该语言的词或符号一起，来表示我们所考虑的各种句子的共同特征。进而，正是因为复合谓词独立来看不是真正的表达式（因而不属于语言），我们才被迫认为它是由句子得到，而非由自己的成分构成。

要是从复合谓词角度来考虑，由于我们看到这也是解释量化句子如何构成所需要的，不完整谓词这个概念就不那么让人困惑了。人们觉得弗雷格关于不完整表达式的学说难以理解，原因大
多是他们只看到退化的情形，此时会有对应于复合谓词的简单谓 32
词。也可以说，由于未能看到简单谓词与复合谓词在种类上不同，人们把弗雷格学说运用于简单谓词，于是很自然就抓不住要点了。而这恰好也属于这样一种情形：由于发现了量化而获得的一种理解，使得弗雷格得到了一种与熟知的很不相同的观点。哲学家在处理主词和谓词概念时，自然倾向于考察非常简单的例子，像原子句、专名（严格意义上的）以及简单谓词。但对弗雷格来说，关于谓词唯一重要的，则是由于量化的发现而证明其必要性的复合谓词概念。因此毫不奇怪，他认为就谓词一般而言要谈论的，完全不是采取更传统进路的那些哲学家们很自然地谈到的东西。在比较弗雷格进路与传统进路时，我不光是把弗雷格所做的事情与更早的时代常常出现的情况相对照。其实，甚至像斯特劳森的《个体》这样的晚近著作，在处理主词与谓词这样的主题时，仍然坚持我认为的那种传统进路。

在弗雷格那里，在专名和其他单称词项是完整的这样一种意义上，谓词是不完整的。如果把这一学说运用于简单谓词，而且仅

限于简单谓词，确实会完全无法理解弗雷格的观点。在复合谓词不是完整的（*selbständig*）那种意义上，简单谓词是完整的，它们仅仅是可以直接写下来的词或词串。当然，在一种意义上简单谓词也是不完整的，它们不等于句子，它们不是“完整的话（utterance）”。但在**同样**意义上，专名也是不完整的。为了解释构成原子句的规则，我们确实需要解释不同语词的“化合价”，即哪些表达式可以放在一起而哪些不可以，以及什么时候得到完整句子，什么时候只能得到句子的片段。我们也看到，在陈述这些规则时，我们也确实是把必须由单称词项占据的空位，归于简单谓词和关系表达式，而不是把必须由谓词和关系表达式占据的空位归于单称词项。但这样做并不是按弗雷格谈到不完整表达式时所想的那种方式，把简单谓词当作是不完整的。可以说，对简单谓词而言，空位外在于它们，而对复合谓词，空位内在于它们。也就是说，只需将其看作是一串声音或印刷字母，而不必知道关于相应空位的任何东西，我们就可以知道简单谓词是什么语言学实体——空位
33 存在，这仅仅是因为，谓词服从某个规则，这个规则决定了它如何与词项放在一起构成句子。但对复合谓词来说，如果我们不知道它附带了什么样的空位，也就不能识别它——空位构成了谓词本身的一部分。

第三章　阶次体系

句子是语言学单元，它是能够用来言说的（用维特根斯坦的方 34
式说，就是“在语言游戏中走一步”）最小的语言片段。从不同角度看，词是另外一种语言学单元，它是可以赋予涵义的最小的语言片段。[①] 当然，我们也可以为若干语词的搭配（它们没有形成整个句子，而仅仅是句子的一部分）赋予涵义。然而，显然并不是作为整体出现于句子中的任何连续词串，都可以恰当地赋予涵义。例如在句子“在星期天这趟旅行要多花两英镑五先令”中，“趟旅行要”这几个词就不能构成这样的整体。[②] 这串词中的三个词单独都有涵义，并且在所引的句子中也按那种涵义使用，但词串作为整体没有涵义。即使当一个词串作为整体有涵义，并且其中包含的词也是依次出现于句子中的，它们在那个句子中也可能不构成作为整

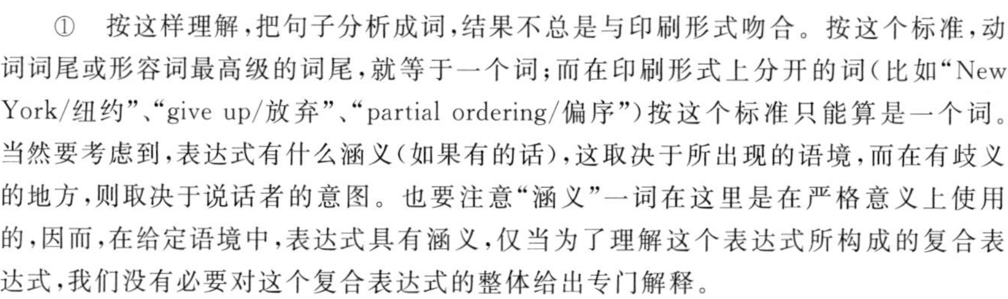

① 按这样理解，把句子分析成词，结果不总是与印刷形式吻合。按这个标准，动词词尾或形容词最高级的词尾，就等于一个词；而在印刷形式上分开的词（比如“New York/纽约”、“give up/放弃”、“partial ordering/偏序”）按这个标准只能算是一个词。当然要考虑到，表达式有什么涵义（如果有的话），这取决于所出现的语境，而在有歧义的地方，则取决于说话者的意图。也要注意“涵义”一词在这里是在严格意义上使用的，因而，在给定语境中，表达式具有涵义，仅当为了理解这个表达式所构成的复合表达式，我们没有必要对这个复合表达式的整体给出专门解释。

② 原文在这里谈到的句子和词串分别是“The trip costs two pounds five shillings more on Sundays”与“shillings more on”。——译者

体具有涵义的短语，例如“亨利杀死了一个人吗?”中的“死了一个人”，以及“严禁酒后驾车”中的“禁酒”就是如此。[①]

至此，我们还只是求助于一种模糊的直观感觉，我们感到，不
35 仅可以把涵义有意义地归于词和句子，而且可以有意义地归于句子中的短语。我们直觉上认为，即便是当同样的词串能在其他句子中构成这种有涵义的短语，也并不是句子中所有词串都构成这种短语。要得到某个标准，来判断出现于特定句子中的给定词串，何时构成可以作为整体赋予涵义的短语，而何时不能，我们必须先更加仔细地探究，为一个合成的短语赋予涵义，这究竟意味着什么。我们已经知道，把涵义归于整个句子，这是怎么回事——这样做就等于说把句子与特定真值条件联系起来。我们也知道，把涵义归于单个词，这是在什么基础上进行的——考虑到我们如何得以使用和理解以前从未见过的新句子，我们不得不承认，每个句子的真值条件，都是以说这种语言的人潜在地把握了的方式，由构成它的词和这些词结合到一起的方式决定的。现在，我们必须为如何把涵义赋予那些并非完整句子的复合表达式，找到某种基础。

这种基础显然在于，句子是分步骤构成的。语法对此已经构成了某种提示。对于特定的造句规则(比如句子可以由一个主语、系词和一个补语构成，或者由一个主语、一个及物动词和一个宾语构成)，我们要么是潜在地理解，要么在研究语法时能做出明确的分析。同样，对于一个可以充当主语、补语或宾语的短语可以用哪

① 原文的英语例子分别是，“Was what Henry killed a man?”(亨利杀死的是一个人吗?)中的“killed a man”，以及“The man wearing my coat tore up the letter.”(穿我外套的那个人撕了信。)中的“my coat tore”。——译者

些不同的方式构成，我们也可以理解或分析。所有这样的短语都可以作为整体赋予涵义，但一个语词序列如果是由比如主语短语的片段与句子的其他部分构成的，那么它在那个句子中就不构成这样的短语。前面给出的两个例子都属此类。在那个疑问句中，及物动词是“杀死”，因此“死了一个人”这一串词在那个句子中就不能当成一个整体；第二个句子中的动词是“严禁”，因此“禁酒”同样不能充当成分短语。[①] 但弗雷格不止是拒绝承认我们凭借语法得知不合法的词串是逻辑上完整的表达式，而且也否认某些按照语法可以认为构成了单元的词串是这样的完整表达式。例如，在
《算术基础》中他解释说，在句子“皇帝的马车由四匹马来拉”中，短 Gl 46
语“四匹马”不是句子中真正的逻辑单元，但在语法上它与例如“黑马”一样是一个单元。

作出这些判断时，弗雷格并不是要试图理解我们的语言是如 36
何工作的，而是要把注意力从我们实际拥有的语言，引向重新构造的语言。他想用这种语言的符号形式，来陈述和分析数学证明，并在这种语言结构的基础上，建立他自己的哲学逻辑。日常语言的语法结构，显然可以因为它的误导性而应该受到指责，例如它掩盖了“黑马”与“四匹马”这两种形式的短语之间的区别，但这种区别可以通过逻辑分析揭示出来。在这两个短语中，形容词与名词以迥然有别的方式联系在一起。但是，如果进一步说“四匹马”这个短语只是语法单元，而根本不是逻辑单元，却是没有根据的。弗雷格真正能够说的仅仅是，在他用重构了的语言来替代“皇帝的马车

① 译文参照前注略有改动。——译者

由四匹马来拉”的那个句子中，不会出现对应于“四匹马”的单元。

这个例子涉及此前我们绕开了的一个要点，即把“四匹马”换成“一些马”，情况不会受到影响。我们讨论过概括表达式，我们用类似于“所有人”和“有些(个)人”这样的自然语言的词构成的表达式来作为例子。这样的词当然把概括的定义域限定为人，像“有些东西”和“所有东西”这样的词所表达的完全不加限定的概括，在自然语言中相对而言很少。常见得多的情况是，我们把“有些”、“所有”诸如此类的词用作形容词，与具有确定内容的名词或名词短语一起构成短语，其中的名词用来划定概括表达式的定义域。在用量词和变元记号来替代自然语言用来表达概括的那些手段之后，对弗雷格来说更加自然的就是，把概括记号与对定义域的限定分离开，从而就像他非常明确地宣称的那样，认定通过把限定性的内容留给与概括记号相连接的谓词，总是可以达到同样的效果。这样，人们不说“有个动物在花园里”，而说“有个是动物的东西在花园里”；使用量词就可以说“对某个 x，x 是动物，并且 x 在花园里”，而不说“对某个动物 x，x 在花园里”。同样，人们可以不说“所有狗吠叫”，而是说“对所有东西，如果它是狗就吠叫”。使用量词就可以说“对所有 x，如果 x 是狗，x 吠叫”，而不说“对所有狗 x，x 吠叫”。用量词—变元记号来替代自然语言的形式，根本不需要在接下来的步骤中使用不加限制的概括。相反，第二步在很大程
37 度上独立于第一步。后面我们会看到，这一步虽然看似无害，还是会表明实际上是极其致命的。不过，表达形式上作出的改变使新加的这一步变得很自然，因为在使用量词的情况下，不加限制的概括并不比加上限制更麻烦，况且在给出推理规则时还极其经济简便。

弗雷格要是使用了带限制的概括,就要把"皇帝的马车由某些马来拉"表示为"对某些马 x,皇帝的马车由 x 来拉"。带限制的量词"对某些马 x"在这里直接对应于"某些马",同样,"对某个 x"对应于"对某个 x,我踩在 x 上"和"我踩在某物上"中的"某物"。其中的区别前面已经考虑过,在于在自然语言中承担量词作用的是名词表达式,它位于谓词的主目位置上。而使用不带限制的概括,量化句子就变成"对某个 x,x 是一匹马并且皇帝的马车由 x 来拉",这个句子里确实没有可以认为对应于"某些马"的单元。(我们忽略了不相关的地方,即复数名词意味着"多于一个"。)

弗雷格关于句子内部从属表达式的观点(即可以认为什么样的表达式作为整体而具有的涵义,参与构成了整句的涵义),关系到他自己重构的语言如何运作,而不是我们通常使用的语言如何运作。为了详细描述按照这种观点识别出的各个表达式范畴,我们必须利用弗雷格在完整表达式和不完整表达式之间所做的区分。完整表达式有两种(在弗雷格后来的观点中它们被合并了),即"专名"和句子。"专名"意味着所有通常意义上的单称词项,包括复合单称词项。至于句子,语句连接词(sentential connective)当然提供了一种手段,可以用来把一些句子当作真正意义上的成分来构成一个句子。这两类表达式构成了一个阶次系统的基础,上面的阶次则由各种不完整表达式所占据。我们首先得到的两个范畴是一元的和二元的语句算子,当它们分别与一个或两个句子结合时,就构成复合句。接下来我们得到一阶的一元谓词,即从一个句子中移除一个"专名"的一个或多次出现后得到的不完整表达式。与此并列的范畴是一阶(二元)关系表达式,即从一个句子中

38 移除两个“专名”各自的一次或多次出现后得到的不完整表达式。（在个别情况下，弗雷格也会考虑三元关系表达式。不过为简单起见，我们可以忽略。）

我们已经看到，严格地说，弗雷格本该分开处理简单（一元）谓词和简单的关系表达式，而它们也的确不应被当作不完整表达式；但我们也看到，以一种不太精确的方式说，弗雷格更愿意把它们分别归于一阶谓词和关系表达式这样一般性的范畴之下。我们还看到，只要语言中缺少用于关系表达式的造句算子（无论初始的还是通过定义引入的），严格地说根本就无需承认关系表达式这个范畴。但是，只有引入了简单关系表达式这一特殊范畴，而不是将其归于一阶关系表达式这一一般性范畴，这才是可能的。再者，我们还看到，为了表达一些常常是反复出现的推演模式（“导出的推演规则”），承认一般性的关系表达式，还是必要的。

在其逻辑理论的发展过程中，在把句子当作“专名”之前的那个阶段，弗雷格原则上还没有理由反对，在联系到“专名”建立一阶谓词和关系表达式的同时，可以联系到句子建立一些不完整表达式的范畴——对应于谓词的就会是一元语句算子的范畴，即通过在复合句中移除某个单独的成分句子的一次或多次出现，得到的所有那些表达式。如果像某些逻辑学家那样，比如说希望使用约束句子变元的量词的话，这样的概念就是需要的。弗雷格没有引入这样的范畴，这只是因为他觉得没有必要引入那些使用起来就要承认这些范畴存在的算子。阶次体系实际上没有往句子那个方向，而是向“专名”那边继续延伸。

还是回头看一阶不完整表达式。在这一层上和谓词与关系表达式并列的，是一元或二元函数表达式。一元函数表达式类似于谓词，只不过为了得到它，就要从复合“专名”，而不是句子中，移除充当成分的“专名”的一次或多次出现。二元函数表达式与此类似。如果关心的是日常语言，承认简单函数表达式似乎就很够了，促成关系表达式的那些要素在此不适用。但在数学语境中，若要正确分析那些适用于任何函数表达式的算子，比如表示导数的算 39
子，复合函数表达式的一般概念与函数的一般概念是同样必需的。

照此得到一阶不完整表达式的各种范畴之后，下一步就要引入二阶的范畴。我们可以考虑二阶谓词，它们只有一个主目位置，其中要填入一阶谓词。量词就是这样的表达式。从一阶谓词得到句子最简单的方法就是在主目位置上插入专名，类似地，从量词得到句子最简单的方法就是将其添加给一阶谓词。更一般地说，这种二阶谓词可以理解为从一个句子中略去同一个一阶谓词的一次或多次出现以后，剩下的那个不完整表达式。

这个想法可以按各种方式加以推广。比如，我们可以考虑二阶关系表达式，其主目位置由一阶谓词来填充。例如“有与 Ψ 同样多的 Φ”，用约束变元来表示就是，“使得 $\Phi(x)$ 的 x 与使得 $\Psi(y)$ 的 y 同样多”。（这里的大写希腊字母表示主目位置，其作用与以前小写希腊字母在一阶关系表达式里一样。）具备由一阶关系表达式填充的单一主目位置的二阶谓词，构成另外一个范畴。自然语言中没有属于这个范畴的简单表达式，但“对每个 x、y 和 z，如果 $\Phi(x,y)$ 并且 $\Phi(x,z)$，那么 y 与 z 相同”却是属于此类的复合表达式，它表示一个关系是多对一的关系。

显然还有其他范畴，比如一个主目位置填充一阶谓词、另一个主目位置填一阶关系表达式的二阶关系表达式。更为重要的是这样一些谓词和关系表达式，其主目位置要填上具有一个或两个主目的一阶函数表达式。从一个表达某个给定函数各处连续的句子中，移除该函数表达式的各次出现，就可以得到这样的表达式。除了各类二阶的谓词和关系表达式，弗雷格也考虑过二阶函数表达式。这些表达式与前者的区别，类似于一阶函数表达式与一阶的谓词和关系表达式之间的区别，也就是说，它们不是从句子，而是从复合“专名”得到的。这些二阶函数表达式可以按照主目位置的数量和类型进行细分。不算数学语言，这类二阶的函数表达式最

41 为熟知的例子就是已经讨论过的摹状词算子，用约束变元来表示，这种函数表达式就具有形式“那个使得 $\Phi(x)$ 的 x”，当它的主目位置填上一个一阶谓词以后，就得到单称词项（“专名”）。

需要强调的一点是，弗雷格不认可这样一种二阶函数表达式：在把这种表达式的主目位置填上以后，从这种函数表达式将得到一阶函数表达式。换言之（我们暂时撇开至今为止我们一直坚持的做法，即完全按照不同类型的表达式，而非其所代表的实体种类，来进行谈论），弗雷格并不承认存在其值本身也是函数的泛函（functionals）（二阶函数）。这样在他那里也就没有微分操作，也就是说，对他来说，表达式“$\mathrm{d}\varphi(x)/\mathrm{d}x$”并不构成一个真正的整体表达式，从而不能认为它具备涵义。毋宁说，我们必须考虑的是这

WF 665 样一个表达式：

$$\left(\frac{\mathrm{d}\varphi(x)}{\mathrm{d}x}\right)_{x=\xi}$$

Gg I 22 这是一个拥有**两个**主目位置的二阶函数表达式，一个位置由希腊

字母“φ”表示，它留给一个一阶函数表达式，另一个则由字母“ξ”代表，留给单称词项（这里是数词）；两个位置都填上以后，整个表达式就变成一个数词，表示当提到的那个数充当主目时导数函数的值。这里的一般原则是，一个不完整表达式永远不能当作是通过从另外一个不完整表达式中，移除特定成分后得到的——我们必须总是从完整表达式出发，来从中得到我们想要的任何不完整表达式。对于通过定义能够引入何种简单表达式，这个原则当然施加了某种限制。例如，不能引入微分算子，而只能引入前面提到、具有两个主目的对应的二阶函数算子。显然，当语言受制于这一限制时，其表达能力事实上不会有任何妨碍，但同样显然的是，这种限制会大大损害语言的简洁性。事实上，它会使用比没有这种限制时多得多的约束变元。即使避开通常用于二阶导数的简写形式“$\mathrm{d}^2\varphi(x)/\mathrm{d}x^2$”，我们也可以迭代使用通常的记号，来这样表示 x^3 的二阶导数是 $6x$：

$$\forall x\ \frac{\mathrm{d}\left(\frac{\mathrm{d}x^3}{\mathrm{d}x}\right)}{\mathrm{d}x}=6x$$

但要是用前面所说的记号法，就必须这样写：

$$\forall z\left(\frac{d\left(\frac{dx^3}{dx}\right)_{x=y}}{dy}\right)_{y=z}=6z。$$

当然，实际上没有任何理由说，为了忠于自己的原则，弗雷格就该当采纳如此冗长的记号。像“$(D_x[\varphi(x)])(\xi)$”这样的形式，就完全足以表达我们考虑的这种带有两个主目的二阶函数。这样，前面的式子就可以写成：

$$\forall z(D_y[(D_x[x^3])(y)])(z) = 6z。$$

忠实于弗雷格的原则，仍然会使数量可观的方便记法变成不合法的，而这些记法如果不是这样的话，用起来还是显得很自然的。

如果着眼于得到表达的函数来看，弗雷格的原则所施加的限制似乎是任意的——在数学中，我们考虑从关于数的函数到关于数的函数的映射，这和考虑从关于数的函数到数的映射一样常见。但从语言的立场看，弗雷格的限制完全是合乎逻辑的。违反这种限制的方式可能有两种。一种可以表示为符号“$\mathrm{d}\varphi(x)/\mathrm{d}x$”。若把一个在主目位置上带有“$x$”的函数表达式，插入由字母“$\varphi$”表示的主目位置中，我们就得到用于表示一个函数的表达式；然而它并不具备函数表达式应该具备的主目位置，因为字母“x”在其中的所有出现，都必须被当作约束变元。在把表示导数函数的表达式

42 放到方程中时，这一点制造了很多麻烦。当方程的另一边也是由变元“x”构成，并受到一个隐含的全称量词约束，例如

$$\frac{\mathrm{d}x^3}{\mathrm{d}x} = 3x^2,$$

困难还只是理论上的。如果我们以明示的方式写成：

$$\forall x\left(\frac{\mathrm{d}x^3}{\mathrm{d}x} = 3x^2\right),$$

然后考虑“x”的哪些出现为全称量词“$\forall x$”所约束，此时困难就表现出来了。右手边的“x”显然为量词所约束，但导数表达式中“x”的出现不能也这样看，因为它们已经为导数表达式所约束。而如果它们没有这样被约束，那就应当可以用数词来代入它们。但这也不行，因为会导致这样一个无意义的表达式：

$$\frac{\mathrm{d}4^3}{\mathrm{d}x} = 3 \times 4^2。$$

当我们想在方程中放入除了变元“x”之外的东西，来充当导数函数的主目，困难就昭然若揭了。若要在主目上放入一个数词，我们就不得不提供一个以前没有的主目位置，从而写成：

$$\left(\frac{\mathrm{d}x^3}{\mathrm{d}x}\right)_{x=4} = 3 \times 4^2。$$

而若希望用一个包含了某个其他变元的词项，来充当导数函数的主目，我们就被迫要放弃单纯的方程形式，而采用一个复合句，例如：

如果 $x = 5y + 7$，那么 $(\mathrm{d}x^3/\mathrm{d}x) = 3x^2 = 75y^2 + 210y + 147$。

只要坚持弗雷格的原则，所有这些困难就都消失了。使用形如“$(D_x[\varphi(x)])(\xi)$”的记号，对第一种情况我们可以写：

$$\forall y(D_x[x^3])(y) = 3y^2,$$

如果愿意，甚至可以写成：

$$\forall x(D_x[x^3])(x) = 3x^2。$$

(在后 种情况下，圆括号中出现的“x”由量词来约束，而在“x^3” 43
中的“x”则由微分算子约束。)在另外两种情况下，我们可以分别写成：

$$(D_x[x^3])(4) = 3 \times 4^2$$

以及

$$\forall y(D_x[x^3])(5y + 7) = 75y^2 + 210y + 147。$$

另外那种通常会违反弗雷格限制的方式，可以用记号“$f'(x)$”来说明。这种记号用起来异常方便，它的优越之处在于，

它实现了用尽可能最简单的方式表示迭代的微分操作，即“$f''(x)$”。它也没有其他记号法带来的麻烦，因为这里的变元“x”无可争议地表示函数表达式的主目位置，因此只要我们知道字母“f”表示何种函数，就可以自由地使用“$f'(4)$”以及“$f'(5y+7)$”。但它的使用范围限于那些我们不得不用单个字母或记号，来表示对其进行微分计算的函数的情形，而在其他情况下我们就被迫要引入一个字母作为临时代号，从而得到这样的形式：

如果 $f(x)=x^3$，那么 $f'(x)=3x^2$。

因此显然，如果希望记号法既普遍适用，又能正确处理要表达的逻辑复合性，我们就只能遵守弗雷格的原则，即在其主目位置得到填充以后，一个函数表达式（或其他不完整表达式）就总是产生一个完整表达式。

由于弗雷格的本体论与他的语言分析紧密相连，他对“当其主目位置得到填充以后，不完整的表达式产生的表达式仍然不完整”这类可能性的抵制态度，致使他也不能容忍其值为函数的函数。按照弗雷格的术语，单称词项（“专名”）所代表的一般而言就是对象，因此，对弗雷格来说，虽然并未限制函数可以具备的主目类型，但函数值只能是对象。人们可能觉得这是弗雷格的不合理之处，因为在记号层次上有说服力的观点不能用于本体论层次。弗雷格会这样回答，只有通过理解属于给定类型的函数表达式，才能理解该类型的函数，而没有相应表达式形式的函数类型是不可思议的。这些问题是我们着手讨论弗雷格本体论的整个话题时必须考虑的，这个话题关系到何种类型的实体存在并为各类表达式所表示。

44 眼下指出这一点就够了：放弃以函数作为值的函数所造成的损失，

可以以复杂性在一定程度上有所增加为代价而得到补偿,不仅在语言层次上如此,在本体论层次上也是如此。例如,对于从一个关于数的一元函数 f,到另外一个关于数的一元函数 g 的映射 F,我们必须考虑从函数 f 和数 n 到数 m = g(n)的二元运算 K_F,于是函数 g 就可以刻画为这样的函数,对 n 的每个值,g(n) = K_F(f,n)。

支撑着弗雷格的阶次体系的一般原则,现在就很明显了。我们可以采用丘奇为类型论制定的记号,来对这个体系给出更为系统的刻画。我们的起点是两种类型的完整表达式,即"专名"与句子。这两个类型都被当作 0 阶。给定属于某个 n 阶的一个表达式类型,我们可以引入第 n+1 阶的不完整表达式类型,它包括从一个完整表达式(它属于两种完整表达式中的无论哪一种)中略去属于给定第 n 阶的某个表达式的一次或多次出现以后,得到的所有那些表达式。进而,给定(不必是不同的)属于 n 阶和 m 阶的两种表达式,我们可以引入另外一种类型的不完整表达式,即从一个完整表达式(它属于两种这样的表达式中的无论哪一种),通过略去分别属于给定的第 n 阶和第 m 阶的两个表达式各自的一次或多次出现,得到的所有表达式,由此得到的类型属于 k+1 阶,其中 k = max(n,m)。为使这样的一般表述变得清晰,我们引入一套记号来表示各种类型,并给予递归定义。令"o"表示由所有句子构成的表达式类型,"i"表示由所有"专名"构成的表达式类型。接下来,如果 α 是一个 n 阶类型,类型[α]就由从句子中略去类型 α 的单个表达式的一次或多次出现得到的所有表达式构成;类型(α),则由从"专名"中略去类型 α 中的单个表达式的一次或多次出现得到的所有表达式构成。[α]与(α)都属于 n+1 阶。进而,如果 β 是 STT

另外一个 m 阶的类型，[α，β]就是这样一个类型，其中的所有表达式都是从句子中，略去属于类型 α 的某个表达式的一次或多次出现，与此同时略去属于类型 β 的某个表达式的一次或多次出现得到的；而(α，β)则是按同样方式从“专名”得到的所有表达式构成的类型。[α，β]和(α，β)所属的阶次都是 k+1，其中 k = max(n，m)。这样，一阶谓词就属于类型[i]，一阶关系表达式属于类型[i，i]，一元的和二元的语句算子分别属于类型[o]和[o，o]，而一元的
45 和二元的一阶函数表达式则属于类型(i)和(i，i)。会有属于类型[[i]]、[[i，i]]以及[(i)]的二阶谓词，这些谓词的主目分别要由一阶的谓词、关系表达式以及函数表达式填充。“使得 $\Phi(x)$ 的 x 与使得 $\Psi(y)$ 的 y 同样多”属于类型[[i]，[i]]，而摹状词算子则属于类型([i])，表达式“$(D_x[\varphi(x)])(\xi)$”属于类型((i)，i)。

于是，用来建立关于表达式类型的这一阶次体系的一般原则，就可以列述如下。首先是我们已经讨论过的那个原则，即不完整表达式的所有类型，都必须当作是从句子和“专名”这样两个完整表达式类型中一个得到的。第二，每个表达式以及每个类型，都必须具备确定数量和类型的主目位置，通过填补它们得到的表达式也具备确定的类型。也就是说，不完整表达式不能允许在不同情况下有不同数量的主目；它也不能允许在不同的情况下，由不同类型的表达式来填充其任何一个主目位置；更不允许有表达式由于语境不同，而有时产生句子，有时得到单称词项。（自然语言显然包含了一些主目数量可变的关系表达式，尼尔森·古德曼(Nelson
CI 50 Goodman)称其为“多级关系(multigrade relations)”，例如“……位于同一直线上”、“……是同乡”，等等。按照弗雷格的原则，这样

的表达式要么被处理为歧义，要么被当作是用于集合的谓词。）进而，按照这个原则，两个不完整表达式，如果在主目位置的数量或类型上不同，或者当主目位置被填充以后得到种类不同的表达式，就属于不同类型。第三，主目位置的数量和类型，以及它是从何种类型的完整表达式得到的，这三个要素完全决定了一个不完整表达式的类型。也就是说，每个类型都必须被认为是包含了要么从句子，要么从“专名”入手，在各自的一次或多次出现的位置上，略去属于给定类型的一个或两个表达式，最终得到的**所有**表达式。

要解释高于一阶的不完整表达式的概念，我们必须精确地理解，不完整的表达式出现于句子或“专名”中，以及从句子或专名中略去它，以及后来用属于同样类型的其他不完整表达式来填充由此得到的空位，这些说法都意味着什么。让我们选取一阶谓词出现于句子中这一情形。在解释属于类型[[i]]的二阶谓词时，我们必须考虑这种情况。一阶谓词就是这样一个表达式， 46

$$\cdots\cdots\xi\cdots\cdots\xi\cdots\cdots$$

它是由某个句子

$$\cdots\cdots a\cdots\cdots a\cdots\cdots$$

通过移除专名“a”的一次或多次（这里是两次）出现，然后用希腊字母“ξ”表示留下的空位得到的。如果某个较长句子中出现形如

$$\cdots\cdots t\cdots\cdots t\cdots\cdots$$

的部分，而该部分是用一个（简单的或复合的）单称词项“t”，来填充那些空位得到的，我们就认为，该部分构成了给定的那个一阶谓词在那个较长句子中的一次出现。这一点在我们前面讨论（复合）谓词的概念时已经看到了。但事实上我们必须以一种稍加推广的

方式，来说明何时可以说一个一阶谓词出现于句子中，因为它的主目位置可能是由约束变元，或者含有约束变元的某个表达式来填充的。我们需要的实际上是**伪词项**(pseudo-term)这样一个概念，即一种按照与单称词项相同的方式构成的表达式，只不过用来作为构造基础的除了简单专名(个体常项)，也可以是约束变元。如果我们考虑的是一种包含了函数—量词(function-quantifier)的语言，在构造过程中就必须还允许除了用函数—符号(function-symbol)，也可以用受到约束的函数—变元(function-variable)。因此，如果“*s*”是一个词项或伪词项，主句中任何具有形式

$$\cdots\cdots s\cdots\cdots s\cdots\cdots$$

的部分都构成了相应谓词的一次出现。(如果“*s*”和“*t*”不同，

$$\cdots\cdots s\cdots\cdots t\cdots\cdots$$

自然就不是这样一次出现。)

让我们假定“*s*”是一个伪词项，而“*t*”是一个词项，主句的一个部分是

$$\cdots\cdots s\cdots\cdots s\cdots\cdots,$$

另一个部分是

$$\cdots\cdots t\cdots\cdots t\cdots\cdots。$$

如果我们比如说把“*s*”和“*t*”当作表示数的(伪)词项，那就可以假定“*s*”是“$x+5$”，而“*t*”比如说是“4!”。当然，表达式

$$\cdots\cdots x+5\cdots\cdots x+5\cdots\cdots$$

47 必须出现在某个位于主句中、对变元“*x*”进行约束的量词辖域之内，因而不构成一个自身具有涵义且在逻辑上构成一个整体的表达式；上述表达式与句子之间的关系，与伪词项与词项的关系是相

应的。这样,主句

$$----x+5\cdots\cdots x+5\cdots\cdots----\cdots\cdots 4!\cdots\cdots 4!\cdots\cdots----$$

就包含了给定谓词的两次出现。我们可以移除它们,留下空位,从而得到属于类型[[i]]的二阶谓词。然而,由于必须略去的表达式本身是不完整表达式,从句子中移除不完整表达式时,就不能把在主句中占据被移除表达式主目位置的词项或伪词项,也一起移除了。因此,得到的二阶谓词就具有这样的形式

$$----\Phi(x+5)----\Phi(4!)----,$$

其中的字母"Φ"表示移除了一阶谓词后留下的空位,而括号中的表达式则表明,在原来的句子中一阶谓词在两次出现时的主目位置由什么来填充。这里的情况甚至不同于一阶谓词,这里列出的包含了字母"Φ"的表达式本身并不就是二阶谓词,而只是表示二阶谓词的东西——二阶谓词并不是句子中一个可分离的部分,而仅仅是包含于句子中的一种可以识别的模式。这个模式是什么,仅仅取决于两个共同起作用的解释,它们分别针对二阶谓词如何构成,以及填充其主目位置后得到什么。现在我们必须解释这一点。假定我们现在要说明,用一个新的一阶谓词来填充这个二阶谓词的主目位置,将得到一个什么句子。这个一阶谓词是

$$\bullet-\bullet-\bullet\ \xi\bullet-\bullet-\bullet\ \xi\bullet-\bullet-\bullet\ \xi\bullet-\bullet-\bullet,$$

它是从句子

$$\bullet-\bullet-\bullet\ b\bullet-\bullet-\bullet\ b\bullet-\bullet-\bullet\ b\bullet-\bullet-\bullet$$

中移除了专名"*b*"的三次出现以后得到的。这个句子是这样得到的,在前面用来表示二阶谓词的式子中,用在新的一阶谓词的主目位置上插入"$x+5$"以后得到的式子,来替换"$\Phi(x+5)$",用在同一

个谓词的主目谓词上插入“4!”得到的式子，来替换“Φ(4!)”。换句话说，在为了得到二阶谓词而省略原来一阶谓词的所有出现的
48 地方，都代之这样的式子，这些式子是在新的一阶谓词中，插入与原来谓词(那些出现)的主目位置上同样的词项或伪词项得到的。

按这种方式刻画类型的阶次结构，这种结构就是一种潜无穷(potentially infinite)结构。这种方式允许考虑比如说具有类型[[[i]]]的三阶谓词，以及例如具有类型(((i)))的三阶函数表达式，从而也允许四阶、五阶甚至任意阶次的不完整表达式。在每个阶段都有必要说明，一个低一阶的表达式出现在句子或者单称词项中，这意味着什么；必须说明去掉这样的一个或者多个出现后得到的是什么；以及在主目位置上或者由此得到的不完整表达式的主目位置上，插入属于同样类型的其他表达式，所得到的结果是什么。不过，只要这一点在二阶谓词的情况下得到了明确陈述，在所有其他情况下这样做需要遵循何种原则，也就清楚了。毋宁说，在这个阶段我们需要考虑的是，在何种意义上层级体系是潜无穷的，以及在何种程度上我们终究还是需要更高的阶次。

给出一个由专名、初始的谓词和关系表达式，以及语句算子构成的非常简单的语言，也就可以据此定义一阶、二阶、三阶等等整个阶次体系的谓词和关系表达式。然而，这可能没什么意义。承认某个类型的不完整表达式的理由主要有两个。首先，在语言中有属于该类型的简单记号，无论是初始的还是通过定义引入的。用于约束个体变元的全称量词，是属于类型[[i]]的简单记号，就是说，是以一阶谓词作为主目的二阶谓词。因此，弗雷格要使用这个量词，他就必须承认类型[[i]]的存在。我们早就看到，如果他

以一种不同的方式区分简单表达式和复合表达式，单凭这一点而言他还不必考虑，一般来说属于类型[[i]]的一整类复合二阶谓词。但如果想要一般性地刻画一种定义，用来引入与全称量词属于同一逻辑类型的其他简单表达式，这样做还是必要的。第二个理由使我们务必承认，包含简单表达式和复合表达式在内的整个类型是存在的，这个理由就是，所考虑的这类表达式可以与给定的简单表达式结合，构成句子或复合的单称词项。从这个角度看，要使用全称量词，也就有必要承认这样一类表达式，即一阶谓词（类型[i]），它们在严格的意义上被当作全称量词可以与之结合的不 49
完整表达式。这两种因素应当分开考虑，它们在强度上有所不同。

实际上，弗雷格自由地使用高阶量化，他用量词来约束一阶的谓词、关系表达式或函数表达式这一类型的变元。这些量词本身 Bs 26；Gl 72；59
是属于第三阶次的表达式，但从上述第二个角度来看，对它们的使 Gg I 19-25
用，却为承认例如[[i]]、[[i，i]]、[(i)]以及[(i，i)]这样的各种二阶谓词的存在，提供了一个更强的理由。

对函数表达式来说情况有所不同。如果语言中只包含简单专名和一阶函数表达式，生成一个由函数表达式构成的等级体系，并且这些函数表达式主目本身也是函数表达式，这样做虽然没有什么意义，但也是可能的。但不可能引入主目位置由谓词填充的二阶函数表达式，因为语言中不会有任何包含谓词的复合单称词项。要引入([i])这个类型的不完整表达式，至少要有属于该类型的初始算子，例如摹状词算子。如果希望出于有说服力的理由，来考虑这种形式的表达式（包括复合表达式）所属的一般类型，我们就必须有理由使用或引入适用于这类表达式的算子。

现在我们明白，在何种意义上阶次结构是无穷的，并且仅仅是潜无穷。既然不完整表达式是句子的特征而非成分，讨论一种语言中是否包含某一类型的不完整表达式，就没有意义，除非所提出的是一个经过限制了的问题，即其中是否包含属于该类型的**简单**表达式。除了提到的关于函数表达式的那个情况，对任何类型，人们总能分辨出该类型的表达式在句子中是以何种模式出现的。但除非语言中有以给定类型的表达式作为主目的简单表达式，或者在某种意义上有给定类型的简单表达式，要在句子中分离出那种表达式，基本上是徒劳的。弗雷格所设想的语言并不具备所有阶次的初始表达式，其中包含的初始表达式也确实只有有限多个，因此，在讨论任何特定语言时，可能只是有必要考虑一些数量很有限的表达式类型。另一方面，只要可以表明这样做是有意义的，他也不会反对考虑潜无穷的阶次中任何一个类型。只要有需要，就可
50 以通过定义来引入阶层体系中任意类型的表达式，甚至引入对应的变元以便由量词来约束。

在后期的观点中，弗雷格把句子当成一种特殊的复合单称词项。如果这样做，那么谓词就变成具有一个主目位置的一类特殊的函数表达式，关系表达式则是具有两个主目位置的特殊的函数表达式。阶次体系于是得到了极大的简化，其中只有一个完整表达式的类型，我们可称之为“g”；只有一个其单一主目属于类型 α 的不完整表达式类型，即(α)；并只有一个其两个主目分别属于类型 α 和 β 的不完整表达式类型，即(α，β)。这样，属于一阶表达式的就只有两个类型，即(g)和(g，g)。如果不考虑顺序，属于二阶

表达式的就只有五个类型，即((g),g)、((g),(g))、((g),(g,g))、((g,g),g)以及((g,g),(g,g))。尽管至少在初看起来让人难以置信，这种简化仍为把句子归于复合“专名”提供了强有力的动机。这一做法的其他理由以及后果，留待以后再探讨。

这样系统阐述弗雷格的类型体系，表明它本质上与罗素的简单类型论是同样的观点，只是在表述上使用了弗雷格的不完整表达式这一概念。罗素的类型论考虑的是，什么表达式可以算作是有意义的——只有特定的函数，即那些属于适当类型的函数，才能作为其他函项的主目“有意义地出现”，而违反类型论的表达式直接就是无意义的。弗雷格的类型体系也提供了一个关于有意义性的理论。弗雷格理论的一个他一再重申的基本原则是：不完整表达式的符号绝不能以不留主目位置的方式出现，只有在涉及约束变元时是个例外，此时约束变元紧接着量词或其他约束它的算子出现。

从弗雷格看待他为逻辑分析的目的构建的语言的整个方式 Gg II 147n; BW 243
来看，这一原则立即清楚起来。因为，如果在改写属于给定类型的某个不完整表达式时，弄错了主目位置的数目或类型，也就根本不能识别出要改写的那个不完整表达式。忠实于这个原则的结果是，在弗雷格的符号语言中，违背类型区分的情况不仅仅是被禁止，而且实际上是不可能的。比如，如果试图把一个一阶谓词“$F(\xi)$”，插入到另外一个一阶谓词“$G(\xi)$”的主目位置中，我们根本就没有得到句子，因为“$F(\xi)$”仍然包含一个由“ξ”表示的空位
还没有填上。另一方面，如果要把专名“a”插入到二阶谓词 51
“$\mathrm{M}x\Phi(x)$”的主目位置中，我们同样办不到，因为“a”没有包含可以插入约束变元“x”的空位。因此，在弗雷格自己的符号语言的

范围之内,他关于阶次的学说不必规定哪些表达式没有意义,而只需表明这些表达式不存在。然而,由于直接有助于揭示自然语言,它仍然有权被称为意义理论(a theory of significance)。自然语言常常违背“具有不完整涵义的表达式不能在不带主目位置的情况下出现”这一原则,比如,大部分形容词都是隐去了主目位置的一阶谓词或一阶关系表达式。在需要的时候,可以通过在形容词前面加上系词,从而恢复主目位置。显然,如果不是知道把系词加上以后得到的谓词涵义,我们不能理解一个形容词的意思——例如,只有知道什么叫做一个东西是黏的(to be slimy),我们才能知道“黏的(slimy)”的意思是什么。然而,由于缺乏约束变元这一手段,自然语言产生了大量语境,使形容词出现时丢掉了系词,从而丢掉了主目位置。如果这样的语境用弗雷格的符号语言来表示,相应谓词的主目位置上就会包含约束变元(或复合的伪词项)。自然语言隐含的运作方式,就取决于这种语境的涵义,如何与形容词在系词后面这一原初位置上的使用联系起来。因此弗雷格会这样说:只有通过观察这样的使用方式如何能够起到在符号语言中利用约束变元所起的作用,才能清楚地理解自然语言的运作方式。但正因为自然语言会违背“所有涵义不完整的表达式都必须带上主目位置”这一原则,在自然语言中就可能产生没有意义但语法正确的句子,这些句子违反了类型区分,因而在符号语言中根本无法构造出来。例如“毛主席是稀有的”这个句子,它完全合乎语法,但由于“稀有的”看起来像一阶的谓述性形容词,却具有二阶谓词的涵义,这个句子是没有意义的。通过考虑在符号语言中能否构造相应句子,就很容易诊断并解释自然语言中这类意义失灵的情况。

罗素建立简单类型论的理由，实际上与弗雷格强调阶次区分的理由完全相同。罗素尽管在记号法中没有体现，他仍然具备同样的关于不完整性的理论概念，他称之为“歧义”。在类型论最初的表述形式中，分支体系（the ramified hierarchy）和简单体系（the 52
simple hierarchy）是交织在一起的。不过，如所周知，罗素为它们提供了很不相同的理由。因为涉及了不同的原则，也确实应该如此。他在《数学原理》第一版序言第二章第四部分中，给出了接受简单体系的理由。在那里他说，命题函项“本质上是歧义的，并且……，若要使其出现在一个确定的命题中，就必须在歧义消失的情况下才行，结果就得到完全没有歧义的陈述。”这恰好就是弗雷格的不完整表达式的概念，它必须在主目位置得到填充之后出现在句子中。罗素继续说，“‘$(x).\varphi x$’……是$\varphi\hat{x}$的函数，一旦$\varphi\hat{x}$得到了指派，就得到一个完全没有歧义的、确定的命题。”用弗雷格式的术语说就是，“$\forall x\Phi(x)$”是一个不完整表达式，其中的“Φ”代表主目位置，一旦主目位置得到填充，就得到完整的句子。“但是”，他继续说，“我们显然不能用不是函项的东西来替代函项。‘$(x).\varphi x$’意味着‘在所有情况下都有φx’，它是否有意义依赖于是否存在关于φx的‘情况’这一事实，也就是说，依赖于函项所特有的歧义性。这个例子说明了这样一个事实，在函项可以有意义地充当主目的地方，不是函项的东西就不能有意义地充当主目。相反，在不是函项的东西可以有意义地充当主目的地方，函项就不能充当主目。比如，考虑‘x是人’以及‘$\varphi\hat{x}$是人’。这里没有什么来排除$\varphi\hat{x}$中包含的歧义，因而也就没有什么确定的东西被说成是人。事实上，函项不是确定的对象，不是能或不能是人的东西——它只是

一个待确定的歧义，必须经过确定以后才能有意义地出现于句子中，光用命题中确定的东西来替换，显然是没有做到这一点。”罗素在这里大费口舌为之辩解的，显然就是弗雷格不必通过论证就赢得的结果——他需要做的只是建立关于阶次之别，以及关于主目位置必须出现的规则，这些规则支配着弗雷格的符号语言的结构。

给定属于例如阶次 n 的任意表达式类型 α，只要有理由推进到下一阶次，我们就会有确定的规则，用以确定属于阶次 n+1 的表达式类型[α]。只要最基础的类型，即类型 o 和 i 确定了，弗雷格的阶次体系中所有类型也就此确定。关于语句的类型 o，我们可以认为相对而言没有问题。但对关于“专名”的类型 i 却不能这么说。我们也许认为，如果在自然语言之内不能确定哪些表达式
53 可以被当作“专名”，而哪些不能，这还不算一个重要的问题，因为真正说来，弗雷格的体系只是为按照他的符号语言的原则构建的语言所定义的，而自然语言在很多方面偏离了那种结构。但这样想是错的。弗雷格的符号语言是对自然语言的重构，而不是完全凭空建立的。只要知道要把哪些表达式算作专名，我们就能着手实施这种重构；而在知道这一点之前，我们甚至无法开始。我们马上转入这个问题。

第四章　专　　名

如果不能准确地知道，什么才是在弗雷格意义上的“专名”(即 54
单称词项)，我们也就同样不能准确地知道，不完整表达式除了语
句算子以外的各个范畴究竟包含了什么。因为，我们看到，这些范 FB 1-7
畴是按照所处的阶次通过归纳定义得到的，其基础就是“专名”。
然而大家都知道，弗雷格从来没有费心为“专名”这个范畴给出过
任何精确的刻画。按照他通常满足于使用的一个标准，这类表达
式由带定冠词的单数名词短语构成。他一直没有顾及这样一个事 BG
195-6, ***65***
实，即这个标准不适于那些不区分单复数形式的语言，也不适于为 Gl 51,
57,66n,
数更多的不用定冠词的语言。对那些可以使用这一标准的语言，68n
该标准从正反两个方向来看都不是严格的。对这个事实弗雷格同
样无动于衷。他非常清楚自己不会把某些符合这一标准的表达式
算作专名，而其他有些不合标准的表达式，他却愿意列为专名。但
他宁愿以这种最为简陋的标准为指导，而使关于专名与其他表达
式的整个区分都依赖于直觉识别。

这样的态度是不能接受的。的确，利用人所具备的直接识别某些性质的能力，这常常是必要的。不借助这种识别能力，有时还不可能指出这种性质。比如说，试图通过分析可笑这个概念，来向一个完全没有幽默感的人说明如何识别其他人觉得好笑的东西，

可想而知怎么都不管用。除了说可笑就是容易引起发笑这种典型反应的东西，关于**可笑**这个概念，我们还找不到别的分析方式。不
55 过，只有在我们能清晰地描述一种反应，并利用这种反应来区分出那种性质时，这类分析才是允许的。在涉及专名的情况下，没有这样的描述可资利用。人们也许会反对说，在有些情况下，对于反应所能给出的描述，只能是通过适当引导产生的特定的语言描述。比如，识别颜色的能力主要体现在，当人们问“那是什么颜色”时，他能回答例如“红色”。这不像识别可笑或痛苦的能力，这些能力体现在非言语的行为上。这样，反对者就会说，照这样看，假定识别专名的能力首先体现在我们能够用“专名”这个词来描述，就已经足够了。

然而可惜，在这种情况下还是不能满足于这样的解释。这不仅仅是因为，对于大量边界情形有人倾向于认为是专名，而另一些人则否认，但没有可资利用的判断原则；而且是因为，这样的解释无法表明，把表达式列为专名，这与该表达式的使用之间有何联系。可笑和红色是可分离的(detachable)性质——没有幽默感或者全然色盲的人所失甚多，但从他失去这些东西，我们不能得出他还失去了别的什么。相反，如果不能识别出一个表达式是专名，那就要么没有理解这个表达式，要么只是未能把握“专名”这个概念，但却有能力获得这种把握。对一个完全色盲的人，我们完全可以说他没有能力获得**红色**这个概念；但对一个理解语言的人来说，如果我们所能做的只是找到向他解释这一概念的正确手段，那他必定已经拥有某种得以分清哪些表达式是专名而哪些不是的方法。

一个表达式属于专名这一范畴，这是其涵义的一种特征。我

们应当能够指出这一特征与涵义的哪个方面相联系。弗雷格把所
有单称词项都称为“专名”，其中也包括非常复杂的词项，这当然反 SB 41-2
映了他的这样一个信念，即这类词项在句子中的首要用法就是挑
出确定的对象，这些词项正如专名在“专名”一词的严格意义上一
样，表示其负载者(bearer)。这样，弗雷格使用“对象”这一本体论
词项的方式，就与“专名”这一语言学术语严格地关联起来——专
名所表示的不管什么都是对象，说某个东西是对象，也就是说存在
或者能够存在一个表示它的专名。这自然就产生一个问题，即这
一首要的分类原则适用于哪个领域，是语言学领域还是本体论领 56
域。弗雷格把“专名”一词用于某些表达式，对这种用法的正确性
我们会有所疑虑，此时我们依据的还不是表达式的复杂性。比如
说对于数词。与此对应，对这些词所表示的实体，例如数，他使用
“对象”一词。即使把“专名”一词的使用交给直觉来决定，我们也
难以确定这种直觉在何种层次上起作用，是在语言学层次还是本
体论层次——是因为直觉驱使我们把数当作对象，才使我们不得
不把数词解释成弗雷格意义上的专名，还是相反，是因为直觉驱使
我们把数词当作专名，才使我们不得不把数当作对象？

彼得·吉奇在《三位哲学家》(*Three Philosophers*)中选择前 p. 136
一解释。按他的观点，弗雷格除了把复合词项和逻辑上简单的词
项都包含在内这一点以外，他使用“专名”的方式是简单明了
的——正因为持有数是对象这一成问题的哲学主张，他才把数词
列为专名，其所依据的原则是，不管什么表达式，只要表示对象，它
就是专名。如果这个解释是对的，那么对于如何确定数或其他任
何种类的实体是否对象，甚至对于怎样才算确定了这一点，我们就

全然不得而知了。无疑应当注意,数是不是对象,这会影响我们对特定语言学表达式如何进行分类。如果进而跟随弗雷格关于得到恰当构造的语言中句子结构的讨论,我们就应当看到,把数词归为哪个语言学范畴,还会影响到这些词项所具备的形式,以及它们在句子中的用法。不过,要按照何种原则我们才会允许这些后果出现,这一点还是完全茫无头绪。我们理应把问题定性为,是否承认特定形式的表达式比起其他形式来说,更适合于所谈论的东西的特征。但相关实体(在此即数)的特征中哪一方面是我们所要考虑的,以及当说它们是或不是对象时,我们所突出的究竟是什么,这些都仍然不甚明了。

吉奇对这一问题的解释,把弗雷格在语言学范畴与本体论范畴之间的关系上的整个态度都弄错了。吉奇所使用的图景是,先把语言学的表达式看作是表示例如数这样的特定实体,然后利用
57 该实体的特征来确认它属于何种本体论范畴,最后按照所表示的实体把语言学的表达式指派给相应的范畴。这幅图景离弗雷格的想法很远。对他来说,在知道表达式所表示的东西属于何种类别(此时“类别”是指“逻辑范畴”)之前,是不可能知道表达式表示什么。更确切地说,只有在未能把握“某个东西属于所考虑的逻辑范畴”这一一般性的概念时,才会有这种可能性。或许有人能够很好地使用专名,并且知道专名代表什么对象,但却不具备关于“对象”的一般概念。在这种意义上可以说,此人知道特定专名表示的对象是什么,但不知道它是一个对象。但是,在确认所考虑的东西是一个对象之前,人们不可能具备“对象”的一般概念,同时还知道特定专名代表什么东西。对弗雷格来说,我们所讨论的东西分属各

个逻辑范畴，这反映了出现于语言中的表达式的不同范畴；而对这些表达式划分范畴，又进一步依赖于它们在句子中的不同使用方式。很可能有人能够很好地使用特定的表达式，但对它们所属的一般类别却缺乏明确的概念。但是，说有人具备特定本体论范畴的一般概念，却不确定特定表达式所代表的东西是否属于该范畴，就同样也会说，他不确定所谈到的表达式是否属于相应的语言学范畴；这就意味着，他对该表达式在语言中起作用的方式也缺乏把握。然而，如果他对表达式起作用的方式缺乏把握（这不是指关于成语或修饰的细枝末节，而是指诸如范畴区别这样的关于使用的基本问题），那就不可能说他知道表达式所代表的东西是什么了。

因此，对弗雷格来说重要的是能够主张，依据在语言中使用的方式，就可以判断每个表达式所属的逻辑范畴或类型。专名与其他类型的表达式之间的区分，一定能够完全按照语言学的方式得到，而不必对各自所代表的东西进行任何考察。专名确实构成了所有可能的语言学范畴中最为广泛的一个范畴，它们包含除了句子以外所有的完整表达式。在《算术基础》中，弗雷格的确承认，可
以把对象范畴进一步细分为具体对象与抽象对象，因而可以设想， 58 Gl 26,
对专名这一范畴也进行相应的细分。但他没有尝试表述这种区分 60-2,85;
的原则。可见，把表达式归入专名这一范畴，这肯定只是取决于表 Ne 74; Gg I xviii;
达式用法的最为一般的特征。 Gg II 74

因此，要使弗雷格的整个语言哲学，以及依赖于它的本体论终归可行，至关重要的一点就是，应当能够联系表达式在语言中所起的作用，建立一种清晰严格的标准，来把专名与其他种类的表达式区分开。并且，若要清晰地把握一种方法，来重构自然语言、使其

获得弗雷格的符号语言的那种逻辑上清晰的形式，就必须能够给出适用于自然语言的专名的标准。如果不能确定自然语言中何种表达式要算作专名，也就不能实施这种重构。因此，弗雷格对这个问题这么不加注意，这就更让人惊讶了。看来，他不是认为这是不必要的，而是认为，对于这个问题可以解决这一点，不大会有人真的提出异议。

要给出这样的标准，我们必须假定对其所适用的语言有所了解。把表达式归于专名，这关系到它在语言中的用法，因此假设分类标准由熟悉这种用法的人来使用，这样做是合适的。因此，把对句子结构正确与否的识别置于直觉层次，这也是合法的。然而，仅仅诉诸哪些是正确的句子而哪些不是，还不足以使我们能够把专名与其他所有表达式区分开。比如，在自然语言中，只要在能有意义地使用人称专名(personal proper name)的地方(除了在呼格的情况下)，也就可以有意义地使用“没有人(nobody)”这个词，这一点隐含在关于普遍性的表达形式中，因而必须采用其他方式来表明“没有人”不是专名。这些进一步的检验只能与一些简单的推理模式正确与否联系起来，而对这一点的识别也可以留给直觉。

我们所制定的标准所针对的是我们所了解的自然语言。当然，如果弗雷格的语言哲学是正确的，专名这个范畴就可以在所有可以设想的语言中得到识别。但如果以这种完全一般的方式表述，用来区分专名的原则，就只能联系到它们所具有的那种涵义，也就是说，联系到制约它们的语义学规则所具有的一般形式。应
59 当如何理解这些规则，比如，专名的涵义一般来说是什么，这都是我们应当加以探究的问题。但这不是我们目前讨论的主题，目前

只是要确立这样一点：在通常使用的语言中，我们可以通过参照关于其使用的某些简单而又显而易见的特征，来区分出专名。

我们所必须加以利用的推理模式必然涉及关于普遍性的表达式。我们的语言具有这样的特征，即同样的文字表达式既可以用于一阶概括，也可以用于高阶概括。"某样东西（something）"这个词可以表示关于对象、性质或关系的概括。因而，我们假定，"某样东西"或者我们所考虑的任意语言中与之对应的词，可以被挑选出来并得到理解，但不会假定已经知道一阶概括与高阶概括之间的区别。对我们的目的来说比较讨厌的是，许多自然语言中都区分了针对人和针对事物的概括表达式，因此我们实际上需要考虑的表达式不是"有些东西"这个词，而是"有些人或东西"这样的短语。不过，为了避免啰唆，我只写"有些东西"，而在需要特定例子的情况下，就写"某些人"（相应地我只用"它"，必要时用"他"，而不用"他或它"）。

我们所关心的基本推理形式是存在概括。粗略地说，一个表达式"a"要成为专名，其必要条件是，应当能够从一个包含它的句子，推出一个用"某样东西"这个词来替换表达式"a"所得到的句子。这个条件已经足以把"没有东西"这个词，从专名的范畴中排除掉。但即使是这个条件也需要修正。由于同一个词可以在不同语境中起不同作用，我们所寻求的标准应当确定一个表达式在特定语境中是否专名，这样，这些标准就应当严格地适用于所有语境。但是，从"如果彼得还活着，我们就得救了"，不能推出"如果某人还活着，我们就得救了"。我们必须相应地修改这个条件，要求从包含"a"的任何句子可以推出，用"它"代换"a"并在前面加上

“有某样东西，使得……”得到的句子。按照一种熟悉的方式，我们可以这样表述这一要求：从任何句子“A(a)”可以推出“有某样东西，使得A(它)”。

这种方式未能排除“某样东西”这个词本身，因此我们给出进一步的要求，即从两个句子“A(a)”和“B(a)”，应当能够推出“有某样东西，使得A(它)并且B(它)”。当然，在简单的情况下，例如“A(a)”和“B(a)”都具有“a 是 w”这样的形式，其中“w”是形容词，
60 结论是可以用一种更加简单而又普通的形式表达，但是，我们关心的是涵盖所有可能语境的表述形式，这时，说明我们必须在多大程度上接近量词—变元记号法，对于获得这种表述形式还是有帮助的。这第二个要求不仅排除了“某样东西”这个词本身，而且排除了许多非限定的名词短语，例如“一只羊”这样的短语。它未能利用“琼斯有一只羊”，与“亨利撞了一只羊”这两个句子所作出的检验。但另一方面，这并未排除所有出现这类短语的情况，例如当“一名诗人”出现在“理查德天生就是一名诗人”与“亨利成为一名诗人”这两个句子中，就能够通过这种检验。这当然是因为，在“有某样东西，使得理查德天生就是它，并且亨利成为了它”这个有些不自然、但显然可以理解的句子中，“某样东西”这个词被用来表达高阶概括。我们必须再设置一些标准来排除这种可能性。

我们的标准还是不能排除“所有东西”这个词。为此我们可以设置第三个条件，即从“对于 a 来说，A(它)或B(它)”，可以推出两个句子的析取句“A(a)或B(a)”。也可以用这个条件来排除复数的名词短语。用它以一种直截了当的方式来排除这种短语确实很容易，不过，这些短语实际上已经间接地排除了，这时起作用的

条件是，用代词“它”来替换“a”而不会破坏句子结构。不过，我们承认，对弗雷格的粗略标准可以批评说，它不适用于名词或动词缺乏复数屈折变化的语言。因此，我们可以指出，对于这样的语言总会出现这样的情况，对于复数名词短语“b’s”，从“对于 b’s 来说，要么 A(它们)，要么 B(它们)”，推不出“要么 A(b’s)，要么 B(b’s)”。然而，情况不总是这样。例如，从“对于那些未被破获的谋杀案来说，要么它们极少发生，要么它们从未发生”，可以推出“要么那些未被破获的谋杀案极少发生，要么那些未被破获的谋杀案从未发生”。这当然是因为“……极少发生”和“……从未发生”不是一阶谓词。但我们不能引入一阶谓词这个概念，因为，我们知道，它是用专名的概念定义的。

到此为止我们给出的标准都是用来区分专名(即单称词项)，与复数或非限定的、包含这样那样概括表达式的其他名词短语。也就是说，当专名可以有意义地占据的语境为其他名词短语占据时，这些标准用来区分专名与这些短语。然而，在那些并非专名的表达式所占据的位置不能有意义地放置专名时，这些标准不能把 61
这些表达式排除掉。要处理这类情况，我们必须换个思路。

困难出现于最基础的层次。一个非限定的名词短语作为语法主语或宾语出现时，可以用我们的标准排除掉。例如，从“一个警察打了他”和“一个警察指控他骚扰”，不能推出“某人既打了他，又指控他骚扰”(“有某个人，使得他打了他，并且他指控他骚扰”)，因此在这个语境中“一个警察”不能算专名。但我们的标准不足以在同样的短语充当谓词出现时排除它。从“亨利是一个警察”和“彼得不是一个警察”，可以推出“有某样东西，使得亨利是它，并且彼得不是它”。因此，甚至在单数的主谓陈述句这种典型的情况下，我们也还不能确定主语是专名，而谓词不是专名。在谓词按照语法是形容词的情况下，我们的处境也是如此。

FM 116-17 拉姆塞(F. P. Ramsey)质疑过这种区分的依据。即使承认，甚至在借助系词的情况下，也并非所有的成对表达式都能组成有意义的句子，他仍然会问，在单数的主谓陈述句中，我们凭什么应该给主语某种优先性，换言之，我们为何会倾向于认为主词确定了句子是**关于**(about)什么东西的，而谓词则表示关于那个东西说了什么。按这种方式理解，“苏格拉底是聪明的”关于苏格拉底说了一些东西，而关于他所说的则是，他是聪明的。但我们不是有同样权利把它看作是关于聪明说了一些东西，也就是说，它是苏格拉底所是的一种东西？

在为区分单称词项与谓词提供依据时，诉诸对“**关于**什么”这一直觉性的、并且非常不确定的理解，对我们是毫无帮助的。拉姆塞这样想完全正确。对“通过断定苏格拉底是聪明的，人们谈论的是什么”这个问题，按照上述两种回答中的第二种来回答，这肯定没有什么问题，并且按照作出该断定的语境，有时还更加自然一些。若要在某种精确的意义上使用“**关于**某物”这个概念，并标出一种逻辑上的区分，我们还必须先备好做出这些区分的手段，并以此定义“关于”的涵义。纯粹以直觉的方式使用的“关于”这个概念，对于精确的区分来说无济于事。但拉姆塞所说的不止于此，他批评一种看待语言的方式，他质疑的是，把单称词项置于阶次体系
62 的 0 阶，而把可以附加给它们后就构成单称陈述的谓词算作 1 阶，这是不是一种自然的做法。这种做法使得弗雷格把专名当成完整

表达式，而把谓词当作一阶不完整表达式。如果拉姆塞是对的，就不可能给出区分专名与其他表达式的形式标准。我们充其量能够制定区分两大类表达式的标准，一个是单称词项，另一个是谓词，但对于哪个是哪个，则没有一般性的识别手段。我们只能通过两个类别中的样本来识别它们。

按照弗雷格自己的原则，对于“苏格拉底是聪明的”这样的原子句无疑存在不同的分析。我们的确可以把它看作是由专名“苏格拉底”，和不完整的一阶谓词“ξ是聪明的”构成的；但也可以看作是由同样的一阶谓词，置于另外一个不完整表达式“Φ(苏格拉底)”的主目位置构成的。拉姆塞的问题是，为何应当认为前一种分析无论如何比后一种分析更基本。或者更确切地说，拉姆塞实际上在批评把表达式划分为不同阶次这一整套观点，从而是在否定两种分析之间的区分。进而，这就是在否定，应当把像“苏格拉底”这样的专名看作是“完整的”表达式，而“……是聪明的”这样的谓词则否。按这种观点，仅有的完整表达式是完整的句子，它构成了可借以说些什么，可以实施一个语言行为或“走出语言游戏中的一步”的表达式，这样的表达式在这种意义上是完整的。专名与谓词由于都不能充当完整句子，按这一观点就同样是不完整的。它们实际上不具备同一种不完整性，否则，两个名称或两个谓词就不妨像一个名称与一个谓词一样，可以用来构成句子了。因此，我们必须具备某种关于逻辑化合价(logical valency)的概念，这种化合价属于不同的表达式范畴，并受制于一些规则，以决定哪些范畴的表达式可以结合构成句子，而另外一些范畴则不能。但按照一种像拉姆塞那样的观点，这一点并不足以让我们把非语句表达式在

某种意义上看作是完整的，也不足以让我们把不同**种类**的不完整性(不同化合价)，当作不同**阶次**，以致当已经把“……是聪明的”当作一阶表达式，我们就必须把“苏格拉底”要么解释为0阶的完整表达式，要么解释成2阶不完整表达式。

我们已经知道，弗雷格关于不完整表达式的一般想法，与某种
63 比逻辑化合价这一概念深刻得多的东西联系在一起，这就是支配表达式结合构成句子的定律(law)。应当说，为了能够满意地解释关于普遍性的表达式起作用的方式，关于不完整表达式的概念是必需的。由于不完整表达式的概念是我们为了这个目的而需要采纳的概念，不完整表达式(谓词)之不完整，这就不是形象的说法，而是严格按照字面意义这样说。一个不完整表达式是通过从句子中抽掉一些成分得到，而不是在构造得到这个表达式的句子的过程中，作为独立的东西被组装起来的。不过，这不是我们目前关心的主题。关于复合谓词的这一一般概念，在作为真正意义上的不完整表达式加以考虑时，就是只能利用专名这一概念才能得到定义的东西，也就是说，是从句子中略去专名的一次或多次出现后得到的。因此，在这种一般的意义上区分专名与谓词，是没有问题的。但我们也已经看到，为了解释原子句(例如专名和简单谓词组合得到的单称陈述)是如何构成的，我们不需要引入这种完全意义上的不完整表达式的概念。弗雷格把简单谓词并入复合谓词，这只是出于经济性的考虑。就作为构成句子的基本成分而言，简单谓词并不是真正不完整的。我们必须把单称陈述当作是专名与谓词放在一起得到的，而不是把谓词当作是从句子中省却专名得到。把不完整性归于简单谓词，就只是表达逻辑化合价的一种手段。

并且，在这种情况下把不完整性归于谓词而不是专名，这种做法几乎是不可抗拒的。这就好像说，谓词在特定位置上（通常是在前面）有一个钩子，要使它出现在句子中，就必须有东西拴在上面。而专名，尽管凭它自己毫无疑问不能充当句子，我们还是不能设想它在任何地方有这样的钩子，为了形成句子就必须把钩子连接在某个东西上——专名可以出现在句子的开头、结尾或中间。

这一事实毫无疑问对我们产生某种作用，使我们很自然地做出区分，把专名作为完整的，而把谓词当作不完整的。然而，尽管如此，这仍然是一个相当表面的特征，不足以回答拉姆塞的疑问。应当说，要让拉姆塞论证中的错误表现出来，只需考虑亚里士多德的格言，即性质有对立面，而实体（substance）[①]则没有。当然，这里不考虑亚里士多德实体概念中的特殊涵义，我们可以把“实体”换成“对象”。说性质具有对立面，也就相当于说，对任意谓词，总 64
是有另一谓词，只有对于使原来谓词为假的对象，该谓词才为真，而且只有对使原来谓词为真的对象，该谓词才为假。因此，得以产生复合谓词的最简单的情况就是，如果“F(ξ)”是一个谓词（它可能是一个简单谓词，但一般说来被当作是从句子“F(*a*)”中省却专名“*a*”得到的），那么“情况并非 F(ξ)”就同样是谓词，它通过在句子“情况并非 F(a)”中省却“a”得到。说对象没有对立面，也就相当于说，一般而言我们不能认为，对任意给定对象，存在另外一个

① 英语中“entity”与“substance”均译为“实体”。“substance”通常与亚里士多德的范畴区分法联系在一起，专指作为形而上学范畴的实体，它区别于偶性。本书也是这样使用这个词的。在一般情况下使用“entity”一词，此时不是指一种范畴。在使用“substance”一词时，译文中将标出原文，以示区别。——译者

对象，只有对原来对象为假的那些谓词才对该对象为真，反之也是如此。我们可以用某些形式的定义合法与否，而不是复合谓词的形成方式，来表述这一点。给定一个谓词“聪明的”，我们可以引入一个新谓词，例如“愚蠢的”，并且规定，对所有专名“a”，“a 是愚蠢的”具有与“情况并非 a 是聪明的”同样的真值。但是，给定专名“苏格拉底”，我们不能引入一个新名称，例如“非苏格拉底(Nonsocrates)”，并且规定，对所有谓词“F(ξ)”，“F(非苏格拉底)”与“情况并非 F(苏格拉底)”具有同样真值。无论对适用该规定的谓词范围作出多么严格的限制，都不能这么做。

为了把这个想法表述成一个明确的标准，我们必须考虑包含双重概括的句子，这涉及与自然语言相联系的某种不易处理的特点。不过，如果容忍这种特点，这个想法可以这样体现出来。假定句子“S(t,u)”中包含的两个表达式“t”和“u”，都已经通过了我们前面制定的关于专名的测试。于是我们问，对于“t”来说，是否可以断定“有某样东西使得，S(它，任一物)当且仅当情况并非 S(t，该物)”。如果可以，“t”就不是专名。同样，对于“u”我们问，是否可以断定“有某样东西使得，S(任一物，它)当且仅当情况并非 S(该物，u)”。如果可以，“u”就不是专名。(在这些模式句子中，“它”与“某样东西”联系，而“该物”则与“任一物”联系。)依此举例，如果“t”是“苏格拉底”，“u”是“聪明的”，“S(t，u)”是“苏格拉底是聪明的”，那么我们就可以断定“有某样东西使得，任一物是它，当且仅当，情况并非那人是聪明的”，因而“聪明的”就不是专名。但我们不能断定“有某人使得，他是任一物，当且仅当，情况并非苏格拉底是该物”，于是“苏格拉底”通过了测试，它是一个专名。

回顾一下我们所区分的、把句子分析成其成分的两种方式。65
句子是由词语作为成分构成的。对于说这种语言的人，我们必须假定他隐含地理解，句子的真值条件以何种方式取决于构成它的词，以及这些词是如何结合到一起的。这种分析针对句子的涵义，而从这种分析的角度来看，句子的成分仅仅包含原初的成分词，以及在构造句子的某个阶段中形成的任意的从属复合表达式。当然，这里用了形象的说法，并没有一种从成分开始分阶段构造句子的实际过程。不过我们知道，必须假定一种隐含的理解，把句子当作按照这样的过程构造得到的，以便解释说话者何以能依据关于语词涵义的知识，推知句子的真值条件。除非遇到歧义，只要我们关注的分析针对的是涵义，任何句子就都只有一种正确的分析。另外一种分析在确定句子所参与的推理是否有效时是必要的，而出于理解句子的目的，人们不必意识到能够进行这种分析。在这类分析中，从句子得到的“成分”将是复合的不完整表达式，它们通过从句子本身中省却某个或某些其他表达式得到，而不必出现于与第一种分析相联系的句子构造过程中。举一个简单的例子，要识别包含“布鲁图斯杀死凯撒”这个句子的推理是否有效，少不了的一点是，我们要能够把这个句子看作是可以分成名称“布鲁图斯”和谓词“ξ杀死凯撒”，或者分成名称“凯撒”和谓词“布鲁图斯杀死ξ”，但这两种分析都与我们据以把握这个句子真值条件的机制无关。针对涵义的分析，必须将其解释为由两个名称“布鲁图斯”和“凯撒”以及一个关系表达式“杀死”构成。

这样，对于第二种分析来说，按照弗雷格自己的原则，我们确实不仅要承认，可以把“苏格拉底是聪明的”分析成专名“苏格拉底”放入一阶谓词“ξ是聪明的”的主目位置得到的，而且也要承认，可将其分析为把一阶谓词“ξ是聪明的”放到二阶谓词“Φ(苏格拉底)”的主目位置上得到的。后者诚然是二阶谓词的退化情形，但却不能当作表面现象而不予考虑。如果没有关于二阶谓词的其
66 他类型的例子，我们也就应当不用这一概念，但一旦有，我们就必须承认它也适用于这种情况。那么，这两种分析结果间的区别(这实际上就是拉姆塞所否认的)究竟在哪里呢？

第二种类型的分析方法关系到推理，特别是在前提或结论中包含概括的推理。何种分析是相关的，这取决于概括所覆盖的取值范围。如果“苏格拉底是聪明的”作为推理的一个前提出现，另一个前提是“任何聪明的人都蔑视习俗”，那么所涉及的就只有一阶概括，第一种分析就是适当的。我不准备构造需要第二种分析的例子，这在自然语言中麻烦得难以忍受，它要用到抽象名词，以及其他一些迂回的说法来避开高于二阶的概括。不过，这里需要的是三阶概括，也就是说，如果用量词—变元记号来表达，概括记号中用到表示二阶谓词的约束变元，“Φ(苏格拉底)”就可以作为一个例子。就像所有的一阶谓词一样，“Φ(苏格拉底)”是有对立面的。二阶谓词表示关于性质的性质。对任意这样的二阶性质，总有另外一个性质，它恰好为那些缺乏原来那个二阶性质的一阶性质所具有。

按照拉姆塞的理解，在对象与二阶性质之间没有真正的区别，所谓的区别仅仅对应于角度上的转换，例如对“苏格拉底是聪明的”，不是将其理解为谈论苏格拉底，而是理解为谈论聪明。但是，如果这个区别没有得到坚持，也就不可能认识到亚里士多德观点

的正确性，即对象没有对立面——我们将无法理解这样一种概括，它针对对象，而不是所有对于某个一阶性质来说或许为真的那些东西。对这种情况稍加考虑就可以表明这是不可能的，不仅是概括，对于甚至是最为基本的原子陈述的真值条件，我们都将无法解释。因此，无论有什么理由把专名这一概念扩展到其他语境，我们都不可避免地要把专名理解为表示对象，表示我们谈到并断定谓词对它为真的对象。如果我们的语言在复杂性上达到一定程度，我们就会愿意接受类似于“Φ(苏格拉底)”这样的二阶谓词概念。但是，对于把一阶谓词放在这个二阶谓词的主目位置上得到的句子，如果不是已经把同样的句子解释成由名称“苏格拉底”(当作是在表示对象)，放入一阶谓词的主目位置得到的，从而解释其真值
条件，我们还不能解释原来的句子在什么条件下为真或为假。 67

实体(substance)没有对立面，基于亚里士多德的这个洞见得
到的标准，有助于揭示出一种原则，从而把单称陈述中专名与谓词 Cat 5.3b.24
的区分，理解为表达式**阶次**之间的区别——这正是拉姆塞所抨击的观点。不过，作为从表达式中识别专名的手段，这一原则用起来还是烦琐了，其中包含了双重概括。我们确实需要进一步的标准，因为到那时为止我们给出的标准所排除的是名词短语，还不是只充当谓词的述谓表达式。那些名词短语处在可以放置专名的语法位置上，但不是专名，因而包含了概括。它们没有排除谓词，这是因为这些检验方法使用了“某样东西”这个词，而这个词在自然语言中可以无区别地用于表达一阶的和二阶的概括。对处于语法主词位置上的非限定的和复数的名词短语，这些方法也未能排除，它们后面连接的语法谓词事实上不是一阶的，例如在“未被侦破的谋

杀案是极少的”中就是如此。原因与前一情况是一样的。第二种类型的反例需要特别注意。“亚里士多德式”标准虽然烦琐，但还是排除了所有只充当谓词的谓词，例如“柏拉图是人”中的“人”。但是，在使用起来不引入语言上难以忍受的麻烦的限度内，它还不能排除“未被侦破的谋杀案是极少的”中的“未被侦破的谋杀案”。没有什么东西，只有在对未被侦破的谋杀案来说为假的情况下，对这样的东西为真，也就是说，没有什么东西，在未被侦破的谋杀案极少的情况下，恰好是频繁的，而在未被侦破的谋杀案增多或者接连发生的情况下则减少，等等。要运用这个标准，就需要我们默认把全称量词的取值范围(range)，限制在像“是极少的”这样的二阶谓词范围之内。而在这样运用时该标准失效，恰恰是因为在“未被侦破的谋杀案”与“是极少的”之间，事实上有类似于“苏格拉底”与“是聪明的”之间那种阶次上的区分。

因此，我们需要某种线索来直接区分这样两种情况，一种是使用像“某样东西”这样的概括表达式，来表示一阶概括，另外一种则用于二阶概括。要给出这种线索本身不是难事，因为就我们这样的语言来说，虽然歧义实际上随处可见，但我们有办法消除它。假设有人说，“乔治的脚给某样东西砸了”，我们总是可以问，“乔治的脚给什么砸了?”我可以这样回答，“一把锤子”。如果我再问，“哪
68 把锤子?”对方不一定能够回答我。但我的问题是合法的——无论是否知道，它都有答案。对照一下，“某样东西乔治没有学习过使用”。如果我按通常的方式问，“什么东西乔治没有学习过使用?”答案可能是，“割草机”。如果我继续问，“哪台割草机乔治没有学习过使用?”回答可能是这样的，“他从邻居那儿借的那台——他可

以很好地操纵其他割草机”。在这种情况下，说话者在原来的句子里用“某样东西”表达一阶概括。但情况可能是，我的问题被认为表现了一种误解而被拒绝回答。说话者的意思并不是，有一台特定的割草机乔治没有学过使用，而应当是，乔治没有学过如何做的事情就是，使用一台割草机。如果说话者用“某样东西”想表达的是一阶概括，那么他的回答“割草机”就是对我的“乔治没有学过使用什么”这个问题的不完整的回答；但这里的情况却是，回答是完整的，不需要进一步说明。

正是基于这个标准，我们实际上可以解决因为不确定概括表达式要理解为一阶还是二阶而导致的歧义。如前所见，这个标准就是，面对要求说明是什么这样的问题，如果即使给出的不是专名，而是非限定或述谓表达式，对于问题的回答也算做完整的（这表现为拒绝进一步说明的要求），那么概括表达式就要被理解为二阶的。对我们的目的来说，以这种形式使用这个标准，就显然陷入了循环，因为我们区别一阶概括与二阶概括，目的是确定表达式何时是专名。不过，为避免循环，我们可以这样说，如果在某一点上，关于说明的要求虽然在语法上结构正确，但仍然因为不合理而遭到拒绝，那么概括就是二阶的。

注意我们并没有说，只要进一步说明的要求在语法上正确，我们得到的就仍然不是专名。“哪个剑桥”这个问题（预期的是类似于“马萨诸塞州的剑桥”这样的回答）合乎语法，并且完全可以理解，但这并没有否定“剑桥”一词的专名地位。“剑桥”这个名字在用于美国的一座城市时与用于英格兰的一座城市时，实际上是同音词。这与“bat”这个词用于一种哺乳动物与用于板球或棒球运

动员所用的东西时，以及“prime”这个词用于自然数与用于牛肉时一样，也都是同音词。[①] 问“哪个剑桥”的语力（force）就类似于问“哪种 bat”或“‘primes’的哪个意义”。我们可以借用“哪个 bat”这
69 样的习语来传达这种语力，这恰恰是因为，这种习语不具有当我们问“哪支球棒”[②]或“哪个球手”时，与专名相联系的那种用法。然而，诉诸这一事实也就需要我们解释，语词何时在两个不同的涵义上使用，因而我们应该避开它。如前所述，我们的标准不能利用这一点。

从“十年前未被侦破的谋杀案很常见”与“现在未被侦破的谋杀案很少”，我们可以合法地推出，“有某样东西十年前很常见而现在很少”，因此“未被侦破的谋杀案”通过了针对专名的测试。然而，按照我们的标准，这个推理结论中的“某样东西”表达的是二阶概括，因为，如果有人问，“什么东西十年前很常见而现在很少”，而回答是“未被侦破的谋杀案”，他继续问“哪些谋杀案”，就是不能接受的。同样，如果有人说，“有某样东西维特根斯坦曾经是，而弗雷格不曾是”，而对“那是什么”这个问题回答说“医务搬运工”，那么他就不能继续问，“哪个医务搬运工是维特根斯坦曾经是，而弗雷格不曾是的”。这样，既然有了一个区分一阶概括和二阶概括的标准，我们就可以要求，在关于专名的所有标准中，只要利用了包含概括的推理，所包含的概括就都应当是一阶的。

---

① 在英语中，“bat”有“蝙蝠”与“球棒”之意。“prime number”意为“素数”，“prime beef”意为“上等牛肉”。——译者

② “哪种 bat”英文原文为“What kind of bat”，“哪个 bat”与“哪支球棒”原文均为“Which bat”。——译者

对于到此为止所制定的标准来说，宣称它将提供一种方法，用这种方法能够毫无例外地区分专名与其他种类的表达式①，这将是愚蠢的。此外，在运用于任意一种语言时，它们[这些标准]无疑能够通过利用那种语言中特有的特征，而得到简化。这项工作并无实践上的目的，它的目的不是提供一种手段，让人们在不知道如何使用弗雷格关于专名与其他表达式的分类法时，能够利用这种手段来做这件事。以我之见，除了还没有讨论到的一种例外情况，没有哪个读过弗雷格的人，会觉得分辨哪些表达式对他来说算作专名会有丝毫困难。应当说，这里的目的在于说明，的确可以给出一些明确的标准，这种标准不是特设性的，因为它们并不依赖于它们准备适用的语言所具备的、极其偶然的特征；相反，它们具有弗雷格理论所要求的那种普遍性。

如前所见，对弗雷格来说，如何使用“对象”这个本体论词项，这取决于如何使用“专名”这个语言学词项，而不是相反。我们可 FB 18
以找到判断表达式是否专名的标准（弗雷格给出了一个粗略的标准，而我们试着给出了一些精确的标准），但给出某物是否对象的标准，则是无意义的。如果不是已经知道某个东西是否对象，我们 70
就无法知道它究竟是什么，因为我们甚至不知道能用什么形式的表达式来指称它；我们甚至无法知道什么才算做有意义地谈论了

① “表达式”一词在原文中对应于“descriptions”，即“摹状词”。前后文都没有讨论摹状词。这里讨论的是弗雷格意义上专名，其中包含了一般意义上的单称词项，从而包含了摹状词。只有在通常意义上，而不是弗雷格的意义上理解“专名”一词，专名才区别于摹状词。而达米特在原文 25 页上说过，他不会在不加说明的情况下在通常的意义上使用“专名”一词。这样的话，按照原文说“区分专名与其他种类的摹状词”，就无法理解了。译者怀疑“descriptions”应为“expressions”一词，属笔误。——译者

它,因为弗雷格的学说部分地就在于,对于对象能够有意义地谈论的任何东西,都不能用来有意义地谈论不是对象的东西,反之也是如此。因此,不是因为弗雷格先决定类是对象,才称类词项(class-term)为专名;而是因为类词项(例如"偶数完全数的类"、"既是画家又是诗人的人构成的类")满足专名的标准,他才称类为对象。出于这个理由,对于弗雷格使用的适用于专名的标准来说,关键是,它应当联系到需要判定的表达式的语言学行为,而不是其所代表实体的特征。

但人们自然会怀疑,如果这样高度一般性的"语法"标准付诸运用,就将不得不承认各种类型的表达式都是专名,而这不仅在哲学上陷入偏颇,而且,说它们都表示对象,也显然是荒谬的。我们使用各式各样的名词表达式(动名词、不定式以及抽象名词),它们从其他说话方式中抽引出来,常常充当单称词项,或可以用来得到能够充当单称词项的短语——就其直接的语法功能而言,这些词或短语类似于单称词项。然而,把所有这些词项都视为表示对象的东西,似乎是荒谬的。比如,存在像凶手身份这样的对象(它肯定区别于凶手本人,因为很多人都认识凶手,但其凶手身份则只有他自己知道),或者像橡胶软管的下落这样的对象。排长对于该地区地图的缺乏(the platoon commander's lack of a map of the area)对这次行动来说是致命的,那么有像缺乏这样的对象吗(某些缺乏为有些人所具备,而另外一些缺乏则仅仅是存在的)?几乎所有的形容词都可以用来构成抽象名词,那么有像黏性、光亮性、相互性和不可比性这样的对象吗?

这类例子引起的直接反应在一定程度上是正确的,也就是说,

抽象的名词和名词短语的这种用法只是说话方式中很容易消除的
变化。在有些情况下，这些变化不会带来进一步的结果。说警察
不知道凶手的身份，只是关于警察不知道凶手是谁的惯常说法。
但不幸，“凶手是谁”在语法上是名词从句，它满足我们前面针对专
名所设置的测试。于是，如果福尔摩斯知道凶手是谁，而警察不知 71
道，那么就有某样东西是福尔摩斯知道而警察不知道的。对“某样
东西”在这里的用法来说，虽然我们通常不会认为它表达了一阶概
括，但它不满足我们关于二阶概括表达式的标准。而在其他情况
下，通过转换(就是我们在要解释这种抽象名词的用法时最容易用
到的那种转换)就可以排除所有名词性的表达式。说选择公理等
价于基数的可比性，也就是在说，选择公理成立，当且仅当所有基
数都是可以比较的。说清白仅次于虔诚，也就等于说，一个清白的
人要比任何既不清白又不虔诚的人好些。关于排长对于地图的缺
乏的说法，其意思仅仅是，这次行动因为排长没有地图的帮助而失
败了。

然而，要把不可或缺性当作关于专名的标准，这又有违于弗雷
格的观点。的确，可以认为他对这一点太不关心了。可以看到，当
他在《算术基础》中论证数是对象时，对他来说只需指出，数词除了 Gl 57
形容词用法，在算术陈述中还有名词性的用法，例如在“数 5 是素
数”中就是如此，并且在这种名词性用法中，数词满足他关于专名
的标准。他从未探究过数词的这种名词性的用法是否不可或缺，
也就是说，是否可以用包含了形容词“五”的某个句子，来表达比如
说“数五是素数”。我们的确不可能有任何把握，说弗雷格对眼下
的困难会做何种回应。因为，虽然他承认许多种类的抽象对象，但

他没有引证我们目前认为表示了对象的任何抽象名词，并且对于陷入抽象对象增生的危险，也表现得缺乏意识。

基于后面的特殊考虑，在这个时候暂时不考虑产生了蒯因所说的不透明语境（opaque context）（使得同一替换失效的语境）的那种名词短语，可能是合适的。这部分是因为这属于一类特殊的特征，它不管怎样都会使我们对这些名词短语的专名地位产生怀疑，部分是因为，尽管弗雷格首先考虑的只是在语法上构成了从句的那些短语，关于此类语境他还是持有一种特殊的观点。比如，如果罗马是意大利的首都，而意大利是欧洲最美丽的国家，那么罗马是欧洲最美丽国家的首都；但是，从凶手是俱乐部秘书这个事实，
72 以及所有人都知道俱乐部秘书的身份，根本就推不出所有人都知道凶手的身份。与这类短语一样，我们也可以把像“凶手是谁（who the murderer is）”，以及出现于“警方知道（相信、怀疑等）雷德梅尼是凶手”中的“雷德梅尼是凶手”这样的从句搁置起来。至于没有构成不透明语境的从句，弗雷格在后期确实承认其表示对象。我们必须专门考察这个观点，但它不属于眼下的问题。

SB 42；Gl 64 弗雷格明确地把点、线、瞬间、重量、形状、方向等等当作对象。
Gl 65；Gl 106n 他也含蓄地把颜色纳入这个类别——不可能有任何理由，迫使我们承认“数七”表示对象，却不承认“红色”也表示对象，也没有理由迫使我们承认“地球轴线的方向”表示对象，而不承认“皇帝礼服的颜色”也是如此对象。颜色词与数词一样，既有形容词用法，也有名词性的用法。尽管形容词用法不尽相同，名词性用法看起来却是严格对应的。不过，颜色词在作名词用的时候，不应当与按通常方式从形容词得到的抽象名词等同起来——充当原色或绿色的互

补色的是红色(red),而不是红性(redness)。

从形容词或动词得到的抽象名词,有一套清晰而又齐整的用法。它们很多是充当表达心理态度的动词的对象(“我讨厌迟到”,“他一直对杂乱无章很在意”),并且以单独或者构成短语的形式,来替换用“that”或“how”引导的从句(“他错误地估计了宗教分歧的重要性”=“他错误地估计了人们在宗教上意见不合,这一点有多重要(He misjudged how important it was that people disagreed on religion.)”)。这种简短的描述肯定没有穷尽它们的用法,也有一些其他形式的表达式适于纳入抽象名词这一巨大范围之内,尤其是用表示状态的动词构成的表达式(“他获得了自由”,“这栋楼腾出来了(The building is no longer in occupation.)”)。不过,学习处理这样的抽象名词,大体上是一个单一的过程。这与学习使用形容词的比较级一样,要把包含抽象名词的句子转化成使用相应形容词或动词的句子,有一种相当直接和规整的手段可资利用。而颜色词作名词的情况(不是以“-ness”作为词尾的对应词[①])则与此形成鲜明对照,它们通常与充当谓词和关系表达式(“基本的”、“彩色的”、“温暖的”、“与……互补”、“比……深”、“比……暗”、“与……颜色协调”、“位于……之间”,等等)的特定词汇一起使用,这些词汇要么只在这种语境中使用,要么在一种必须专门学习的意义上使用。任何可以用这种词汇、并把颜色词用作 73
名词来说出的内容,无疑都可以用相应颜色词作为形容词出现的

① 在英语中,形容词加上“-ness”通常构成相应的抽象名词,例如“redness”、“roundness”等。——译者

句子来表达。在某些情况下这种转换是简单的，而在另外一些情况下，则需要彻底理解运用这些谓词的原则，但都不会仅仅是从一种常用说法到另一种常用说法的简单转换。可以说，在语言中用这种专门词汇来谈论颜色（与用来谈论数的词汇相似），我们真的把颜色当成了对象，而对一致性、气馁、派系之见以及其他五花八门的抽象概念来说，我们却不会真的在这种意义上这么做。

这样看待问题就意味着没有严格的边界。对于满足我们给出的形式标准的表达式来说，它是否要被当作真正的专名（即便是抽象对象的名称），这并不真取决于在无损于表达能力的情况下，能否将其从语言中排除，而取决于它在多大程度上包含于专门词汇中。这当然是个程度问题，我们可以依照口味随意划出界线。然而，比这更重要的是，一个一般性的原则支持着刚才做出的区分，这是一个近来的哲学著作中广泛探讨的原则，它由弗雷格首次引入哲学，而在维特根斯坦那里颇多利用，这就是，名称必须与同一

Gl 62 性标准相联系（"同一性标准"这个词本身就来自弗雷格）。若要把表达式理解为表示了对象，那么我们必须像弗雷格生动地表述的那样，能够"再次识别同一个对象"，也就是说，必须知道在何种条件下另外某个词项表示同一个对象。例如，如果有人说，"这就是温德拉什河（the River Windrush）"，而我不知道在另外的某个地点或时间，再次说"这就是温德拉什河"是否正确，那么关于"温德拉什河"这个表达式我就什么也不知道，除了在那个特定的地点和时间说"这就是温德拉什河"是正确的，而这是个光秃秃的事实。于是我就不知道被命名的是哪个对象，或者确切地说，不知道所用的表达式到底是否用作关于**对象**的**名称**。它的意思可以是，"这是

美丽的”，或者任何意思。即使我知道专名一般来说是什么，并且从这样那样的线索推断出，我听到的表达式被用来充当专名，我仍然对所命名的对象一无所知，除了它彼时彼地存在。因此我对名称的用法也一无所知。就不确定如何“再次识别同一个对象”而言，我不仅不能说知道对象是哪个，而且也不知道什么对它来说是真的。例如，如果我知道一条河流去年冬天泛滥了，但不知道什么 74
能够保证它就是现在向我提到名称的那同一条河流，那么我也就不知道，什么能够确保去年冬天泛滥的真就是温德拉什河。在这个例子中，只有意识到(正如名称的形式所表现的那样)名称被用于河流，通过知道如何使用“同一条河”，我才能知道如何再次识别向我提到的名称用于同一个对象。“与……是同一条河”这个表达式肯定不能在所有情况下，都分析成“……是一条河，并且与……相同”，尽管后面我们会看到，这个事实为某些作者错误地解释。这就是说，“与……相同”这个表达式，不具有在不知道所针对的是一条河的情况下，就能够运用的那种涵义。要知道“河流”一词的涵义，在这种情况下尤其需要了解“同一条河”的涵义。这一点可以从这一事实最容易看出，即存在具有不同涵义的词，而这种涵义上的不同，完全在于“同一个”以各个不同的方式与这些词连用。例如说，如果问一座图书馆藏有多少书，这个问题就含有歧义，我们必须知道“书”在何种意义上使用，是在一位作者可以说写了十六本书这种意义上，还是在某人能够放十六本书在头上保持平衡这种意义上。如果有人问我，“那就是我昨天见你在读的那本书吗?”同样的歧义也出现了。我可以回答说，“是啊，是同一部**著作**(work)，但不是同一**副本**(copy)”。在这两种情况下，歧义的发生

都是仅仅因为我们对于“同一本书”这个表达式赋予了不同的涵义（计数当然涉及同一性，因为要保证计数正确，同一个对象就不能计算两次）。涵义的差别只关系到与“书”一词联系的同一性标准，而不是与之联系的适用性标准（the criterion of application）。适用性标准决定了何时说“那是一本书”是正确的，对具有这种形式的句子来说，不会有产生歧义的余地；而同一性标准与该陈述的真与假无关。这些例子足以表明，同一性标准要被纳入普遍词项（the general term）的涵义。如果我说，“它是同一本书”，而想说的是“它是同一部著作（而不一定是同一个副本）”，那么我对“同一个”这个短语的使用，并不比说“它是同一个副本”更弱或更不严格——它完全在**严格的**、**真正的**意义上，是同一部著作。使得同一个句子得以表达不同意义的，是我使用的“书”这个词。这些例子
75 也表明了，同一性条件是不能从适用性条件中导出的。对于确定什么时候说“那是一本书”是正确的标准，无论我把握得多彻底，也不能从中导出一个标准，来确定“那是与……同一本书”这种形式的陈述何时为真。

某些通名（common noun）（即容纳复数形式的名词）具备一种同时联系到适用性标准和同一性标准的涵义，而其他通名以及大多数形容词，则只与适用性标准联系。不管地理学家和气象学家会怎么用，在日常谈话中，“风”这个词都应当归给后一类——说“吹的是同一阵风，还是不同的风？”很难有什么意义。几乎所有的形容词也都属于第二类。除了援引与人们说是蓝色或光滑的那类对象相应的同一性标准，就没有什么特定的同一性标准与“蓝色”或“光滑”联系在一起了。基于这个理由，就像人们通常指出的那

样（这也是弗雷格首先提出的），询问房间里蓝色的东西或光滑的 Gl 54
东西的数目是没有意义的。对于一些形容词来说，我们确实可以在一种引申的意义上说，有同一性标准与之联系，在这种意义上它们只能有意义地适用于某些对象，而这些对象所属的域具备共有的同一性标准。例如，人们只会说人吝啬，因此可以询问在房间里适用于“吝啬的”这个形容词的东西的数目，因为，这样的话，需要计数的当然是房间里吝啬的人。不过，两类通用词项之间的区分，与名词和形容词之间的语法区分密切相关。虽然有许多通名只有最为模糊的同一性标准与之联系（比如“噪音”、“观点”、“麻烦”），对几乎所有这些通名来说，仍然会有这样有的语境，它们与“同样的”或“不同的”这样的词联系在一起的使用，并不是完全缺乏内容的。

当然，在有同一性标准与之联系的名词中，会有许多词分享同样的标准，例如“男人”、“女人”、“裁缝”、“懦夫”。“A 与 B 是同一个男人（女人、裁缝、懦夫）”，的确可以分析成“A 是一个男人（女人、裁缝、懦夫），并且 A 与 B 是同一个人”。在任意这类分享同样的同一性标准的名词中，总是有一个最为通用的名词，它适用于属于该类的通用词项所适用的所有对象，也就是说，它适用于该同一性标准适用的所有对象。要确定这些最为一般的词项，还需要一些讨论。人们也许先是不能确定，例如说关于“同一个人”的标准是否就是“同一个动物”的标准，然后又对是否存在一种针对“同一个有机体”的一般标准，而“同一个动物”从属于它（这种从属关系
相当于说，“与……是同一个动物”可以等同于“是一个动物并且 76
与……是同一个有机体”），而感到疑虑。但是，对于的使用的每个

同一性标准，都必定能够确定这种最为一般的词项，这似乎是不可能怀疑的。不妨称这样的词项为“范畴谓词（categorial predicates）”，而它们所适用的对象的类则称为“范畴”。（按这种用法，范畴就是**对象**的大类。后面为了避免混淆，我们不用“范畴”，而用“类型”这个词来指弗雷格对象、概念、关系和函数等这样的覆盖面更大的总体。）那些具有同一性标准，但还没有达到范畴谓词的那种普遍程度的通名，不可能停止适用以前适用的对象，比如说，同一性标准不能够一时间适用于某对象，而在另一时间又不适用。例如“裁缝”就尤其不是这样的名词，同一个人可以以前是裁缝，而现在又不是了。但“马”却属于这种，虽然它不是范畴谓词。“马”不是范畴谓词，是因为适用于马的那些同一性标准，也适用于比如牛，或者，即便不适用于所有动物，也起码适用于所有脊椎动物。但是，同一个动物不能以前是马，现在是牛，这一特征却属于该同一性标准。不熟悉的东西当然会变。一个外星访客如果困惑于马和牛是否同一个物种生命周期的不同阶段，那他就不具备我们关于**马**和**牛**的概念。在最近的文献中，表现出这一特征的通名被赋予技术性的称呼，“种谓词（sortal predicates）”。为了方便，我们可以称一个种谓词所适用的那些对象所构成的类为“种类（sort）”。

对各种各样的通名来说，同一性标准都是其涵义的一部分。可以这么说，要把握它们的涵义，就要知道它们所适用的对象属于什么种，或者至少知道属于哪个范畴。与此同时，所有真正的专名也必须与同一性标准联系，因而，为了理解一个专名，就必须知道它所命名的对象属于什么种或范畴。这意味着每个专名都必须隶属于某个域，其中的所有名称都与同一个同一性标准联系，因而是属于同一个范畴的对象的名称。

一旦清楚这一点，颜色词或者化学物质的名称，与抽象名词的一般类型之间的区别，也就清晰得多了。颜色、化学物质和动物的种类（与单个动物相区别），这些是可以**得到识别的**（identified）。它们可以通过手势或“这个”、“那个”这样的实指词（demonstrative）挑选出来，随后询问其同一性（“那是什么”）。它
们可以通过回答而得到识别（“那是米色”）。这之所以可能，是因 77
为指示词已经有了很好理解的特定用法，来标识（指向）颜色、物种或化学物质。而这进一步与我们已经掌握的“颜色”、“物种”和“物质”这样的通名相结合。颜色、物种、化学物质以及（基）数，各自构成范畴，它们把共有特定同一性标准的所有对象都包含在内。理解指示词的、与各范畴联系在一起的特定用法，也就在于知道相关的同一性标准。我们知道，颜色词作为名词，也就构成了这样一个域，所有真正的专名都要隶属于它。像“颜色”、“物质”等等这样的通用名词，适用于这些范畴中任一范畴中的所有对象。由于有了这些通用名词，我们也就可以构成复合单称词项，利用这些词项我们可以指称这些范畴中的对象，而这不需要理解相应谓词。主要有三种这样的词项：一些词项中只包含像“ξ的颜色”这样简单的函数表达式，例如“天空的颜色”；限定摹状词，其中的指称词的所指对象，具备属于这种函项主目的那种类型，例如“地毯和窗帘都具有的那种颜色”；限定摹状词，其中只包含对于同属一个域的对象的指称，而所使用的谓词和关系表达式，也只适用于这样的对象，例如“介于红和黄之间的那种颜色”。由于一些特殊的理由，人

们不用实指词来指称数，但有属于所有这三种类型的复合单称数词，例如“登过珠穆朗玛峰的人数”，这类似于“史密斯喜欢的领带颜色”，而“28 的最大素因数”则类似于“红色的互补色”。

与此相反，黏性、光泽、相似所属的对象却没有确定的域。无疑，黏性是一种触觉性质，光泽是视觉性质，相似则是关系，但要回答“**这种**触觉性质是什么”或“这两个东西间的关系是什么”，人们还是会感到无所适从。对这些问题没有单一的回答。这是因为没有任何确定的同一性标准，与“触觉（视觉）性质”或“关系”这样的名词相联系。也是因为这，如果没有明确包含相应谓词或与之等价的谓词的限定摹状词，也就不可能用来指称这样的实体。唯一一种可以替换“黏性”的复合表达式，会具备“……这样的性质”或“一个东西当它……时所具备的性质”这种形式，而在空位处要么填上形容词“黏的”或者具有同样内容但更长的某个形容词短语。
78（一种不重要的例外情况是，在摹状词中提到了心理态度，例如“琼斯最讨厌的那种性质”。）因此，在语言中不**可能**包含了意思是“黏性”的词，而不包含意思是“黏的”这样的词。前者是用后者来解释的。除非情况是，“ξ 是黏的”真的用类似于“ξ 具有黏性这一性质”这样的表达式来解释，而在这种情况下这个表达式在逻辑上是简单的——人们不可能脱离“黏性”一词在这个谓词中的使用，来解释这个词的意义。

比如说，智慧和兄弟关系确实属于一个更加确定的域。智慧是一种美德（更一般地说，一种性格特点），而兄弟关系则是一种血缘关系。像“约翰与詹姆斯之间的那种（血缘）关系”这样的短语有唯一指称。因此，看来我们该承认智慧与血缘关系是真正的对象。

但我们没有任何有说服力的理由这么做，这是因为我们事实上没有那么多词汇，用来谈论无法利用具备美德或关系的人，来直接表达的那些美德或血缘关系——“同胞关系是不能结婚的理由”显然意味着“彼此同胞的人们不允许结婚”，而“清白仅次于虔诚”则相当于说，“清白的人要比那些既不清白又不虔诚的人要好些”。如果在一种原始的语言中，每个句子都伴随以手势，并能用“这是……”开头的句子来解释，那么这里将没有区分谓词表达式与单称词项的任何基础——如果“红色”只能用于“这是红色”，问它是一个名词还是形容词，就是无意义的，因此，在这种语言中也就没有“这是黏的”与“这是苏格拉底”之间的逻辑区别。为了使用“苏格拉底”，我们必须知道如何在又遇到他时认出他，而这样一来，要使用“黏的”我们也必须知道在又遇到它时如何识别黏性。决定一个词要被归于单称词项还是谓词的，是它是否出现于其他语境中，在这些语境中它与谓词连接。如果在这样的语境中，就像“智慧”的情况一样，可以毫不勉强地将其排除掉，那就可以理所当然地将其当作仅仅是伪装的单称词项，是对应谓词的形式上的变体。为使这样的语境最终出现（以任何一种并非直接就可以排除的方式），就有必要确认，该词项与其他词项一起属于某个确定的域，因为要理解谓词，就必须知道，谓词在什么条件下才适用于属于给定域的任意对象。因此，要使“黏性”成为一个单称词项，就不仅需要配备一种手段，以便在无论何时遇到时识别出黏性，而且要使这种 79
手段体现一种识别特定范畴中任何东西的共有程序（该范畴通过使用那种同一性标准而得到刻画）。但我们知道，情况并非如此。属于一个确定的域，这对于以非贫乏的方式用一套词汇来构成一

个能与词项连接的谓词来说,不是充分条件,而是一个必要条件。如果这个条件得到满足,但这样的词汇阙如,就像“智慧”或“兄弟关系”这种情况一样,该词是否要被当作像单称词项那样有意义地起作用,就只有悉听尊便了。无论如何,我们已经不会觉得,通过构成抽象名词,我们可以以一种不言而喻的方式提到对应于任何概念的对象。

若要向语言中引入属于一个新域的专名,用以表示一个新范畴的对象,而这些对象受制于特定的同一性标准,那么,只要不同时引入一套可以用于这些对象的谓词,我们就不能对任何东西使用这些名称。正是出于这个理由,存在这样一套用以谈论颜色的词汇,对于承认当颜色词用作名词时是专名来说,就重要了。这样,在关于抽象名词的一般类型的情况下缺少这样的词汇,就不是一个程度上的问题。它不可避免地反映了这样一个事实,由于没有与之联系的同一性标准,这些名词以一种完全不同的方式起作用,我们可以将其归于一种对表达形式所做出的仅仅是字面上的变化,而在原来的形式中则没有使用这些名词。这里当然也有边缘情况。由于在实践中我们常常愿意让同一性标准保持在相当模糊的状态,这种标准终究是否存在,这并不一直都是清楚的。性格特点(属于人类的)可以算是抽象对象中的边缘情况。然而,原则是清楚的:一个表达式即使通过了我们设置的较为形式化的测试,如果我们不能谈论由表达式涵义所确定,并且适用于其所表示的对象的同一性标准,它也不能列为专名,不能认为表示了对象。如果在不能谈论这种同一性标准的情况下,我们仍然要坚持抽象名词作为名称拥有自己的对象这幅图景,那么这里的对象就不能用

该名词以外的其他任何方式来指称。正是因为能够说哪种对象
(即一种颜色)以“绿色”为名称,我们才能用其他方式来指称那个
对象,例如草的颜色,或者红色的互补色。同样,数 7 也可以用
105 的最大素因数,或者一周的天数来指称。但是,由于我们不能
说黏性是何种对象(我们无法给出适用于它的种谓词),构成限定
摹状词并据以提供指称它的其他手段的机会,也就预先封闭了(还 80
有包含心理态度表达式的摹状词,像“亨利最为厌恶的东西”诸如
此类)。关于只能以一种方式指称的那种据说的对象,我们所能说
的必定极其有限,而这支持了我们以前的感觉,对于把这种抽象名
词当作对象的名称这种用法,我们是不会认真对待的。

这样,弗雷格关于专名以及关于对象的概念,就不会由于真正的对象为琐碎的和假冒的对象所淹没,而面临归于荒谬的危险了。与此同时,我确信,我们至少会满意地看到,弗雷格的专名概念原则上能够获得一些精确的标准,这些标准在他的观点所需要的那种意义上,是形式的和语言学上的标准。我们进而会满意地认为,弗雷格能够为那种重构了的语言给出确定的语义学解释,这种语言能够充当工具,用来分析我们实际语言中的句子。

第五章　涵义与指称

81 Bs Pref. 在《概念文字》中，弗雷格宣称要构造一种足以表达任意数学理论的符号语言，与此同时，还要以能行的方式刻画关于这种符号语言的推理规则，使其足以体现属于各理论的所有证明。这一计划需要一种语言分析，它至少要覆盖对于表达数学命题来说必要的那部分语言。弗雷格给出的分析使他发明了我们现在拥有的那种(高阶)谓词逻辑。这是一种语言，其中的原子句由个体常项(例如简单专名)，以及初始的函数表达式、谓词和关系表达式构成，而其中的复合句则利用所需要的真值函项语句算子，以及属于确定类型和阶次的量词构成。弗雷格意识到，数学以外的语言包含了其他部件，但并不准备为了处理它们而走得太远。

弗雷格实施的语言分析包含了对语言的**工作机制**(the *working* of language)的一种分析。弗雷格并不满足于为这种符号语言的所有句子找到一种描述方式，也不满足于仅仅规定他觉得够用的推理规则。应当说，在描述这种语言的句子结构的同时，他还解释了确定句子真值的方式，于是，借助制约着真值指派的规则，所制定的推理规则就被认为得到了辩护。弗雷格没有明确区分对逻辑后承(logical consequence)这一概念的语义学处理(模型论)，与句法处理(证明论)，但这种区分隐含在他的著作中。正是

因为引入了这一双重的处理方式，逻辑才终于（在人类思想史中是如此之晚）在弗雷格的著作中成熟。弗雷格的逻辑理论首次解释 82
了，语言中属于一个可观局部的句子，是如何确定是真还是假的，从而也是首次使得我们能够不是简单地指出特定的推理规则有效，而是通过从真前提产生真结论，来证明它们有效。与此同时，表述推理规则的方式，本身就避免了运用直觉，来识别任意变换是否是运用其中某个规则的实例，也就是说，这是些用纯句法的方式陈述的**能行的**规则。尽管弗雷格没有明确定义关于逻辑后承的语义的和句法的概念，它们在他的著作中还是随处可见。一方面，这里有形式系统，其形成规则、公理以及推理规则均得到精确陈述；另一方面，也有对形式化语言的句子的语义学解释，这些解释以德文的形式出现于伴随的文本中，并与形式上的推进清楚地区分开。

这样，对于表述逻辑形式化体系的完全性（completeness）以及可靠性（soundness）来说必要的那些概念，弗雷格就可以予以把握了。在对逻辑的特定部分进行形式化以后，一个句子 A 只要是某个语句集 Γ 的句法后承（也就是说，能够通过形式推演从 Γ 中导出），它就也是 Γ 的语义后承（也就是说，对非逻辑常项做出的、使得 Γ 的所有句子为真的所有解释，也使得 A 是真的），如果这样，那么这种形式化就是可靠的。如果反向的蕴涵也成立，即所有的语义后承也是句法后承，那么这种形式化就是完全的。弗雷格的逻辑形式化系统的语句部分是完全的，同样，其一阶部分构成了首个对于包含等式的一阶谓词逻辑的完全形式化。而对这种完全性的证明，则留给了弗雷格的后继者，证明其高阶逻辑的形式体系（或者其他任何有效的形式体系）的不完全性，这项工作也是如此。

提出这些问题，对弗雷格来说颇为容易，但他没有这么做。

从一个方面讲，就我们对其能够给出堪与之相比的分析的语言范围而言，我们在弗雷格的基础上推进甚少。在关于表达必然性和可能性的模态算子研究方面，我们作出了某种推进，而在关于时态的研究上才刚开始；戴维森在运用弗雷格的逻辑工具处理行动动词以及副词方面，完成了很多工作；吉奇在关于具有各种取值范围的概括的研究上开了个头；蒯因、亨迪卡(Hintikka)和其他一些人则对命题态度这个主题发动进攻。但针对语言中任何比弗雷格理论所能处理的更大的局部来说，还没有任何理论能像它那样精巧而又成熟。要想扩展到我们语言的更广区域的任何一种努力，都仍然要以他的理论为榜样。

83 从这样一种**逻辑**的立场来看，我们需要作出解释的，只是语言的与真相关联的工作机制，因为与推理形式的有效性这一概念相关联的恰恰是真——对一种推理形式来说，只有当具有这种形式的每个推理在前提为真时结论也为真，这种推理形式才是有效的。因此，要实现他原来的目的，弗雷格本可以像现在的逻辑学家一样，满足于为自己的符号语言中的句子结构给出一种解释，并针对这种结构来刻画其真值条件。他的符号语言的基本想法，当然是对所有句子给出递归描述——初始的非逻辑常项用来构造原子句，而后，在任意给定的基础上，语句算子和量词提供产生新句子的手段。因此，为了逻辑的目的就只需要解释原子句真值如何得到确定，并解释复合句子的真值，如何在成分句真值的基础上(量化句子的成分当然是其实例)得到确定。出于逻辑目的，我们不需要知道真是什么，或者真与意义如何联系。无论真是什么，无论它

如何与意义联系，我们都知道，如果一个推理前提的真可以保证结论为真，那么它就是有效的。这对逻辑学家也就够了。

因此，弗雷格不是作为逻辑学家，而是作为哲学家来推进自己的研究的。他并不满足于对语言（或者说，至少语言的一个巨大的部分）作出对逻辑学家的目的来说足够的分析，他想要给出的是对语言工作机制的一般性解释，这种解释并不靠默认任何基本概念来获得进步。对语言机制的解释就是意义理论（theory of meaning），因为，要知道一个表达式作为语言的部分是如何工作的，也就是要知道其意义。因此，就其一般性地关注语言，而不是专门关注数学而言，弗雷格的哲学大体上就是由其意义理论构成的。如果愿意，可以称其为“语言哲学”，而不是“意义理论”，但出于我们刚才看到的理由，这两个称号都比“逻辑哲学（philosophy of logic）”或“哲学逻辑（philosophical logic）”要好。换言之，如果“逻辑”一词在其真正意义上，解释为关于陈述间的**后承**关系的研究，那么弗雷格的哲学兴趣远远超出了逻辑学家真正关心的范围。

在关于意义的直观理解中，弗雷格区分了三种成分：涵义（sense）、语调和语力。换言之，他区分了这三种东西。他没有像我在这里所做的这样，用一个词来表达关于“意义（meaning）”的
一般概念，因此，他并没有宣称，涵义、语调和语力是某个更一般的 84
东西的成分。然而，从他为这些概念给出的解释中明显可以看出，两个表达式或两个句子在这三种特征中的任何一种上的差异（在涵义、语调或语力上的差异），通常都被解释为意义上的差异；弄错了希望与句子或表达式相联系的涵义、语调或语力，通常就被解释为误解了它的意义。因此，我们可以合理地说，弗雷格在关于意义

的直观理解中区分了三种成分；或者这样说更好，他主张用涵义、语调和语力这三个概念，来取代关于意义的直观概念。

NS 209 (193); NS 214 (198) 弗雷格用“文饰(lighting)”或“风格(colouring)”来指我这里所说的“语调”，但这在英语里是一种不太自然的比喻，我们还是坚持用“语调”这个词。弗雷格还在涵义这个概念与另外一个概念(他的术语后来习惯翻译为“指称(reference)”)之间，做出了一种著名的区分。当然，弗雷格实际上用的词是“Bedeutung”，它就是直接对应于“意义(meaning)”的德语词。但不能不加以专门的说明，就把弗雷格那里的“Bedeutung”翻译成“意义”。“指称”这个词对弗雷格的意图表达得更加直白，而且我认为它并非与之不符。它的最大缺陷是，常规上用不同源的动词短语“表示(stand for)”，来翻译同源动词“bedeuten”。这一常规让人遗憾，但它已经形成，因此在大多数时候我将遵守它，而在要用其他表达式来翻译名词“Beteutung”或动词“bedeuten”时，则加以注明。

关于这些词的常规翻译，确实正确地表明，弗雷格在涵义与指称之间作出的区分，不能被当作是“关于意义的直觉概念中两种成分之间的区分”。对弗雷格来说，指称根本不是意义中的一种成分——一个人不知道表达式的指称，这并不表明这个人不理解这个表达式，也不表明他理解得不完整。对弗雷格来说，指称是意义理论中、对语言如何工作作出一般性的解释所需要的概念，真理这个概念也在同样的意义上是需要的。正如真值不能被当成通常理解的句子意义的一部分一样，词项的指称也不能当作词项意义的一部分。

BW 102 (67); 我们已经考察过弗雷格在涵义与语调之间作出的区分。属于

词或表达式涵义的，是其意义中与包含它的句子的真值相关的那 NS 157 (140)
些特征，意义中不具有这种相关性的特征则归于词或表达式的语 85
调。因此，“死亡”与“逝世”这两个词在涵义上没有区别，用其中一 SB 31; Ged 63
个替换另外一个不会改变句子的真值，也不会使句子失去意义；而 (9)
若说它们在意义上终究有区别，那么区别就在于语调。另外一个
有名的例子是弗雷格在《概念文字》中给出的，这就是“并且 Bs 7
(and)”和“但是(but)”这两个连词之间在意义上的区别。用其中
任何一个来替换另外一个，都不会改变所说内容的真假。(在某些
情况下，例如“除了他以外的所有人(all but he)”、“夫妇俩
(husband and wife)”、“腌肉和(and)鸡蛋”，这样做会使表达式失
去意义，不过在这些词连接整个从句的时候则不会。)“语调”是以
一种笼统的方式定义的，若要容纳意义的第三种成分，即语力，就
必须修改这个定义。况且，对于涵义(在弗雷格对“涵义”这个词加
了限制的那种意义上)相同的表达式来说，我们也没有理由假定，
被弗雷格解释成语调区别的、意义上的所有那些差别，都属于同一
类。弗雷格确实明确假定了这一点。他把语调解释成与表达特定
“观念”(Vorstellungen)的词或表达式相联系的、联想性的内容， NS 151-2 (139-40)
对他来说是心理表象(mental image)。但这样解释不是特别有道
理。我们的确会说，一些涵义相同的词会引起不同的联想，但若勉
强描述听到“死亡”与“逝世”或“出汗”与“排汗(perspiration)”所
引起的不同的心理表象，就恐怕很难了。对“并且”与“但是”来说
就更难了。弗雷格给出的糟糕解释，由于假定了心理表象原则上
不可传达(不同的人不可能知道他们拥有的是同样的心理表象)， SB 30; Huss 317
而更加糟糕了。这意味着语调是意义的一种原则上属于主观的特

征。这个结论不折不扣是个矛盾。无论对什么样的理论来说，意义都不可能**在原则上**是主观的，因为意义是语言所**传达**的东西。有人会由于错误或者有意为之，而赋予一个词以不同于其他任何人都会赋予的意义，但意义必须是**能够**通过词的使用而传达给其他人的东西。情况必须是这样的：此人把某个意义赋予某个词，这一点能够让其他人知道；如果不能，那就根本不是意义。

即便弗雷格关于语调的解释言之成理，也就是说，它就是词的使用所具有的、唤起某些心理表象的倾向，这也不意味着语调在原则上是主观的，因为就其认为心理表象原则上不可传达来说，弗雷格是弄错了。语调本身与涵义一样都不是主观的。“并且”与“但是”在意义上的区别，与“并且”与“或者”之间的区别一样，是一种
86 客观的特征，它们都是任何想说英语的人所必须掌握的。事实上，“并且”与“但是”在语调上的区别，对于弗雷格援引心理表象得到

的一般解释而言，构成了显而易见的反例。在《概念文字》中他说，
Bs 7; Ged 64 (9) 说话者通过使用“但是”这个词，来暗示接下来要说的与会在初看之下得到认定的东西不同。暗示显然不是心理表象的产物。由于弗雷格关于“但是”这个词的解释后来成为一种标准，并且由于很多理论观点也建立在这类例子的基础之上，还是有必要花点时间来说明它的错误之处。这里考虑的观点关系到，在**断定**(assertion)某事与仅仅是**提示**(suggesting)它(或在一种特殊的意义上说，“暗示”它)之间，是否有一种基本的区分——如果仅仅是一个陈述所提示的东西不成立，那么陈述将不是**假的**，而只是**不适当的**(inappropriate)。很难先验地看出何以能有作出这一区分的余地——陈述何以能够有两种不同的方式成为在事实上不正确

的，或者说，何以能有两种不同的方式，来用句子传达情况就是如此这回事呢？起初的这种抵触感可以通过一些合情合理的例子得到克服。例如，就像弗雷格所解释的，“但是”这个词被用来提示实际上没有陈述的情况。不过，弗雷格对“但是”的解释当然是不正确的，这个词确实会用来暗示某种反差，但这种反差并不必定存在于句子后半部分所断定的内容，与在知道前半部分为真的情况下所期待的情况之间。人们甚至会说，在“她贫穷但是诚实”中“但是”一词的作用，在于提示一个贫穷的人不大可能诚实。但说这句话的人所想的可能是另外一个很不相同的反差，例如贫穷不值得追求，但诚实值得。假定一个俱乐部开会讨论该请谁来做讲演，有人说“鲁宾逊总是能吸引大批听众”，相应的回答可能是，“他总能吸引大批听众，但是，他在美国待了一年”。反对者并未提示说，一个受欢迎的演讲人不大可能去美国，而是说，虽然鲁宾逊因为演讲受欢迎而应该邀请他，但他去过美国却是反对这样做的一个很强的理由。“但是”这个词用来暗示存在于句子的两个部分之间的某种反差，这种反差与语境相关。除此之外，基本上就说不上还在暗示其他什么反差了。为断定与提示之间的区别消除神秘性的，是反差的不确定性，以及相关性这个概念的模糊性。如果不能说出我们认为是相关的或真正的反差，我们就应该认为对“但是”的使用是不恰当的；尽管如此，这样的例子仍然不会使我们有理由认为，我们可以为断定陈述的不恰当性而非其为真或为假，给出某种**确定的**条件。

“但是”是关于语调的一种非常特殊的例子，对这个例子来说，弗雷格关于心理表象的谈论是全然不恰当的。那么，在更为典型 87

的情况下，是否有理由认为，当语调是主观的时，涵义则否呢？一个人的确可以为词语赋予一种对大多数讲这种语言的人来说都不具备的语调，但是，他同样也可以赋予词语以其他人没有赋予的那种涵义。在这两种情况下，如果发现自己与其他说话者之间有分歧，他就会在解释其他人的话时顾及这一点。在这些情况下，在刚开始发现自己弄错了的时候，他可能还难以抗拒以前习以为常的错误解释，难以记起要按照通常预期的方式理解词的意义。有两种情况会误导我们以为，语调是词语的意义中比涵义更为主观的一种特征。不妨把不假思索就倾向于指派给词语的意义，称为我们关于其意义的“印象(impression)”。刚开始学习一种语言的人，对学过的一些词语的意义，多半会没有印象，只有通过一些努力才回忆起来。对能够流利并且正确地说一种语言的人来说，关于该语言的词语意义的印象，会与其真正的意义吻合。如果习惯性地误解一个词，那么即使在发现自己的理解错误以后，关于其意义的印象仍然会在一段时间内保持不变。对涵义和语调来说都是这样。人们需要考虑一番，才会意识到词语并不具备自己直接赋予的那种涵义。这样，利用意义印象这一概念，我们可以说明涵义与语调之间的两个区别。首先，关于涵义的错误印象之所以产生，通常只是由于，原来就错误地以为，词语被用来传达符合于印象的涵义。例如“责任(incumbency)”这个词给我的印象就是，它具有适用于躺在床上这样的动作这样一种涵义，因为在童年时代我猜测它有这种涵义，并且一度觉得它就是如此。通常让人产生对于语调的错误印象的那些经验，则与弄错语词按照惯例要传达的语调无关，而可以说是来自于词语对我来说具有的一种特定的联想，这种联想赋予它以某种特质，即使我始终都意识到，这与该词对大多数人来说具有的意义没有关系，我也难以消除它。其次，在一些常见的情况下，重要的不是知道词或短语就其通常公认的意义而言具有什么语调，而恰恰是关于语调的印象本身。其中最为简单 SB 31
直接的情况，就是用语言来唤起（而不是表达）情感。当说话者不仅传达内容，还为了传达对于对方的尊重而选择词语时，他的话就 88
承担了**表达**功能。听者从制约语词使用方式的习规（convention），可以知道说话者要向自己传达一种尊重。有些语言，例如爪哇语，就备有适于这一目的的一整套词汇。只要听者辨认出说者想传达的那种态度，表达的功能也就实现了，至于在听者那里引发了什么样的情感，则是不相干的。而用语言来唤起情感，则是一种很不相同的用法。这里，对于首要目的的实现来说，不是必须要听者识别出遣词造句背后的意图。比如，使用语词时所怀有的目的，是要在听者那里引起一种悲伤的感觉，这当然部分地关系到所说的内容（用弗雷格的术语说就是**涵义**），但也部分地依赖 NS 152 (140)
于表达的方式，也就是说，所用语词的语调。要使语词通过语调产生预期效果，就必须使语调给听者留下某种悲伤的**印象**。比如说，如果出于偶然，所用的词语在听者那里产生滑稽或猥亵的联想，结果就是言不奏效了。尽管听者意识到这些联想纯属私人，并且那些词通常被理解为具有悲伤的色彩，而说者也是出于这个理由来使用它们的，事情也不会得到补救，因为用语言唤起情感，这不是通过让听者识别出说话的意图达到的，而是通过它们在听者心中引发一种情绪或态度。文学效果常常取决于能否熟练地照顾到语词的情感效果。因而，通过语言唤起情感的使用方式，与语言的所

有其他使用方式都不相同，它取决于听者自己以何种方式做出反应。但是，从这一点就轻易得出结论说，语调总是一种主观的事情，就把表达性的使用错误地等同于唤起情感，同时也就忽略了一个事实，即这两种使用方式并没有穷尽语调的作用。比如，使用“但是”而不是“并且”，就不是像说者要表达某种尊敬、歉意或者遗憾一样，要用来传达说者一方的任何态度。

弗雷格在处理语调时的疏忽大意，要归咎于他在这个问题上
NS 153 (141) 缺乏兴趣。对他来说这是意义的一种完全是第二位的特征。他对于语调作出那些错误的论断，主要是用来与他关于涵义的观点形成对照——词的涵义，与在听者心灵中唤起心理表象的能力没有任何关系，而是一种完全客观的东西。对于涵义的这些特征弗雷
89 格所持有的正确看法，比起他把与之对立的特征归于语调这样的错误来说，要重要得多。

再说一遍，表达式的涵义，就是对于决定包含该表达式的句子
Gg I 32 真值来说相关的那部分意义。这样刻画涵义概念，的确使得涵义从意义的其他成分中区分出来了，但至于其他方面，这种刻画本身却是纯粹纲要性的。如果不仔细考察他对涵义与指称所作出的区分，我们还是无法理解，在弗雷格来看，词或表达式的涵义究竟属于哪类事物。

最好是通过弗雷格为谓词逻辑的公式(formula)引入的语义学，来理解他的指称概念。为公式中出现的非逻辑初始常项指派适当类型的实体，就得到关于这种公式(或公式的集合)的解释(interpretation)。若假定这些公式都属于0阶或一阶表达式，那么它们就属于这样五个种类：个体常项、一元函数符号、二元函数

符号、一元谓词，以及（二元）关系表达式。解释将为每个个体常项指派一个对象；为每个一元函数符号指派一元函数，它对所有对象都有定义，而且对每个主目都有一个对象作为值；为每个二元函数符号指派一个二元函数，它对于对象的每个有序对都有定义，并且对每对主目都有一个对象作为值；对每个一元谓词都指派一个性质，它对所有对象都有定义（也就是说，对每个对象都以某种方式指明，该对象具备还是缺乏该性质）；对每个二元关系表达式都指派一个二元关系，同样，它对于对象的所有有序对也都有定义。从个体常项开始，通过（可能以迭代的方式）运用函数符号来构建表达式，就得到词项。因此，对每个词项，都有某个对象作为所指谓的东西（denotation），而这受制于这样一种显而易见的递归式规定：个体常项指谓（denote）通过解释而被指派的对象，而通过把函数符号运用于某个或某对词项而得到的词项，则指谓一个函数的值，这个函数通过解释被指派给了函数符号，而其主目则是充当函数符号的主目通过解释被指派的东西。最后，在这个解释之下，对于把一元谓词与一个词项连接起来得到的原子句来说，如果词项所指谓的对象具有通过解释所指派给谓词的那种性质，那么这个原子句就是真的；如果缺乏这种性质，原子句就是假的。同样，对于把二元关系表达式与一对词项连接起来构成的原子句来说，如果词项所指谓的对象具有通过解释指派给关系表达式的那种关系，那么这个原子句就是真的；如果没有这种关系，原子句就是假
的。运用语句算子以及量词得到的复合句，则按通常的归纳式规 90
定指派真值，而这要以给原子句指派真值为基础。

这一程序与现代语义学处理谓词逻辑的方式完全一致，只不

过弗雷格避开了高于二阶的函数符号和关系表达式，并且，他认为没有必要把个体变元的值域明确限制在对象的某个范围之内。他作出了一个自然而然的假定(但却证明是灾难性的错误)，即总是可以认为个体变元的值域毫无例外地把任何对象都包含在内。这一点我们后面再讨论，对目前的讨论来说它还不重要。

这样一种语义学，一种关于“解释”的概念(它适用于按照弗雷格的符号语言提供的模式构造出来的句子)，为我们提供了一种对于这种语言的句子的真值条件的解释。这种解释足以达到逻辑学家的目的，使其进而能够定义逻辑后承这个概念，并能为一套给定的形式演绎规则，表述可靠性和完全性这两个概念。当弗雷格在谈到“指称”时，他所想的正是这样一个解释概念。但这样说还是把事情弄反了。应当说，他使用这同一个指称概念的地方，是在对语言进行的哲学讨论(即意义理论)中，以及在他讲解《算术的基本原则》中的形式系统所要求的那种解释时，也就是说，它出现于伴随着符号文本的普通语言叙述中，而形式系统的语义学是由这种叙述建立的。因此，他的指称概念与现在的数理逻辑中那种用于谓词逻辑公式的解释概念，显然[只]是巧合。那么，在指称这个概念之外，我们为什么还需要关于涵义的概念呢？

对这个问题的一个非常糟糕、但有时也会见到的回答是，涵义概念是弗雷格所需要的，它被用来解释那些造成不透明语境(在蒯因的意义上)的算子，即“必然地”和“……相信……”这样的表达式。弗雷格在处理这类表达式时确实也用了涵义概念，他说，在不透明语境中，词项表示普通语境中构成其涵义的东西。但是，如果没有事先论证，在通常语境中确实有某种东西构成了词项的涵义，

这样的解释显然就是无用的。因此,在能够用涵义这个概念来解释不透明语境之前肯定就要确认,此前我们就需要一种涵义概念,它为出现于普通语境中的表达式所拥有。

在指称概念之外为何还需要赋予表达式以涵义概念,这个问 91
题可以用更加明晰的形式表述——如果涵义概念以一种方式得到刻画,何以能为这样一种区别于指称的涵义概念留下余地呢?涵义概念是这样得到刻画的:词语的意义中,只有对于确定包含它的句子的真值来说相关的那些特征,才属于其涵义。但是,一旦句子中每个词的指称都确定下来,句子真值也就确定了。正是因为这一点,我们才能相对于用来为非逻辑常项指定指称的某个解释,来为谓词逻辑语言的所有句子赋予真值这个过程虽然不是能行的,但却是确定的。无论如何,弗雷格本人都毫不隐讳地坚持,在任何 SB
句子中,用具有相同指称的其他词或表达式,来替换某个词或表达 33,35
式,整句的真值不变。由此看来,表达式的涵义与其指称重合,或者至少也是一一对应的。然而众所周知,弗雷格认为多个涵义可以对应于同一指称。那么,他最终如何能够为这样一种涵义概念找到容身之所呢?

解决困难的办法早已表述过了——指称不是意义的成分。如果指称是意义的成分,那么词的指称的确就会穷尽(或者决定)其涵义,因为,为了确定包含该词的句子(考虑到不透明语境,我们应当说“在这个句子中该词具有普通指称”)的真值,关于其意义无需知道更多。这样一来,在指称和语调之间就真的没有空间,来容纳涵义这个概念了。但指称**不是**意义的成分,这样,涵义就仍然可以解释为词或表达式意义的一部分,为了决定包含该词或表达式的句子的真值，就需要把握它。这就相当于说，涵义是意义中决定指称的那个部分。词语意义中不影响其指称的特征，就不属于涵义。由此根本得不出，指称相同的词涵义也必定相同。

说“指称不是意义中的一种成分”，这是什么意思呢？意义是一个直观概念，并且是一个相当不精确的概念。如何才能判断，某个东西是或不是构成它的一种成分，这个断言是真的呢？而正确地判断这一点，又有什么重要的哲学目的呢？不管怎样，这样一个断言何以能代表弗雷格的观点呢？我们知道，弗雷格没有用过任
92 何词来作为意义的类名，没有用一个词来涵盖他称之为语调、涵义以及语力的东西；并且，他在一种技术性的意义上使用通常在德语里对应于“意义”的那个词，我们常规上将其翻译为“指称”，这样，弗雷格的观点何以能够表述成，语调、涵义以及语力是意义的成分，而指称则不是呢？

这些都是非常自然的反对意见。不过我认为，如果尝试去理解指称不是意义的一种成分这一断言，我们就会明白，尽管不合乎弗雷格的表述方式，它却与他看待问题的方式很好地吻合。包括维特根斯坦在内的很多哲学家都反对把意义“实体化”的做法，反对把意义当作与词语联系在一起的实体。要明白他们觉得有害的是一种什么样的看法，明白什么才算是这种不合法的实体化做法，这常常有些困难，但是，不去探究意义是什么，而是探究如何运用或阐明包含了“意义”这个词的某些复合短语，这样做却是有益的。比如可以问，在何种条件下我们才会说，一个表达式，特别是一个句子，具有或者缺乏意义，或者在何种条件下两个表达式具备或者不具备同样的意义。这样，我们就不是探究意义的本性，而是探究

有意义性(meaningfulness)或同义性(意义的相同)。然而,对于意义来说,这两种探究似乎都不能得到一种与直观把握相当的那种令人满意的解释。应当说,注意力需要集中在“知道……的意义”这一复合短语上——关于意义的理论就是关于**理解**的理论。我们必须给予解释的是,当一个人知道一个词或短语意思是什么时,也就是说,当他理解它时,他所知道的是什么。使用语言的能力是一种高度复杂的能力。我们的困难不在于解释人如何获得这种能力,而在于清楚地解释这种能力当其被获得时,是由什么构成的——这意味着这种解释本身使用的任何概念,都不会预设语言得到了理解,或有能力使用语言。解释了对语言的理解(即什么才是知道该语言中的词或表达式的意义),同时也就解释了语言如何运作,也就是说,不仅解释了它如何起作用,而且解释了它所起的作用是什么。对一般说来什么是知道词或表达式的意义一旦给出了行之有效的解释,对于两个表达式具有同样的意义意味着什么,以及一个表达式终究具有意义又意味着什么,我们无疑就能够顺便导出一种解释。即使得不到这些解释,问题也不大——重要的概念是知道意义,即理解。

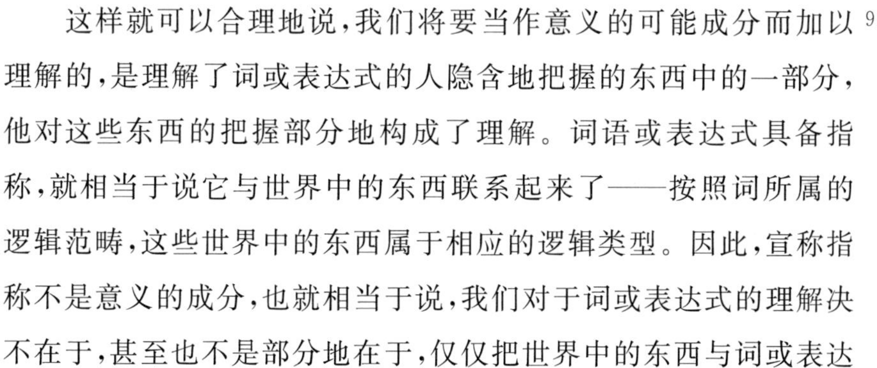

这样就可以合理地说,我们将要当作意义的可能成分而加以 93
理解的,是理解了词或表达式的人隐含地把握的东西中的一部分,他对这些东西的把握部分地构成了理解。词语或表达式具备指称,就相当于说它与世界中的东西联系起来了——按照词所属的逻辑范畴,这些世界中的东西属于相应的逻辑类型。因此,宣称指称不是意义的成分,也就相当于说,我们对于词或表达式的理解决不在于,甚至也不是部分地在于,仅仅把世界中的东西与词或表达

式联系起来。

这一断言所说的仅止于此。它不是说指称与意义无关。相反，按照弗雷格的观点，句子的真值得以确定，恰恰是通过句子中词语的指称。与其意义中可能包含的其他部分不同，词的涵义在于词对于确定包含该词的句子真值的贡献，而这正是通过将词与特定指称联系起来做出的。因此，完全用指称来表述的语义学解释，就相当正确地表现了句子真值是如何通过构成句子的词语，以及词语结合起来的方式所决定的。而语义学解释的不足之处在于，它不能充分回溯——它假定了初始符号与相应指称之间的联系，但没有告诉我们这种联系是如何建立的。就逻辑的目的而言，这是不必要的，但对意义理论的目的来说，这却是本质性的。

词的涵义于是就是相应种类的指称得以确定的手段。说指称不是意义的成分，这不是否认指称是意义的后果，也不是否认指称的概念在关于意义的一般理论中扮演了重要角色；这只是在说，操一种语言的人对于词的理解，即便是与识别包含该词的句子为真或为假来说相关的那部分理解，也决不能仅仅在于把某个东西作为指称与词联系起来。必须有某种特定**手段**使这种联系实现，而知道这种手段，也就把握了词的涵义。这意味着，如果有必要，同样的东西作为所指(referent)可以与不同的词或表达式联系起来，而这种联系在两种情况下通过不同手段建立，因而这两个词或表达式虽然有同样的指称，但有不同涵义。

在此需要对术语进行说明。弗雷格几乎总是把“Bedeutung”
94 一词用于词语所表示的实际事物，而用动词“bedeuten”来表示它们之间的关系。不过最好还是能够把关系以及与词语建立关系的事物区分开，而对后者我们使用“所指”这个词。以后我们就只把抽象名词“指称(reference)”用于词与物的关系，或者用于“表示某物”这一性质，或者，用于“表示某个确定的给予之物”这一性质——这三种用法的歧义通过语境得到解决。此外，我们把“所指”这个词用于词所表示的东西。

现在应当清楚，“指称不是意义的成分”，用这种非弗雷格式语言表述的这一观点，不但具有清晰的涵义，而且与弗雷格的观点完全协调。这些观点第一次在“论涵义与指称”这篇著名文章中得到展示，这篇文章第一次区分了两个概念。在这篇文章里，弗雷格先是联系到单称词项(“专名”)来处理问题。专名的所指是对象。在关于谓词逻辑的语言的标准语义学中，每个个体常项(即简单的或者初始的专名)都被指派了一个对象(或者按照我们现在应当采取的方式来说，指派了个体变元值域中的一个元素)，每个函数符号都被指派以相应阶次的从对象到对象(从域到域)的函数；在这些指派的基础上，就有可能以归纳的方式定义从每个词项到一个对象(域中的一个元素)的映射，并称其为指谓(denotation)。这样，对于专名来说，指称这个概念就与标准语义学中所使用的指谓这个概念相一致。如果这种语言中包含任何高阶的构词算子，比如说类抽象算子(class abstraction operator)[①]或摹状词算子(为这种算子添加一阶谓词后得到一个词项)，从而约束了位于主目位置上的变元，那么对于每个这样的算子，就必须构造一个相应的、从

① 一个类抽象算子的主目位置由谓词占据，其值为一个类。“……的类”(空格处填入形容词)就是一个类抽象算子。例如，当空格内填入“……是红色的”这个谓词，通过类抽象算子就得到红色的东西构成的类。——译者

一阶性质到对象的映射，从而为由此构成的词项赋予一个指称（指谓）。例如，摹状词算子“使得……x……的那个 x”就必须理解为满足这样的条件：如果 a 是满足谓词“A(x)”的唯一对象，那么“使得 A(x)的那个 x”就必须表示对象 a。

弗雷格于是论证道，专名的涵义不可能仅仅相当于它具有实际具有的指称。他的论证是用“认知价值(cognitive value)”，即信息内容(information content)这个概念表述的。弗雷格问道，如果专名的涵义只在于它具有实际具有的指称，那么任意关于同一性
95 的真陈述何以能够提供信息。这里使用的“信息”这一概念并不需要太多解释——当我知道一些以前不知道的东西，我就获得了信息。因而弗雷格所问的就是，我在知道同一性陈述涵义（即理解它）的情况下，何以还有可能知道一些东西，而这些东西在得知该陈述为真之前我是不知道的。按照“专名的涵义只在于具有实际具有的指称”这一理论，就不能解释这一点。因为那样的话，我理解由等号连接的两个名称，这仅仅在于将其与各自所指的对象联系起来，而如果不知道同一性陈述只有在等号连接的两个名称具有同样所指时才是真的，我当然不能说理解了等号。这样，如果不能直接辨别其真假，我就不能理解同一性陈述。

在引入信息这一概念来支持“专名的涵义不可能只在于具有实际具有的指称”这一想法时，弗雷格默认了把涵义这个概念与知识的概念联系起来，而这为我们用“涵义是意义的成分”来表述弗雷格观点的做法提供了依据，此时意义就是一个人当其理解一个词时所知道的东西。因为，要完整表述，论证就是这样的：如果名称的涵义仅仅在于具有特定指称，那么任何理解名称的人就知道

它表示什么对象，而理解具有同样指称的两个名称，也就知道它们表示同一对象，因而就知道连接它们的同一性陈述是否为真，陈述对他来说也就不传达信息。起支持作用的假定是一个很有说服力的原则，即如果某人知道两个词的涵义，而两个词的涵义相同，那么他必定知道它们具有相同涵义。因此，如果名称的涵义仅仅在于其指称，那么任何人只要理解具有同样所指的两个名称，就必定知道它们具有同样指称。

在把握专名涵义时，我们并不仅仅是意识到名称与作为其所指的特定对象联系，我们还把名称与把对象当作名称的所指加以识别的特定方式联系起来。因而名称可以具有同样所指，但有不同涵义——与两个名称相联系的，是将某个对象当作名称所指加以识别的不同方法，而满足这样两个识别条件的有时会是同一个对象。当所要考虑的是复合“专名”（单称词项）时，这样一种解释是很难加以质疑的。比如这样一些情况，当两个词项中的一个将
其所指表示为特定函数在特定主目上的值，而另外一个则将其表 96
示为一个不同的函数在一个不同主目上的值；或者我们有两个限定摹状词，而它们是通过为不同谓词添加摹状词算子（在自然语言
中表示为定冠词）得到的。弗雷格用了从名称到所指的路线这样 NS 95 (85)
的比喻——所指相同而涵义不同的名称，对应于通往同一目的地的不同路线。在复合专名的情况下，路线的不同由专名本身的结构表现出来——如果不承认这种差别就在于我们把对象作为专名各自的所指加以识别的方式，我们就很难正确地对待它们的复合性，即它们由表达式复合而成的方式。然而，许多哲学家觉得一种关于**纯粹**专名这类表达式的想法更加可信，即名称被用来指称对

象，对名称来说，其意义就全然在于它们仅仅表示那些以其作为名称的对象。由于复合单称词项明显不满足这一要求，这些哲学家就试图把这一解释用于逻辑上简单的专名，即在通常的、严格的意义上是专名的那些词。这一观点由密尔所表述，而一个更加精致的版本则归于罗素。对密尔来说，对自然语言中我们通常称其为“专名”的那些词，这一解释是成立的，这些单称词项在这样一种意义上是简单，它们在形式上不是由两个或多个词结合而成，其意义也不是由这些作为成分的词的意义所确定。罗素感到，这样的专名应该作为某些复合单称词项（例如限定摹状词）的等价物，以默认或者明述的方式引入，以便容许自然语言的普通专名（用弗雷格的术语来说）具备一种不止于拥有确定指称这一程度上的涵义。实际上，他逐渐确信确实如此。他还确信必须存在一类“逻辑上简单的”名称，这些名称甚至不能分析成复合词项的等价物，因而其涵义不会超出仅仅具备特定指称的程度。

弗雷格在“论涵义与指称”中举了一个被不厌其烦地重复的例子，其中包含了指称相同但涵义显然不同的一对简单专名，即“晨星”与“暮星”。这些表达式虽然在词型上是复合的，但仍可说是逻
97 辑上简单的，因为我们不能指望仅仅通过知道其构成成分的涵义，来确定这些词的涵义——这只是因为，它们都指称行星，而不是恒
NS 213 (197); FB 14; BW 196 (127); BW 234 (152) 星。[①] 在承认“对于涵义相同的两个表达式，只要知道它们的涵义，就必定知道它们涵义相同”这个原则的前提下，两个表达式具

① 英语中“晨星”与“暮星”分别对应于“the Morning Star”和“the Evening Star”。其中的“star”是指恒星，而不是行星（planet）。——译者

有不同涵义，这种情况也显而易见，因为同一性陈述“晨星与暮星是同一个（天体）”为真，这是个天文学**发现**。然而，这些表达式在词型上与限定摹状词太接近了，以至于人们很难相信弗雷格的这一观点，即甚至普通的简单专名，也具有超出单纯具有确定所指这一程度的涵义。因此，援引弗雷格在通信中给出的另外一个例子，可能是有帮助的。这个假想的例子很像后来蒯因使用的一个例子。弗雷格设想，一个旅行者深入一片未被勘测的区域，看到北方 BW 128 (80)
地平线上一座山，就用当地人的“Afla”这个名称来命名它。另外一名探险者在南方地平线上也看到一座山，用“Ateb”来命名它。两人的事迹流传开来，两个山名也通行起来。但多年以后，该地区才得到全面的考察，并绘制了地图，在这之后人们才发现，出乎所有人意料，两位探险者从不同的角度看到的是同一座山。由于在估测距离和设置观察点等问题上出错，两人从来没有想到这一点。因此，Afla 和 Ateb 是同一座山，这是一个地理发现。当然，一旦作出这个发现，其中一个名称就要被放弃，或者都作为实际上同义 NS 242 (224-5)
的词来使用。但在作出发现以前，它们就是关于两个真正的普通专名具有不同涵义的一个例子。

这样的例子不能用来反驳后来为罗素所采纳的观点。对罗素来说，所有的普通专名都是伪装的限定摹状词（也就是说，默认理解为限定摹状词的等价物）。不大可能指望弗雷格预见到，会有人能够把这种让步，与存在“逻辑专名”（其涵义收缩为指称）这一观点结合起来。弗雷格用这类例子意欲加以反驳的仅仅是密尔所采纳的立场。这些例子诱导很多人认为，弗雷格把普通专名（即非复合的专名）的涵义，当作是某个限定摹状词的涵义，例如，把“Afla”

的涵义，当作形如“探险者 A 在这样一天在南方地平线看到的那座山”的摹状词的涵义。当然，要**说出**不同名称的涵义是什么，弗雷格自然而然要援引这样的限定摹状词，但他所说的内容中没有
98 任何东西，能确保得出“专名涵义始终是某个复合摹状词的涵义”这一结论。为了把具有同样所指的两个名称在涵义上区别开，只需要我们用不同的方法来为各名称识别所指的对象。没有理由假定，我们用以识别的手段，应该通过限定摹状词或者任何其他的复合单称词项表达出来。其他作者或许会支持这一点，但将任何类似观点归于弗雷格，都没有依据。

弗雷格所举的涵义不同但指称相同的专名例子（晨星/暮星，以及 Afla/Ateb 均属此类），是经过了仔细挑选的。这样选择，使我们没有多大困难就可以解释，在发现两个名称具有同样所指之前，什么标准被用来识别作为名称所指的对象。在 Afla/Ateb 这个例子中，名称所表示的山该如何识别，显然与两位旅行者提供的报告以及绘制的地图密切相关；而在天文学的例子中，我们考虑的是（至少在星际旅行的时代到来之前）所有人都从一个方向看到的物体。对于人所周知的地貌特征的名称，例如“泰晤士河”，情况就不同了。人名也是如此。在这些情况下，关于名称所表示的对象我们知道大量的内容，因而可以采用其中的任何部分，来确定给予我们的对象是否等同于承载名称的东西。比如说，如果在散步时遇到一条小溪，我希望知道自己遇到的是不是泰晤士河，我可以进行的考察不止**一种**形式。这还不是说，有不同的方法来为这个问题找到答案——通常是有多种方法；而是说有许多个不同的问题，而对其中的任何一个问题的回答都可以确定这是哪条河——有许

多这种类型的问题:“这是流经克里弗顿·汉普顿的那条河吗”,或者“这是流经拉德考特桥的那条河吗”、“这是流经亨赖的那条河吗”。

这里,这不是在说,涵义是过度确定的(over-determined),它引来了太多的识别标准,多于为了确定对象是否名称所指而需要的涵义。而应当是说,我们难以在名称的涵义,与关于名称承载物我们所拥有的信息之间,划出清晰的界线。一个人用来识别一个对象是否名称所指的东西,对另外一个我们通常认为理解名称的人来说,则是关于对象的信息。一个人或许通过追溯至拉德考特桥,来确定某条河是否泰晤士河;而对另一个人来说,“泰晤士河流经拉德考特桥”,这种说法或许传达了信息。这本身当然没有什么 99
问题,没有理由认为人们不应当使用从属性的知识来进行识别。应当说要点在于,没有一个足以用来进行识别的条件,是因为名称的涵义而对泰晤士河成立的,也就是说,不知道这一条件就表明某人不理解这个名称。某人可能没有意识到泰晤士河流经牛津,但仍然可以说他理解“泰晤士河”这个名称;一个人可能不知道它流经瑞丁,另外一个人甚至可能不知道它流经伦敦,但他们都仍然能够正确地使用这个名称。这确实并不意味着,没有任何东西是因为名称的涵义而为真的,比如,一个人如果认为泰晤士河在俄罗斯,或者甚至在威尔士,那他就不会是在一种普通的意义上使用这个名称。再者,对任何一个人而言,要说他理解这个名称,就必须要求他掌握了能正确识别这条河的**某种**手段。如果他只知道“泰晤士河”是一条河的名称,而不能分辨是哪条河的名称,那么他的处境就类似于一个人知道“米色”是一个颜色词,但不知道它用于

哪种颜色。他只是部分地理解它的涵义。认为泰晤士河在俄罗斯的那个人可以说就是这样的,他知道"泰晤士河"这个词通常是一条河的名称,但在这样使用时却错误地以为,它命名的是俄罗斯的一条河。在这种情况下,也只能说他知道名称的部分涵义。另一方面,如果他结合心目中的一个特定的识别标准来使用"泰晤士河"这个名称,这个标准包含了这条河在俄罗斯这一点,那么,无论他是否认为自己使用这个名称的方式与其他人相同,他都为名称赋予了一个确定但却错误的涵义。不管怎样,情况仍然是,没有一个条件是**足以用来识别的**,任何人要能够说完整并且正确地理解"泰晤士河"这个短语,就必须知道这个条件。

正是着眼于这类考虑,包括赖尔(Ryle)在内的一些哲学家倾向于认为,专名"不是语言的一部分",或者说,确定专名指称的东西没有包含在专名意义中。这类观点常常从一种关于词典的相当错误的看法那里获得支持,比如词典中不包含专名,或者干脆用"这是专名"来解释它们。(词典中很少或者没有人名,但通常包含地名,并做了充分的定义。像"佛罗伦萨"、"德国"这样的名称,还需要做出变形,这种变形甚至在欧洲语言之间进行翻译时都会出
100 现,就不用说翻译成像汉语这样的语言了。)的确,在日常谈话中,"意义"这个词用于专名时通常是指其语源学("你知道'苏珊娜'的意思是'百合花'吗?")。但是,弗雷格所要反驳的密尔观点,却与是否允许人们在这个方面盲目服从日常习语没有关系。某人要想能在句子中使用专名,或能理解其他人对它的使用,从而能够判断其真假,关于表达式他必须知道更多东西,而不止于它是一个专名这一点——他必须知道某种手段,以正确地识别一个对象是否该

名称的承载物。密尔同样坚定地认为，要在句子中使用名称，就必须能够挑选出其所命名的对象。他与弗雷格的区别在于，他认为问题不在于用来识别对象的“手段”，以便在两个名称命名同样的对象时能将名称区别开；而关系到名称与对象之间直接的心理联系。是否要把我们用来固定名称的指称的东西，解释为名称的涵义或意义的一部分，这与密尔和弗雷格之间的争论无论如何都没有关系。不管赞同他们中的哪一个都会产生这个问题，因此在这上面没有什么好说的。理解对于确定名称的指称来说必要的东西，这对于在句子中与其他词一起使用名称的能力来说是本质性的，因此，把这种理解当作关于名称意义的知识的一部分，这看起来更加顺理成章，也更加自然一些。

有人从词语的意义中排除掉其他所有东西，只剩下它是专名这一事实。只要意识到，让人这么做的现象尽管在专名的情况下最为明显，但并不限于专名，这种做法就显得更没有道理了。比如 125
人们经常说，化学物质的识别与地理学上的对象的识别相似，因为实际使用的是一系列不同的标准，而不需要我们能够指定其中的任何一个，使得任何理解那种物质名称涵义的人都必须知道这个标准。对于动物和植物的种类，以及诸如疾病之类的东西，也可以这么说。这并不特别地关系到这样一个事实，即在提到化学物质、物种或疾病名称的所有这些情况下，我们使用集合名词或抽象名词，以及用来述说这些名词所表示之物的一套词汇，例如在“氖是一种惰性气体”，“大猩猩正在快速灭绝”，“麻疹有传染性”这样的句子中就是如此。把用来表示物质、物种以及疾病的词，只用作充当谓词或者谓词的部分，事情仍然是这样的。很可能，只要我们谈

到某种复杂的特征、状态或者过程,而这些东西能够通过不同的标准来进行识别,这一点都将成立。导致这一处境的,事实上恰好就是使两个表达式具有不同涵义但有相同指称得以可能的那种情况。同样的对象(或同样的状态、过程或者关系)如果可以通过不同标准得到识别,而这些标准对应于涵义不同的两个表达式,那么只有在我们没有意识到它们指称相同时,这两个表达式才会保持涵义上的差别。只要意识到这一点,我们就不大可能继续把两个标准联系到不同表达式上。在使用其中任何一个表达式时,我们几乎都肯定会无差别地使用这些标准。况且,当我们不关心标准出现分歧的可能性时,对于系统地表现我们认为真的那些命题之间的关联不感兴趣时,也就是说,不是在建立一种严格的理论的时候,我们通常会容忍不同人以不同方式来把握表达式的使用,只要使用正确就行了。语言要起作用,重要的是说话者在语言表达式的使用上达成一致,至于制约这种使用的原则是否存在统一的基础,则是无关紧要的。

PI 79 维特根斯坦在《哲学研究》中讨论"摩西"这个名称时,处理过一个与此密切相关的想法。在关于名称的承载物我们只有不确定的或者猜测性的信息时,对于不得不承认关于名称所指物的任何单独的陈述都是假的这一局面,我们也会接受,即便就眼下来看,我们应该认为这些陈述对名称的使用作出了可以接受的描述。例如,对于"谁是摩西?"或者"你用'摩西'意指谁?"这样的问题,也可以这样回答,"摩西就是带领以色列人离开埃及的那个人",或者"摩西是在西奈沙漠中给以色列人带来法律的那个人",等等。但如果发现带领出埃及的那个人,不是那个带来法律的人,或者不是

那个在离开埃及进入迦南之前执掌号令的人，或者不是第一大祭司的兄弟，如此等等，那么我们就会说，毕竟，摩西没有带领以色列人出埃及。此时，对“谁是摩西”这个问题哪些回答可以接受，我们就会做出限制，但不会放弃使用“摩西”这个名称。只有在看来不大可能会有人适用于可以接受的回答所给出的大部分描述时，我
们才会放弃这个名称，才不得不说没有摩西这个人。但是，没有这 102
样一种回答，只要终究保留这个名称，我们就必须认为回答中陈述的是真的。

我们知道，这种情况不仅对专名出现，而且也出现于其他范畴的表达式。当然，对专名来说这种情况更加常见也更加引人注意。因此，不应当以这种情况的出现为依据，来把专名分离出来，认为它们以特别不同于其他词语的方式起作用。应当说，它所引发的问题是远为一般性的——意义是语言表达式的客观特征，那么涵义终究是某种主观的东西，因而对于关于意义的理论来说，是无足轻重的吗？表达式的涵义被认为是我们据以确定指称的方式，但目前看来，通常没有一种确定表达式指称的特许方式，倒是有不同的人用不同的方式来确定，甚至有时可以接受的方式后来由于与其他人不一致而遭到放弃。如果这样，那么对于表达式的使用来说客观的东西，即所有讲这种语言的人所共享的东西，最终就只有指称。也许，对任意特定时刻的特定说话者来说，存在着他据以识别表达式所指的特定手段，但这是主观的、临时性的特征，对于关于意义的一般性理论来说是不大重要的。如我们所知，如果最终还是要得到这个结论的话，就不会局限于专名了。按照这种解释，正是因为在专名的使用中唯一恒定、客观的特征是其指称，对普遍

词项的使用中唯一恒定、客观的特征也就是其适用性。

这个结论实际上为蒯因所接受，他关于这个主题的观点将在第十七章详细考察。那些不愿意得出这样一个极端结论的人，大都采信弗雷格所举的那个不好的例子。作为让步，他们指出引出这个例子的一些事实，但又把它们置于脑后，好像那只是些不值一提的反常现象，从而避开它们对关于涵义（就其区别于指称来说）的整套想法造成的威胁。

对弗雷格的区分提出这种反对意见的那些人承认，对任意时刻的任何人来说，假定他把指称直接赋予表达式，这是无法理解的——他必须采取某条从表达式达到指称的途径，例如说，在专名的情况下，必须有某个标准能够用于识别一个对象是否名称的承
103 载物。然而问题在于，涵义作为人们把指称与表达式联系起来的特定方式，既不是恒定的，也不为所有操持这种语言的人所共有，因此，对于表达式来说，如果仅仅将其当作所属语言中的表达式，决定其使用的东西那就只有指称了。

这一论点显然脱离了实际情况。但若认为我们语言中的所有表达式都有唯一的、不可改变的，并且具有理想的精确性的涵义，这也同样脱离实际。很难说有人会持有后面这种看法。弗雷格肯定不会这么想。他完全明白，在不同时间和不同人那里，同一个表达式会被赋予不同的涵义。他知道涵义的模糊性。弗雷格或许应该受到批评，因为他倾向于把自然语言的这一特征看作许多缺陷中的一个，但这种特征很可能是无法避免的，并且肯定是非常方便的。但如果认为，除了指称就没有任何恒定的、为说话者共享的东西，那同样也远远不能对实际情况作出准确刻画。关于表达式的

所指物的内容中，只有某人已知并认为可靠的内容，才能纳入由他赋予表达式的涵义中；并且，也只有或多或少共享的知识，通常才能认为属于涵义。至少，如果他赋予表达式的涵义，在某种意义上是由他最初据以理解其使用的那种方式所决定的，那么，事情本身就决定了，一个人用来确定表达式指称的手段，毕竟不能建立在独独为他所有的知识的基础上。因为，理解的获得，必须要么是通过其他人以明述的方式向他解释表达式，要么是通过他从其他人嘴里听到使用表达式的一些例子，从而对用法获得一种把握。这当然会留下许多余地——有很多同样可以接受的方式，来向另外一个不理解一个表达式的人解释它，又比如在确定包含一个表达式的句子真值的过程中，也有很多同样合法的方式来确定该表达式何时适用。不过，事情仍然远远不是说，只有普遍同意的表达式指称才确定了这些方式的选择范围。如果考虑的是自然语言中的句子，重言式的概念就弱化为贫乏陈述(truism)这个概念——一个给定陈述是仅仅传达了词的定义(或定义的一部分)，还是陈述了人所共知的真理，对于这样的问题通常没有确定的答案。但是，尽管贫乏陈述当然并不是一个完全清晰的概念，在贫乏陈述与真正转达信息的陈述之间，还是有一种明确的区分，虽然这个区分饱受争议。任何一种形式的说法，只要可以当作对其中某个词的合法 104
解释，其所表达的对于任何已经理解该词的人来说，肯定充其量是贫乏陈述。

人们可以承认所有这些，但却仍然觉得，对于针对整个涵义概念的反对意见不得不作出的这些让步，还是剥夺了这个概念的作用，或者至少使这个概念不再重要了。此时，如果我们不至于错失

引入涵义这个概念的整个目的，就必须回到一开始，回到弗雷格最初引入涵义与指称的区分时所设置的背景，即涵义与信息内容（“认知价值”）之间的关联。要确定一个句子是否是真的，只要知道构成它的各表达式的指称就够了；但是，要知道它所传达的信息，我们必须知道它们的涵义。如果我们以一种线性的、累积的方式获取知识，那就不必关注涵义——一个句子，只要不是已经在特定个人业已明确承认其为真的句子储备（或许也包括一些他先前不会立即承认为真的句子）中，它对这个人来说就应当传达了信息，而没有必要后来又去考究，当它最初加入句子储备时，所包含的信息内容究竟是什么，也没有必要后来又赋予它以任何特定的这类内容。但是，对于我们获取信息的进程来说，这当然是一幅歪曲的图景。实际上发生的是一种持续修正的过程。我们常常面临的局面是，要断然拒绝以前临时性地或者同样断然地接受的东西。我们也同样面临不确定的状态，而无法在一些需要接受为真的新陈述，与以前接受的一些不一致的陈述之间做出协调，甚至手头没有任何明确的途径来解决这种冲突。在这样的情况下，以及在其他一些没有特定的冲突需要解决，但却对于以前接受一些陈述时是否过于草率而感到怀疑的情况下，我们不得不考虑，对以前接受为真的陈述如何作出**辩护**（justification）。按照所涉及陈述的性质，以及引发怀疑的特性，这种探究可能直接就是经验上的，也可能是哲学的，或数学的，或兼而有之。这种探究要求我们完全或者部分地确定待辩护陈述的涵义。正是因为遭到质疑的恰好是我们声称知道的东西，对于需要辩护的陈述来说，我们才不能允许，陈述中包含表达式的指称又要通过我们碰巧知道的东西来得到确定。我们所感兴趣的实际上不是历史问题，即在原来接受引起争议的陈述时，我们是通过何种手段来为那些表达式确定指称的；也 105
不是一个社会学问题，即大多数人何以认为那些表达式的指称是确定的。我们需要做的是对我们语言的局部进行重构和系统化——为了赋予“我们能否正当地接受争议中的陈述是真的，如果可以，其依据是什么”这样的问题以清晰的内容，我们需要把相关表达式的涵义**固定**下来。当一种数学或者科学理论被付诸公理化程序，或者，当针对一种已经公理化了的理论进行基础研究（这种研究部分是数学或科学的，部分是哲学的），我们就得到这种探究熟知的、完全合格的例子。不过，同样的过程也以一种不那么尖锐并且更多是局部性的方式，出现于日常语境中，此时不涉及高度自洽的理论。这通常出现在，比如说我们对其他人提出的某个命题既不直接接受，又不直接拒绝，但又希望探究他这样主张的依据，并在此过程中要求他把用来陈述的表达式涵义更精确地确定下来。在这样规定表达式涵义的时候，我们意识到自己所做的，已经超出了单纯记录公认用法的程度，虽然如此，我们当然还是要部分地照应这种用法——我们试图做出的规定要避免导致一些一般不会被接受，或者被认为引起争议的陈述。

因此，涵义这个概念的价值，还不在于为我们的语言实践给予解释，而在于它是一种使其系统化的手段。按照讨论涵义时弗雷格所使用的语言图景，对刚开始熟悉这种语言的所有人来说，每个逻辑上简单的表达式都以某种方式引入或者得到解释，无论是通过定义还是别的手段（因为使所有表达式都得到定义是不可能的），这种方式都是专门的、不留变化余地的。这样，用来引入表达

式的方式，就决定了人们用来决定其指称的优先方式。因此，虽然后来获得的知识使人们得以走捷径，他们还是总会记得表达式所特有的那种涵义，那种确定指称的方式，并且只要含有该表达式的陈述出现关系到辩护或依据的问题，就会援用这种涵义。我们一直考虑的一个反对意见，来自于对弗雷格与对任何人都同样明显的一个事实，即这是一个高度理想化的图景，与我们使用语言的实际实践根本谈不上密切对应。对于理想与现实之间的这种差异，弗雷格的反应是错误的，他声称，我们的实际实践由于不合乎这种
106 理想化，因而是有缺陷的，应当进行纯化以合乎理想。不过，反对者的回应犯了更大的错误，他们认为涵义这个概念名实不符，或者最多也是无用的，从而予以全盘否决。理想图景的用处不在于我们应当净化我们的语言以完全与之符合，而在于，在特定的问题情境中，为解决面临的问题，我们需要为我们语言某个局部的运用，强加一种接近于理想图景的新用法。然而，把语言的实践活动，与构造一种关于语言机制的理论判然两分，却是不切实际的。出于理论目的，方便的做法是采取这样的图景：一种语言（对象语言（object-language））是我们试图为其机制构建理论的语言，另一种语言（元语言（metalanguage））则用来表达关于对象语言的意义理论或者语义学。采纳这一图景的理论依据有两个。其一，当对象语言不是自然语言，而是为了表达某种数学理论而形式化了的语言时，在这种本质上更为简单的情况下，我们所进行的研究使得我们意识到，只要我们要求得到一种一致的语义学理论，在同一种语言之内为这种语言构造完整的语义学，这严格说来是不可能的。其二，有意把对象语言和元语言区分开，使我们得以以一种看来最

适合于构建语义学或意义理论的方式，确定如何使用一些关键词项，例如“真”和“假”，而不必费神去考虑在所讨论的语言（即对象语言）**之内**这些词项通常是如何使用的。但是，当所讨论的语言就是我们的自然语言时，对象语言和元语言的这种分离就仅仅是一厢情愿罢了。我们实际上不能将其付诸现实，理由很简单，我们没有任何比自然语言更丰富的替代性的语言，来充当元语言。我们引入的任何新的语言手段，无论有更强的表达力，还是有更丰富的概念内容或本体论内容，都将自动成为我们自己语言的一部分，也就是说，成为我们恰好在说的这种自然语言的一部分。并且，考虑到不同自然语言的说话者之间的相互交流，相应的表达式会迅速进入所有自然语言。当然，这就意味着我们绝无可能为任何自然语言，建立完整的意义理论或语义学。但这不要紧。之所以不要紧，部分是因为，对那些最让人感兴趣并且能够通过成功建立一种关于我们语言的意义理论而得到解决的许多哲学问题，只要我们展示出建立这种意义理论的一般思路，它们也就得到了解决，为此 107
没有必要从细节上实际构造这种理论。另外一部分原因则是引发的其他一些问题，它们可以是哲学的，也可以与哲学没有什么关系，这些问题可以通过从细节上建立一种局部性的意义理论来得到解决，因为需要关心的仅仅是我们语言的一个特定片断的工作方式。这样的问题可以分开处理，因而我们语言持续不断的生长和丰富，对这些问题的解决并不构成障碍。然而，区分对象语言和元语言之所以是人为的，不仅仅是因为不可能建立一种可以充当元语言的语言，而且因为这样一个事实，在我们的语言之内对这种语言（我们所拥有的唯一一种语言）及其机制进行的理论化，这种

做法不限于哲学家、语言学家以及其他专业人员；无论这种活动多不成型(inchoate)多不明确，它都是说这种语言的所有人一直从事的一项活动，并且，其结果是，这项活动一直影响着我们实际进行的语言实践。我们使用语言，并不是单纯依照一种理论家可以从我们的实践中观察到、并概括到其理论中的特定模式；对于我们在我们对语词的运用中观察到的模式，也就是说，对词语所具备的那种意义，我们都会有自己的图景，这些图景虽然常常是模糊的，但非常有影响力。关于意义的这种印象通常会决定性地影响我们对这些词的使用。在需要对特定陈述寻求依据的情况下，在我们所考虑的那种情况下，我们不得不探究这些使用的模式，或许还会修改它们，把它们弄得更精确，以便在以后使用时遵守这种新的精确模式。因此，除非是在思想中，一种语言的实践活动，是不能与解释这种活动的意义理论分离开的——它们总在相互作用。因而，涵义这个概念不是一种在解释语言时使用的纯粹理论上的工具，在我们的实际实践中，我们总是以一种不成型的方式使用它，例如在我们要求某人把他使用的某个表达式的涵义弄精确时，事情就是这样的。

在我看来，关于我们对语言的使用，有许多半明确的理论化过程，它们影响着这种使用。要使我主张的这个观点更加容易接受，另外再举一两个例子也许是有帮助的。(弗雷格根本没有主张过此类观点，我在这里提出它只是为了替弗雷格反驳关于涵义这个概念的一种反对意见，这种意见他本可以很好地加以表述，但却从未费心作出过明确的回应。)作为第一个例子，让我们考虑一个长
108 期以来被公认无效的实证主义观点，这个观点被用来反驳类似于

爱丁顿(Eddington)所陈述的“物理学发现我们通常见到的物质对象都不是真正的固体”这样的科学和形而上学的悖论。实证主义的回答是说,“固体”这个词的意义,是由我们最初接触这个词所学到的使用方式决定的,因此这里根本就没有发现像餐刀和饭桌这样的对象不是固体的余地(“范例”论证(the ‘paradigm-case’ argument))。但是,事实当然是这样的,在一种意义上(注意表达方式,这种方式是日常谈话中**所使用的**,而不是语言学理论中的技术术语[①]),如果物理学家证明这样的对象是由微小粒子构成的,这些粒子间的距离是其直径的许多倍,那么他们就证明了这些对象终究不是固体。(以物理学家没有证明这些对象“实际上”是这样的东西为由提出的反驳,则是另外一回事。)因为,虽然我们的使用既要符合“固体”一词的通常用法,也要依照我们最初学会使用这个词时所学到的那些标准,但就对某个对象运用这个词时表达的内容而言,我们心目中还是有一幅图景,按照这幅图景,对象所占据的空间被物质无间断地占据着。对于实证主义者为自由意志问题提供的轻松解法,以及运用范例论证的许多其他场合,也都近似可以这么说。

一个完全不同的例子关系到我们如何使用“真”和“假”这样的词。在关于一种语言的意义理论中,这些词似乎是重要的基础概念,并且人们也注意到,这些词在这种意义理论中得到的使用,无须在细节上符合对应的词在对象语言中(如果它包含这样的词)的

① 短语“在一种意义上”的英文原文是“in one sense”,其中出现了在弗雷格这里译为“涵义”的那个词“sense”,故而达米特说此时的“sense”一词属于日常用法。——译者

用法。对于用英语做出的一些陈述,我们会倾向于运用或者拒绝运用“真”和“假”这样的英文词。如果我们没有意识到,这样的倾向反映了一种原始形态的理论(它用真和假来解释某些语句算子),那么要理解这些倾向,仍然是不可能的。人们通常说,我们对“假”这个词直觉上的使用,大都受制于这样一个原则:一个陈述是假的,当且仅当它的否定是真的;这种使用还再辅之以我们自身的一种一般性的倾向,即把看起来适合这一角色的最简单的那个陈述,当作一个陈述的否定。很少有人指出,我们把“真”一词用于陈述的方式,几乎同等严格地受制于我们将其充当直陈条件句(indicative conditional)前件的那种用法。由于我们会在第十、十二和十三章来着重考虑真假这样的概念,这一点我们在这里不进一步展开。我们这里所关心的仅仅是这样一个事实,对于“真”
109 和“假”这些词的使用,我们通常的倾向在很大程度上受制于用来解释如何使用否定以及直陈条件句的半成型**理论**(a half-formed *theory*),而这种解释是用成分句的真值条件来表述的。

作为第三个例子,让我们考虑我们对哲学上的修正主义者(philosophical revisionist)所持的态度,例如数学中的直觉主义者。我用“修正主义者”这个词,来指那些基于一种关于意义的考虑(无论其是否有效),建议对特定表达式或陈述形式既定用法作出改变的人。例如,直觉主义者建议,以不同的方式来判断数学证明中使用的论证形式是否有效。如果我们认为任何既定的实践活动,都因其是既定的而是不可侵犯的,这些修正主义者也就无权提出自己的主张——他们会成为一个不会考虑改革的领域中的改革者。按这种想法,对意义理论真正的检验,就是它是否与可以观察

的实践活动相协调。修正主义者因而就自拆其台，因为他们的意义理论无疑蕴涵着与实践不一致的后果。不过，我们不会用这种浅薄的方式对待修正主义者。即便拒绝他们的学说，我们也不会假定，任何要求作出实践上的改变的学说先天就是不可能的。修正主义者声称，他是通过对自己关心的陈述的实际意义作出分析，而达到自己的立场的；而我们则从我们所接受的用法训练中得到这些意义。但按照他的说法，我们通过错误的类比，对这些陈述的意义形成了误导性的图景；结果是，我们被引诱进入某些特定的使用实践，这些实践是一种滥用，而这正是因为它们无法与那些陈述意义的正确图景调和起来；但我们并没有改变它们，而只是错误地看待它们。对于这样一个观点，“我们使用自己语言的方式，并不仅仅是关于这种语言的意义理论所要解释的现象，而且已经带有我们对它进行的半明确的理论化活动的印记”，要承认它是真的，我们不必认可任何一种修正主义的学说，只要认为至少可以设想其为正确，这就够了。

附录　一种对弗雷格可能的反驳

这本书交付印刷后，我有机会读到索尔·克里普克（Saul 110
Kripke）的“命名与必然性”。它载于哈曼（Harman）和戴维森所编的《自然语言的语义学》（*Semantics of Natural Language*），第253—355页。该文对弗雷格关于专名（即在严格意义上的专名，本附录中为了方便就单独使用“专名”这个词）的理论发动了一次强有力的抨击，这次抨击值得大篇幅讨论。这里有若干可以分开讨论的问题。

（1）克里普克提到了包含保罗·齐夫（Paul Ziff）在内的一些
NN 259 人，他们主张专名没有意义，并且不属于语言的一部分。但他与他
NN 255 们划清了界限。他把这样一种明确的表述归于弗雷格，专名的涵义总是与某个限定摹状词的涵义相同；他又指出，在自然语言的通常使用中，弗雷格允许专名能够由不同的说话者赋予不同的这类涵义。他接下来就着手批评这一理论。事实上，弗雷格没有做出过这样的明确表述，他是否做出过这种假定，也极为可疑。事实是，在举例说明能够赋予专名的涵义时，弗雷格用限定摹状词的形式表述过这些内容，但这应当被视为是以简短的方式刻画涵义的手段，而不是用来转达克里普克归于弗雷格的那种观点。对弗雷格的理论来说重要的是，专名若要被视为具有确定涵义，就必须与特定的标准相联系，以确认给定的对象是否名称的所指；而名称如果有所指，就是满足该标准的对象。这种标准有时能够用限定摹状词表述，有时则不能。这样一来，就很有必要说明，克里普克的批评在多大程度上依赖于对弗雷格做出的过窄解释，又在多大程度上不会因为把弗雷格的理论理解为“涵义理论”而不必然是“摹
111 状词理论”，而受到影响（事实上，批评的大部分不会因为采纳这种更宽泛的解释而受到影响）。

克里普克的观点与维特根斯坦关于“摩西”这个名称的观点非
PI 79 常不同。对维特根斯坦来说，专名的涵义不是通过特定的单一识别标准，而是由一簇这样的标准给出的——一个对象要成为专名的所指，它不必满足所有这些标准，而只需要满足其中的大多数，或许只需满足适当数量的标准就可以了。因此，在维特根斯坦那

里，专名的涵义不仅过度地确定了(overdetermine)指称，而且富于弹性，因为我们事先就准备好，如果发现有不吻合的情况，就放弃一部分识别标准。克里普克把维特根斯坦的修改仅仅当成弗雷格理论的变化形式，并和弗雷格原来的形式一起予以反驳。

(2) 克里普克的第一个观点过于强调我在[本书]第168页引用的一个来自于吉奇的区分，即专名可以通过限定摹状词**引入**，但不必设定与其**等价**。克里普克这样描述这种情况：限定摹状词被用来为名称"确定指称"，而不是为其"赋予意义"。他愿意承认，专名通常是这样引入的，并进而说，通过扩大"限定摹状词"的适用范围，我们可以把通过实指来引入名称的情况塞进这个模式。实际上，由于不必把"专名总是具有限定摹状词具有的那种涵义"这个观点归于弗雷格，我们也就不至于要弄这种普罗克罗斯式的手段。我们会直接说，在专名起初是通过与识别标准相联系而引入语言的这一点上，克里普克同意弗雷格，他不同意的地方在于，他坚持这种标准仅仅用来确定名称的指称，而不是为其赋予意义。事实上，克里普克指责弗雷格的恰恰是，弗雷格混淆了这两件事。他说(第277页)，弗雷格在两种意义上使用"涵义"，既用它来指确定词项指称的方式，又用来指其意义。我们后面会看克里普克把什么理解为"意义"。

为了表明，最初引入名称时用来固定其指称的手段，接下来并没有继续确定其指称，克里普克使用了多个论证，这些后面再讨论。这里我们只考虑克里普克的这样一个论证，它的意图是证明，即使假定名称的指称是通过某个限定摹状词来固定的，该摹状词仍然不能为名称赋予意义，即并不与之同义。为此需要选取人们

112 一般同意适用该假定的一个例子。在用于人的专名中(像大部分讨论专名的作者一样,克里普克的例子大都属于此类),这样的例子很少见,但还是有一个,即“圣安娜(St. Anne)”。关于圣安娜有许多传说,其中就包括在一本福音书伪经中记载的她的生平。没有理由说,这些故事被奉为正典。然而,对这些故事的正当怀疑,并不妨碍人们接受现有的对圣安娜的崇拜(其中包括针对她的节日庆祝等),尽管这要求承认被崇拜的对象在历史上实有其人。因此,“圣安娜”这个名字的指称,可以理解为本质上仅有一种方式确
NN 285-6 定,即通过摹状词“天佑处女玛丽的母亲”。但是,除了她是生活于公元前一世纪末期的一位已婚犹太妇女这样一些显而易见的事实以外,我们很难说知道关于这个名称的所指的任何东西。甚至不能认为,她活着时为人所知的名字就是“安娜”(克里普克不恰当地夸大了把专名从一种语言翻译到另外一种语言的困难)。

在接下来的一章([本书]第 168 页),吉奇的区分(即通过限定摹状词引入名称,与规定两者等价之间的区分)所起的唯一作用,关系到限定摹状词(进而专名)被证明事实上缺乏所指的情况。按照罗素的摹状词理论,在这种情况下,包含限定摹状词的原子句为假,而包含专名的对应句子则既非真也非假,这就证明专名和限定摹状词在涵义上是不一致的。然而,克里普克声称得到了专名与限定摹状词之间一个更加瞩目的区别,它将彻底排除专名与限定摹状词在意义(meaning)上的等价性,这就是它们在模态语境下的特性。例如,“玛丽的妈妈必然是一位母亲”,至少当这个句子的意义被理解为“这一点必然是真的,如果有个人是玛丽,并且有且只有一个女人是她的妈妈,那么这个女人是一位母亲”时,这个句

子显然是真的。但是，说“圣安娜必然是一位母亲”，如果其意义是“这一点必然是真的，如果有个女人是圣安娜，那么她是一位母亲”，则其是否为真不是如此明显。因为，我们这样说肯定是真的：“圣安娜可能已经夭折了”，或“圣安娜可能终生都是处女”。看来，这就意味着“圣安娜”与“玛丽的妈妈”不可能是同义词。

克里普克论证的这个部分说服力极其有限。它与摩尔援引的一个论证有些相似，摩尔用这个论证来质疑“存在”不是一个谓词 113
这一观点。更确切地说，摩尔质疑的是罗素的一个观点，这个观点认为，我们不能有意义地说“这个存在”。摩尔利用的事实是，“这个可能不存在”这样的说法通常是正确的。前面在模态语境内为专名与限定摹状词建立的区分，并不像那里所说的那样清晰。毕竟，“圣安娜可能从来都没有成为一位母亲”即使在一种直觉意义上非常正确，在一种同样清楚的意义上，我们仍然也可以正确地说，“圣安娜不可能不是一位母亲”，只要这句话的意思总是被理解为，如果有个女人是圣安娜，那么她只可能是一位母亲。克里普克确实承认存在这种意义，不过不是在谈到用于人的专名的时候。他谈到维特根斯坦关于巴黎标准杆的例子，并反驳维特根斯坦说， *NN* 274-5
在我们可以正确地说它可能不是 1 米长这一基础上，把有 1 米长这一性质归于标准杆是完全恰当的。但在论证这一点时，他也以另一种方式承认，标准杆是 1 米长是先天为真的。当然，这一情形与我们通常称之为专名的东西无关，但克里普克指望把他关于“固定指称”与“赋予意义”的区分也运用到这里，并坚持把标准杆当作标准是为“米”这个词固定指称，而不是赋予意义。因此，至少，只要事情牵涉到固定指称，就必须做出让步，在更为通常的意义上使

用专名。

然而相反，在一种同样清楚的意义上却可以正确地说，“玛丽的妈妈可能不是一位母亲”，这也是克里普克所承认的。于是他说（第279页），人们可以正确地说，教过亚历山大的那个人可能没有教过亚历山大，同时补充说，教过亚历山大的那个人没有教过亚历山大，这不可能是真的。在脚注25中他又说，亚历山大的老师可能没有教过亚历山大，而且在这种情况下，他本可以不是亚历山大的老师。因而，专名与限定摹状词之间的区别至此根本没有出现。这两者似乎都在包含它们的模态陈述中出现了歧义——歧义在两种情况下同样出现，也就不能用来区分这两种类型的表达式。

涉及专名的情形到目前为止表现得与涉及限定摹状词的情形完全一致，这一点由于克里普克对这两种情况下的歧义采取了完
NN 279 全不同的解释，而被掩盖了。对限定摹状词的情况，他说歧义来自

114 于辖域（在罗素谈论摹状词辖域的那种意义上）的不确定性。如果我们把“x 教过亚历山大”简写为“Tx”，句子“亚历山大的老师可能没有教过亚历山大”就可以写成：

$$\Diamond \neg T(\iota x: Tx)$$

若采用罗素的摹状词理论，限定摹状词可以用不止一种方式来加以排除，这取决于我们如何看待其辖域。如果把辖域当作“$\neg T(\xi)$”，就得到：

$$\Diamond \exists y[\forall x(Tx \leftrightarrow x = y) \& \neg Ty]。$$

照这样表达的，是使那个句子为假的那种涵义，也就是克里普克说“亚历山大的老师没有教过亚历山大”不可能为真时，想要否定的句子的涵义。这里，限定摹状词在模态算子的辖域之内。然而，如

果我们反过来把模态算子放进摹状词算子的辖域中，使后者的辖域成为“$\Diamond \neg \mathrm{T}(\xi)$”，就得到：

$$\exists y[\forall x(\mathrm{T}x \leftrightarrow x = y) \& \Diamond \neg \mathrm{T}y]。$$

按照它所表达的涵义，句子是真的。克里普克断定亚历山大的老师可能没有教过亚历山大时，所想的就是这个涵义。这里确实没有什么取决于限定摹状词，对于“某些教师可能不是教师”来说，与量词和模态算子相关联的辖域会产生同样的问题。当然，任何人在说这句话时，他的意思显然肯定是，

$$\exists x(\mathrm{Q}x \& \Diamond \neg \mathrm{Q}x)$$

（其中“$\mathrm{Q}x$”是“x 是教师”的简写），而不是

$$\Diamond \exists x(\mathrm{Q}x \& \neg \mathrm{Q}x),$$

因为这是一种非常愚蠢的说法。但是“有些毒品可能不是有害的”，却可以说是名副其实的歧义。

克里普克当然强烈地意识到，要通过引入辖域概念来解释歧义，只有当针对模态语境进行的量化获得某种解释时，才具有解释力，此时我们要么解释谓词“$\Diamond \neg \mathrm{T}(\xi)$”何时对于一个对象为真，要么把约束变元的取值范围，解释为包含了普通对象以外的东西。至于克里普克认为可以如何进行这样的解释，我们会在合适的时候考虑。

一种认为专名仅仅是伪装的限定摹状词的理论，在处理因专
名出现于模态语境中而引起类似歧义时，应该没有什么困难。它 115
可以对两种歧义给出一个统一的解释，在两种情况下都以同样的方式引入辖域的概念。在专名的情况下，要使这种解释起作用，没有必要采纳罗素的摹状词理论，也没有必要主张专名总是严格地

同义于限定摹状词。可以肯定，只要承认限定摹状词有时缺乏指称，并且承认所指的存在与否通常会影响包含了摹状词的句子的真值，我们也就需要确定摹状词在一个复合句中的辖域，而不管在辖域得到确定以后，罗素的摹状词理论是否是用来确定句子真值的正确方法。人们确实会采用某种约定，来唯一地确定辖域，而无须特别标识。但问题还在。同样，只要承认有意义的专名不一定有指称，而且专名是否有指称，这一点一般来说会影响包含专名的句子的真值，关于辖域的问题也会对专名出现。是否认为专名是否有指称的问题，总是等同于某个限定摹状词是否有指称的问题，则与此不甚相关。至于是否认为包含无指称专名的原子句为假，或者是否像弗雷格那样，认为这样的句子非真非假，也与此无关。同样，可以通过某种统一的约定来确定辖域，以此解决所有语境下的问题。这样，就可以认为弗雷格采纳了这样一种约定，即总是把专名或限定摹状词的辖域理解为最大的那个，从而涵盖整个句子。尽管如此，问题仍然尚待解决。

因此，就目前的问题所涉及的范围而言，把专名和限定摹状词理解为按照相似的方式起作用，显然要比那种扩大两者差异的理论要好些，因为这就允许对两种情况下出现的同一现象（即模态语境中的歧义）做出整齐的解释。另一方面，克里普克则希望对由专名引起的这种现象，做出完全不同的解释。在专名的情况下，他不承认辖域概念起作用，因此他这样解释歧义：在这两种解释下，我们考虑的是两种不同的模态概念，两种不同的可能性。当我们可以正确地说，标准杆不可能不是一米长，或者圣安娜不可能不是一
116 位母亲，起作用的是一种认识论概念。这倒不是说，在这些情况下

我们所断定的，就是哲学家们通常所考虑的那种认识论的必然性——哲学家用“必然地……”说“从我们所知道的东西得到……”，用“可能地……”表示“情况与我们所知道的所有东西相一致……”。在眼下的这种情况下，我们的知识是一种真正的先天(a priori)知识，在针对句子所谈到的东西的任何特定观察或经验之前就已具备。这种知识仅仅来自于我们对语词用法的把握，也就是说，来自于这样一类事实，比如“标准杆的长度”被用来固定“1 米”的指称，而“玛丽的母亲”被用来固定“圣安娜”的指称。与此不同，当我们说标准杆可能比 1 米短(比如它变形了)，或者圣安娜可能不是一位母亲(比如她没有结婚)，我们所否定的那种必然性就不仅仅依赖于语词的用法——这是一种形而上学的必然性。克里普克把“先天”一词留给前面那种认识论必然性，而把“必然性”留给形而上学可能性。 *NN* 261

克里普克要是这样建立观点的话，就显得没有说服力了。如上所说，我们看到在专名和限定摹状词这两种情况下出现的，完全是同样的现象。因此，单从这个事实出发，不可能得出专名不可能等价于限定摹状词的结论。在限定摹状词的情况下，克里普克用辖域概念来解释。然而对专名，他却认为不能使用辖域概念，而是引入两种可能性之间的区分。在这种情况下，支持有两种可能性的论证，似乎不会比限定摹状词的情况更强。我们说“玛丽的母亲不可能不是一位母亲”，如果这样说是正确的，那么我们不就是在仅仅依据我们对语词的理解，来表达一种先天知识吗？而这不恰好与在说“标准杆不可能不是 1 米长”时所表达的东西相似吗？另一方面，当我们说“玛丽的妈妈可能不是一位母亲”，我们所考虑的

不正是当我们说“圣安娜可能不是一位母亲”时，所涉及的那种形而上学可能性吗？然而，在限定摹状词的情况下，要用辖域的不确定性来解释这种歧义，就要求模态算子得到无歧义的理解——如果它的涵义改变，在从对句子的一种解释过渡到另一种解释时，我们就不会需要也假定其辖域改变了。显而易见，这些考虑远不会提供反对把专名归为限定摹状词的依据，倒是提供了实质性的支持。

117 但这并不是要否认在必然的东西与先天的东西之间需要进行区分。要到第二卷我才会详细讨论这一点，那时我会考虑弗雷格关于分析性的学说。眼下我们可以注意以下内容。对“分析的”与“先天的”这两个术语，弗雷格都在认识论意义上使用——一个句子是分析的还是综合、先天的还是后天的，取决于可以为其提供何种辩护(justification)(只考虑真句子的话)；不是我们实际上具备何种辩护(如果我们有的话)，而是我们原则上应该能够提供何种辩护。不过，如果我们同意弗雷格，对我们语言中的句子采纳一种实在论的解释，那就会也为这些概念给予非认识论解释留下余地。采取一种实在论解释，就等于说，按照句子涵义被给予我们的那种方式，句子的真假取决于独立于我们的实在；也等于说，在一种构造良好的语言中，每个句子都将以这种方式确定其真假，而无论我们(甚至在原则上)是否具有识别其真值的能力。与这种类型的实在论解释对立的观点则认为，我们的句子涵义总是按照我们能够获得的、用以识别其真假的手段给出的，因此对我们来说唯一能够获得的真理概念就是，只有当我们至少在原则上有识别其真假的可用手段时，一个句子才是真的。按属于后一种的任何一种观念论观点，关于必然性的任何一种可以理解的概念，都必须像真理概

念一样，最终具有一种认识论性质，也就是说，必须与我们据以识别句子真假的手段联系在一起。这不是说，从一种观念论立场看，我们还是不会承认若干种可以区分开的必然性。不过，从弗雷格所采取的那种实在论角度来看，尽管他本人没有这么做，引入关于必然性的非认识论概念，这还是可行的。这样，我们就可以按照句子据以为真的那种东西，来确定句子在本体上(ontically)(而非认识上(epistemically))是必然还是偶然的，而不考虑我们识别其真假的可用手段。在关于本体的必然性的这种一般概念之下，我们可以区分出与认识的必然性的范围内同样多的种类。克里普克恰好就引证了一个非常清楚的例子。按照弗雷格关于算术的观点，在弗雷格那种“分析的”意义上，也就是在认识的意义上，一个可以证明的数论陈述是分析的。但如果我们采纳一种关于数论的柏拉图主义观点，也就是说，像弗雷格所做的那样给予实在论解释，那么数论陈述是否为真，也就不取决于我们是否(甚至在原则上)能够证明它。因此就可以说，例如费马大定律是真的，但在弗雷格的意义上不是分析的。然而，显然它还是可以在一种直观意义上必 118
然(而不是偶然)为真，也就是说，在本体上是必然的。在这个特定的例子中这一点很明显，为看到这一点只需考虑到，如果它是假的，那么其否命题就会在认识上是分析的(因为那将存在我们原则上能够加以识别的反例)。当然，这不是说所有本体的分析陈述都具有这样的特征。

与这个区分相似(但或许并不等同)，阿奎那(Aquinas)在拒斥关于上帝存在的本体论论证时，区分了 *per se nota*(自身必然的) *ST* I 2 (1)
与 *nota quoad nos*(相对于我们必然的)这样两类陈述。关于上帝

存在的陈述，他认为是自身必然但不是相对于我们必然。这意味着它是本体上必然而不是认识上必然，因此关于它不可能有一种先天的证明，例如像本体论证明试图给出的那种证明。这个区分遭到一些人的嘲讽。这些人论辩说，由于用来表达"上帝存在"的那种语言是我们的语言，那么，如果它不是相对于我们而是分析的，那就根本不是分析的，而必定直接就是偶然的。这些人接下来就试图使有神论者陷入两难。要么，"上帝存在"这个陈述如果是真的，就是偶然为真，也就是说，有一个上帝，但也可能没有；要么，这个陈述是分析的，而在这种情况下就可以设想各种可怕的（纵然是可疑的）后果接踵而来，比如人们不能因为相信某个东西是真的，就去期望这个东西。有神论者避免承认上帝可能是不存在的，这样做是对的。他甚至可以正当地怀疑据说是由承认"上帝存在"是分析的这一点带来的后果，尤其是当考虑到这样一个事实，即对手的哲学立场通常会支持"所有真的数学陈述都是分析的"这一观点。然而，他也许仍然像阿奎那那样，不愿意承认可以仅仅通过反思语词的意义而先天地知道上帝的存在。他的对手忽略了一点，即使我们所说的语言是我们的语言，这意味着语言的意义是由我们赋予的，对于语言的一种实在论解释仍然可以认为，我们对于什么是给定句子为真的把握，独立于我们据以知道它为真的手段。在实在论解释被证明站不住脚之前，一个陈述即使不能为我们先天地知道，还是有可能具有一种意义，按照这种意义，该陈述的真值条件不可能不得到满足。

这些讨论的意图，不在于为本体的必然性这个概念赋予确切的内涵，而仅仅是想表明，这个概念具有一种相当吸引人的直观内容，并且按照任何一种关于语言的实在论观点，都有引入这个概念的余地。一种可能的处理方式是这样的。我们语言中最简单的陈 119
述是可以用来报道观察，或者报道其他确定其真假的能行(effective)方法的那些陈述。这样，对这类陈述，实在论的解释就和观念论的解释重合了——我们知道这类陈述怎样才为真，因为我们知道如何确定其是否为真。当用来构造句子的更加复杂的方式引入语言时，我们就来到了甚至只在原则上能为我们能行可判定的陈述的范围之外。然而，在这样做时，我们仍然有能力知道，我们的陈述之为真或为假是怎么回事，并对它们确定地为真或为假这一事实，具有一种把握。我们做这件事，是通过把各种语言工具，延伸到我们可以能行地加以运用的范围之外，是通过与我们最初学习这些工具时所处的更受限制的语境(在这种语境内我们可以能行地运用它们)相类比。这里我们暗中依靠类比，我们所假定的观察者，并不受制于我们实际所受的那种限制。一个清楚的例子是量词在无穷域上的使用。我们最初理解量词，是通过学习在实际上可以统观的域上使用它们。像"住宅的每个房间里都有壁炉"这样的陈述，要检验它，就可以依次查看每个房间，对由此得到的实例，取其真值的逻辑积(logical product)即可。这样，当我们在一个无穷的总体(例如自然数的总体)上使用量词，我们就通过与最初的情形类比，来理解包含这类量词的陈述的真值条件——我们暗中求助于一个能够在有限时间内统观整个无穷域的观察者。我们自己原则上做不到，因此，要确定一个全称量化的数论陈述是否为真，就必须利用间接手段，这种手段并不直接表明陈述的真值条件是如何给予我们的。但是，我们对这些真值条件的理解，

从而，我们在缺乏认识手段的情况下设想这些陈述真假的能力，却取决于我们能否在思想中，超越我们的智力操作所受的那些实际上或原则上的限制。

我不知道这是否是对问题的正确解释。我甚至不知道是否能够把实在论弄成可信的样子，就更不用说如果行的话，上面勾勒的思路是否是实在论者可以采取的正确思路。但如果这个思路是正确的，那么它显然就是对本体的分析性作出解释必须依照的那条思路。为了理解特定句子，如果必须引入一种观察能力或心智能
120 力在某些方面超过我们的存在物，那么，在该陈述为真的情况下，若它对该存在物在认识上是分析的（即他可以先天地知道它），则它就具有本体上的分析性。这种本体上的必然性，是否与阿奎那的具有自身必然性的陈述相重合，这还不清楚。对有些陈述来说，如果我们终究可以知道它们是真的，那么我们就必定至少在原则上能先天地知道它们。数论陈述就属此类陈述。对于数论陈述我们可以说，如果它们终究是真的，那么它们至少在本体上是必然的，进而，如果我们最终还是知道它们，那么它们肯定是认识上必然的。对另外一些陈述，我们能够知道其为真，而不知道它们在认识上是必然的还是偶然的。比如，一个陈述可能实际上是一阶谓词逻辑的一个可证模式（a provable schema）的实例，但我们没有认识到它是这样的，而是以后天的（a posteriori）方式，也就是说，通过通常的经验手段，知道它是真的。在这类情况下，我们知道陈述是真的，但是，尽管它实际上是认识上必然的，我们还是不知道这一点。没有理由认为，不会同样存在本体上必然而不是认识上必然的陈述，我们可以知道这些陈述是真的，但没有意识到它们

（如果是真的）必定在本体上是必然的。但阿奎那关于“上帝存在”这一陈述的观点，不适于所有这些情况。对这个陈述我们可以知道（如果它是真的），它在本体上而非认识上是必然的，并且我们也可以后天地知道它是真的。按照刚才刻画的关于认识的和本体的必然性的解释，我不知道还有什么理由说不应该存在此类陈述。但是，由于没有其他例子，阿奎那的区分是否与这里建立的区分相同，对此仍需存疑。

然而，对专名与限定摹状词在模态语境中的行为这个主题来说，所有这些都没有多大关系。这可以从这一事实看出，我们所讨论的本体的和认识的这两种必然性的概念，都关系到整个句子的地位。因此，在不加补充的情况下，它们只能用于解释起首的模态算子，而克里普克对限定摹状词的处理，则要求把这些算子当作能够位于其他算子的辖域之内，尤其是能够在量词的辖域之内。为了给位于这类语境中的模态算子赋予涵义，我们不得不采取一种与区分本体的和认识的必然性截然不同的步骤，也就是说，解释像“ξ可能不是一位领袖”以及“ξ可能不是 1 米长”这样的包含了模态算子的谓词，在什么时候对于一个对象来说是真的。

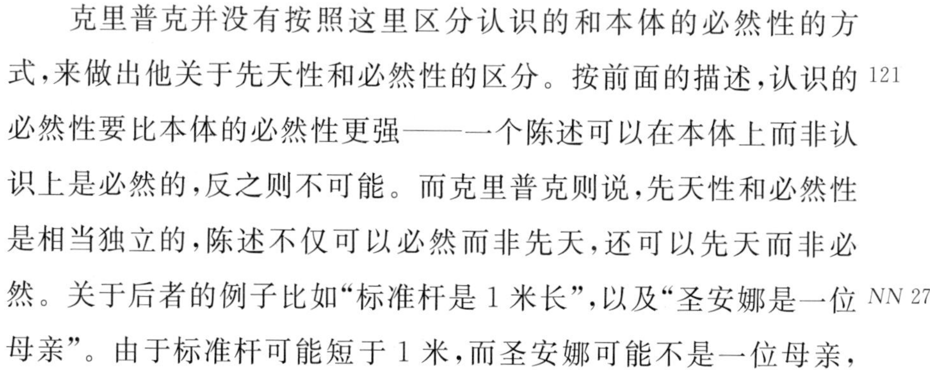

克里普克并没有按照这里区分认识的和本体的必然性的方
式，来做出他关于先天性和必然性的区分。按前面的描述，认识的 121
必然性要比本体的必然性更强——一个陈述可以在本体上而非认
识上是必然的，反之则不可能。而克里普克则说，先天性和必然性
是相当独立的，陈述不仅可以必然而非先天，还可以先天而非必
然。关于后者的例子比如“标准杆是 1 米长”，以及“圣安娜是一位 NN 275
母亲”。由于标准杆可能短于 1 米，而圣安娜可能不是一位母亲，

两个陈述都不是必然的。但任何人只要知道“米”这个词以及“圣安娜”这个名字的指称是如何确定的，就会先天地知道两个陈述都是真的。不过，按照克里普克，一个类似的论证将不会表明，“玛丽的母亲是一位母亲”不是必然的，因为我们可以通过引入辖域概念来解释，为什么说“玛丽的母亲可能从未成为一位母亲”是正确的。

对于宣称存在先天知道为真但不必然为真的陈述，克里普克
NN 279-80 表达了某种不安。对于“所有先天的都是必然的”这样一个普遍接受的原则，他认为事实上是不正确的，因为他说，不可否认，标准杆
NN fn. 26 是 1 米长是一个偶然的事实；但尽管他承认自己不知道该怎样做，他还是认为或许可以把这个原则重新表述成正确的。他觉得这种表述有吸引力，其理由是，设想人们可以通过规定一米是某根杆的长度，来确定一个度量系统，以此获得关于这个世界的某种信息，知道以前不知道的某个新的事实，这是违反直觉的。这诚然违乎直觉，但这看来也是从克里普克的观点中推出的，因此，这些观点中肯定有些东西出了差错。

假定有人画表格来表示自 1950 年到目前英镑在各年份的购买力，并且用相对于 1950 年的百分比来表示这一点。那么英镑在 1950 年的购买力必然是 100 吗？显然，这是必然的，并且是先天知道的。现在考虑这个陈述“耶稣基督出生于公元元年”。这个陈述肯定**不是**必然的，因为，按照学者的说法，这甚至不是真的。目前在世界的大部分地区，为了大多数目的而使用的纪年系统，其指称已经不再是通过最初用来固定它的那个事件来确定的了。然而，在这一纪年系统还不那么广泛使用的更早的时期，而在使用它
122 的地区基督教信仰又占据大得多的优势地位，那就可以认为，如果

在那时发现基督诞生的年份计算有误，纪年系统就会相应调整。因此，在例如公元1001年，先天地断定基督诞生于公元元年，就既是可能又是正确的，至少，如果在认定基督诞生于1000年前这一点上，说话者准备承认自己可能弄错，那么事情就是这样的。那么，做出这一先天论断的那个人，表达了一种关于偶然事实的先天知识吗？当然不是。基督诞生于他诞生的那一年，这可以是一件偶然的事情，但（给定这里关于纪年体系的假想的约定）他诞生于公元元年却不是。但是，基督诞生于他诞生的那一年，这是一个偶然的事实吗？这里我提的不是一个神学问题，我可以同样问道：莎士比亚诞生于他诞生的那一年，这是一个偶然的事实吗？如果把这个问题理解为，“莎士比亚诞生于他诞生的那一年”这个句子是否只是偶然为真的，那么答案显然是“不是”。在莎士比亚的例子中，我们可以说这不是我们想问的问题，我们想问的是“莎士比亚诞生于1564年”这个句子是否只是偶然为真。但关于基督，问题不能这么解决，或者，至少不能是在1001年，因为，“基督诞生于公元元年”是否只是偶然为真这个问题的意义，如果有的话，还是没有确定。对米尺来说情况也是这样。如果标准杆是1米长是一个偶然的事实，那么其偶然性就不能解释成，我们是后天知道“标准杆具有它所具有的长度”或者“标准杆是1米长”这些句子为真的。

在一种意义上，“我在这里”这个句子先天为真，也就是说，任何一个说汉语的人都知道，只要他有意识地使用句子“我在这里”，他说出的就是真的。因此，如果我说“我在这里”，我就表达了关于某个偶然事实的先天知识吗？按克里普克的思路，这个事实肯定要被当成偶然的，因为我可以正确地说，“我可能不在这里”。这显

然是错的。通过说“我在这里”,我可能成功地告诉某个听到我的人我在哪里,但我知道,我总是可以正确说“我在这里”,这一点与我在某些场合下根本不知道我在哪里,是完全相容的。知道我总是可以正确地说“我在这里”,这根本不能让我知道我身在何处。同样,如果某人根本不知道 1 米有多长,而只知道它是巴黎的某根杆的长度,他从未见过这根杆,此时他仍然先天地知道米尺是 1 米
123 长,但在一种直觉的意义上,他不知道米尺有多长,因此通过他的话,他未能表达关于任何偶然事实的知识。如果在 1001 年某人理解了纪年系统,因而能够先天地说“基督诞生于公元元年”,但却压根不知道自己说这话时是哪一年,那么他仍然没有通过说这话表达任何偶然事实。如果他真知道日期,情况就确实不同,因为那样就有一个至少毫无争议的偶然事实,可以从他所说的话,与那时是公元 1001 年这样一个他没有说出的事实一起得出来,这个事实就是基督诞生于 1000 年前。但这样一来,就不会有人认为他只通过掌握纪年系统就可以知道这个事实了。

这样,克里普克希望描述成偶然的并且先天知道的那类陈述,如果要无歧义地理解的话,看来就不能这样描述了。设想 1001 年的那个人不知道纪年系统的基本原则,但知道当时日期,如果他把基督诞生的那一年当作公元元年,就可以说他知道基督是哪一年诞生的,也可以说他就此知道一些实质性的东西。但是与知道纪年系统的原则,但甚至不知道自己生活在哪个世纪的人相比,他知道的东西显然是不同的。(这两种极端的情况是否可能,这却不是问题所在。)我们后面会注意到,两个人(例如那两个假想的人)说同样的语言,并且希望被理解为用那种语言说话,这是至关重要

的。(正如蒯因实际上指出的,假定他们说不同的语言,而这两种语言之间有一种普遍承认的互译系统,这对情况不会造成实质性的影响。)这一事实减轻了两个假想的人用不同方式确定表达式"公元元年"的指称所造成的影响。弗雷格会说,他们为这个表达式赋予了不同的涵义。我们不太倾向于用这种方式描述这种情况,一个正当的理由是,我们意识到这样一个相关的事实,即他们都愿意保证,所使用表达式的指称是说他们所共有的那种语言的人一致同意的。由于这个理由,再说"因为他们为同一个表达式赋
予了不同涵义,他们严格说来就在说不同的语言",就是完全错误 Ged 65 (12)
的。不过,对"他们为表达式赋予了不同涵义"这一观点中包含的真理予以轻视,这同样也是错误的。比起这一点,我们更不情愿承认,当他们说"基督诞生于公元元年"时,所表现的是关于不同事实的知识。但正如我们屡次强调的,弗雷格的涵义概念是认知性的——要用涵义上的差异来加以解释的,就是认知价值上的差异。

克里普克实际上希望使必然/偶然之别与认识上的因素完全 124
脱钩。但他未能做到这一点。我们目前致力于要加以解决的,是由克里普克的这一观点所引起的矛盾,即某些东西可以先天地知道但仍然属于偶然。这个矛盾来自于这样一个问题:仅仅通过规定确定表达式指称的特定方式,人们何以能够知道关于这个世界的偶然事实。如果事实是必然还是偶然的,这对于我们知道它的方式真的没有影响的话,如果事情真是如此,那么这个问题是不会让人困惑的。这就好像是问,某人何以用望远镜就能够知道一件有意思的事实。

如果说,说标准杆可能长于或短于1米,我们就表达了一个事

实的偶然性，但当我们先天地说它是1米长，或者说它具有它所具有的长度时，这个事实又没有得到表达，那么，这样一个事实究竟是什么呢？只要我们以这种方式提问，似乎就不会有任何满意的答案。不过至少，如果我们把事实理解为可以通过按特定方式理解的句子得到表达的东西，那么与其说某个偶然的事实成立，还不如说一个特定对象，即标准杆，具有一种偶然的性质，即1米长。或许可以说，一个特定的长度，即一米，具有成为标准杆的长度这样一种偶然的性质。如果我们用“标准杆”来指称这根杆，那么也就保证了(只要我们毕竟是在指称一个东西)我们在指称一根长度为1米的杆。如果我们描述说杆的长度是1米，那么只要“米”这个词的指称以某种方式固定下来，我们也就保证了我们在指称标准杆所具有的长度。但正是我们所指的这根杆，可能具有不同长度；正是我们所指的这个长度，可能不是标准杆的长度。要把握这

种偶然性，不能通过偶然的**事实**这一概念，而只能通过偶然的**性质**

NN 265-6, 279, 288, 314 这一概念。克里普克本人事实上也极力强调，他对对象的本质性质和偶然性质作出的区分是重要的。但这却意味着，通过集中关注“这是偶然的(可能的、必然的)……”(其中的空位要填入完整的句子)这样的语言形式，我们得不到所需要的偶然性概念；相反，我们必须理解的形式是，“这对 ξ 来说是偶然的(可能的、必然的)，……ξ……”。我们必须解释的不是，说句子“标准杆是1米长”偶然为真，这是什么意思，而是，说“ξ 是1米长”这个谓词对于一个

125 对象偶然地为真，这是什么意思。同样，我们必须理解的，不是句子“◊(标准杆不是1米长)”，而是谓词“◊(ξ 不是1米长)”。在说圣安娜可能不是一位母亲时，我们表达了偶然性。对这种偶然性也

是如此。要理解这种偶然性，我们不能将其直接与“圣安娜是一位母亲”这个句子所具备的、可以用来表达某种先天的东西这样一种地位相联系，而要把这个句子理解成是在说，圣安娜具有作为一位母亲这一偶然性质。“圣安娜可能不是一位母亲”不应该读作“这种情况是可能的：圣安娜不是一位母亲”，而应该读作“这对圣安娜来说是真的，她具有‘可能不是一位母亲’这一性质（she was possibly-not-a-parent）”。而这意味着，为了理解克里普克声称存在于这些情况下的那种偶然性，我们最终被迫引入的，正是克里普克在处理限定摹状词时利用的那种辖域概念。在“圣安娜可能不是一位母亲”中，“圣安娜”这个名字必须解释为不在模态算子辖域之内。这一点正是克里普克的解释方式所暗含的，他的解释利用了偶然性质和本质性质，而没有利用偶然的和必然的事实或陈述。因此，问题不在于，对限定摹状词与专名在模态语境中所引起的歧义，用辖域所做出的统一解释，由于更加经济，而比在专名的情况下引入先天/必然之别更为可取；问题在于，为了理解克里普克所使用的必然性和偶然性概念，我们感到必须诉诸辖域的概念，不仅对专名，对限定摹状词也是如此。

显然，如果认为先天与必然之间的区分，是建立在我们据以知道陈述为真的手段，与使陈述为真的条件之间的区别之上的话，对于在何种意义上可以就圣安娜说她可能不是一位母亲，克里普克所做的解释实际上根本就不需要这个区分。我们实际上根本不会关心，什么使得“圣安娜是一位母亲”这个**陈述**为真；我们关心的是，什么使得“作为一位母亲”，成为一个女人的偶然性质，而我们用“圣安娜”或“玛丽的母亲”来指称这个女人。要使偶然性质这个

概念能够站住脚，确实要求对于克里普克所采取的整个用法，作出比他实际所做多得多的讨论；在这种情况下，光是依靠直觉，还不足以保证确实会有清晰的理解。但是，即使承认可以制定这个概念，我们到目前为止的讨论结果却是，根本没有任何理由，要让我们拒绝克里普克所抨击理论的甚至是最强版本，按照该版本，所有专名都等价于某个特定的限定摹状词。我们丝毫没有想去捍卫弗
126 雷格理论的任何一种如此极端的版本，但到此为止，在正确地加以表述的情况下，克里普克所引据的例证，与其说指出其中的缺陷，不如说巩固了这一理论。

我们已经看到，克里普克未能如他声称的那样，成功地把知识论的性质与其他性质完全分离开。应该说，克里普克关于偶然性与必然性的概念，与陈述本身如何，或者我们何以能够知道它，确实没有什么让人感兴趣的关系；不如说，对他来说偶然性与必然性根本不是**陈述**的性质，而是**事实**的性质。他希望从专名上去掉涵义这个概念，而这使他认为，事实就是(例如说)对象具有某种性质，或两个对象处于某种关系中。这样设想，事实就可以被理解为特定陈述的内容，但正如弗雷格所认为的，它肯定不能等同于陈述所表达的思想，因而恰当说来根本不能说是知识的对象。某人通过断定所表达的知识，当它就是知识时，其内容就是，用来做出断定的那个句子所表达的思想是真的；真正说来，它不可能被当成是这样一种知识，即作为断定内容的那个事实(在克里普克的意义上的"事实")成立。于是，例如说，克里普克的事实概念直接导向他乐意得出的一个结论，即对于关于同一性的真陈述来说，作为其内
NN 310-11 容的那个事实总是必然的。因为这恰好就是这样一个事实：特定

对象与自身具有的那种关系，是任何对象都对自身，而不对任何其他东西具有的。通过采纳罗素的摹状词理论，克里普克得以能够避免对包含限定摹状词的同一性陈述运用这个观点。然而，这实际上没有让克里普克的观点更能站住脚。它唯一的作用是让人不易注意到，陈述所传达的那种克里普克所理解的事实，不能与其认知内容等同起来。而这就为克里普克准备好了一个陷阱，当他谈论关于偶然事实的知识时，就掉了进去。

对于用可能世界来处理模态这一做法（在第九章我们会讨论一些非常相似的东西）的解释作用，克里普克表达了保留态度，但 *NN* 267, fn. 15
他仍然不得不用这个概念说了许多东西。就是用这种概念，他指出专名是严格指示词（rigid designator），而限定摹状词则不是，从而做出了他在专名和限定摹状词之间看到的那种区分。严格指示词被定义为，在所有可能世界中，词项只要有指称，它指称的就是 *NN* 269
同一个对象。因此限定摹状词“带领犹太人离开埃及的那个人”不是严格指示词，因为存在这样的可能世界，带领犹太人离开埃及的不是摩西。但“摩西”是严格指示词，因为在所有可能世界中，“摩 127
西”总是表示我们在现实世界中用“摩西”这个词所指的那个人，除了在其中这个词没有所指的那些可能世界。

克里普克指责弗雷格，说他把词项的意义与确定指称的方式 *NN* 277
混淆起来。然而他根本就没有解释自己所使用的意义概念。尤其是，虽然他认为陈述之为先天后天的地位，取决于其词项指称是如何确定的，但他**没有**说陈述的必然性和偶然性要与词项的意义相联系。如果有这种联系，那么词项的意义就必须是定义在一些或所有可能世界上的函数，在可能世界上的函数值就是该世界中的对象；而在没有定义的可能世界中，词项就没有指称。这样理解的话，我就借用“内涵（connotation）”这个词来表示词项的意义。专名或者所有严格指示词的内涵，就是一种局部常函数（a constant partial function）。

专名是严格指示词，这个观点是用可能世界隐喻表达的，因此，为了弄清其实质，我们必须清除掉隐喻。而一旦尝试这样做，我们就会看到，它所关系到的不过是模态语境内词项的辖域，而这是我们已经见过的概念。对限定摹状词来说，意义与确定指称的方式之间的偏差并不明显，换言之，在现实世界中为限定摹状词确定指称的方式，会传递给所有特定的可能世界。说专名的意义会偏离确定其指称的方法，其整个要旨就在于澄清，这种方法不能传递到我们所考虑的任何可能世界。对此必须这么理解：在使用限定摹状词来谈论一些假想的情况时，我们想要说的是，在那些情况下，对于摹状词所适用的对象来说，什么是真的；而若使用的是名称，我们要说的就是，对于我们通常用名称所指称的对象来说，什么是真的。要使这一要旨清楚起来，就需要我们已经明白，对某个对象，说在特定情况下某样东西对它来说为真是什么意思；而这正好就是要理解，用来指称对象的那个词项被当作处在虚拟条件句的辖域之外，这又是什么意思。如果我们不理解这一点，“名称在可能世界中具有与现实世界相同的所指”这样一种隐喻性的说法也就得不到解释。为词项指定随可能世界而变动的指称，也就相当于将其理解为，在每个可能世界中它都具有它在那个世界中具
128 有的那个指称；相反，为其指定一个不变的指称，也就相当于将其理解为，在每个世界中它都恰好具有它在现实世界中具有的那个

指称。按照第二种方式理解词项，就等于把包含该词项的句子的真值条件，解释成是与另外一个句子的真值条件吻合，这个句子是从模态算子辖域中移除该词项后得到的。当克里普克说“亚历山大的老师没有教过亚历山大”不可能是真的，他想表述的就是，在任何可能世界之内，说“亚历山大的老师没有教过亚历山大”都不会是真的。这里，限定摹状词被理解为，在每个可能世界中，它都以在那个世界中唯一满足谓词“ξ教过亚历山大”的对象（如果有的话）为所指；我们通过把摹状词理解为处于模态算子辖域之内，来转译这个句子，以此表现我们所采取的解释，这就是：

$$\neg \Diamond \exists y \forall x[(Tx \leftrightarrow x = y) \& \neg Ty]$$

而当断定亚历山大的老师可能没有教过亚历山大时，我们就把限定摹状词理解为，它在现实世界中具有的所指就是其固定所指，而这是通过把摹状词置于模态算子辖域之外做到的。

这样，克里普克关于专名是严格指示词，而限定摹状词是非严格指示词的学说，就提供了一种机制，这种机制产生了与辖域之分相同的效果，并且必须用辖域之分来解释。在自然语言中，约定专名总是具有宽辖域，也可以产生同样的效果。要避免把限定摹状词看作在有些语境中不具严格性，而在另外一些语境中具有严格性，克里普克也只有求诸辖域机制。这种解释不会在任何一种很强的意义上证明专名不与限定摹状词等价，它只是表明了，它们在行为上的差异，受制于我们在确定辖域时所采纳的专门约定。克里普克使用不同的机制，而不是用不同的模态算子，来解释彼此相似的现象，这就使得两者的区别看起来比实际的要大；对于具有窄辖域的专名，他故意弃之不用，以此获得与宽辖域理解迥然有别的

观感。

这不等于说，甚至在最有利的那种情况下，例如在关于“圣安娜”这个名字的情况下，专名与摹状词之间也不会有克里普克感到必须指出的那种区别。无须考虑模态语境我们就可以分辨出这些区别。许多限定摹状词中包含的谓词，都是由起实质作用的现在
129 时态构成的，这些谓词常常在某个时刻对某个对象为真，而在另外的时候对另外一个对象为真。由此产生的后果则是，即使我们限制它们最多适用于一个个体，它们仍然被当作具有现在时态，例如通过在前面添加动词“成为(become)”。比如我们会倾向于说，在1960年尼克松将成为1968年总统竞选的胜利者，而不会简单地说，他是胜利者；而在推测圣安娜的生平时，我们可以说，她在特定的年龄成为玛丽的母亲。即使是属于会在以后继续适用于对象的那种限定摹状词，通常也会用于身处特定时刻的对象。(当然，也有些限定摹状词从对象开始存在的时刻就适用。)这并不是否认，限定摹状词在投入使用之前的某个时刻，就可以正当地用来指称那个对象。比如说，我们可以非常正当地说，赢得1968总统大选的那个人在某年某月进入政界。相反，成为特定专名的承载物所需要满足的条件，却不被认为是可以获得的。这是一个难以准确表述的想法。我们可以说，当史密斯小姐嫁给琼斯先生时，她就成为琼斯太太，即便她那时获得的名字可以用来指称出嫁前的她，例如在“琼斯太太有个非常不幸的童年”这个句子中就是这样。这里“琼斯太太”所表现的功能与“琼斯先生的妻子”这个限定摹状词完全相同。但这种情况应该类似于我们说圣彼得堡成为彼得格勒，后来又成为列宁格勒的那种情况。在这种意义上，带有时态的谓

词“ξ 成为 a”对于对象为真，是当专名“a”最初用于对象，而不是当对象最初满足用于确定指称的条件时。“琼斯太太”的例子让我们感到混淆，是因为在这个例子中这两个时刻重合。但我们不应当说，圣安娜只有在生了玛丽以后才成为圣安娜。（人们可能会说，“琼斯太太”的情况与“列宁格勒”的情况不同，因为，即使史密斯小姐秘密嫁给琼斯先生，而她继续以“史密斯小姐”的身份示人，说婚后她成了琼斯太太，这仍然是正确的。在此起作用的似乎是，在我们的社会里存在一种关于已婚女人名字的**普遍**约定，但用来确定“圣安娜”这个名字的指称的方式，却专属于它。在此基础上可以说，像“琼斯太太”这样的称呼是头衔，而不是专名。）

由于以一种相当独立于模态语境或可能世界的方式得到表述，这些考虑确实表明专名与摹状词以不太相同的方式起作用，即使在名称的指称确实是由某个限定摹状词来确定这样的情况下，130
也是如此。如果愿意，人们可以这样表述这种情况：说“圣安娜”这个名字具有限定摹状词“玛丽的母亲”的涵义，这不是真正精确的说法，应当说它具有一种可以依据语境用“玛丽的母亲”或“那个将成为玛丽母亲的女人”加以替换的涵义。前已指出，在为弗雷格辩护时，我们并没有承认，名称的涵义必须能够用一个限定摹状词来表达，而只是承诺一个更为一般的观点，即专名具有使其指称得以确定的那种涵义。因此我们可以允许专名与限定摹状词在所描述的那个方面有不同表现，而不会招致任何困难。

专名与限定摹状词的这种表现上的差异，与模态又有什么关系呢？事情取决于克里普克如何使用偶然性质和本质性质的概念。从他给出的例子中，我们可以得到下面这些想法，这些想法与关于同一性的问题相关，但与识别承载特定名称的对象没有关系。假定一个属于特定种类的对象，考虑在特定时刻对该对象来说为真的任意谓词(不必假定我们知道它是真的)。于是存在两种可能性。要么，利用属于该种类的对象的同一性标准，我们可以排除该谓词当前对该对象为真，以后却不会对其为真的情况；要么，我们不能这样排除。在前一种情况下，我们可以说该谓词表示了该对象的一个当前本质性质(a presently essential property)，而在后一种情况下则表示当前偶然性质(a presently accidental one)。当前本质性质，就是对象一经获得就不可能不继续具有的性质——因为，这在原则上否决了，我们后来能够正确地识别出，后来缺乏该性质的一个对象就是以前拥有该性质的该类对象。这样，尼克松总统的当前本质性质，就是他不是青蛙，或者确切地说，他是人，因为，我们以后会把青蛙，或者任何不是人的东西正确地识别为前总统尼克松，这种情况被否决了。他的当前本质性质同样也包括，他 40 岁出头，他属于高加索人种，或者他是赢得 1968 年大选的那个人。另一方面，尼克松总统的[当前]偶然性质则有，他不是杂耍小丑，他是男的，他不到 100 岁，或他的肤色是被称为“白色”的那种。当前本质性质与当前偶然性质之间的这种区分，可以用来阐明对模态副词“能够(might)”的一种很弱的用法——在任意特定时候，就一个对象和一个特定谓词来说，只要它当前不满足这个谓

131 词，这一点没有构成该对象的当前本质性质，就可以正确地说它能够(might)满足该谓词。(这种解释当然不是非常严丝合缝，但它至少与克里普克的解释同样准确，并在目前的讨论中能达到目的。)我们可以接着定义，对象的(绝对的)本质性质就是在对象存

在期间的所有时刻，都是其当前本质性质的性质，并把(绝对的)偶然性质定义为，在对象存在期间的某个时刻是其当前偶然性质的性质。利用这个概念，我们可以阐明“本来能够(might have)”的用法。例如对尼克松总统来说，我们可以正确地说他本来能够不是一位政治家，因为在他一生中有某个时刻，在这个时刻可以正确地说他能够不成为一个政治家。正是在这个意义上，我们可以说圣安娜本来能够不结婚，或者也可以说，北极星本来能够不在北天极附近(比如说，这是因为地轴本来能够以不同的方式倾斜)。正是因为，克里普克最感兴趣的那种情况可以按类似方式来解释，他才会感到，对于属于某个种类的对象来说，除了对象得以产生的条件，他难以列举这个对象具有，而同类的其他对象不具备的本质性质。例如，当摩西刚一出生，一个人能够成为的几乎所有东西，都本来可以正确地说是这个婴儿能够成为的，因此，对任何这样的东西，我们都可以说摩西本来能够成为它。但是，对于要列为对象的当前偶然性质的那种性质，我们却不能回退到对象开始存在之前的时刻——这就是为什么在涉及人时，他的父母甚至其胚胎受孕的那个时刻，对他的同一性来说都似乎是绝对必要的。这实际上是除了所有人共同具有的那些性质之外，克里普克能够引用的关于本质性质的唯一例子。

对于克里普克关于专名是严格指示词的学说，我们现在可以理解其真理内核了。对模态语境，专名与限定摹状词之间一般来说没有相关的区别，但如果名称或摹状词前面有“是(to be)”或“成为(to become)”这样的动词，事情就会有所不同。我们能够可以有意义地说，玛丽的母亲本来能够不成为一位母亲，或者如果有

必要，甚至可以说玛丽的母亲本来能够不是玛丽的母亲；但我们不能说，圣安娜本来能够不是圣安娜。并且，即使我们说玛丽的母亲本来能够不是圣安娜，位于模态算子辖域之内的，仍然是限定摹状词而不是名称，而这类似于当我们说圣安娜本来能够不是玛丽的母亲时的情况，即便两个陈述是不等价的。原因我们已经看到了，
132 这不取决于专名在模态语境中表现出来的一般特征，而是与这一事实相关：我们不会认为像"ξ是圣安娜"这样的谓词，表示可以**获得**的性质。玛丽的母亲不会在生玛丽的时候成为圣安娜，她一直是圣安娜，因为她一直是将成为玛丽的母亲的那个人。因此，是圣安娜，这不能成为任何人的偶然性质。我们知道，甚至这一点也需要限制。在一种意义上，玛丽的母亲可以说成为了圣安娜，但这不是当她生玛丽的时候，而是当她被教会承认是圣人，并且对她的崇拜以"安娜"这个名字形成的时候。在这种意义上可以说圣安娜本来能够不成为圣安娜，玛丽的母亲甚至也本来能够不成为圣安娜。

这种类型的解释无疑适用于范围相当大的模态陈述，也同样可以解释很多反事实句(counterfactual)；而至少对于反事实句来说，克里普克的解释模式缺乏足够的弹性。如果反事实句无论其是否可信，终究还是要被当作是真的或假的，那么看起来，其前件肯定要在"可能的"一词的某种弱的意义上，表现一种可能的事态。比如当我们推测，要是查理曼大帝(Charlemagne)娶了艾瑞妮皇后(the Empress Irene)会发生什么，我们肯定会暗自假定，历史直到假想事件的出现及其预备阶段的进程，将与现实完全一样。但反事实句的前件不限于克里普克感兴趣的那种可能性，我们完全可以有意义地讨论，比如说，如果刘易斯·卡洛尔(Lewis Carroll)

晚生五十年，他会取得什么成就，我们也可以问，要是弗朗茨·卡夫卡（Franz Kafka）没有犹太血统和犹太教养，这会对他的前途造成什么影响。

我们这里并不直接关心如何解释模态陈述和反事实句，而只是关心它们对专名和限定摹状词意义的影响。我们可以相当自然地认为，表达式的实际指称只与现实世界相关，但其涵义则必须是由它在所有可能世界中指称什么所决定的。比如说，难道谓词的涵义不就既决定了在所有可能的条件下它对什么对象为真，同时又由这一点所决定吗？因此，把表达式的涵义与我在前面所说的“内涵”等同起来，这种做法看来就是非常可取的。克里普克后来否认“意义”一词在他那里的意思就是“内涵”，但他很难避开这种解释。无论如何，内涵这个概念仍然是一个非认识论概念，也就是说，它不能解释当一个人理解了一个词，他所知道的是什么，而这 133

恰恰是当弗雷格引入涵义概念时要求它完成的事情。在某些情况下，至少从表面上看，弗雷格的涵义与我们所说的内涵之间是一一对应的，但这只发生于一些词语和表达式上，对它们我们可以说其意义与确定其指称的方式之间没有脱节，比如，对限定摹状词一般就可以这样说。甚至在这种情况下，“内涵”这个概念也没有真正表现人在理解表达式时所应具备的知识——当一个人理解一个谓词时，他所把握到的是我们用来确定它是否适用于任意特定对象的原则，而不是在无限多可能世界中的各个可能世界里，谓词的实际外延是什么。此外，对于“F(ξ)”这样一个谓词，如果我们可以说确定其指称（或其用法）的方式没有和它的意义脱节，那么两件事就会成立。首先，任何一个人，只要他把握了决定谓词对任何特

定对象是否为真的原则,那么在某个可能世界得到充分描述的条件下,他就能够说出该谓词在那个世界中对特定对象是否为真。并且,其次,一个没有充分把握谓词涵义的人,将能够通过描述假想的情况,并询问在那些情况下谓词对给定对象是否为真,来发现自己的把握是不充分的。但只要在意义与确定指称的方式之间发生了脱节,这些就不再成立了。这正是严格指示词的情况。这种脱节表现在,对于"一个人如果被证明不是玛丽的母亲,你会叫她'圣安娜'吗?"以及"如果那个人没有成为玛丽的母亲,她(即圣安娜)还是圣安娜吗?"这两个问题,我们会给出彼此背离的回答。正是这个原因,使得对后一个问题的回答无助于告诉我们,"圣安娜"这个名字的指称是如何确定的,也就是说,我们该如何辨别承担名字的那个人。

回顾一下,克里普克在关于可能性的两个概念上做文章,一个是认识论概念,一个属于形而上学。认识论可能性可以说就是,就我们所知的程度而言,能够发现事物是怎样的;形而上学可能性则是**实际上**可能的状态,而无论我们是否知道。有些东西不可能发现是那种样子,但仍然在实际上是可能的,例如标准杆本来可以不

NN 307, 331-2 是1米长,以及圣安娜本来可能不是玛丽的母亲。反之,也有些情况可以发现是那个样子,但实际上却是不可能的。晨星可能被证

134 实是与暮星不同的天体,但这不是实际的可能性,因为金星(像所有其他东西一样)的一个本质性质是,它与自身等同。即使这种区分是正确的,如果我们希望把涵义表示成从可能事态到指称的函项,所需要的显然还是认识论可能性这个概念。再说一遍,涵义是一个认知概念,它与我们对语言的掌握相联系,与我们着手确定我

们语词的指称的方式联系。因此,如果我们希望通过设想一些情况,并问表达式此时如何使用,以此来了解表达式的涵义,那么这些情况就应当理解为那些能够发现的情况,而不管是否也能被归于实际的可能性。

这里实际上主张,即使在认识的可能性与本体的可能性之间真的有区分,克里普克还是做出了错误的区分。这种区分据说存在于不同类型的可能性之间,即可能发现的状态与实际可能的状态之间,克里普克用它来描述他的大部分例子,但这个区分可以利用辖域的变化得到好得多的解释。我们已经看到,要诉诸辖域概念,就要利用**对象**具有本质性质或偶然性质这一点,来补足关于**陈述**必然为真或偶然为真的理解。但这个区分被克里普克错误地刻画为不同类型的必然性(即必然与先天)之间的区分,而这些必然性可以独立地适用于同样的东西,即陈述。性质之对于一个对象来说是本质,这并不与陈述之必然为真构成**竞争关系**,因为它们不是归于同样的东西。这就是为何前者可以用来补足后者,而使得我们同时用两者来解释模态算子,而不会给算子带来任何歧义——正是这一点使诉诸辖域概念最终成为可能。不过,我们已经看到,所有这些与专名与限定摹状词之间的行为差异,很少有什么关系——在模态语境中,它们都可以有或大或小的辖域。简单地说,如果可以正确地说专名是严格指示词,那么按照我们的术语,这就是换一种方式来说,它们的辖域总是把模态算子包含在内。但我们也看到,克里普克说到的现象,在适用范围上要比他想的有限得多——它关系到的只是专名出现于像"是"和"成为"这样的动词之后的情况,而不是专名出现在模态语境内的所有情况。

按克里普克的术语来说，这意味着专名不总是充当严格指示词；按我们的术语说则是，它们有时出现于模态算子辖域之内。一旦这样做，一旦承认与之相关的不是认识上的可能性与本体上的可能
135 性之间的（名副其实的）区分，而是一个相当不同的区分，即偶然陈述（a contingent statement）与偶然性质（a accidental property）之间的区分，那么情况就甚至允许我们把专名当成弹性指示词（flexible designator），也就是说，允许我们考虑，如果按照与现实世界同样的方式来确定专名的所指，那么，在给定的可能世界中，什么对象只要存在就构成了该专名的所指。（这里的“可能”肯定意味着“认识上可能”——当我们考虑“在把握一个词的用法时我们把握了什么”这一认识论问题时，这是唯一相关的概念。）按照这样修改了的学说，在弗雷格式涵义与克里普克式意义之间，确实有一一对应关系。这两个概念中，真正具有解释力的仍然是前者。

（3）克里普克不光是利用模态语句来做出论证——他声称，虽然某个限定摹状词被用来确定专名的指称，但是，我们不仅可以说承载名字的东西可以不满足该摹状词，而且，在有些情况下我们能够实际上发现他或它是不满足的。或许，大部分人喜欢用“第一个证明算术不完全性的那个人”这个摹状词，来解释“柯尔特·哥德尔（Kurt Gödel）”这个名字的指称。尽管如此，我们完全可以有
NN 294 意义地假定，人们发现哥德尔不是第一个证明算术不完全性的人，甚至发现他是个冒名顶替者，而根本没有证明它。

克里普克勉强承认，在这个特定的例子中，用来解释的摹状词很容易通过改写来避开困难，例如改写成“算术不完全性的证明在其署名下最初出版的那个人”。不过，其要点具有某种一般性的价

值，这却是相当正确的。但是，与在(2)中考虑的那种对弗雷格解释的反对意见不同，目前考虑的以及我们会在(4)中考虑的与此相关的反驳，并不要求抛弃弗雷格的解释，而只需要按照维特根斯坦的思路对其加以修改。如果在(2)中处理的反驳站得住，那就决定性地证明了专名的涵义不可能等同于限定摹状词。无可否认，我们拒绝克里普克的说法，即弗雷格认为这种等同对于所有专名都成立，但对弗雷格的解释来说，重要的一点仍然是，专名的涵义可以是限定摹状词的涵义，并且对任何一个通过限定摹状词引入的专名来说，情况都是如此——这样，如果[(2)中用来反驳弗雷格的]那个论证起作用，弗雷格的解释也就被断然拒绝了。对那个论证来说，维特根斯坦对弗雷格解释的修改不太相关。这种修改在于用一簇可选标准，来替换用来识别所指的单一硬性标准，而对这一簇标准来说，我们事先就准备放弃其中的任何一个较小的部分。如果那个论证起作用，它就会像推翻原来那个解释一样，推翻这个 136
修改后的解释。

眼下的反驳则完全不同。它不止能为维特根斯坦式的修正所回应，而且考虑之下就会看出，只有按照这种修正，才能够解释那些按反驳意见无法解释的情况。因为，如果只能以单个限定摹状词为手段来确定名称的指称，人们就无法理解，摹状词何以可能不适用于承载名称的东西。一个孩子关于莎士比亚如果只是知道他是《哈姆雷特》和《李尔王》的作者，那他就无法理解某人关于莎士比亚不是这些剧作的作者这一想法——如果有人这样说，他肯定会问，“那么谁又是莎士比亚呢？”正如克里普克本人在一种不太一样的情况下指出的，回答说“一般认为写了那些剧作的那个人”是 *NN* 296

没有用的，因为，要能够假定一种特定的东西对一个特定的人为真，必须有识别此人的某些手段，而不止于说那个东西对此人来说为真。如果我们都同意用“Q”这个名称，来称呼一部包含了耶稣语录，并为第一、第三福音书作者所引证的文献，那么，如果有人假设说，存在 Q 这么一部文献，但其中没有提到耶稣，福音书的作者们也都不知道它，我们就不知道他在说什么了。

如果有人主张，有可能发现哥德尔没有证明（或者不是第一个证明）算术的不完全性，或者主张他不是第一个证明算术不完全性，那么这一主张要成为可能，就必须存在普遍接受的其他方式，可以用来确定“哥德尔”这个名称的指称。只要有人知道关于名称承载物的很多东西，对这个名称来说，这样主张就没有问题；而若对于名称的承载物，除了它满足用来确定指称的摹状词外，就实际上没有什么为人所知了，那么这类主张就不可能了。因此，对弗雷格的解释作出类似于维特根斯坦的那种修正，不仅足以用来回应这一反驳，而且实际上也是事实所要求的。当然，我们可以设想发现了一部文献，它能够被识别并且已经被识别出是 Q 的一个副本，我们也可以设想，学者们后来认定，尽管文献中记载的东西和福音书中报道的东西之间有相当多的重合，还是没有一个福音书作者见到过这部著作。在这种情况下，我们会被引向一个我们现在不能认为是可以理解的断定，即存在 Q 这样一部著作，但任何福音书作者都没有见过它。但正是这个事实——一个以前缺乏内
137 容的句子本来能够是可以理解的，并且实际上还是正确的——使我们难以拒绝说，在这种情况下，名称“Q”的涵义应当发生了变化，原来与之联系的是单一的硬性识别标准，后来则获得了不同的

标准，或许还是一簇标准。

克里普克的另外一个例子涉及“牛顿”这个名称。他假定，孩子们知道这个名字，是因为有人告诉他们，牛顿是发现把物体拉向地球的那种力的人。他认为，这些孩子具有一个**关于牛顿的**假信念，而这表明用来引入名称的摹状词不仅没有赋予其涵义，而且甚至没有像我们希望的那样确定其指称。即使有若干著名的历史人物名为“牛顿”，即使这种错误观念并不常见，我们还是足够清楚地知道，所提到的发现究竟是什么，而对此孩子只有一种混淆的理解。因此我们有足够直接的理由说，他得到的错误信息是关于伊萨克·牛顿爵士的。但孩子本人对我们具备的理由一无所知，以至于，孩子的信念是关于牛顿的，这个事实与他对这个名字用法的掌握毫无关系。当事情真相向孩子做出了解释，他就不会用原来那个摹状词来确定该名字的指称了。似乎根本就没有理由否认，在这个过程中，他对名字的理解，或者他为名字附加的涵义，发生了变化；除非我们准备冒险说，一个人只听过“牛顿”这个名字，不知道确定其指称的任何手段，关于其承载物也一概不知，却仍然理解这个名字，并能够用它来指通常所指的东西。

这些讨论可以过渡到由克里普克提出的第四个观点引发的考虑，而这一观点也非常具有一般性的价值。

（4）我们所有人都常常使用一些我们不能很好地解释的专名，不是这种解释不存在，而是我们不知道它们。克里普克使用很多的一类例子是理论或理论部分的名称，例如“广义相对论”或“哥德尔定理”。（后者肯定是专名，而不是摹状词。哥德尔证明了许多其他定理，并且，即使他后来被发现没有证明不完全定理，这个定理几乎能够肯定还是按他的名字来命名。)克里普克指出,许多人使用这些名称,但根本没有能力陈述它们所指的理论或定理。实际上,这个要求太高了。不管是弗雷格还是别人,都没有认为,比如说,一个人如果不熟悉一个城市的历史,或者不能画出街道
138 图,不能说出其人口数量以及主要工业,就没有赋予城市名称以涵义。只要有一个确定的标准,据此能正确地识别出承载该名称的那个城市,这就够了。要赋予理论或定理的名称以涵义,人们不需要具备陈述相应理论或定理的能力,而只需要具备足够的手段,能够在一个关于理论或定理的陈述中辨认出名称所指的那个理论或定理。这种识别也没有必要通过制定理论或证明定理的那个人来完成。

还有,肯定在有些情况下,人们使用专名,但没有赋予它任何弗雷格当作涵义的东西。例如,我一到家,我的一个孩子就对我说,“昆宁汉先生打电话给你,要你给他回电”。我们假定他从来没有听过“昆宁汉先生”这个名字,这样他就对它的涵义和指称一概不知,就像他在一张纸上看到这样一则留言一样。孩子只是起记录作用。但是,从这类情形到完完全全掌握名称的情形,并没有明确的界限,介于两者之间的是整整一个系列的过渡情形。

假设一个人对于米兰仅仅知道它是欧洲大陆某处的一座城市,我们很难说他完全把握了“米兰”这个名称。但他究竟应该知道多少,才算这样把握了呢?假设他虽不能在地图上标出,但知道它在意大利北部,并知道安布罗斯曾经是那儿的主教,这够不够呢?对于一些更不知名的地方,我们知道得不是少得多吗?但我们用起来那些地名来并不犹豫,并且如果有人说我们不知道它们

的意思,我们会感到奇怪。

假设有人对科学相当无知,关于广义相对论,他知道那是他侄子在大学里作为专业的物理学分支。从一个角度说,他为“广义相对论”这个名称赋予了确定涵义,对于识别出这个名称所指的某个物理学分支,他具有相当精确的标准。比起一个没有这样的标准,但能够粗略而又不完整地解释这个理论的人来说,我们会说他对这个名称有更好的把握吗?

当然,这种现象不限于专名。比如,有人会讲一个幽默故事,其诀窍在于用了“绛红色”这个词。假设关于这个词他只知道它表示一种颜色,而不清楚代表哪种颜色,这对讲那个故事来说也无所谓。

在许多这类情形中,我们都利用了一个众所周知的事实,即我们使用的语词是共同语言的一部分。我们使用一个小镇的名字,并且只知道它是位于西班牙南部一个不起眼的小镇,但我们心安理得,因为我们知道,在必要的时候,我们或者听我们说话的人能 139
够通过地图、参考书、路标,或者询问当地居民,更精确地识别它。克里普克把“关于百科全书之存在的先验演绎(transcendental deduction of the existence of encyclopedias)”归于对手,以此取 *NN* 293
乐。但是,如果书面文字还没有发明出来,尽管在方便性上大打折扣,局面在本质上是一样的——我们所依赖的是这一事实:名称是已经确立的用法的一部分。这并不是说,某人用了例如“荒原上的斯托(Stow-on-the-Wold)”这个名称,就可以说他赋予它以涵义“镇上的居民知道是荒原上的斯托的那个小镇”,或者“那个为英国人所普遍知道是荒原上的斯托的小镇”——名称的涵义必须在独立于该名称的所有既存用法的情况下，提供一种识别标准，对其他种类的语词也是如此；它必须是能够把名称当作新东西引入语言的那种涵义。应当说，这就意味着，语言是共同的交流手段，这一点之所以对语言来说成为本质性，原因之一就是，在说话者完全有意识地按照赋予语词的标准涵义使用，与说话者仅仅发挥记录作用，这两种情况之间没有截然的界限。我们能够利用语词具有普遍承认的涵义这一事实，即使在我们对这一涵义只有局部了解的时候，我们也能够利用通行的手段发现它。而我们也是这么做的。

位于相反的那个极端的，是对名称的私人使用。我并不是指私人语言的名称，即维特根斯坦所批评的那种私人语言，那是原则上不可交流的语言；我是指那些例如别名这样在小圈子里使用的名称。一个人甚至可以为人或地方起一个特殊的、只是自己使用的名字，例如写些只为自己所理解的东西，为了省事、出于好玩，或者许多别的原因。显而易见，在这些情况下，除非使用名称的人拥有识别其承载物的非常明确的标准，名称就没有确定的涵义，因而就没有确定的指称。一种中间情形是为公共语词赋予私人涵义的情况，不过其目的是确定与词语在公共使用中相同的所指。一个孩子，或者一个成年人，虽然完全清楚地意识到“因斯布鲁克”这个名称是一个普遍接受的地名，而其他人会用完全不同的方式来确定这个地方，但他可能还是只赋予它这样一个涵义，“罗斯玛丽姨妈弄伤脚踝的那个地方”。对于理解某人所说的话来说，知道他是否希望自己所用的词要被理解为共同语言的一部分，这是至关重要的。如果一个人有意识地使用一个私人词语，那他显然就没有这种愿望；而在有些时候，他会按听者也知道的一种私人涵义来使

用公共词语,并希望在发生冲突的情况下能得到理解。比如,有人 140
会养成用“威斯特敏斯特大教堂”来指称西敏寺的习惯,并且甚至在有人告诉他这实际上是一幢完全不同的建筑物名称时,仍然坚持那样使用它——每当他使用时,都希望听者按照“**我**称之为‘威斯特敏斯特大教堂’的那幢建筑物”来理解。(一种虽然更复杂但类似的情况,是有意追随一种虽然错误但是普遍的用法。例如,某人用《耶路撒冷》来指称以“这些脚是否曾在古代……”起头的短诗,但他清楚地知道布莱克(Blake)把这个题目留给了另外一首长得多的诗。)更加普遍的情况是,如果出现问题,私人性的涵义就会服从于人们与名称公共一致的指称相符合的意图。一个人即使只通过他的姨妈罗斯玛丽在那儿弄伤脚踝这个事实,来从其他城市中挑出因斯布鲁克,他也会在使用“因斯布鲁克”这个名称的时候,希望自己被理解为指称这个名称通常被认为指称的那个城市。因此,如果他恰好错误地认为,罗斯玛丽姨妈是在因斯布鲁克弄伤脚踝的,那他所谈论的仍然是因斯布鲁克,而不是那件事实际上发生的那个城市。因而,比起按一种精确规定的涵义来使用私人性质的别名这种情况来说,这种情况更加类似于像记录器一样使用名称的情况,此时他自己虽然没有赋予名称以明确涵义,但他知道这是一个属于共同语言的词语,它具有这样的明确涵义,并且希望按照这种涵义得到理解。

有种情况是不可能的,即一个名称的所有使用者都没有识别名称承载物的标准,所有使用者都只知道一个局部的标准,但却希望指称一致同意的那个所指——在这种情况下就没有一致同意的所指。比如,可以设想,在一个大圈子中人们习惯于把“东汉普顿

(Easthampton)”当作英格兰一个镇的名字,并且只是模糊地知道它在东米德兰兹(the East Midlands)的某个地方。在一种意义上,这个名字是英国语言的一部分,它甚至会出现于一些词典中,并在词条中注明“英格兰东米德兰兹的一个镇”。使用这个名字的人都希望它被理解为具有一致同意的所指。但如果我们假定,没有一个人知道任何一种识别东汉普顿的确定的方法,也没有印刷的参考书记载,那么这个名字就没有所指,也没有确定的涵义。

但是,一些说话者赋予某个名称以完全私人的涵义,同时在所有情况下所指都相同,这难道不可能吗?这时,尽管可以说这个名
141 称属于共同的语言,但并没有用于识别所指的标准手段,因此,除了许多私人涵义以外,却没有赋予名称以公共的涵义。除了一种例子,很难为此编出别的例子来。比如这样一个例子:这是一片树林的名称,很少有人去过这片树林,它位于一个从未勘测过的区域。每个人都认为,自己或某个熟人在某个特定时刻见过或去过这片树林,或者在那儿发生了某件特定的事情;那个地方极少被提到,人们对它共同知道的东西太少,以至于没有任何一致同意的方法来解释该名称的指称;但是,这个名称之所以属于共同语言或方言,是因为所有或者大部分彼此不同的解释,对它确定了同样的所指,而且说话者知道是这样的。这样的情形确实是可以设想的——人们打算服从的不是名称共同接受的涵义,而是使用名称的所有人或大多数人公认的指称。事实上,不管涉及的是一个人、一只动物还是一艘船的名字,只要这些东西还没有得到什么关注,情况都与此类似。在关于专名的讨论中,哲学家们集中讨论的往往是一些种类的名称,因此它们的独有特征很容易被推及其他——至于其他类型的专名,被认为在语言整体之内赋予的那种

涵义则常见得多，这种涵义是按照对名称做出解释所用的标准形式给出的。但即使在并未被赋予这种公共涵义的情况下，名称的指称也依赖于存在一些赋予其确定涵义的说话者，这些说话者为识别其承载物指定确定的标准，即便这些标准在不同说话者之间并非整齐划一。

专名在属于语言整体而非个人或群体中的特殊用法（这里的分界线当然也是模糊的）时，其用法具有两个可以区分开的特征。一方面是单个说话者赋予名称的涵义，即这些说话者在识别名称承载物上的特殊倾向。另一方面，也很常见，名称作为属于共同语言的词语而具有涵义，即确定其指称的方法，这种方法构成了被作为正确的加以接受的命名原则，说话者甚至在自己不知道公共涵义实际上是什么的时候，通常也会在使用名称时打算遵从这种方法。词典、百科全书、地图册以及教科书诸如此类的东西不是必须存在，但它们确实存在，而这对使用语言的实践活动产生影响，因为它们即使不是不可能出错，也还是被公认带有权威性。在一种非书写文化中，关于正确用法的传统，包括对专名的正确使用，都会通过各种制度加以铭记——在任何可以被称为语言而不是方言 142
的东西中，总是有这种关于如何使用语词是正确的，如何使用是错误的这样一些观念存在。把这种观念当作纯粹是偏见，认为是一个社会阶层把自己的说话方式强加给另一个阶层，并加盖赝品的戳印（就像一些年前流行的关于 U 词和非 U 词[①]的一派胡言一

① 这里的“U”与“非 U”分别指“上层阶级（upper class）”和“非上层阶级（non-upper class）”，或者中产阶级。二十世纪五十年代曾有英国语言学家指出语言与社会地位之间的关系。这里的“U 词”与“非 U 词”是指用词习惯在不同阶层之间有所区分。——译者

样)予以抛弃,这都是错误的。这样一种因素无疑常常是从外面强加的。但是不应当奇怪,人类确实希望并且努力通过承认关于正确性的标准,来为语言强加某种稳定性。同样,他们也企图通过法律、习俗和礼仪原则等等,来规范其他常规行为。离开共识,语言就不能起交流作用;不管规定关于什么正确什么不正确的权威有多么不精确,不承认这种权威,共识都会变得更难以为继。词典编纂者想要承担一项纯粹描述性的而非规定性的任务,如果这不是出于混淆而否认原则上可能把人们所说的任何东西标成不正确的,那就是弄不清词典在文字社会的实践中所扮演的角色。

这自然不是在否认语言可以变化,也不是硬说人们可以或者希望抗拒这种变化。尤其是,我早就承认,赋予专名的涵义,无论是公共的还是私人的,都不是在对名称承载物的识别中起作用的静态倾向,而是可以通过获得关于所命名对象的新知识,而不断加以修改的倾向。只有在出现问题的时候,才需要暂时性地阻止这种修改过程,为了达到一般性的目的或者展开特定的讨论,而为专名或者其他词语寻求精确的或者确定的涵义。这样的问题可能在所指的存在遭到怀疑,或者针对识别标准出现意想不到的分歧时产生;或者像我们已经指出的那样,在需要对关于某个主题的知识进行系统化,或者对一般而言成立的东西需要探究如何进行严格的辩护时,问题也可能出现。

因此,对于这样一个简单的模型——专名对于所有使用者都具有共同的、唯一的特定涵义,该涵义确定了专名指称——要使其能够真实地反映我们使用名称的方式,还需要在许多方面加以限制。弗雷格并不想将其当成实际的实践活动的真实图景——他知道这完全是一种理想化,但他把理想化当作是对语言本质机制的

一种展示，这就如同出于科学的目的，我们需要不断使用近似法一
样。在实际的实践活动中，涵义是模糊的，在不同的说话者那里以
及不同的时代，会按照前面描述的那些方式而发生变化，这种变化 143
无疑还会以其他方式发生。在这方面专名与其他语词一样。针对专名涵义概念的所有批评，都可以同等地扩展到许多其他种类的语词上，而当这样扩展时，批评的力量可想而知也会减弱。为了正确对待实际的语言实践活动的复杂性，而需要对简单解释作出多方面的限制，我们一定不能以为，这种限制会使得原来的模型（名称由于其涵义而具有其指称）无法使用。因为，即使为清楚起见而对语言实际起作用的方式进行了简化，这一模型仍然展示了使名称得以具备指称的唯一机制。问题不在于在弗雷格的理论与其他理论间作出选择，因为并没有其他理论。

这样说似乎有些荒唐，因为克里普克提供的不正是这样一种其他理论吗？在我尝试对这一说法进行辩护之前，仍有必要考察一下克里普克的文章中起支持作用的一个局部。在那儿，克里普克给出了许多颇为合理的评论，然而这些评论与其他观点之间的联系，并没有他表现出来得那么紧密。

（5）克里普克把他的严格指示词概念，用于一些原来没有被
认为是专名的表达式。我们已经给出了这样一个例子，即表示测
量单位的词，例如“米”。另外一些包括物料词项（mass term），例 NN 315-38
如“水”和“金子”；表示物理现象的词项，例如“热”、“光”和“声音”；
表示有机体种类的词，例如“猫”和“蚂蚁”。按照弗雷格的标准，所 CN 84
有这些词在某些用法中会被当成专名，并且，至少对表示有机体种
类的词来说，这种用法在一种意义上是初始的。克里普克非常正
确地指出，像“虎”这样的词并不只按照纯粹定性的标准使用。即 NN 317-18

使在火星上发现了在所有方面都像人的生物，它们也不可能是人，除非是因为，它们是百万年前通过星际旅行到达那里的。一个东西是人，不是因为它是一种可以按某种方式加以描述的动物，而是因为它属于一个种族（race），也就是说，是共同祖先的后代。（“种（species）”这个词用在这里似乎太窄了。有许多种（species）蚂蚁，但是说白蚁不是真正的蚂蚁，却合乎“蚂蚁”一词通常的意义，因为白蚁并不在遗传学上与其他蚂蚁联系在一起，除非是就昆虫讲。）谓词“……是一只虎”当用于单个动物时，其用法在一种意义上依赖于“虎”用作动物种族的专名这样的用法（确切地说，这并不要求后者实际上先被学会，甚至不要求它实际上存在于语言中）。克里普克实际上更在意于坚持，我们并不是通过纯粹表面的定性标准，

144 来决定如何使用这类词项，例如说，一个外面看很像虎但实际上是爬行动物的东西就不是虎。在否定表面上相似的生物具有共同的遗传学起源时，我们在大多数情况下都是以内部结构上的分化为依据，但是，（推定的）共同的起源，而不是结构上的相似性，才是决定性的因素。因此，克里普克的观点实际上可以这样得到加强：即使是与人**完全**一样的生物，如果是由龙牙变成的，那么它们就不是人，因为它们不是亚当的后代。通常，词典中像“虎”这样的词条，就会把该词定义成物种或者更大的遗传学种群的名称。例如在“鲸”之下以“属于鲸目的各种海洋哺乳动物中的一种……”开头的词条，就应该这样理解：蓝鲸属于这种动物中的一种，抹香鲸属于另外一种；而不能理解成，单个的海洋动物就可以说属于这种哺乳动物。它默认要理解成，把单个动物称为“鲸”，也就是将其作为成员纳入这个定义所描述的一个种中。

对物料词项也差不多可以这么说。这些词可以用于表示物质的专名，例如“水是一种化合物”、“水的沸点是100摄氏度”中，而在“给我一杯水”、“他落水了”这类用法中则有所不同。在这些词的用法中当然并不涉及共同的起源，但克里普克说，它们的意义部 NN 316
分地在于用来指称可以区分的物质**种类**，这却是完全正确的。在很少的情况下，起源才是重要的。我猜，即使化学家成功地复制了蚕丝的结构，他们制造的仍然是人造蚕丝，而不是蚕丝。对木材也是如此。然而一般说来，我们会倾向于说，重要的不是表面外观，而是化学成分。克里普克举了关于假想的黄金的例子，不过，相似性还可以更强些。某些东西可以就日常用途来说无法区分于水，但由于化学成分不同，它仍然不是水。克里普克引用“重水”的例子说明了相反的情况。①

对于克里普克关于人名和地名等等的专名的观点来说，所有这些又有什么关系呢？克里普克的想法是，我们起初用来识别动物物种或者物质种类的那些表面性质，构成了我们为相应词语“确定指称”的方式。在确定人名的指称时，我们并不声称利用了所指 NN 325
的那个人的本质性质，同样，这些表面特征也不被认为是物种或物质种类的本质性质；我们有时会把最初用来确定人名指称的方式当作不正确的予以抛弃，同样，我们也可能在后来承认，这些表面

① 达米特这里记错了。克里普克在《命名与必然性》中提到过表观性质与水不同，但仍然是水的情况，即聚合水（polywater）（参见 *Naming and Necessity*，Harvard，1972，p. 129），汉译本译为“高聚水”（《命名与必然性》，梅文译，上海译文出版社，1988年，第130页）。事实上，重水属于常态表观性质与水相同，但实际上不是水的情况。——译者

性质实际上甚至连物种或物质的偶然性质都不是。黄金本来可能
145 不是黄色的，它甚至可能在事实上也不是黄色的（我们可能都出现了幻觉）。但它必然是一种元素（化学上的任何复合物，无论看起来多么像黄金，都不能正确地等同于黄金），即使当我们最初确定“黄金”这个词的指称时，并不知道它是一种元素。

所有这些似乎都与克里普克的技术手段配合得丝丝入扣，因而看起来为他关于专名的学说提供了强有力的支持，但实际上却很少相关。没有人认为专名的指称单靠个体的定性特征就能确定，无论这些特征是在使用名称时，还是在被谈到的时刻的特征。也就是说，没有人认为，单靠在相关的时刻对个体进行查看就能确定其有无的那些特征，就能确定专名指称。举个粗略的例子，如果“曼哈顿岛”的指称是通过“在美国大西洋海岸之外，紧靠自由女神像，布满摩天大楼的狭长岛屿”来确定的，那么这并不排除在那个岛还不具备，或者不再具备所有那些特征时，仍然使用这个名字。正是因此，知道与之联系的同一性标准，对于理解专名来说才是至关重要的——人名的涵义要求识别出，其承载物与在适当时间段适用某个摹状词（如果这就是确定该名称指称的方法）的人是同一个人。由于这个原因，如果我们后来发现，试图用来确定名称指称的摹状词不止适用于一个对象，我们就不会坚持认为适合该摹状词的东西就是名称的所指，而是感到有必要改变名称的涵义。克里普克承认，这与物种名称和物质种类名称很相似，而正是因此，弗雷格把这些与单个的人、地点和星体等等的名称一起列为专名，这是正确的。为了把握动物的物种名称或者种族名称的涵义，我们必须知道物种和种族的同一性标准，即共同的祖先。物种名称

的涵义肯定不会要求，物种的任何成员都具有用来识别种类的所有那些特征，因为总是要考虑到畸形和突变的存在，甚至也不排除会发现整个亚种缺少其中某个特征的情况。某人只要与在某个时刻符合某个摹状词的人是同一个人，他就是给定名称的所指，同样，一个动物只要与满足某个特征性的摹状词的动物同属一个种，它就是（例如）一只虎。此外，当我们试图确定名称的指称，我们会意识到自己可能会弄错，同样，在试图确定一种动物时，我们肯定也为发现自己弄混了两种在遗传学上迥异的物种，而有所准备。146
关于物质种类的情况与此有些相似，不过这里的同一性标准没有那么精确。

这些只不过表明了，就其某些用法而言，弗雷格把这样的词列入专名，这样做是正确的。不过必须补充说，其他的那些用法在某种意义上依赖于这些用法。这些丝毫没有说明弗雷格关于名称涵义的模型有任何不妥。克里普克试图证明，我们最初用来识别物种或物质的标准，可能根本不是真的（"可能不"是就"在现实世界中可能发现不是如此"而言，而不是他偏爱的"在其他某个可能世界中可能不是如此"），但他的做法既让人费解又颇难服人。对他的像"黄金可能不是黄色的"，"所有猫可能都只有三条腿"诸如此类的说法，我们也不必当真。在典型情况下是黄色的，这一点确实属于"黄金"一词的涵义，"猫"的涵义也决定了它适用的东西属于四条腿的物种。但是，白色的东西不可能是黄金，这一点却不是"黄金"一词涵义的一部分。"猫"一词的涵义也不决定，由猫所生的三条腿的畸形就不是猫。

这些讨论并不意味着，克里普克对本质性质和偶然性质之间的区分就站不住脚或没有用处。像克里普克那样，把这个区分用于动物物种具有遗传学价值的结构特征，或者用于物质基础性的化学结构，我不知道这样做有没有用，但我在这里肯定无意于否定它。我所否定的仅仅是，对于像“虎”和“水”这样的词，将其意义仅仅与物种或物质的实际结构特征联系起来，而不管我们用来识别的方法，甚至不管我们是否知道这些特征是什么，这样做对解释“意义”这个术语来说会有什么益处。这个观点中包含的少许真理则与弗雷格的学说完全吻合，即这类词的涵义要求这类词表示的
NN 280, 300-1 是物种或物质种类，而不是单凭外观就能够识别的某种东西。

（6）在（4）的结尾我说，关于专名没有其他理论可以与弗雷格的理论相对立。这可能被认为是完全不公正的说法。诚然，克里普克本人不承认自己有一种理论，他只是说要给出一个更好并且大不相同的图景。但这是**关于**什么的图景呢？它刻画了说话者怎样才算把握了名称的用法（他自己的用法，或正确的用法）吗？很难说是，因为这幅图景所提到的是单个说话者的知识范围之外的
NN 302 事情，也就是说，它们不属于名称从最初由使用者付诸使用的那个时刻以来的历史。即便是，它与弗雷格的解释之间无论如何也没
147 有克里普克所展示的那种对立关系。因为，把握一个词的用法，也就是赋予其以涵义。那么，那幅图景刻画的是，对名称来说，怎样才算指称吗？这就是说，它解释了，表示一个对象，这对专名来说是什么意思。大可以这么理解，不过要当作是对“名称……表示对象……”这类短语的一种规定性的定义。它不能按照弗雷格对“指称”一词的理解，来解释是什么赋予专名以指称。因为，按照弗雷格的意义理论，指称与涵义之间具有本质性的联系——涵义就是

说话者在理解语词时所知道的东西，它必须能够作为确定指称的手段展示出来。换言之，在意义理论中不应当闲置指称这个概念。当一个人知道句子的涵义，他所知道的是，只要我们能够，就将如何识别句子的真值。而若要使指称能被有意义地赋予词语，那么对于包含该词的至少某些句子来说，对为这样的句子确定真值的过程所作出的解释，就必须包含对该词所指的识别。如果不是这样，那么对于如何把我们愿意称其为"指称"的东西赋予词语，无论我们所做的解释有多么清楚，我们所使用的指称概念（在其与该词相联系的意义上）在意义理论中仍然没有起到作用。然而，对人们识别专名所指时所能涉及的任何东西，克里普克的解释中都没有作出过描述。因此，即使它成功地规定了一种涵义，使我们出于这样那样的目的能够说，某人通过使用名称指称了一个对象，即使如此，这样规定的"指称"也没有在任何意义理论中起作用，因为意义理论所关心的是，就把握一种语言所要求把握的那种专名用法而言，专名的使用相当于什么。不管怎样，克里普克本人不愿说，对于一个对象怎样才算是名称的所指，自己给出了一种解释，即使是规定性的解释。因为他自己也指出，他的解释本身就使用了指称 NN 302
这个概念。

克里普克的解释是这样的。首先，有一种初始的仪式，名称通过实指方式，或者通过能够确定指称的限定摹状词，或者通过其他方式引入。这样，在这个初始阶段，事情就像弗雷格所说的那样（只要我们不把"所有专名的涵义必定是限定摹状词的涵义"这个观点归于弗雷格）。后来的说话者就有意按照最初赋予它的指称来使用名称。再后来，其他说话者延续了这种用法，他们使用时就

怀着这样的意图:名称要具备与在教给他们的那些人那里相同的
148 指称。这个过程继续下去,这样对名称的使用就在交流的链条中一环一环地传下去。使相邻环节连接起来的是环节间的因果联系,外加一种贯穿性的意图,即按照与前一说话者相同的指称进行使用。

忽略关于意图的细枝末节,我们得到的就称得上是对于何谓名称表示一个对象的一种解释或者规定——如果名称的使用经由交流链条,与名称最初被引入的情况建立了因果联系,并且,当名称最初被引入时,它被临时性地赋予了一种涵义,这种涵义确定了它是一个对象的名称,那么,该名称就表示这一对象。引入这样解释的指称概念,的确没有什么好反对的,问题在于这样一个概念有什么用。即使可以证明,这样解释的指称概念,与我们关于名称表示对象的直觉概念在外延上重合,这个问题仍然没有得到回答,因为这种解释根本没有为关于指称的直觉概念给出定位。按照交流链条来解释的指称概念,与我们在实践中如何确定包含相应名称的句子是真还是假,肯定没有关系。对于这类交流链条的存在与否,我们很少能够准确判断,并且经常甚至都很难猜测。我们没有办法把名称的使用追溯到最初引入名称的那个时刻。况且,即使能,这样的语源学研究在我们通常决定句子真假的过程中,也不起作用。按这种方式解释的指称概念,与我们理解我们的语言,与我们把握使用语言的实践活动,都没有关系。诚然,按照这样解释的指称概念,人们可以对我们语言中的句子为真为假意味着什么,做出一种解释,但这仍然只是规定了一种关于真和假的新概念,这种概念与我们直觉上使用的那种

关于真和假的概念，或者说，与关于我们语言的意义的理论（即对这种语言实际的工作机制作出的系统解释）所需要的那种概念，充其量只是在外延上重合。

但无论如何也没有理由认为，按照交流链条解释的指称概念，与直觉概念在外延上重合。正如克里普克所说，如果我称我的猪为“拿破仑”，这可能与使用那位皇帝的名称的情况建立因果联系，但这不会使那位皇帝与猪等同。把“拿破仑”这个名字用于拿破仑三世，事情也是这样的。对于任何其他朝代名称的使用，以及情况任何一种以一个人名或地名命名另一个人或地方的情况，事情都同样如此。正是出于这个原因，克里普克引入了限制，即名称的使用必须按照这样的意图进行：指称应当与名称的出处相同。这样 149 的限制当然使我们不可能把这种解释当作是对指称概念的解释，甚至也不能当成是规定。而这正是困难所在——这并未告诉我们，所要求的意图是一种做什么事情的意图。所有说话者必须怀着这样的意图，即所指称的对象要与在他听说那个名称的说话者那里相同，但什么又是指称一个对象呢？如果人们告诉我，未能实现该意图事情会怎样，我们就能在这个事情上获得一些线索。但显然，这里的意图是自我实现的（self-fulfilling）。确实存在自我实现的意图，其中有些与指称有关。如果我使用“哈罗德·威尔逊”这个名字，但不想用它来指劳动党领袖，而是指有这个名字的另外某个人，那么我就没有指称劳动党领袖，即使别人会这样解释，并且也有理由这样解释。但是，这样的自我实现的意图是可以理解的，这仅仅是因为，在撇开该意图的条件下，仍然可以对实现该意图的行动作出描述。确切地说，如果不提到意图，一个行动当

然不可能正确地描述成“该意图的实现”，但可以描述成是在实现按照意图要做的那件事情。比如，如果我使用像“考古学家哈罗德·威尔逊”，或“哈罗德·威尔逊，我不是指那个政客”这样的表达式，那么我肯定就表明了，不管我指的是谁，他都不是劳动党领袖。我会独立于想达到这个效果的任何意图，来做这件事，不管我的脑子是不是陷入了严重混乱，也不管我是否真的有指称劳动党领袖的意图。正是因为我知道，在纯粹通过使用词语（在说话者清醒，在其他方面处于正常状态等等条件下）而不论有什么背景性的意图的情况下，什么是指称某物，我们才能在出现歧义的情况下，允许利用意图来确定指称，才允许意图在这种意义上是自我实现的。但在克里普克的解释中，这正是我们所不知道的。如果某人按照指称他听说名称的那个人所指的对象这个意图来使用名称，那么看来他是无法成功的——如果撇开这个意图，我们根本就不知道指称那个东西意味着什么；因此，如果要让指称某对象这个行为付诸实施，我们无法把握需要我们具备的意图究竟是什么，我们无法知道必须做的事情是什么。

在实际的实践活动中，要像前一个说话者一样去指称同样的对象，这个意图是否总是得到实现，这是非常可疑的——凭什么呢？我们根本不能完整地追溯克里普克所描述的那种交流链条。
150 通过作出许多还过得去的猜测，我们倒是常常能够颇为可信地在当前的使用与较早的用法之间建立语源学上的联系，但我们通常不能完全回溯到最初引入名称的那个阶段。而我们常常也能够很有道理地假设，一个名称不为人注意地改变了承载物。克里普克的解释没有为误解留下余地，因为，要谈论误解，就要预设名称实际上具有一种能够被误解的涵义。例如，现在有一种被称为“塔罗克(Tarock)”的德国纸牌游戏。这个词从词源学上毫无疑问来自于以前在德国、现在在奥地利还在使用的同一个词，它充当一种游戏的名称，这种游戏用一幅形式特别的纸牌来玩，在英格兰人们一般知道这就是塔罗纸牌(the Tarot pack)。这种游戏的一种形式在德国有些地方还在玩，人们称其为“凯勾(Cego)”，而“塔罗克”这个名字，则专门留给了用形式更加普通的纸牌来玩的、一种不太像但也有联系的游戏。“塔罗克”这个名称在指称上的这种变化，可能是一种有意转移的结果。但这同样也有可能是误解产生的，也就是说，在词源学链条的每一个阶段，每个说话者都按照与前一说话者相同的指称来使用名称，但对指称的是什么却发生了误解。(很容易明白这何以能够发生。现在被称为“塔罗克”的那种游戏以前被称为“拜利什塔罗克(bayrischer Tarock)”，而这诚然是因为它与以前被称为“塔罗克”的游戏相似；与此同时，后一种游戏的几个变种，则仅仅以“凯勾”的形式在德国保留。)这种假设对我们来说是完全可以理解的，因为什么是“同样的游戏”对我们来说是有标准的(虽然标准不精确)，并且，我们也有独立于名称历史起源的标准，来确定名称所指的是什么游戏。解释这种标准是什么，这是指称理论的任务。克里普克的解释在这个意义上并不是要充当一种理论。不过，承认交流链条的存在即便是通过保留指称所必需的意图环环相接，还是不能确保指称得到了保留，这对于克里普克的这种解释来说是致命的，即便这种解释只是要充当指称理论的代用品。

至于其他种类的语词，我们绝不应当有哪怕一点点倾向说，像

其他人一样使用词语的意图会成功——人们大有可能没有意识到他在与其他人不同的方式使用词语。在专名的情况下，如果我们用弗雷格关于涵义与指称的区分来武装自己，那就不仅可以解释是什么确定了名称的指称，而且可以容忍涵义产生变化而指称不
151 变的可能性。在许多情况下我们必须承认，涵义可能没有完全确定，也可能在说话者之间发生变化，但这无损于这种解释。克里普克希望抛弃涵义/指称之别，而利用受使指称得到保持的意图支持的因果联系。他本人也承认，由于要引入这种意图，他提出的不能算作对指称意味着什么的解释；而如果要使其终究成其为一种解释，那它就应当至少要刻画了指称得到保持这一情况。当然，在少数一些情况下，意欲达到与以前说话者相同的指称，这对名称的使用来说是本质性的成分，甚至近乎是全部要素。如果在某个流传下来的孤本中，从某个古代文献中提到某个人，关于这个人该文本告诉我们的实际上只有名字，那么在没有更多信息可供使用的情况下，对该名字的任何使用都只能理解为，它指称了古代作者所指的任何一个人。不过这种情况不是典型。以为通过设想这种情况就揭示了指称的真实机制，这是错误的。克里普克明确愿意承认，在把名称与一个摹状词联系起来时，该摹状词实际上不适用于最初为其引入该名称的那个人或物，这不会使得名称不指称那个人或物，这仅仅说明关于该名称所指的信念是错的。这样，在克里普克的说明中，就没有为在交流链条中发生指称转移留下余地——人们不得不认为，这类链条的存在，再加上在任何时候都需要的那种保持指称的意图，就保证了指称实际上得到了保持。然而直观上没有这样的保证，在链条传续的过程中，指称在不知情的情况下

发生转移，这完全是可能的。一旦承认这一点，这一解释就彻底分崩离析了。留给我们的仅仅是：如果存在一个交流链条，它回溯到最初引入名称来表示对象的时刻，在其每个阶段都存在保持其指称的意图，如果这个意图**成功了**，那么该名称就指称那个对象。这个命题毫无疑问是真的，但很难说明什么。

第六章　弗雷格关于涵义与指称的一些论点

152　这一章我将完成对弗雷格关于涵义与指称的学说的阐释。这里初步讨论的要点，有一些会在后面更详细地展开。

（1）**复合表达式的涵义是由其成分的涵义构成的。**对弗雷格来说，我们是通过理解其成分的涵义，来理解复合表达式涵义的。作为特例，我们通过把握构成句子的表达式涵义，当然还要观察它们在句子中如何组合在一起，来把握整个句子的涵义。这不是说，我们把握整个复合表达式的方式，恰好要求把握其成分的涵义；而

NS 275 (255)；BW 127，156 (79，98)　应当说，我们对复合表达式的理解，本身就是由对其结构的理解，加上对其成分的涵义的把握构成的。例如，我们对于专名涵义的把握，可以认为是我们将其与确定其指称的特定方式联系起来。如果专名是复合的，例如是通过用两个简单专名填充某个二元函数表达式的两个主目位置得到的，那么我们为了确定这个复合专名的指称而使用的手段，就与作为成分的这两个简单专名的涵义联系在一起，还包括与函数表达式相联系的、确定与任意一对主目对应的函数值的方式。因此，如果不是参照将所指作为这一函数（以那种方式给出的）相对于那两个主目（以那种方式给出的）的值加以确定的方式，我们就无法把涵义指派给任何表达式。我们当

然可以把同样的指称以其他方式与表达式联系起来，但我们无法在赋予其同样涵义的同时，不按照相应的结构来看待这个表达式。153
因此，表达式涵义的复合性（complexity）是通过定义得到保持的——如果一个简单表达式按照定义等价于一个复合表达式，那么我们就只能通过定义来把握前者的涵义。换言之，只有通过把被定义的表达式，按照定义它的那种方式，看作等价于复合表达式，我们才能把定义所赋予的那种涵义指派给它。这样，复合句的涵义实际上就是由其成分句的涵义构成的。NS 142 (131)；

当复合表达式是一个完整的句子，弗雷格就称其所表达的涵 Ged 61 (4-5)
义为一个“思想”。思想这个概念在弗雷格那里所承担的角色，在英国哲学中由命题这个概念来承担。尤其在二十世纪前半期在罗素和摩尔那里是这样的。然而有一个至关重要的差别。摩尔和罗素没有为他们心目中的真正的专名区分涵义与指称，因此，专名的意义，即专名所表示的对象，对他们来说就是实际构成命题的东西。按照他们的意图，命题可以说不是在真正意义上属于现实世界，虽然如此，命题的成分是属于这个世界的实际对象，这一事实还是赋予命题以一种奇怪的混杂地位——摩尔和罗素一直感到纠结，是把真命题等同于事实（他们认为事实真正属于现实世界），还是仅仅是对应于事实，他们也不能确定是否要承认假命题的存在，以及诸如此类的问题，他们在这些问题上一直变来变去。弗雷格没有这种问题。就像罗素的“命题”一样，弗雷格的“思想”是我们在原初意义上赋予真假的东西。对罗素来说，信念在派生的意义 NS 273
上具有真假，它取决于作为信念对象的命题是真的还是假的；而对 (253)
弗雷格来说，句子同样是在派生的意义上为真为假，这取决于它表

NS 150 (138), 189[8] (174[8]) 达的思想是真的还是假的。弗雷格觉得没有必要认真对待事实这个概念，也没有必要承认事实是一类我们必须认为存在于现实世界中的实体。但不管怎样他都很清楚，表达思想的句子中任何表达式的所指，都不能当作是思想的成分。“珠穆朗玛峰是世界上的最高峰”这个句子所表达的思想中，包含了“珠穆朗玛峰”这个专名
BW 127 (79) 的涵义，而不包含那座山本身——思想这类东西，不是由山构
NS 133 (122), 209-10 (192-3), 275(255); GG$_1$ 371 成的。

在未发表的著作中，弗雷格有时也谈到“涵义的领域”和“指称的领域”。指称的领域就是实在，即我们谈到的实在，使得我们所表达的思想为真为假的那个实在。这个领域就是整个宇宙，因为
154 宇宙中没有任何东西是我们不能谈论、不能用我们使用的某个表达式来指称的。但涵义的领域则是实在中非常特殊的区域，其中包含的事物可以说也属于一个非常特殊的类别。要严格地描述涵义的本体论地位，这使弗雷格感到为难——对于涵义所能做的只能是把握和表达它，进而向其他人传达它，而对思想则是断定它是真的，或者问它是否是真的，如此等等。虽然如此，弗雷格还是不
NS 145-6 (134), 214(198) 愿意说，思想（或者更一般地说，涵义）是心理实体，因为他担心这样就使其过于接近于“观念”，即心理表象，从而可能具有他认为观念所具有的那种不可交流性。特别是，他并不认为（套用贝克莱的话说），涵义的存在就在于它被把握。对弗雷格来说，思想（以及一般而言，涵义）是无时间性的实体，它们无所谓产生和消灭。他持这一看法的理由是，在他看来，如果不是这样，那么他就无法认为一个思想在没有人想到的时候也能是真的——因为，为真为假的东西就是思想，而如果思想的存在依赖于有人把握它，那么在没有

人把握的时候，就没有什么东西能够是真的了。恐龙在大地上徜 NS 146-7 (135)
徉的时代，像地球围绕太阳运行，以及 2＋2＝4 这样的思想，如果没有人把握，它们肯定还是真的吗？有人会这么回答，即使思想的存在至少依赖于存在一种能够表达它的语言，或者存在一个可以把握它的心灵，思想之被赋予真值，这一点还是无时间性的——但这样并没有说到要点上。（注意，对弗雷格来说，思想不是那种能够此时为真彼时为假的东西。“地球围绕太阳运行”在我们现在这样说时表达的思想，与一百年前用同样的句子表达的思想，不是同一个思想。因为用来确定意定指称，从而用来确定思想真值的所有东西，无论是否作为语言的要素包含在句子中，都决定了所表达的思想。）无论如何，思想都是**客观的**实体。对同样的词或句子，一个人或者一群人可能赋予与另一个人或一群人不同的涵义，但一个给定的涵义却能够为任何人所把握，从而，确切地确定两个人用某个词表达的涵义是否相同，这就是可能的。同样，对弗雷格来说，涵义是不可变的。如果有人反对说，词的涵义，例如“prevent”①这个词的涵义，是能够变化的，那么弗雷格看待这个问题的方式，可以用像“屋里的人数减少了”这样的例子作类比来说明。在这个 155
例子中，我们这样说的意思不是说某个数变小了，而是说，屋子里以前的人数比现在的人数要大——这里牵涉到的是两个数。同样，“prevent”以前所具有的涵义不同于现在的涵义，这里有两个不同的涵义，而不是一个涵义发生了变化。可能有人还是会反对说，“prevent”以前的涵义确实变了，以前它是赋予那个词的涵义，

①　这个词的现代义项是“预防”、“防止”，古代义项则是“预测”、“领先”。——译者

后来不是了。但弗雷格会说，这里没有涵义**本身**的变化，这就像说，屋子里 5 个人中的一个离开以后，5 这个数**本身**没有变化一样。

很清楚，坚持这样一种说话方式可能没有什么害处，可以说这只是与记号上的约定有关。不太清楚弗雷格是不是打算以一种无害的方式这样做。人们已经注意到，一种经常出现的抱怨是，一个哲学家说另外一个哲学家把意义"实体化"了。蒯因就常常这样抱怨，在维特根斯坦那里也经常出现似乎带有类似意图的评论。或许我们可以利用弗雷格为了一个稍微不同的目的而举的一个例子，即直线的方向，来说明这里遭到批评的想法是什么。很容易设想一个哲学家，比如早期的摩尔，他说方向是一种实体，它与直线间有一种奇特的、不可定义的关系，我们用直线"具有"方向来表示这种关系。这种说法的错误在于，它意味着人们可以在不知道何为一个直线具有特定方向的情况下，还能知道这个方向是什么，意味着我们可以认识方向和直线，但不知道特定直线与特定方向之间的这种特殊关系。我们确实有用于特定方向的专名(例如"南北方向")。但是，知道"方向"一词的意义而不知道"一条直线的方向"的意思，这是不可能的；确定一个方向，但不将其当作某条直线的方向，也不当成与一条特定直线的方向建立某种关系，这也是不可能的。对涵义这个概念来说也是如此，除非通过理解"一个表达式的涵义"，我们不可能理解"涵义"这个词，我们也不可能刻画一个涵义，除非将其当作一个(实际的或可能的)表达式的涵义。当然，我们可以设想一种涵义不属于任何实际得到使用的表达式，方法是先设想一个表达式的一种用法，它不是任何实际表达式的用

法，然后再谈论这样使用的表达式所具有的涵义。

对属于涵义领域的东西，可以采纳三个彼此有别的观点。
(i)认为我们能够直接把握涵义，而我们将其与词语联系起来，这
仅仅是因为，如果不是通过可以感觉到的听觉和视觉媒介，我们就 156
无法与别人交流思想。按照这种观点，词语的涵义并不在于为词
语而制定的用法，而是一种我们不借助语言的使用、通过理智性的
直觉能力就可以把握的东西。学习词语的使用，只不过是学习把
词语与这样把握的涵义联系起来。(ii)人们可能认为，对涵义这
种东西，我们只能设想是实际或可能的表达式的涵义，除了学习使 NS 154 (142)
用语词以及语词构成的句子的那种能力，我们没有其他能力用来
把握涵义；但是，一种能力超乎想象的存在物，不通过将把涵义与
词语或符号联系起来也能够把握涵义，这在**原则上**也不是不可能
的。(iii)最后，人们可能认为，词语的涵义完全类似于直线的方 NS 288 (269)
向，任何一种存在物，无论他是什么，他对涵义的把握，都只能理解
成具有使用词语或符号的能力(更恰当地说，考虑到意义中的其他
成分，是把握了用法特定的核心特征)。维特根斯坦通过对比词语
的涵义和棋子的权限，就表达了这样的观点。按这种观点，不把涵
义当作实际的或可能的符号的涵义来把握它，这就像在不了解棋
盘和棋子是什么的情况下，想要知道车(the Rook)的权限一样，是
不可能的。车**具有**特定的行棋权限，而不是这种权限的代码，同
样，词语**具有**涵义，而不是像第一种观点所想的那样，是涵义的 Gg II 96
代码。

这三种观点中，第一种明显是错的。然而，第二种为错，这不是显而易见的。设想把关于事实的知识，或者把使某事发生的意

愿归于上帝或者天使,难以确定这是不是把某种符号的用法也归于上帝或天使,而这种符号对应于我们陈述事实和描述事态所使用的词语。诚然,要让这个例子支持第二个观点,我们就要假定知识和意愿关系到弗雷格所称的“思想”,并且接受弗雷格把思想与表达它的句子的涵义等同起来的做法——我们同样有权利用这个例子,来质疑这些假设,而不是质疑关于涵义的特性的第三种观点。如果这些假设没有遭到质疑,那么对于上帝、天使,以及其他无需任何**载体**(vehicle)就能够把握思想的任何生物来说,为了保证归于它们的思想与我们用句子表达的思想相同,那些思想就必须具有与我们的思想完全相同的复合性,从而是按照同样的方式由涵义构成,这些涵义等同于构成我们的句子的那些词所具有的
157 涵义。确实难以理解,对无需载体就能把握思想的存在物来说,对这种复合性的把握是如何做到。

当哲学家们指责“实体化”涵义这种做法时,遭到批评的大概是第一种观点。至少这就是维特根斯坦想要拒绝的观点。蒯因所反对的是不是就只是这个,这还不太清楚。他反对的可能就是尼尔森·古德曼明确反对的东西。按他的想法,假设人们乐意承认,如果不是把涵义当作用法已知或已经得到描述的词语的涵义,就不可能对涵义进行刻画,即使如此,人们也不能谈论这样那样的词语的涵义,因为这就把不必要的或者不可理解的实体纳入了本体论。(他肯定乐意建议放弃谈论词语的“这个意义(the meaning)”,而改为充其量谈论两个词具有同样意义,也就是说,同义。这肯定是不充分的,因为只利用同义关系,不可能对“知道(或学习)一个词语的意义”给出一般性的解释。)就蒯因对这个进一步的反对意

见所做的发挥而言，他犯了格雷格所批评的一个错误，即脱离了包含表达式的句子“独立探究该表达式的意义”——在这里要探究的表达式是“……的意义（涵义）”。

从弗雷格的表述中还不能确定，对于属于涵义领域的东西，他所持的是这三个观点中的哪一个。按照他喜欢使用的措辞，涵义是客观的、永恒的、不变的实体，由此很自然得出结论，他持有第一种观点。但他的措辞完全**可以**解释为一种无害的说话方式，其用意只是要强调涵义是可交流的，以此区别于据认为最终不可交流的语调。弗雷格关于哲学逻辑的所有主要学说，都无疑可以按照第三个（或者第二个）观点加以解释。无论如何，即使弗雷格赞同第一个观点，那也不会致使他犯从这种态度出发常常会犯的那种方法上的典型错误，也就是说，试图绕过对语言的分析来分析涵义。诚然，弗雷格对于自然语言的缺陷以及清晰性的缺乏颇为在意（也许过于在意），但他作出的反应却不是忽视语言，而是设计出像量词—变元记号这样更为清晰的语言手段，并作出描述和分析。这不等于说，弗雷格的学说中没有任何重要的东西，与维特根斯坦用“意义即用法”这个口号所表达的理解相对立，因为他的理解远远不是关于涵义的这三个观点中的第三个所能涵盖的。

（2）**词语的涵义不是由心理表象构成的。**在《算术基础》和其 158
他地方，弗雷格猛烈抨击了经验主义的涵义概念，按照这一概念， Glx，58-60
涵义就是词语在说话者和听者心灵中唤起相应心理表象的倾向。
我们已经知道，对弗雷格来说，如果词语意义中有哪些部分是以这 SB 29；
种方式解释的话，那么这部分意义就是词语的语调，是一种相对不 NS 151（139）；
重要的成分。他的论证部分是建立在一个错误的区分的基础之 NS 214（198）

上，即主观的和不可交流的心理表象，与客观的可以交流的涵义之间的区分。但论证中还是有足够的部分使其具有充分的说服力。对于某些对象，例如地球，我们无法不形成一些失真到滑稽可笑的表象；对于其他的一些对象，例如数，我们根本就无法有表象；而对
Gl 64 方向，如果不借助具有方向的直线，我们也无法表象。（对照一下
PI 251 维特根斯坦在《哲学研究》中关于直线**长度**的表象。）所有这些都是关于对象的表象——如果不借助具有性质的对象，我们如何表象一种性质呢？没有一种表象能够反映词语在句子中所起的作用。用更具有维特根斯坦风格的方式我们可以说，表象不能表明自己是如何应用的；而如果它不能表明这一点，那么它就不能把词语的涵义包含在内。经验论者试图用关于抽象的理论来克服这个困难，按照这种理论，通过只注意若干对象共有的那些特征，我们成功地建立一种对不相关的方面不加限定的表象，从而可以与一个普遍词项的意义相符合。这个理论早已遭到贝克莱来自于经验论阵营内部的猛烈批评，但在弗雷格的时代仍然葆有旺盛的生命力。例如，该理论贯穿于胡塞尔的《算术哲学》中，而弗雷格为该书写了一篇毫不留情的书评。在试图利用抽象来解释数观念的起源时，该理论无疑被置于极为荒谬的境地。比如说，给定了三只猫，胡塞尔认为，通过抽掉使它们区别开的东西，我们可以得到关于**猫**的普
Huss 316-17 遍观念；通过进一步抽掉所有那些不仅使其相互区别，而且使其区别于所有其他东西的特征，我们就得到关于**三**的纯粹观念。甚至在第一步，弗雷格就可以打趣地问，当我们运用那种神奇的注意能
NS 78-80 力，抽掉使它们相互区别的所有特征之时，还有什么东西使其成为
(70-1) 三个而不是一个呢？即便有这样的东西，在最后一步我们也没有

得到三个东西，因为这里没有任何“东西”成其为三个——如果没有任何东西让它们区别于别的东西，我们就不能问**它们的**数目是多少，因为我们已经破坏了“它们的”这一短语的意义。

这是维特根斯坦深深地受惠于弗雷格的地方之一，《哲学研究》中对此的阐述很多都来自于他，而这种阐述是成熟的。这一点 159
这里无需详述，可以认为它已经作为结论得到了确立，而这一事实首先要归功于弗雷格。在弗雷格之前当然还有贝克莱。贝克莱意识到我们需要知道如何**使用**心理表象，并且承认一些词语的意义并没有与表象相联系，而是只与他所说的“概念(notions)”联系，概念只是对词语意义的一种表达。但是，尽管如此，他还是坚持认为，心理表象在我们对于数量众多的一些词语的理解上，仍然扮演着关键角色。最终意识到词语涵义在本质上与心理表象无论如何都不相关的，还是弗雷格。

(3) **表达式的指称是由其构成成分的指称决定的**。这是弗雷格学说中的关键论题。涵义决定指称，因为涵义恰恰就是我们把所指与词语或表达式联系起来的特定方式；但指称不决定涵义，因 FB 13-14
为我们可以把同样的所指与不同表达式以不同方式联系起来。这就是我们在使用指称概念的同时，还要使用涵义这个概念的全部理由。然而，如果我们只关心复合表达式的指称，那么需要解释的 SB 35; NS 276 (255-6)
就仅仅是其构成成分的指称。在一个复合表达式中，如果一个成分用另外一个涵义不同但指称相同的表达式来替换，那么整体的涵义变化而指称不变。例如，在“丹麦的首都”这个复合专名中，如 SB 32
果用“最小的那个斯堪的纳维亚国家”来替换“丹麦”，我们就得到一个指称与以前相同的短语。函数表达式表示一个特定函数，该函数相对于一个给定主目必须有同样的值，而不管我们如何确定主目是什么。同样，句子真值只依赖于其成分的指称，而不依赖于涵义。关于一个对象我们所说的无论是什么，它对于该对象为真还是为假，这一点都必定不取决于我们用什么方式来确定我们谈论的是哪个对象。

SB 35-6；GG_1 373 弗雷格在发表的著作中有时会失误，说复合表达式构成成分的所指作为部分构成了整体的所指，这与与之平行的关于涵义的观点形成类比。我认为，他之所以没有看到这一说法的荒谬性（例如，它将导致说丹麦是哥本哈根的一部分），是因为他只使用“Bedeutung”这一个词，来达到我同时用“指称”和“所指”这两个词来服务的目的——说“复合表达式据以表示特定对象的机制中，
160 包含了作为其成分的名称据以表示另一对象的机制”，虽然不必
PG 200 要，但还是说得通；但说后一**对象**是前一**对象**的构成成分，却完全

说不通。这个观点弗雷格在一些未发表的著作中收回了。

NS 275 (255) （4）**表达式可以有涵义而没有指称**。这是弗雷格最为著名的观点之一，同时也是在其整个哲学体系中最难立住脚的观点之一。

SB 28；NS 193-6 (178-180) 显而易见的例子是复合专名——要么是通过在谓词上添加摹状词算子（在自然语言中用添加给单数名词短语的定冠词表示），而没有任何东西适用该谓词，或者适用它的多于一个对象；要么是为某对象的名称添加一个表示函数的表达式得到的词项，而该函数对那个对象没有定义，例如“南极的首都”。不过，我们没有理由
SB 33-4；NS 208 (191)，133-4 (122) 认为，简单的专名不会也没有指称。我们不能像弗雷格经常做的那样，用小说中的人名来充当名称有涵义而无指称的例子，这些人
NS 141-2 (129-30) 名事实上只具备部分涵义，因为并不明确是什么保证能在真实的

人中间识别其承载物；而在文学批评中用来指称虚构人物的名称，则又不同于小说**中**的用法，因为，虽然这里的涵义非常明确，指称却没有失败。我们需要的名称是出于一种严肃的意图使用的，但这个意图没有得到实现。一个由吉奇提供的例子是“祝融星(Vulcan)”，天文学家曾经用这个名称来表示据推测轨道位于水 TP 137
星之内的一颗行星。另一个例子是一个虚构的斯坦福大学学生的名字，学生们诱骗学校行政当局相信其存在达到整个学期之久。再比如，由两个善于伪装的人出于犯罪目的编造的共同身份。

到此为止，一切都似乎清清楚楚没有问题。这样的表达式具有涵义，是因为我们有识别名称所指的标准，这个标准也许相当明确，不管怎样，至少像具有真正指称的大多数名称一样明确。但它缺乏指称，因为事实上没有任何对象能够被识别为名称的所指，没有对象满足由涵义决定的、充当其所指的东西需要满足的条件。这是再简单不过的事情了。

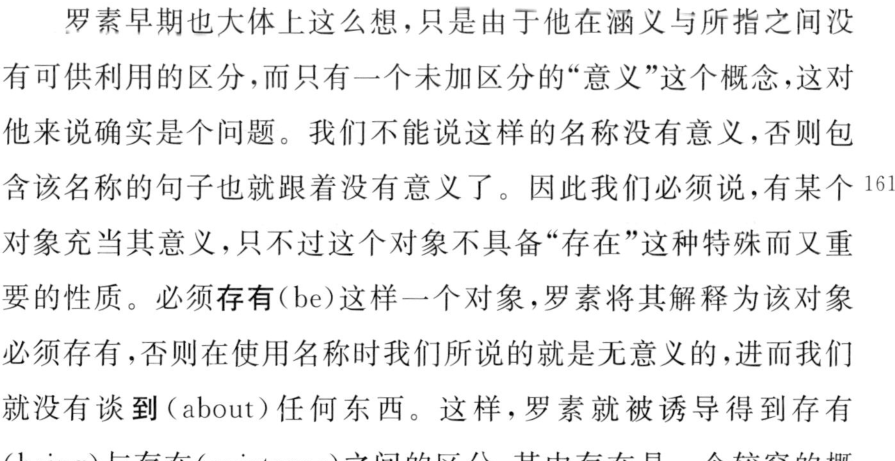

罗素早期也大体上这么想，只是由于他在涵义与所指之间没有可供利用的区分，而只有一个未加区分的“意义”这个概念，这对他来说确实是个问题。我们不能说这样的名称没有意义，否则包含该名称的句子也就跟着没有意义了。因此我们必须说，有某个 161
对象充当其意义，只不过这个对象不具备“存在”这种特殊而又重要的性质。必须**存有**(be)这样一个对象，罗素将其解释为该对象必须存有，否则在使用名称时我们所说的就是无意义的，进而我们就没有谈**到**(about)任何东西。这样，罗素就被诱导得到存有(being)与存在(existence)之间的区分，其中存在是一个较窄的概

念——形如“X 存有”的任何一个陈述都只能要么是真的，要么是
PoM 71 无意义的，因为，如果它有意义，就必须有一个我们断定其存有的对象被谈到，这个对象是名称的意义，因此即便还没有达到存在的地步，它也必须存有。

但弗雷格有关于涵义与指称的区分可供利用，因此他没有必要假定那些非存在但却存有的影子般的对象，以使只要我们使用空专名，就有东西可供谈论并且实际上被谈论。在一种明白无误的意义上，真正地使用这些名称的人没有谈论任何东西——他以
NS 208 (191) 为自己成功地隔离出了他希望作出某种断定的对象，但实际上却没有。但对弗雷格来说，从这一点还不是必定得出此人所说的是无意义的这一结论——他所使用的名称，以及包含名称的整个句子，都具有货真价实的意义，名称所缺乏的只不过是指称。

对罗素来说，摹状词理论是一种解脱，它利用了对包含限定摹状词的句子作出的一种解释，而不是按照专名的模式处理摹状词。限定摹状词实际上根本不起单称词项的作用，而只是表面上像一个单称词项——对一个形如“使得 Fx 的那个 x 是 G”的句子来说，如果“G”是简单谓词或者说初始谓词，那么句子所说的就是，所有是 F 的东西都是 G，并且，只有一个东西是 F。因此，若把“使得 Fx 的那个 x”当作复合专名，在弗雷格说它缺乏指称的情况下，这样一个陈述只不过是假的。于是我们也就没有必要假定存有而不存在的对象，以此充当限定摹状词的意义。

这样一种解释对弗雷格来说没那么有吸引力——他从来没有陷入被迫说**存有**一种不存在的对象的境地，因而也就没有从中解脱出来的那种需要。尽管如此，即便弗雷格没有相同的动机来接

纳摹状词理论，当这个理论被提出时，那他为什么当初就不该接纳它呢？

这个理论有一些弱点。最为突出的是必须引入“辖域算子”。162
前面我陈述这个理论是只就“G”是简单谓词或初始谓词的情况而言的，但在限定摹状词作为复合谓词的主目出现时，如果还允许使用这个理论，那么我们立即就会在试图否定句子时产生歧义。因为，我们不知道，要把由此得到的句子解释为是对限定摹状词作为“G”的主目的那个句子的否定，还是得到一个句子，其中限定摹状词出现于“G”的否定的主目位置上，即谓词“并非 $G(\xi)$”的主目位置上。正是在按照弗雷格的解释限定摹状词缺乏指称的情况下，这两种解释会产生不同真值——按前一种解释，句子在那种情况下是真的，而在后一种解释中句子是假的。很难直接禁止后一种解释，因为这是自然语言中最为常见的一种。于是罗素就不得不求助于一种笨重的辅助记号，来表示我们把给定的限定摹状词算作是出现在哪个谓词中，也就是说，算作是包含在句子的哪一段里，而这导致了最为不堪的一种记号法。

这实际上是这个理论最不困难的地方。它之所以出现，只是因为罗素没有把自己的理论自然而然地贯彻到底。如果限定摹状词根本不是真正的单称词项，而只是伪装成那样，那么在一种设计得当的逻辑记号法中，它们就不应当再以伪装的形式出现。包含限定摹状词的句子，被罗素解释成表达了两个性质之间的关系，一个性质由其主目位置上出现了限定摹状词的那个谓词表达，另一个则由构成限定摹状词的那个谓词表达。在同样的意义上，形如“大多数 F 是 G”的句子也表达了两个性质之间的关系。因此，如

果罗素当初为这样的句子而采取一种符号表达式，这种表达式表现出表达此类二阶关系的那种特性，他本来不会招致由不适当的记号法引起的辖域歧义困难。于是，可以不用把“使得 Fx 的那个 x 是 G”写成“$G(\iota x[Fx])$”，从而避开关于“$\sim G(\iota x[Fx])$”的意义是什么这一困难，他可以写成“$\mathrm{I}x[Fx, Gx]$”，其中“I”表示量词，不过是一种二元量词，它同时用于两个谓词，并约束变元“x”在方括号中的所有出现。这样，对整个句子的否定就可以无歧义地写成“$\sim \mathrm{I}x[Fx, Gx]$”，而否定谓词“G”得到的句子就写成“$\mathrm{I}x[Fx, \sim Gx]$”。

摹状词理论的弱点应当说属于不同类型。首先，如果这个理
163 论要能够完整地处理那些结构显然恰当，但却没有指称的单称词项，那么它就迫使我们把所有复合专名，以及通过显式定义作为复合专名的等价物引入的所有简单专名，都解释为限定摹状词。禁止引入专名，至少是禁止通过显式定义来引入专名，这在任何语境中都会引起麻烦，而这也蕴涵着，我们不能承认像函数表达式这样的语言学范畴。在自然语言中这不会特别让人讨厌，我们可以毫无困难地这样重新解释像“丹麦的那个首都（the capital of Denmark）”这样的短语[①]，我们不是把名称“丹麦”放到函数表达式“ξ 的那个首都”的主目位置，而是把摹状词算子“那个”添加给复合谓词“ξ 是丹麦的一个首都”，由此得到这个短语。但在数学语言中，这个限制确实让人讨厌。在算术中，我们不得不抛弃“+”

① 这个例子利用了定冠词和不定冠词，这个区别在汉语里只能用相当别扭的方式表现出来。我们用“那个”来对应“the”，用“一个”对应“a”。——译者

和“·”以及所有其他的函数记号，而改用相应的谓词。例如，在加法中，三元谓词“A(ξ,ζ,η)”解释成“η是ξ与ζ之和”。这样，除了有限多被当作初始记号的数表达式之外，就不会有关于数的表达式，实际上也就没有数词，并且除了把数词置于等号两边，也就不会有方程式。

这个困难还会继续表现为记号上的笨重。不过可以这样回避，人们可以回答说，“出于方便考虑，让我们真的使用一套误导性的记号，只要记住它最终要翻译成什么就行了。”但摹状词理论的主要缺陷是，它要求找到“逻辑专名(logically proper name)”。若任由摹状词理论发展下去，那么所有表面上是单称词项但缺乏指称的表达式，都必须作为虚假专名予以排除。因此，某个表达式即使看起来不是限定摹状词，而是(简单)专名，只要缺乏指称，就必须判定它是伪装的限定摹状词。并且，同理，对于任何看起来像，但**可能**缺乏指称的单称词项，也可以这么说——因为，要确定表达式属于哪个逻辑范畴，这不可能取决于“是否存在满足特定条件的东西”这一显然属于偶然的问题，而必须仅仅依赖于它具有何种意义。因此，要成为真正的专名，就必须有逻辑上的保障，以确保以某个对象作为其意义(即其所指)。于是，对所有通常被认为是专名的表达式，我们实际上都要否定是真正的专名，于是就要着手寻找能被认为是逻辑专名的词项(这导致显然荒谬的结果)。

如果能够在逻辑上保障所表示的函数对每个主目都具有值，承认某种**真正**的函数表达式，或许也就成为可能——因为把表面 164
上的单称词项当作伪装的摹状词加以拒绝，其关键看来不在于它们是复合的，而在于它们可能缺乏指称。但关于这种逻辑上真正

的函数表达式的想法在罗素那里没有出现过，他似乎也不会情愿认同任何这样的东西。

但为何需要真正的专名呢？罗素为何不能接受蒯因后来得到的结论，即**所有**的表面专名都实际上是伪装了的摹状词，因而根本就没有专名？（按照摹状词理论来理解，蒯因只是说，专名可以被“排除掉”，而留下限定摹状词。）

我们已经知道，专名这一语言学范畴在弗雷格的语言哲学中有多么重要。一阶谓词的概念，或者说所有其他的语言学范畴，都是用专名这个概念来解释。但是，难道我们不能绕开这个困难吗？难道我们不能先区分出弗雷格认为是专名的那类表达式，然后利用它来引入谓词和其他不完整表达式，接下来，比如说，返回头去，通过证明弗雷格认为是专名的表达式，都要按照摹状词理论解释成明确的或者伪装的限定摹状词，以此来纠正最初的印象？也就是说，参照一种只包含明确的限定摹状词，而不包含其他表面单称词项的语言，难道就不能融贯地合并这样几个要素：(i)弗雷格用来选出(伪)单称词项的标准；(ii)弗雷格按照在句子中省去(伪)单称词项的一次或多次出现的方式，对不完整表达式作出的解释；以及(iii)罗素的摹状词理论？——这看起来是融贯的，是否接受专名在解释语言学范畴时所起的关键作用，这并不取决于它们在被解释的句子中是否按照弗雷格对专名的作用所做的解释起作用。“它们在句子中的作用”在这里是指，我们为包含表面单称词项的句子所给出的语义学。但根本的困难正是在这里出现的。对于主算子是一个量词的句子所做的经典语义学解释（这种解释最初由弗雷格给出，并在原则上为后来所有接受经典二值逻辑的逻

辑学家所采纳），在本质上依赖于，把量化句子的真值当作一列句子真值的无穷和或无穷积。当然，这列句子中包含所有可能的句子，其中的每一个，都是把专名（个体常项）放入与量词连接的谓词的主目位置得到的。我们当然不要求语言实际上包含量化域中每 165
个对象的专名（即使是在弗雷格那种扩展了的意义上的专名，即单称词项，无论是复合的还是简单的）；我们甚至不要求（当量化域是不可数的）一种语言可能包含每个这样的对象的名称。量化句子的真值，就是先在谓词的主目位置上放入域中任意对象的名称（无论语言中是否包含这样的名称）得到句子，然后取所有这样的句子的真值的无穷和或无穷积得到的。当代逻辑学家表达这一点的方式，通常是把谓词当作在其主目位置上包含了一个自由变元，然后任意指派域中的对象给这个自由变元，取这样得到的所有句子真值的无穷和或无穷积。但这只是用不同的方式说同样的事情，因为把域中的对象指派给自由变元，然后考虑在这种指派下的自由变元句子的真值，也就相当于把自由变元来充当对象的名称。因此，表达式起专名作用，也就是说，表达式以某个特定对象作为所指，包含了它的句子按照谓词是否适用于对象来确定其是真是假，这套想法对于量词标准的经典解释来说是本质性的。并且，既然摹状词理论利用量词来解释限定摹状词意义（给出关于包含摹状词的句子的语义学），完全排除专名而只留下限定摹状词，这一打算就毫无用处了。这倒不是说一种语言只包含限定摹状词而不包含专名，这是不可想象的。而只是说，如果关于量词的标准解释是可信的，那么如何理解这样一种语言，也就预设并取决于如何理解

专名起作用的方式。语言本身不必包含任何专名,更不用说我们的语言需要包含每一对象的名称了,但关于包含专名的语言的理念,确实是掌握这种语言的基础。现在,罗素的理论致使他认为,只有在逻辑地**保障**具有指称的情况下,表达式才能起专名的作用。他还面临着要使“存在逻辑专名”这一想法让人信服这样的问题,而这个问题他试图通过给出公认的例子加以解决。即使想用“我们的语言中不包含这样的逻辑专名”这样的想法搪塞过去,他仍然不得不论证,在某种语言中**可能**存在这样的东西,并且我们知道这
166 样的逻辑专名如何起作用——而在没有可能找到例子的情况下,他会觉得更难做到这一点。

因此,弗雷格没有动机放弃自己的理论,而采纳罗素借以祛旧纳新的摹状词理论。并且,弗雷格避开摹状词理论,这使他不至于去徒劳无功地搜索逻辑专名,而这件事使罗素陷于不足为信的境地。然而,这也使他陷于另外一种几乎程度相当的不足为信。对弗雷格来说,任何表达式,无论是简单的还是复合的,只要通过了我们在第四章进行考察并尝试更明确地加以表述的那种测试,就可以被认为起真正的“专名”(单称词项)作用。这对他来说意味着,要把包含了这种专名的原子句理解为,当谓词的确适用于作为专名所指的对象,就表达了真思想,而如果谓词不适用于那个对象,句子就表达了假思想(在原子句是通过把专名放入一元谓词的主目位置得到的这种情况下;同样,当句子是通过把专名放入关系表达式的一个主目位置,另一个专名放入另一个主目位置得到的,那么在两个名称的所指之间的关系成立时,句子表达了真思想,在不成立时表达的是假思想)。由于在自然语言中可能形成具有涵

义而无指称的专名，由此得出，包含这样的专名的原子句表达了思 SB 33,40
想，这没有问题，但这个思想既非真也非假。而这种性质肯定会传 NS 211 (194)
递给由这种原子句构成的所有复合句子，即包含这种有涵义而无
指称的专名的不管什么句子——因为，复合句子的真值是成分句
真值的函数，因此，如果一个成分句没有真值，整个句子也就没有
真值。

要理解弗雷格，头等重要的是要明白，对他来说，虽然这正确
地刻画了对于自然语言来说情况是怎样的，但这种情况完全不让
人满意。这样的刻画揭示了自然语言的一种缺陷，而在包含弗雷
格自己那种符号语言在内的任何一种恰当地构造起来的语言中，
这种缺陷都必须得到弥补。人们常说，为了处理起来更为方便，弗
雷格在自己的符号语言中排除了这一点，换言之，他构造语言的方
式使得缺乏指称的专名不可能出现。按照弗雷格的理解，这完全
低估了问题。对他来说，问题不在于方便，而是必须。可以说，他 167
认为，对于可能构造出缺乏真值的合式句子的语言，不可能对其运
作机制给出融贯的解释；用现代术语来说就是，这种语言不可能有
融贯的语义学，没有一套确定而又一致的规则，可以用来确定该语
言中所有句子的真值条件。我们能对付着使用自然语言，是因为
我们没有企图表述这样的规则，也没有把我们对这些规则默会的
直觉理解，推到产生矛盾的地步。尽管如此，这仍然是个缺陷—— SB 41; FB 19-20
为了科学的目的，例如为了科学研究之用，以及作为针对语言的科
学研究的对象，我们需要一种没有这种缺陷的语言。弗雷格关于
专名的解释，与由于斯特劳森对摹状词理论的反叛而复兴的那种
解释之间的首要区别，也就在于此。斯特劳森与弗雷格一致，认为

包含无指称名称的句子仍然有意义(即表达涵义),但不能用来作出陈述,无论陈述是真是假;但与弗雷格不同,他并不认为这会有什么不妥。

这样,在一种恰当地构造出的语言中,就不可能构成没有指称的专名。在满足三个条件的情况下就会做到这一点。首先,所有简单(初始)专名(个体常项)都必须提供指称。其次,所有一阶函数表达式,都必须对作为主目的所有对象(或对象的有序对)有定
NS 167-9 (154-6); 义——例如,按照有理数或实数理论中那种常见的理解,当第二个
NS 212 (195-6) 主目是 0 的时候,用"ξ / ζ"表示的二元函数肯定没有什么东西与之对应,从而被认为是没有定义的。以及第三,类似的条件对于所有二阶或者高阶的初始函数表达式,特别是对于由摹状词算子(如果有的话)所表示的函数表达式,也必须成立。(在其唯一允许摹
Gg I 11 状词算子的形式系统中,即在《算术的基本原则》中,弗雷格实际上
214 对表示包含唯一对象的类的词项使用一阶算子,以此产生该对象的名称。)二阶算子,例如摹状词算子或类—抽象算子(class-abstraction operator),就必须解释成,通过将其添加给任何谓词所形成的无论什么词项,都具有确定指称。如果我们像在摹状词算子的情况下那样,只关心特定的情形(在这个例子中,所关心的是恰恰只适用于一个对象的谓词),那么我们就可以以任何一种方便的方式,来规定在其他情况下的指称——重要的只是我们应当作出某种明确的规定。

168 弗雷格为何认为,一种语言如果包含缺乏真值的合式句子,就不可能给出融贯的语义学,我们稍后再讨论。

RG 75 在《指称与普遍性》(*Reference and Generality*)中,吉奇发展

了一种混合理论，意在同时减轻罗素解释和弗雷格解释中的不合理之处。当限定摹状词充当语法上的补语，出现于动词“是(to be)”，或者像“成为(to become)”这样的其他动词之后，就要解释为表语性的(predicative)。也就是说，这里的定冠词用来从一个谓词产生另一个谓词，以使动词“是”要解释成系词而不是等号——“x 是那个 F”要解释成“x 是一个 F，并且对每个不等于 x 的 y，y 不是一个 F”。罗素在限定摹状词充当动词“存在”的语法主语时，曾经被迫以同样方式解释限定摹状词。吉奇的解释避免了弗雷格的解释引入的一个不合理之处，因为只要没有对象是 F，或者多于一个对象是 F，吉奇就可以直接把“a 是那个 F”当成是假的。在其他观点上，吉奇接受罗素的摹状词理论，认为它正确地解释了限定摹状词。但由于接受弗雷格对涵义与指称的区分，他对严格意义上的专名给出了一个弗雷格式的解释，这个解释针对逻辑上单一的单称词项，即使这种词项是通过定义引入的——这使他无须寻找逻辑专名。当专名通过限定摹状词引入语言，吉奇主张它不是作为限定摹状词的严格等价物出现，而是作为名称出现，它之所以有涵义，是因为它被引入用来表示适用于限定摹状词的唯一对象，因而如果实际上有这样的对象，名称就以其作为所指，而如果没有，则缺乏所指。如果没有这样的对象，包含其名称的句子就既非真也非假；而若名称被替换成用来引入它的限定摹状词，句子就直接成为假的。

这种折中理论力图与常识保持一致，同时避免罗素理论和弗雷格理论分别陷入的那种极端。但它不是非常深入，例如说，它不利于省察，弗雷格为何认为一种包含了缺乏真值的句子的语言不

可能有融贯的语义学，更不会去让人检讨，说一个句子既不真又不假，其意义何在。

应当指出，斯特劳森的解释明确注意到了实指词的用法，它通常伴随着或明或暗的指点姿势，也注意到了像“我”和“你”这样的标记自反表达式(token-reflexive expressions)，而弗雷格的解释
169 所针对的语言则没有这样的手段。斯特劳森进而谈到同一个句子在不同场合下用来作出不同陈述，并且，他不承认谈论句子为真为假(句子是作为类型讲的)是有意义的——句子可以有意义或无意义，但只有在特定情况下通过说出句子而作出的陈述，才能是真的或假的(斯特劳森并没有说陈述能够既非真也非假，而只是说，说出一个句子的行为未能作出一个真的或假的陈述。但这纯粹是术语上的偏好，在此并不重要)。另一方面，对弗雷格来说，句子可以在一种派生的意义上被称为真的或假的(或者既非真也非假)，而这依据句子表达的思想是真的还是假的(或者既非真也非假)，因为他没有说，句子会在不同的使用场合下表达不同思想。弗雷格当然充分意识到第一人称和第二人称代词的存在，也意识到时态和实指词的存在，他坚持认为包含这些成分的句子本身并不表达
NS 146 (134); Ged 64 (10-11) 思想，只有在与使用句子的环境的那些特征结合起来，而这些特征决定了这些成分的指称时，才确定了可以认为确定地为真或为假(或既非真也非假)的思想。但他没有对自然语言的这些零部件的工作方式，提供精确的解释，而只是按照本身就表达了确定思想的句子展开自己的讨论。

是否有一种对应的情形，其中自然语言的不完整表达式尽管有涵义，但缺乏指称？我们可以用谓词的情况来充当典型，而函数

表达式和关系表达式的情况则包含了完全相似的因素。一种显而
易见的情况是，复合谓词本身包含了没有指称的专名，例如出现于
句子“乌尔坎绕太阳公转”中的谓词“乌尔坎绕ξ公转”就是如此。
弗雷格选择了一个不同并且不那么贫乏的例子，其中谓词不是对
所有主目都有定义。例如我们通常把谓词“ξ是雄性的”理解为只
对有生命的对象有定义，又如像“ξ是细心的”和“ξ是慷慨的”这样 Gg II 56,
的性格谓词，则认为对婴儿没有定义。对这样的谓词，弗雷格说它 58,64
们实际上根本没有指称。它们可以说表示的是性质(即弗雷格所 NS 133 (122);
称的“概念”)，而其边界在特定地方是不确定的。但可惜，弗雷格 NS 168 (155)
却抠起字眼来。他说，一种没有确定边界的性质，一个对特定对象
无法区分它们是否具备的性质，就根本不是性质。当然，以此类推
就是，利用这样一种谓词可以构成没有真值的句子，方法是在谓词 170
的主目位置插入一个名称，而谓词对该名称表示的对象没有定
义——显然，由于该谓词对这样的对象既非真也非假，那个句子也
就既非真也非假。但这个类推当然不是完美的。句子中出现无指
称的名称，这将使任何句子都失去真值。但谓词在这种意义上没
有指称，却只是使得某些句子没有真值——如果对于主目位置上
的名称所表示的对象，谓词对它具有定义，那么直觉上就没有理由
说句子缺乏真值。更自然的说法是，我们没有对谓词的指称作出
完全的界定。但弗雷格会问道，“它有还是没有指称?”他会觉得类
似“它具有一个没有完全界定的指称”这样的回答不对口味。对弗
雷格来说，表达式无论是专名还是不完整表达式，其所指都是现实
世界中的东西，它们是与语言表达式相联系的非语言的东西，是我
们所谈到的东西。现实世界中不包含没有得到完全界定的东西，

或者说，没有那些本身就没有完全得到界定的东西。当然，如果我给出一种不完全的界定，那么我也就给出了一个适合于不止一个东西的界定。因此，如果我们没有完全界定一个表达式的所指，我们会说它的所指是所有那些适合于这种不完全界定的东西（而不是仅有一个不完全界定的所指）。但弗雷格并不希望认为，表达式最终具备指称时，会有多于一个所指，因此他情愿认为，一个不是处处都有定义的谓词，根本就没有所指。最终，对于这样的谓词来说，当名称（谓词对该名称的对象有定义）被置于主目位置时，它不会产生直觉上缺乏真值的句子。但只要主目位置为一个由量词所约束的变元所占据，一般就肯定会这样，因为，如果某个实例[①]缺乏真值，量化陈述也就没有确定真值。再者，弗雷格主张，在一种恰当地构造出来的语言中，也没有这样的谓词——在这样的语言中，所有谓词，以及所有函数表达式和关系表达式，对所有对象都有定义。我们后面会回到这个问题上。

事实上，在自然语言，而不是弗雷格的或者其他任何符号语言中，有一种情况更加类似于限定摹状词。在自然语言中，我们有时会构造高阶的限定摹状词。我们已经注意到，概括表达式在自然语言中经常用于产生二阶量化，但没有任何明确的标志来把这种
171 用法与一阶概括区分开。关系从句可以用于构成二阶限定摹状词，例如像这样的短语，“弗雷德雷克一直希望充当的东西”，或者“五名员工最近成为的东西”。这种类型的短语被用作表语，和系词一起构成复合谓词。认为它们被用来表示对象，就误解了它们。

① 即用个体常项替代约束变元得到的句子。——译者

和普通的限定摹状词一样，它们也会因为隐含地主张的那种存在性条件与唯一性条件不成立，而无所指称——可能并没有那种弗雷德雷克一直希望充当的东西，这要么是因为弗雷德雷克从来没有任何一贯的目标，要么是因为他一直希望成为的东西不止一个；同样，如果五名员工最近成为共产党员，另外五名最近被选为皇家学会研究员，那么也没有五名员工最近成为的那种东西。逻辑学家从未觉得，类似于“的东西(what)”在自然语言中所表示的那种二阶摹状词算子有什么用处，也许就是因为这，弗雷格没有把这种情况算作谓词缺乏指称的例子。 GG1 371-2；FB 31

(5) **不完整表达式的指称本身就是不完整的**。这又是弗雷格最为著名的学说之一。我们不会尝试在这里充分讨论它，而是留到接下来的一章。

弗雷格的有些批评者觉得，为专名之外的表达式赋予指称，这整个想法都有些让人生厌。对专名来说，存在一些我们用专名来谈论的对象，从而可以说是专名所表示的东西，这一般来说没有什么问题。名称和其承载物之间的那种关系，肯定是弗雷格用来理解表达式与其所指之间的关系的模型。但是，他有什么理由认为这一模型能用于其他语境下呢？我们何以需要认定，属于其他范畴的表达式，以一种与专名相似的方式，具有语言之外的相关物呢？弗雷格并不认为，比如在说一个关系表达式与其所表示的关系之间，具有与名称与其承载物之间具有的**同样的**关系，而只是具有相似的关系——那么，我们何以能够肯定这种类似，又何以能肯定，我们知道应该如何建立这种类似？

在引入弗雷格的指称概念时，我用适于量化语言的那种熟悉

的语义学，来解释这个概念，以此预先抑制这类反对意见。我解释说，指称就是为了为一种语言的句子赋予真值，而必须赋予这种语
172 言的初始表达式（个体常项、谓词、关系表达式和函数表达式）的东西。这样，就使得认为指称只是赋予语言中的单称词项的想法变得荒唐起来。属于不同种类的指称也被赋予谓词、关系表达式以及函数表达式，甚至也赋予像语句算子和量词这样的表达式。我们还不习惯于把后面这些表达式与个体常项和谓词等同样对待，因为它们没有出现在这种语言的原子句中，而只是出现在用于定义真的递归从句中，但是，就一般类属而言，它们也会被赋予指称。

一旦这样看待问题，这种反对意见就表明依赖于涵义与指称之间的区分。对专名来说，情况也许允许弗雷格有理由赋予其区别于指称、但又并不取决于指称的涵义。但对不完整表达式来说，为何我们还需要这样的区分呢？也许在这种情况下，把握涵义也就等于知道指称，而不会有以这种而不是另外一种方式这样做的问题。

为了鼓吹弗雷格不想对不完整表达式区分涵义与指称这一观点，人们浪费了大量笔墨。弗雷格未发表的一些著作明确地谈论
NS 128 (118); NS 209-10 (192-3); BW 96 (63) 了这个问题。但不管怎样，可以从他发表的著作中抽引出观点来。通过探讨弗雷格是否认为不完整表达式像专名一样，可以有涵义而无指称（如果这是可能的，那么在它们的涵义与指称间就有区分），我们确实难以得到什么帮助。因为，尽管已经看到他确实这么认为，我们还是不能肯定，他所给出的那种关于并非处处有定义的谓词和其他不完整表达式的例子，真的不应该同时被看作是表

达式不具备完全界定的涵义或确定的涵义的情况；并且，弗雷格出于严格性考虑，或许情愿说这样的表达式实际上根本没有涵义（他从未明确表述过这一点）。不过归根结底，更为重要的是，比如说两个谓词是否能够有不同涵义但有相同指称。若要讨论这个问题，就要先确定，按照弗雷格的原则，关于两个谓词有相同指称这个问题，什么才是正确的观点。而在这个问题上，他是明确的。 NS 128 (118), 133-4 (122-3)

如果表达式的指称真的可以当作是标准的经典语义学意义上的解释（interpretation）[①]，那么指称的同一性标准应当是外延的 173
（extensional）。而这就是弗雷格所说的，但要经过限制。严格地 NS 130-3 (120-2)
说，这个限制就是，我们不能在联系到不完整表达式的指称时谈论同一性。因为确切地说，同一性是**对象**之间的关系，是一种一阶关系。但是，弗雷格说，概念（即谓词的所指）之间有一种关系，它类似于对象间的同一关系，而这就是共外延关系（co-extensiveness）。
与陈述“$a=b$”类似的是陈述“$\forall x(Fx\leftrightarrow Gx)$”——显然，即使 NS 197-8 (181-2), *Huss* 320
“$F(\xi)$”与“$G(\xi)$”这两个谓词涵义完全不同，这个陈述也可以成立。

在谓词的情况下是否有涵义与指称的区分，这个问题就此得到决定性的解决。但在不完整表达式的情况下，弗雷格的指称概念有一个在关于量化语言的标准语义学中没有出现的特征，这个特征在这一节标题中表述了。在标准语义学中，对一个谓词的解释是一个集合，对二元关系符号的解释是有序对集合，如此等等。但弗雷格坚持认为，所有不完整表达式的所指本身必须像表达式本身那样，具备一种不完整性。谓词的所指是概念；关系表达式所

① 这里的“解释”是模型论术语，指为符号指派语义值。——译者

FB 6-7；Gg I 1-4 指是关系；函数表达式所指是函数——所有这些必须认为具有一种与表达式完全一致的那种不完整性。这是什么意思呢？

首先说明一下术语。像弗雷格那样把德语词“Begriff”用于谓词所表示的东西，比起这样用与它最接近的英语等价词“concept（概念）”来说，还不是那么不自然。在英语中，我们把“concept”自然地解释成，当一个人把握一个词或一些词的**涵义**时他所具备的
BG 198 东西；但对弗雷格来说，“Begriff”用于谓词的**所指**，而不是涵义，因而与“Funktion”（“function”——函数表达式的所指）和“Beziehung”
BG 201 （“relation”——关系表达式的所指）相关联。所有的英语作者在提出这个观点时，都会自然地使用“property（性质）”，而不是“concept”。在考虑弗雷格关于概念说了什么时，为了避免英语词“concept”造成的误导性的暗示，这样替换常常是有益的。在翻译弗雷格或者对其观点给予解释时，保留“concept”这个词仍然是可取的，因为要使用“property”就需要其他相应的调整——在弗雷格说对象“落于（falls under）”一个概念之下时，我们应当说它“具有”一个性质，如此等等。（弗雷格偶尔也会在非技术性的意义上
Gl 19，21，29 使用“Begriff”，此时只有英语词“concept”是合适的，要不就在技术性的和非技术性的意义都相关的语境中这样用。）注意到这一点
174 也是重要的，即对弗雷格来说，只有（一元）谓词才以概念为所指（二阶谓词以二阶概念为所指，等等），而“概念”一词在英语中的普通用法则无此限制。如果没有把握这一术语上的要点，就会引起严重的误解。例如，对于把一个专名放入简单（一阶）谓词的主目位置得到的原子句，弗雷格说，这样的句子用来作出关于一个对象（即那个名称的所指）的陈述，这个陈述说该对象落于一个特定概

念(那个谓词的所指)之下。然而,如果我们考虑为一阶谓词添加量词所构成的句子,那么弗雷格就把量词当作二阶谓词,它以二阶概念作为所指。于是他说,这样的句子被用来作出一个关于一阶概念(谓词的所指)的陈述,该陈述说,它落于一个由量词所表示的二阶概念之下。"关于一个概念的陈述"这个短语在英语里被自然地适用于概念性的论断,按这种理解,这样的陈述如果成立的话,是由于陈述中使用或提到的某个词的涵义而成立。这当然完全不是弗雷格的想法——概念对他来说属于"指称的领域",也就是说,就像对象一样属于现实世界的一部分,因此关于它们的陈述就像关于对象的陈述一样,会因为纯粹偶然的原因而为真,而这些原因 Gl 47
与世界恰好所处的状态有关。比如说,所有关于存在的陈述,都属于弗雷格所说的"关于概念的陈述"。

弗雷格试图通过他的关于概念、关系和函数的不完整性的观点加以避免的,是"共相如何与殊相联系起来"这个问题。在解决"共相问题"的传统进路中,谓词和相应的抽象专名无差别地混在一起,都表示特定种类的共相。关系表达式和对应的抽象专名同样也无差别地归为一类,表示另外一种共相。这样,无论是真还是假,句子何以实际上能够成功地说出什么,这就显得成问题了,因为句子似乎退化成了一种列举——罗素用"命题由于分析而分解"来表达这一点。当我们说"伊阿果憎恨奥赛罗"或者"海王星是与天王星一样大的"时,我们所做的肯定不止于单纯列举这些词的所指,即分别在这些例子中的两个殊相和一个共相。我们肯定不止于仅仅依次提到伊阿果、憎恨和奥赛罗,或者海王星、体积相等和天王星,因为我们是在说,在各自的情况下,所提到的关系实际上 BG 205

联系了对象。但我们会接着问，这些殊相在命题中是如何被那种
175 关系联系起来的呢？是什么样的隐形胶水，把共相与这两个殊相连接在一起的？有的哲学家，更好地说应该是逻辑学家，把系词当作句子中起这种黏合作用的部分。在第二个句子中可以直接看到这种成分，而在第一个句子中则变形到动词“憎恨(hates)”中。按照这些逻辑学家，这样的句子如果要充分明确地展示出来，就必须写成“伊阿果是一个憎恨奥赛罗的人”这种形式，其中系词与普遍词项分开了。但不管怎样，真正的问题不是说，句子中的哪个部分表示黏合性的成分，而应当是，这种成分成功地承担的究竟是什么作用。不仅如此，这还是一个双重的问题。在一种意义上，只有在命题是**真的**时候，例如，如果伊阿果确实憎恨奥赛罗，关系才成功地连接了殊相。因此我们就有这样的问题：一种关系如何成功地为特定殊相所具备，从而使关系命题为真？但这不是关系连接殊相这一点的唯一方式，因为否则就只能有真的关系命题——必须有一种方式，使得关系即使**实际上**没有连接殊相，没有在实在中连接殊相，但却在命题**中**连接它们。

罗素、摩尔、布莱德雷(Bradley)，以及其他许多人都与这些问题搏斗，好像这是哲学中最困难的问题之一。对弗雷格来说，这完全是假问题。产生这些问题，是因为把抽象对象与概念和关系混淆起来，或者说，是因为认为谓词和关系表达式表示的是抽象对象，而不是概念和关系。一个概念与一个对象之间，或者一个关系与两个对象之间，不需要黏合物来将其装配在一起——它们自然地接合起来，这种方式我们可以认为类似于一个谓词和一个专名，或者一个关系表达式和两个专名连接起来构成一个句子的那种方

式。一旦明白我们**只能**把概念设想为谓词的所指，**只能**把关系设想成关系表达式的所指，这对于我们来说就显得自然并且毫无问题了。这既意味着，对任何给定的概念或关系来说，我们只能将其当作某个谓词或关系表达式所表示的（而不必是唯一的）东西，又意味着，要达到对于概念或关系的一般概念，我们必须先获得关于谓词表达式和关系表达式的一般概念，然后再把概念一般性地理解为谓词所表示的东西，而把关系一般性地理解为关系表达式所表示的东西。归根结底，按照传统进路，仍然有必要区分两种共相，像勇敢这样的性质，和像憎恨这样的关系——除了一个由谓词表示，另一个由关系表达式表示，还有什么用来区分它们呢？但是，由于我们只能够通过理解关系表达式在句子中的用法，来获得 176
关于什么是关系的理解，一上来就设想关系也可以由某个抽象专名来表示，这就是错误的。要么，根本就不必把抽象名词真的理解为名称，而只是一种迂回说法，用来表达包含了对应的关系表达式的句子；要么，它是抽象对象的名称，这种对象与相应的关系应当有某种可以陈述的连接（这种连接就其连接了所有这样的抽象对象与对应的关系来说，不必是统一的），但不能与之等同。

如果套用抽象对象的模型来解释概念或者性质与关系，那么我们就会面临关系如何连接对象，性质如何属于对象这样的问题。但是，如果我们只是把关系想成关系表达式所表示的东西，把概念想成一元谓词表示的东西，那么这些问题就直接消失了。可以说，对概念或者性质来说本质的一点是，它们是**关于**（of）对象的，而对关系来说本质的一点则是，它在两个对象**之间**。这样说时并没有使用弗雷格的术语，但它精确地表达了当他说“概念和关系都是不

完整的，概念具有单一的不完整性，而关系则有双重不完整性”时，所表达的东西。

对我们的直觉或许最为清楚的支持来自函项。对弗雷格来说，情况仍旧是，把握函项是什么，所需要的仅仅是理解函数表达式的工作机制。当我们领会了简单函数表达式的用法，按照这种用法可以用简单专名构成复合专名，我们也就具备了关于特定函项的观念。当我们通过分辨出若干不同的复合专名中的共同模式，获得对复合函数表达式更为一般的理解，那么我们就获得了，或者接近于获得了对函项的一般概念。而如果真的领会了函数表达式的工作机制，那么我们就完全明白函项与对象之间的区别。对各个主目具有值，这就是函项的全部。也就是说，我们可以把一个对象，作为特定函项对于另外一个充当主目的对象所取的值，来进行指称（例如，把一个数当作特定函项以另外一个数作为主目时的值）；而把两个对象，当作同一个函项对于充当主目的不同对象所取的值，来进行指称。而如果不考虑由量词所约束的变元必须被允许出现于一个函数表达式的主目位置这一情况，这是我们最终用来指称函项的唯一方式。我们不能用函项来指称“它自己”，这正是因为，能够用来指称函项的唯一一种表达式，就是函数表达
177 式。也就是说，一个不完整的表达式，它不能独立出现，也不能充当句子中可以分离的一部分。因此，函项与表示它的表达式相类似，也是不完整的，这一点就变得完全自然了。

函数表达式被补充完整后就不再是函数表达式，而是专名。同样，一个函项在其主目得到补充后，就不再是函项，而是对象。这当然是一种形象的说法。没有一个实体在经过了一种名为“补

充”的某种操作之后，变形成另外一种类型不同的实体。函项就是从对象到对象的映射，这种映射也不是一种实际的操作或者变形。我们必须避免说这是一种“思想上的变形”，因为尽管在一种意义上这是很正确的，它还是会遗漏弗雷格关于函项属于“指称的领域”的观点，以致认为，函项与我们所把握到的、函数表达式的涵义有关。人们可能会觉得，如果函项就像从对象到对象的映射那样，被认为是不完整的，也就没有必要主张它是现实宇宙成员中的一种东西了——现实的宇宙包含对象，而函项则只是表现了可以用来指称对象的特定方式。诚然，在某种意义上，一旦知道什么对象存在，我们也就知道有什么函项，至少，只要我们准备像弗雷格那样，承认对所有对象都有定义的所有“任意”函项，情况就是如此。（给定了所有对象的总体，并不意味着就给出了定义于其上的函数表达式的、所有可能的涵义的总体。但这不是这里要考虑的问题。）但对弗雷格来说，一个确定了另外一个，这个事实并不意味着，我们有理由认为后者要比前者更少实在性——如果对象是现实世界的一部分，那么定义于对象上的函项也是如此。毕竟，我们作出的关于实在的陈述中，有些是关于函项的，而这些陈述与关于对象的陈述一样，都依赖于实在的偶然特征。

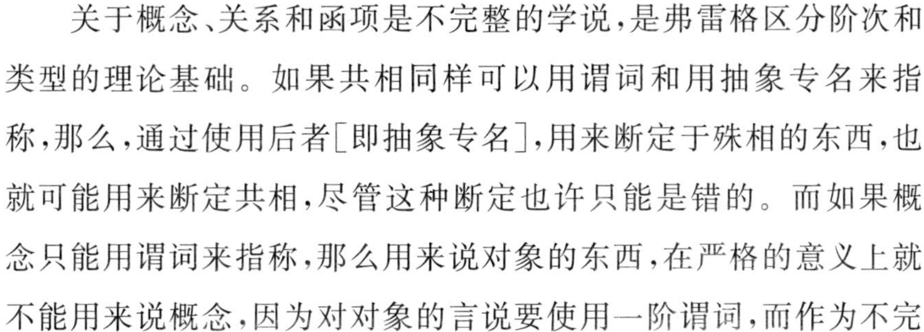

关于概念、关系和函项是不完整的学说，是弗雷格区分阶次和类型的理论基础。如果共相同样可以用谓词和用抽象专名来指称，那么，通过使用后者［即抽象专名］，用来断定于殊相的东西，也就可能用来断定共相，尽管这种断定也许只能是错的。而如果概念只能用谓词来指称，那么用来说对象的东西，在严格的意义上就不能用来说概念，因为对对象的言说要使用一阶谓词，而作为不完 BG 200-1

178 整表达式，一阶谓词的主目位置要用专名来填补，但至少就构成完整句子这个目的而言，表示概念的表达式不能放入那个主目位置，因为那个表达式本身就是一阶谓词，但没有东西放进**它的**主目位置。反之，能够用来说（一阶）谓词的东西，也同样不能用来说一个对象。因为对概念的言说要用二阶谓词，而其主目位置要用一阶谓词来填补，它还带有一个用来插入那个谓词主目位置的约束变元；如果我们把一个专名放在二阶谓词的主目位置上，就没有地方

Gg I 23 放约束变元——只有随它去了。因此，对弗雷格来说，违背阶次之别不止是无意义，在一种恰当地构造的语言中，这实际上是不可能。（一种语言构造得是否明确展示了语句的逻辑形式，对此一个很好的标准是，看在那种语言中能否构造出这样的句子，它们在其他语言中对应的是些虽然合乎语法但却没有意义的句子。）弗雷格坚持认为，在一种构造恰当的语言中，例如在他自己的符号语言中，不完整表达式必须总是带有主目位置，这些位置要用真正的主目或者约束变元来填充。（没有这一限制，就有可能违反阶次和类型的区分。）这个限制也适用于在给定类型的所有实体中取值的约束变元——它们也必须总是带有相应数量和类型的主目位置，唯一例外是它们要与量词（或者其他用来约束变元的算子）一起出现，并表明该量词所约束的是某个约束变元在后面的哪些出现。作出这个限制的理由很明显。在弗雷格看来，一个表达式出现时，如果没有携带正确数目和类型的主目位置，就不能作为同一个表达式被再次识别出来——它不能作为意定类型的表达式得到识别，也就是说，不能表示想用它表示的那类东西。同样，一个约束变元在出现时，如果不带有数目和类型正确的主目位置，就不能识

别出它意定的取值范围。如果只有通过表达式所具有的不完整性的类型，我们才能把表达式理解为表示特定类型的概念、关系或者函项，那么，只有当表达式具有同样类型的不完整性，我们才能识别出它表示的是同一个概念、关系还是函项。这就是为何不仅需要类型之别，而且需要阶次之分。例如，一个二阶的关系表达式，不能无差别地接纳专名和一阶谓词进入它的同一个主目位置，因 179
为，在其不同的出现中，我们无法认出那是同一个表达式。

（6）**专名的涵义确定了识别所命名对象所需要的标准**。如我们在第四章所见，关于同一性标准的概念，这一在近来的哲学讨论中地位如此突出的概念，是由弗雷格用“同一性标准”这个完全相同的名称引入的。为了把握使用名称来表示的对象是什么，有必 Gl 62
要知道（用弗雷格的表述）“如何再次辨认出同一个对象”。是弗雷格第一个清楚地看到，对于种类不同的对象，我们使用各式各样的 Gl 66
同一性标准，并且意识到，光是这一点，就足以要求专名要有涵义，而不是像密尔关于专名所设想的那样，只是把名称与其所指联系起来。要知道究竟怎样才算指称属于某个种类的对象，方法之一就是了解那种对象的专名是如何用的，从而了解与之联系的同一性标准。通过了解普遍词项［即目前人们所说的“种类词项（sortal term）”］的涵义，我们也可以了解这样的标准。但这里情况并没有什么不同，因为要把种类词项与其他种类的述谓型表达式（其他普遍词项）区别开，恰好在于要能够利用它们构成限定摹状词，而与这些摹状词相联系的同一性标准是由种类词项确定的。密尔假定我们所面临的世界已经切分成了一个个对象，需要我们了解的只是要把哪个标签贴在哪个对象上。并非如此——我们所使用的专名，以及相应的种类词项，决定了切分的工作据以实施的原则，而这些原则是随着学会使用这些词语一起获得的。

这个观点在《哲学研究》前面的一些段落中占据了突出地位。维特根斯坦主要将其用于具体对象的名称及其种类词项，而弗雷格对同一性标准的讨论，则主要联系于抽象对象的名称，尤其是使用算子（函数表达式）构成的那些名称，以及这样一些名称，对于其所指人们自然地认为，只能用这样的算子构成的单称词项来指称。我心目中的这类算子类似于“ξ的方向”，以及“ξ的形状”——如果不是当成方向或形状，如果不用类似于“ξ的方向”或者“ξ的形状”的某个算子，很难看出如何能够在语言中引入指称方向或形状的名称或者某种手段；尤其是，很难看出，如果不是先有某种手段来指称直线，人们如何能够具备指称方向的手段，如果事先没有指称

180 比如说平面图形的手段，也很难看出如何能指称平面形状。在讨论这类抽象对象的名称时，弗雷格自然而然地把同一性标准，想成使同一性陈述为真的标准，这种陈述中用等同记号连接的名称，是用刚才提到的算子构成的，例如具有这种形式的句子，“A的形状与B的形状相同”。因此，“**再次**辨认出同一个对象”这个短语不必含有时间意义，它仅仅是指判断同一性陈述真值的标准，而这种陈述用于识别以不同手段指称的对象。维特根斯坦在《哲学研究》中更经常用关于实指的例子，人们用实指词在不同场合下挑出一个具体的对象。这里，对于特定种类的对象具有时间跨度的识别标准，通常是关键要素，即令不是唯一要素。但是，尽管维特根斯坦对一类情形作出了远比弗雷格彻底的处理，其精神仍然完全是

弗雷格的,弗雷格几乎不会对其中的任何说法表示异议。

出于某个理由,吉奇主张把专名的涵义当作完全是由相关的同一性标准构成的——这样,所有用于人的专名就将具有同样的涵义,所有城市名称、河流的名称,以及所有数词等,都是如此。似乎很难领会这个主张的要点,它就等于说,密尔只错了一半。显然,为了能够使用"木星"和"水星"这样的名称,我必须知道的东西远远不止于它们表示天体这一点——我必须知道,按照约定它们用来表示的是**哪个**天体。如果这些知识不算进名称的涵义,那么为了确定包含这些名称的句子真值,知道句子的涵义就不够了——就像在句子里使用实指词一样,我们必须寻求额外的信息。由于这些额外信息没有为使用的环境本身所提供,而是保存于关于名称用法的一致同意的约定中,这种约定像制约了其他词语的用法的那些约定一样,也规定了同属一类的那些名称的用法(正如我不能让"椭圆形"来取"圆形"的意思,我也不能用"火星"来指称水星)。将这些信息视为额外,而否认它构成名称涵义的一部分,就似乎是完全任意的做法了。 *MA* 69-71

(7) **真值是句子的所指**。弗雷格讨论过什么能够充当句子的所指。这种探讨对读者来说显得完全没有根据——为什么竟然还要赋予句子以指称呢?问题无疑关系到如何看待指称这个概念。如果我们把专名与其承载物之间的关系当作原型(我们有理由这么做),那么就像在不完整表达式的情况下一样,人们可能会问,弗雷格到底凭什么假定,存在这样一种东西,它与句子具有名称与承载物之间的那种关系,或者一种类似的关系。但是,如果从我引入指称这个概念的那个角度,即从量化语言的标准语义学的角度来 FB 14,18; SB 34; NS 211 (194-5); NS 276 (255) 181

考虑，那么句子的任何局部，或者说句子的任何不完整的成分（比如复合谓词），只要构成一个逻辑单元，就能赋予指称。在两种情况下，句子的片段或者不完整的成分可以充当逻辑单元：在第一种情况下，在对初始谓词以及其他非逻辑常项进行的特定解释中，必须认为对片段或成分的赋值决定了整个句子在那种解释下的真值；以及这样一种情况，要把握句子所参与的推演的有效性，就必须辨认出充当句子要素的片段或成分。后一种情况有两种子情况：一种是，必须识别片段或成分在其他某个句子中的出现；另一种是，需要把原来的句子视为另外一个包含了概括的句子的实例，也就是说，就量词符号来说，片断或成分必须当作约束变元的合法替换。弗雷格赋予指称的，正是在这种意义上构成逻辑单元的表达式；对他来说，“（能够）具有指称”正是“形成逻辑单元”的另一种说法。而句子，正是因为能够构成其他句子（包括一个句子是一个量化句子的实例的情况），才是这样一种逻辑单元。从这个角度看，真值恰恰是我们必须当成句子的所指的东西，因为，按照这种方式理解，所指在这样一种语义学中恰恰必须当成给定表达式的赋值，按照这种语义学，完整句子的真值是由作为其成分的表达式（包括作为其成分的句子）构成它的方式决定的。

Gg II App 255

用这种方式解释指称，这与把名称与承载物之间的关系当作所有指称关系的原型，似乎存在着某种张力。就算指称是标准类型的语义学刻画（即弗雷格使其成为标准的那种类型，当然，像塔斯基这样的后来的逻辑学家做了大量的明晰化工作，他们阐述了集合论机制，而这对精确表述来说是必要的基础）之所需，这丝毫也不意味着，各类型的表达式与其所指之间的关系，竟然与名称与

承载物的关系类似。当然，问题取决于如何理解“类似”这个词。182
后面我们会回到这个问题。

弗雷格假定，句子必须有指称，从而论证说，句子的所指只能是其真值。因为，按照一般原则，句子所指必须是句子任何部分用另外一个具有相同所指的表达式进行替换以后，仍然保持不变的东西。如果我们这样替换，把专名换成其他或许是非常复杂的专名，谓词则用其他共外延的谓词来替换（弗雷格没有这么说过，但应该会同意这样替换），那么显然，整个句子的涵义变了，因此句子表达的思想不可能是句子的所指——难以想象，除了真值还会有别的什么东西我们能够保证是不变的。

人们一般同意，如果弗雷格终究要赋予句子以指称，那么真值是他到此为止能够用来充当句子所指的最佳选择——至少，他没有去考虑把事实、命题、事态或者类似的实体来充当句子所指，这样一些沉闷的选项。把真值作为句子的所指，这在某种意义上成
了弗雷格思想发展过程中的分水岭。最初在“函数与概念”这次讲 FB 14
座中所做的涵义与指称的区分，补足了《算术基础》中的逻辑学说——事实上，它对于理解这部著作来说是不可缺少的。因为，尽管在写作这部著作时这个区分还没有得到表述，在《算术基础》中他还是利用对象与概念的区分做了很多事情，而如果不理解对象与概念分别是专名和谓词的**所指**而非**涵义**，那么我们就不能领会
到对象—概念之分要在什么与什么之间做出。（如果不理解这一 BW 96 (63)
点，我们也难以轻易明白他说“关于数的陈述是用来谈论概念的”
时，他真正想说什么。）也就是在那次讲座中，他还引入了真值是句 Gl 46,55
子的所指这一观点。与这个观点紧密联系的是一系列其他观点，

它们带着他后期著作的典型特点，事实上，这是一种在《算术基础》中显然没有出现的全新的教条主义**风格**。

为了正确地理解这一点，我们需要注意经常被忽略的一个要点。关于阶次的学说要求弗雷格断定，任何表达式都不能恰好在名称表示对象的那种意义上，表示概念或关系，因为，把用来谈论对象的东西，用来谈论概念或关系，这样做肯定是无意义的——对
183 概念而言，指称关系充其量类似于名称与对象之间的关系。现在，关于句子和真值情况又如何呢？句子与真值之间的关系，与专名与其承载物之间的关系是完全相同，还是仅仅类似呢？显然，弗雷格没有同样的理由说只是类似——句子显而易见是完整的表达式，反之，是谓词的不完整性，决定了它们的所指必须同样是不完整的，因而属于与对象不同的逻辑类型、不同的阶次。但由此根本就得不出，所有完整表达式都具有属于同一逻辑类型的所指。远非如此，因为专名与句子虽然在弗雷格的意义上都是完整表达式，但它们显然以相当不同的方式起作用。除非是因为受制于某种理论，任何人都会倾向于说，它们是全然不同的逻辑类型。弗雷格关于涵义的整个解释，都以句子在我们的语言中所扮演的独一无二并且属于核心的角色为基础，鉴于此，他更应乐于承认这一事实。于是，如果名称和句子要被弗雷格理解为具有不同的逻辑类型，那么对它们的所指（对象和真值），他就应当解释为也具有不同的逻辑类型，而句子与其真值之间的关系，看来就只是类似于名称与其承载物之间的关系。只有当事先就假定真值是对象，或者等价地
FB 18；SB 34；Gg I 2 假定，句子是一种特殊的复合专名，才能承认这里的关系实际上是相同的。

在关于弗雷格的讨论中这一点几乎总是被忽视。人们认为，一旦弗雷格采取了把句子当成具有指称这一步骤，他就注定了要得出结论说，真值是对象，并且句子就是这样一种对象的一种复杂的名称。不倾向于接受这一结论的人于是就认为，关键的一步是，决定终究要为句子赋予指称，从而只关注指称概念的一个方面（用名称/承载物关系充当原型这种用法），而排除另外一个方面。但绝对没有必要这么做——相反，只要主张句子属于与名称不同的逻辑类型，因而真值与概念一样都不是对象，它［把真值当作句子指称这种做法］与弗雷格到此为止所说的一切都协调一致。

把真值等同于句子指称，这一点与真值是对象这个观点一起，使弗雷格的本体论得到了极大的简化，而代价则是对语言作出了极不合理的分析。句子只是复合专名的特例，真值则只是对象的
特例，由此得出，谓词和关系表达式只是函数表达式（分别是一元 184

函数和二元函数）的特例，以及概念和关系只是函项的特例——概念和关系事实上是这样一种函项，相对于一个或两个主目，它们的
值总是真值。所有函项都必须对所有对象有定义（为了避免出现 FB 15
没有指称的专名），这个观点现在就得到这样的结果，即主目位置 Gg I 3,4;
上只要能够有意义地放入某些名称，就必须总是要为放入任何名 NS 129 (119)
称的做法提供涵义，不仅如此，还要为把句子放入任何这样的位置提供涵义。于是，构造恰当的语言就势必满足这样的要求，例如对包含了数词和谓词“ξ 是绿的”的语言，就必须为“5 是绿的”提供涵义，不仅如此，还必须为“(5＝2＋4)是绿的”提供涵义。第一个对我们语言的结构做出真正透彻的分析的思想家，不得不陷入这样
荒谬的境地，这真是个悲剧。这当然不是说，把这样的要求加给语 NS 158 (146)

言，这在形式上有任何错误。尽管如此，我们还是会看到，把句子等同于专名确实对弗雷格的意义理论产生了致命后果。弗雷格早年偏离自然语言所具有的那种形式（尤其是他用来表示普遍性的记号法），这是他对语言工作机制的深刻洞见使然，然而这里这种荒唐的背离却全无必要，而只是没来由的失误。

即使如此，我也没有说这种做法一无是处。新的发展有一点是可取的，即，如果不完整性这个概念在适用于函项时，比适用于概念和关系在直觉上更好理解，那么一种学说若能让人们把概念和关系看作函项的特例，就至少使不完整性这个概念在适用于它们时也更容易理解些。按新的学说，说一个对象落于一个概念之下（即一个对象具有某个性质），就相当于说，这个概念把这个对象映射到**真**这个值，而不是**假**这个值上。如果人们觉得概念和关系具有不完整性这一点难以把握的话，这样说在直觉上还是能够帮助理解。难点在于，在函项的情况下，利用函项针对特定主目产生一个值这一点，还是可以让“补足”函项这种隐喻性的说法过得去，但在概念和关系的情况下似乎没有这样沿用隐喻的余地，而这使“补足”一个概念或关系这种想法无法理解。但即使在这里，也没有必要坚持真值实际上**是**对象，以及概念实际上**是**函项。需要做的仅仅是承认一种类比关系的存在——如果觉得有必要对一个概
185 念进行“补足”，那么得到的结果就是真值，而这类似于通过补足一个函项，我们得到一个对象。为使一个隐喻称心如意而付出的代价，真的太大了。

现在就有可能更清楚地看到，弗雷格为何会认为，允许一种语言中的名称没有指称，会使得为这种语言建立融贯的语义学成为

不可能。这只与承认真值是句子的所指有关，而与真值是对象这一观点无关。一个一般性的原则是，如果表达式的部分缺乏指称，那么整个表达式必将没有指称。按照这一原则肯定得出，一个句子无论是什么，只要其中出现的一个专名缺乏指称，那么这个句子也就没有所指，也就是说，没有真值。在处理专名时这个原则似乎足够清楚——如果没有鲁里坦尼亚（Ruritania）这个国家，也就没有像鲁里坦尼亚的首都这样的城市。如果没有指称理论这个背景，对于一个由于包含了没有承载物的名称而非真非假的句子，我们会说它缺乏真值，还是说它有一个中间值，这看起来只是一个关乎言辞的枝节问题。但是，由于把句子的真值当作其所指，弗雷格就不得不说它完全没有真值——他不能选择说它有一个中间真值。并且，仅仅因为这，他也不可能制定三值的真值表，并且不能只对于包含了缺乏指称的名称的原子句，排除其非真非假的情况，而允许由这样的原子句构成的某些复合句为真，其他复合句为假。无疑，以这样的三值逻辑为基础，可以为语言构造一种完全融贯的语义学——比如说，我们应当有可能这样建立真值表：即使“A”本身非真非假，所有形如“如果 A，那么 A”的陈述仍然是真的。这样的三值逻辑是不是适合于处理出现没有指称的名称的情况，这不是这里的关键——它至少表明了，持有弗雷格的观点，认为原子句如果包含没有指称的名称就将既非真也非假，这并不要求我们因为担心无法对语言的工作机制给出系统的解释，而对我们语言中这样的名称，展开过激的清除行动。但对弗雷格来说，这一选项被封闭了。**任何**句子，只要出现于其中任何地方的一个名称缺乏指称，它就没有真值。我不会花时间去验证，按照这一原则，一种可

行的语义学是否仍然不能建立起来——至少这一点是清楚的：对弗雷格来说，认为不能建立，这不是一种全然荒谬的断言。

当然，为避免这一困难，本来可以直接抛弃这一原则，即任何
186 复合表达式中出现没有指称的成分，会使整个表达式失去指称。我们也可以反过来认为，这个困难表明，把真值等同于句子的所指的做法有问题。但事情真正在于，指称理论的两个指导性的观点在一点上形成尖锐冲突。单就标准语义学中需要使用的概念而言，没有理由不把句子的真值当成其所指，并且，如果我们愿意，也没有理由不把非真非假这种状态，当成服从某种三值真值表的中间真值。然而，是另外的那个观点（把名称/承载物关系当作原型），使得部分上指称的缺乏必定传递给整体这一原则，具有如此的强制力，从而导致了我们这里研究的这种关于真值的结论。我们能够做的至多是指出，这种原型在其他场合下（包括句子与其真值的关系）只能得到一种类似，这种类似不能使这一原则在那些其他的场合下成立，而只限于部分与整体都是专名的情况。毕竟，抛弃这一原则，根本不会导致抛弃那个并列的原则，后者对于指称的概念来说是构成性的东西，按照该原则，只要部分的指称保持不变，整体的指称也就不变；况且，关于这个[关于原型的]原则，在不完整表达式的情况下，我们已经陷入了某种与指称的缺乏相联系的困难。

（8）**间接引语（indirect speech）中的表达式不具有普通指称**。当一个名词从句被用来转述话语，或者接在像“相信”这样的后来被称为“命题态度（propostional attitude）”的动词后面时，其中包含的名称通常不能被另外一个具有同样指称的名称替换，而不改

变整个句子的真值。亨利说哥本哈根拥有世界上最布尔乔亚的建筑，或者，亨利相信哥本哈根拥有世界上最布尔乔亚的建筑，这样说可能是真的。但这绝不意味着，在后一种情况下，亨利相信丹麦的首都拥有世界上最布尔乔亚的建筑，因为他可能弄错了，以为哥本哈根在瑞典。而前一种情况肯定意味着，他并**没有**同时说，丹麦的首都拥有世界上最布尔乔亚的建筑，因为，无论他的地理知识有多好，谈论丹麦首都与谈论哥本哈根不是一回事。这可以通过这样一个事实得到证明：威廉相信亨利的话，但仍然不相信丹麦首都拥有世界上最布尔乔亚的建筑。这种类型的“that”从句是蒯因所 187
说的“不透明语境”的一个特例，在这种语境中，两个名称即使用等号连接得到真的同一性陈述，也不能保证用其中一个来替换另外一个，不会把一个真陈述变成假的，或者不会把假陈述变成真陈述。这样的语境不限于名词从句或者其他从句，比如上面所举的例子中，“谈论关于哥本哈根的某事”，或者像“他在找亨利”，或者再如“亨利很可能会活到100岁”。但是，希望能够找到一种方法，把所有包含了不透明语境的句子，都转换成使那种语境整个包含在一个作为整体不透明的从句中，却既自然又有吸引力。

弗雷格断定说，在这样一个语境中，名称不具有普通指称——在这样的语境中，它肯定被用来谈论其通常所指以外的东西，进而 SB 28；
说，它具有一种**间接**(oblique)指称。借助这种手段，弗雷格保留 NS 276 (256)
了这样的原则：只要句子中出现的表达式用某个具有同样指称的其他表达式来替换，句子真值就保持不变。当一个名称出现于不透明语境，用看起来具有同样指称的名称进行的替换，并不真的是这个原则的反例，因为在这样的语境中，两个名称都不具备通常的指称,因而在那种语境中,它们的指称并**不**相同。

然而,这不是纯粹为了拯救现象而设置的机械手段,企图在发现例外时保留一个原则免遭拒斥。不是这样,因为,当我们把表达式的所指解释为通过说出包含该表达式的句子而谈**及**(about)的
SB 28 东西,那么我们就必须承认,这个原则不允许任何例外。也就是说,如果当名称出现在一个特定语境时,真正被用来表示一个特定对象,那么整个陈述是真还是假,就取决于复合谓词(它通过从句子中省去该名称的出现得到)对那个对象来说是真的还是假的。这样的谓词对于该对象是真还是假,肯定不取决于对象是如何得到指称,因此,当这个谓词的主目位置用还是指称该对象的其他名称来填充,所得到的肯定是与原来句子真值相同的句子。当我们遭遇一个表面上的例外,就**不得不**得出结论说,在那个特定语境中,名称不再以所提到的对象作为所指。

复合谓词怎样才算对一个对象为真或者为假,这对弗雷格的
188 语义学(也就是说,他对量词的解释)来说当然是至关重要的。作为例子,让我们选择这样形式的句子"$\forall x[F(x,x)\rightarrow G(x,b)]$",其中"$F(\xi,\zeta)$"和"$G(\xi,\zeta)$"是简单的关系表达式,而"$b$"是简单专名。于是,这个句子就是通过把量词"$\forall x$"(解释为二阶谓词"$\forall x\ \Phi(x)$"),添加给一阶复合谓词"$F(\xi,\xi)\rightarrow G(\xi,b)$"得到的。于是这个句子就被理解为,只有当这个复合谓词对所有对象都为真时才为真。这个谓词进而又是通过从某个形如"$F(a,a)\rightarrow G(a,b)$"的句子中,略去专名"a"的三次出现得到。这样的句子最初是用二元的语句连接词"$\rightarrow$",来连接原子句"$F(a,a)$"和"$G(a,b)$"得到的。

这样，由于“$F(\xi,\zeta)$”和“$G(\xi,\zeta)$”被认为是简单的关系表达式，在如何确定“$F(a,a)$”和“$G(a,b)$”的真值这个问题上，就没有什么困难——“$F(\xi,\zeta)$”和“$G(\xi,\zeta)$”的涵义是作为确定其指称的手段给出的，它们确定了相应的关系在什么对象之间成立。因此，在知道“a”和“b”的所指的情况下，我们也就知道使得这两个原子句为真的条件。它们分别是“$F(\xi,\zeta)$”所表示的那种关系在“a”的所指与其自身之间成立，以及，“$G(\xi,\zeta)$”所表示的关系在“a”的所指与“b”的所指之间成立。对于复合句“$F(a,a)\rightarrow G(a,b)$”来说也没有困难——它的真值是在其成分句子的真值的基础上，由关于连接词“$\rightarrow$”的真值表决定的。但最后一步，即量化句的形成，则要求我们知道什么叫作谓词“$F(\xi,\xi)\rightarrow G(\xi,b)$”对任意对象为真。怎样理解这一点呢？

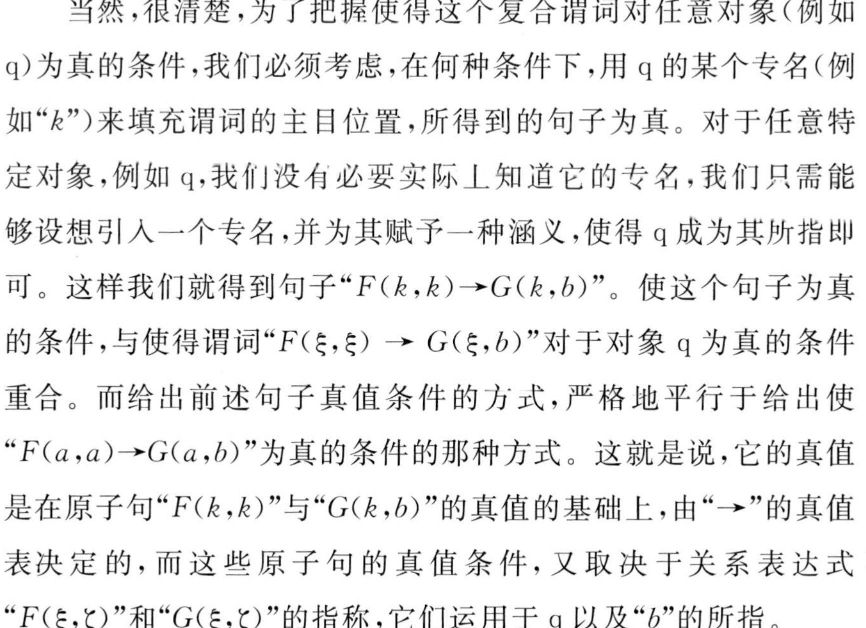

当然，很清楚，为了把握使得这个复合谓词对任意对象（例如 q）为真的条件，我们必须考虑，在何种条件下，用 q 的某个专名（例如“k”）来填充谓词的主目位置，所得到的句子为真。对于任意特定对象，例如 q，我们没有必要实际上知道它的专名，我们只需能够设想引入一个专名，并为其赋予一种涵义，使得 q 成为其所指即可。这样我们就得到句子“$F(k,k)\rightarrow G(k,b)$”。使这个句子为真的条件，与使得谓词“$F(\xi,\xi)\rightarrow G(\xi,b)$”对于对象 q 为真的条件重合。而给出前述句子真值条件的方式，严格地平行于给出使“$F(a,a)\rightarrow G(a,b)$”为真的条件的那种方式。这就是说，它的真值是在原子句“$F(k,k)$”与“$G(k,b)$”的真值的基础上，由“$\rightarrow$”的真值
表决定的，而这些原子句的真值条件，又取决于关系表达式 189
“$F(\xi,\zeta)$”和“$G(\xi,\zeta)$”的指称，它们运用于 q 以及“b”的所指。

对于弗雷格的语言分析来说必要的一点是，如果我们理解任意句子（把握它的涵义），也就是说，知道它的真值条件，那么我们肯定也把握了能够从中得到的任何谓词的涵义，换言之，我们必定知道使得那些谓词对任意对象为真的条件。知道这样一个谓词对一个对象为真，也就相当于知道另外一个句子为真的条件，后者不必是语言中的一个实际的句子，而应当说，是一个如果把指称那个对象的专名添加到语言中，就能够构成的句子。可以假定，从对一个句子的理解，可以抽引出对于由这个句子得到的任何谓词的理解。这样假定的依据是，对于谓词对给定对象为真的条件来说，真值条件与之重合的那个句子，与我们假定原来已经理解的那个句子，是以完全平行的方式构成的。换句话说，如果我们理解一个句子，那么我们同样理解可以通过用所指已知的其他某个专名，来替换其中某个专名的一次或多次出现，所得到的任何一个句子。

回到所讨论的问题。语言中简单的谓词和关系表达式按照定义是外延性的，也就是说，它们所构成的原子句，其真值仅仅依赖于放入其主目位置的专名的指称，因为，除非每个简单谓词都是以这样一种方式给出的，按这种方式，把名称放入该谓词的主目位置得到的句子，其真值取决于该谓词对该对象是否为真，否则我们不应当把这个对象当作这个名称的所指。简单的谓词和关系表达式的这种外延性，将传递给复合谓词，只要由量词和语句算子所提供的构造句子的手段，以及所有用来构造复合句子的其他手段，本身就是外延性的——也就是说，只要复合句子的真值仅仅依赖于其成分句的真值（在量词的情况下，“成分句”就是指实例）。因此，在这种情况下这就是必然的：对于包含专名的某次出现的句子，只要从这个句子通过省略名称的某次出现得到的谓词，对于该名称的所指是真的，这个句子就是真的。那么，在用来构造句子的方法不是外延性的情况下，也就是说，当构造出的句子包含了不透明语 190
境，情况又如何呢？在这种情况下，出现于那种语境中的名称对于确定句子真值的贡献，就不是纯粹在于其（普通）指称。因而就不可能把从句子中省去名称的某次出现所得到的结果，当作产生了一个谓词，这个谓词对充当名称的（普通）所指的那个对象为真还是为假，取决于原来的句子为真还是为假——因为，假定谓词的主目位置为以该对象为其（普通）所指的那个名称所填补，这已经不足以确定由此得到的句子的真值。因此，如果在这样一种出现中，名称终究要被当成是有指称的，所指称的就不能是充当普通所指的那个对象，而必须是另外一个对象，它同样是某个其他名称的间接所指，该名称**能够**替换前述语境中的那个名称，而不改变真值。

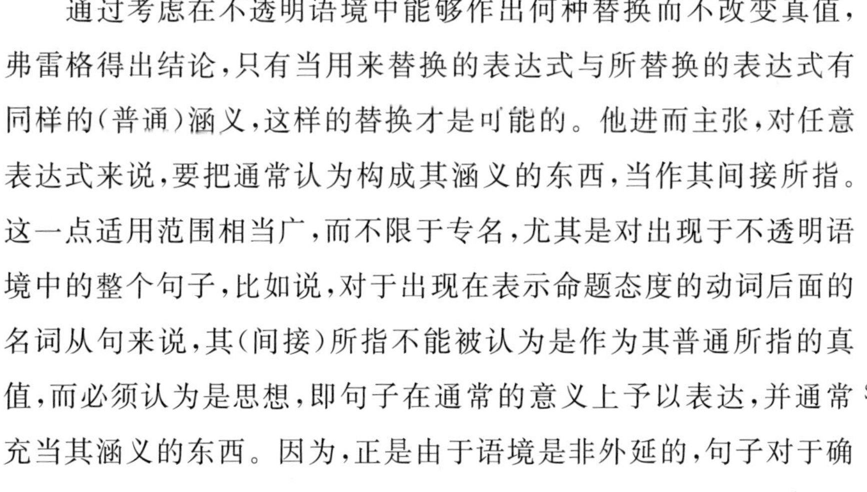

通过考虑在不透明语境中能够作出何种替换而不改变真值，弗雷格得出结论，只有当用来替换的表达式与所替换的表达式有同样的（普通）涵义，这样的替换才是可能的。他进而主张，对任意表达式来说，要把通常认为构成其涵义的东西，当作其间接所指。这一点适用范围相当广，而不限于专名，尤其是对出现于不透明语境中的整个句子，比如说，对于出现在表示命题态度的动词后面的名词从句来说，其（间接）所指不能被认为是作为其普通所指的真
值，而必须认为是思想，即句子在通常的意义上予以表达，并通常 SB 37
充当其涵义的东西。因为，正是由于语境是非外延的，句子对于确定它充当成分句的那个整体的真值所作出的贡献，才不单单在于其普通指称，即其真值——为了确定在这个语境中它的指称是什

么,也就是说,确定它通过什么来为确定整体的真值作出贡献,我们必须再次回到起点,回到句子用作为成分的原子句建造起来的方式,以及这些东西是如何利用作为成分的专名、谓词和关系表达式构造出来的,并依次考虑其间接指称,以及它们是如何协同确定句子的间接指称的。

前一节,我们辨析了制约弗雷格指称学说的两个指导性的观点。一个是使用名称/承载物关系来作为表达式与其所指之间关系的原型。另一个是把指称这个概念理解为表达式的语义学角色,理解为其对于确定句子真值的贡献(不是实现这种贡献的**机**
191 **制**,后者更适合于刻画涵义)。这两个观点不是必然冲突,因为把某个东西用作原型,这是一个模糊的原则,而不决定这种类比要推进到多远,尽管我们已经看到,弗雷格有时倾向于将其推进到确实会与另外那个指导性观点相冲突的地步。作为表达式语义学角色的指称概念是纲要性的,它可以弄成与关于什么是各种类型表达式的指称的、花样极其繁多的观点相适应,而这取决于我们选择哪种形式的语义解释。不过,至少对于我们语言的一部分,即他的符号语言所反映的那部分,我们知道弗雷格主张的是何种语义学,这样,以此为背景就可以使指称的概念更加明确一些。尤其是,在涉及专名时,弗雷格所青睐的那种语义学,非常适合于把名称的所指等同于我们通常认为的承载物,即被命名的东西。(至于这种语义学是否同样适合于把名称/承载物关系,当作指称概念的原型,并适用于名称以外其他种类的表达式,我们以后再探究。)因为,既然作为语义学角色的指称概念是纯粹纲要性的,仅仅以这个概念为基础我们还不能肯定,专名的指称就能够理解为就是名称与作为

其所指的对象之间的一种关系，更不能肯定，那个对象就可以认为是（我们通常认为的）名称的承载物。只有把作为语义学角色的指称概念，与名称的指称是它与其承载物之间的关系这样一幅图景结合起来，我们才能达到一种关于专名在句子中所扮演角色的确切的语义学解释。如果我们抛开前一概念，即指称作为语义学角色，那么“专名的承载物就是其所指”这个命题就成了指称概念的一个应用于专名的**定义**——我们完全不知道通过定义来引入这样一个概念，这样做的要点何在，更不知道我们如何通过类比，把这个概念延伸到其他种类的表达式那里。另一方面，如果我们不承认名称的所指就是其承载物，那么我们具备的仍然是一个纯粹概要性的概念——我们知道名称的指称就是其在句子中的语义学角色，而不管这种角色是什么，但我们根本没有描绘出这种语义学角色所采取的形式。因此，这两个指导性的观点远远不是对立的，而是互补的——两者都是必需的。（把名称/承载物关系当作原型，指导我们把这个概念正确地扩展到其他类型的表达式，这种做法在多大程度上能为我们提供关于这些类型的表达式语义学角色的 192
正确模型，对此我们远不是那么清楚。前面已经说过，这些要留给后续的研究。）

如果我们**仅仅**利用作为语义学角色的指称概念，而对表明这个概念如何应用于专名的语义学该具有何种形式，没有任何背景知识，那么间接指称这个概念也就缺乏依据——不透明语境的存在所表明的仅仅是，名称/承载物关系**不是**适用于专名指称的适当模型，不是刻画这一概念的正确方式，而这仅仅是因为这个模型对不透明语境不起作用。另一方面，如果我们把运用于专名的指称

概念，仅仅当成是**定义**为名称/承载物关系，而对这个概念在我们对语言所做的语义学刻画中扮演的任何特定角色，都不做要求，那就又没有必要为出现于不透明语境中的名称赋予间接指称了。因为，没有任何特殊的理由，指望用指称相同的名称来替换会使句子的真值保持不变，也没有理由引入谓词对于作为名称所指的对象为真这样一个概念。这再次说明，只有两个观点结合，才构成引入间接指称这个概念的动机。名称的指称就是名称在句子中扮演的语义学角色——而我们被告知，这种角色可以通过将名称的承载物当作其所指，来得到解释，同时还要为简单谓词配备它们对于每一给定对象为真或为假这样一个概念，而这个概念可以延伸到复合谓词上。不透明语境的出现，使这个建议遭到威胁。弗雷格没有抛弃它，而是建议保留，方法是把指称当成是在一定程度上依赖于语境，即是说，名称的承载物不是在**所有**语境中都是其所指，而是在一些特殊语境中有不同的所指。

(9) **只有在句子语境中，词语才表示事物**。在《算术基础》中

Glx,60,62,106 这个论题不止是被提了出来，而且被给予了分量十足的强调，对它的忽视，被认为是许多哲学谬误的原因——但在弗雷格后来的工作中它却不再出现了。它给维特根斯坦留下了深刻的印象，以至

TLP 3.3; *PI* 49 于它几乎一字不漏地出现在《逻辑哲学论》和《哲学研究》中。

但这个格言般的句子是什么意思呢？词语当然独立于包含它的句子而具有涵义，正是因为事实如此，我们才能理解以前从未听过的句子所表达的思想。涵义确定指称，因此词语本身就有指称，而不是在被当作出现于特定句子的特定位置时才有。当然，在自

然语言中会有产生歧义的词语，它们带有两个或多个涵义，以至于 193
我们不得不依据语境，来分辨在那个语境中词语是按照哪个涵义使用的。但这毫无疑问是自然语言的另外一个特征，弗雷格认为这是个缺陷，因而不会把关于这种情况存在的断定，当成具有深刻重要性的哲学原则。

弗雷格在写作《算术基础》的时候，还没有表述他关于涵义与指称的区分，因此，在关于这个论题的各次陈述中使用的“Bedeutung”和“bedeuten”，很可能具有“meaning”和“mean”这样更为一般的涵义。因此，用弗雷格后来的术语，我们可以把这个论题更准确地 *IWT* 66
表述为，只有在句子语境中，词语才有**涵义**。但这样说能有什么意思呢？一种解释是由安斯康小姐在她《逻辑哲学论》这本书里给出的，它考虑了将其运用于名称的情况。她指出，为一个或一组名称赋予指称，只有作为在句子中使用它们所做的准备工作，才具有意义；同样，为物理对象指派指称，就只能理解成，为在某个表征性的配置中使用那些对象做准备。例如，如果我拿着一些彩色筹码说，“用这个表示政府，这个表示反对党，这个表示教会，这个表示大学，这个表示军队，这个表示工会，……”，如此等等。按照那个假定，就要这样理解我：我着手做的事情就是为这些筹码作出某种配置，我想利用这种配置来表示这些机构之间的某些关系，并且断定这些关系成立。如果我没有继续完成这项配置，而是直接谈论别的东西，我前面所说的东西就失去了原有的可理解性——当有人问我为什么要说那套话，我不能回答说，“哦，没别的，我只是想用那些筹码表示那些东西。”因为它们表示那些东西，这只有在它们要用来实现某种符号性的表征，通过这种表征表达一种思想的情

况下，才不至于等于零。否则，我对其指称所做的规定就好像，在解释一种纸牌游戏时我说“尖子是大牌”，但后来却发现牌的等级在这种游戏中不起作用；或者就好像说“假定火星上有生命”，后来却未能从这个假定中得到任何结论，于是就在遭到质疑的时候说，“哦，我只是想让你假定这一点”；或者也可以说，最为接近的情况是，定义了一个词，但后来没有用到这个词。某些说法的效果仅仅类似于说“准备去做……”。

更一般地说，为词语指派涵义，不管是名称还是任何其他逻辑
194 类型的表达式，只有在联系到词语后来怎样在句子中出现，才具有意义。就像前面说的，句子是语言中能够用来完成语言行为，能够用来“在语言游戏中走出一步”的最小单元，因此你不能用一个词来**做**任何事情（通过说出它，不能施行任何约定性的（语言）行为），除非通过说出包含那个词的某个句子（除了像在回答问题时那样，句子中其余的部分可以从语境得到理解）。并且我们已经知道，对弗雷格来说，词语或表达式的涵义，总是相当于它为确定包含它的句子所表达的思想，所作出的贡献。也就是说，词语的涵义就相当于一种规则，这种规则与构成其他词语的规则一起，决定了使包含这个词的句子为真所需要的条件。因此，词的涵义就相当于（完全等于）与包含该词的句子的真值相关联的某种东西。事情可能是，我们能够表述词的涵义（即规定其指称的方式），而不必明确提及它在哪些句子里出现。但如果真是这样，那就是因为这种表述涉及的某个概念，只有作为对这种在句子中的使用的准备才有意义。我说，“尖子比王大”，在这样说时，我没有直接提到这种牌的实际打法，但我说的话，只有在能够与联系在一起的其他一些规则（比

如“一轮中与先手牌花色相同的最大那张取胜”)一起理解时，才具有意义。同样，如果我说，“‘$\xi = \zeta$’表示所有对象都对自己具备，而且没有对象对其他对象具备的那种关系”，我没有明确提到符号“＝”在哪些句子中出现，但要使我说的话能得到解释，唯有与这些句子联系起来，比如说，与类似这样的规则联系起来理解，即“如果‘$R(\xi,\zeta)$’是一个简单的关系表达式，而‘j’和‘k’是专名，那么‘$R(j,k)$’只有在‘j’的所指与‘k’的所指之间具有‘$R(\xi,\zeta)$’所表示的关系时，才是真的”。这个事实可以这么表达：关系只能理解成某个关系表达式的所指——对于一种关于关系的谈论来说，除非这种谈论属于一组规定的一部分，它们一起确定了包含关系表达式的某个句子为真所需要的条件，这种谈论是无意义的。

因此，在某种意义上，在语言中，句子要比其他语言表达式更为初始。句子在特定条件下确定为真，这种条件可以从句子由其成分词构造出来的方式导出，而词的涵义仅仅与如何确定包含该词的句子的真值条件相联系。当然，从一个方向看，词具有什么涵 195
义，这不取决于它出现于什么句子中——但涵义是什么，则完全要联系到词怎样在句子中出现。这就像牌的大小，是完全联系于某种关于如何打牌的约定的一种东西，这种约定可以用大小这个概念表述。

于是，如果我们知道为了确定包含了一个词的任何句子的真值条件，而需要知道的所有东西，那么我们也就知道这个词的指称。尤其是，如果这个指称以与那个词具有常规联系的方式给予我们，那么我们就知道这个词的涵义。不可能有任何别的东西，与如何解释包含这个词的句子无关，但却是我们为了确定词的指称或涵义而需要知道的了。如果我们犯了弗雷格所说的“孤立地询问词语的指称”这一错误，也就是说，问词表示什么，但忽视这样一个事实，即不管提出什么样的要求，答案只能也只需是为包含该词的句子确定真值的正确方法，而这要与制约其他词语的规则结合起来给出——那么，在遇到疑难时，我们往往就会遇到完全不恰当的回答，例如词语在使用时倾向于在我们心灵中唤起的那种表象。

按这个观点，句子是真的或者假的，并且，句子是一些借助于它们使得**做**某事(确切地说，**说**某事)成为可能的语言表达式。当然，我们用句子何以能成功地做某事，就句子作为以特定方式确定为真或为假来讲，还需要进一步解释。弗雷格试图给出一个这样的解释，这是其理论的一部分，它关系到意义中一个我们至今还没有考虑过的成分——语力。而构成我们语言中的句子的次级表达式，其涵义对弗雷格来说，则完全与它们对决定包含它们的句子真值所作出的贡献联系在一起。这是在意义理论中向前迈出的巨大一步，这一步在重要性上堪比弗雷格在构成句子的两个阶段之间作出的区分，即原子句的形成，以及原子句转换为复合句。之前的作者含含糊糊地谈到词语传达观念，而复合表达式则传达由其成分词所传达观念复合而成的观念——句子于是就成了一种特殊形式的复合表达式，而属于这一语言表达式范畴的特有的核心特征，就完全没有得到刻画；与此同时，词语或表达式怎样才算表示了“观念”，也没有得到分析。恰好当实在中有符合所传达的复合观
196 念的东西时，句子就被认为是真的，但并没有一种手段，来把这种情况与实在中存在复合谓词可以正确适用的东西这样一种情况区分开。弗雷格对句子的核心地位的清晰把握，是迈向一种关于语

言的理论的第一步，这种理论不仅有效，而且更加让人信服。

不幸的是，我们前面讨论的那个观点，即把真值当成对象从而把句子同化为复合专名，削弱了原有洞见的那种敏锐性。如果句子仅仅是复合专名的一种特例，如果真（the True）和假（the False）[①]是对象的全集（universe）中的两个特定对象，那么句子最终也就没有什么独特性了——不管认为什么是句子特有的东西，一般而言都应该转而归于专名，即完整的表达式。"句子是复合名称中的一类"这一拙劣学说（它统治了弗雷格的后期阶段），所产生的最为灾难性的后果就是——它夺走了他的这一洞见，即句子扮演了一个独一无二的角色，而几乎所有其他语言表达式（对意义的贡献落于涵义范围内的所有表达式）的作用，都在于形成句子。采纳这一新的学说之后，原有论点所能保留下来的就微乎其微了，词语的涵义现在必须被认为不是专门与如何确定包含这个词语的句子的真值相联系，而是更加一般地，与如何确定包含该词语的复合专名的所指相联系。事实是，在《算术的基本原则》中，与原有论点相呼应，弗雷格主张，为了确定某个特定范围内专名（类的名称）的指称，只需要为能从这些名称构造出来的所有复合名称给出确定指称的规则就行了。但是很清楚，这样的过程必定会在某个地方终止，在那儿，人们直接规定某些复合名称的指称；而我们没有标准用来区分，哪些名称的指称必须直接规定，而对哪些名称，只要确定了包含它们的更加复杂的名称的指称就够了。 Gg I 10，29，30

① "真"和"假"这两个词用大写字母起头，并前置定冠词，是用来分别表示两个真值。以后我们就用楷体字"真"和"假"来标识这种用法。——译者

后面我们还会回头进一步考虑这个论题，我们还没有穷尽它的内容。

SB 28；BW 128 (79) （10）**我们的词语的所指就是我们所谈到的东西**。这个口号看起来就像一个贫乏陈述，充其量也只是说明了弗雷格准备怎样使用“谈到（talk about）”一词。事实上不止这些，它表达了弗雷格实在论立场。

弗雷格花费了相当多的笔墨来强调，我们实际上成功地谈到
197 了现实世界中的实际对象，这些对象是我们所用名称的所指，我们谈到的不是代表或者表征这些东西的任何中间物。一种自然而然的诱惑是，把没有指称外部世界中的任何东西的表达式，解释成表示了某种心理表象。使用“圣诞老人”这个名称的孩子，以及相信水星轨道之内还有行星，并使用“乌尔坎”这个名称的天文学家，他们肯定在谈论**某个东西**。梅农（以及早期罗素）的观点是，有不存在的对象，这些对象不是实际的，而是可能的——由于采纳这个观点导致了荒唐的结论，唯一的解决方法似乎就是说，在这些情况下所谈论的是一种心理构想（mental conception）。弗雷格自己可以抵制沿着这条路走下去的诱惑，方法是区分涵义与指称——使用这类名称的人确实**说了一些东西**，即表达了思想，但他没有**谈到**任何东西。但走上这条路的人被迫要走得更远些。如果在外部世界中没有东西与某人使用的表达式对应时，他谈到的是某个心理构想，那么这一点肯定也适用于表达式对应于外部世界中存在的事物的情况。因为人们总的来看不可能通过理解表达式，来分辨外部世界中是否有东西与之对应。而确定表达式直接表征的是什么实体，并且进而构成了表达式意义的，如果不是人们通过理解表达

式而知道的东西，那事情才叫奇怪呢。对于一个不知道涵义与指称之别，并且本该从一开始就不要踏上这条路的哲学家来说，大概就是如此。看来这就意味着，我们根本不可能谈论客观世界中的任何东西，而只能谈论这些东西的心理表征（mental representation）。如何描述外部对象与其心理表征之间的关系，如何避开关于外部对象是否存在的怀疑论，这些熟悉的问题现在又冒出来了。

这就是弗雷格作为与他那个时代占上风的唯心论相对抗的实 Gl 27n; NS 141 (130), 155-6 (143-4), 250 (232)
在论者，下定决心要抵制的思路。当我说“勃朗峰是欧洲最高的山”，他说，那座实在的山，那座冰雪覆盖的山，才是我所谈论的东西，而不是这座山的心理表征。在其他地方他又说，正是那个对象本身是否落于“欧洲最高的山”这个概念之下（这个概念也同样是实在世界的一部分，它像那座山本身一样，属于指称领域），决定了我关于它所说的东西是真还是假。情况不可能是，当我打算谈论

实在世界中的实际对象时，我只是成功地谈到了它的某个心理表 SB 31; Ged 68
征——因为，如果有必要，我可以说，“我是指实际的那座山，而不
是它的表征”，以此规定要指称的是实际对象。这样的规定排除了 198
“勃朗峰”这个名称表示心理表征的情况。必须如此，因为虽然我不是完全有能力来有把握地确定我终究指称了什么，但我肯定有能力决定哪类东西是我**没有**指称的，更一般地说，是有能力决定，要成为我有意去指称的那个东西，需要什么[谓词]对它来说是真的。但在正常的情况下，这样的一种规定仅仅是把最初使用名称时暗含的意图明确化了。因此情况不可能是，在正常情况下，更确切地说，在我既没有指称心理表征的明确意图也没有这样的暗含意图的情况下，我瞄向实际的对象，但没有命中，而是命中它的心

理表征。如果我们不能成功地指称实际的而非心理的对象，那么能够得到的唯一结论就是，在大部分时间里我们根本没有成功地指称任何东西——我们所说的大部分东西都既不是真的，也不是假的，而这是因为缺乏指称。这个结论荒谬得难以接受。

因此，对弗雷格来说，我们的确成功地谈论了实在世界，这个世界独立于我们而存在，并且正是事物如何存在于这个世界中，决定了我们所说的东西是真还是假。这样，我们所表达的思想客观地为真为假，这取决于事物如何存在于实在世界(即指称领域)中，而不取决于我们是否知道它们是真的还是假的；这些思想本来就是真的或假的，即使我们没有能力表达或者把握它们——这甚至不取决于我们终究是否在世界中存在(当然，除了这些思想恰好蕴涵了我们存在这种情况)。通过采取这一立场，弗雷格对他那个时代在德国哲学中占据主导地位的整个唯心论传统，提出了挑战。

当然，与弗雷格指称理论中的这一实在论成分相联系的，是把名称/承载物关系当成指称关系的原型这一观点，而不是作为语义学角色的指称概念。表达式的所指是表达式在实在世界中的非语言关联物。正是因为我们使用的表达式具有这样的非语言关联物，我们才能成功地谈论实在世界，才能关于这个世界说出一些东西，这些东西的真与假取决于事物在这个世界中是怎样的。这一点对不完整表达式来说与对名称一样，都要求认真对待——不完整表达式的所指(概念、关系与函项)同样是这些表达式的非语言关联物，与对象一样，它们也是客观实在的构成要素。这就是为什么那些只能解释为关于概念，或者关于关系或函项的陈述，也同样是关于客观实在的陈述，并且它们的真假取决于实在的特征。

Gg I xix，xxi

关于不完整表达式的所指的这一点，并没有得到着力强调。在 199
为这些表达式赋予指称的过程中，用名称/承载物关系充当原型，与指称作为语义学角色，这两个观点所扮演的角色之间取得了一种非常微妙的平衡。如果我们只注意前者，那么指称终究能否被赋予这些表达式，即便以类比的方式赋予，这一点也会变得很成问题；而如果只注意后者，问题就完全消失了。我们会看到，弗雷格并不认为不完整表达式具有指称，这一点会引起多大争议，在他整个发表过的著作中，他甚至一次也没有尝试着论证这一点，他只在一些未发 NS 209-10
表的作品中的有些地方他做过这件事。然而，我们后面会看到，如 (192-3)
果对弗雷格针对不完整表达式运用的那种指称概念进行分析，我们就会发现，它们具有指称这一观点，并不像在把语义学角色当作指称概念的唯一成分时所表现得那样，是完全顺理成章的(trivial)——在一个可以精确识别的要点上，争论的余地已经留下了。

图根哈特最近尝试从一个新的方向来讨论弗雷格的指称概 *SF* III 51-69
念。这种尝试实际上是放弃使用名称/承载物关系这一原型，而是把指称单单解释为语义学角色。研究一下这一尝试得到的结果，是有启发价值的。

图根哈特建议，指称应当理解为他所说的“真值潜能(truth-value potential)”。一个表达式的真值潜能实际上就是其语义学 *SF* III 55
角色，即表达式在确定包含它的句子真值上所作出的贡献。图根哈特对这个概念的解释，并没有太多地诉诸针对语言给出的语义学，这种语义学将为每个初始表达式指定语义学角色；应当说，他实际上定义的，是两个表达式之间具有同样真值潜能这样一种关系，这个定义利用了表达式出现于其中的句子的真值，这被假定为已知。对两个表达式，只要它们分别用同样的表达式进行补充能够得到句子，由此得到的两个句子就具有同样真值，只要是这样，两个表达式就具有相同的真值潜能。图根哈特没有说真值潜能本身是什么。按照弗雷格所引入的一种方式，就能够将其等同于表达式的等价类，其中的等价关系就是具有相同的真值潜能这一关系——这样做与图根哈特所说的所有东西相容。

图根哈特宣称，以这种方式引入真值潜能的概念，并将其等同于表达式的指称（图根哈特和弗雷格一样，没有对“指称”和“所指”
200 作出字面区分），他就在弗雷格的解释中分离出了一条崭新的、革命性的思路，并将其与一条不一致的思路拆解开。后者是弗雷格从未成功地完全抽身而出的思路，但却来自于弗雷格大体上正在予以颠覆的传统解释。我们已经看到，关于局势的这幅图景完全错了。首先，这两条思路本质上并不相互对立，而是至少就专名而言是互补的，一个离了另外一个就毫无用处。其次，相当于把名称/承载物关系当作原型的那种成分，根本不是“传统”解释的遗留物，至少，如果我们所想的传统是统治德国的大学长达数十年之久的那个传统，情况就是如此。这种成分是弗雷格的实在论的核心，它构成了他的整个哲学观中最具革命性的特征。

图根哈特剥去了指称概念中作为一种与非语言的东西的关系这样一个特征，在他手上，这个概念本质上成为表达式之间的一种等价关系。这会产生什么后果呢？

图根哈特宣称他的建议具有一些优点。首先，句子、谓词以及其他不完整的表达式具有指称，这一点将不会有什么问题。我们可以毫无困难地同意这一点。但可疑的是，这是不是一个货真价实的优点。其次，把句子等同为专名，这一点变得不必要了。这不是为图根哈特的解释所独有的一个优点——我们已经知道，这一点总是不必要的，它只是由弗雷格颇随意地作出的一个假定促成的，即真值是对象。第三，当句子具有同样真值时，它们就有同样的指称，即同样的真值潜能，这一点不仅仅是可能的，而且是可以证明的。这种说法完全颠倒了是非。这样说更好些：按照图根哈特的定义能够证明的是，拥有同样的真值，这**并不**足以使句子具有同样的真值潜能。图根哈特的“证明”是指出，句子不需要补充就构成了句子，并就此得出结论说，两个句子只要已经具有同样的真值，它们就有了同样的真值潜能。但对于图根哈特这就相当于说，零补充就是把句子转变成句子的**一种**补充，而这相当正确。在他的定义之下，为了表明两个句子具有同样的真值潜能，必须表明任何一种能够得到一个句子的补充，在适用于两者时都将产生具有同样真值的句子。在一种纯外延的语言中当然是这样的，只要原来的那两个句子从一开始就具有同样真值。而在一种像我们所具有的语言中，在这种语言中包含一些能够形成不透明语境的表达 201
式，情况就不是这样了。我们已经看到，弗雷格正是因为希望把专名的所指当成其承载物，他才有独立的理由认为，自己不得不把不透明语境，解释成是对出现于其中的表达式的通常指称的一种扭曲，从而才能够主张，真值就是句子的所指，而不顾不透明语境的存在。但图根哈特的指称概念没有提供任何动机，来按任何一种特殊的方式处理不透明语境——甚至，他是否有可用的手段来区分不透明语境与透明语境，这也不直接是清楚的。

如果已经明确专名的所指要被理解为承载物，那么我们就可以把不透明语境，等同于用（普通）指称相同的其他名称来替换一个名称，会改变整个句子真值的那些语境。但把名称所指等同于其承载物，这正是图根哈特远远抛开的东西，因而这种手段不能为他所用。当然，利用真的等同陈述也可以识别不透明语境——如果“*b*=*c*”是一个真的等同陈述，并且尽管名称“*b*”出现于句子“A”中，用“*c*”来替换“*b*”仍然得到了一个与“A”真值不同的句子，那么“*b*”出现于“A”中的一个不透明语境之内。但这似乎不能起多大作用，因为等号只能够通过句法得到识别——我们肯定不能将其当成关系表达式，两个名称只要具有相同所指，将其放入这个表达式的主目位置上得到的陈述就是真的。

鉴于所有这些，图根哈特推出他的第四个优点，即他可以证明、而不是仅仅规定，名称的指称（所指）就是其承载物。（这大约是说，两个名称只要有相同的承载物，也就具有同样的真值潜能。）出于类似于前面所述的理由，对于非外延性的语言来说，显然没有这样的东西能够确立。并且，即使在外延语言中，这也不是很正确。没有理由说，一个名称没有承载物也就没有指称，即真值潜能——它只是具有与其他没有承载物的名称相同的真值载体。同样，也没有理由否认包含这样的名称的句子有真值，充其量，可以说它们具有一个中间真值。

而现在，当然，由于图根哈特用这种方式来解释他的真值潜能概念，他暗中假定，确定句子真值的所有工作已经完成，因而对于语言的整个语义学解释已经建立起来了。真值潜能不是一个用来
202 给出关于语言的语义学的概念，不是在建立这种语义学时要起任

何作用的一个概念，应当说，一旦给出关于语言的语义学，就能够引入这个概念。而若要使得按照这种语义学对句子所作出的真值指派，与弗雷格的解释相吻合终究成为可能，尤其是要使包含了没有承载物的名称的句子，成为既非真也非假的，在构建语义学时必须使用名称的承载物这一概念。因此，至少对专名来说，弗雷格的指称概念作为名称与实在世界中的对象之间的一种关系，必须在关于语言的语义学中得到运用。这样，弗雷格引入指称概念的首要目的，就被指派给了别的东西，这个东西不再被称为"指称"，真值潜能这个概念侵占了这一名称，却不再承担这一功能。诚然，如果语言是外延性的，人们就能够证明，两个名称只有在具有相同承载物的时候，才具有同样的真值载体，只要这一点被理解为包含了它们都没有承载物但按定义都仍然有真值潜能的情况。但这不是因为避免了弗雷格觉得有必要做出的某个规定——那个规定在利用名称承载物的概念来为原子句指派真值时，就已经作出了。

弗雷格假定概念、关系和函项是某种全然非语言的东西，它们存在与否，不取决于我们是否碰巧有关于它们的表达式——简言之，它们是实在世界的一部分。我们能够获得关于这样一种东西的观念，唯一方式就是将其分别当作谓词、关系表达式和函项表达式的所指。因此，可以说，我们接近它们（把握它们）是经由语言——但这并未使其区别于对象，因为我们能够把对象作为未加区分的实在中分离的、可识别的部分加以把握，唯一方式是将其理解为专名的所指，并附带上恰当的同一性标准。但是，虽然我们**通过**语言来构想它们，我们把它们作为外部实在的部分加以构想，这却相当于我们将其当作表达式的**所指**——而"我们语词的所指就

是我们所**谈到**的东西。”对图根哈特来说，用真值潜能这个概念替换指称这个概念，所有这些就都漏掉了。专名所表示的对象不能等同于真值潜能（说图根哈特博士就**是**“图根哈特”这个名称的真值潜能，这是可笑的），它们之间充其量是一一对应。同样，谓词的真值潜能与弗雷格认为是概念的东西，完全不是一回事。按照图
203 根哈特的解释，真值潜能具有根深蒂固的语言依赖性；然而，不管是否有依据，弗雷格都把概念当作像对象一样独立于语言的东西，并且正是出于这个理由，概念与谓词间具有类似于对象与其名称间的那种关系。

指称理论是一种为对语言的语义学解释提供基础的尝试。关于这一点，仅仅是这么说而不指明弗雷格认为这样一种解释所要采取的形式，就会把这个概念缩减为某种纯粹纲要性的东西。要是只用语义学概念来定义成可以在语义学中得到说明的样子，但又不能在语义学中使用，那将使指称概念丧失所有意义。要恰当地理解弗雷格的概念，我们必须把它的两个成分同时铭记于心，并领会它们之间的互补关系。在哲学中，对于我们如何能够定义一个如此如此的概念这样的问题，我们必须始终抵制这样一种诱惑，即寄希望于撞上一个答案，能够提供顺畅而又优雅的定义，但完全无视我们原来希望用这个概念达到的目的。

第七章　不完整表达式的指称

乍一看，弗雷格把指称归于不完整表达式的做法很令人生疑。204
在专名的情况下，至少对专名的典型例子而言，把指称归于它们没有任何问题——在弗雷格的学说中引起争议的是这些表达式的涵义与指称之间的区分。至于不完整表达式，第一印象则完全与此相反——只有那些质疑整个涵义概念的哲学家，才怀疑像谓词这样的不完整表达式是否有涵义；但赋予其以指称，则听起来像是悖论，或者是一种多余的形而上学。关于专名，对“专名的指称并不决定其涵义”这个论点，及其姊妹论点“名称能够具有涵义但缺乏指称”，弗雷格至少给出了辩护；虽然如此，初看起来，这两个观点似乎很难想象能够适用于像谓词这样的表达式。面临这些显而易见的困难，弗雷格的许多解释者都放弃了对于不完整表达式区分涵义与指称的尝试。在 1955 年的《哲学评论》中，马歇尔第一个阐述了这样一种观点：弗雷格在涉及不完整表达式时使用“Bedeutung”这个词，这是无可否认的，尽管如此，但他并不希望像在专名的情况下那样，按照非正常的方式理解这个词；谓词的 Bedeutung 只是其意义（在“meaning”这个英语词的普通意义上），它对应于专名的 Sinn，而不是其 Bedeutung；弗雷格只是没有把“Sinn”这个词用于不完整表达式。马歇尔没有想到要解释，弗雷

格怎么会使用如此混乱的术语。格罗斯曼在同一本杂志上随后宣称，如果说在解释弗雷格的工作中有什么确凿的东西的话，那么这个观点就是。相反，我则要说，接受这一点，将使弗雷格所说的东西，变得完全无法理解。

205 甚至对弗雷格理解得好得多的一些作者，也会犯这类错误。IWT 45 安斯康小姐在她关于《逻辑哲学论》的那本书里正确地指出，弗雷格把涵义和指称（按照与这两个词在专名的情况下的意思相类似的方式理解）两者都归于不完整表达式，她并且指出，在一种情况下**复合**谓词可能拥有涵义但缺乏指称，这就是它包含的专名有涵义但没有指称的情况；但甚至是她也继续说，对**简单**谓词来说，弗雷格没有断定指称并不决定涵义。（她实际上是说，他未能说明涵义与指称之间有区分——把这当成笔误会更有意思一些。）对于不完整表达式来说，如果“指称不决定涵义”这一观点不成立，那么区分涵义与指称不就是没有意义的做法了吗？这就像我在关于专名的情况下论证的那样，如果那个观点对**它们**不成立，那么那个区分也就是没有意义的。正是这样，而这归根到底，是因为把指称赋予不完整表达式这种做法，显然有值得怀疑的地方。人们很容易怀疑，是否存在某种不属于涵义领域的东西，不完整表达式与这种东西之间，以类似于专名联系于它所命名的对象的那种方式联系起来，换言之，就像比如说人是人名的客观关联物一样，存在某种着充当谓词的客观关联物的实体。正是因为这看起来如此让人生疑，马歇尔和格罗斯曼才希望，避免让人指责弗雷格，说他持有这种观点。因此，即使指称决定涵义这一观点对谓词来说成立，鉴于指称通常根本不会被赋予谓词，把涵义和指称**都**赋予谓词，才是有

意义的。在那种情况下，谓词具有的涵义，可以仅仅被看作是它之具备指称这一情况，而这与专名的涵义是不同的。这就具有了某种倾向性，因为涵义通常根本不被认为可以利用指称来加以描述。至少对于简单谓词来说，这就是我认为安斯康小姐所持有的观点。

直接引用弗雷格发表过的著作，来反驳像马歇尔那样的解释，确实出人意料地困难。在这些著作中他从未强调过，他希望“Bedeutung”在运用于不完整表达式时，按照类似于单称词项的那种方式得到理解。他也从未**论证**过说，不完整表达式除了具有涵义，还必定具有指称，也没有说，在不完整表达式的情况下，指称不足以决定涵义。这对任何觉得这些观点有倾向性并且值得讨论的人来说，都让人困惑。即使如此，如果我的观点正确，这些困惑还是会消失——我的观点是，在恰当的理解之下，它们根本不会有 206

任何问题。尽管花了很多气力强调专名除了指称还具有涵义，弗雷格还是几乎没有谈到过不完整表达式的涵义。诚然，在“复合思想(Gedankengefüge)”中，即他生命临近终结时发表的三篇文章中的第三篇里，他详尽地讨论了不完整表达式的涵义，并强调这些涵义本身是不完整的。但是这些文章中从未提及 Bedeutung，从这一点，结合他在此之前坚持认为不完整表达式的 Bedeutung 是不完整的，人们可以自然而然地猜测，在生命的这个阶段他已经抛弃了涵义与指称之别。或者至少，即使对单称词项保留这个区别，在谈到不完整表达式时他还是直接决定用“Sinn”这个词替换“Bedeutung”，在这种情况下无论如何也不再有意义地区分它们了。

Ggf 37,39,40,etc.(55-56,59,61,etc.)

读一下在弗雷格身后出版的著作中保留下来的东西，就会驱

散这个错觉。弗雷格在 1919 年写给路德维希·达马斯泰德
NS 275 (255) (Ludwig Darmastaedter)的一篇阐述自己观点的短文,表明他一
如既往地坚决主张区分 Sinn 和 Bedeutung。再者,在大约写于
NS 128 (118) 1893 年的“关于涵义与指称的评论(Ausführungen über Sinn und
Bedeutung)”中,弗雷格明确说,除了对专名,“同样的区分也可以对
NS 209-10 (192-3);NS 262 (243) 概念词作出”。而在 1906 年的“逻辑导论(Einleitung in die Logik)”
(也见于 1914 年的“数学中的逻辑(Logik in der Mathematik)”)
中,他曾经**论证**说,不完整表达式不仅有涵义,还有指称。论证实际上不太让人信服,但他的表述还是清楚地说明,对他来说,不完整表达式的指称对应于单称词项的**指称**而不是**涵义**。那里出现了两个论证。首先,他说,把专名置于一个不完整表达式(谓词或关系表达式)的主目位置,就构成了一个(原子)句子。专名(一般而言)具有所指,并且,如果是这样,那么整个句子就具有一个所指,即其真值。这样他就说,把具有指称的某些简单的构件结合在一起,形成一个具有指称的复合整体,在这种结合中起结合作用的表达式本身缺乏指称,这是“完全不可能的”;因为如果部分缺乏指称,整体也就肯定也缺乏指称。(就说服力而言,同样的论证也可以同样用于函数表达式。这甚至还要好些,因为把指称赋予复合单称词项,这不会像赋予句子那样让人生疑。)其次,他说,当我例
NS 209-10 (192-3) 如说“木星比火星大”的时候,我所陈述的是,“木星”这个词的所指
与“火星”这个词的所指之间建立了某种关系,这种关系**必然**属于指称的领域,而不是涵义的领域,因为关系所联系的东西本身属于
207 指称领域。这里他是这样想的,一种属于(非常特殊的)涵义领域的东西,怎么可能在根本不属于那个领域的两个**对象之间**建立呢?

我们归于木星和火星的“大于”这种关系，必定像火星和木星一样，属于客观的、实在的世界，即指称领域，并且像火星和木星那样，属于这个领域的同一区域，也就是说，不属于涵义领域。因为，说木星比火星大，这与说其中包含了木星和火星，不是同样好地描述了外部世界，以及外部世界的特定区域吗？

假定弗雷格承认涵义与指称之分不仅适用于专名和句子，还适用于不完整表达式，那么，这一观点中什么有问题，什么又没有呢？前一章我们就已经看到，对于谓词（我们可以认为谓词代表了一般的不完整表达式）可能像专名一样有涵义而无指称这样一个观点，弗雷格给出了某种例证，并且我们也在自然语言中通过一个更好的类比，找到了另外一个例证。更加重要的是，我们看到，对于这个应用于谓词、参照两个涵义不同但指称相同的名称所做的类比，弗雷格何以能够主张它可以成立。按照弗雷格，在两个概念之间的那种类似于对象间等同的关系，就是外延相同这种关系，即恰好同样的对象落于这两个概念之下。同样，在关系之间的那种类似的关系是，在恰好是同样的对象之间成立；而在函项之间的那种类似的关系就是，对同样主目取同样的值。当然，概念之间的关系是一种二阶关系，因而指称它的二阶关系表达式的两个主目位置，就都要用（一阶）谓词来填充。因此，对于用 NS 131-3 (120-2)；NS 197-8 (181-2)

“ξ 与 ζ 等同”

来表示的一阶关系来说，按照弗雷格的明确表述，与之类似的二阶关系就用

“对所有的 $\mathfrak{a}$，$\Phi(\mathfrak{a})$，当且仅当，$\Psi(\mathfrak{a})$”

表示，其中的主目位置用字母“Φ”和“Ψ”来表示，它们需要填入谓

词。弗雷格并没有说类似关系何在，但似乎非常明显，这只能在于，外延性原则（the principle of extentionality）对于概念（以及函项）与对于对象来说都是有效的——弗雷格明显是这样认为的。诚然，在形式系统中，无论是《概念文字》中的，还是《算术的基本原则》中的形式系统，弗雷格都没有把关于概念（以及关于函项）的外
208 延性原则当作公理，但在两个系统中他都不需要它——尤其是在《算术的基本原则》中，这是因为理论的展开实际上大都是利用类进行的，而这当然被明确认定是外延性的；并且，弗雷格也不总是
Gg I 11 把他认为是真的东西都放进公理系统，例如，用于约束描述函项（description-function）在主目不是单元类（unit class）时如何取值的那个原则。不管怎样，弗雷格著作中没有任何东西表明，他认为外延性原则对于概念来说是假的。实际上，他关于间接指称的观点甚至让他不会承认，针对这个原则的任何表面反例是真正的反例。

NS 128 (118) 关于对象的外延性原则直接就是这样一个定律：如果“a”和“b”是单称词项，“$F(\xi)$”是任意谓词，那么从“a 与 b 等同”与“$F(a)$”这两个句子一起得出句子“$F(b)$”。这个定律的有效性当然是弗雷格明确承认的。与此类似，关于概念的外延性原则则是这样一个定律：如果“$F(\xi)$”和“$G(\xi)$”是谓词，而“$M_{\mathfrak{a}}\,;\,\Phi(\mathfrak{a})$”是任意以一阶谓词作为唯一主目的二阶谓词，那么从“对所有 $\mathfrak{a}$，$F(\mathfrak{a})$，当且仅当 $G(\mathfrak{a})$”，与“$M_{\mathfrak{a}}\,;\,F(\mathfrak{a})$”这两个句子一起，可以得到句子“$M_{\mathfrak{a}}\,;\,G(\mathfrak{a})$”。例如，从“现代遗传学的奠基人是孟德尔”与“现代遗传学的奠基人是一名修士”，可以得出“孟德尔是一名修士”；同样，从“一个东西是人，当且仅当它是一个无羽毛的两足动

物”，和“若福尔不是人”，得出“若福尔不是一个无羽毛的两足动物”，并且，从前一个句子与“不是从来就有人存在”这个句子，一起得到“不是从来就有无羽毛的两足动物存在”。诚然，对于第二个定律有明显的反例（包含了不透明语境），例如从前面的句子与“约翰想知道门口有没有人”得不出“约翰想知道门口是不是有一个无羽毛的两足动物”。但这样一来，对第一个定律也会有完全相似的明显反例，例如从“遗传学的奠基人是孟德尔”和“修道院长认为孟德尔不懂植物学”，得不出“修道院长认为遗传学的奠基人不懂植物学”。弗雷格用什么方法来应付针对第一个定律的反例，就不得不用相似的方法来挽救第二个定律。

关于弗雷格对概念与类的区分，人们通常的说法与所有这些完全相反。例如，阿伦佐·丘奇（Alonzo Church）曾说，对弗雷格来说，概念是内涵的，而类则是外延的。这对罗素的观点是正确的，但对弗雷格来说不是。罗素不确定外延性原则对他所称的“命
题函项”（＝弗雷格的概念）是否成立，于是他就尝试用命题函项来 209
这样定义类，使得即使命题函项不是外延的，类也要被弄成外延的。由于类被分配到类型等级中，而这种类型等级对应于命题函项的类型等级，类的外延性对他来说，就构成了与命题函项的**唯一**差别。当他为《数学原理》第二版写导论的时候，就认为命题函项最终可能还是外延的，并得出结论说，在引入命题函项的同时引入类，似乎是多余的。对弗雷格来说则完全不同。我们看到，确实有理由认为，弗雷格把概念（以及其他所有东西）当成是完全外延的。对他来说概念与类之间的区别在于这样一个事实：类是**对象**。差
别在于阶次，并没有一种属于类的类型等级，来与属于概念和函项 FB 19；Gg I 2

的类型等级相对应。

Huss 320；NS 131 (120) 不管怎么说，我们已经看到，弗雷格终究明确表示，人们不能恰当地谈论概念之间的等同关系，而只能是一种类似于等同的关系，即共外延的关系。从这一点出发，就可以直接回答谓词的指称是否决定其涵义这个问题。说单称词项的指称不决定其涵义，我们的意思是，两个单称词项可以具有相同指称，但有不同涵义。而当谈到谓词，弗雷格不允许我们问，两个谓词是否具有同样的指称及不同的涵义，因为谓词的所指是概念，而他认为用“相同”来连接概念的做法是无意义的。应当说，对于谓词的指称决定其涵义这个论点，我们必须将其理解为：如果“$F(\xi)$”与“$G(\xi)$”是谓词，而“$F(\xi)$”所表示的那个概念与“$G(\xi)$”所表示的那个概念，处于一种类似于等同的关系中，即共外延关系中，那么，“$F(\xi)$”与“$G(\xi)$”这两个谓词必定具有同样的涵义。什么时候这些概念具有这一关系呢？如我们所见，当正好有相同的对象落于它们之下，也就是说，当句子“对所有a，$F(a)$，当且仅当$G(a)$”是真的。但对所有人来说都显而易见的是，这个条件得到满足，这并不保证两个谓词具有同样涵义，例如，它们可能是“ξ是一个人”和“ξ是一个无羽毛的两足动物”。

不过，比较而言，所有这些努力得到的结论却不多。明确地说，我们得到的结论是，弗雷格具有一种关于不完整表达式之间的关系的概念，他把这种关系类比于专名之间具有相同指称这样一种关系，而且这种关系能够在两个具有不同涵义的不完整表达式
210 之间成立。两种关系之间的类比建立起来了。如果假定外延性原则（可以假定一种外延语言，也可以利用与弗雷格关于间接指称的

学说类似的那种方式，来把非外延语境解释掉），那么这种关系就在两个可以相互替换而不改变句子真值的谓词之间成立，这正好类似于两个专名在指称相同的时候所具有的那种关系。但是，这种类似关系足以支持弗雷格把指称赋予不完整表达式的做法吗？对于一种关系，指出它与两个指称相同的专名之间的这种关系具有能够加以说明的类似性，从这就可以有依据说不完整表达式具有指称吗？我们又准备用什么来充当不完整表达式所表示的所指呢？

前一章我们看到，关于指称的学说在运用于专名时，具有两个成分——作为语义学角色的指称概念，以及把名称的所指等同于其承载物。作为语义学角色的指称概念告诉我们，为指称这一概念所设定的目的是什么。它不是一种装饰，而是要实现重要的结构性的功能，因为词语的涵义就在于我们确定指称的方式。把名称的所指等同于其承载物，这一点提供了实质，而作为语义学角色的指称概念则只是形式——它使关于专名意义的解释得以定型。关于什么是把握一个专名的涵义，它确实没有为我们提供一个完整的模式，但它告诉我们，这必须与确定一个对象是否是某个名称的承载物有关。它告诉我们的实际上不止这些，因为，如果名称的指称就是其语义学角色，那么谓词、关系表达式以及函数表达式的涵义，必须联系上何种事物能够充当占据其主目位置的专名的所指，而得到确定。例如，在简单谓词的主目位置上放入专名，由此得到句子，一旦专名的所指从其涵义得到确定，句子真值就必定能够得到确定，而这与所指是如何确定的没有特别的关系，也就是说，与专名具备的是什么涵义没有关系。关于简单谓词可以具有的涵义，这告诉我们了许多东西，事实上，它说明简单谓词必定是

外延性的。或者不如说,它只是针对出现于原子句中的简单谓词说明了这一点,只有在知道用来把原子句转换成复合句的各种算子也是外延性的以后,我们才能得出更具一般性的结论。只有与作为语义学角色的指称概念一起,才能从专名所指就是其承载物
211 这一点中,得出所有这些东西——没有这一点,就像我们看到过的,后者就仅仅是一个定义,而其目的不详。

可以说,就作为语义学角色的指称概念而言,赋予谓词及其他不完整表达式以指称,一点问题都没有。显然,它们必须具备某种语义学角色,但单靠这一概念,我们对这种角色是什么还是什么都没有说。进一步说,如果谓词的指称就是其语义学角色,那么由此必然得出的一点是,两个谓词只有在始终可以互换而不改变句子真值的情况下,才具有相同指称;进而,如果假定外延性原则(我们已知,完全有理由认为弗雷格是这样做的),那么这种可互换性恰好在两个谓词在外延上等价时成立。因此,弗雷格在两个谓词之间选择了完全正确的关系,来充当它们指称相同的标准。

不管怎样,人们对于赋予谓词以指称这种做法感到困惑,其原因就是他们没有关注作为语义学角色的指称概念,并将其当作指导性的概念,而是把名称/承载物关系作为原型来理解这个概念。他们感到难以接受,竟然有一种东西与谓词具有类似于名称与承载物之间的那种关系。到此为止,关于把名称/承载物关系作为原型这种用法,我们所谈论的东西还都限于专名的情况,我们还没有认真研究,它在不完整表达式的情况下是否还是一个好的模型。

在正面解决这个问题之前,有必要先处理弗雷格在“论概念与对象(Über Begriff und Gegenstand)”这篇文章中卷进去的那场

著名的争论。考虑任意谓词，比如说“ξ 是一匹马”。按照弗雷格
的学说，这个表达式表示一个概念。如果我们问，它表示的是**哪个**
概念，自然的回答是“**马**这个概念”。于是弗雷格自然而然地说，
“蓝彼得(Blue Peter)是一匹马”这个句子说蓝彼得落于**马**这个概
念之下，“对于某个 a，a 是一匹马”这个句子说**马**这个概念不是空
的，而句子“对于所有 a，如果 a 是一匹马，那么 a 是一个哺乳动物”
说**马**这个概念从属于**哺乳动物**这个概念，如此等等。至少，这是他
在《算术记住》中使用的说法。但在“论概念与对象”中，弗雷格更
仔细地考察了这种表达形式，并得出结论说，它未能成功地说出它 BG 195
要说的东西。按照弗雷格的形式标准，像“**马**这个概念”这样的短
语是专名(单称词项)，因此他论证说，如果它有所表示，那么所表
示的必定是一个对象。因此，我们可以正确地说，表达式“**马**这个
概念”所表示的不是一个概念，而是一个对象；并且，既然我们直接 212
通过使用一个表达式，来谈论这个表达式所表示的东西，这就意味
着我们可以正确地说，“**马**这个概念不是概念，而是对象”。 BG 196

在“论概念与对象”一文中，弗雷格试图把这个悖论当作是由
于语言的一种无害的赘疣，而造成的一种纯粹表面的怪异现象，从
而将其扫到一旁。弗雷格觉得这有点像这样一个事实，表达式“‘ξ BG 196 fn 2
是一匹马’这个谓词”并不是谓词。但是，这个事实与**表达式**“巴黎
这座城市”不是一座城市一样，都不是悖论。唯当我们有理由说“ξ
是一匹马”这个谓词并不是谓词，情况才类似于说“**马**这个概念不
是一个概念”。晨星不是一颗星，这确实只是一个表面上的悖论，
而这是因为“晨星(the Evening Star)”严格地说是专名，也就是
说，它是简单的，它的涵义不是由其成分的涵义决定的——这对

“**马**这个概念”来说很难成立。不管怎样，这个悖论都是无法容忍的，因为它导致了这样一个结论：不管以何种方式，对任何谓词，都不可能说它表示哪个特定的概念，对于关系表达式和函数表达式，也不能说它们表示哪种关系或函项。看来，任何一次这样的尝试，都会产生按照弗雷格的标准是单称词项的一个表达式，因而使用这个表达式我们最终未能成功地指称一个概念（或关系或函项），而是指称对象。我们也许能够正确地说，“场地里现在有四匹马”谈论了一个概念，但一旦我们试图说谈论的是哪个概念，例如说“**现在在场地里的马**这个概念”，我们就陷入了错误，因为我们所说的是，句子谈论的是某个特定**对象**，而这是错误的。显而易见，如果没有方法来避免这个由弗雷格本人发现的两难，它就会成为对弗雷格的逻辑学说的归谬论证。

在“论概念与对象”出版后不久，弗雷格就向同一本杂志提交了另外一篇文章来解决这个悖论。这肯定是有史以来编辑作出的最为糟糕的一次误判，这篇文章被拒了。弗雷格不幸从未在自己出版的著作中回到这个问题上。①

---

① 我的这个断言没有在《弗雷格译稿》（*Freges nachgelassene Schriften*）中得到支持。编者题为“关于涵义与指称的评论”的那篇文章里表述了许多我在这里归于弗雷格的内容，尽管不是全部。但是，虽然里面引用了“论涵义与指称”，但没有提到发表与同一年的“论概念与对象”。认为这篇未发表的文章本来写于“论概念与对象”之**前**，这似乎是不可思议的，因为里面确实针对弗雷格在那里（指“论概念与对象”——译者）落入的陷阱指出了出路。再者，我清楚地记得，多年前我在蒙斯特（Münster）研究弗雷格遗稿时，读过一封来自于《科学哲学系列》（*Vierteljahrsschrift für wissenschaftliche Philosophie*）编辑的拒稿信。也许是记忆误导了我，也许在从我见到遗稿到它于 1969 年出版之间的那几年里，丢失了几篇文章。不管怎样，我相信通信集的出版，会为眼下的这个主题带来更多东西，包括对[本书]第 215 页提到的关于“ $\acute{\varepsilon}\Phi(\varepsilon)$”的那个建议。

cf. BW 1, 134,259

弗雷格指出，整个错误始于“概念”、“关系”以及“函项”这些词 213 的用法。他说，谓词“ξ是一个对象”具有一种奇特性质，通过用恰 NS 192 (177-8) 当种类的表达式（即专名）来填补其主目位置，将不可能构成一个 NS 257 (239) 假句子。（如果插入一个缺乏指称的专名，我们当然会得到一个既非真也非假的句子，而这是最坏的情况。）类似的表达式，即对于所有充当谓词所指的东西都为真的表达式，因而就应当是一种其主目位置需要谓词来填充的表达式，并且，这样填充将不会产生一个假句子。这尤其意味着，它应当是一个二阶谓词（正如“ξ是一个对象”是一阶谓词）。显然，“概念”这个词很不适于用来构成这样 BW 218-19 (136) 的表达式。从语法上说，“概念”是一个通名，因而只能将其当作出现于一阶谓词“ξ是一个概念”中的内容词（the content-word）。如果用适当类型的表达式（专名）来填补这个伪谓词的主目位置，我们将不会产生一个真句子；而如果尝试用谓词或者表语性的表达式来填充，我们根本得不到合乎语法的句子，而只能得到无意义的句子。同样的说法当然也适用于“关系”和“函项”这样的词。这些词因此应当直接放弃，它们非常不适于承担我们希望的那种作用。

之所以要构成像“ξ是一个概念”这样的伪谓词，是因为我们很容易误解像“‘ξ是一匹马’所表示的东西”这样的表达式。我们 NS 210 (193) 把这个表达式错误地解释为单称词项（限定摹状词），从而将其与像“……是一个概念”这样的短语连接。只要对比一下我们谈论单 NS 275 (255) 称词项的所指的方式，我们就会明白这是错的。“珠穆朗玛峰”与“‘珠穆朗玛峰’所表示的东西”这两个表达式完全可以互换——要使它们具有指称所需要满足的条件是相同的，并且，在有指称的情况下，它们的指称肯定相同。这就相当于说，“‘珠穆朗玛峰’所表示的东西”这个表达式只要表示某物，就表示“珠穆朗玛峰”所表示的东西。这进一步说是一个普遍原则的特例，按照这个原则，例如“尼克松总统”如果表示某物，就必定表示尼克松总统。依次类推，
214 这意味着“‘ξ是一匹马’所表示的东西”如果表示某物，就应当表示“ξ是一匹马”所表示的东西。这样，它也就不能解释成专名（单称词项），因为那样它就表示对象，因而不能与“ξ是一匹马”具有同样的指称。“‘ξ是一匹马’所表示的东西”实际上应当完全能够
NS 133 (122) 与“ξ是一匹马”，或者说，与“一匹马”互换，并用作表语。（对弗雷
NS 69 (62) 格来说，系词是纯语法手段，它没有内容，而是在语法按照需要动词的时候，用来把短语转化成动词短语，这就像“东西”这个词在语法需要名词时用来把形容词短语转化成名词短语，以及代词“it”在按照意义不需要主语时提供主语一样。）这样，“‘ξ是一匹马’所表示的东西”这个表达式就不是专名，而是述谓性的表达式，当我们将其连同主目位置和系词这样一些成分一起给出时，就得到谓词“ξ是‘ξ是一匹马’所表示的东西”。其中的主目位置和系词是构成尚不包含动词的语法谓词所需要的。得到的谓词中第一个“ξ”表示这个谓词的主目位置，第二个“ξ”在这个谓词中处在引号里，它并不表示主目位置，而是表达式中的固有构件。这个谓词可以与“ξ是一匹马”完全互换。

对我们来说，把关系从句“‘ξ是一匹马’所表示的东西”按这种方式解释成述谓性的表达式，这当然是很合适的。我们已经指出，在自然语言中，像关系代词以及像“某些（个）东西（something）”和“所有东西（everything）”这样的词都有双重的用法，它们分别对应于一阶和二阶量化（在对象上的量化与在概念、关系或函项上

的量化）。如果要把“‘ξ是一匹马’所表示的东西”解释成述谓性的表达式，那就必须按照第二种方式理解，也就是说，理解为包含了二阶量化，并因而类似于例如“我以前是并且他将成为的那种人”，而不是例如“你昨天给我的东西”（按照这后一个短语最自然的用法）。按这种解释，像“蓝彼得就是‘ξ是一匹马’所表示的东西”就不得不理解成，在结构上类似于比如句子“蓝彼得是沙皇皇后（Tsarina）和迅疾（Celerity）都是的那种东西”（也就是说，是一匹赛马），区别仅仅在于更加具体。因此这个句子就只是用一种迂回的方式说“蓝彼得是一匹马”，这和“‘珠穆朗玛峰’所表示的是一座山”是用迂回的方式说“珠穆朗玛峰是一座山”一样。同样，“詹姆斯是‘ξ是ζ的兄弟’对约翰来说表示的那个人”是“詹姆斯是约翰的兄弟”的迂回说法，“乔治与玛格丽特是‘ξ与ζ结婚了’所表示的”是“乔治与玛格丽特结婚了”的迂回说法。

在谈到这一主题的地方，弗雷格都没有提供真正类似于“ξ是 215
一个对象”的自然语言表达式，即以一阶谓词为主目的二阶谓词，并且当其主目位置得到填充时，不会得到一个假句子。他只是在自己的逻辑记号系统中为这样的二阶谓词设置一种初始记号（即二阶谓词“ἐΦ(ε)”，其中“Φ”代表主目位置，而“ε”则是约束变元——出于某种理由，弗雷格使用小写的希腊元音字母，来表示所 BW 218 (136)
有用量词之外的算子所约束的变元）。在自然语言中设计这样一种表达式并不难。我们已经指出用像“我所不是的那种人”或者“某种我所不是的东西”这样的关系从句，利用系词构成一阶谓词“ξ是我所不是的那种人”或者“ξ是某种我所不是的东西”（例如，是未婚的），其中主目位置当然要用专名来填充，从而得到像“保罗是我所不是的那种人”这样的句子。这样的句子可以用符号写成“对某些$\mathcal{F}$，$\mathcal{F}$（保罗），并且并非$\mathcal{F}$（我）”。不过，这些用来表示对概念进行量化的关系从句，还有另外一种方式可资利用。其中也用到动词“是(to be)”，由此形成的是二阶谓词。一阶谓词是通过从句子中省去一个专名的一次或多次出现得到的。在按照语言学标准最简单的情况下，专名只有一次出现，并且出现于句子开头的主语位置上。并且我们也已经注意到，在自然语言中表达普遍性的手段，在多么大的程度上依赖于变形手段的存在，这些手段用来把包含了出现多于一次，或者出现在主语位置之外的专名的句子，变形成词项只出现于主目位置上的形式（在没有与主句并列的从句的情况下）。在这样的句子中，语法谓词（包含了主语以外的整个句子）当然包含了一个主要动词。我们前面所称的“述谓性表达式”是按照下述方式从这样的语法谓词得到的：如果语法谓词由系词和形容词短语构成，或者其主要成分是由不定冠词引导的通用名词，述谓性表达式就是通过直接去掉系词得到的；如果主要动词是系词之外的任何东西，述谓性表达式就是通过把主要动词转换成同一时态的分词形式构成的。显然，几乎所有弗雷格意义上的由自然语言的句子构成的谓词，都对应于一个述谓性表达式，并可以用或多或少有些不便的方式构造出来。

给定一个我们正在讨论的那种关系从句，例如“我所不是的
216 人”，或者“某种我所不是的东西”，我们可以通过在其前面加上一个后面接了动词“是”的限定形式的述谓表达式，构成一个句子。这样，述谓表达式就是按照它唯一可行的方式得到使用的，即表示对应的概念，因此，在“是”之后接上关系从句的用法，实际上就表

示了一个二阶谓词。这类句子的例子有“诗人就是布莱克所是而海丽(Hayley)不是的那种人”、“不幸是所有罗马尼亚人都有的遭遇”、“报酬过低是彼得不愿意看到的”、“遭人取笑是亨利最不喜欢的”等。[①] 这些句子中的“is”都不是系词。在第四个句子中，这个词可以理解为表示概念间的关系，这种关系按弗雷格的说法类似于对象间的等同关系，即外延重合关系——如果我们把“他不喜欢被取笑(He dislikes being laughed at)”写成“他不喜欢他被取笑(He dislikes that he is laughed at)”，就可以相应地写出句子的符号形式，“对所有$\mathfrak{a}$，$\mathfrak{a}$被取笑当且仅当，对某个$\mathfrak{F}$，$\mathfrak{F}$($\mathfrak{a}$)并且亨利最不喜欢$\mathfrak{F}$(亨利)”。但其他句子不能按完全相同的方式解释，因为我们并不希望说，报酬过低是彼得唯一不希望遇到的事情，也不希望说，诗人是唯一的布莱克是而海丽不是的那种人。如果我们按同样的方式理解这些句子中的“is”，那就肯定不能把“what”这个词理解成等价于“**那个**……的东西(*the* thing which……)”，而是等价于“**一个**……的东西(*a* thing which……)”。对表达式“……就是布莱克所是而海丽不是的那种人”、“……是所有罗马尼亚人都有的遭遇”以及“……是彼得不愿意看到的”，如果在其使用中空位处要用述谓表达式来填充，按照最简单的方式就可以用符号表示成“Φ(布莱克)而不是 Φ(海丽)”、“对所有$\mathfrak{a}$，如果$\mathfrak{a}$是罗马尼亚人，那么情况似乎 Φ($\mathfrak{a}$)”、“彼得不愿意看到 Φ(彼得)”(动词“似乎”和“愿意看到”按照前面的“不喜欢”同样的方式处理)。“诗

---

① 相应的英文原文分别是：“A poet is what Blake was but Hayley was not”，“Unhappy is what all Rumanians seem to be”，“Underpaid is what Peter does not want to be”，“Being laughed at is just what Henry most dislikes”。——译者

人就是布莱克所是而海丽不是的那种人”这种形式与相对简单的“布莱克是一个诗人而海丽不是”这种形式之间的区别，只在于前者强调句子要被看作是用一阶谓词“ξ是一个诗人”来填充二阶谓词“Φ(布莱克)而不是Φ(海丽)”得到的。

利用这种形式，我们可以通过容纳一个要用述谓表达式填充的空位，来构造一个表示二阶谓词的自然语言表达式，并且，当空位按这种方式填上，就总是得到一个真句子。一个尤其合适的表达式是“……是任何东西要么是，要么不是的某种东西(……is something which everything either is or is not)”，空位要用述谓表达式来填充，得到的句子所说的就是一个带有概括的定律，即排中律对于相应的概念总是成立。因而表达式就可以用符号写成“对任意a，要么Φ(a)，要么并非Φ(a)”。因此我们就把“**马**是一个概念”(或者“**马**这个概念是一个概念”)这样不正确的形式，替换

217 成“马是任何东西要么是，要么不是的某种东西”(即“对任意a，要么a是一匹马，要么a不是一匹马”)。同样，像“‘ξ是一匹马’表示一个概念”以及“‘ξ是一匹马’所表示的东西是一个概念”这样一些不恰当的形式，就替换成“‘ξ是一匹马’所表示的东西是任何东西要么是，要么不是的某种东西”(即“对任意a，要么a是‘ξ是一匹马’所表示的东西，要么a不是”)，其中表达式“‘ξ是一匹马’所表示的东西”要按照已经解释过的方式理解成述谓性的。关系表达式显然可以用类似的方式来处理。

一旦像“ξ是一个概念”与“ξ是一种关系”这样的伪谓词被排除掉，就不会有任何手段来构造像“**马**这个概念不是一个概念”这样带有悖论色彩的句子了，在说任何特定谓词具体表示什么时，也

不会有困难了。例如，我们可以说“一个哲学家就是‘ξ是一个哲学家’所表示的东西”，或者用一种更有信息量的方式说“‘ξ是一个哲学家’所表示的东西就是苏格拉底和柏拉图都是的那种东西(What 'ξ is a philosopher' stands for is what Socrates and Plato both were)”。后者可以用更简单且没有歧义的形式“‘ξ是一个哲学家’所表示的就是苏格拉底和柏拉图都是的那种东西(‘ξ is a philosopher' stands for what Socrates and Plato both were)”，但前者不能变成“‘ξ是一个哲学家’表示一个哲学家”，因为这自然会按照“‘苏格拉底’表示一个哲学家”这种模式理解，并引发不适当的问题，即“‘ξ是一个哲学家’表示哪个哲学家?”这类似于这样事实：虽然我们可以说“亚里士多德是苏格拉底和柏拉图都是的东西”(也就是说，一个哲学家)，但不能将其转换成“苏格拉底和柏拉图都是亚里士多德”，但按这种方式，“这张床是伊丽莎白和埃塞克斯都睡过的”可以变成“伊丽莎白和埃塞克斯都睡过这张床”。(“‘ξ是一个哲学家’表示是哲学家这回事”也许是可以接受的。)

前面很容易看出，为了以一种逻辑上正确的方式谈论谓词和关系表达式的所指，所需要的方式既笨拙又啰唆，因此，在不会产生误解或矛盾的情况下，最好还是继续使用关于“概念”、“关系”和“函项”带有逻辑错误的词汇。然而，我们仍然有必要考察不完整表达式具备指称这样一个观点，而重要的是，即使不能使用逻辑上正确的术语，也至少要用一种我们所了解的术语来继续这一讨论。如果我们把句子“存在由‘ξ是一个哲学家’所表示的东西”，解释成说存在由“ξ是一个哲学家”表示的概念，而没有意识到“概念”这个词在这里并不适于起要求它起的那种作用，那么，由于“概念”

218 看起来是一阶的述谓表达式，我们就会倾向于认为，这里所断言的是存在某个（属于特殊种类的）**对象**，它是谓词的所指。这种说法往最好处说，显然是错的，而真正说来，则是无意义的。表达式“ξ是一个哲学家”恰恰不能像名称“苏格拉底”一样，用来指称对象。这样，对于不完整表达式可以具有指称这样一种看法，许多人就有了强烈的抵触感。但正如我们已经说过的，在句子“‘ξ是一个哲学家’表示某种东西”中，“某种东西”这个词必须解释成表示二阶概括。这个句子说，存在着由“ξ是一个哲学家”所表示的东西；我们已经知道，关系从句“由‘ξ是一个哲学家’所表示的东西”要被解释成述谓表达式，而不是限定摹状词，既然如此，这就仅仅意味着，有是哲学家这样一回事①，而这确实是不可否认的。也就是说，任何人只要承认这是可以理解的，就都不可能否认这种说法。“能够把指称归于谓词”这一观点所表现出来的那种偏颇，因而也就完全化解了。赋予专名以指称，这不是偏颇之论，因为这只是相当于说，有像“‘珠穆朗玛峰’表示某种东西”这样的真句子，而这可以解释成“有珠穆朗玛峰这样的东西”这个句子的另外一种说法。按这种方式理解，把指称赋予谓词，就变得几乎同样公允了。因为这只不过是在说，有像“‘ξ是一个哲学家’表示某种东西”这样的真句子，而这也可以同样解释成用另外一种方式说“有是哲学家这一回事”。（我们可以把“有珠穆朗玛峰这样的东西”用符号写成

① “是哲学家这样一回事”是英语“a thing as being a philosopher”的汉译形式。要把谓词转换成名词短语、而这个名词短语可以不理解为摹状词，在英语中有可用的语法手段，但这种手段在汉语中很难自然地加以应用。这里的区分常常是以语义的形式出现的。这样的译法属于不得已而为之。——译者

“对某个a，a是珠穆朗玛峰”，其中的“是”是等号；而对“有是哲学家这一回事”的类似改写就是“对某个$\mathcal{F}$，对每一个a，$\mathcal{F}(a)$当且仅当a是一个哲学家”。在自然语言中使用谓词“ξ是一个哲学家”来改写就是，“存在这样一种东西，任何人只要是一个哲学家，他就是这样的东西”。）

人们只要承认任何一种形式的二阶量化是有意义的，就必须承认“有是哲学家这一回事”这个句子是可以理解的，并且是真的。我们已经说明，自然语言中对高阶量化的使用是极其常见的，普通的说话者不会感到奇怪或为难。对于含有对概念或关系进行量化的陈述，确实没有通常理解的那种精确的真值条件。然而，对于存在量词来说，无论其值域和阶次如何，它的意义都决定了，只要对于用“比如什么?”这样的问题提出的要求给予正确的回答，相应陈 219
述就获得确认，换句话说，存在概括规则总是有效的。因此，“有柏拉图具备而苏格拉底不具备的东西”这个陈述，就可以通过“柏拉图从事写作而苏格拉底没有”这个句子为真，而得到确认——这足以保证“有从事写作这回事”这样的陈述为真。

弗雷格为概念的存在而制定的标准，确实不同于自然语言中使用二阶概括所依靠的标准。对弗雷格来说，一个不适用于任何东西的谓词，像任何其他谓词一样具有指称，甚至是自相矛盾的谓词也具有指称。他这样认为是因为他持有一个普遍的信条，即如果部分缺乏指称，则整体就缺乏指称。例如，如果“ξ有时候同时在两个地方”这样的自相矛盾的谓词没有指称，那么所有包含它的句子也就没有指称，其中当然包含那些否认它适用于某个人的句子，比如，“黑斯先生从未同时在两个地方”，也包括断定它根本不

能使用的句子，例如“没有谁同时在两个地方”。我们已经知道，弗雷格基于其他理由也确实承认，在自然语言中会有缺乏指称的谓词，但他把这当成一种缺陷，把这样的谓词从自己的符号语言中排除了，同样排除的还有缺乏指称的专名。我们看到，句子“有是哲学家这一回事”如果用符号改写成“$\exists \mathcal{F} \forall \mathfrak{a}[\mathcal{F}(\mathfrak{a}) \leftrightarrow \mathfrak{a}$是一个哲学家]”，这个句子就相当于“有‘$\xi$是一个哲学家’所表示的东西”，也就是说，相当于断定“ξ是一个哲学家”这个谓词具有指称。当然，把按照弗雷格的标准缺乏指称的所有谓词都从符号语言中排除，就会产生这样的效果，对该语言中的任意谓词“$\mathrm{G}(\xi)$”，“$\exists \mathcal{F} \forall \mathfrak{a}[\mathcal{F}(\mathfrak{a}) \leftrightarrow \mathrm{G}(\mathfrak{a})]$”这个陈述肯定是真的。不管谓词“$\mathrm{G}(\xi)$”是什么，即使是“$\xi$不与$\xi$相同”，这一点也总是成立。对于“有珠穆朗玛峰这样的东西”这个句子（它相当于“存在‘珠穆朗玛峰’所表示的东西”这样的陈述，而该陈述断言“珠穆朗玛峰”有指称），我们可以按照严格相似的方式，用符号改写成“$\exists \mathfrak{a}\, \mathfrak{a}=$珠穆朗玛峰”。把缺乏指称的专名从弗雷格的符号语言中排除掉，同样也保证了对该语言中的任一专名“b”，句子“$\exists \mathfrak{a}\, \mathfrak{a}=b$”都是真的，而不管该专名是简单的还是复合的。

与此不同，在自然语言中，用来断定谓词的所指存在的相应陈
220 述“有……这样的东西”，却并不是一般而言贫乏为真的（trivially true）。它甚至遭到否定。例如，对于是否存在过分无私这样一种东西，或许还可以争论。这种争论取决于事实上是否存在过分无私的人，更有可能，这取决于是否**可能**（*could*）存在这样的人。这说明了一个一般性的原则，当我们想要通过回答“比如什么？”这样的问题，来确认自然语言中的一个包含了二阶存在概括的陈述，对

于何种谓词才能构成成功的回答，是有一定限制的——它必须是**可能**适用的谓词；而有些语境则要求事实上已经得到了适用。自然语言中形如“有像P这样的东西”（“P”是谓词表达式）的陈述，在具有非贫乏性(non-trivialty)这一点上，当然类似于自然语言中形如“有像*a*这样的东西”（“*a*”是专名）这样的陈述。而这种形式的陈述不是贫乏的，恰恰是因为这种语言中包含了没有指称的专名。

我们已经说过，对于谓词缺乏指称的情况，弗雷格所作出的选择是，谓词不是对所有对象都有定义。这样就可以解释，用“……是所有对象都要么是要么不是的某种东西”这个短语，来代替“……是一个概念”这种逻辑上错误的形式，为何是一种非常合适的选择。我们也明白，弗雷格在这里采用了错误的类比，因为，在句子中出现并非对所有对象都有定义的谓词，这在直觉上并不自动剥夺句子真值——只有一些句子会这样。况且，除了我们前面指出的，这个类比甚至有更多的误解。如果句子包含了缺乏指称的专名，我们可以同意该句子既非真也非假，但至少，只要把握了名称的涵义，我们就会知道要使句子为真，情况必须怎样。例如，如果没有亚瑟王这个人，那么“亚瑟王抗击萨克森人”就既非真也非假；但如果“亚瑟王”这个名称具有确定的涵义，那么我们就确切地知道，要使句子为真，情况必须是怎样的。与此不同，如果谓词“ξ是悲伤的”对于椅子没有定义，而谓词“ξ是红的”对数没有定义，那么“那把椅子是悲伤的”和“7是红的”也就既非真也非假，而我们不知道要使它们为真，情况必须是什么样的。如果像弗雷格晚期那样坚持认为，任何种类的名称都允许占据所有谓词的主目位置，从而认为这样的句子具有正确的形式，那就势必要把这些句 FB 20

子归于其谓词具有不完全确定的涵义的情况，而不是归于谓词具
221 有涵义而无指称的情况——椅子怎样才算悲伤，数怎样才算是红的，这些并未得到确定。谓词因为在涵义上与专名具有本质上的差别，在这方面就没有与专名严格的类似关系。可以获得的类似性最多是在名称的涵义只是部分确定的情况，此时用来识别名称承载物的标准只是部分地确定下来，例如，我们不确定要使得一个人成为“摩西”所指的那个人，他是否应当为法老的女儿所收养。

然而，首要的问题还不是找到一种方法，来充实特定谓词具有指称这样的断言。我们毕竟已经看到，对弗雷格来说有更好的办法，来与专名缺乏指称的情况进行类比。例如我们可以说，既然没有像祝融星这样的行星，也就不存在是祝融星的卫星这回事；或者也可以说，由于盘子是圆的，而垫子是方的，也就不存在具备盘子和垫子都有的那种形状这回事。首要的问题是，为谓词赋予指称，这一点一般来说是否合法。安斯康小姐在她关于《逻辑哲学论》的
IWT 122f 那本书里，把弗雷格身后发表的拒绝使用“概念”、“关系”以及“函项”这些词项的观点，与维特根斯坦拒斥“形式概念”的做法相对比。这里的形式概念，即是所有由那些具有高度普遍性的范畴词项所表达的概念，其中不仅包括所列举的那三个概念，还包括“对象”和“数”。维特根斯坦的要旨部分地在于，像“所有对象”和“所有关系”这样的表达式之间的区别，应当通过为量词所约束的变元类型上的区别来表现。因此，这种区别也就不同于例如“所有猫”与“所有狗”之间的区别，后者表现为同一类型变元在取值范围上有不同的限制。维特根斯坦的这部分观点，确实与弗雷格拒用“概念”和“关系”这类词的依据相吻合——使用这些词也就意味着，存

在某个非常一般的实体类,对于这个类我们可以不加区别地进行概括,并且可以在后来才区分出对象、概念、关系等。这里,“实体(entity)”就按照“对象”在弗雷格的术语中的那种方式起作用,因为,“ξ是一个概念(对象、关系)”由于在形式上是一阶谓词,其中以所有实体为意定取值范围的变元就表现为个体变元,换言之,其中不包含主目位置。在拒绝这种理解时,我们没有理由对“对象”这个词与“概念”和“关系”一视同仁——“ξ是一个概念(关系)”只是一个伪装的一阶谓词,但“ξ是一个对象”,虽然对于为它所断言的所有东西来说都不可能是假的,然而却是一个完全正当的一阶谓词。维特根斯坦拒绝“对象”这个词的理由也不同于弗雷格,即这个词不适于他关于句子的图像理论,尤其是,按该理论,任何句 222
子要具有涵义,都必须具有真假两极,必须既能够是真的,也能够是假的。属于任意逻辑类型的实体都只有通过属于同样逻辑类型的实体,才能够在图像中得到表现,因此,我们不可能为某个东西属于某个特定逻辑类型(例如是一个对象)这一情况构造图像,这是在图像中**显示**出来的,图像不可能**言说**它。尤其是,图像所能刻画的,只能是那些能够不得到实现的事态,因此,对于能够有意义地适用的所有东西都为真的,不可能是真正的谓词。在《算术基础》中,针对关于“单位”一词所作出的各种不恰当的解释,弗雷格确实说过,一个谓词要有涵义,必须在适用于某物与不适用于某物之间形成对照,必然适用于所有事物的谓词因此就没有内容。这 Gl 29
段话与维特根斯坦在《逻辑哲学论》中关于句子怎样才有涵义所表述的理解,当然是密切一致的,但这种理解与弗雷格的另一些做法冲突——弗雷格承认“ξ是一个对象”这样的谓词,他还把二阶谓词“$\acute{\varepsilon}\Phi(\varepsilon)$”作为初始词项引入，它对所有概念来说都是真的。弗雷格后来肯定会否认，《算术基础》中表述的原则适用于复合谓词——对所有谓词都采取这一路线，就会否认分析陈述具有偶然陈述所具有的那种涵义，而这对弗雷格的思想来说是格格不入的，这一为逻辑实证主义者所采纳的观点会导致许多哲学上的混乱。他是否也要否认该原则适用于初始谓词，这还不清楚。当然，完全可以把“ξ 是一个对象”解释得等价于我们所说的“$\exists \mathfrak{a}\,\mathfrak{a}=\xi$”。不过，弗雷格或许本来就倾向于为“$\xi$ 是一个对象”赋予一个特殊的、纯粹哲学的地位，因而免于适用《算术基础》中的这个原则。

经过这一番漫长的讨论以后，距离解决我们的主要问题，即是否有理由赋予谓词以指称，还有多远呢？初看起来，通过细致考察这种指称真实的逻辑形式，我们似乎一揽子解决了这个问题——我们已经揭示了关于特定谓词具有指称的断定，具有与赋予专名以指称这一做法恰好相当的平凡性。在一些情况下，赋予特定专名以指称，这或许需要特定的条件得到满足，尽管如此，专名一般说来具有指称，这一点是无可争议的；同样，按照我们已经讨论过的某些解释，断定特定谓词具有指称，这有时也会有特定要求，尽
223 管如此，我们似乎还是把“谓词一般说来具有指称”这一论题解释得与专名的情况同样合理。

然而，蒯因的追随者会说，如此颇费心思地操弄这些表达形式之后，我们所达到的成就还是没有超出他在一开始就可以说出的范围。因为，我们的结论就是，概念（即谓词的所指）的存在，要得到正确地表达的话，就需要使用二阶量化，并且只要承认这种手段的使用是合法的和可以理解的，概念的存在就确凿无疑。但对蒯

因来说，这正是在一开始之时的问题所在。对他来说，“存在就是成为变元的值”——一个人对特定的实体域作出本体论承诺（无论他是否真的认为有实体属于这个域），其标准就是他准备对这些实体进行量化，或者愿意针对至少一个包含这种量化的存在陈述作出断言。因此，对蒯因来说，概念是否存在，或者说谓词是否具备指称，就取决于是否允许用来约束谓词变元的二阶量化。为了确定这一点，他无须详细考察如何正确地表达“……表示一个概念”。他已经知道怎样表达。况且，蒯因极力拒绝这种二阶量化，因此，对他来说，“存在概念”这一观点（在弗雷格的意义上就是，谓词具有指称）根本就是偏颇的。 *FLPV* 15

那么，实际情况又是如何呢？对于我们的问题来说，我们真的无所斩获吗？我们至少还是迈出了一小步：我们已经确认，出现于“论概念与对象”中的那个可能使弗雷格的整个本体论结构陷于不融贯的悖论，是可以解决的。或许，我们还成功地揭示了，弗雷格为何很少费神去论证谓词以及其他不完整表达式具有指称，对于这个许多人看来如此奇怪的观点，他为何真认为它是没有问题的。对于高阶量化的合法性与合理性，弗雷格没有丝毫的为难之感。从一开始，从《概念文字》起，他就自由而不加解释地使用高阶量化，他甚至不认为一阶逻辑是具有任何特殊价值的一个局部。

如果我们单单把指称当成语义学角色，那么就像前面看到的，为真正具有逻辑统一性的任何表达式赋予指称，确实都是毫无问题的。赋予不完整表达式以指称，这看起来会引起争议，仅仅是因为我们引入了（并且认为弗雷格希望我们引入）与名称/承载物关系的类比，因为我们势必要把不完整表达式的指称，看成与所指物 224

构成了类似于名称与承载物之间的那种关系。蒯因主义者会说，我们应该已经成功地找出了争论的焦点所在——要把谓词当作是有指称的，我们就必须认为对其所指进行量化是有意义的，而这种量化是否有意义，恰恰是极有争议的。实际情况是，尽管一再声明，弗雷格把名称/承载物关系当成表达式与其所指物之间的关系的原型，我们还是没有考察，在不完整表达式的情况下，这种据说的类比是如何得到的。关于量化的问题无疑是这种类比的一部分。从句子中省去专名得到谓词以后，我们之所以能把谓词理解为对任意给定对象为真或为假，是因为专名具有承载物，并且专名在句子中的语义学角色，可以通过它具有承载物这一事实来得到解释。进而，正因为能够对谓词作出这种理解，我们才能引入关于对象的量化，也就是说，才能把量词加给谓词以得到新句子，而新句子的真值条件按照谓词对每个对象为真或为假得到解释，即解释为，对量化定义域中的每个对象适用谓词得到真值，而后对这些真值取逻辑和或逻辑积。因此，如果认为谓词具有的指称关系，可以按照承载物与名称之间的那种关系模式加以解释，某种类似的情况就会是真的。也就是说，我们必须能够把通过在句子中略去一阶谓词得到的二阶谓词，看成对于任意一阶谓词的所指来说是真的或假的。我们必定能够这样做，因为原来的那个一阶谓词的语义学角色，被看作就相当于其与所指的关系。既然我们可以这么做，这就意味着我们必须能够引入针对一阶谓词所指的量化，并且要以类似于一阶量化的那种方式加以解释。因此，这个类比至少部分地等于是承认二阶量化的合法性，而在这种意义上，蒯因的观点得到了验证。由于指称这个概念在运用于不完整表达式时，

并没有为语义学角色的观念所穷尽（这与图根哈特的那类观点相反），而是还具有以名称/承载物关系作为原型的那种意涵，我们不能指望这个概念是完全没有问题的——至少，只要二阶量化的运用是成问题的，这个概念也就成问题。

以量化充当标准的这样一种观点在蒯因那里表述得很明确，但弗雷格从来没有明确表述过。弗雷格纠正对“概念”和“关系”这样的词的错误使用，通过尝试把他所推荐的方法发展成一套完整 225
的术语，使我们得以从他的表述中抽引出这个观点。我们会不会弄错了呢？我们会不会得出了一个与弗雷格实际表达的相冲突的观点呢？

我们已经看到，对于任何阶次的表达式，只要是构成了真正的逻辑单元，弗雷格都认为赋予其以指称是合适的。这似乎已经表明弗雷格与蒯因之间存在分歧。假设在一种语言中根本就没有量词或者其他概括表达式，而只有原子句，以及用语句算子构成的复合句。由于这种语言中没有量化，按照蒯因的观点，这就意味着没有本体论承诺，甚至也没有关于充当该语言中的专名承载物的对象存在的本体论承诺。另一方面，对弗雷格来说，专名是有所指的，即所谈到的对象，而一阶谓词和关系表达式也具有所指，即概念与对象。对蒯因来说，只要不引入二阶量化，也就没有必要赋予谓词以指称；而对弗雷格，即使没有任何形式的量化，赋予谓词以指称也是合适的。这样说来，把弗雷格的观点与蒯因的过于等量齐观，不就是错误的吗？

至少，按照弗雷格的原则，完全可以依据在句子中出现的方式，区分出任意高阶次的不完整表达式。尽管如此，显然，这样做

通常是没有意义的。在前面设想的那种语言中没有概括表达式，但在句子中仍然能够分离出二阶谓词。例如，从句子“苏格拉底被毒死而柏拉图没有”中，可以分离出二阶谓词“Φ(苏格拉底)而并非Φ(柏拉图)”。但在这个句子中区分出这种模式，这绝对是没有意义的。无论是对于解释如何构成更加复杂的句子，还是对于解释包含这个句子的任何一种形式的推理来说，都不需要这样做。对这种语言来说，从句子中挑出任何一个诸如“ξ是聪明的并且ξ被毒死”这样的**复合**一阶谓词，都是没有意义的——这些谓词对于句子的构成以及推理来说，都不起作用。当然，为了解释原子句是如何构成的，必须认可**简单的**一阶谓词以及关系表达式。

因此，对于任何特定语言来说，不管是为了确认以特定句子充当前提或结论的推理是否有效，还是为了解释如何构成其他句子，226 我们肯定不会希望，引入的本体论所包含的所指，超过出现于那些句子中应当承认是逻辑单元的表达式所对应的范围。然而，即使承认这一点，弗雷格与蒯因仍然相去甚远。当然，一个蒯因主义者会说，分歧要比我说的要小——对于不含(明显)量化的语言，按照蒯因式观点也不是全然没有本体论，因为这种观点建议把所有专名都重新解释成限定摹状词，而按照罗素的方式分析，它们包含了隐藏的一阶量化。但是，在涉及谓词指称的情况下，我们对术语的重构是否错误地解释了弗雷格，这个问题仍然没有得到回答。

关于量化我们实际上说了两件事。其一，对于“特定类型的表达式具有指称”这个观点的**表述**，引入了针对其所指的量化——说专名具有指称，就在对象上进行了量化；说谓词具有指称，也就在谓词上进行了量化。其二，按照名称与承载物的那种关系模式，承认特定类型表达式具有指称，这样就潜在地把针对其所指的量化当成了合法的。这两个观点也许与蒯因冲突，但都不与弗雷格所持的任何观点矛盾。如果一种语言没有包含针对给定类型表达式的量化，那么**在那种语言中**就不可能表达用来陈述那种类型的表达式具有指称的命题——但这不会影响在其他某种语言中，给出该语言的正确的语义学解释，而这种解释要求按照类似于名称与承载物的那种关系，赋予那种类型的表达式以相当于与所指建立关系的那种语义学角色。进而可以说，对于特定类型表达式的语义学角色，只要按照这些表达式在特定语言中的使用方式，不得不以名称/承载物关系为原型给予解释，那么引入用来约束同一类型变元的量化，就是完全可以的——这绝不意味着必须利用这种做法。

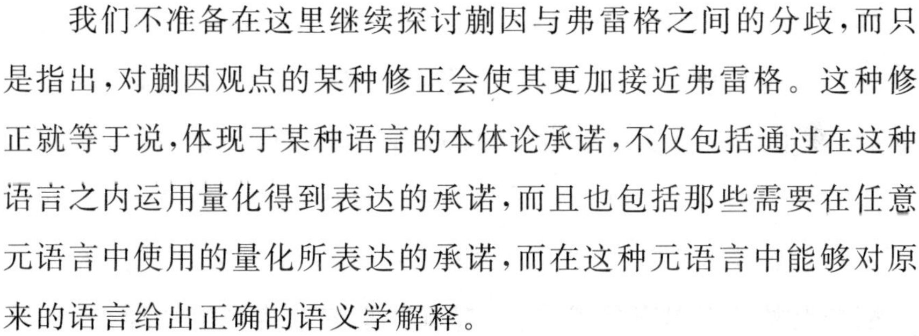

我们不准备在这里继续探讨蒯因与弗雷格之间的分歧，而只是指出，对蒯因观点的某种修正会使其更加接近弗雷格。这种修正就等于说，体现于某种语言的本体论承诺，不仅包括通过在这种语言之内运用量化得到表达的承诺，而且也包括那些需要在任意元语言中使用的量化所表达的承诺，而在这种元语言中能够对原来的语言给出正确的语义学解释。

然而，所有这些根本没有解决问题。按照名称/承载物关系的 227
模式来解释谓词指称，这**蕴涵着**承认二阶量化的合法性，但这没有告诉我们，这样解释指称意味着什么。人们普遍抱怨，弗雷格对于表达式的涵义谈了许多，但对什么构成了这样一种涵义，却没有作出任何解释。从一个角度看这种抱怨是不公正的，因为对弗雷格来说，表达式的涵义就是我们用以确定其指称的方式，而关于不同

类型的表达式具有的指称种类，他谈了很多，并且说明了这些表达
式的涵义所必须具备的形式。不过也确实，他实际上没有直接说，
不同类型表达式的涵义是什么，因此抱怨是应该的。即使是在想
要给出词语或符号的涵义时，弗雷格实际上**表述**的也确实只是它
SB 27n 指称什么。对那些没有清晰地把握涵义与指称关系的人来说，这
Gg I 27,32 一事实使他对涵义这个概念的理解摇摆不定。表达式的涵义就是
其所指的呈现模式(the mode of presentation)——在说明所指是
SB 26 什么时，我们必须选择特定的方式来说明这一点，而这就是用来确
TLP 4.022 定某物是否所指的特定手段。遇到关注于传达或者界定表达式涵
义的情况时，我们应当选择能够展示涵义的那种手段来说明指称
是什么。这里我们可以借用《逻辑哲学论》中的那对著名的术语这
么说：对弗雷格来说，通过**说出**(*say*)一个词的所指是什么，我们**显**
示(*show*)其涵义。(一般而言，对于罗素在“论指谓(On Denoting)”

对弗雷格的反驳，即从指称到涵义“没有返回之路”，这才是正确的
LK 50 回应，而不是借助于间接指称。)因此，在某种意义上可以说，我们
不能直接说表达式的涵义是什么；弗雷格因此也会让人觉得，对任
何一种逻辑类型的表达式涵义，都不可能给予一般性的解释，而只
能解释其指称。要是这样，他就错了。只有在某些情况下(此时可
以进行定义)，我们才能通过指明其指称来说明表达式的涵义，而
在任何情况下，我们都不可能直接说明涵义，比如，不可能说“涵义
是……”(除非后面接上“与 *X* 的涵义相同”，其中 *X* 是另外一个表
达式)。但是，把握词的涵义，也就是获得一种确定包含该词的句
子的真值条件的能力，而我们没有理由把一种不可言说的特性强
加给这种能力。即使不能说出涵义是什么，也没有什么东西妨碍

我们说明，当一个人把握了涵义，他能够做什么事情，而这却是我
们需要涵义这个概念的全部目的。因此，我们完全有权考察，弗雷 228
格是如何设想适用于各种类型表达式的涵义概念的。

问题并不首先关系到什么是涵义相同。对涵义怎样才算相
同，弗雷格也没有谈过。这里唯一清楚的是一个否定性的要
点——要使得两个表达式具有相同的涵义，仅仅是其所指在逻辑 Huss
上必然重合是不够的。否则，对于关于同一性的陈述，以及概念、 320
关系或函数的外延等价陈述来说，如果它们分析地为真，就不能传
达信息，或者至少，它们能够传达信息，这一点不能解释为，等号或 Gl 91
双条件记号两边的名称或不完整表达式涵义不同。这与弗雷格当
初把涵义当作区别于指称的概念引入时的动机相冲突。对弗雷格
来说，一个陈述是否是分析的，取决于它以何种方式被确认是真
的，但要使其具有信息含量(具有“认知价值”)，则必须要求，仅仅 NS
知道其涵义还不足以确认其为真，而这与它具有分析性，一点也不 226-7 (210)
冲突。(在身后出版的著作中，弗雷格确实用了一些篇幅来琢磨这
样一个想法：两个**偶然**为真的句子只要在逻辑上必然具有同样的真 BW
值，它们就表达同样的思想。但这很难与他的其他观点协调起来。) 105-6 (70-1)

把整个问题归结为**初始**表达式(即不是通过定义引入语言中的表达式)之间的等价关系问题，还是一种有吸引力的想法，方法是应用类似于卡尔纳普“内涵性同构(intensional isomorphism)”的那种想法——从两个表达式中逐个消去所有通过定义引入的语词，代之以用来定义的等价语词之后，我们就可以通过观察由此得到的形式，看一个表达式能否用同义词替换的方式从另外那个表达式得到，来确定它们是否具有相同涵义。这样，问题就变成解释

何时能够说两个初始表达式具有相同涵义。在对任意实际的语言运用这一想法时，我们需要把事实上不是通过定义引入语言的所有表达式都当作初始的，而不管这些表达式是否能够在涵义稍加 Huss 320；Bs 7；Ver 150 (40-1)；NS 161-2 (149-150) 变化的情况下得到定义。弗雷格专门指出，对于给定的一组可以相互定义的表达式来说，在建立公理理论时选择哪个作为初始表达式，是没有影响的；而在“论否定(Die Verneinung)”一文中他论证说，在自然语言的两个矛盾的谓词中，我们不能说哪个是肯定的哪个是否定的。这都表明他清楚地意识到，通过定义引入自然语
229 言的表达式并没有那么多。不过，在弗雷格那里有些散见的段落与关于内涵性同构的想法相矛盾，例如说，句子“A”与句子“A 是真的”以及“A 并且 A”具有相同涵义。

但是，什么是涵义相同的标准，这还不是核心问题。核心问题是，应该以什么为模型，来理解什么是知道一个表达式的涵义，即对于各逻辑类型的表达式来说，当一个人知道该类型的表达式涵 SB 34；Ged 61 (6)；Ggf 39n (59n)；NS 271 (251) 义时，应该以什么样的一般性的形式，来对他所知道的东西进行描述。因为，我们已经看到，涵义的概念是与**知识**的概念相联系引入的，我们需要它，是为了能够解释我们是**如何**知道语言中的表达式的指称的，换言之，解释我们如何能够辨认出由这些表达式构成的句子的真值条件。就眼下的目的而言，我们可以把注意力集中在构成原子句的那些表达式上，即简单的和复杂的专名，以及简单的谓词及关系表达式。为了初步了解弗雷格心目中的关于这些表达式涵义的模型，我们尝试追踪这条思路：知道专名的涵义，也就是把握这样一种标准，使得对任意给定对象来说，我们都能判断它是否是该名称的承载物(所指)；知道谓词的涵义，也就是把握一种标

准，以判断任意给定对象是否为该谓词所适用；而知道关系表达式的涵义，也就是把握一种标准，以判断对于按特定顺序给出的任意两个对象，这种关系是否成立。

在读到弗雷格关于涵义与指称的观点时首先就会冒出来这种解释，它至少具有这样的优点：指称这个概念至少在运用于专名时，可以起对涵义进行解释的作用，可用来解释，在与确定句子真值相关联的意义上，我们是如何理解语言中的词语的。按照这种解释，要确定任意给定句子的真值，就要识别用来充当出现于句子中各个专名所指的对象——在这些名称的涵义的指引下，我们先识别作为其所指的那些对象，然后忽略那些涵义的所有其他特征，只留下它们确定了那些充当所指的对象这一事实；剩下来要做的，就只是确定谓词或关系表达式是否适用于那些对象。与此不同的解释则认为，谓词（以及关系表达式）的涵义不是与占据其主目位置的名称所指的对象联系，而是直接与名称的涵义联系。这样的解释在一种意义上比前面所描述那种解释更加平整，因为它放过 230
了这样一种情况：谓词所具有的涵义使得当其主目位置为一个名称所填充时得到真句子，但当其主目位置为另外一个涵义不同，但具有同样指称的名称占据时，句子却是假的。这样，就不需要像弗雷格必须做的那样，对不透明语境作特殊处理。但这会使指称的概念在句子以外的情况下完全不起作用——表达式的涵义将不是通过指称给出的，也就是说，不是作为确定所指的手段给出，而指称这个概念也就失去了语义学价值。从弗雷格关于涵义与指称所持的观点中我们所看到的所有东西，都意味着这种解释不可能是他想要的那种——只有当我们能够以与指称相联系的方式，来说

明什么是把握表达式的涵义，指称这个概念才能具有他所赋予的那种价值。按照后面那种关于涵义的理论，指称这个概念纯粹是一种理论装饰，它没有被赋予功能性的角色，这就跟罗素归于限定摹状词的指谓一样。弗雷格关于指称所说的一切，都表明他不愿让它变成附着在意义理论上的一块无用的赘疣。

应当说，指称这个概念应该扮演类似于在第一章那个简单的例子中，用来表示自然语言语词的代码词，在解释代码符号的意义时所扮演的那种角色。一个人理解代码，不是光知道哪个代码词表示自然语言的哪个（不含代码的）词语，而是掌握了从一方确定另外一方的方法；但除非援引用代码词表示不含代码的语词这样一种概念，进而解释代码符号如何参与确定这种表示关系，我们无从着手解释代码词中所包含的代码符号的意义。

不过，可以从两个不同的理由出发，来反对我们作为起点用以解释专名和谓词涵义的模型。首先，表述这种模型的方式只适合于完全能行的（effective）语言——它赋予理解专名的人一种标准（能行方法），用以判定任意给定对象是否是该名称的承载物，它也赋予理解谓词的人以标准，来判定任意给定对象是否为谓词所适用。但弗雷格从未要求说，所有具有涵义的表达式，都应该以这种方式是能行可判定的。因此我们可以对表述作出修正说，把握名称的涵义，就等于说只要遇到，就能够认出给定对象是否可以算作
231 是某名称的承载物；同样，把握谓词的涵义，也就等于说只要遇到，就能够看出谓词是否可以算作适用于某给定对象。甚至这也可能不是完全合乎弗雷格的想法。如果满足于得到某个适用于唯一对象的谓词，那么我们就可以引入一个专名来表示该谓词所适用的

对象——按照弗雷格的实在论观念，我们对于对象怎样才算是名称承载物的把握，可以超出我们能够认出对象是否名称承载物的能力范围，因为，即使没有任何东西能够让我们确切地说某对象就是名称的承载物，我们也知道对象**怎样才算**该名称的承载物。只有具备某种一般性的保障，使得对于任何真陈述都存在某种我们可以知道，并且只要知道就可以让我们得出该陈述为真的结论，这里的缺失环节才能补上。对于这个观点弗雷格的立场如何，从他的著作中还无从知晓。如果不接纳这个观点，那么我们就不得不这样说：理解名称的涵义，就等于知道，对任意给定对象来说，要使其成为名称的承载物，情况应该是怎样的；而把握谓词的涵义也就等于知道，对任意给定对象来说，要使其为该谓词所适用，情况应该是怎样的。这种表述的困难在于，为了使“具备这种知识”这种说法不至于变成空谈，这种知识必须是可表述的，即能够**说出**，要使得给定对象成为名称的承载物，或者为谓词所适用，情况必须是怎样的。能够**认出**对象是名称承载物，或者以能够定论的方式**认出**它是名称的承载物，这种能力还不一定能解释成可表述的知识——它可以在人们以某种方式确定包含该名称的句子的真值的过程中，或者在把某种东西当作确定这类句子真值的依据的过程中，通过所表现出来的倾向展示出来。但是，如果说关于一件事弗雷格是绝对清楚的，那么这件事就是，对语词涵义的把握，一般来说不可能等于可表述的知识。他一再坚持认为，虽然许多词语能够通过定义或者语言上的解释引入，但要求一种语言中的所有词语都以这种方式引入，这却是不可能的，这会进入恶性循环。 BG 193；Gg I p. 4；Ver 150 (42)

针对前面描述的关于涵义的那种简单模型所提出的第二种反对意见，可以通过质疑谈论“给定”对象是什么意思，来得到表述。符号语言中用量词表述的像“对任意特定对象”这样的短语，当用自然语言来表述时，则用“对任意给定对象”或“给定任意对象”，此
232 时，我们不能把后面的短语当作纯粹多余而无视。理解了专名或谓词，就可以认为我能够认出足以确定给定对象是否名称的承载物，或者确定谓词适用于给定对象的某种情况，但是，我所认出的那种被认为得到确定的东西是**什么**呢？是某某名称表示该对象，或者某某谓词适用于该对象？是啊，但**哪个**对象呢？当然，是给定的那个对象，但这里我们有权问，“它是如何给定的”。

除非事先就已经以某种确定的方式区分出来，我们不可能确定一个对象是专名的所指，也不可能认出它就是某谓词所适用的那个东西，更不可能以任何其他方式来想到它。离开了识别对象的特定方式，也就谈不上判断什么东西对于这个对象为真。正是出于这个理由，专名的涵义不可能仅限于特定对象充当其所指这一点，而不考虑用来以某种特定方式确定了该对象就是所指的，正是涵义。因此，对于属于特定域的任意对象来说，要确切地认出关于它的某种情况，所需要的标准不可能真的针对属于那个域的**对象**，而是必须针对被当成以特定方式得到识别的对象。正是出于同样的道理，当我们说，“如果存在一种能行的计算程序，使得对于任意给定的数，当以该数作为主目时函数值都可以计算出来，那么这个算术函数就可以说是可计算的”，我们心目中是有一种“给出”这个数的特定方式，例如是用二进制数字还是用画线记号——若以“夏威夷的人口”或“满足费马大定律且大于 2 的最小的数”的所

指为主目，这种程序倒不一定产生一个值。因此，为了说明如何解释我们所考虑的涵义，我们还必须假定，对于对象的各范畴来说，总是有“给出”属于该范畴的对象的某种合适的方法，以使同一性或适用性标准与之联系。对于物质性的以及视觉性的对象来说，或者一般而言，对于可以指示的对象来说，初看之下就可以接受的标准，就应该针对伴以手势使用指示词即可识别的对象。这样，人称专名的涵义，就包含了把一个人当作名称的承载物指出来所需要的标准；而一般说来，对于任何一个实指(ostensible)对象(即可以指出来的对象)的专名“*a*”来说，其涵义就由形如“那是 *a*”的句子为真所需要满足的标准构成，我们可以称这种形式的句子为“重认陈述(recognition statements)”。同样，对于谓词“ξ 是 P”，当其定义域只包含实指对象时，它的涵义就由形如“那是 P”的句子为真所需要满足的标准构成。这类句子我们可以称为“原始谓述句(crude predications)”。

要想充分解释专名涵义这个概念，就必须在对专名涵义的把 233
握中，容纳与之相应的同一性标准。这一要求可以这样满足，把对专名涵义的把握，理解为相当于具有判断重认陈述真假的能力。因为，在重认陈述中使用实指词，这就要求，为了理解这种陈述，就必须把握确定实指词意义潜在地需要的同一性标准。“那是费多”必须不加言明地理解为“那个动物是费多”，而“那是泰晤士”则要理解成“那条河是泰晤士”——没有必要知道“动物”与“河”这样的词，但要识别所指的东西是不是费多和泰晤士，却必须把握这些概念。

谓词与同一性标准之间的关系要复杂得多。像“书”这样的通名，我们区分出其涵义的两种成分：适用性标准与同一性标准。要能够判断形如“那是一本书”的原始谓述句是否为真，我们似乎没有必要意识到使用“同一本书”的两种方式。相应地，也没有必要意识到能够怎样用“那本书”这个短语，以及以“那本……的书”开头的限定摹状词。于是我们就会受到诱惑说，虽然要完全理解“书”这个**词**需要知道关于同一性的两种不同的标准，但理解“ξ是一本书”这个**谓词**，却只需要知道适用性标准。另一方面，像“ξ落满灰尘（ξ is dusty）”这样的谓词，它与形容词“落满灰尘的（dusty）”在理解上看起来好像没有什么区别，在两种情况下都不关乎同一性条件，起作用的只有适用性条件。

当然，我们可以规定说，理解谓词涵义，仅仅意味着把握了适用性条件，并将其理解为判断由该谓词构成的原始述谓句真值的能力。但随后我们就会发现，把握了谓词涵义，还不足以判断由它所构成的原子句的真值。像“落满灰尘的”这样的形容词也确实不与任何具体的同一性标准相联系，但由此得不出，我们可以完全不用同一性标准的概念，来解释如何把握这种形容词的涵义。在谓词“ξ落满灰尘”的主目位置不是由实指词，而是由专名占据时，专名本身就提供了同一性标准。我们或许认为，可以把确定形如“*a*
234 落满灰尘”这类句子的真值的方法，解释成当一个形如“那是*a*”，并伴有指示行为的重认陈述是正确的时，如何确定伴有在同样场合下作出的同样指示行为时，形如“那落满灰尘”的原始谓述句是否也是正确的。然而，只要把“*a*”换成专名“《战争与和平》”，就很容易看出这种解释过于简单化了。会出现这样的情况，在某个场合下，我指着某个方向说“那是《战争与和平》”以及“那落满灰尘”，

这两者可以都是真的，但若我说"《战争与和平》落满灰尘"，则只能是滑稽的，因为"《战争与和平》"这个名称与例如"你的那本《战争与和平》"不同，它用来确定所指对象的同一性标准，对谓词"ξ落满灰尘"来说是不合适的。这样一来，要得出结论说"《战争与和平》是一本书"这个陈述为真，只是知道说"那是《战争与和平》"与"那是一本书"都是真的，这就不够了。因为，设想在书架上有十二本书，其中有三本是《战争与和平》，在这种情况下说《战争与和平》是一本书是不正确的——即使"书"这个词只是在这种意义上使用，重认陈述与原始谓述句仍然可以都是真的。因此，显而易见，如果在对原始谓述句的理解中，并不包含与其中的实指词联系的同一性标准，那么仅仅是知道确定由谓词构成的原始谓述句为真所需要的标准，还不足以给出谓词的涵义。对于这样理解的原始谓述句来说，获得对其真值条件的把握，的确可能是了解谓词涵义举足轻重的第一步；但如果要使得关于谓词涵义的知识，达到足以让我们理解由该谓词构成的原子句的程度，还必须把握对理解那些原始谓述句中出现的实指词起支配作用的同一性标准。

至于其他谓词，特定的同一性标准必须从一开始就已经联系起来了。比如像"ξ是喜怒无常的"这样的谓词只能适用于人类，而要能够确定像"席丽雅是喜怒无常的"这样的原子句，以及像"她是喜怒无常的"这样的原始谓述句（伴随以指或诸如此类的动作）是否为真，就要先把握关于人的跨时间同一性标准。还有一些其他的谓词，虽没有特定的同一性标准与之联系，但包括原始谓述句在内的任何使用方式中，还是要求暗含地援引某个确定的标准。例如"ξ有54岁（年）了"可以用于人、书、制度等许多其他事物，但

如果我们不知道要把年龄归于哪类对象，它还是无从理解。

235 甚至在这么多澄清以后，回头想想，我们所考虑的这种关于专名与谓词涵义的模型，似乎仍然是不足信的。对我的某个关系密切的熟人来说，把我对他的名字涵义的把握解释成我所具备的能力，我用以判断那些识别他是否实指对象的陈述（它用到这个名字）为真还是为假，这样解释看起来终究还是合理的；但是，对于“亚伯拉罕”这样的名称来说，这样的名称表示一个我相信去世已经接近四千年的人，我对它的涵义的把握，真的可以认为就在于我具有一种能力，我会用这种能力来判断遇到的人是否就是该名称的承载物吗？当然，如果我理解“亚伯拉罕”这个名称，那么对于“要是亚伯拉罕令人惊讶地活到现在，衰老不堪地站在我面前的那个人就是他”这样的断言，我必定知道，就这个问题而言，什么东西会推翻它，什么会验证它；不管是谁，只要相信死人会复活，他就肯定会像寓言中的拉撒路那样，准备真的遇到亚伯拉罕。但要是建议说，我对“亚伯拉罕”这个名称的理解，首先就在于我有能力完成如此罕见的识别任务，那就太过轻信了。

一旦我们考虑到这样一些专名（无论是在严格的意义上的，还是弗雷格的延伸了的意义上专名），其对象在时间上或空间上远离我们，我们就会觉得，要通过识别其所指的对象，来确定包含这些名称的陈述的真值，这样的想法是非常可疑的。考虑“弗雷格是一个伟大的哲学家”这个句子。我仍然可以判断这个陈述是真的，即使我没有机会断定“那是弗雷格”这样的重认陈述，进而确认原始述谓句“那个人是一个伟大的哲学家”是真的。即使我有这个机会，它对我确定这个陈述是否为真，的确也没有什么作用。假设弗

雷格不是死于1925年，而是超过了有史以来的长寿纪录，现在还活着，衰老不堪。有个邻居，对他来说，“弗雷格”这个名称的涵义来自于它是那个老人的名字，他看到那个老人坐在轮椅里。固然，他也要通过知道名称的承载物来确定“弗雷格是一个伟大的哲学家”的真值，也就是说，他不仅必须阅读弗雷格的著作，还要确定那个他知道就是“弗雷格”的老人以前写了这些著作。但这不是我获得这个名称的涵义的方式。事实上，我知道“弗雷格”这个名字，是将其作为表示《算术基础》、《算术的基本原则》、“论涵义与指称”以及所有其他作品的作者。写那些书和论文的人，不管是谁，他都是
一个伟大的哲学家，并且，如果弗雷格是伟大的哲学家这一点遭到 236
质疑，我应该做的是捍卫**那个**命题。至于那个老人是否真是那些著作的作者，对于我所关注的问题，即说“弗雷格是个伟大的哲学家”是否为真（以我对这个句子的理解），则是不相干的——不管为了说服其他人认为他所知道的叫“弗雷格”的那个人是伟大的哲学家，考虑关于那个老人的问题有多么必要，情况都是如此。

这类例子使得我们所考虑的关于涵义的模型看起来是不妥当的。这样一种反对意见要是正确地理解的话，是不能通过对模型作出精心的修正加以处理的。应当说，它所质疑的，是弗雷格按照名称与承载物关系来构想的整个指称概念。我们已经看到，只有能够在我们为语言中的表达式涵义所给出的模型中起某种作用，指称这个概念才是有价值的。至于能否纯粹针对属于这样或那样逻辑类型的表达式来定义指称，这本身没有什么价值——要紧的是我们能否把表达式的涵义，按照我们确定其所指的方式加以构想，从而使得这样一个表达式对于确定包含它的句子的真值作出

的贡献，能够通过确认某些东西充当其所指，而得以穷尽。目前的这个反对意见所质疑的，正是指称概念在正确的涵义模型中的核心地位——它针对这一想法：要确定包含某个专名（即使是对于在简单专名这一严格意义上的专名来说）的句子的真值，就要先确定充当该名称承载物的对象。如果我们考虑的句子中包含的名称属于我们所熟悉的对象，而该名称我们最初是通过实指的方式习得的，也就是说，是当我们面对对象时在重认陈述中使用的名称，在这种情况下，这一点似乎是足够让人信服的。而当我们考虑的名称属于我们从未见过，并且根本不可能遇到的对象，那就完全不足为信了。

事实上，这个反对意见并未得到正确的理解。为了明白这一点，有必要正确理解关于涵义的一般解释所起的作用。按照目前我们对涵义概念的解释，把握一个表达式的涵义，就相当于对于一种一般性的规则有了默会的（implicit）理解，这种规则指定了，对于确定包含它的任意句子是真是假所必须采取的方法，该表达式作出了何种贡献。给定了句子由其成分表达式构造起来的方法，
237 再给定这些表达式的涵义，我们就可以理解能够用来判断句子具有这个或那个真值的途径。这绝不意味着，这样确定下来的判断句子真值的路线，是确定句子是真是假的唯一途径，而没有捷径可选。连接词“或者”的涵义是由其真值表给出的，“A 或者 B”这个句子可以通过确定子句中的一个为真，来确定其为真，而当两个子句均为假时为假。“这里在下雨”这个句子的涵义，则是由我们对于如何运用感官来观察它是否为真的理解给出的。如果这样，那么对于“这里在下雨或者没有下雨”这个句子，我们确定其真值的

方式就是，按照句子结构以及子句的涵义所设定的途径，我们要先观察天气，以确定两个析取支中的哪个为真，然后再按照“或者”的真值表，来最终确定析取陈述是否为真。实际上，我们当然能够采取捷径来确定陈述的真值，此时我们可以不知道天气状况，而只需注意到，不管我们怎样确定第一个析取支的真值，结果都是它和第二个析取支中的一个为真。而这种可能性并不表明，起初对“或者”以及“这里在下雨”两者的涵义做出的刻画是有问题的。因为，对任意给定句子来说，总会有我们可以认为是用来判断其真值的某种最为**直接的**方式，这不是说那种方式费力最少，也不是说它最具可操作性或者最为确实，而是一步一步都按照成分的涵义据以决定句子涵义的那种方式。在非常常见的情况下，正是由于对句子成分的涵义有所了解，我们才得以领会到，比如说在直接进行的确定真值的过程中，有两个或更多步骤会彼此抵消，此时走捷径就成为可能。有时候这是显而易见的，例如“这里在下雨或者没有下雨”这种情况。在其他时候，我们能否觉察到这种捷径，取决于我们是否注意到某种特定的，或许还相当复杂的方法——这正是通过扩展演绎推理的过程，所达到的成就之一。举一个简单的例子，试考虑算术中的谓词“是完全数”。我们把完全数(perfect number)n定义为，小于 n 的约数之和等于 n。按这个谓词的涵义，用来确定一个数 n 是否完全数的方法，就是检查从 1 到 n/2 的数是否能整除 n，把那些能够整除的数加在一起，看得到的和是否等于 n。不 238
过，欧基里德证明了一个简单的定理，即如果 $n=2^{k-1}(2^k-1)$，其中 2^k-1 是素数，那么 n 就是完全数。我们需要先证明，对于任意 m，$1+2+2^2+\cdots\cdots+2^{m-1}+2^m=2^{m+1}-1$。只需在两边加 1，就可

以从直观上看出这一点;也可以直接用归纳法来证明它。现在,既然 2^k-1 是素数,n 的除了 n 本身以外的因数就落入两类中的一个,即 1,2,……,2^{k-1};以及 2^k-1,$2(2^k-1)$,……,$2^{k-2}(2^k-1)$。按照引理,第一类中的数之和为 2^k-1,第二类中的数之和则是 $(2^{k-1}-1)(2^k-1)$。这两个数的和显然是 $2^{k-1}(2^k-1)=n$,因而就像断言的那样,n 是完全数。这样,如果我们考虑的是 496 这个数,只需注意到它等于 $16\cdot31=2^{5-1}\cdot(2^5-1)$,而 31 是素数,我们就可以结论说 496 是完全数,而不需要直接通过写出除了它自身以外的 9 个因数,然后加起来,以此确定这个陈述是真的。定理的证明简化了这个过程,它展示了得以安排直接的计算过程的一种模式。

判断一个人是否伟大的哲学家,如果可用的方法之一就是看其著作的质量,那么我们就可以考察所提到的著作,来判断"这些著作的作者是伟大的哲学家"是否是真的,而不需要走弯路去识别作者本人。在这种情况下,捷径可以从句子的结构直接看出来,因为谓词是否适用,可以通过检查识别主词所指所需要考虑的那些要素来确定,因而在这种情况下这种识别本身就是不必要的。(即使在这里,这条捷径的存在,还是取决于这样一些假定:那些著作是人写出来的,而不是来自于电脑或者神灵启示,并且它们是由一个人写的——能够确凿无疑支持这一点的任何东西,最终都建立在对作者本人进行识别的基础之上。)不过,要对像"这些著作的作者"这样的短语涵义作出解释,就必须提供一种统一的途径,使得该短语对确定包含它的句子真值条件所作出的贡献,能够得到解释。这的确会把确定任何此类句子真值的某种方法,作为优先方

法固定下来，这也就是前面所说的“直接的”方式——但这绝不是说，在特定情况下不会有其他的、更为简便的方式。做这件事的唯一途径，就是以某种方式识别充当名称承载物的对象。就像我们已经看到的，所有这样的识别，都必须与挑选要识别对象的某种优先方法联系起来。确实没有什么强制性的规定，在涉及具体的(concrete)对象时一定要把实指当作优先方法——弗雷格也没有 239
为这种选择提供任何依据。我认为这种选择是自然而然的，并且也没有其他统一的方法适用于种类繁多的对象。但任何一种用来承担这一作用的方法，都总是会承认在许多情况下都存在捷径，其作用并不输于这种方法。在特定情况下，什么捷径可行，这取决于使用了什么谓词——而对属于任一范畴的专名来说，对涵义模型的要求则是它原则上是可以适用的，而不考虑名称出现于何种特定语境。

对于我们在这里给出的模型，另外一个反对意见是说，它引入了不相干的认识论要素。按照弗雷格的涵义观念，这里所需要的是，对于构成句子的表达式涵义的把握，应当使我们能够理解句子的真值条件，即要使句子为真，情况应当是怎样的。这种理解并不关系到我们判断句子真值的方式，这是一个完全不同的问题——它所涉及的仅仅是我们对于什么算作为真的把握。就对弗雷格的诠释而论，这种反对意见还是有些价值——弗雷格可能会拒绝一种过于倚重我们的判断方式的解释。如果是这样，那就有理由猜测，弗雷格的意义理论恰恰在这一点上弄错了。因为，一种关于涵义的模型，除了就是一种关于什么是对涵义的把握的模型，还能是什么呢？如果必须解释，什么是对各种表达式涵义的把握(即怎样

才算理解了它们的涵义)，那么我们就必须给出一种能够展示这种理解如何表现出来的模型。如果愿意，我们可以这么说：把握专名涵义，就相当于知道，要使一个以实指方式给出的对象被正确地识别为名称的承载物，需要满足何种条件——但除了通过对表明这种条件得到满足的东西作出判断，这种知识如何能够表现出来呢？

如果我在这一点上弄错了，并且针对关于什么算作一种情况得到满足的知识，有一种非循环的解释，这种知识既不能算作是可表述的知识(在解释怎样才算理解了语词的过程中，这种知识会引入循环)，也不需要辨别情况是怎样的，那么我们所考虑的涵义模型的一般形式就可以得到保留，而整个模型则要按照新的考虑重新构造。不管怎样，眼下我们感兴趣的是这种一般形式，是涵义模型的结构，而不是认识论概念在这个模型中可以合法地运用到什

240 么程度。弗雷格的整个哲学观都具有无可置疑而又强烈的实在论

倾向，对他来说涵义与真理而不是与对真理的认识相联系，他也坚持不懈地抨击把心理学概念引入逻辑(更确切地说，是引入意义理论)的做法，尽管如此，他是否会从目前这个反对意见出发，否决我们所考虑的这种形式的解释，还一点都不是显而易见的。涵义这个概念从最初引入起，他事实上就已经把它与认知性的概念联系在一起——之所以需要涵义这个概念，本来就是要解释句子何以能够具备我们所认为的那种认知价值。当弗雷格投入与心理主义
Gl 26 的论战时，他致力于反对的，是在意义理论中引入与心理过程、心理意象诸如此类的东西相关的概念，是对于我们据以获得关于涵义的把握的过程，与构成这种把握的东西之间的混淆。心理的东
Huss 317 西对他来说是不可交流的内部经验，而认知性的概念，即与关于真

理的认识相关的概念，他称之为从思想到真值的推进，或者说从句 SB 35
子涵义到其指称的推进，这些则不属于这样理解的心理之物。毕 NS 157 (145)
竟，一个句子是先天的还是经验的，是分析的还是综合的，这些问
题为那些承认这些区分关系到句子具有何种涵义的人所普遍理
解，而弗雷格则明确地把这些区分建立在能够据以知道句子为真
的方式（而不必是实际知道的那种方式）之上。即使在对特定表达 Gl 3
式涵义进行解释时，弗雷格也要求与特定顺序保持一致，以确保语
词的涵义甚至在原则上也能为我们所获得。比如在《算术基础》中
他主张，必须用“平行于”来解释“……的方向”，而反对通过说直线 Gl 64
在具有相同方向时平行，来用后者定义前者。在他看来，我们不可
能在获得平行概念之前，获得方向的概念。我不会冒险说，这些事
实意味着弗雷格本来就把沿着现在这条思路给出的解释当作是合
法的。但认为弗雷格想把所有认识论的东西从逻辑或者意义理论
中排除出去，这一一般性的看法确实错误——他想要排除的是所
有心理的东西，而这对他来说是另外一个问题。

弗雷格当然极力坚持认为，具体对象与抽象对象之间的区分，
不会影响词项是否构成专名并具备指称。鉴于这一点，至此为止
给出的解释只处理具体对象的名称，而不处理抽象对象名称，这确
实有严重的缺陷。但我们将把关于抽象对象的讨论推迟到后面的 241
章节。现在应该回到原来的那个问题，这个问题曾促使我们尝试
更为详细地描述对涵义作出的解释所应该采取的形式，这个问题
是，弗雷格赋予谓词和其他不完整表达式以指称，这是否合法。不
过，即使我们所描述的关于涵义的那种模型终究接近于弗雷格心
目中的想法，当指称这个概念用于名称时，还是表现得与用于谓词

时非常不相似。在我们的模型中，谓词的指称概念根本不起作用——谓词的涵义就是确定其是否适用于对象的方法，在识别充当谓词所指的概念时，没有任何东西相当于识别充当名称所指的对象。看来，要理解何谓识别充当谓词所指的概念，甚至在实际上是不可能的，因为我们根本就不知道，怎样才算“给出”了一个概念。当然，一般来说是有确定两个谓词指称相同这么回事，这就相当于确定它们是否具有相同外延。但是，要把这么一种情况解释成识别充当谓词所指的概念，我们还必须要能够选取某个特定谓词，用来扮演那种与实指词所扮演的相同的角色（在表达式指称具体对象的情况下）。不管怎样，在确定原子句的真值时，似乎并不要求做任何这样的事情。

也许会有人这样反驳，困难的产生，正是因为我们局限于原子句。在确定原子句真值时，我们一般要识别充当名称所指的对象，然后确定谓词是否适用于该对象。在与之对应的情况下，我们希望此时需要识别充当谓词所指的概念，此时要确定高一个阶次的句子的真值，这个句子是由用一阶谓词来填充二阶谓词（例如量词）的主目位置得到的。在这种情况下，我们希望识别充当一阶谓词的所指的概念，然后确定二阶谓词对它是否为真。情况肯定是，这样一个句子的真值将以与原子句不同的方式，依赖于一阶谓词的整个外延。我们不能想象，识别两个谓词具有相同所指（即共外延）的任何方式，都与把其中一个谓词运用于单个对象得到的句子真值相关；但在量化句的情况下，则似乎并不是那么不相关。“对
242 于所有 x，$P(x)$”这样一个句子的真值依赖于谓词“$P(\xi)$”的整个外延。由于谈论的是量化句，我们一般可以认为这个谓词是复合

的。因此，为了判断这个量化句是真是假，理解这种语言中所有形如“$P(a)$”的句子，或者知道这些句子的真值，并不总是足够的——只有在我们能保证所有对象在该语言中都有名称才行。一般说来，我们必须知道的是，对于任意对象来说，谓词“$P(\xi)$”对其为真，这是怎么回事。把这一点刻画为知道“$P(\xi)$”表示什么概念，而非知道如何把“$P(\xi)$”运用于该语言中有名称的对象，这还是相当自然的。能够这样理解“$P(\xi)$”对任意对象为真是怎么回事，取决于这样一个事实：对于那些通过省略专名的一些出现而得到“$P(\xi)$”的句子来说，专名在其中所扮演的语义学角色可以由其指称穷尽，也就是说，可以把初始谓词和初始关系表达式当成是定义在**对象**上，而不是定义在对象得以呈现的方式上。

把在完全一般的意义上关于“$P(\xi)$”怎样才算对于一个对象为真的把握，刻画为知道“$P(\xi)$”表示什么概念，虽然这样做足够自然，但这与识别名称所表示的对象，还是非常不同。能否把类比的双方拉近一些呢？我们知道，这里需要的是包含“$P(\xi)$”的特定句子，它与带有专名的重认性陈述“那是 a”建立类比关系。这样的句子将表达两个谓词的指称之间的重合关系，这就是这样一个全称量化的双条件句“对所有 x，$K(x)$当且仅当 $P(x)$”。“$K(\xi)$”必须是一个非常特殊的谓词，它起类似于实指词的作用，这样我们就可以把判断这个句子是否为真，顺当地描述成识别充当“$P(\xi)$”所指的概念。能想到的唯一选择就是，“$K(\xi)$”是形如“$\xi = a$”的谓词的析取式。在一种意义上，这一选择非常贴切。弗雷格基本上是把全称量化解释成多项合取式——“对所有 x，$P(x)$”为真的条件是，“$P(\xi)$”对所有对象为真，也就是说，对依次对每个对象运

用“$P(\xi)$”得到的句子取合取，就得到真值真。然而有三个强有力的反对意见。其一，我们曾认为，要理解量化句“对所有 x，$P(x)$”，需要知道的是“$P(\xi)$”表示什么概念，而不仅仅是那种语言中包含“$P(\xi)$”的、复合度没有那么高的句子的真值——这里没有得到处理的，恰好是当初使我们坚持这么认为的那种情况，即这种语言中并不包含定义域中的所有对象的名称。不过，如果我们假
243 定，可以使用实指词来指称定义域中的任何对象，也就可以避开这种反驳。此时我们把“$\xi = a$”这样的成分换成形如“那是 ξ”的谓词（这是从重认性陈述中得到的），并伴以指示的动作。其二，这种方法没有处理量化的定义域是无限的情况。还有第三，有证据表明弗雷格明确反对这种做法，他说，在全称量化中并不包含对定义域中所有对象的指称——他这样说，当我说所有人都是有死的，我并没有想着我从未听说过的某个非洲酋长。

Huss 327；Schr 454；NS 230 (213)

识别充当谓词所指的概念，以及识别充当函数表达式所指的函数，或者充当关系表达式的关系，这些概念因而并非完全是没有内容的，但这些内容显得单薄，而与专名的情况之间的类比也显得勉强。对于谓词涵义来说，指称的概念看来真的不能像对名称的涵义那样起作用。正是因为这，弗雷格赋予不完整表达式以指称的做法，最终像是没有根据的。在这一章的前面我们看到，如果不怕费事，这种做法可以表述得能够解决这个理论可能陷入的悖论，因而对于任何承认二阶量化的人来说都是不可抗拒的。但是，即使在这样验证这种做法上取得成功，这种成功也没有价值，除非赋予不完整表达式以指称这样的做法，可以在我们关于涵义的解释中扮演某种有价值的角色，除非与名称/承载物关系（它构成了整

个指称概念的原型)的类比关系能够成立,并且能表现出特定的内容。看来,这终究是无法做到的。

要是不考虑如何解释二阶量化,我们还难以感到完全满意,但这要留到以后。不过,有一个细节使我们强烈地感受到这一点。早先我们讨论过,对于不完整表达式出现或可以认为出现的指称缺乏的情况,我们也看到,只有在考虑高阶摹状词算子(在自然语言中实际上就会出现)的时候,我们才能发现真正能与专名的情况类比。可以构造二阶谓词,用来表达一个概念要能够成为用来填充其主目位置的一阶谓词所指,所要满足的条件,因此,如果愿意,我们就可以引入一个二阶的摹状词算子,它能够与这样的二阶谓词连接。假设“$M\mathfrak{a}:\Phi(\mathfrak{a})$”是二阶谓词,而“$I\mathcal{F}[M\mathfrak{a}:\mathcal{F}(\mathfrak{a})](\xi)$”则是对它运用摹状词算子得到的——这个表达式本身当然是一阶谓词。如果“$M\mathfrak{a}:\Phi(\mathfrak{a})$”为唯一的一个概念所满足(在共外延性的意义上),那么“$I\mathcal{F}[M\mathfrak{a}:\mathcal{F}(\mathfrak{a})](\xi)$”就表示这个概念,也就是说,只是对于那样一些对象为真,对于那些对象,满足“$M\mathfrak{a}$: 244
$\Phi(\mathfrak{a})$”的谓词对它们为真;但是,如果没有概念,或者有两个外延不重合的概念对于“$M\mathfrak{a}:\Phi(\mathfrak{a})$”为真,那么“$I\mathcal{F}[M\mathfrak{a}:\mathcal{F}(\mathfrak{a})](\xi)$”就没有指称。前面已经指出过,在自然语言中我们确实有这样的手段——在句子“这只碟子具有盘子和桌垫都具有的那种形状”中,“盘子和桌垫都具有的那种形状”这个短语就是谓词表达式而不是单称词项,两个“具有”都是系词,而“形状”这个词则只是用来把量词的约束范围限制在性质上,那个短语可以写成“盘子和垫子都具有的——就形状而言的——东西(what—in respect of shape—the plate and the mat both are)”。如果盘子和垫子没有

共同的形状，那么整个谓词“ξ是盘子和垫子都具有的形状”就没有指称。但我们很容易看出，引入这样的二阶摹状词算子为什么是完全无用的。弗雷格的确也不愿意使用能构造无指称词项的一阶摹状词算子——要剥夺摹状词算子的这种作用，只需作出特设性的规定就行了。单称词项的作用就在于表示我们希望谈论的对象，正是因为这，偶尔构造不能实现挑出对象这一目的的词项，才是完全自然的。但谓词的作用不是挑出概念（我们依然不清楚这是怎么回事），而是关于对象说出一些事情，是被定义为对于任意给定对象为真或者为假。因此，构造一个不能做到这一点的谓词，这是相当不自然的，而这不同于包含的名称不能指称对象的情况。没有任何动机促使我们引入二阶的摹状词算子（它之所以出现于自然语言中，是因为用了同样的词汇来表达不同阶次的概括），用“$\mathrm{I}\,\mathfrak{F}[M\mathfrak{a}:\mathfrak{F}(\mathfrak{a})](a)$”表达得很笨拙的内容，可以用“$\forall\mathfrak{F}[M\mathfrak{a}:\mathfrak{F}(\mathfrak{a})\rightarrow\mathfrak{F}(a)]$”得到自然得多的表达，而不用担心缺乏真值。既然我们已经严格地考虑了所涉及的要素，对这一点的审察非常清楚地揭示了，对于专名来说在何种程度上指称的概念是必要的，而对谓词来说则仅仅是强加的（force majeure）。因此，弗雷格没有就谓词提供与专名缺乏指称的情况的可靠类比，这个早先我们认为不重要加以忽略的事实，最终证明确实是重要的。它不仅本身是重要的，而且对于揭示事情的本来面目，具有启发作用。

第八章　概念与函项的不完整性

本章我们要更加详细地考察弗雷格的这样一个观点，即不完 245
整表达式的所指本身是不完整的。可能会有人觉得这样做是无意义的，理由是，我们在前一章已经得出结论，认为不存在像概念、关系以及函项这样的东西。提出这样的反对意见说明完全误解了前一章所建立的观点。相反，那一章的前一部分所建立的观点是，只要准备承认二阶量化，也就没有任何理由拒绝承认概念、关系以及函项的存在；至于现在，我们暂且承认二阶量化。那一章的后半部分建立的观点并不是不完整表达式没有指称，而是指称的概念对它们来说，扮演着与在专名的情况下不同的角色。用名称/承载物关系充当原型的做法是站不住脚的——至少对为了解释原子句或者包含一阶量化的句子而要求的那种理解来说，谓词或其他不完整谓词的涵义，是不能用对于某物是否充当表达式所指的识别来加以解释的。在一种意义上，还是可以正确地说，不完整表达式的语义学角色是经由其指称给出的，因为指称的"等同"蕴涵着语义学角色的重合——谓词经由其指称，来对确定包含该谓词的句子真值的方法作出贡献；换言之，谓词的涵义必须起的作用，就是提供确定概念外延的方法。但是，不完整表达式的指称扮演语义学角色的方式不同于专名和句子。专名的涵义不可能在不引入专名 246

指称的情况下得到解释，要解释句子的涵义，则不可能不引入句子具有真值这一点——但对于解释谓词涵义来说，关键则是它对于对象为真，对于解释关系表达式涵义则是它对于两个对象成立这一点，而对函数表达式，则是当用一个对象的名称加以填充，将得到另外一个对象的名称；不完整表达式与其所指之间的关系，却不必涉及。至少，对于最多包含了一阶量化的句子来说，情况是这样的——我们还必须看，当句子中包含了针对概念、关系或函项的量化时，情况是怎样的。

我们这里并不关心指称这个概念对于不完整表达式的使用，而是假定它可以合法地适用于它们，而不管它在我们的语义学中起的作用有多小，也不管与专名指称之间的类似关系有多弱——我们希望仔细讨论的是弗雷格的这一观点，即不完整表达式的所指本身就是不完整的。

弗雷格认为，句子的某些成分是不完整的，也就是说，我们不可能仅仅从句子中包含了可分离的构成部分这一点出发，来正确地解释句子何以能言述什么(signify)，我们还必须注意到它展示了某些**特征**。这一观点不仅对理解他自己关于语言的理论，而且对于理解维特根斯坦在《逻辑哲学论》中表述的理论来说，都具有本质意义。正是这一观

TLP 3.14 点，直接致使维特根斯坦认为，句子所展示的是**事实**(即不能命名，而只能陈述的东西)，并且，句子本身就是事实——有所言述的东西，我们必须认为其有所言述的东西，不是任何一种对象，而是如此这般的情况。弗雷格会说，在句子“伽图杀死了伽图”中，言述(signify)一个对象被赋予落于“自杀”这个概念之下这一性质的，不是句子中的任何一个附加给对象专名的成分，而是句子的这样一个特征：这个句子是由

在“杀死了”这个词两边填入同一个专名构成的。与弗雷格一样，维特
根斯坦会说，言述伽图杀死了自己的，不是“伽图杀死了伽图”这一串
词语，而是关于这些词语的特定事实。（对于像这样的“未经分析的”
句子，仅仅考察词语在句子中的排列方式，是不可能发现其中的一些
事实的。）这个理论与弗雷格的非常不同——对于弗雷格，一个句子就 FB 18
是一个完整表达式，因而是一个特定种类的对象，这与专名没有两样。
这一对照无疑有助于解释，弗雷格何以会受到误导，把句子错误地当
成仅仅是复合专名的一种特例。对弗雷格来说，句子表达思想，这固 247
然全赖于一些事实，即它的成分表达式具有自己的涵义，而句子是这
些表达式以某种方式构成的；但对他来说，那个表达思想的东西，则是
作为对象而非事实的句子——事实甚至根本没有出现在弗雷格的本
体论中。维特根斯坦被迫作出反对，转而认为句子的最终成分没有涵
义，只有指称。他不能在**进行**言述的东西（*what* signifies）与言述**所依**
凭的东西（that *in virture of which* it signifies）之间，作出区分。维特
根斯坦关于语言的图像论，无论我们是把它当成是弗雷格理论的修 Ged 74 (25)
正，还是当成其不合法的推进，它都起因于弗雷格关于不完整表达式
的观点。

从维特根斯坦的图像论立场来看，句子的特征（例如谓词）所言述的东西，显然只能是所描绘的情况的特征，因为所有用来言述的东西只有在属于与所言述的东西相同的逻辑类型时，才能进行言述——由不完整表达式所言述的东西，因而本身就必须同样是不完整的。“属于同样的逻辑类型”这个说法在这里必须按字面理解。它不是仅仅在说“具有相应的逻辑类型”，比如表达式的逻辑类型按照其所言述的实体类型进行指派——按照维特根斯坦的解

释，用来言述的表达式，本身就必须是属于与其所言述的实体相同逻辑类型的实体。按这个理论，句子是由一些名称构成的，这些名称本身就是对象，它们彼此具有特定关系。名称表示特定对象，它们之间具有一些关系，这一点所言述的是，那些对象之间具有另外一些关系。比如，句子的本质可以从为了表现特定的算术事态而构造图像的下述方法中看出：写下以"2"开头的一些数字的前面一段；一个数如果是素数或素数的幂，相应数字就用统一的颜色来写，不同素数用不同颜色，同一个素数及其所有的幂都用同样颜色；一个数的素因数如果超过一个，相应数字就用对应于其素数因数的所有颜色来写。这样，两个数字没有包含相同颜色，这一点言述的是，相应的两个数互素（co-prime）；一个数字是单色的，其所言述的就是，这个数是素数或素数的幂，等等。数字的特征言述数的特征，数字之间的关系则言述数之间的关系。

有人会说，作为一种关于语言实际上如何工作的理论，这不仅没有说服力，而且没有为概念的**绝对**不完整性提供任何解释。在
248 前面的例子中，我们把数当作对象，但维特根斯坦肯定不会这么做。其他许多人在这一点上也会同意他，而不会追随弗雷格。人们会说，为了构造特定语言或者设计一些图像，需要以给定域中的实体来充当对象。给定了这样的对象域，我们肯定能够清楚地区分出对象与其性质和关系，但这种区分却**相对**于先前选定的那个对象域。弗雷格希望获得的则是一种绝对的理解，在这种意义上，谓词和关系表达式所表示的东西，就其不完整性而言，区别于所有那些被当作对象的东西。这种绝对的区分或许可以归于维特根斯坦，他认为可以把一种统一的分析步骤推到底，而这将得到终极的

简单对象，它们只能被当成对象，其他所有东西的绝对逻辑类型就 *TLP* 3.25
是相对于它们而言的。但在这方面弗雷格的步骤正好与维特根斯坦的相反，在这方面他要做的是完全按照表面价值来理解语言，承认**能够**当成对象来加以谈论的任何东西都是对象。如果所有能被当作对象的东西都承认是对象，那就难以看出为不是对象的东西 cf *PB* 115
（概念和关系）最终留下什么余地了。相对于被当成对象的数来说，算术性质和算术关系的确是类型不同的实体，但对另外一种语言或者一组图像来说，算术性质可以被当作对象。这样看来，我们何以会在一种**绝对的**意义上，承认对象与一种性质截然不同的（“不饱和的”）实体间的那种区分呢？

前面已经解释过，弗雷格把句子看成复合专名，这使他在晚期著作中得以把概念和关系，分别当成具有一个和两个主目的函项的特例。尽管从未这样明确表述过，还是可以设想他会利用这一 Gg I 3,4
点为把句子看作复合专名这种做法给出辩护，理由是，概念和关系的不完整性只有以函项的不完整性为模型，才能得到正确的理解。如果确实有这样一个论证支持着弗雷格的后期观点，那么，这就不是一个好论证。先考虑真值函项的情况。真值函项是从真值或真值的有序对开始的映射，这些映射可以理解为语句算子的所指。我们知道，弗雷格并不承认存在不在对象中取值的函项，理由是，函项只能理解为函数表达式的所指，而函数表达式则是从**完整**表达式中删去一个或多个成分各自的一次或多次出现得到的。这个 249
本身合理的原则导致了需要的结论，即函项只能以对象作为值，而这个结论只有在先**假定**了完整表达式总是表示对象的情况下才能得到。相反，如果假定有两种不同的完整表达式，专名和句子，专名表示对象而句子表示真值，真值不是对象，而是一种不同的逻辑类型的实体，结论就会是，有些函项的值是对象，另一些的值则是真值。弗雷格的理解或许更为方便一些，即“函项”只能以对象作为值。这样，按照真值不是对象，而是不同类型的实体这一观点，真值函项就不是函项的一种，而是所谓的真正的函项之外的一种类型的实体，这种实体具有一种与真正的函项非常相似的不完整性。绝对没有任何理由不认为真值函项可以类比于普通函项，这种类比可以用来解释，真值函项在何种意义上可以说是不完整的——这种类比具有的好处不会让人觉得不止有类比，而是有实际的从属关系，因而也绝不会支持真值是对象这一观点。

但是，如果对真值函项可以这么说，那么对概念和关系也可以这么说，它们在一种清楚无误的意义上把对象或对象的有序对映射到真值上（或者，在高阶概念和高阶关系中，从不完整实体或其有序对，映射到真值上）。在这些情况下，也完全可以通过与函项的不完整性类比，来解释它们所具有的那种不完整性，而不必假定它们实际上是一元或二元函项的特例。因此，为了理解他关于概念与关系具有不完整性的观点，最好撇开他后来的、所有不完整实体都是不同种类的函项这一观点，而是从说函项是“不完整的”是什么意思这个问题开始。

函项概念的雏形是在专业用语中给出的，在那儿我们只在“……的函数”[①]这个语境中使用“函数”这个词，比如我们说 16 是

① “函数”与“函项”都是“function”一词的汉译。译文中一般用“函项”这个词。但有时也使用“函数”，例如“函数表达式”，这既是为了满足语感，又是为了照顾到通常的，特别是在数学中的说法。——译者

4 的函数，9 是 3 的函数，4 是 2 的函数等，也会说，重力是质量与距离的函数。在描述这种说话方式时，似乎可以自然地说，函项本身是不能分离出来的——一个数可以是另外一个数的函数，一个量是另外一个量的函数，但数和量本身都不是函数；如果不是利用本身是其他对象**的**函数（function *of* other objects）的对象，我们 250
无法谈论函数本身，而把函数等同于对象，却是无意义的。关于函项的观点，最初来自于认识到一种共同的模式，它出现于例如下面一个等式序列中，

$$2 \cdot 0^3 + 0 = 0$$

$$2 \cdot 1^3 + 1 = 3$$

$$2 \cdot 2^3 + 2 = 18$$

$$2 \cdot 3^3 + 3 = 57$$

$$2 \cdot 4^3 + 4 = 132。$$

由此得出一种表达形式，通过它，我们说这些等式表达出数 0、3、18、57、132 分别是数 0、1、2、3、4 的某种函数。等式左手边的数字表达式具有一种共同的模式，它实际上可以用特定的表达式加以表示，即

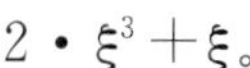

$$2 \cdot \xi^3 + \xi。$$

但我们所谈论的函数既不能等同于这个表达式，也不能等同于它所表示的那种模式。在谈到这些等式表达了一些不同的数是另外一些不同的数的某种函数时，我们所说的是这些等式的**内容**——这种内容所关系到的不是“0”、“3”、“18”以及“0”、“1”、“2”这些数字，而是这些数字所指的数，因此函数肯定也属于指称的领域。它必定是函数表达式的所指，而函数表达式则是这些不同的数字表

达式共同的模式。

这样我们就获得了关于函项的这种理解：它作为某种不完整之物，是不能单独指称的，而只能通过某个表达式的一个**部分**（或者更恰当地说，一种局部的**特征**）来得到指称，而这个表达式作为整体表示某个对象（一个数）。一旦获得这种理解，我们就可以继续引入一种术语，来把函数当成好像是某种完整的东西来加以谈论，比如我们会说某个函数是连续的，或到处可微的（differentiable），或者是分析的。这里，“函数”这个词就在“……的函数”这个语境之外使用。关于这种术语有三点需要注意。

（1）所有可以用这种术语说的东西，都可以用“函数”一词只出现于“……的函数”这种语境中的那种方式说，当然，前提是使用量词和约束变元。说一个实数函数在某个点上是连续的，这当然就相当于说了一些可以用对特定自变元来说的函数**值**来表达的东西。不仅如此，像“函数是连续的”这样的陈述不仅**可以**这样表达，
251 而是它们事实上**必须**是这样引入的——如果不是把这样的陈述，
Gg II 从而改写成函数符号只与主目位置（填上约束变元）一起出现的形
147n 式，在一开始我们就无法解释，说一个函数是连续的是什么意思。这与下面一点联系在一起。

（2）除非先理解“函数”只以“……的函数”的形式出现这样一种说话方式，我们不可能理解关于函项的谈论是什么意思。有人会说，情况不是这样的，我们需要的只是理解如何对数运用函项这个概念。也就是说，我们可以把函项看成一个“完整的”实体，看成一种特殊种类的对象，它像任何其他对象一样可以独立存在，只不过承认它具有一种特殊的性质，当运用于一个数（或数的序列）时，

将得到另外一个数——在这种情况下，我们可以利用把函项运用于不同数所产生的结果，来解释函项的性质，例如连续性。但是，对函项的运用不能在这种特殊的对象（函项）得到解释**之后**引入——关于这类对象的概念，在何为函项的运用得到确定之前，仍然完全没有内容，因为只有以对数运用函项得到的结果为基础，才能解释确定函项等同或不同的条件，实际上也只有这样，才能解释所说的函项的任何一种性质。再说，我们怎样才能解释"运用"这个概念呢？一个对象要具备怎样一种稀奇古怪的性质，才能使它当"运用于"一个数时，"产生"一个数呢？我们知道，把水泼到火上，就会产生蒸汽。但我们显然不愿意把对数运用函项，想成我们对它所做的某件事情，也不会把数的产生当成函项在与主目接触时所产生的作用。只要我们坚持把函项当成另外一种对象，运用这个概念就会显得是完全神秘与不可定义的——如果我们要把方向想成能够以不同于直线**的**方向的方式给出，直线与其所"具备"的方向之间的关系就会是同样的神秘与不可定义。要理解何为运用，最为接近的方式就是将其当作弗雷格意义上的函项，也就是说，当作具有两个主目的函项，其第一个主目是我们所理解的函项，第二个主目则是一个数。显然，如果还要把它看作属于第三个域的对象，例如泛函，我们就不得不另外引入新概念，即对函项和数运用泛函，这样就开始了无穷后退。况且，即使我们把对数运用函数得到的结果，看作是弗雷格意义上的那种函数的值，其主目是 252
我们意义上的函项和一个数，我们最终也会无法解释这种弗雷格意义上的函项是什么。毋庸置疑，要对函项形成一般性的理解，我们必须能够在一个数字表达式序列中，认出充当共有的模式函数

表达式，而为了能够构造这样的数字表达式，我们必须已经能够使用一些简单的函数表达式，比如“$\xi + \eta$”以及“$\xi \cdot \eta$”——必须存在初始的函数表达式。这些初始的函数符号的使用，是与数字符号（数字）联系在一起学会的，而数字符号可以独立于它们充当这些初始的函数表达式主目这样一种用法，而得到理解。我们可以教会一个人什么是加法，“+”是什么意思，因为我们可以假定他已经知道，谈论他所加的那些数是什么意思。但是，如果适用关系被认为是由初始算子（弗雷格意义上的函数表达式）表示的，那么，既然在知道它表示什么之前，对于这种运算所处理的是何种对象尚且无从把握，又何以能让人学会它所表示的东西呢？除非知道适用关系是什么，对于充当这种适用关系的那种运算主目之一的函项（此时被认为是对象）来说，人们还缺乏概念——如果不是已经知道准备置于函项主目位置上的表达式的意义，人们就无法学会使用算子（函数表达式）。最终，在试图解释“作为对象的函项”这一概念的过程中，为了避免无穷后退，我们被迫承认至少存在一个不完整实体，即适用关系。这样，关于不存在不完整实体的观点，以及关于所有事物都可以被当作对象的观点，就在自身的重量之下坍塌了。因此，一上来就坚持把函项当作不完整实体（当作对象），
PP 96 是不会有什么收获的。（对照一下罗素的这一观点，即至少有一个共相，即相似关系。）

（3）最后，只有在相当受限制的语境中，让表示函项本身而不是函数值的符号作为单称词项出现，才是可行的。只有在使用函项变元（function-varibles）或者为特定函项引入简单名称的时候，我们才能得到像“$f \equiv g$”（意思是对所有 x，$f(x) = g(x)$）或“f 是

连续的”这样的表达式。一般而言，我们希望能够谈论任何我们可以用来构成函数表达式的函项，并且函数表达式是**不完整的**表达式。而要使用“f 是连续的”这样的表述形式，我们就只有不再在每当要提到一个新的函项时，就引入一个简单的、在格式上完整的新符号，以与我们能够构造的某个不完整表达式相对应；起码，我们也要设计一种常规手段，以便通过运用约束变元（例如弗雷格的 253
“$\acute{\alpha}(2\cdot\alpha^{3}+\alpha)$”或者现代的“$\lambda x(2\cdot x^{3}+x)$”这样的记号法），从不 BW 244 (161)
完整的函数表达式出发，来为作为对象的函项构造名称。因而，这样的记号法是从用不完整表达式来表示函项这样一种形式派生出来的，在这种形式中，函项的不完整性，表现于必须借以引入这种函项的那种表达式所具备的不完整性。再者，在一些记号法中使用了看起来是充当函项的专名的记号，因而使实际上的二阶谓词表现得好像是一阶谓词，这种记号法在一种意义上是清晰的，但在一种更为重要的意义上却是不清晰的和有缺陷的。这种记号法明确强调了像“是连续的”这样的（实际上的二阶）谓词是一个单元，而在更加明晰的记号法中，由于形式复杂，这一点可能难以表现，就此而言这种记号法是明晰的；但在逻辑转换方面，它是不明晰的（对于通过定义引入的所有简缩表述来说，这在某种程度上都是缺陷。）一个方程式可能包含了许多彼此不同，但又交织在一起的函数表达式，它可能一时以某种方式被看作谈论了关于某个函项的某些内容，一时又以另外一种方式被认为谈论了关于另外一个函项的别的内容。正是语言的这样一种特征，使得在数学中（以及其他地方）给出非机械的、非贫乏的证明成为可能。为了利用语言的这种特征，关键是在所配备的记号法中，函数表达式总是与其主目

位置一同出现——如果只是以伪专名的形式出现，就不可能在所做出的陈述中认出新的函项。我们能够提到的函项只能是在一开始就用明示的方式引入，或者说是充当我们已有的多个简单运算(例如组合运算)得出的结果。

在上面的讨论中，有几处我似乎预设了论题——我一再使用像“把函项当作对象”、“把函项当作某种不完整的东西”以及“弗雷格意义上的函项”这样的表述方式，我的意图是把以上三个基本上属于弗雷格的要点作为预备，来解释弗雷格说函项是某种不完整的东西，这是什么意思。我认为这里没有真正的循环。我确实假定了一种关于说某物是对象是什么意思的理解，即将其当作可以作为专名所指而引入的东西。有必要与此同时理解的仅仅是，我们不能引入函项这一概念，而不同时引入“适用函项于对象”这一概念，以及我们不能反过来，在把这种适用当作对象的同时而不进入无穷后退。

254 到了该说明究竟何谓函项是不完整的时候了。从前面的说明
cf. *LK* 205 这已经是显而易见的——如果最初**只能**作为不完整表达式的所指引入，那么相应实体就是不完整的。只有这样才能解释什么是函项：先说明什么是函数表达式，然后说，一个东西只要可以充当这种表达式的所指，那它就是“函项”。可能会有人反对说，由于“指称(bedeuten)”一词的系统歧义，我们不可能知道说一个函数表达式表示某个东西，这是什么意思。回答是，前一章的前半部分关于不完整表达式给出的，关于“表示(stand for)”一词的用法的阐述，就已经是一个完整的解释。它展示了这个词就不完整表达式而言的用法，与就专名而言的用法之间的类比关系(及类型上的差异)，

并让我们确信，一般来说确实**存在**某种为不完整表达式所表示的东西。（前一章我们实际上只针对谓词讨论了“表示”一词的用法，其基本原则是，例如“谓词‘ξ是圆的’所表示的东西”必须能够与谓述表达式“圆的”互换。同样，表达式“函数表达式‘ξ^2’所表示的东西”，也必须能够与“的平方”中使用的那个“平方”互换，因而“9是‘ξ^2’对于3所表示的东西”就等于说“9是3的平方”。前一章的后半部分讨论了，对于不完整表达式来说，指称这个概念在涵义理论中扮演什么角色。对于通过指称引入函项这个概念来说，这些讨论是无关的。）在利用这一点对不完整表达式的指称概念作出令人满意的解释时，我们当然继续假定，为高阶量化的使用作出辩护，这也是可能的。

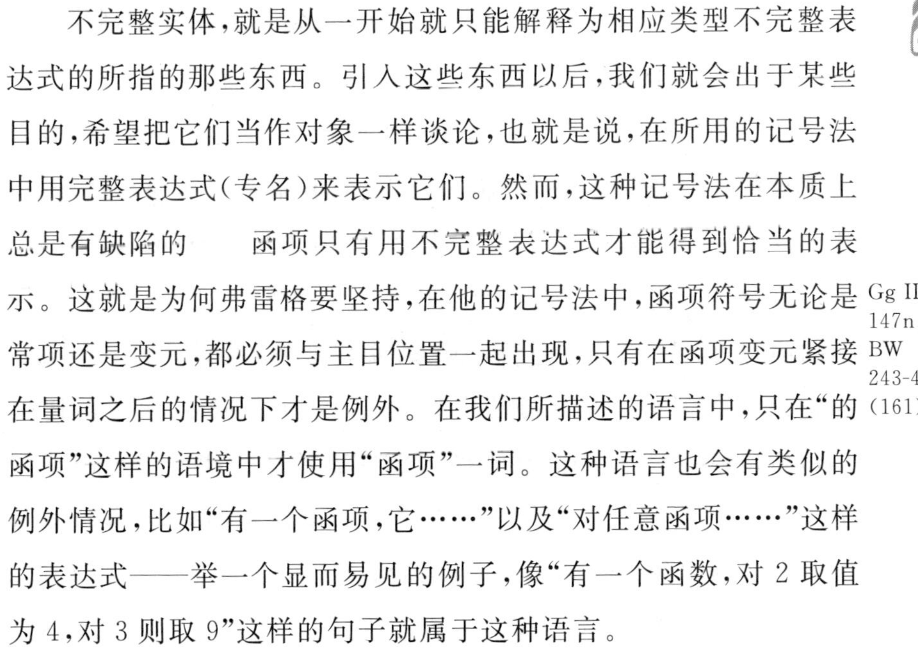

不完整实体，就是从一开始就只能解释为相应类型不完整表达式的所指的那些东西。引入这些东西以后，我们就会出于某些目的，希望把它们当作对象一样谈论，也就是说，在所用的记号法中用完整表达式（专名）来表示它们。然而，这种记号法在本质上总是有缺陷的　　函项只有用不完整表达式才能得到恰当的表示。这就是为何弗雷格要坚持，在他的记号法中，函项符号无论是常项还是变元，都必须与主目位置一起出现，只有在函项变元紧接在量词之后的情况下才是例外。在我们所描述的语言中，只在“的函项”这样的语境中才使用“函项”一词。这种语言也会有类似的例外情况，比如“有一个函项，它……”以及“对任意函项……”这样的表达式——举一个显而易见的例子，像“有一个函数，对2取值为4，对3则取9”这样的句子就属于这种语言。 Gg II 147n; BW 243-4 (161)

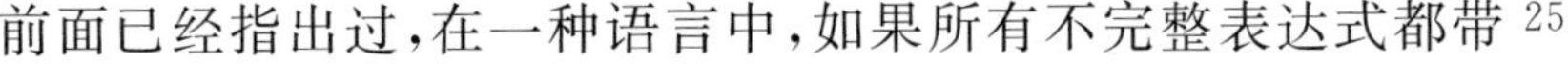

前面已经指出过，在一种语言中，如果所有不完整表达式都带 255

着主目位置一同出现，弗雷格关于类型的限制在严格意义上就不
Gg I 21 可能打破——把表达式放到类型不匹配的主目位置中，显然无法得到完整的表达式。例如，我们不能把“亚里士多德”这个单称词项置于“Φ（苏格拉底）并且并非Φ（柏拉图）”的主目位置中，因为这样一来就没有地方放“苏格拉底”与“柏拉图”这两个名称了。也不能把像“ξ是秃头”这样的谓词放到“ξ是聪明的并且ξ是丑陋的”的主目位置上，因为这样还是会留出主目位置。此外，如果从句子“对所有$\mathfrak{a}$，$\mathfrak{a}$是奇数，或者$\mathfrak{a}$是偶数”中去掉二阶谓词“对所有$\mathfrak{a}$，Φ（$\mathfrak{a}$）”，就会得到三阶谓词“Ξ$\mathfrak{a}$：$\mathfrak{a}$是奇数，或者$\mathfrak{a}$是偶数”，其主目位置必须由某个二阶谓词来填充；不能用一阶谓词“ξ是素数”，因为这样就没有地方来放一阶谓词“ξ是奇数，或者ξ是偶数”。维特根斯坦在《逻辑哲学论》中说，弗雷格的符号体系使得构造无意义的句子成为不可能的，也就是这个意思。

有个小要点需要指出。“适用函项于对象”这样一个概念，并
TLP 3.325; BW 151 (93) 非像有些人所说的那样，是虚构的或者神秘的——对弗雷格来说，它至少是一个有着两个主目、完全货真价实的二阶函项，其中一个主目是有一个主目的一阶函项，另外一个是对象。如果我们在单称词项“4!”（或“丹麦的首都”）中**同时**去掉专名“4”（“丹麦”）与函数表达式“ξ!”（“ξ 的首都”），我们就得到二阶的函项表达式“φ(ξ)”，这当然表示一个二阶函项。要点不在于我们必须拒绝关于这样一个函项的概念，而在于我们不是必须**利用**二阶函项（将其作为已经理解的）来解释一阶函项的概念，在于如果要把一阶函项设想成完整的实体（作为对象），我们就会意识到自己恰恰在做这件事。

以概念与关系为一方，以函项为另一方建立的类比关系，并不直接是显而易见的。这是因为，以通常的方式解释，表达式“的性质”与“之间的关系”，并不按照与“的函数”相同的方式起作用。9是3的某种函数，但它本身不是一个函项——但智慧是苏格拉底的性质，并且本身就**是**一种性质，而兄弟关系既是约翰与詹姆斯之间的关系，同时本身也**是**一种关系。从弗雷格的角度看，以专名形式出现的“智慧(wisdom)”一词不能表示一个概念，“兄弟关系”也不能表示一种关系。如果不愿将其当作表示了抽象对象，我们就必须将其解释成某种常用的变化形式，这种形式是可以排除的，它 256
对应于运用了相应谓词和关系表达式的句子。但是，即令不借助与函项的类比关系，同样一种考虑在表明不可能把函项当成一种特殊对象的同时，也会表明概念与关系也是如此。如果要把原子句中的谓词或关系表达式，看作就像占据其主目位置的专名那样表示了对象，我们就会无从解释句子的统一性。我们必须把句子看作是在说，专名所表示的对象与谓词所指称的对象之间具有某种关系，或者说两个专名所表示的对象，与关系表达式所指称的对象之间具有某种关系。我们又会陷入无法解释这种奇特的关系的困局，而我们的这些断定都涉及这种关系。要把这种关系当作对象，就会再次进入无穷后退；而若承认它就是弗雷格意义上的关系，即某种不完整的东西，我们就没有任何理由不在一开始就把关系与概念当作不完整的。不管怎样，我们又会陷入循环——如果不借助“落于一个概念之下(具有一种性质)”这种神秘的关系，我们无法解释概念是哪种对象，因为在不提到(通常的)对象与概念之间的这种关系的情况下，我们还不能谈论概念；但我们不能解释

这种关系是什么，因为，为了说明关于一种关系的谈论是什么意思，我们必须预设，对于可以说何种对象具有这种关系，已经有所理解了。再者，如果我们想把概念与关系看作对象，那就不可能解释究竟是什么区别使得一个是**概念**，另一个是**关系**。究竟是什么样的特殊性质，使得光亮性（shininess）成为**概念**，而相似性（resemblance）则成为**关系**呢？显然是这样的：最初只有通过学会使用**谓词**“ξ是发光的”，我们才学会谈论光亮性，而最初只有通过学会**关系**表达式“ξ与η相似”，我们才学会讨论相似性。承认这一点，也恰恰就是承认，我们必须在我说明了的那种意义上，把概念与关系当作是不完整的——最初我们只能将其解释为谓词与关系表达式能够表示的那类东西。诚然，一旦这样做，我们就**能够**出于某些目的引入像“光亮性”与“相似性”这样的伪单称词项。但我们已经看到，这些词项不可能在理解相应形容词和动词的用法之前引入，而是依附于这种理解。这样的表达方式当然像在函项的情况下的那种对应的方式一样，也存在根本上的缺陷——我们只

257 能以特设性的方式引入新的概念与关系，即反过来参照用来表示它们的谓词与关系表达式。

涉及对于概念、关系以及函项进行量化的相关问题，留到后面的章节处理，这里我只提一下关于共相的存在的一个问题，它出现在弗雷格的哲学中，也出现在其他人那里。我们知道，斯特劳森在对实体进行分类时，所采取的并不是弗雷格的模型，而是更早的。按照传统观点，大的区分就是**殊相**与**共相**，殊相是只能为单称词项而不能为谓词（或关系表达式）所指称的东西，共相则是既能为谓词（或关系表达式），也能为单称词项所指称（提及、“引入”）的东

西。比如“红色”这个名词与“是红的”(其中“红的”是形容词),“智慧”与“是聪明的”,“光亮”与“是光亮的”,以及“相似性”与“相似于”就分别指称同一个实体(共相)。这就是亚里士多德所表达的观点。在《范畴篇》里他说,实体(substance)就是可以被谓述但不能用来谓述其他东西的东西,而像质(quality)这样的东西则既可以用来谓述某物,也可以为事物所谓述。对弗雷格来说,基本的分类是按不同的路线进行的——**对象**就是能够在一种语言中只是为专名(单称词项)所指称的东西,或者换一种表达方式说,可以为专名所指称,而该专名可以独立于相应谓词得到解释。**概念**则是在一开始就只能解释成谓词的所指;即使用来指称它的有些表达式初看起来像专名,包含这些专名的句子,也只能够解释成另外一些句子的变化形式,原来的句子是由相应谓词而非虚构的专名构成的。有时也会存在成对并且都非伪装的专名与谓词,例如名词“红色”与谓词“ξ是红的”。这里,专名可以引入到一种没有包含相应谓词的语言中。在这种情况下专名表示一个真正的对象,但这个对象必定还是区别于那个谓词所表示的概念。不过我们已经看到,像“光亮性”和“相似性”这样的表面上的专名是伪装的,它们根本不表示对象。

亚里士多德的观点当然要比刚才所表述得更精巧些。它还要求实体(substance)并不存在于其他任何东西“**中**(in)”,或者也可以用更加自然的英语来说,不是“**对于**(of)”其他任何东西存在——方向是“对于”直线而言的,就是这个意思。前面已经说过,除非是理解为当以某条直线为主目时函数“ξ的方向”的值,我们无法理解什么是方向。可能会有人反对说,我们可以用实指的方 258

式引入关于方向的专名(例如“北方”和“东方”),而不必先引入函数表达式“ξ的方向”。但是,在指出某个方向时所用的手势,必须以非常不同于指着一个人、一个位置或一种颜色的那种方式加以理解。我们指**着**(point *at*)这些东西,但我们指**出**(point *in*)而不是指**着**方向,也就是说,此时手势并不是单纯要我们注意什么,而是**展示**一条直线,而这条线的方向就是要指出的那个方向。不管怎样,亚里士多德在存在于其他某物之“中”的东西,与不存在于任何其他东西之“中”的东西之间所做的区分,与这里的要点无关,因为他说,颜色存在于表面“中”,但是颜色的名称肯定可以独立于函数表达式“ξ的颜色”引入。我们后面会看到一种可行的办法,可以用来做出亚里士多德的这个区分。这个区分也体现在斯特劳森的观点中。亚里士多德的另外一项限制是在《形而上学》第七卷引入的,他说有一个东西是**可以**用实体(substance)来谓述的,那就是质料(matter)。按我的理解,他说的是下面的情况。如果我的狗费多死了,我会指着尸体说,“这就是费多”。这不能算作是关于同一性的陈述,即“这条狗就是费多”,因为这里并没有狗——亚里士多德在其他地方说,死去的狗不是狗。这里的指示词必须理解成是在指一块质料,但是,说一块质料被当成**等同**于费多,这却是无意义的,因为这里是同一块质料,而狗已经不在了。狗是与质料不同的东西,同一性标准是不同的——某物由同一块质料所构成,这对于它在不同的时候是不是同一条**狗**来说,是既非必要也非充分的。因此,引号中的那个句子中的“是”不是等号,而是系词,这里费多被用来谓述一块质料。

提到这些细化之处就避免了矮化亚里士多德之嫌。其实也没有理由不对弗雷格的学说进行类似的细化——人们可以在对象的范畴之**内**把共相与殊相区分开，而在殊相中把实体（substance）与其他东西区分开。弗雷格并没有否认这类区分的可能性，他在《算术基础》中对“具体的”和“抽象的”对象作出的不太严格的区分，表 Gl 26, 60-2,85
明他甚至承认这种可能性。对他的学说来说至关重要的仅仅是，这样的区分要放在按照他的方式作出的对象与概念、关系和函项间的首要区分，以及这些东西与高阶的不完整实体之间的区分之后。这种区分的一个后果就是，红色这种颜色作为对象，是与**红色** 259
这个概念处于不同逻辑阶次的实体。（这个句子本身当然违反了关于阶次之别的学说，这就像是说，“苏格拉底是与苏格拉底与柏拉图都是的那种东西（哲学家）不同的一类事物”。）斯特劳森有一种想法，用来在共相与殊相之间作出他想要的那种区分。一般而言，这取决于这样一个经验事实，即用来指称一个人的特定限定摹状词具有指称——例如两个人登上了珠穆朗玛峰，其中一个先到达，于是就有这样一个经验事实，即“先登上珠穆朗玛峰的那个人”具有指称。关于“共相”（例如颜色）的限定摹状词是否具有指称，也会同样取决于经验事实，例如在限定摹状词是“窗帘与地毯共同具有的那种颜色”这种情况下。但斯特劳森认为，共相的特殊之处在于，我们**能够**构造这样的限定摹状词，它是否具有指称并不取决于偶然的事实，而对殊相则不能这样做。（这里，我们不能把限定摹状词当成通过实指手段引入的名称，因为这两点显然是成立的：(i)一个词是通过实指引入的，这一事实表明了该词涵义的某种特征；(ii)通过实指引入的名称具有指称，这不是一个偶然的事实。从这两点当然可以得出，如果“红色”和“琼斯”是通过实指引入的，

那么一个具有“红色”或“琼斯”一词的涵义的词具有指称，这不是一个偶然的事实。）比如，对斯特劳森来说，像“红色的互补色”、“红与黄之间的那种颜色”、“不管透过什么颜色的透明介质看起来都一样的那种颜色”这样的限定摹状词，都是**在逻辑上**保证有指称的限定摹状词。

这里，斯特劳森离开亚里士多德已经很远了。亚里士多德认为，谈论一种质的存在，就总是在谈论一种具备那种质的实体(substance)存在，对其他不是实体(substance)的所有其他范畴也是如此。权且不必过于严格地坚持对象就是**实体**(substance)，而是说亚里士多德关于颜色是否存在的标准，就是存在一种具有那种颜色的物质或者视觉对象(例如天空)。如果采取亚里士多德的标准，斯特劳森的区分直接就垮掉了。比如说，考虑一下休谟关于蓝色的浓淡之别的例子。设想一个由窄布条构成的序列，每一根上都涂成色调不同的蓝色，按照色调最为接近的布条相邻的方式
260 排成一列，一端是紫蓝，另一端则是绿蓝。(也可以设想从紫蓝到到绿蓝颜色连续渐变的表面。)在某一点上缺了一种色调，这使得从空位的一边到另一边的过渡要比其他地方突然一些。休谟所感兴趣的事情是，就像他所说的那样，我们可以在以前从未见过那种色调的情况下，设想用它来填补空位。就眼下的目的来说，问题就是我们能否说那种色调**存在**。假定我们对空位两边的颜色分别起名为“帝蓝(imperial blue)”和“皇蓝(royal blue)”。这样我们就可以得到限定摹状词“介于帝蓝与皇蓝之间的那种色调”。按照斯特劳森，它就属于那种无需任何经验事实，就应该保证具有指称的限定摹状词。但是如果采纳亚里士多德关于存在的标准，这个限定

摹状词是否具有指称，就取决于是否存在具有这种蓝色色调的物质或视觉对象，而这显然是一个经验问题。再者，如果接受亚里士多德关于颜色是否存在的标准，关于颜色的**任何**限定摹状词是否具有指称，都取决于某个经验事实，在有些情况下，甚至是些广为人知的事实。这样，就关于存在的这种标准来说，斯特劳森用来区分殊相与共相的方法就不起作用了。

斯特劳森关于一种颜色是否存在的标准是什么呢？为了使得一种颜色满足给定条件，我们理解怎样才算赋予对象以满足该条件的颜色，或者说，赋予对象以这样的颜色不是一件自相矛盾的事情，这对他来说就足够了。同意亚里士多德的存在标准的人会说，斯特劳森的标准所衡量的不是是否**有**满足条件的颜色，而是是否**能够**有这样的颜色——他会接着说，一种标准如果无需经验事实，只需知道特定词语涵义就能够判定是否得到满足，那么其所关系到的肯定不是实际的情况，而是逻辑上可能的情况。按这种观点，斯特劳森所做的区分并不针对殊相的存在与共相的存在，而是针对殊相的**实际**存在与共相的**可能**存在。满足特定条件的一个人所具有的可能的存在，也像颜色可能的存在一样，可以独立于经验事实得到判定。

对弗雷格来说，在询问一种颜色的存在需要什么标准得到满足时，必须作出这样的澄清——我们是针对对象还是针对概念谈论存在。谓词"ξ的颜色介于帝蓝与皇蓝之间"无疑独立于任何经验事实而具备指称，因为，为了使得一个谓词具有指称，不必有任 261
何适用于它的对象存在——无需任何对象落于它所表示的概念之下。毫无疑问，无论是否有对象介于帝蓝与皇蓝之间，有在颜色上

介于这两种色调之间这么回事，而这就等于是说，有这样的东西为“ξ的颜色介于帝蓝与皇蓝之间”所表示。我们知道，这就是弗雷格的一个原则与一个事实一起所产生的结果。那个原则是，如果一个句子包含的部分缺乏指称，那么整个句子也就缺乏指称，就没有真值。那个事实则是，从没有任何东西介于帝蓝与皇蓝之间，不可能推出任何包含了“ξ的颜色介于帝蓝与皇蓝之间”的句子不具有真值——显然，按照我们的假定，“没有任何东西的颜色介于帝蓝与皇蓝之间”是真的，而“威尔森先生的领带的颜色介于帝蓝与皇蓝之间”则是假的。对于**概念**的存在来说，弗雷格的标准实际上远没有斯特劳森的标准那么严格，它甚至不需要谓词对于某个对象为真这一点在逻辑上是可能的——谓词可以自相矛盾，但仍然具有指称。谓词“ξ是2的有理数平方根”包含了潜在的矛盾，我们可以通过证明句子“没有任何东西是2的有理数平方根”为真，

来得到这一点——但是，所有正确构造的句子，如果在包含这个谓Gl 74；NS 194（179）词的同时其他部分具备指称，那么只要这样的句子具有真值，谓词就必定也具有指称。

在谈到对象的存在时，情况颇为不同。一个自相矛盾的限定摹状词（例如在具有形式“使得$F(a)$的那个a”的摹状词中，“$F(\xi)$”是一个自相矛盾的谓词），不可能具有指称，一个在逻辑上一致的摹状词**也许**没有表示任何东西——只有当实际上有一个适用于“$F(\xi)$”的对象，而不仅仅是逻辑上可能适用，这样的摹状词才有指称。尤其是，如果某个函项的值构成了对象的一个域，那么弗雷格关于该域中的对象是否存在的标准，就与亚里士多德的标准吻合。例如，颜色在当作对象时所构成的域，就构成了“ξ的颜色”所

表示的那个函项的值域，该函项的主目是某种物质对象或某个视觉对象。因此，对于满足用像“ξ 介于帝蓝与皇蓝之间”这样的一阶谓词所表达的条件的颜色来说，其是否存在，也就取决于某种满足该条件的（适用于这个谓词的）物质或视觉对象是否存在。“对某个 $\mathfrak{w}$，$\mathfrak{w}$ 是一种介于皇蓝与帝蓝之间的颜色”，意味着“对某个 $\mathfrak{a}$，$\mathfrak{a}$ 是一种物质或视觉对象，并且 $\mathfrak{a}$ 的颜色介于皇蓝与帝蓝之 262
间”。（颜色的专名，例如名词“红色”，可以在不使用函数表达式“ξ 的颜色”，甚至在不使用谓词“η 是一种颜色”的情况下引入。在颜色可以作为存在于特定位置，或从特定位置看到的东西而得以识别的情况下，这个谓词就可以在缺少函数表达式的语言中使用，因此，可以有关于颜色的量化，而无需使用函数表达式。但能够为这种语言的说话者识别出是否存在的所有颜色，事实上都是特定主目的函数值。）

这实际上并不意味着，对弗雷格来说，对象是否存在总是一件偶然的事情。对弗雷格来说存在着“逻辑对象”，关于其是否存在的断定是分析地为真，即只需逻辑律就可以使其为真。（更严格地说，存在这样的谓词，它们适用于唯一对象，这是分析的。）关于存在的标准之所以强调这一点，是因为它对于数学哲学，尤其是对于弗雷格从逻辑构建算术的方法来说，是重要的。数与颜色一样可以用两种方式来看待。一方面，在有些表达式中数词充当形容词，尤其是像这样的表达式序列，“有 0 个……”、“只有一个……”、“只有两个……”，……，“有 $\aleph_0$ 个……”。这些是二阶谓词，因为，要构成句子，所需要添加的是谓述表达式，而不是单称词项。关于一个对象来说，问它有多少是无意义的——我们问的是关于一种事物，

Gg II 74，146；BW 223 (140-1)

问有多少个属于那种事物的对象，也就是说，关于一个**概念**，我们
Huss 321 问有多少对象落于其下。就像弗雷格所说的那样，对于“英格兰和威尔士是多少”这个问题，我们应该反问，“多少个**什么**”。因此，在一种使用约束变元记号的语言中，这样的表达式应当写成：“有 0 个 $\boldsymbol{a}$，使得 $\Phi(\boldsymbol{a})$”，“只有 1 个 $\boldsymbol{a}$，使得 $\Phi(\boldsymbol{a})$”，等等。这些表达式表示二阶概念。

另一方面，在大部分算术语境中数词是作为名词，即专名出现的，例如在“28 是完全数”，“5 能整除 15”，“8 是 2 与 6 之和”这样
Gl 57 的语境中。这样出现的数字因而表示被当作**对象**的数。我们希望通过引入谓词“ξ 是一个数”，来刻画关于数的约束变元的取值范围。通过规定这个取值范围中应当包含由表达式“……的数目”所
Gl 72 表示函数的所有值，我们可以自然地做这件事。这仍然是一个二阶的函数表达式，因为其中的空位只能由谓述表达式来填充，用约束变元的话就必须写成“使得 $\Phi(\boldsymbol{a})$ 的 $\boldsymbol{a}$ 的数目”。因此，它表示一
263 个函项，其主目是概念，而其值与所有函项的值一样是对象。这样，为了使得属于数的域并且满足特定谓词“$F(\xi)$”的对象存在，就必须有一个概念，使得落于这个概念之下的对象的数目（或者像弗雷格所说的那样，属于这个概念的数）满足该谓词——“对于某个 $\mathscr{n}$，$\mathscr{n}$ 是一个数，使得 $F(\mathscr{n})$”就意味着“对某个 $\mathscr{G}$，F[使得 $\mathscr{G}(\boldsymbol{a})$ 的 $\boldsymbol{a}$ 的数目]”。

因而，当数被当作对象时，其是否存在的标准就不同于相应二阶概念存在的标准，这个区别类似于说，当颜色被当作是对象时，其存在与否的标准也不同于相应的一阶概念的存在标准。假设宇宙中只有 8 个对象。那么仍然会有属于特定种类的 9 个对象存在

(9个对象落于特定概念之下)这么回事。二阶谓词“存在9个a，使得$\Phi(a)$”仍然具有指称，至于它不适用于任何概念，这是不相干的。但若“9”这个符号被用作单称词项，充当对象的名称，它就没有指称。因为，如果“9”被定义成比如说“比8大1的数”，那么就不会有这样的概念，使得落于其下的对象数目比8大1。

第九章　间接指称

264 在第六章我们已经指出，有些句子似乎违背了关于对象的外延性原则，按这个原则，可以从“a 与 b 相同”与“$F(a)$”推出“$F(b)$”。用罗素的例子来说，从“司各特是《韦弗利》的作者”与“乔治四世想知道司各特是否写了《韦弗利》”，我们推不出“乔治四世想知道《韦弗利》的作者是否写了《韦弗利》”。由于这种被蒯因称为“不透明”的语境在由“that”或“whether”所引导的名词性从句中非常常见，弗雷格将其称为“间接引语”(*oratio obliqua*)。这种构成了不透明语境的从句，不仅出现于与所说的话或所想的内容相关的动词之后，而且也出现于像“必然地……”、“可能地……”以及“允许……”等这样的模态表达式之后。另外还有一些不透明语境，有的包含了像“必须”、“需要”以及“或许”这样的情态动词，也有的包含了像“想要”和“寻找”这样的动词。至少在有些情况下，可以把包含了这类词语的句子，改写成不透明语境只出现于名词性从句中的形式。这种变换的好处是可以区分出不同的涵义，这种区分在自然语言中是用许多特设性的手段来达成的，现在则可以通过使用量词得到明晰的处理。例如“任何一页你都可以写”与“你可以写在任何一页上”之间的区别，可以通过分别用“对所有 a，如果 a 是一页纸，那么允许你写在 a 上”与“这是允许的：对所有 a，如果 a 是一页纸，那么你写在a上”来表达，从而得到自然的表现。[①] 再如，“我在找一个到过爱尔兰的人”这句话的歧义，可以通过问“你是说一个特定的人吗？”来得到解决，但如果我们写成“对某个a，a是一个到过爱尔兰的人，并且我正在设法使得我遇到a这件事发生”，或者“我正在设法使这件事发生：对某个a，a是一个到过爱尔兰的人，并且我遇到a”，歧义就可以避免了。

我们知道，弗雷格主张，当专名出现在不透明语境中时，是不 265 SB 28
能具有其通常的指称的。在前面所引的那个关于乔治四世与司各特的句子中，“乔治四世”确实像通常那样表示那个著名的国王，但“司各特”却不能像在其他地方那样，表示华尔特·司各特爵士这个人。否则我们就必须把那个句子理解成是在谈论那个人，因为“我们的词语的指称就是我们所谈论的东西”——我们使用名称来谈论它所表示的对象。这样，我们就必须把“乔治四世想知道是否是ξ写了《韦弗利》”理解成一个谓词，而那个句子所断定的就是它对于司各特这个人是真的。但如果谓词适用于一个对象，那么无论用什么手段来指称该对象，谓词都适用于它——选择用什么手段来挑出并指称我们所谈论的对象，这不会影响我们关于对象所说内容的真假。在那种情况下，既然“《韦弗利》的作者”（通常）也表示华尔特·司各特爵士，把这个专名放到“乔治四世想知道是否是ξ写了《韦弗利》”的主目位置上得到的句子，就肯定与原来的断定具有同样的真值。

① 前面两句话的英文原文分别为“You may write on any page”与“You may write on every page”。直译无法表现出辖域上的区别，故而用意译。——译者

但是，如果专名在出现于不透明语境中时不具有通常的指称，那它又表示什么呢？要回答这个问题，就必须考察什么样的替换确实会使整个句子的真值保持不变。为了看到这一点，让我们考虑真正意义上的间接引语的情况。如果我说，“琼斯说司各特写了《韦弗利》”，我想做的并不是复述他的原话。他说的可能是，“华尔特·司各特爵士写了《韦弗利》”，也可能是“Scott hat *Waverley* geschrieben”[①]，而我的陈述仍然是真的。我的表述仅仅是提供琼斯原话的涵义，即他所表达的思想。这一点既适用于间接引语中的单称词项，也适用于充当“that”从句的整个句子。我们知道，在通常情况下，句子的所指是其真值。如果我们把复合表达式的一个部分用另外一个具有同样指称的部分来加以替换，整个表达式的涵义可能变了，但其指称仍然保持不变。在我们知道“ξ的首都”表示何种函项的情况下，“丹麦的首都”的指称就仅仅依赖于“丹麦”这个名称的指称，而非其涵义。因为特定函项的值只取决
NS 276 (255-6) 于其主目，而不取决于主目是如何指称的。因此，如果“丹麦”用另外一个指称相同的单称词项进行替换，比如用“哈姆雷特的父亲当国王的那个国家”替换，整个表达式的所指，即哥本哈根这个城市，肯定是不变的。因而，当一个拥有通常指称的句子充当一个更加复杂的句子的成分的时候，如果这个成分句用另外一个具有同样
266 指称的句子替换，整个句子的指称也将不变。换言之，成分句用具有同样真值的其他句子来替换，复合句的真值将保持不变。在复合句是由成分句只通过（真值函项的）语句算子得到的情况下，这

① 德文句子，即“司各特写了《韦弗利》”。

是显而易见的。间接引语中的句子用其他具有同样真值的句子替换，显然一般不会使整个句子的真值得到保持，因此，出现于这类从句中的句子，不可能具有其通常的指称。通过问什么样的替换可以不改变真值，我们就会发现这种语境中的指称是什么。对于间接引语中的句子来说，只要不改变其成分句(通常情况下的)**涵义**，只要它继续表达同样的思想，这种替换就不会改变整个句子的真值。因此，弗雷格所说的句子的“间接”所指(即当其出现于间接引语中时的所指)，就肯定是通常构成其涵义的东西。这看起来是完全自然的。在其他语境中使用句子时，我们用来表达一种涵义(一个思想)，但我们并不**谈论**这个思想；而当我说，“琼斯说司各特写了《韦弗利》”，我谈**到**的是他说的话的涵义，是他所表达的思想，我用附属性的从句来指称这个思想。 SB 28；NS 276 (256)

因此，当一个专名出现于间接引语中，对它进行的那些替换，如果保持间接叙述从句(通常的)涵义不变，也就不会改变整个句子的真值。显然，当且仅当专名被(通常)具有同样涵义的其他专名替换，情况就是这样的。于是似乎就可以自然地说，单称词项的间接指称就是其通常情况下的涵义。同样的推论也适用于间接叙述的所有其他成分，即其中包含的不完整表达式——它们在这种语境中也表示通常情况下的涵义。这一点可以直接看出，因为间接引语中的谓词只有用通常具有同样涵义的谓词来替换，才能使整个句子的真值得到保持；也可以间接地得到这一点，因为整个间接引语从句表示的是其通常的涵义，充当其成分的单称词项也是如此，而句子涵义是由其成分的涵义所构成的，整体的指称也是由其部分的指称决定的。

按照弗雷格，表达式的涵义决定其指称。因此他论证说，由于出现于间接引语中的表达式不具有通常的指称，当其出现于这种
267 语境时它们也就不可能有通常的涵义。他把出现于间接引语中的表达式涵义称为“间接涵义”。在“论指谓”这篇著名的论文中，罗素对弗雷格关于涵义与指称的区分进行了批评。罗素以一种不恰当的方式，用他自己的术语“意义（meaning）”和“指谓（denotation）”来表述（事实上，罗素的“意义”更接近于弗雷格的“指称”）。这个批评非常混乱，不过我们还是可以从中抽引出一个有效的批评，可以说它针对的是弗雷格关于间接涵义与间接指称
LK 50 的学说。罗素指出，按照弗雷格自己的原则，从指称到涵义“没有回头路”——涵义决定指称，但指称并不决定涵义。那么，什么是表达式的间接涵义呢？弗雷格告诉过我们什么是间接指称，即其通常的涵义，但这不足以确定它的间接涵义是什么。显然没有一种可用的方式来说明，当一个表达式出现于不透明语境时，我们把什么当作它的**涵义**。有人可能想说，当“苏格拉底”出现在不透明语境中时，表示其在透明语境中的涵义，既然如此，它在不透明语境中的涵义，必定与在透明语境中表示其通常涵义的表达式相同，也就是说，“苏格拉底”的间接涵义，与“‘苏格拉底’的涵义”的通常涵义相同。但这相当难以让人信服。试考虑双重间接引语中的表达式，例如“罗素说乔治四世想知道司各特是否写了《韦弗利》”中的“司各特”。由于“司各特”出现于接在“说”后面的从句中，按照弗雷格的学说，它在这里应当表示当这个从句被当成完整句子时所具有的涵义，即在“乔治四世想知道司各特是否写了《韦弗利》”这个句子中的涵义。但在这个句子中“司各特”具有间接涵义，因

此在更长的那个句子中，它应当表示其间接涵义。因此，在那个更长的句子中“司各特”就具有一个双重间接的指称（以及一个双重间接的涵义），它的双重间接的指称是其（单重）间接涵义，这种涵义进而表示其（单重）间接指称，即其通常的涵义。由于无法说明一个表达式的单重间接涵义是什么，我们甚至也就不能说明，当表达式出现于双重间接引语中时的**所指**是什么。这似乎就意味着，我们甚至不知道如何判断包含了双重间接引语的句子的真值。这构成了对整个理论的归谬论证。

不过，可以对这个学说进行简单的修正，这种修正只需对整个
框架产生少许干扰，就能消除这种反对意见。整个困难来自“表达
式的指称必须由其涵义单独确定”这一原则——只有通过这个原
则，才能够从表达式在透明语境与不透明语境中指称不同，得出它 268
在两种语境中也具有不同涵义。有什么理由支持这一原则呢？可
以通过这样提问来获得这个理由：“关于一个表达式，除了其涵义，
还有什么对于确定其指称是相关的？”显然不是其物理性质，即长
度、发音或者拼写，也不是语调；也不是其语法特性，那些表明其涵
义的特征除外——由于表达式似乎只有这些诸如此类的特征，能
够确定其指称的，就只有涵义了。但之所以产生这种表象，仅仅是 Glx
因为我们一直是“孤立地寻求指称”，而没有考虑表达式所出现的
句子语境，而这种做法是弗雷格明确禁止的。按照弗雷格，语词并
不**凭借自身**、在“孤立地考察”的情况下具有指称——只有在句子
语境中它才具有指称。与此完全协调一致的观点是，一个词或表
达式虽然**本身**具有涵义，但它本身根本没有指称；词语和表达式只
有以特定方式出现在句子中，才具有指称，而这种指称是由词语的

涵义以及所出现的语境种类共同决定的。因此，一个词的涵义可以是这样的，在一种语境中决定这个词表示一种东西，而在另外一种语境中则决定它表示不同的东西。这样，我们就可以认为，表达式出现于不透明语境中与出现于透明语境中时，具有相同的涵义而有不同指称。词语的涵义不能随同语境变化，而是语词本身之独立于语境的性质，因为我们理解句子，要通过独立于它们出现于**当前**句子的情况，而知道充当其成分的语词的涵义。词语的涵义如果随着语境变化，那就必须服从某种一般性的规则，才能使我们理解由语词构成的句子，而这种一般性的规则也就实际上构成了语词所具有的**那种**共同的涵义。我们确实也谈到，有歧义的语词其涵义在不同语境间发生变化。但这正好是我们不能确保正确理解包含这种语词的句子涵义的情况。歧义语词的涵义并不是由语境来**决定**的，应当说，语境提供了基础，以猜测想表达的是什么涵义。

这样修正以后，也就不会有词语的间接涵义这样的东西了——有的只是涵义，它决定了在透明语境中语词具有区别于涵义的指称，而在不透明语境中所指与涵义重合。这样也就没有理由认为，表达式在出现于双重间接引语中时，具有不同于出现于单重间接引语中时的那种涵义或指称——双重间接引语中的所指就
269 是单重间接引语中的涵义，而这种涵义与普通语境中的涵义相同，并与单重间接引语中的所指相同。这在直观上是合理的。对双重间接引语中的表达式所进行的替换，如果使整个句子的真值保持不变，那就像在单重间接引语中一样，是用涵义相同的表达式进行的。双重间接的涵义与指称应当区别于单重间接的涵义与指称，

这种观点是对一种有少许缺陷的理论进行机械推演的结果。

不妨用“模态逻辑”这个表达式来指一种形式逻辑，其中包含了用来把整个句子纳入不透明语境的表达式符号。这样的表达式有两种：语句算子，例如“必然地……”、“这是在道德上允许的……”，等等；动词，例如“……相信……”、“……试图……”、“……希望……”，等等。后面这些表达式具有双重的不完整性，第一个主目位置要由表示人的专名来填充，第二个主目位置则要填上句子。（按照提摩西·珀兹（Timothy Potts）的建议，可以称其为“联系子”（relators）。）我们可以问：弗雷格对于模态逻辑作出了什么样的贡献呢？

逻辑学家会倾向于回答说，没有。正确的回答是：这种贡献正好与他对关于概括的逻辑所作的贡献相反。关于概括，由于意识到需要设计一种与自然语言完全不同的记号，他解决了一个困扰此前所有逻辑学家的问题。设计了这种记号，他就能够对支配它的推理规则进行形式化，并为运用这种记号的语言勾勒出（尽管不是以严格的方式）语义学。一旦我们注意到（这一点暗含于弗雷格把注意力限制在那些语法上属于间接引语的例子这种做法中），不透明语境最好是描述成只是出现于受模态算子或联系子制约的整个从句中，并且采纳弗雷格的概括记号，我们就已经朝向一种让人满意的模态逻辑记号前进了不少。（诚然，肯定不能证明，所有包含不透明语境的句子，都可以转换成这些语境只是作为部分从属于整个不透明从句的形式。这只不过是一种愿望。）对于模态逻辑，弗雷格没有像对待概括那样表述推理规则，也没有为设计一种新的记号而采取其他步骤，而是提供了一个语义学模型，使得我们

只要在这两个方面作出修正，就可以据此明白自然语言记号是井然有序的。如果不具备弗雷格关于直接指称与间接指称的理解，即**同样**的表达式在不同语境中表示不同实体，我们就会在试图对模态逻辑进行形式化的时候，自然而然地导向悖谬的结论。例如，
270 模态逻辑中的许多形式系统都包含这样一个荒谬的原则，即所有真的同一性陈述都必然为真。这些系统允许从显然的逻辑真理

(1) 必然地，司各特是司各特

以及真前提

(2) 司各特是《韦弗利》的作者，

推出

(3) 必然地，司各特是《韦弗利》的作者。

这个推理是由外延性原则保证的——从关于同一性的真陈述(2)，以及由(1)所表达的事实，即谓词“必然地，司各特是 ξ”适用于“司各特”的指称，我们就可以得出结论，这个谓词适用于“《韦弗利》的作者”的所指。(同样的论证会引导我们从(2)，以及乔治四世相信司各特是司各特这样一个事实，得出这样的结论，即乔治四世相信司各特是《韦弗利》的作者。)人们之所以接受外延性原则，是因为这样一点似乎是显然的，即如果一个谓词对于一个名称的所指为真，那么它对于任何其他具有同样所指的名称必定也是为真。如果按照罗素的摹状词理论来处理限定摹状词，而不是像弗雷格那样将其当作真正的专名，前面的结论的确可以避免，但如果我们用“Afla”和“Ateb”来代替“司各特”和“《韦弗利》的作者”，仍然会得到同样的

结论。再者,这些逻辑系统通常把这样的全称陈述当作定理:

对所有的a和b,如果a与b等同,那么必然地,a与b等同。

如果采纳弗雷格关于间接指称的理论,就不会得到这样的结果。我们不会认为,从(2)为真这一点会得出(1)中第二次出现的“司各特”与(3)中的“《韦弗利》的作者”具有同样的指称,从而不会从(1)和(2)得出(3)。我们甚至可以在逻辑系统中采纳外延性原则,即从“a 与 b 等同”与“$F(a)$”可以得出“$F(b)$”,但必须作出限制,使得“$F(a)$”中要用“b”来替换的所有的“a”都没有出现于不透明语境中(什么是不透明语境,这在句法上得到了定义)。一旦采纳了弗雷格的理论,我们就可以放心地对外延性原则作出这样的限 271
制——这些限制不再显得像只是为了避免悖谬而强加的特设性手段,而是具备清晰的理论基础。

由此显而易见,从弗雷格的立场来看,无论是就对象来说,还是就概念而言,都不**可能**有针对外延性原则的反例。鉴于存在不透明语境,我们的确不能说,如果一个句子是从另外一个句子通过用具有同样(直接)指称的(例如)其他谓词,来替换某个谓词的一次或多次出现得到的,那么两个句子就必定具有同样真值。但这个原则如果用这样的方式陈述就不会有反例:如果一个句子是从另外一个句子通过用具有同样指称的其他谓词,来替换一个谓词的某些出现得到的,那么真值保持不变。如果有表面上的反例,我们应该得出结论,在那些地方谓词的指称最终是**不**同的。如果[两个]谓词具有相同的外延,即它们(直接)表示的概念之间具有类似

于等同的那种关系，那么某种替换改变了真值，这一事实只能说明所涉及的语境与乍看起来的相反，是不透明的。相反，如果语境已经承认是不透明的，那么替换改变了真值，这一事实只能表明谓词终究不具有同样的涵义。正是出于这个理由我断定，与就对象来说一样，就概念来说弗雷格也不**可能**承认对于外延性原则会有例外情况。在他的形式系统中甚至没有不透明语境，因此对于针对那个系统中的概念明确表述的外延性原则，也就不可能有什么限制。

也许会有人反对说，间接指称的概念不能为进入不透明语境的量化提供融贯的解释。这是对量词的一种使用方式，量词本身在透明语境中，但它们约束的变元出现在不透明语境中。例如，“这是可能的，对某个a，a从来不会停止存在”，与“对某个a，这是可能的，a从来不会停止存在”这两个句子在涵义（以及真值条件）上存在明确的区别。前者涉及的仅仅是在不透明语境**之内**（within）的量化，它说的意思是，存在某个从来不会不复存在的东西，这在逻辑上是可能的；后者则包含**进入**（into）不透明语境的量化，其意思是，在所有实际存在的对象中，至少有一个东西，在逻辑上它可能从来不会不复存在。在“指称与模态”一文中，蒯因把包含了进入不透明语境的量化的句子为**无意义的**。但它们肯定不可
272 能是无意义的，因为，大量常见并且人们显然很好地理解的说法，都包含了进入不透明语境的量化。问题不在于判断它们是否有意义，而在于找到一种框架，并在其中为其意义给出满意的语义学解释。一个例子是这样的，“马洛不知道是谁谋杀了特里梅尼”。它可以改写成“对所有的a，马洛不知道a谋杀了特里梅尼”，其意思显然不是“马洛不知道，对某个a，a谋杀了特里梅尼”，即“马洛不

知道某个人谋杀了特里梅尼”。另外一个例子是吉奇仿照罗素给出的，即“这里的人比我预期的多”。这句话的意思是，“对某个 n，这里有多于 n 的人，并且我预期这里最多有 n 个人”，而肯定不是，“我预期，对某个 n，这里有多于 n 个人，并且这里最多有 n 个人”。 *MA* 92-3

一些句子中出现的所有变元除了紧接在量词后面的那个，其他变元都在不透明语境之内，同时也都没有出现在透明语境中，要在间接指称理论中解释这些句子并不困难。句子“对所有的 a，马洛不知道 a 谋杀了特里梅尼”中的变元，其取值范围包含的是人名的涵义，而不是其通常的所指，即人——它在当人称专名被置于“马洛不知道……谋杀了特里梅尼”的空位时，能够充当其所指的所有东西中取值。这里的“专名”必须在受限的意义上，而不是在弗雷格的扩展了的意义上理解。变元的取值范围不可能包含称呼人的限定摹状词的涵义，或者其他称呼人的复合单称词项的涵义。因为可能正好有一个人杀了特里梅尼，而马洛知道这一点，因此“马洛知道谋杀特里梅尼的那个人谋杀了特里梅尼”这句话肯定是真的，但不是因为马洛知道是**谁**谋杀了特里梅尼。或者也可能是马洛知道与特里梅尼约好 11 点见面的那个人杀了特里梅尼，但仍然不知道是谁谋杀了他。

但即使在这样的情况下，也有两种可能的解释。即使我们忽略是否抹杀了不相信某事与仅仅是没有相信之间的区别这样一个问题，对于这样一个句子，“他不相信任何人是完美的”，也会有三重、而不止于双重的歧义。它的意思可以是，“他不相信，对某个 a，a 是完美的”，也可以是，“对所有 a，他不相信 a 是完美的”。后一种解释是说，没有哪个**特定的**人被他相信是完美的，而这与他相

信**某个**人是完美的完全相容。但第二种解释本身可以用两种方式
273 理解。假定他是个孩子，他相信有圣诞老人，他相信圣诞老人（而不是其他任何人）是完美的。对此我们会说“对所有a，他不相信a是完美的”是真的还是假的呢？这就是说，在变元“a”的取值范围涵盖人名的涵义的情况下，它是应该涵盖专名能够有的所有涵义，包括“圣诞老人”这样的专名，还是只涵盖那些真正的所指对应的涵义，即**实有其人**的那些名称的涵义？如果采纳第一种解释，我们就会说第二种解释正确说来要改写成“对所有a，如果a存在，那么他不相信a是完美的”。这显然影响到前面关于可能性的例子。如果把“对某个a，这是可能的，a从来不会停止存在”中的变元理解成在所有单称词项的涵义中取值，包括那些没有指称的词项的涵义，那么这个句子就与“这是可能的，对某个a，a从来不会停止存在”几无区别。我们在两者之间作出的区别，依赖于一个没有明确表述的假定，即在这对句子的前一个里，变元的取值范围只涵盖那些事实上表示了某物的单称词项的涵义，可以认为它要表达的内容可以更恰当地表述成，“对某个a，a存在，并且这是可能的，a从来不会停止存在”。

对于那些变元必须在没有指称的词项的涵义中取值，并且进入了不透明语境的量化，我们不可能完全不加解释，因为有些情况明确需要这样的解释——假定一个历史学家把古埃及经济制度的发明归于约瑟夫，他肯定会在特定的意义上把这种发明归于特定的人，而不管约瑟夫是否被当成实有其人的历史人物。不过，看来我们具备一种手段，即使用充当谓词的“……存在”，来把较窄的解释写成较宽的形式，既然如此，把较宽的解释当作始终是需要的，

这似乎是自然的。但是，撇开这样使用“存在”会让人感觉到的那种为难，这还是要求，对于需要较窄解释的句子，我们总要将其理解为同时包含了进入不透明语境与透明语境的那种量化。这样的量化也出现在关于预期人数的例子中——在“对某个 n，这里有多于 n 的人，并且我预期最多有 n 个人”这个句子中，变元“n”除了紧接在量词后面，还同时出现在不透明语境和透明语境中。这似乎对解释造成了困难。因为，当“n”出现在透明语境“这里有多于 n 的人”中，其取值范围肯定涵盖数，而不是数词的涵义，也就是说，274
涵盖用来填补“这里有多于……的人”的空位的表达式的所指。但当它出现在不透明语境“我预期最多有 n 个人”中，其取值范围必须涵盖数词的涵义(当然不是所有数词的涵义)，也就是说，涵盖当数词出现在“我预期最多有……个人”的空位中时所具有的所指。同一个变元何以能够在不同的地方涵盖不同的取值范围呢？

显然不能。那么，由于涵义确定指称而反之不行，我们似乎必须说，在透明语境中与在不透明语境中一样，变元都在数词涵义中取值。但在这种情况下，构成透明语境的谓词“这里有多于 ν 的人”必须解释成具有一种特殊的所指，而不是通常的所指，也就是解释成表示这样一个概念，落于其下的是那些数词的涵义，而这些数词通常表示数，当谓词“这里有多于 ν 的人”被当作具有通常指称时，这个数就对该谓词为真。(对目前的讨论来说，没有必要为在这样的语境中用作形容词的数词确定逻辑类型，从而没有必要确定要用这些数词填补主目位置的谓词的阶次。)再者，这将使我们有必要对于像“这里有多于 9 的人，并且我预期这里最多有 9 个人”这样的句子运用同样的分析。因为我们实际上是在主张，对于

从这样的句子中省去两次出现的数词得到的复合谓词“这里有多于 ν 的人，并且我预期这里最多有 ν 个人”，我们可以运用约束变元在数词涵义中取值的量词，因此，在不含量化的句子中，两次出现的数词都必须具有间接指称，即表示数词的涵义。于是，在不含量化的句子中，谓词“这里有多于 ν 的人”也必须具有特殊的指称。

需要指出的是，这里的“特殊的所指”并不就是弗雷格定义的“间接”所指。谓词的间接所指，是当谓词被当作具有通常指称时所具有的涵义。在“琼斯相信这里有多于 9 的人”这样的句子中，如果认为表达式“这里有多于 ν 的人”具有上面解释的特殊指称，而“9”被认为具有间接指称，即表示涵义，那么整个从句，“这里有多于 9 的人”，就必须理解成表示真值，具体是真还是假，取决于当时的人数是否多于 9。这样一来，着眼于推理的话，在把“that”引
275 导的从句换成其他任何具有同样真值的句子时，就应当可以使整个句子的真值保持不变——显然不是如此。引入特殊指称这个概念，其要点只是在于，对于把用来填补谓词主目位置的变元，解释成以数词涵义为取值范围，或者把在不含量化的句子中用来填补主目位置的数词，解释成具有间接指称这样的做法来说，引入这个概念就抑制了这种做法产生的后果，从而使位于透明语境中的从句，重新获得当其所有的成分都理解为具有直接指称时，所具有的那种指称（即真值）。因此，在不透明语境之内的谓词，不能理解为具有这里定义的特殊指称，因为间接引语中的从句按要求表示的是思想，而不是真值。

对于从句子中构成不透明语境的部分得到的任何谓词，都可能添加量词，因此我们可以得到这样的解释：在任何不透明语境

中，所有表达式都具有间接指称；在句子中与不透明语境一起出现的任何透明语境里，所有名称都具有间接指称，而所有初始的不完整表达式都具有特殊指称。这样的理论看起来能解决问题，但它已经变得累赘起来了，而这种累赘让它显得不可信——让中世纪关于设定的理论最终变得无人相信的，也同样是累赘，而不是效果上的缺陷。况且，这个理论再次让人怀疑关于专名的普通指称的整套想法，即当专名出现于纯外延句子中时，它指称名称的承载物。因为我们已经被迫承认，在某些透明语境中，我们必须把不完整表达式理解为定义在填充其主目位置的名称的涵义上，而不是这些名称的(通常)所指上。但是，如果可以让这样的解释起作用，那么又为什么不能推广到出现那些不完整表达式的所有场合呢？把所有谓词以及其他不完整表达式，都理解成在所有透明语境中都具有特殊指称，从而完全抛弃关于名称的(直接)指称的概念，使我们只需关注名称的涵义，这不是更加简单吗？

这个建议看似有诱惑力，实则不融贯。特殊指称这个概念实际上只有通过援引普通指称的概念才能得到解释，被援引的既有谓词的普通指称，也有用来填充谓词主目位置的名称的普通指称——唯当名称“a”的普通所指落于充当谓词“$F(\xi)$”普通所指的概念之下，谓词“$F(\xi)$”的特殊所指才是名称“a”的涵义落于其下的概念。再者，名称的涵义这个概念是作为我们辨别所指的手段 276
给出的，我们不能在抛弃(普通)指称这个概念的同时保留涵义——失去了指称的概念，我们也就失去了涵义概念，因为涵义正是指称的呈现方式。即使可以这样做，我们利用普通指称来解释特殊指称，这也可能会被认为是出于偶然；看来，必定有一些谓词

被理解为直接定义在名称的涵义上，而非普通指称上，因为确实存在着内涵性的谓词。但是，如果可以把所有包含内涵语境的句子，都改写成内涵语境是一个完整子句这样一种形式，那么甚至是这个结论也无法得到。这为希望这样的改写总是可行，提供了额外动机。如果这种改写总是可行，那么所有的内涵语境，就都可以利用定义在思想上的谓词或关系表达式来得到解释——我们需要解释，一个人何时相信一个思想是真的，何时断定它是真的，何时试图使其得到实现，等等，也需要解释，一个思想何时必然（在这个词的各种意义上）为真；但我们没有必要把任何初始谓词或关系表达式，当成定义在比整个句子更小的表达式的涵义之上。比如，我们把复合谓词"查尔斯想要 ξ 出席"（Charles intended ξ to be present），即"查尔斯想要 ξ 将会出席"（Charles intended that ξ should be present），理解为定义在人称专名的涵义上，因为我们知道何谓想要一个思想成为真的，也知道像"约翰"这样用于人的专名涵义，对于将其置于"ξ 出席了"的主目位置上得到的句子（约翰出席了）来说，如何对确定它所表达思想的真值作出贡献。

但不管怎样还是有新的困难，它来自能够引入高阶量化的情况。先考虑这个句子，"这里有人是我没有预料到的"。它要这样分析："∃*a*（*a* 在这里，并且我没有预料到 *a* 会在这里）"。接下来，我们得把"*a*"当作是在人称专名的涵义中取值，而谓词"ξ 在这里"，如果在透明语境中的话，就具有特殊指称。只要某个像"约翰在这里，并且我没有预料到约翰会在这里"这样的非量化句子是真的，那个量化句子就是真的，因此，在任何一个这样的句子中，两次出现的"约翰"都必须理解成表示其涵义，而谓词"ξ 在这里"在透明语境中还是具有特殊指称。但从这个非量化句子中我们也可以推出“约翰是某种样子的，而这是我没有预料到他会是这样的”（即在这里），而这可以分析成，“$\exists\mathcal{F}[\mathcal{F}$（约翰），并且我没有预料到$\mathcal{F}$（约翰）]”。在非量化句子的那个不透明语境中，谓词“ξ会在这里”要求具有间接指称，即表示谓词“ξ在这里”的涵义，既然如此，277
变元“$\mathcal{F}$”就必须理解成在谓词涵义中取值。但在透明语境中也要求它占据二阶谓词“Φ（约翰）”的主目位置，按照与前面相同的推论，由此就得到，在原来那个非量化句中，透明语境里的谓词“ξ在这里”就必须具有间接指称。但这是个矛盾，因为我们已经确定，在原来那个句子中谓词必须具有特殊指称，并且已经指出，特殊指称不可能与间接指称等同起来。

结论是，对于表面上透明、但包含它的句子中也包含了不透明语境的语境来说，我们必须把整个语境看作实际上是不透明的，其中包含的所有表达式都具有间接指称，而遭到掩盖的不透明性所产生的后果，并不是通过其构成部分所具有的任何特殊指称予以消除的，而是通过对整个语境暗中进行的、从涵义到指称的一次性的映射操作达成的。这种操作可以表述成“这是真的……”（不必假定这个短语总是要被理解为引入了不透明语境），并解释为把表示一个思想的任意表达式转换成表示相应真值的表达式。因此，“约翰在这里并且我没有预期约翰会在这里”，就被分析成，“这是真的，约翰在这里并且我没有预期约翰会在这里”，这里的两个“that”从句都构成了不透明语境，而前一个“that”的辖域没有超出合取词。于是整个从句“[that]约翰在这里”就表示“约翰在这里”所表达的思想，而短语“这是真的……”则表示一个谓词，它对真思

想为真,而对假思想为假。特殊指称这个概念就作为不必要的舍弃了。

撇开那种变元只在具有指称的名称涵义中取值,且量化进入了不透明语境的情况,还有其他一些句子,在经过分析以后,这些句子包含了同时进入不透明语境与透明语境的量化,但就表面形式来看不是这样的。例如考虑这样一个句子,“保罗把加利福尼亚州州长称为种族主义者”。它不能解释成“保罗说加利福尼亚州州长是一个种族主义者”,因为保罗可能没有用加利福尼亚州州长来指称他说的那个人,而是提到他的名字或者用其他方式提到他。这个句子应当这样分析,“关于加利福尼亚州州长,保罗说他是一个种族主义者”,而这只能表示成“对某个a,a是加利福尼亚州州长,并且保罗说a是一个种族主义者”。

278 在把“约翰相信某个特定的真实的人是完美的”改写成“对某个a,a存在,并且约翰相信a是完美的”时,我们是否应当对于把“存在”处理成谓词而感到不安呢?对于康德式的那些关于“存在”不能理解为谓词“ξ存在”的论证,有一种流行的误解。事实上,对这些论证的重述总是表明,它假定了实际上需要论证的观点。也就是说,它们假定了,如果“存在”是一个谓词,那么它就会是一个对于所有东西都为真的谓词,这样就很容易得到结论说,这样的谓词与其他谓词非常不同。但这些论证对于要反驳的那些观点来说没有什么力量,比如对于认为上帝存在的本体论证明的某些形式可能是有效这样的观点,因为这些观点包含的不仅仅是“存在”是一个谓词,而是它是一个对某些东西为真,而对其他东西不为真的谓词,也就是说,有些东西是不存在的。只有认为我们可以在不预设其存在的情况下，把某些谓词正确地归于上帝，本体论证明的至少是笛卡尔和安瑟伦提供的经典形式，才能在没有在一开始就预设论题的情况下展开。

因此，关键问题是，“所有东西”（在表达一阶概括时）是否与“所有存在的东西”同义。假定问题的解决需要对此作出肯定回答，这仍然不意味着“存在”不是谓词。例如，如果“ξ 存在”被理解成对于所有东西都为真的谓词，那么，“驯虎存在”只要解释成“有些驯虎存在”，它就准确地传达了要传达的信息；“驯虎不存在”当 NS 70 (62)
然就必须解释成“没有驯虎存在”，这也是我们通常都会认可的。甚至当一个形式上的专名出现在这个谓词的主目位置上，如果将其解释成伪装的限定摹状词，并采纳罗素的摹状词理论，我们也会得到正确的结果——如果“狄奥尼索斯”就是这样一个伪装的限定摹状词，而“存在”是一个对所有东西都为真的谓词，那么“狄奥尼索斯存在”按照这种解释就确实传达了要传达的内容。对“狄奥尼索斯不存在”同样如此，只要我们把“狄奥尼索斯”解释成位于否定记号的辖域之内。即使我们采纳弗雷格的理论，认为一个句子如果包含了没有指称的名称就既非真也非假，只要“狄奥尼索斯”有指称，“狄奥尼索斯存在”也会是真的，尽管“狄奥尼索斯不存在”不幸从不为真。

情况当然是，如果我们把“存在”当成对所有东西为真的谓词，那么包含“存在”一词的句子所具有的有信息量的内容，就从不包括谓词“存在”对任何特定对象为真这一事实，因为这不是新的内 279
容。所有意在说明“存在”不是谓词的论证，恰好都归结为这一点。 NS 70 (62)
如果我说，“有些驯虎咆哮”，而你相信我，那么你就会知道（如果你原来不知道的话)，在同时分有“是驯服的”和“是老虎”这两种性质的那些对象中，有些也具有“咆哮”这一性质。但如果我说，“(有些)驯虎存在”，那么你所了解的就不是说，在你知道同时分有“是驯服的”和“是老虎”这些性质的对象中，有些具有“存在”这一额外的性质。如果你毕竟有所了解，那么你所了解的就是，有些对象分有了前两种性质。而如果已经知道这些，那就没有什么供你了解了。但这并不证明，“存在”不能解释成表示一种所有东西都具有的性质(一个所有东西都落于其下的概念)。如果假定这就证明了这一点，那我们就把句子的信息内容与其真值过于粗鲁地等同起来了。当然，句子作为整体具有的信息内容，取决于其作为整体具有的真值条件，但这并不意味着我们从句子中了解到的，就只是语法谓词对于语法主词所适用的对象为真这一点。弗雷格对于等同陈述的解释提供了一个精确的类比。等号被弗雷格理解为表示了所有东西对自身都具有、而对任何其他东西都不具备的一种关系。等同陈述的信息内容，因而就不可能归结为特定对象与自身具有等同关系这一点，因为这并不是新内容。应当说，正是以等同陈述的真值条件为基础，我们才能从中了解到，两个具有不同涵义的名称以同样的对象为其所指。这并不像弗雷格最初在《概念文字》中
Bs 8 主张的那样，意味着应当把等号理解表示两个名称之间的关系(或者，就像他后来可以说的那样，两个涵义之间的关系)——那样还是会把信息内容与真值条件之间的联系弄得过于简单了。应当说，正是通过我们对于对象之间由等号所表示的那种关系的把握，我们才能从等同陈述为真，得出某种关系在两个名称的涵义之间成立。正是以这种方式，正是通过把“存在”理解为表示所有对象

都具有的一种性质，我们才得以赋予包含这个词的句子以其所携带的信息内容——从“驯虎存在”为真，可以得出“ξ是一头驯虎”是一个适用于某物的谓词，而从“亚瑟王存在”则得出“亚瑟王”是一个具有指称的名称。

关于“存在”是适用于某些东西、但不适于另外一些东西的谓词这一观点，最有说服力的反驳意见，是从梅农尝试坚持这一观点 280 时经受的不幸遭遇中得出的。与这个观点相配套的，当然是让概括表达式不仅在实际对象中取值，而且也要在纯粹可能的对象（在梅农那里，这也包括不可能的对象）中取值；与此同时，名称在缺乏实际所指时，就要被当成表示纯粹可能的对象（或许也是不可能的对象）。在那种情况下，我们就面临问题，即何时才能认为谓词适用的是非存在对象。而我们不得不接受的回答则是，只要在单纯从名称的涵义判断是这样的时候，它适用的就是非存在对象。我们已经看到，正是通过采取这一步骤，本体论证明才得以开始。但是，如果“存在”是一个像其他谓词一样的谓词，那就没有理由不让关于满足该谓词的条件，体现在某个复合名称的涵义中。确实也没有什么东西，阻止我们在任何限定摹状词的前面加上“存在的”这个词。于是我们看起来就承诺这样的观点，即把任何这样的复合专名放到“ξ存在”的主目位置上，就得到真句子，也就是说，所有这些复合专名的所指都是存在的。

我们的观点不会出现这种困难。对于进入不透明语境的量化，我们已经把量词带有的约束变元理解为在专名涵义中取值，其中也包括缺乏指称的那些专名；而为了照顾到变元取值范围实际上有时也限制在具有指称的专名中，我们建议把这些情况解释成

具有一个暗含的附加从句，其中使用了“ξ存在”这个谓词。例如，在“对某个*a*，*a*存在，并且约翰相信*a*是完美的”这个句子中，出现在“ξ存在”主目位置上的变元在名称的涵义中取值，因此“ξ存在”在这里必须解释成表示一个概念，只有那些具有指称的名称的涵义落于这个概念之下。这与前面讨论的解释完全不同，在那里它表示一个所有对象都落于其下的概念。但即便是允许用限定摹状词替换变元，我们也不会遇到梅农遇到的那种困难。如果用“那座存在着的金山”来替换“ξ存在”的主目位置上的“*a*”，我们得不到有任何理由被认为是真的从句。这个限定摹状词中出现的“存在着的”必须被当作对所有东西都为真的谓词，因此加上它根本不会改变限定摹状词“那座金山”的内容——整个限定摹状词仍然具有那种没有所指与之对应的涵义，而从句“那座存在着的金山存在”显然是假的，没有悖论产生。

281 这里，我们以一种不同于理解[作为谓词的]“存在”的方式，来解释在这种语境中出现的“存在着的”一词。如果对这种做法觉得为难，我们可以这样来避免这么做：让谓词“ξ存在”一直表示所有对象都具有的一种性质，而把整个从句“*a*存在”（对“那座（存在着的）金山存在”也是一样）当成受制于算子“这是真的……”，这个算子引入了一种不透明语境，但抑制了相应效果。至少，只要同意把包含无指称名称的原子句算作是假的，而其否定则为真，我们就可以这么做。“那座金山存在”这个句子于是显然为假，而无论在定冠词后面是否加上“存在着的”，都不会对此造成影响。在整个句子前面加上“这是真的……”，以此在技术意义上把它置于不透明语境，情况也是如此。

这样使用动词“存在”,就不会遇到比如说推翻梅农观点的那种麻烦。之所以如此,恰恰是因为整个过程是在弗雷格理论的框架中展开的。在弗雷格的理论中,名称的涵义就等于是我们为了确定充当其所指的实际(存在着的)对象而提供的手段。在某些特殊语境中,这种涵义可以成为名称的(间接)所指,即它在那个语境中的所指。这完全不同于主张,对名称总有用它来进行命名的那种**对象**来充当其所指,而是说对象可以不是实际上的,而是仅仅是可能的或者甚至是不可能的对象。对梅农来说,“亚瑟王”这个名称在所有语境中都具有唯一所指,这个所指即使从未存在过,即使仅仅是可能存在,它也肯定是一个人。对弗雷格来说,这个名称也许有也许没有直接所指,这取决于历史事实,但其间接所指,如果有的话,却绝对不是人,而是词语的涵义,是像所有其他东西一样实际的东西。因此,在弗雷格的理论中,即使在名称具有间接所指的情况下,也没有任何动机让我们假定,其中包含的任何谓词对该所指为真。

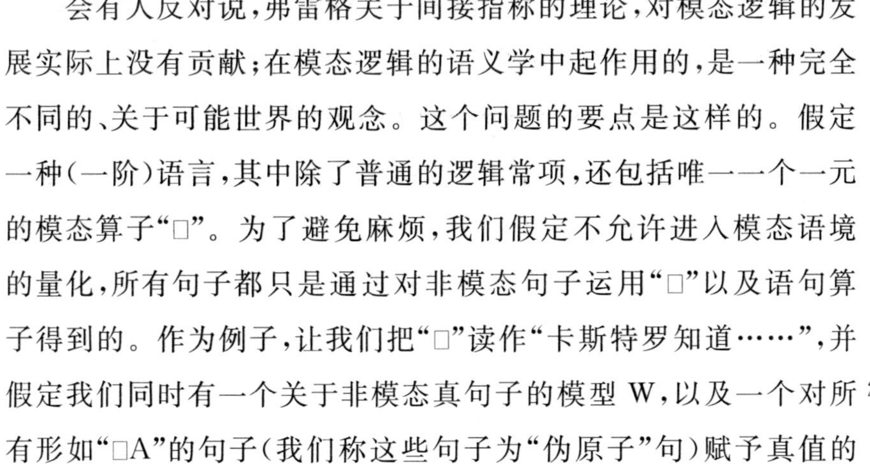

会有人反对说,弗雷格关于间接指称的理论,对模态逻辑的发展实际上没有贡献;在模态逻辑的语义学中起作用的,是一种完全不同的、关于可能世界的观念。这个问题的要点是这样的。假定一种(一阶)语言,其中除了普通的逻辑常项,还包括唯一一个一元的模态算子“□”。为了避免麻烦,我们假定不允许进入模态语境的量化,所有句子都只是通过对非模态句子运用“□”以及语句算子得到的。作为例子,让我们把“□”读作“卡斯特罗知道……”,并
假定我们同时有一个关于非模态真句子的模型 W,以及一个对所 282
有形如“□A”的句子(我们称这些句子为“伪原子”句)赋予真值的

特定指派 U。运用标准的真值表,U 确定了为该语言中所有模态句赋值的方法。对于为伪原子句赋予真值的任意指派 V 来说,如果使得 V 指派给“□A”以真值真的句子集“A”是一致的,并且对于**模态后承**(modal consequence)关系来说保持封闭,我们就说指派 V 是“可允许的”。对于句子“B”与集合 Γ 来说,如果可以运用一阶逻辑中标准的自然演绎规则,再加上一个新的规则,就可以从 Γ 中推出 B,B 就是 Γ 的模态后承。那个新的推理规则是,如果“D”可以从“C_1”、……、“C_n”($n \geqslant 0$)推出,那么“□D”就可以从“□C_1”、……、“□C_n”推出。我们假定,对于伪原子句的“正确的”真值指派 U 是可允许的。就在我们的例子中对“□”所采取的解释而言,这个假定甚至一点都不可信,它意味着卡斯特罗知道,任何他所知道的东西的所有模态后承都是真的。

不妨称有序对(W,U)为“现实世界”。设 M 为对应于该语言的非模态部分的任意结构[①],它与 W 具有同样的定义域,在这个结构中所有使得 U 指派给“□A”以真值真的非模态句“A”都是真的。设 V 是对伪原子句的任何这样一种可允许的真值指派,使得 U 指派真值真给“□B”的所有模态句子“B”在 V 之下都成为真的。这样我们就称有序对(M,V)为一个“可能世界”。我们关心的是这样的可能世界的总体。按照我们的例子,一个可能世界就是语言中具有外延性的部分的结构,以及针对其伪原子句的一种真值指派,这种指派与卡斯特罗所知道的东西相一致——也就是说,卡斯特罗所知道的所有东西都必定在这样一个世界中为真,但真值

① 这里以及后面几处的“结构”一词均指模型论中的模型(model)。——译者

可能在卡斯特罗不管怎样都不知道是否为真的句子中间分配，前提是这样一个支配性的假设成立，即卡斯特罗知道为真（在这个可能世界中）的句子集合是一致的，并且在模态后承之下封闭。由此容易看出，只要“A”在所有可能世界（M，V）中成立，句子“□A”就在现实世界（W，U）中成立。

现在对这一过程进行迭代，也就是说，把关于可能世界的绝对概念，推广到相对于给定世界（M，V）而言的可能世界（M′，V′）。如果 M′是任意关于非模态句子的、具有与 W 相同域的结构，在其中所有使得 V 指派真值真给“□A”的句子“A”都是真的，而 V′则是对于伪原子句的任意这样的可允许的真值指派，所有使得 V 指派了真值真给“□B”的模态句子“B”在 V′之下都是真的，那么（M′，V′）就是相对于（M，V）的可能世界。按同样的方式也容易看出，任何句子“A”只要在相对于（M，V）具有可能性的所有世界（M′，V′）中都成立，那么句子“□A”就在世界（M，V）中成立。 283

可能有人认为，我们应该对于可能世界附加一些条件，以反映出模态算子的性质。例如，人们都同意，人们不可能知道一桩为假的事情，于是就会有人认为，对于用“卡斯特罗知道……”对“□”作出的解释，我们应当需要提出这样的要求，在任一世界（M，V）中，如果 V 把真值真指派给“□A”，那么“A”在 M 与 V 之下就必须是真的。也就是说，要规定“□A→A”在所有世界（M，V）中都必须为真。但并不是这样的。由于卡斯特罗知道的所有东西都**是**真的，对于所有“A”来说，“□A→A”在现实世界（W，U）中当然也是真的。进而，如果对任何给定的“A”，卡斯特罗都知道，如果他知道“A”是真的，那么“A”就是真的，也就是说，“□（□A→A）”在现实世

界中是真的，如果这样，那么“□A→A”就会在相对于现实世界具有可能性的所有世界(M,V)中为真，而我们无需任何特殊的规定来确保这一点。另一方面，如果对于某个“A”，卡斯特罗并不知道，如果他知道“A”是真的，那么“A”**就是**真的，那么，对卡斯特罗知道的所有东西来说，都有可能他知道“A”是真的，但实际上，“A”是假的——也就是说，一个在其中“□A”真但“A”假的世界(M,V)与卡斯特罗的知识相一致。(当然，按照我们的假定，如果卡斯特罗不知道，如果他知道“A”是真的，那么“A”就是真的，那么他不可能知道“A”是真的。因为“□A→A”是“A”的逻辑后承(我们按照经典的方式来解释联结词“→”)，并且我们已经假定了卡斯特罗知道其为真的句子集在逻辑后承之下封闭。这样，对于在相对于现实世界的可能世界(M,V)中“A”为假的情况，也就不可能有什么反对意见了。)

因此，如果模态算子“□”满足我们的条件，即，使得“□A”(在现实中)为真的句子“A”的集合是一致的且在模态后承下封闭，那么我们就可以描述有序对(M,V)的一个系统，并在其上定义相对可能性这种关系。并且，在这样一个系统的基础上，我们可以为算子“□”给出一种语义学，即只要在相对于世界(M,V)可能的所有世界(M′,V′)中“A”都是真的，“□A”也就是在(M,V)中为真。相反，对于不满足我们的条件的模态算子来说，我们就不能这样做了。一旦有了一般性的想法，对应于关于模态算子的各个特定解释，确实也就会产生关于可能世界系统的结构的问题，针对关于这个系统的各种限制、简化以及修改是否可能，也会产生其他一些问题。属于第一类的一个问题是，如果“A”在这种意义上从Γ衍推出来，即在使得 Γ 中的所有句子都为真的所有可能世界中，“A”都是真的，那么“A”是否必定是 Γ 的模态后承（反之则是显而易见 284
的）。这取决于 U，例如，“A”一般而言不是“$\Box$A”的模态后承，然而，对于所有 $n \geqslant 0$ 以及“A”来说，如果“$\Box^n(\Box A \rightarrow A)$”（这里“$\Box^n$”表示 n 个连续出现的“$\Box$”）在现实世界中是真的，那么“A”将从“$\Box$A”衍推出来。而这进而符合针对相对可能性这种关系的一个条件，即这种关系是自反的（reflexive）。这样，衍推就与一种比模态后承更为宽泛的关系重合，它可以通过添加进一步的推导规则加以确定。于是我们就要研究如何对模态逻辑进行形式化，从而在相应的可能世界系统的结构基础上，体现这样的附加规则。属于第二类的一个问题是，对于某个这样的模态逻辑来说，我们能否以某种方式对可能世界的范围作出限制，从而不再承认满足所制定条件的**所有**有序对（M，V），都是相对于给定世界的可能世界，与此同时仍然保留使句子“$\Box$A”在一个可能世界中为真所需要的语义学条件。尤其是，我们可以问，在有限集合 Γ 不再衍推出句子“A”的情况下，是否总是存在着一个使得这种衍推无法进行的**有限的**可能世界系统。

对于模态逻辑中各式各样的形式化，我们按这种方式得到了一种非常整齐的语义学理论，这种理论中“$\Box$”表示各种必然算子以及其他模态算子，方法是，对由可能世界通过相对可能性这种关系构成的关系系统结构运用代数技术，这些结构对应于不同的形式模态逻辑。在研究关于模态逻辑的各种原则时，我们由于使用可能世界概念而获得了技术上的便利，但这不应当妨碍我们看到这样一个事实：这种便利几乎不可能具有什么解释力。只要我们

在一开始使用的模态算子“□”满足这样的条件，即，使得“□A”为真的句子“A”的集合是一致的且在模态后承关系之下封闭，那么，我们就总是能够定义合适的可能世界概念，并能够在这个概念的基础上陈述关于“□”的语义学——事实上，正是因为这一点，可能世界概念不可能具有一般性的解释力。关于可能世界，以及关于什么算作一个模态句或非模态句在这个世界中为真，只有当关于这些东西的概念能够独立地得到解释，这种概念才具有这样的解释力。几乎唯一能够说有解释力的一种情况是时态逻辑算子(tense-logical operator)，虽然它根本不是通常意义上的、那种包含不透明语境的模态算子，最初还是因为这种算子所带有的直觉意义，我们才不得不接受可能世界这个概念的。如果把“□”解释成“情况将总是这样的……”，那么给出这样一种语义学，在其中可
285 能“世界”是未来所有瞬间的宇宙状态，就是一种完全自然的做法。在这种情况下，就使得“□A”现在为真的所有“A”为真这一点来说，并非所有与其相一致的有序对(M，V)都描述了未来某个瞬间的宇宙。对于哪个可能世界得到允许，已经有所限制，而这正是因为，究竟什么是“可能世界”，这是单独得到把握的——这个概念不是通过引入与使得“□A”为真的各个“A”为真这一点相容的宇宙，从而援引对于宇宙的描述来达到的。使这个概念可以得到独立解释的唯一相似的情况，是当其用来为直觉主义逻辑给出语义学的时候，在这儿，从表面上看这也根本不是模态逻辑。据我所知，还没有任何一种模态逻辑，在作为研究引入了不透明语境的算子的一种逻辑这样一种严格意义上，用可能世界概念来给出一种可以认为是对模态算子涵义的解释。事实上，作为真正意义上的模态

算子(相比于其他非经典逻辑)的定义性特征,模态语境的不透明性对可能世界概念来说纯粹是一种难堪。这个概念对于理解进入模态语境的量化来说,没有任何帮助。

不管怎样,这个概念只能为了某些算子而引入,这些算子满足与模态后承相联系的条件。通过在“……相信……”、“……知道……”、“……试图实现……”这类表达“命题态度”的短语中的第一个空位插入专名得到的算子,并不满足那个条件。不管相信或知道的是什么,没有人知道或者相信其所有逻辑后承,否则,一个人如果相信(例如)皮亚诺算术的公理,那他就会相信那个理论的所有可以证明的定理了。如果把可能世界解释成对所有句子进行的真值指派,而不必要求对逻辑常项得到一种经典解释,我们甚至可以把可能世界技术扩展到这类情况,只不过关于可能**世界**的图景已经变得非常不适合了。但事实上很容易明白,根本不可能有一种关于普通意义上的信念和知识的**逻辑**。这不是说,不可能有一种逻辑理论,能够允许这类表达式引入的不透明语境出现在句子中,而是说,我们不能把这样的联系子作为逻辑常项引入,并让这些常项受制于公理,例如:

$$B(x,p)\ \&\ B(x,p\rightarrow q)\rightarrow B(x,q),$$

其中“B(x,p)”是“x 相信 p”的缩写。这是因为信念与知识的概念具有无法消除的**模糊性**。粗略地说,如果通过恰当的提示就可以相当容易地从一个人那里得到关于一个信念的表达式,那么这个人就相信事情是这样的,对知识来说也是同样的。当然,我们必须 286

一方面提防这样一种情况，所给出的“提示”应当说构成了证明信念为真的新证据，另一方面应当承认，在有些情况下由于为难或害怕承认而难以得到信念的表达式。但是，单纯是抽引出已经持有的信念，与致使接受提示的人(在他看来)意识到相应命题是真的，这两种情况的边界并没有清楚地划出来，也不可能清楚地划出来。提示所用的最简单的形式，是直接提问，“你相信……吗?”但这样的问题所引起的反应会非常依赖于提问的语境。或许，当谈论的是一个特定主题时，得到的是一个答案，而如果是另外一个主题，答案又不同；或许，在提问的语境中，此人最清楚地记得的是他所承认的另外两个命题，所考虑的那个命题则可以利用基本的推理规则从这两个命题推出来，这时提示会获得肯定的回答，但如果面对突兀的提问他一时没有想起以前得到的相关结论，那么回答可能是否定的。把抽引出的信念表达式当作已经持有的信念的证据，并试图对于这样做所需要的条件给出清楚的刻画，这是一种错误，因为一个人在特定时刻持有信念，这不是一个清晰的(sharp)概念。有些命题在向我提出并要求给予判断时，我会总是赞同。但能够说我相信所有这样的命题吗？恰当地说，我们不情愿同意这样说，我们会争辩说，很难说我相信某个我从来没有想到过的命题。但是，当然，为了说我相信一个命题，不需要我时时刻刻想着它——我可能多年以来都坚定地相信它，但只有在极少的情况下投入地思考相关的问题。那么，起关键作用的是我曾经表述过它这样的事实吗？肯定不是。即使一当被问到就我立刻愿意同意，总的来说我还是会忘记以前是怎么考虑的，就好像以前从来没有想过一样。

考虑这样的情况。约翰与珍妮在对话。约翰知道珍妮的一件事,但珍妮不知道约翰知道它。情况也可以是,珍妮实际上知道约翰知道这件关于她的事,但约翰没有意识到珍妮知道。或者,约翰终究意识到这一点,但珍妮没有意识到约翰意识到她知道他知道这件关于她的事。显然,我们可以无限地延续这个由假设构成的
序列,在每种情况下,珍妮和约翰都分别有一定数量的知识,但却 287
有某个事实,它本身成立,但两人中不是这个就是那个不知道它。虽然这一系列描述中的任何一个都可能合乎实际情况,但的确也有可能它们都不正确。至少,肯定有一种情况,其中不存在他们中的任何一个都没有意识到的东西,所有事情在他们之间都是公开的——约翰与珍妮四目相对,彻底坦诚相见,并且都意识到其中一个恰好知道另一个知道的东西,至少是就我们关心的那件事来说!这样说吧,他们毕竟都相当充分地讨论过珍妮的那件事。那么,就约翰与珍妮我们该说什么呢?他们都具有数量无限的知识吗?约翰知道关于珍妮的这件事,珍妮知道约翰知道关于她的这件事,约翰知道珍妮知道约翰知道这件关于她的事,珍妮知道约翰知道珍妮知道约翰知道这件关于她的事,等等以至无穷?把这样一种数量无穷的知识归于他们,这看来相当荒谬。看起来我们可以同意,在这种假想的情况下,不能正确地说无穷序列中的任何一项**不**成立,例如,约翰**不**知道珍妮知道约翰知道那件事。对于这个无穷序列中任何一个以“珍妮”为主语的句子,只要约翰成功地理清楚了(如果需要劳烦他做这件事的话),他就会立刻同意它。但是,理清一个句子的难度越大,约翰也就越不大可能在心里表述这个句子,我们也就越不情愿说它表述了他所拥有的某件知识,但我们仍然

会觉得说他**不**知道它会让人误解。

话说回来，在要能够说某人相信或知道时，如果不再要求某种东西应当已经出现在他心里，我们不就能够得到关于信念和知识的清晰的概念了吗？我们不是能够求助于关于“信念”和“知识”的一种理想化了的涵义吗？按照这种涵义，一个人会立刻同意一个命题，这就是他相信其为真的充分条件，结合其他用来区分知识与信念的条件，就得到他知道其为真的条件，而不必要他以前考虑过这个命题。我们可以这么做，但这么做对我们没有什么好处。因为，如果我们决意要避免不确定性，那就只有两种极端的方法，可以用来避开由于同意的态度对于语境的依赖而产生的那种不确定性。要么我们说，不管在何种语境中，只要一个人被直接问起时就同意某件事，我们就应当把他算作是相信这件事。这样一来，如果严肃对待这个定义，它当然就会产生这样一个结果，即几乎根本没

288 有任何事情为任何人所相信，因为总是会有这样的情况，它所造成的干扰使人无法有哪怕一丁点注意力[去考虑是否同意]。要么我们说，只要一个人在某个语境中同意某件事，并且这个语境不会涉及新证据的产生，我们就应该把他算作是相信这件事。如果采取后一种说法，我们就会转向这样一种关于信念与知识的想法，即一个人的信念或知识在逻辑后承关系、至少在一阶逻辑的后承关系之下封闭。因为，证明[这个概念]的整个要点就在于，证明提供了由语境构成的一个序列，在这个序列中，无须提供新的外部证据，对于证明过程中的每一行来说，任何一个追踪证明过程到达那一行的人都不可避免地会同意它；任何一个理解了那种语言的人，在同意前面各行并且还记忆犹新的情况下，就会同意下一行。一阶

逻辑的完全性定理向我们保证，对于由前提构成的集合的任意一阶逻辑后承，都存在从这些前提得到它的一个证明，这个证明只利用了初等变换，而这种变换是任何一个理解这种语言的人都同意的。

此外，到此为止所说的内容还没有面对关于信念的基本事实(这种事实不涉及知识)，即在某些语境中我们会倾向于同意的东西，在其他语境却会倾向于收回。即便矛盾是明显的，一个人也完全会持有彼此矛盾的信念——他会在不同的语境中表达它们。在面对的语境同时具备两种语境的特征时，或者仅仅是被人提示他在另外一种场合说了什么，他会意识到矛盾，并收回其中一个命题。但他收回其中一个信念的倾向，并不说明他以前没有真的两个都相信。因此，利用在**某个**语境中同意命题的意愿来定义信念，会使我们中的大多数人相信所有东西，因为所有东西都是矛盾的逻辑后承。当然，除非把在某些条件下收回一个信念的倾向，算作从未具有那个信念的标准——它肯定不是。

抗拒公理化的另外一个概念是贫乏性(triviality)这个概念。对弗雷格来说，这个概念不可能是纯粹直观性的，它具有某种理论价值。它作为反面产生于"认知价值(cognitive value)"(信息内容)这个概念，与这个概念相联系的涵义概念弗雷格最初是在"论涵义与指称"中引入的。他原来的问题是，一个真的等同陈述何以能有认知价值；解决办法是，如果"a"与"b"的涵义不同，那么"$a=b$"就有认知价值。如果这个解释是对的，就会得到，如果"a"与"b"的涵义相同，则"$a=b$"没有认知价值，特别是，"$a=a$"没有认知价值。我们可以说，当"A"没有认知价值时，它就是贫乏的。也可以 289

说，由于句子的认知价值当然是相对于一个人已经拥有的信息量而言的，“A”只要对所有人都不能具有认知价值，那就可以说它“贫乏地为真”。当然，对不知道“A”的涵义的人来说，说“A”是真的当然总是传达了信息——他知道的不是“A”所表达的思想为真，而是这个句子恰好表达了一个真思想，或者至少表达了一个传达者认为是真的思想。因此，我们应当把前面对贫乏真理的刻画中出现的“所有人”，理解为“所有知道‘A’的涵义的人”。按照弗雷格的理解，甚至按照所有人的理解，贫乏真理都是一个比分析性强得多的概念——我们已经指出，即使“a”与“b”具有不同涵义，“$a=b$”也可能分析地为真。分析陈述对以前没有明白它为真的任何人来说，都具有认知价值。在数学中，我们就经常意识到此前没有认识到的分析陈述是真的。（这个命题并不取决于关于数学陈述具有分析性的任何观点是否正确。在任意公理化了的理论中，即使定理和公理本身都不是分析的，新定理的证明也总是需要建立一个新的分析陈述，即如果公理成立，则定理成立。）我们可以这样概括贫乏真理的概念：如果任何理解其中包含的表达式涵义的人，都会认识到句子“A”是真的，那么它就是贫乏为真的；反之，如果未能认识到句子是真的，这说明此人未能把握句子涵义，那么句子是贫乏为真的。初看起来，对弗雷格来说这好像是一个清晰的概念——如果语言的表达式具有清晰的涵义，那么哪些句子是贫乏的，这应当是非常确定的。然而得不出这一点，因为，无论认为语言表达式的涵义有多确定，这也不意味着一个人对任何这样的表达式涵义的把握本身也是清晰的。在适当的条件下，一个人迟迟不能认识到一个看起来贫乏为真的句子是真的，这确实会被认为是未能理解句子涵义的标准。即使对于其中包含的表达式涵义来说，他没有表现出任何的不理解，这个标准也可以适用。但一方面，几乎任何人都会有无法解释的记忆偏差；另一方面，条件足够合适的话，即使在句子不能说是完全贫乏的情况下，理解句子的能力也常常足以让人表示同意。这种合适的条件还是通过展示演绎性的证明过程提供的。我们不能说贫乏为真这一性质能够传递给
逻辑后承，否则就会把贫乏为真与分析性等同起来；然而看来还是 290
很难拒绝承认，如果“A”与“A→B”贫乏为真，则“B”也贫乏为真，这正是因为提到前件这件事本身(而不是其为真)，就提供了一种让人不可能不认识到“B”为真的语境。

在我们看来，弗雷格在处理不透明语境时暗含地承认了，所有涉及不透明语境的句子，都能转换成只有整个从句是不透明的这种形式。弗雷格肯定没有证明过这是可能的，我们也无法证明。但如果可以证明，那我们就可以认为，在弗雷格的处理方法中同样暗含了，对模态算子与联系子的解释，要承认处于其(不透明的)主目位置上的是关于**思想**的表达式。也就是说，我们无须把任何谓词或关系表达式当成定义在除句子以外的表达式涵义之上；我们需要考虑的是，一个**思想**何时可以说为某个人所相信或断定，以及一个**思想**如何才能是必然为真的，等等。只有承认进入不透明语境的量化，才有可能对问题进行这样的归结，因为，既然显然并非所有不透明语境都可以当成是完整的句子，只有允许从句包含了从外面进行约束的变元，我们才能有望将其改写成完整的从句。这样的量化能否得到理解，还是取决于间接指称理论——正是有赖于那种理论，才有可能主张，模态算子与联系子的充分解释，可

以只直接针对完整思想的表达式(即一个真正的句子)占据其主目位置的情况而给出。因此,弗雷格为获得关于模态表达式的任何一种解释,提供了基础——它确定了寻求解释的方向,克服了困扰一些哲学家的对立意见,这些意见使得他们抛开把思想当作信念和其他态度的对象的做法,而对信念寻找其他解释。弗雷格的解释的确没有提供足以为一种模态逻辑给出完全性证明的语义学——这种语义学虽然作为技术手段是强大的,但远远没有起到澄清模态表达式涵义的作用。在这方面,关于模态逻辑的一种“可能世界”式的语义学,完全与弗雷格关于外延语言的语义学相反。后者所使用的指称概念,恰恰使得我们能够把语言中词语的涵义当成是给予我们指称的方式,而关于模态逻辑的“可能世界”语义学,则做不到这一点。

291 如果不算在《算术基础》中对“分析的”和“先天(综合)的”这些

Gl 3 词的解释,弗雷格本人没有为模态表达式给出任何特定的解释。这些词被他处理成适用于句子(或思想)的谓词,而不是可以迭代使用的模态算子。他关于断定的理论虽然有意思,但也不是想要分析形如“X 断定 A”这样的句子的真值条件。

Ggf 37 (59) 在他发表的最后一篇文章“复合思想”中,他极力强调这样一个观点,不完整表达式的**涵义**(注意,不是所指)本身是不完整的。我们自然会问,不完整表达式的涵义,是在与其所指同样的那种意义上不完整吗?还是说,它的不完整性仅仅在于它是那种相应于不完整表达式的涵义?按前一个选项,函数表达式的涵义本身就是一个函项——虽然没有必要把谓词的涵义当成**概念**,它还是具有一个主目的函项,而关系表达式的涵义当然不是关系,而是具有两个主目的函项。按后一个选项，不完整表达式的涵义，就会像单称词项的涵义一样是对象，而只有在这样一种意义上它才是不完整的：为了把握不完整表达式的涵义，必须将其理解为包含了主目位置的表达式，当这些位置填上单称词项，就会得到一个单称词项。

如果只考虑在透明语境中指称表达式涵义的那种方式，也就是使用"……的涵义"这个短语，第二个选项似乎更合理。像"谓词'ξ是一条狗'的涵义"这样的表达式看起来确实是单称词项，因而表示一个**对象**。如果把谓词的涵义当成函项，这个表达式就像"'ξ是一条狗'所表示的概念"一样，在逻辑上是错误的，原因也与之相同。它应当代之以函数表达式，其中包含一个主目位置，当这个位置为表示专名涵义的表达式所填充，我们当然会得到一个表示句子涵义的表达式，这个句子是通过把名称放到谓词的主目位置上得到的。因此，当我们把函数表达式写成，比如说"'ξ是一条狗'的关于η的涵义(the sense of 'ξ is a dog' of η)"，我们就应当可以这样说，"费多是一条狗这样一个思想是'ξ是一条狗'的关于'费多'的涵义的涵义"。至少，这个解释既累赘，又无必要。

如果考虑不透明语境，事情就显得不同了。考虑句子"柏拉图相信苏格拉底是聪明的"。"苏格拉底"这个名称出现在不透明语 292
境中，因而表示涵义；同样，谓词"ξ是聪明的"也必定表示**其**涵义。如果"ξ是聪明的"的涵义就像"苏格拉底"的涵义一样是对象，那就不可能弄清它们何以能够结合成一个思想。在上述句子中，整个从句"苏格拉底是聪明的"表示它所表达的思想，因而起复合专名的作用。复合专名不可能是纯粹由其他专名（即表示对象的表

达式)构成的,它必须还包含一个函数表达式。因此,在这个句子中,"ξ是聪明的"看来不能表示对象,而必须表示函项,当"苏格拉底"的涵义充当主目时,函数值为苏格拉底是聪明的这样一个思想(而当其主目是"阿尔西比亚斯"的涵义时,则以阿尔西比亚斯是聪明的这一思想为值,等等)。既然我们说,在不透明语境中"ξ是聪明的"表示其涵义,那就意味着"ξ是聪明的"的涵义就是这个函项。

这就是丘奇在"关于涵义与指谓的逻辑"中所采取的思路。这篇文章描述了一种逻辑系统,丘奇声称它体现了弗雷格逻辑学说的精髓。最让人惊讶的是,它把关于不完整表达式的学说,以及其所指具有不完整性的学说,当作不重要的丢弃了——函项被当成完整的实体,为完整的表达式所指称。虽然类型上的区分像在弗雷格那里一样得到了说明,但他为此所提供的辩护则阙如。这种类型论也与弗雷格的不同,其中包含了不以对象为值的函项。再者,与弗雷格的观点相反,虽然也提出了其他标准,指称**必然**等同这一点还是被当成涵义同一性的标准加以采纳。或许最让人印象深刻的是,间接指称学说被抛弃了。原来的学说是,表达式在透明语境中表示一种东西,在不透明语境中表示另外一种;丘奇代以这样的观点,即表达式在所有语境中都有同样指称。对每个表达式来说,存在另外一个(在所有语境中)表示其涵义的表达式。我们不写"柏拉图相信苏格拉底是聪明的",而是写像这样的句子,"柏

拉图相信苏格拉底$_1$是—聪明的$_1$”，[①]其中“苏格拉底$_1$”与“是—聪明的$_1$”分别表示“苏格拉底”与“是—聪明的”的涵义，而“相信”则没有引入不透明语境。存在一个无限的梯级结构，其中“苏格拉底$_2$”表示“苏格拉底$_1$”的涵义，如此等等。（这种梯级结构的确可以在弗雷格的系统中产生，它利用了这样一个序列：苏格拉底，“苏格拉底”这个名称的涵义，表达式“‘苏格拉底’这个名称的涵义”的涵义，……但我们已经看到，如果采纳前面建议的修正方案，解释多重间接引语时无须求助于这种无限的梯级结构。）然而，对一个意在忠实再现弗雷格实际想法的逻辑系统来说，这些与弗雷格实 293
际想法之间的分歧，对目前的问题倒不相关。相关的是这样一个事实，在丘奇的系统中（它没有从弗雷格后期的学说中，接受把概念和关系算作函项的做法），例如“是聪明的”这样的函数表达式的涵义（丘奇用它来充当“是—聪明的$_1$”的指谓），就等同于一个函项，它把一个单称词项的涵义，映射到把这个函数表达式附加给该词项所得到的表达式涵义之上。

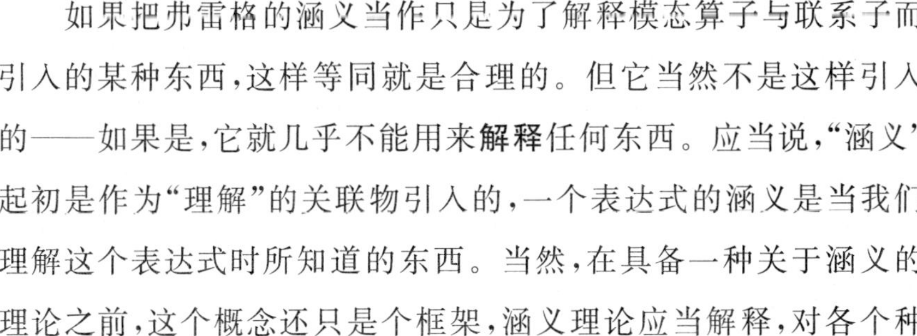

如果把弗雷格的涵义当作只是为了解释模态算子与联系子而引入的某种东西，这样等同就是合理的。但它当然不是这样引入的——如果是，它就几乎不能用来**解释**任何东西。应当说，“涵义”起初是作为“理解”的关联物引入的，一个表达式的涵义是当我们理解这个表达式时所知道的东西。当然，在具备一种关于涵义的理论之前，这个概念还只是个框架，涵义理论应当解释，对各个种

① 引号中的句子原文是“Plato croyait que Socrates$_1$ was-wise$_1$”。其中“croyait que”是英语“believe that”的法文写法。——译者

类的表达式来说，为了知道其涵义，必须知道的是什么。我们知道，弗雷格并没有提供这样一种完整的理论。但某种与理解相联系的涵义概念还是需要的，在我看来，对这一点的否认只能是出于哲学上的混乱。从这种对涵义概念来说是基础性的观点来看，谓词的涵义绝不能被当作从专名涵义到思想的函项。

按照第七章考虑的那种关于涵义的模型，谓词的涵义就是辨别谓词是否适用于给定对象所需要的标准。而由把专名置于谓词主目位置得到的句子，其所表达的思想则是，该标准被认识到为一个被识别出是名称的承载物的对象所满足。这样，对于涵义已知的任意名称，以及把那个名称填入谓词主目位置得到的句子来说，谓词的涵义确实确定了在名称给定时相应句子表达了什么思想。但不能认为谓词的涵义是经由对应的函项给出的，因为，如果不是已经知道谓词的涵义是什么，我们也就无法知道，什么样的思想才是以某个名称的涵义为主目得到的函数值。可能会有反对意见说，这正是我们了解谓词的涵义所实际上采取的方式——我们先知道包含它的特定原子句的涵义，方法是了解用来确定这样的句子为真或为假的标准，然后，在知道其中出现的专名涵义的基础上，我们把握一种一般规则，来为把涵义已知的名称置于谓词主目
294 位置上得到的任意句子，确定用来辨别真假所需要的标准。没有必要否认，对于大部分句子来说，包括所有我们以前没有听说过就能理解的句子，我们都是通过理解句子成分的涵义来知道句子表达的思想的；为了弄清谓词涵义承担了什么作用，我们只需要坚持，我们能够在知道谓词涵义之前，就知道**某些**包含了该谓词的句子表达了什么思想。

对于这种反对意见我们可以给出两个回答。(i)在考虑用来判断一个原子句是真是假所需要的标准实际上是什么的时候，我们意识到它肯定是复合的，并且这种复合性取决于如何把句子分析成专名与谓词。按照我们的模型，至少在我们采取确定原子句真值的最为直接的(在第七章解释的那种意义上的“直接”)方式的时候，我们必须先识别专名所表示的对象，然后确定谓词是否适用于它。即使我们的模型需要修正，判断句子真值的步骤仍然必须按照某种类似的方式分成两步。因此，在知道谓词涵义之前，我们无法把握**任何**原子句的涵义。(ii)不管怎样，反对者心目中的那种句子，按照弗雷格的观点实际上是不完整表达式。它是一种包含了有意义的现在时态的句子，在不同时刻使用就会表达不同思想。因此它实际上是(在大部分情况下)关于时间的复合谓词，时间被认为是以实指的方式表示的。而对于像“地球是圆的”这样的无论什么时候说出，都表达了同样思想的句子，在知道其成分的涵义之前，不可能设想任何一种方式来把握其所表达的思想。

那么，如果谓词的涵义不是函项，我们又如何能够解决关于间接引语中从句的统一性的困难呢？答案是，弗雷格关于间接指称的学说需要进一步修正。一个谓词的涵义确实要被认为是一个对象，即“该谓词的涵义”这个表达式的所指；但它在不透明语境中的所指不是这种涵义，而是与之对应的函项，它把名称的涵义，映射到把谓词附加给那个名称后得到的句子所表达的思想上。不完整表达式的**所指**，无论是直接的还是间接的，本身则必定总是不完整的。

第十章　断　定

295 涵义与指称这两个概念不足以充分解释语言。对于一种语言，如果我们只是知道其中出现的表达式具有何种涵义，进而知道其指称，我们还是不知道一种东西，它能够告诉我们，说出这种语言中的一个表达式是什么意思，这种东西就是做这件事的**目的**（point）。设想一些火星人在不被发现的情况下观察人类。人不仅从事其他活动，还使用语言。我们假定这些火星人有某种互相交流的方法，但这种方法与人类语言区别太大，以至于他们没有觉察到人类语言是一种交流手段。对于有些人类活动，例如使用货币，火星人要在对人类这种行为的观察所获得的材料中找出秩序，还需要相当复杂的描述，我们可以说他们只有借助于**理论**才能解释这些活动。他们希望获得一种关于人类语言的理论，借以解释我们的语言活动。即使由于某种极其少见的运气，他们碰巧用表达式的涵义（被认为确定了指称）解释了人类语言，要使这种解释构成他们寻找的那种理论，显然还必须加以补充。至少，如果按照弗雷格的使用方式来理解“涵义”这个词，情况就是如此。按照他看问题的方式，词的涵义是由规则构成的，这些与出现于某个（完整的）复合表达式中的词相对应的规则，共同为我们提供确定这个复合表达式指称的手段，或者至少确定了判断一个对象（或真值）

是否其所指的标准。(这是他**晚期**的观点,按这种观点,句子就是一种特殊的名称。)对于我们的语言,如果火星人只是知道表达式的涵义是什么,那么,在一个特定的完整表达式得到使用的时候,他们所知道的只不过是,有一种特定的方式,可以用来判断一个与该表达式相联系的对象(或真值)是否是其"所指";但可以说,他们 296
不知道一个人在使用那个表达式时,他在**做**什么。他们的解释还不能算作关于语言的理论,因为它只是给出了一种把特定对象与特定表达式联系起来的复杂程序,而没有在这种已经建立起来了的联系的基础上,继续描述使用语言的行为所服从的任何可以观察到的规则性(regularities)。由于这个原因,它既无法解释为什么人会在特定时刻说特定的话,也没有能力把后来的事情当成说这些话的后果。尤其是,我们必须记住,用涵义与指称作出的解释,仅仅是在句子所有成分都有指称的情况下,按照制约了充当句子成分的词语[的行为],并构成其涵义的规则,把所有句子都分置于两个类中,即真句子与假句子这两个类中,但这两个类却是任意标记的。句子的所指是真值,但在关于涵义和指称的理论中,就其自身而言没有任何东西可以用来把一个真值与另外一个区别开。除了将其当作样本句子的所指,我们没有办法知道这两个真值是什么样的对象或者其他实体,从而无法知道它们间的区别是什么。

为了更清楚地理解这一点,让我们以游戏为例来类比。要对国际象棋进行形式描述(formal description),可以描述棋子的开局位时的排布位置,并给出规则,来确定以任意给定位置为起点的哪些棋步是合法的。棋手轮流走棋,在没有合法棋步可走时游戏结束。终局状态分成三类:白方将死黑方,黑方将死白方,死局。

(出于解释的目的,我忽略了其他形式的平局,也忽略了认输的情况。)这种形式描述对关于象棋的数学理论,以及对于象棋问题的表述来说,是足够的。利用这种描述,人们可以陈述并证明一些定理,例如用两个马不可能将死对方,也可以描述一副棋局,并且问从开局能否经过一系列合法棋步走成这个样子。然而,这本身不足以提供给我们关于作为一种活动的象棋的一种"理论"——它不足以告诉人们,什么是下象棋。可以从这一事实中看出这一点,可能存在很多不同的游戏,它们都分有同样的形式描述。例如,双方都试图迫使对手将死自己的一种游戏,或者这样一种游戏,白方的目的是要(任何一方被另外一方)将死,而黑方的目的则是死局。这些各各不同的游戏之间的区别不在于开局以及关于合法棋步的规定,而在于怎样才算赢棋。从形式描述中,不可能分辨出在下棋时棋手要做什么,不可能知道棋手要达到的目的是落于三类终局

297 状态中的哪一个。仅仅在涵义与指称的基础上描述语言,就正像只具有关于象棋的形式描述,而没有进一步说明什么是赢棋。

对于已经熟悉其他游戏的人来说,需要的只是在形式描述的基础上说明,如果将死黑方白方就赢,黑方如果将死白方就算赢。这里,我们依靠他关于其他游戏的知识,来让他理解"赢"这个词。但是,如果他先前不熟悉做游戏的活动,这种说明就不够用了——它只能给他关于三类终局状态的标签,"白方赢"、"黑方赢"以及"双方都不赢",而没有告诉他,下棋就等于说是以达到这三类中的一类为目的走出合法棋步的活动。显然,如果我们感兴趣的是对作为一种人类活动的下棋行为作出解释,我们给出的解释就必须不预设理解了"赢"这个词,不假定关于一般的游戏活动已经知道

了一些东西。同样，对于为句子指派真值这件事来说，如果我们假定，火星人除了将其当成按照特定规则为句子指派任意贴了标签的类别，还理解了这样做的意义，那么我们就认定他们已经知道了某种类似于人类语言的活动。他们本该已经知道“真”与“假”是什么意思，这可能与某种他们用来充当交流手段的东西相关。在那种情况下，我们就已经把一种外来要素，偷运进以涵义与指称来对我们的语言所做的解释中了。在不假定一个人理解什么是赢棋，从而不假定他已经理解类似活动的情况下，还是有可能向他描述什么是下棋；与此相仿，对于使用语言的活动来说，不预设已经知道把一类句子称为“真”，另一类句子称为“假”是什么意思，也仍然有可能对这种活动进行描述。明确地说，这种特征并没有包含在用涵义与指称对我们的语言所作出的刻画中。

不使用火星人之类的类比，可以这样表述这一点。对于讲出(utter)[①]一个指称某对象的表达式的行为来说，如果不考虑可以决定那个人通过讲那个表达式要做的是什么的语境，行为本身是没有意义(significance)的；赋予他的讲话行为以目的的，唯有语境。比如，如果我毫无由头地说，“世界上最高的山”，我确实讲出了一个具备特定涵义、因而具有特定指称的表达式，但只有表露出 298
我这样做的目的，才能认为我做了一件**正确**或**错误**的事情。对我的讲话行为，自然的反应是，“它怎么了？”或者“接下来呢？”一旦为我的话提供了某种语境，它就获得了一个目的，在有些情况下，它

① 在这段话中，达米特实际上区分了不同的言语行为，即 utterance 与 saying。在需要区分的地方，“utter”译成“讲”，“say”译成“说”，在翻译以之为词根的其他词时，按类似方式加以区别。——译者

至少关系到我做得成功与否，意味着我做了一件正确或错误的事情。比如说，我的话是接着另外一个人说的，他问“哪座山是珠穆
FB 22n 朗玛峰”。在这种情况下，这个问题为我的话提供了意图，我是怀着讲出一个其所指是珠穆朗玛峰的表达式这一目的，讲出这个表达式的。在这样讲的时候，我不是简单地发出那个具有特定指称的表达式的声音，而是用这个表达式来**说**(say that)，它的所指是珠穆朗玛峰。不过，原初的情形是讲出**句子**，用讲出一个单称词项来回应一个问题，这可以看作是句子的缩写形式，例如在上述情况下是这样一个句子，“珠穆朗玛峰是世界上最高的山峰”。讲出句子的行为并不要求特定语境来为其赋予目的，而是受到一个一般性的约定支配(至少在某种情境中)，即在讲出句子时我们要被理解为是在说，句子的所指是真(truth)。(我用“真(truth)”和“假(falsity)”来改写弗雷格的用语“那个真(the true)”与“那个假(the false)”，这在英语中更自然一些。)这样说只是意在指出，在用涵义与指称来对语言作出的解释中漏掉了什么，而不是要解释什么。讲出一个句子，这不只是用来表达一个思想、指称一个真值，而且也是断定某种情况，即所表达的思想是真的，或所指称的真值是真。通过说断定的行为就在于**说**句子所表达思想的具体真值是真，我们当然没有解释这个行为是什么，因为“说”这个表达式在这里使用时，意思并不是“讲出一个表达……的句子”，而是“断定(assert that)”的同义词。可以这样来避开这种反驳：存在一种一般性的约定，除了在一些特殊的语境中，讲出一个句子的行为，据此都被理解成是怀着讲出一个真句子的意图作出的。

NS 150 判断之于对一个思想的把握，其关系正如断定之于对思想的

表达。仅仅是在把握它并对它加以注意这种意义上具有一个思 (139)；NS 201
想，这还不同于关于那个思想是真的**这回事**作出判断，不同于弗雷 (185)
格所说的“从思想推进到真值”。这种区别，就是仅仅是表达思想 SB 33,35
而不想被理解为宣称它是真的，和断定它之间的区别。从内部看，NS 133 (122)
确实难以看出我们如何能够在不导致循环的情况下表达这种区别，并且可以想象，弗雷格会认为不可能这么做。但就外部来说，299
自然而然首先想到的就是，利用意图这个概念来非循环地表达这种区别。显而易见的困难是，一个人实际的意图并不决定他是否作出了一个断定。一个人知道或者相信某个东西是假的，却可能怀着各种意图来说它，或许，就像病态的撒谎者一样，怀着说假话的意图来说；一个人也可以说出某件他对其是真是假没有任何看法的事情，同样也怀着各种意图。在所有这些情况下，他没有怀着说真话的意图，这一事实并没有使得我们说他作出了断定这一点成为假的。对此人们会回答说，对他来说，要作出断定，就必须至少假装怀着说真话的意图来说出他所说的话——如果他让自己不想说真话的意图表现得非常明显，那么我们就不会认为他在做断定，比如说，在讲故事时就是这样的。

这里我们需要注意一些要点。一个人可以怀着不止一种意图来说话，例如，他背诵一首诗可以同时是因为它的美打动了他，并且他相信它所表达的思想是真的。然而，如果后一个意图是主要的，那他就只是在断定那个思想。这会表现在，如果有人让他相信那个思想不是真的，他会准备修改文字。如果他的主要意图是展示诗的文字，那他当然不准备这么做。他准备以什么方式来确保自己说的是真的，这一般来说并不要紧。如果一个人说，“我正开

往剑桥”，之后知道他走了相反的方向，他的反应不是收回他的话，而是掉转头去走正确的方向，以此使他所说的变成真的——这并没有使得他说的话不成其为断定。不过，**唯一**本质性的一点，不是单单说他应当实际上准备使得他所说的为真(不管是通过改口还是改变事实)，而是，他原来的讲话行为的意图，应当是他把努力使自己所说的话与实际情况相符视为责无旁贷的；再无其他选择了。把这个限制条件加进去，其理由如下。假设有一个缺乏威性的小学老师对一班学生说：“下周你们每天都要用心学习一首十四行诗。”他这不是在给出一个断定，不是预测，也不是宣布自己的意图，而是下命令。孩子们有意无视这个命令。一开始，老师试图执行这个命令，他以惩罚作为威胁重申它。面对他们继续对他进行触犯的局面，他认定比起放任那些明目张胆的违抗来说，收回命令
300 不会让他那么丢脸，于是，他找到某种借口，以撤销这个命令。当然，当他一开始说，“你们每天都要用心学习一首十四行诗”，他这样做的意图是，他所说的应当是真的。在一种意义上这个意图是主要的，因为当事实证明这一点肯定不是真的时，他不准备继续这样说。但尽管如此，他的讲话行为不是在做断定，这一点还是表现在，他关于收回命令的决定是一个**新的**决定，而不是隐含在他原来说他所说的话时所怀有的意图中。他可以在命令显然要遭到违背的情况下继续重申这个命令，而仍然与那个意图一致。总之，我们可以试着作出这样的表述：如果一个人的说话方式就是在有意传达一种以说真话为主导意图的印象，那么他就是在做断定。

现在的局面是，我们要作出一些极其微妙的区分。尤其是，意图这个概念本身能不能担负得起这些区分，这尚属疑问。比如说，

在讨论前一个例子的时候，我们引入了这样一个想法，一种关于未来的意图或许没有“隐含于”做某事时所怀有的意图中——这意味着什么呢？不管怎样，那个老师在下命令的时候，可能就已经有了一旦显然不可能执行就收回它这样的意图。这可能已经是他定好了的策略，在原来下命令的时候就清楚地想过了。我们的困难来自这样一点，在界定什么是断定活动时，我们试图撇开它是一种**约定性的**活动这个事实，即这样一个事实，句子表达一种断定行为，这就像句子具有其涵义（在弗雷格所使用的那个意义上）一样关乎语言学约定。这并不是否认，有些句子可以用来做出形形色色的语言行为——我可以把“你要学会一首十四行诗”当作预言，当作关于我的意图的表达，也可以当作命令。我具体以这些方式中的哪一种来**说**（mean）这个句子，取决于我的意图，即我想要被理解为做出这些语言行为中的哪一个。我具有这样一种意图之所以可能，是因为存在一种一般性的约定，这种约定赋予讲出一些句子（特别是这个句子）的行为以特定的意义（significance）。

对于我们的几乎所有活动来说，尽管这些活动不都受约定制约，但都以约定作为背景。这些约定可以粗略地分为两种类型。它们大致上对应于有利害关系（或其他形式的奖与惩）的游戏与没有利害关系的游戏。在有利害关系的游戏中，输赢与确切的后果相联系，例如钱财的转移。如果向一个没有已经具备关于游戏（关于输赢）的概念的人描述这样一种游戏，我们根本不会借助玩家的 301
意图来解释输赢，我们会简单地说，“如果最终的局面属于这样一种情况，第一个玩家就会从对手那里得到商定的金额”。与此相应，我们也不会借助一个人实际的或表现出来的意图，来判断他实

际上是否在玩这种游戏——即使他宣称他的意图是想输掉，想承担用来区分输赢的那种惩罚，并据此确定自己在玩什么游戏，以及自己确实是在玩这种游戏，情况依然如此。单是完成游戏的步骤，确实并不构成玩游戏的活动（例如，双方中的一方并不懂得这种游戏，或者明确规定说他们不玩这种游戏），同样，单是一个人在玩游戏的过程中所怀有的意图，对于他是否在玩来说，也是不相干的。

对没有利害关系的游戏，例如象棋游戏来说，事情有所不同。一个人可以怀着输掉的意图下棋，比如说，他在与一位富有但是脾气暴躁的叔叔下棋，但如果他明确表现出想输的意图，那就不能说他在下棋了。（如果他和对手都同意以输为目的，那他们就在玩一种不同的游戏。）之所以如此，是因为赢一盘棋通常不会有什么后果——它属于我们"为玩而玩"的那类事情。在描述玩这种游戏的活动时，除了说人们有这样的惯例，在试图达到这样一种终局状态时这样走棋，我们还没有其他方法解释将死对手就赢了这一事实。

这种区分适用于一般的约定性的活动。对有些活动，一些确切的后果就是通过充当背景的那些约定，与这些活动联系起来的。另一些活动则需要人们默认同意只怀有特定意图来进行这些活动。这两种类型的约定之间的界限当然是极其模糊的。一种约定性的行为的后果，通常只是因为引起或接受这些后果的人们意见一致而产生的。只有在一些例外情况下，这些后果才在不顾及其他人是否同意的情况下，由一批人强加下来。一种行为的后果，通常可以恰当地说成是由某人获得一种权利或义务这样的事实构成的。权利或义务可以放弃或者豁免，而权利与义务的概念则只有

在默认一致遵守的情况下，才是可以适用的。

命令有确切的后果。违反权威者的命令，会赋予权威者以惩罚或者至少是斥责被命令者的权利。由于这个原因，除了能够解 302 除其通常意义的一些特殊情况，具有特定形式的讲话行为本身就是在下命令。讲话的人怀有什么意图，则是不相干的。比如，在下命令时希望命令被违反，从而就有了惩罚执行者的借口，这是可能的；再比如，人们只是履行传达上级命令的职责。断定则没有这样的确切后果。（在一种更宽泛的意义上当然还是有后果，一个断定的做出会影响事件的进程——对于关于断定的理解来说至关重要的是，我们知道何谓按照一个断定来行事。但断定不会有这样一种后果，而断定的约定性的意义就在于，在做出断定的特定情况下，默认同意引起和接受这样的后果。）断定的发生需要一种惯例作为背景，即怀着说出真句子的意图来作出断定（再加上所有那些为断定确定了涵义的约定，它们决定了断定在何种条件下是真的）。

因此，早先那些让我们作出细致区分的困难之所以产生，是因为我们提出了错误的问题。我们笼统地看待讲话行为，认为它们被赋予了涵义，而没有划分出不同的类型（断定、命令，等等），却试图借助于说话者的意图来说明哪些构成了断定。应当说，正确的方法是，把讲话行为看作是按照语言表达式的形式，以约定的方式划分成不同类型，然后才讨论制约着各种类型的讲话行为的那些约定。

因此，为了描述断定句的用法，在表述确定这类句子涵义的规则，从而确定如何将其分为真假句子时，我们就必须附加地说明制约相应讲话行为的约定。让我们暂且这样陈述这种约定，我们只是说，它要求我们应当怀着只讲真句子的意图来讲出这些句子——以后再讨论这种解释是否充分。这里我们遇到一个小困难。除开涵义与语调，我们还发现了通常会被称为句子意义(meaning)的第三种要素——按照约定把一个句子理解为表达的是断定而不是命令，这肯定要被认为是句子意义的一部分，但这不是弗雷格所解释的涵义，不是那种决定句子在何种条件下为真为假的东西。然而，一开始并不清楚，自然语言句子的什么要素携带
303 着这种意义成分，不过我们还是可以追随弗雷格将其称为断定“**语力**(force)”。许多作者(例如《数学的原则》中的罗素)将其归于动词的直陈语气(indictive mood)，但初看之下这似乎不是很正确。如果我说，“他要么出去了，要么在睡觉”，我并不是要么断定他出去了，要么断定他在睡觉，但两个动词都是直陈语气。事实上，这个说法(大体)是正确的。只要考虑一下命令的情况我们就会看到这一点。当我们知道使得一个陈述为真和为假的条件时，说我们理解了这个陈述就基本上是正确的；同样道理，只要知道在什么条件下一个命令可以说得到了服从，在什么条件下可以说被违反，我们就可以说理解了这个命令。(由于只有陈述才能说为真为假，只有命令才能说得到服从或违反，我们在这里就预设了陈述已经被识别为陈述，命令已经被识别为命令。)再者，对于语句算子用法的解释在祈使句中与在陈述句中相似。我们可以为“或者”画出真值表，从而在成分句为真或为假的条件的基础上，表明由此构成的复合句为真或为假的条件。按类似方式，我们也可以画出关于析取命令的“服从表(obedience-table)”。比如我们可以说，对于“要么

NS 183 (168)；NS 192 (177)；NS 214 (198)；Ggf 42 (64)；*PoM* 35；Ver 152 (45)；NS 140 (129)

关上门，要么打开窗”这个命令来说，当两个命令“关上门”与“打开窗”中至少有一个得到服从，就说这个命令得到了服从；只有在两个命令都被违反的情况下，这个命令才被违反。但这样说有个奇怪之处。如果我说，“要么关上门，要么打开窗”，我既没有命令说关上门，也没有命令打开窗。我们通常不会谈论没有下达的命令，更少谈论服从或违反没有下达的命令。

要是只把这当成表述上的不便之处，还是容易克服的。对于“关上门”这个命令，如果我把它作为一个完整的句子讲出来的话，我们只需要提到服从它的行为。然而，这样做所要达到的，是祈使语力对句子整体的支配，而不是针对可以分开看待的成分从句。这种祈使语力的惯用记号是动词的祈使语气。既然每个从句都包含一个动词，两个从句就都包含了这种语气的动词。然而，从逻辑的角度说，这个析取祈使句不是用“或者”来连接各自包含祈使语力，因而各自表达了命令的两个句子构成的——祈使语力是加给整个句子的。这直接意味着，制约着命令的那种约定（下命令的人 304
通过它获得了惩罚或指责不服从者的权利），并不适用于所有讲出祈使句子的行为，而只适用于那些并不是作为复合句成分的句子的情况。这一点也适用于断定，这个事实有些被“陈述”这个词的用法掩盖了。“陈述”不同于“命令”，这是因为我们确实谈论我们从未做出的陈述的真假；但如果我们使用“断定”而不是“陈述”，一个奇怪现象就会出现，在这方面它像“命令”而不是“陈述”。断定 Ver 152 (45)；Ggf 42(64) NS 201 (185)；NS 214-15(198-9)；Bs 2；Gg I 5；LF 58-9
语力只适用于作为整体的完整句子。充当成分的从句既不会用作，也不会被理解为本身是在作出断定。因此，一种逻辑上正确的记号法，将包含一个用来传达断定语力的断定记号，它附加给作为

整体的句子，而不会像直陈语气一样，单独附加给各个成分句。

但是，归根结底，我们需要断定记号吗？在《逻辑哲学论》中维

TLP 4.442 特根斯坦说这在逻辑上完全是肤浅的，而在《哲学研究》中则说，这

PI 22 只是起句号的作用，用来标记句子的开头和结尾。在《数学的原

PoM 35 则》中，罗素陷入了混淆，他既想说，例如"彼得是犹太人"在单独出现与在"如果彼得是犹太人，那么安德鲁也是"中是同一个命题，又想说不是。那肯定是同一个命题，因为否则肯定前件推理就不是有效的；但又不是，因为要是的话，"彼得是犹太人；如果彼得是犹太人，安德鲁就是犹太人；因此，安德鲁是犹太人"就与"如果彼得是犹太人，并且如果彼得是犹太人，那么安德鲁是犹太人，那么安德鲁是犹太人"相同了，但它们是不同的。[①] 这正好是刘易斯·卡洛尔（Lewis Carroll）所发现的（在"乌龟对阿基里斯说了什么（What the Tortoise said to Achilles）"一文中）。弗雷格提供了一个解决办法，即两处"彼得是犹太人"的涵义，即它们所表达的思想，是相同的，但在其中一处所具备的断定语力在另外一处阙如。但是，它们不是一望便知相同吗？考虑安斯康小姐在她关于《逻辑

IWT 121 哲学论》的那本书中出现的这个嘲弄性的段落："……'断定'是一种以某种方式附加给涵义的额外特征，这个观点……好比是在论证说，'在"我有 7—3 个苹果"中，"7"必定意味着 7；因此，即使是在包含了数字的经验命题中，我们也必须区分用数字来指特定数

---

① 这对句子的后面那个如果用括号来断句，就读作："如果[彼得是犹太人，并且(如果彼得是犹太人，那么安德鲁是犹太人)]，那么安德鲁是犹太人"。前一个句子"彼得是犹太人；如果彼得是犹太人，安德鲁就是犹太人；因此，安德鲁是犹太人"实际上不是一个句子，而是由三个句子构成的一段推理，句子间由分号隔开。——译者

量的事物的用法(我们称其为原初用法),与那种具有同样涵义,但并不指特定数量事物的用法。某种额外特征于是就附加给“我有7个苹果”中的数字,而没有附加给“我有 7－3 个苹果”中的那个数字。’在这个论证的基础上,我们或许建议用表示‘原初的’的‘P’作为前缀,置于特定的数字前面,以表示那种‘额外特征’,这样就必须写:‘我有 P7 个苹果’和‘我有 P(7－3)个苹果’。”

我们的论证表明了,利用涵义与指称来对断定句作出的解释 305
本身不足以刻画其用法,需要附加制约用其作出断定的那种约定。我们还没有证明,这种使用上的特征必须用语言表达式的某种特征来表示。只有当句子所具备的那种涵义,还不足以确定支配讲话行为的是哪种语言学约定时,这种表示才是必要的。

考虑我们所提到的、用于祈使句的那种“服从表”,我们就可以明白,把祈使句与断定句归到一类进行描述,这是非常自然的。我们不用真/假、服从/违反这两对分开的概念,而是使用像“正确”与“不正确”这样一对中立的术语来替代它们。这样,我们就在一种讲话行为表达了一个真断定或者一个得到服从的命令时,称其为“正确的”;而在表达了一个假断定或一个被违反的命令时,称为“不正确的”。这样,为了理解一个句子,无论它是断定句还是祈使句,我们都必须知道两件事:它在何种条件下正确,而在何种条件下不正确;它被用来作出断定还是下命令。(我们这里预设已经理解了一般说来什么是断定与命令,即已经知道用来支配讲出断定句和祈使句的行为的约定。)因此,判断一个句子正确或不正确的条件,也就可以被认为赋予句子以某种描述性的内容,它一般而言不取决于句子是用于作出断定还是下命令。这种描述性的内容恰

好对应于弗雷格所说的句子涵义，或句子表达的思想。为了理解句子，为了知道其用法，句子中有必要包含另外一种符号要素，用来传达使用句子的语力；要有用来充当断定号或命令号的东西。这里，断定号所做的远不止于仅仅标出句子的开头和结尾。

这种解释有一个优点，它揭示了，关于祈使句的一个逻辑事实，实际上是我们语言的一个纯语法的特征。如果没有这种解释，这个事实就让人困惑。在一个析取命令中，两个从句都被置于祈使语气之内，但在条件式命令中，只有后件是，而前件仍然是直陈式的。如果没有注意到祈使语力适用于作为整体的句子，而用语句连接词连接起来的只是被当成具有涵义（描述性内容）、中立于断定与祈使的句子，我们就容易认为，析取命令是连接两个命令构

306 成的，而条件式命令则是一个陈述与一个命令的连接，我们会绞尽脑汁去想，我们为什么不能用“如果……，那么……”把两个两个命令连接起来，为什么不能把一个祈使句当成前件。（初看起来，我们**可以**把一个命令与一个陈述用“否则（or）”连接起来。事实上，“离远点儿，否则就撞到你了”是一个警告或者一个威胁，即一种预测或者一种关于意图的表达，它和“再做你就会遇到麻烦”一样不是命令。一种不同的情况是“关上窗户，否则我们都会被冻死”。它真的包含了一个要关窗的命令，但不是析取式的——它没有像在“关上门，或者打开窗”中一样，让对方来选择是否关上窗户，而是以省略的方式结合了“关上窗户”这个命令，与“如果你不关窗户，我们都会被冻死”这个预测。）

事实上，在析取式命令与条件式命令中，动词语气上的区别是语法上的，这是从属性从句与同位语从句之间的区分，它没有逻辑

上的意义。由于祈使语力在自然语言中用动词的语气来表示，就必须有一种规则，来决定复合句中的哪些动词要被置于祈使语气中，这个规则就是，只有主句或者任意同位主句中的动词受到影响。析取式中的从句被当成同位从句，而条件式的前件则是从属性从句，这样就解释了这种表现出来的区别。在逻辑上没有区别，这一点可以通过采取一种表达形式看出，这种形式是用加在整个句子上的前缀来传达祈使语力，而其余部分则只是携带我们所说的描述性内容，即所有命令都以“要让这样一件事情发生……”开头。于是析取式命令就成了，比如说，“要让这样一件事发生，要么你不出去，要么你穿上外套”，而条件式命令则是，“要让这样一件事情发生，如果你出去，那么你就穿上外套”——区别消失了。

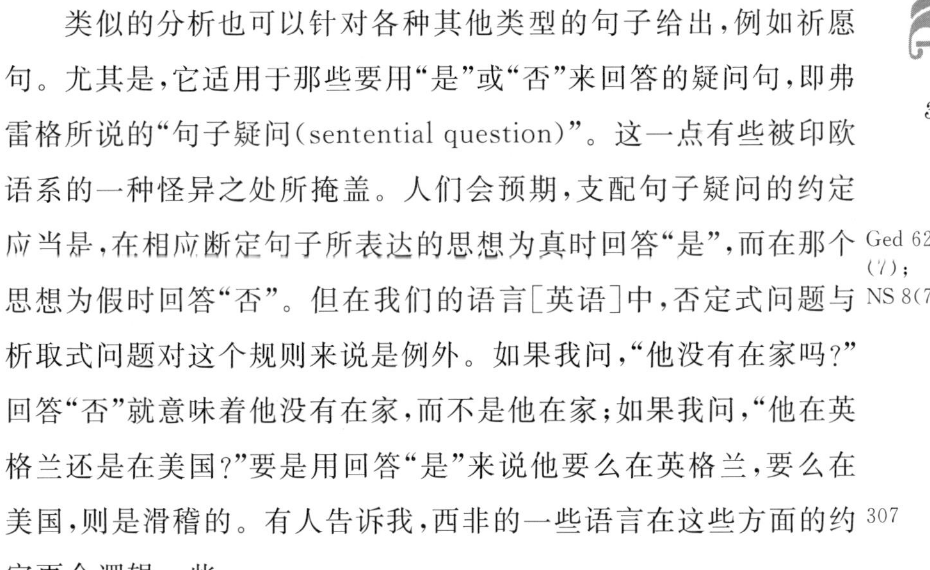

类似的分析也可以针对各种其他类型的句子给出，例如祈愿句。尤其是，它适用于那些要用“是”或“否”来回答的疑问句，即弗雷格所说的“句子疑问(sentential question)”。这一点有些被印欧语系的一种怪异之处所掩盖。人们会预期，支配句子疑问的约定应当是，在相应断定句子所表达的思想为真时回答“是”，而在那个思想为假时回答“否”。Ged 62(7)；NS 8(7) 但在我们的语言[英语]中，否定式问题与析取式问题对这个规则来说是例外。如果我问，“他没有在家吗?”回答“否”就意味着他没有在家，而不是他在家；如果我问，“他在英格兰还是在美国?”要是用回答“是”来说他要么在英格兰，要么在美国，则是滑稽的。有人告诉我，西非的一些语言在这些方面的约 307
定更合逻辑一些。

按这种观点，断定句、祈使句、句子疑问句以及祈愿句都表达思想，它们只在语力上有区别，区别在于讲出这些句子时所作出的语言行为。我们可以通过表达思想做各种事情:断定它是真的,问它是否是真的,命令要它成为真的,希望它是真的。我们用棋类游戏所做的类比意在给出这种语言模型的相似物,当然不是严格意义上相似。让我们区分一些棋类游戏,象棋、国际跳棋、哈尔马棋、围棋、双陆棋、中国跳棋,这次把它们当成是完全由形式描述加以刻画的。我们设想,每种游戏的终局状态都分为三种,在所有游戏的形式描述中都使用同样的任意的标签(例如"A"、"B"和"C"),来表示这三种终局状态。对于这些游戏中的任意一个,我们用这三种终局状态来说明棋手的目标,以此来规定游戏的玩法,例如一种玩法就是,第一个棋手要努力确保 A 类终局状态,第二个棋手确保 B 类状态,如此等等。这样,我们就通过说明两件事确定了一种特定的游戏程序,即所玩的游戏及游戏的玩法。按这种方式理解的游戏,在这里就对应于句子涵义,即所表达的思想——游戏只需通过确定其产物就得到了刻画。游戏的玩法对应于讲出句子时的语力,即讲话行为所实施的那种语言行为类型。

这种观点真正说来不能归于弗雷格。它肯定不是他关于断定的学说的主要动机。在"论涵义与指称"中,他明确拒斥了除断定
SB 38-9 句以外的其他句子表达思想这样的观点;应当说,他把断定句、疑问句、祈使句以及祈愿句之间的区别当成其**涵义**上的区别,而不属于语力。他说,正如断定句表达思想一样,疑问句表达疑问,祈使句表达命令,而祈愿句表达希望。这种观点我们认为肯定是错的,特别是当将其与弗雷格关于断定句的涵义与语力的区分联系起来看的时候。尤其是,这让弗雷格容易遭受一种批评,而如果采取相反的思路,这种批评就能得到避免。在《数学思维引论》

(*Introduction to Mathematical Thinking*)中，怀斯曼(Waismann) IMT 114
对弗雷格关于数词的解释进行了批评，他的理由是，弗雷格只就出
现于**陈述**中的数词进行了解释，而没有解释出现于问题或命令中
的数词。现在看来，弗雷格的目的显然在于解释数词的**涵义**，即它
们对我们所说的句子的描述性内容所作出的贡献；而按照上面解 308
释的观点，无论数词出现在陈述中还是命令、问题或其他的讲话行
为中，其涵义都是一样的。另一方面，按照弗雷格在“论涵义与指
称”中发展的观点，说怀斯曼的批评没有道理，最多只能说，这没有
证据的。 Ged 62 (6-7)

弗雷格在去世前(1918 年)发表的“思想”中对这一观点做了
一些修正。在那儿他仍然认为祈使句表达了命令，并将其看作是
某种与思想平行的东西；但现在他认为句子疑问句表达了与相应
的断定句相同的思想，区别只在于所附加的语力。当然，要使断定
记号(与断定这个概念完全不同)不算多余，只需要有一种以思想
作为涵义的其他类型的句子就够了。 Ver 143-4(31-2)

确实有这样一种句子，弗雷格从《概念文字》时代起就承认它
们具备一种不同于断定的语力，并在自己的符号语言中为这种语
力设置了记号，这是在他的逻辑符号语言中唯一可以替换断定号
的记号——这就是用来下定义的句子。对这些句子弗雷格用了前
缀记号“⊩”。在《概念文字》中他说，这种句子不表达断定，而是用 Bs 24
来**规定**新符号的涵义。另一方面，它们不能提供直接算作没有使 Gg I 27
用断定记号的句子，因为其中包含了还没有指派涵义的新符号，因
而，在用来**充当**定义时，它们根本就不表达思想。一旦为新符号赋
予了定义所给出的涵义，句子就不再起定义的作用，而是转换成断

定。弗雷格甚至制定了这样的规则，任何一个形如“╟ A”的公式，随后都可以以“├A”的形式再次出现。

然而，句子疑问以及定义显然都不是弗雷格认为断定号是必要的最初原因；他不由分说坚持断定号是必要的。在他与皮亚诺之间关于各自逻辑记号的优点的争论中，皮亚诺把断定号视为多
LF 58-9 余，因为它用在所有定理前面。弗雷格回应说，正确的逻辑分析揭示了这样一种记号的必要性，因此省略它的做法即使不会带来歧义，也仍然是错误的。这种必要性对他来说，看来并不怎么取决于除了断定句，还存在着表达同样思想、但带有不同语力的形式不同
309 的句子，而是取决于有可能把断定句当作完整句子，在去掉其断定语力后加以使用。这里，我们自然会想到用句子来陈述假定(suppositions)的情况。在弗雷格之后，梅农也有把思想与判断区分开的想法，梅农称这种假定为“意设(assumptions)”。弗雷格在考虑内在的心理活动时，也的确把持有一个思想，区别于判断思想
NS 201 (185); NS 214 (198); Ged 62 (7) 为真。但弗雷格关于推理的解释，没有为“假定”这样一种相应的外部行为留出任何位置。关于如何对推理进行形式化，甘岑后来有了一种非常成功的想法，这种形式化方法为引入假设(hypothesis)留了位置，它类似于在日常推理中我们所说的“假设……”，例如“假设 m/n 是 2 的平方根”。为了引入新的假设我们不要求任何保障，我们从此出发进行推理，就依据那些制约着从直接断定的前提出发进行的推理的规则。这个过程的要点在于，从某个假设可以得出一些结果这个事实，我们可以抽引出一个不再依赖于那个假设的结论。例如，如果从一些前提与特定假设一起得到了矛盾的结果，我们就可以只依据那些前提，得到那个假设

为假这个结论。正如甘岑所指出的，在形式逻辑中设置引入假设 *CPG* 78
的程序，就不仅更加接近于非形式推理中出现的那种推理方式，与
此同时还能免除规定逻辑公理（逻辑真陈述所具有的形式）以及推
理规则的必要。在假定中，一个思想被表达而不是被断定——“假
定……”必须当作讲出句子所用的一种**语力**（在我们的意义上）的 NS 195 (180)；
记号。（从逻辑上讲，它当然不是祈使句。在说“设想（think）一个 Ver 145 (34)；
数”之后，我可以问，“你想了吗？”但如果在说“假定（suppose）目击 NJ 240 (BW
者说了真话”之后这样问，就是在开玩笑了。）但是，弗雷格不仅没 118)；
有在对逻辑进行形式化时使用假定，而且其他关于推理的一般性 NS 264 (244)
解释，也完全排除了把假定当成独立的语言行为的可能性。按他
的想法，人们只能从**真**前提，而不是纯粹的假设，来展开推理。例
如，如果我这样推理：

401

假定 m/n 是 2 的平方根。

那么 $m^2/n^2=2$。

因此 $m^2=2n^2$。

对这个论证在逻辑上正确的分析就是：

如果 m/n 是 2 的平方根，那么 $m^2/n^2=2$。 310

如果 $m^2/n^2=2$，那么 $m^2=2n^2$。

因此，如果 m/n 是 2 的平方根，那么 $m^2=2n^2$。

这里“m/n 是 2 的平方根”根本不是作为完整句子出现的，它只是

Ggf 47 (72); GG₂ 425

一个更为复杂的句子中的一个成分。因此，通过假定引入的句子对弗雷格来说不是作为完整句子来充当断定句，它没有断定语力。

SB 33-4; NS 252 (234); NS 142 (130); Ged 63 (8)

弗雷格实际上给出的关于这类句子的例子，出现于小说与戏剧中。演员喊道，“隔壁有炸弹！”但他没有断定隔壁有炸弹，也不会被认为是在断定。小说家写道，“我的生活变得空虚起来”，但他没有断定任何人的生活变得空虚。所有这些都是真的，但不是因为能够为弗雷格所利用的那种用法辩护的那个理由。对于戏剧中的一个人物所作出的行为来说，扮演那个角色的演员在很大程度上确实在做一些并非约定性的事情（有些是他在假装做的）；更严格地说，他所完成的实际上是这样一种行为，对这种行为的描述并不是因为制约行为的约定才适用于它。例如，演员**实际上**是在与某人握手。但是，如果某个行为被认为是因为某种约定的存在才能够用某种方式描述，我们就不会说他真的在做这件事，例如，在他与某人握手时，演员并没有真的在**欢迎**他。不过，这不是因为演员就像来自另外一种文化的人一样，并不遵守这种约定，而是因为他从事约定性的行为所处的语境还受制于**其他**约定，即关于戏剧表演的约定。这确实是一种约定，一种特殊的语言游戏——如果一个人知道我们的语言，但不熟悉演戏和讲故事的活动，也就不会真地理解演员和讲故事的人的讲话行为。但它不是一种与提问和下命令处于同一层次的语言游戏。它制约着演员在表演的语境中所做的所有行为，并赋予这些行为以特定的意义，无论这些行为是约定性的，还是非约定性的——对于约定性的行为来说，它通过通常制约它们的那些约定起作用。并非任何一种过时的握手方式都
311 起作用，演员握手时所采取的那种方式，在受到特殊约定支配的任

何语境之外，都必须算作是一种欢迎。

因此，如果我们用断定号，演员也必须使用。演员没有作出断定，这不是因为他做的事情**够不上**断定，不是因为他仅仅是在表达思想，而是因为他做的**不止**是断定——他在表演断定行为。构成他这种行为的，是他在一种决定了他所做的一切事情的意义的语境中（在剧院舞台上，在预告的那段时间内），讲出了断定句（在我们会用断定号时他也会用）。这个大的语境是足够的，对他来说没有必要在每个句子，以及每个约定性的行为之前，都加上一个记号，一种“戏剧语力”记号，以表明它具有这种特殊的意义。即便我们要求这样做，这种记号如果有的话，也要放在断定号之前，而不是代替它。出于这个原因，需要使用这样一种记号的情况，也不能证明断定号是必要的，因为，要证明这一点，所需要的是断定号必须被其他记号代替，或者直接去掉的情况。（可能会有人认为，戏剧语力的记号与断定号应当合并成一个新的记号，但这是一种错误的节约措施。戏剧语力的记号可以涵盖所有种类的行为，无论是语言的还是非语言的，无论是约定性的还是非约定性的——我们确实不应该想要为戏剧中的断定引入一个新记号，为戏剧中的命令引入另一个记号，为戏剧中的欢迎、站立等都引入各自的记号。）

我们自然而然会倾向于认为，像作出断定和表达思想这样的各式各样的语言行为，都是对于采纳特定心理态度的内在行为给出外部的表达。这种倾向为一些事实所强化。有些语言行为确实对应于内在的行为或事件，比如做出判断的行为，比如一种思想突然闪现，但这无关乎思想为真的或为假；但是，问自己一个问题确实有些不像问其他人一个问题，对自己下命令则完全不像对别人

下命令。对这些内在的行为和事件进行分析，是认识论而不是逻辑的事情；并且**语言**活动应当划分到约定性的行为中，而不是充当内在状态的外部表达。例如，断定要用这样一种约定来解释，这种约定所制约的使用句子的行为，要理解成具有断定语力的行为，而不是怀着表达一个人内在的判断行为（或内在的信念状态）这样一种意图的讲话行为。断定行为是由（有意的）讲话行为构成的，讲出的句子通过其形式与语境被识别出是按照某种一般性的约定作
312 出的——这一点并没有为写作《数学的原则》的罗素所把握，也没有为写作《逻辑哲学论》的维特根斯坦所把握，甚至是弗雷格，也从没有清楚地把握它。罗素试图区分“断定”一词的逻辑意义与心理学意义。他倾向于说，对一个命题来说，在逻辑的意义上断定它，就意味着它是真的；但他接下来就看出这不可能是正确的，因为“地球比火星大”这个命题，在命题“如果地球比火星大，那么火星

BW 126-7 (78-9); *PoM* 503-4 就比水星大”中与单独出现一样，都是真的，但在这个复合命题中它就没有被断定。于是他就不知道该说逻辑上的断定是什么了。维特根斯坦走得更远，他说“断定只是心理学上的”（《1914—16 笔
IWT 116 记》(*Notebooks 1914-16*)，96 页)。安斯康小姐在她关于《逻辑哲学论》的那本书中支持这种说法。这种所谓的“心理学上的”断定之所以出现在罗素与维特根斯坦那里，起因于把断定错误地解释成是在表现对于命题所采取的内在的心理态度，而产生的错觉。事实上，关于断定，和关于句子所表达的涵义一样，没有任何心理
PoM 35 学的东西。罗素希望还有一种属于逻辑的断定，其目的部分是要把完整句子与作为成分出现在复合句中的句子区分开，部分是要区分像“凯撒死了”这类可以用来作出断定的句子，与像“凯撒的

死”这样的不能用来作出断定的名词性短语。由于是“逻辑的”，罗素希望断定仅仅取决于句子的涵义——但这样做如果不是要断定是真的，还能怎样呢？是要让真内在于它而非外在于它吗？维特根斯坦在抛弃关于断定的**这种**理解上当然是正确的，但得出结论说断定是心理学的，却又错了。

弗雷格从未摆脱“断定是对心理态度的表达”这一观点，这可以解释他关于断定所说的某些稀奇古怪的话，例如他把演员的说话行为当作不需要断定号的情况。如果断定就是对心理态度的表达，那么演员就不具备这种心理态度，因而不应该使用断定号。如果我们把断定当作心理活动，那么我要是再说，演员所做的不是**够不上**，而是**超出**了对思想进行的断定，就显得奇怪了。因为如果超出，那么除了断定，他就应该做出某种额外的心理活动，但他甚至连断定都没有作出。但是我当然是在说，他遵守制约断定句的约定，以及制约着他在那个语境中的所有行为（包括断定）的另外一种约定。有趣的是，弗雷格在举例子的时候，总是小心地注意不把断定号放到假句了前面。这也可以解释弗雷格为何以如此奇怪的方式表达关于推理的观点。他所说的话中确实有些东西是正确的。与弗雷格的观点相反，我们可以把假定当成完整句子，尽管如此，假定仍然不同于其他语言行为，因为只有作为为同一个说话者 313
的进一步行为所做的准备，人们才会做出假定，这些进一步的一系列行为本身不是断定（而是假定所产生的后果），而是以一个断定为终点。我不可能只是说，“假定 2 有一个有理数平方根”，然后停住。即使接下来继续说“那么对某对整数 m 和 n，$m^2=n^2$”，之后我也不能停。我必须解除原来的那个假定。因此，接受弗雷格的

观点，即认为这些根本不是完整的句子，而只是我们用来做出条件式断定的简化手段，这样做是合理的，尽管我觉得不是必须的。但是，他为什么用“我们只能从真前提出发进行推理”来表达这一点，而不用“我们只能从我们认为是真的前提出发进行推理”呢？我认为答案是，把某物当作是真的，这属于心理学，而弗雷格反对把心理学引入逻辑。如果我们这样修改，“我们只能从我们已经断定的前提出发进行推理”，并且承认断定不是心理上的，困难也就克服了。

NS 195 (180)；也参见 Ggf 47 (72)；BW 118

不过，这听起来有些奇怪，因为，主张我们只能从我们已经**断定过**的前提出发进行推理，这肯定是无法让人信服的。我可以从我没有断定过并且从未想过要断定的东西出发，进行不出声的推理。奇怪之处来自这个事实，“推理”一词像“判断”这个词一样，通常适用于**内在的**行为，而不像“断定”，适用于外在的、通过向某人讲出一些话来完成的事情。然而，我们所赞同的方式是，直接给出对这些外部的语言行为的解释，方法是描述对各种表达式的使用进行制约的约定——另外一种方式则是，先描述各种内部活动的本质，然后把各种类型的讲话行为，解释成是按照约定的方式表达这些心理活动，这种方式因为会导致心理学与逻辑的混淆而为我们所拒绝。因此，我们并不关心从一些思想为真推出某个思想为真的内在活动，而是关心如何得到正确的方法，来描述用来制约一些行为的那种约定，这就是把一系列句子作为演绎性的论证讲出的行为。我们尤其关注“因此”一词的用法。这样考虑，弗雷格关于推理问题的要点就恰恰在于，他反对在针对演绎论证这样一种语言活动中，承认“假定”这样一种不同的语言行为存在，他反对自己的那种不恰当的解释。按照前一种类型的解释，演绎性论证是

由包含四种不同语言行为的序列构成的：(1)没有说明依据就做出的断定活动；(2)对于从以前断定的思想，或许还有以前做出的一 314
个或多个从属性的演绎推理得出的思想，所进行的断定；(3)关于假定的陈述；以及(4)对思想的表达，这些思想包括在特定假定下所持有的思想，以及从之前确认持有或直接断定得出的思想，或许还有一个或多个以前已经作出的从属性的演绎推理在其中起作用。表示假定的记号当然可以是“假定”这个词，而表示(2)和(4)则可用像“因此”、“从而”、“所以”等这样的词。然而，按照弗雷格的解释(这种解释没有把假定当成一种不同的语言行为)，论证只是由两种讲话行为构成的系列：直接的断定(前提)，即前面的(1)，以及**作为**从前面的断定推出的东西加以表达的断定，像“因此”这样的词被用来传达这种特殊种类的断定语力。于是，按照弗雷格的解释，“只有当一些思想**被断定**时，才能把一个思想当作从它们推出的而得到断定”，这个说法是正确的。但是，由于我们已经说明的理由，他说我们只能从**真**思想进行推理，这就错误地陈述了自己的要点。

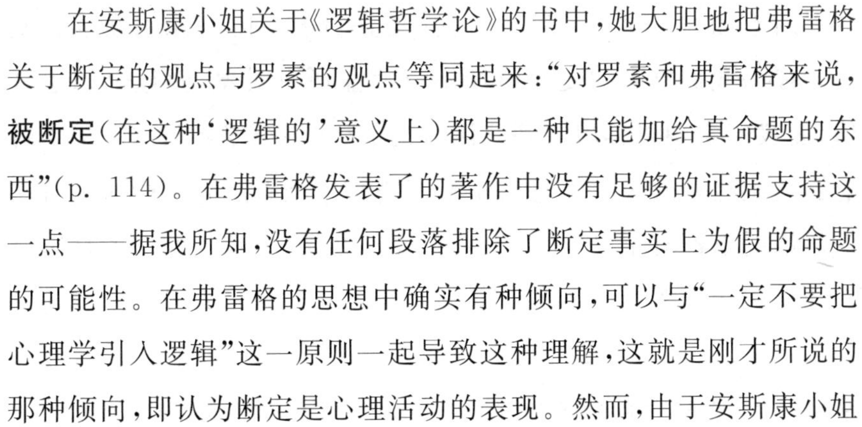

在安斯康小姐关于《逻辑哲学论》的书中，她大胆地把弗雷格关于断定的观点与罗素的观点等同起来：“对罗素和弗雷格来说，**被断定**(在这种‘逻辑的’意义上)都是一种只能加给真命题的东西”(p. 114)。在弗雷格发表了的著作中没有足够的证据支持这一点——据我所知，没有任何段落排除了断定事实上为假的命题的可能性。在弗雷格的思想中确实有种倾向，可以与“一定不要把心理学引入逻辑”这一原则一起导致这种理解，这就是刚才所说的那种倾向，即认为断定是心理活动的表现。然而，由于安斯康小姐

本人就把断定当作纯粹心理学的，她未能觉察到这一点。或许，她引为凭据的是弗雷格在致约尔丹(Jourdain)的一封没有发表的信
BW 127 (79) 中(在同一封信中他举了关于 Afla 和 Ateb 的例子)，写下的一段让人感到奇怪的话，即给一个假句子加上断定号严格地说在逻辑上是没有意义的。

Bs 2 用他在《概念文字》中使用的名称来说，弗雷格的断定号“⊢”是由内容线“—”与判断线“|”组合而成的。“—ξ”直接就是一个
Gg I 5 普通的函数表达式，它表示的函项当其主目是真时值也为真，所有其他情况下值为假，也就是说，表示一个只有真落于其下的概念。[①] 例如，如果“a”是句子，“—a”就是一个具有同样真值的句子；如果“a”是单称词项而不是句子，“—a”就是一个假句子。因
315 此谓词“ξ=—ξ”的意思就是“ξ 是一个真值”。“—”在弗雷格的系统中是初始符号，但看起来是完全多余的。在《算术的基本原则》的系统中，所有的函数表达式对适当类型的所有主目都有定义，尤其是，两个语句算子“┬ξ”(“并非 ξ”)与“τ^{η}_{ξ}”(“如果 ξ，那么 η”)，对
Gg I 6, 9,12 于所有充当两个对应函项主目的对象都有定义，而量词“$\overset{\mathfrak{a}}{\smile}\varphi(\mathfrak{a})$”(“对所有的$\mathfrak{a}$，$\varphi(\mathfrak{a})$”)则对所有充当主目的一阶一元函项都有定义。如果我们已有的变元值域不仅涵盖所有对象，而且也涵盖真值，而我们希望将其限制到只涵盖真值，在每个变元前加上“—”就能够达到这种效果。但是由于所有逻辑常项对所有可能的主目在任何情况下都有定义，也就没有必要这么做。(唯一的例外是等号“=”。由于句子表示对象，等号也可以起双条件联结词“当且仅

① 我们这里当然假定了弗雷格在《算术的基本原则》中采纳的观点，即真值是对象。

当”的作用。我们不能完全一般地断定“$a=$┬┬a”，因为定义“┬”的方式使得┬ a 总是一个真值。我们只能断定“$-a=$┬┬a”。）在《概念文字》中这个区别建立于“可判断的”与“不可判断的”内容之间（“内容”这个词在一种模糊的意义上得到理解，它大体上同时涵 Bs 2
盖弗雷格后来所说的“涵义”与“指称”），关于可判断内容的表达式是句子，不可判断的内容的表达式则不是句子。内容线只能有意义地加给可判断内容的表达式，对两个语句算子来说同样如此。因此，内容线在《概念文字》中不能用作把不可判断的内容转化成可判断内容，而在《算术的基本原则》中则实际上可以用来把任何 Gg I 5
单称词项转化成句子。在《概念文字》中弗雷格说，内容线既用来把接在后面的符号结合成整体，又用来把任意记号与接在内容线后面的符号所构成的整体连接起来。但这两种作用相当多余——可以有意义地接在内容线后面的东西，不管是什么，都必须已经构成了一个统一的整体，并且任何可以与内容线连在一起的符号，都必须已经被解释成能够与这样的整体连接起来。不管怎样，内容线是多余的，因为它等价于双重否定“┬ ┬”（事实上弗雷格将其写成“┬┬”）。

判断线是专门的断定记号，它携带断定语力。因此，它不是函数表达式，也不是函数表达式的一部分——我们不能问其涵义或指称是什么，它以一种完全不同的方式为复合的语句符号的意义做出贡献。此外，能够在前面加上判断线的只有句子，即可以说表达涵义或者表示真值的东西。而加了判断线的整个表达式则既不 316
表达任何东西，也不表示任何东西，它**断定**某些东西，或者说，它断 FB 22n
定接在判断线后面的东西所表达的思想是真的。因此，尽管判断

线被用来说所表达的思想是真的，它起作用的方式与“是真的”或
“这是真的”这样的词非常不同。通过在一个没有判断线的句子后
面加上“是真的”，或者在前面加上“这是真的”，我们都没有成功地
Ged 63 (8); 断定任何东西——我们只是得到了另外一个句子，它表达了一个
NS 140 (129); 与之前的思想具有同样真值的思想，甚至可以说，像弗雷格所相信
NS 211 (194); 的那样，我们得到了一个表达与以前相同思想的句子。这个句子
NS 251-2 (233); 可以充当一个更加复杂的句子的成分，比如充当一个条件句的前
Ged 61 (6) 件，这足以表明“是真的”或“这是真的”这样的短语并不起断定号
的作用。因为我们已经看到，试图把一个具有断定语力，或者其他
任何**语力**的记号置于复合句的成分从句中，这样做是无意义的
(meaningless)。当短语“是真的”(“这是真的”)与句子连接时，并
不对句子涵义有所改变或添加。按照弗雷格的观点，这个事实不
应当使我们说这个短语没有涵义，因为一个句子如果包含了没有
410 涵义的表达式，句子本身就没有涵义；应当说，这个短语具有的涵
NS 271-2 (251-2) 义属于那种不改变任何与之相连的句子涵义的涵义。(因此就像
是等同函数的表达式，它对于任何主目所取的值就是那个主目本
身，只不过这种表达式不改变整体的指称，而“是真的”不改变的是
涵义。)

人们自然一上来就把否定当成一种平行于断定的行为。这样，否定就被理解成与断定相反的语言游戏，其标志性特征是具有讲出**假**句子的意图——句子要能够被识别出具备否定语力，就要受这样的约定支配：只讲出具有“假”这个值的句子。否定号“并非”于是就要解释成表示否定的记号，它与断定号平行，传达否定语力而非断定语力。弗雷格利用了一个决定性的论证来反对这个

观点，即虽然可以这样解释那些否定号作为主要算子出现的句子，但只要句子中的否定号不充当主要算子，就不可能这样解释。还是以前的那个论证——在另外一个句子前面加上否定号构成的句子，本身就可以充当一个复合句的成分，例如充当析取句或条件句中的从句。一个负载语力的记号，必须总是与包含它的完整句子的整体联系，而不可能充当从属性从句的构件。因此，如果否定号确实是作为从属性从句的构件出现的，就必须解释成不同的东西， 317
解释成对包含它的从句涵义作出贡献的函数表达式，即语句算子。我们可以加上弗雷格没有表述过的一点，即不仅断定句可以被否定，别的句子，例如祈使句也可以被否定。因此，如果要把作为主要算子出现于断定句中的否定号，解释成没有提供涵义，而是充当表示否定［语力］的记号，那么作为主要算子出现于祈使句中的否定号，就也要解释成没有提供涵义，而是充当表示禁止的记号，从而表示另外一种不同的语言行为，传达一种新型的语力。（前面提到的语言的诡异之处，会让我们避免在疑问句的情况下得出类似结论，即“他难道不在那里吗？”与“他在那里吗？”以及“他在那里还是不在那里？”是同一个问题。[①]）因此，我们必须承认否定号至少有三种不同的作用：否定［语力］的记号、禁止［语力］的记号，以及对它出现于其中的句子提供了涵义的记号。况且，我们还会面临推理规则倍增的局面。例如从前提“如果他不是哲学家，那么他不会理解这个问题”，以及“他不是哲学家”，得到结论“他不会理解这

① 这三个问句分别是：“Isn't he there?”、“Is he there?”、“Is he there or isn't there?”。如果否定号不提供涵义，则三个句子的涵义相同，但按照正常的方式译成汉语无法表现出这一点。——译者

个问题”，这不是一个肯定前件推理。第二个前提中作为完整句子出现的那个句子，并不就是第一个前提中充当条件句前件的那个句子。第二个前提中的“不是”是主要算子，因此要理解成承担否定语力的记号，从而并不属于思想的表达式。这里的思想仅仅是，他**是**哲学家。而在第一个前提中，“不是”不是作为主要算子出现的，而必须解释成对包含它的句子提供了涵义，因此这个句子所表达的思想就是，他**不**是哲学家。显然，如果我们把**所有**“并非[不]”都当成算子，用来从任意句子得到另外一个涵义不同的句子，那么所有这些复杂之处就都免掉了——按照奥卡姆剃刀，我们必须这样理解“并非[不]”。对一个思想的否定本身就是某种复合的东西，即对于充当该思想的否定的那个思想的断定。同样，禁止某事，就相当于下一个以其否定作为内容的命令。这样，就没有必要为否定和禁止引入任何特殊的初始语言行为了。

在已经有了断定这样一种语言行为的情况下，我们没有必要另外承认关于否定的语言行为。然而有人会觉得，即使弗雷格的理论是正确的，我们在现有的这对语言行为中选择一个，我们选择断定而不是否定，这也是偶然的——我们为什么不应该具有这样
318 一种约定，我们的讲话行为要理解成怀有讲**假**话的意图，并且这不是与我们现有的关于断定的约定并列，而是取而代之呢？只能把这种可能性说成是不切实际的。但按照弗雷格的理论这似乎应当是一种真正的可能性，而这看来会成为否认弗雷格的理论的理由。

维特根斯坦在《逻辑哲学论》中表达了一种性质类似的观点：“如果知道其所说为假，难道我们就不能像理解真句子那样理解假句子吗？不行！因为如果我们用句子来断定某种情况，而情况就

是如此，那么句子就是真的。如果用‘p’来说‘～p’，而情况就是如此，那么在新的解释里，‘p’就是真的而不是假的”(4.062)。他由此得出，“然而重要的是，记号‘p’与‘～p’**可以**说同样的东西。因为这表明实在中没有东西对应于记号‘～’”(4.0621)。

假定我们遇到一群人，他们使用一种添加在句子前面的记号，以传达讲出句子所用的语力。他们也有否定号，它可以不作为主要算子出现。让我们假定，他们把一种记号“⌠”放到一些句子前面，对这一点我们的语言学家给出了不同解释：它是一个断定号，以及，它是一个表示否定[语力]的记号。如何解释所有那些可以接在这个记号后面的句子，这取决于我们采纳哪个解释。例如，假定“A”是一个句子的缩写，人们注意到，那群人主要是在天下雨的时候讲出“⌠A”这个表达式，于是，如果“⌠”被当成断定号，就可以猜测“A”的意思是“下雨了”；但如果“⌠”被当成表示否定[语力]的记号，就可以猜测“A”所说的是“没有下雨”。但是显然，绝对没有办法通过观察他们的所说所做，来在“⌠”的这两种解释之间作出取舍。可能有人认为，如果可以在他们的语言中找出意思是“真”和“假”的词，我们就可以决定这一点——我们可以问他们，“⌠”表示他们要说的是真话还是假话。假定通过某种方式我们已经在他们的语言中找到了对应于“是真的”与“是假的”的一对表达式，我们用“是 j”与“是 k”来表示它们。我们必须先确定，是“j”对应于“真”，“k”对应于“假”，还是相反。能够用怎样的观察证据来确定这一点呢？我们注意到，在看到下雨时他们说，“⌠(A 是 j)”，而在看到没有下雨时他们说，“⌠(A 是 k)”。按照把“⌠”当作断定号的

解释，“A”意味着“下雨了”，而他们这样说的意图则是要说真话——由于“A”在下雨时是真的，不下雨时则是假的，而在下雨时
319 他们说是 j，在不下雨时则说是 k，按照对“⌈”的这种解释，“j”的意思是“真”，而“k”的意思是“假”。再假定我们把“⌈”解释成否定[语力]的记号。那么“A”的意思是“没有下雨”，而他们的意图则是说假话。按这种解释，“A”当下雨时是假的，而没有下雨时则是真的。在下雨的时候，他们说“⌈(A 是 j)”，其意图是要说假话。然而，只有在“j”的意思是“真”时，他们说的才是假的，因为，按这种解释，当下雨时“A”是假的。因此，无论选取对“⌈”的哪种解释，我们都得到“j”意味着“真”而“k”意味“假”的结果。正是出于这个原因，关于“j”和“k”他们所说的任何东西，都不能在这两种解释中作出取舍。

对他们的语言所做的两种备选描述完全可以互换，它们所描述的根本不是不同的可能性。由于怎样选择都一样，显然我们总是会选择最接近于我们对自己的语言所做的那种解释，即“⌈”是断定号，而他们说话的意图是说真话这种解释。可能会有人反对说，我们可以从他们如何使用具有不同语力(例如祈使语力)的句子中得到线索，来得到正确的解释。假设他们使用一种语句复合物“ΣB”，其方式与我们使用祈使句“站起来！”的方式相同。句子“B”也会出现于具有不同语力的语句复合物中，尤其是“⌈B”。由于“ΣB”的意思是“站起来！”，人们会认为“B”的意思肯定是“你站着”(将其视为没有断定语力)。于是我们可以观察，当他们说的那个人站着还是没有站着的时候他们说“⌈B”，以此来确定“⌈”是断定号还是表示否定[语力]的记号。假定他们主要是当某人没有站着

时对说他“⌈B”。我们仍然可以把“⌈”当作断定号，而把“B”理解为“你没有站着”。为了做到这一点我们只需将“Σ”当作表示禁止的记号，而不是表示命令。显然我们应当总是倾向于假定他们具有一个断定号和一个表示禁止的记号，而不是一个表示否定[语力]的记号和一个表示命令的记号；但不管怎样，两种可能性之间仍然确实没有区别。

这些只是貌似不同的可能性，这个事实看起来让弗雷格的理论有些可疑，因为，他的理论不是说，在断定行为与否定行为之间有一种实实在在的区别吗？仔细想来我们会看到这对弗雷格来说并不构成问题。按照支配语言表达式涵义的那些约定，所有句子都归于两个种类中的一个，这一般而言当然是由一些非语言要素决定的，而这些要素又取决于句子涵义。句子的断定式用法，于是就可以通过说它就在于试图讲出只属于这两个类中特定的一个类 320

的句子，而得到描述。“这两类句子中的哪一类是真句子，哪一类是假句子?”这样的问题之所以可能，自然需要预设事先理解“真”和“假”这样的词。那么这种事先的理解是如何构成的呢？我们能够用来确定哪类句子是真句子的原则又是什么呢？显然，能够得到的唯一原则，就是对于断定句的使用就在于试图只讲出真句子——真句子的类就是当这种语言的说话者在运用公认是断定式用法时，所要讲出的那些句子构成的。这是据以区分真假两个句子的类唯一可能的原则，正是因此，试图只讲出假句子的那种语言行为，真正来说是不可能的。同样道理，不可能有以输掉作为目的的游戏。与其说两个人在下象棋，只不过他们都以输掉为目的，不

如说他们试图赢，只不过他们下的不是象棋，而是象棋的变种——这里所玩游戏的区别，对应于当我们分别把“⌈”当作断定号与表示否定[语力]的记号时，“A”在涵义上的区别。当然，我并不想在这里搞一言堂——如果有人爱说，人们的语言学约定是让人说假话，或者说他们一致同意在游戏中求输，如果有人愿意认为这样说是合法的，那么这里的要点就可以用另外一种方式说明。如果这样说是合法的，那么就根本没有一种原则，让我们在一种给定的语言中，用来区分真句子的类与假句子的类，而对特定游戏来说，也不能区分出构成输赢的结果）。这样，对语言的这两种描述之间表现出来的区别，只不过就存在于用“真”与“假”这两个词，对两类句子任意贴上的**标签**之间。

这里我们所考虑的“真”与“假”，是希望从语言**之外**来描述一种语言的用法，描述这种语言的说话者的语言行为时，所用的词语；我们所说的内容还根本没有涉及任何词语在语言之**内**的意义。我们知道，表示“真”与“假”的词语可以在语言之内得到识别并且彼此区分，而不需要确定哪类句子是真句子，从而不需要确定这种语言的说话者所做出的行为是断定还是否定。我们把“j”当成意味着“真”，而把“k”的意思当作“假”，这实际上是通过遵守“A 是
321 真的”与“A”可以互换，而“A 是假的”可以与“并非 A”互换这样的规则得到的。既然“A 是 j”的作用可以与“A”互换，“j”就必定意味着“真”；既然“A 是 k”起“A”的否定所起的作用，“k”的意思肯定是“假”。当然，由于还不知道“⌈”是断定号还是表示否定[语力]的记号，我们尽管知道“j”的意思是“真”而“k”的意思是“假”，但还是不知道 j 语句是哪一类，而 k 语句属于哪一类。但之后为了理

解"j"与"k"在语言之内的用法，我们不必知道这些——如果我们把"他们说句子'A'是j"解释成"他们讲出语句复合物'⌈(A是j)'"，那么我们就知道他们说的哪些句子是j，哪些句子是k，而我们需要知道的也只是这些。

只有当存在某种独立于使用语言的实践活动的方式，来区分真句子的类与假句子的类时，这样一种区分才是有意义的：一方面是具有断定这样一种初始的语言实践，讲话的目的是要被理解为试图讲出真句子，而"否定"这种实践活动则是次级的，是对否定句的断定；另一方面，是具有"否定"这样一种初始的实践活动，讲话的目的是要被理解为试图讲出假句子，而断定则是次级的，即对否定句的否定。但这种方式显然不可能存在。除非说真值是句子的所指，的确也没有办法说明什么是真值；如果不提到用句子来下断言这种用法，不提到这种实践活动中，使得人们能够问一个人的断言是**对**还是**错**的那种特征，也没有别的办法把一个真值与另一个区分开。正是依据这一点我们得出结论说，维特根斯坦的观点对弗雷格关于断定的学说没有构成反对。（从《逻辑哲学论》的上下文中，很难分清维特根斯坦是不是要这么反对，我觉得可能是。）

我们看到，维特根斯坦从他的说明中得出结论，否定号并不表示实在中的任何东西。这可以理解成是说，世界中没有任何偶然性的特征，使得我们需要使用否定号。这肯定也是罗素在《逻辑原子论哲学》(*The Philosophy of Logical Atomism*)表述相似观点时心里所想的，但这对弗雷格来说当然并不构成否认否定号具有 *LK* 187，209，214

TLP 1.1 指称的理由。而对《逻辑哲学论》中的维特根斯坦来说，这根本不可能是要点，因为“世界是事实的总体，而不是物的总体”。在维特根斯坦那里，对象是名称的所指(Bedeutungen)，而这与在弗雷格
TLP 3.144, 3.203, 3.3 那里是一样的；但对维特根斯坦来说，当我们知道什么对象存在时，我们知道的仅仅是，什么是**可能的**事实，而关于偶然的事情，我们则一无所知。应当说，论证似乎是这样的，如果否定号的使用就
322 在于用来表示事态中的某种成分，而事态则是我们用包含否定号的句子所描绘的，那么该事态就不可能用其中不含否定符号的句子来描绘；因此，如果“并非 A”是一个充分分析了的句子，那么“A”单凭它本身就不可能用来说“并非 A”所说的东西。为了简便，让我们假定“A”不单是得到完全分析的句子，而且是维特根斯坦所说的“基本”句子，即在充分分析后不包含逻辑算子的句子。(当然，这里我们预设了维特根斯坦的观点“一个句子有且仅有一种完全的分析”(3.25)。)基本句子被认为是没有任何句子彼此会

TLP 6.3751 在逻辑上不相容的，因此，正如维特根斯坦所指出的那样，像“a 是红的”，“a 是绿的”这样的陈述，如果“a”指称视觉空间中的一个点，而“红”与“绿”就是通常所理解的词，那么由于它们彼此不相容，就不可能是基本句子。不过，假定我们把“红”、“黄”、“蓝”这样的原色名称当作彼此相容的，那么当 a 的颜色中包含红色成分，例如当它是橙色、红色、紫色、棕色或白色时，“a 是红的”就是真的，而在其中不包含红色成分，例如 a 是纯黄、纯蓝或绿色、黑色时，这个句子就是假的。这样，对于把形如“a 是红的”、“a 是蓝的”或“a 是黄的”当作基本句子，就不会有这种反对意见了。无疑会有其他反对意见，但让我们忽略这些，而是假定“A”具有这样理解的“a

是红的”这种形式。于是论证就是这样的：我们**可以**用“a 是红的”来说我们现在用“a 不是红的”所说的东西，而这表明我们没有使用“不”来表示我们用否定句来描绘的事态中的成分，因为否则，我们用来描述这个事态的句子，就不可能不仅没有包含“不”这个词，而且在这个词的位置上没有任何其他词——我们本该有一个词来表示那个成分。

这个论证看来很没有说服力。我们假定“a 是红的”以这种假想的方式使用，并被理解为描绘一个包含了三个成分的事态，a、红色以及否定；“a 不是红的”也按相应方式使用，它描绘了只含有 a 与红色这两个成分的事态。这不过是意味着，在这种假想的语言中，表示否定的符号（表示基本句子中的否定）是“不”这个词的**缺乏**，而不是其出现。如果我们采纳“沉默即赞同”这样一个约定，这样，要表明我并**不**同意，我就必须说些什么，在这种情况下，这样论证就是荒谬的：“因为在这种约定之下我可以通过不说，来表达
如果没有这种约定的话，就必须通过讲出一个复杂的句子来表达 323
的东西，所以我在那个句子中使用的词就不表示实在中的任何东西”。这［承认这种荒谬性］与维特根斯坦的说法吻合得很好，他说，在“～p”中完成否定的不是“～”，而是“用来否定 p 的所有记号中共同的东西”（5.512）。

《逻辑哲学论》中真正表明否定号并不表示任何东西的论证是这样的：如果表示的话，我们就必须把“a 是红的”与“a 不是红的”都当成基本句子，而这将违背“基本命题不可能在逻辑上不相容，彼此间也不能有其他任何逻辑联系”这一定律。人们于是就会问，为什么必须认为这个定律是有效的。对这个论点，安斯康小姐在

IWT 33 她关于《逻辑哲学论》的书中给出了一种不是非常有说服力的辩护。她断定说，逻辑上独立的那类命题之所以存在，是因为这是利用真值表来解释语句算子所需要的预设。我本该认为，这种解释充其量预设了，对于两个命题的四种真值组合中的每一种来说，都存在具有相应两个真值的两个命题。这个论点的吸引力，应当说在于它把所有先天（a priori）真理都还原成必然为真的重言式。如果“*a* 是红的”与“*a* 不是红的”是基本句子，那么它们之间不相容，也就是一种不可还原的事实，是真正存在于**事物**本性中的东西。同样，如果按照通常方式理解的“*a* 是红的”与“*a* 是绿的”是充分分析了的句子，那么**它们**之间的不相容关系，也就成为不可还原的，或许甚至是先天综合的。

从弗雷格的观点来看，语句算子一般来说与其他种类的表达式一样，对于包含它们的句子的涵义具有贡献。例如，“$(\neg\beta\rightarrow\gamma)\rightarrow\delta$”与“$\neg[(\beta\rightarrow\delta)\rightarrow\neg(\gamma\rightarrow\delta)]$”这两个复合表达式作为真值函项是等价的，因而它们具有同样指称；但在其主目位置分别为同样的三个句子填入的情况下，我们用来判断整体的真值所使用的方法，即我们所使用的计算程序，对两个表达式来说是不同的，因而它们的涵义不同。如果一种语言中包含初始的三元语句连接词“Wenn β oder γ, so δ”，其真值表与上述两个复合表达式相同，那么它就要么可以用真值表解释，要么解释成与那两个式子其中之一等价。这些解释都是陈述其指称的方法，但是，由于采取了**不同的**方式，与不同的计算程序相联系，它们将对连接词指派不同的涵义。

在《逻辑哲学论》中，维特根斯坦持有关于意义的图像论，这使

他只能认为句子中出现的逻辑算子表现了涵义,因为它们不能被 324
视为是图像的要素——他甚至把它们没有表现句子涵义这一点当 *TLP* 4.0621
成一个重要的**发现**,因为,如果它们表示涵义,那它们就具有指称,
于是就必须有"逻辑对象(logical objects)",至少也会有函项。*TLP* 4.441,
(对维特根斯坦来说,句子(真正)的成分具有指称(而没有涵义), 5.4
并据此赋予句子以涵义。)对于逻辑常项并不表现句子涵义这一论
点,他的解释是它们表示**操作**(operations),而非函项。安斯康小 *TLP* 5.25-
姐在她关于《逻辑哲学论》的书中,为操作与函项之间的区别给出 5.251
了一种不令人满意的解释。[①] 事实上,在操作与函项之间没有一 *IWT* 117-20
般性的区别。如果我们坚持认为操作的值域(range)包含在定义域(domain)中,那么操作只不过是函项的特例。维特根斯坦心目中的那个区别可以这样说明。假定有一种语言,其中的逻辑常项只包含两个二元连接词,"并且"与"或者",以及两个量词,而不包
含否定号(为了简便,我们假定在这种语言中没有模态表达式)。*WVC* 217
对于这种语言中的每个简单的谓词和关系表达式,都有唯一一个互补的谓词和关系表达式。为了**谈论**这种语言(而不是使用这种语言),我们引入一种用来对句子进行否定的操作,它用归纳法定义如下:

(i) 如果"A"是原子句"F(a_1,……,a_n)"(n ≥ 1),那么"并非-A"就是"$\overline{F}$(a_1,……,a_n)",其中"$\overline{F}$(ξ_1,……,ξ_n)"是"F

① 例如她说,一个函项不能是自己的主目,而操作则是可以迭代的——可以把对其他东西进行的操作所得到的结果当作这种操作的基础。但在同样的意义上函项也可以迭代——可以把以其他某种东西为主目得到的值作为主目。

$(\xi_1, \cdots\cdots, \xi_n)$”的互补谓词；

(ii) 如果“A”是“B 并且 C”，那么“并非-A”就是“并非-B 或者并非-C”；

(iii) 如果“A”是“B 或者 C”，那么“并非-A”就是“并非-B 并且并非-C”；[①]

(iv) 如果“A”是“对所有$\mathfrak{a}$，G($\mathfrak{a}$)”，那么“并非-A”就是“对有些$\mathfrak{a}$，并非-G($\mathfrak{a}$)”；

(v) 如果“A”是“对有些$\mathfrak{a}$，G($\mathfrak{a}$)”，那么“并非-A”就是“对所有$\mathfrak{a}$，并非-G($\mathfrak{a}$)”。

显然，在这种语言中，一个句子是另外一个句子的否定，这一点并没有表现这个句子的涵义，因为，按照这种定义，这种语言中的**每个**句子，都是其他某个句子的否定。毋庸置疑，在一个句子中没有任何表达式，是使得这个句子成为否定句的必要条件或充分条件。“并非”这个符号不是，也不对应于该语言的表达式或表达
325 式的特征——引入它是要表示从这种语言的一个句子过渡到另外一个句子的规则。

WT 171-2 正如斯坦纽斯(Stenius)所指出的，维特根斯坦再三提到“应当把否定当成类似于断定的语言活动，以此来解释否定号”这个为弗雷格所拒绝的观点。或许，《逻辑哲学论》中关于逻辑算子的整个理论，都应该在此基础上理解，而不是利用他那种根本上是一种

---

① 这一行的后半段原文作“‘并非-A’就是‘并非-A 并且并非-B’”，这显然是错误的。原文应当属笔误，译文已经纠正。——译注

混淆的概念,试图将其当成"操作"记号。按这种解释,不仅否定号,而且所有的逻辑算子,都不应当作是对弗雷格所说的句子涵义作出了贡献,而应该当作一种附加在我所称的"句群(sentence-collective)"上的语力记号。这种"句群"除了在否定号的情况下,不应当被认为是单个句子,而应当认为是基本句子的(有穷或无穷)集合。以这种方式看待**所有**的逻辑算子,就避开了弗雷格的反驳。他反驳的理由是,否定可以出现于充当复合句成分的从句中。逻辑算子当被看作语力记号时,也就具备了这种记号的特点——它们可以无穷地结合与叠套。维特根斯坦要是有一种理论,来对断定、命令等等之间的区别给予解释,那么,为了把逻辑算子看作语力记号,就有必要让这种区别在各种类型的讲话行为中体现出来——于是就会有关于肯定、否定、析取断定、条件式断定等不同的语言行为,也会有命令、禁止、析取命令、条件式命令等。进而,要让这样的理论起作用,不管有多么累赘,在肯定性的东西与否定性的东西之间,都必须有一种不限于表达方式,而是为所表达的内容所固有的区别。是否存在这种区别,这取决于是否存在基本句子,即对任意句子进行"唯一的完全分析"得到的成分。弗雷格明确否认,在肯定与否定之间,存在一种内在于所表达的思想而非语言表达式的区分。"基督是有死的(is mortal)"与"基督是不死的(is immortal)"这两个句子中,哪个表达了否定的思想呢? 是"基督是不死的"吗? 这是因为它的意思是"基督不是有死的(is not mortal)"呢? 还是因为它的意思是"基督不会死(does not die)"? 是"基督是有死的"表达了否定的思想? 而这是因为它的意思是"基督不会永远活着"? 还是因为它的意思是"在某个时间基督不 Ver 150 (41)

是活的”？当然，相对于在一种语言中引入表达式的特定顺序，以及用一些词定义另一些词的方法，我们可以通过把每个词都还原成初始词汇，来确定哪个句子是否定的。但如果你用实指的方式
326 学会“弯曲的”这个词，而通过定义“不是弯曲的”来学会“直的”这个词，而我用实指的方式学会“直的”，并通过解释成“不是直的”来学会“弯曲的”，那么，如果我们真的把涵义加给“弯曲的”一词的话，其区别就可以忽略不计。无论如何，重要的是，不仅我们可以以这些不同的方式学会词语，但仍然可以满意地交流，而且，一种学习方法比起其他方法来说，并没有内在的优越之处。（说这些话并不是想表述可以直接在弗雷格那里读到的任何观点。）

说到这些，我们可以提一下关于维特根斯坦对断定的处理方式的其他一些要点。读过弗雷格的人会惊讶地发现，在《逻辑哲学

TLP 4.063; 论》与《哲学研究》中维特根斯坦谈论弗雷格的学说时，都用了梅农
PI 22, p.11n 的术语“意设”(assumption/*Annahme*)。通过安斯康小姐的侦探
IWT 105-6 工作这已经得到了解释。在“论函数与概念”中弗雷格说，像“5 > 4”这样的公式，正好给了我们一个关于真值的表达式，而没有作出
FB 21 断定。他说，如果没有作出这个区分，我们就不能表达一个纯粹的意设（假定—*Annahme*）——“摆出一种情况，而没有同时判断它是否成立”。我们已经看到，在大部分著作中弗雷格都倾向于否认，在这个意义上存在任何一种对意设或假定进行陈述的行为，不管怎样，它也不是演绎推理的一种前导。但罗素在《数学的原则》附录中论及弗雷格时，却把“Annahme”这个词错误地解释为弗雷格与梅农一样的技术术语。维特根斯坦在这一点上似乎跟随着

他。按照这种(错误的)解释,一个 *Gedanke*(思想)不是一个命题,而是命题性的概念。在《数学的原则》前面一点(pp. 48,52)罗素解释说,虽然“凯撒死了”是一个命题,但“凯撒之死”却是一个命题性的概念。他建议这样解释这个区别:真与假内在于前者,但外在于后者。不过,他却又承认这样不能区分“凯撒死了”与“凯撒之死之为真(the truth of the death of Caeser)”。他继续说,命题被断定(在“逻辑的”意义上),但命题性的概念不被断言——然而这与他所说的、“凯撒死了”在“如果凯撒死了,那么布鲁图斯活着”中未被断言,实在无法吻合,对于他所说的(“在逻辑上”)被断言的就是真的,也是无法吻合。罗素于是把 *Annahme*(意设)理解成对弗雷格来说是命题,而命题性的概念,他认为则是由例如“5>4”来表达,命题由“—(5>4)”表达。

维特根斯坦说,“所有句子必须**已经**具备涵义,肯定(affirmation)不可能给予它以涵义,因为它所肯定的恰恰就是涵义。对否定来说也是如此,等等”(《逻辑哲学论》,4.064)。他对“涵义”的使用是在 3.144 引入的:“对于事态只能描述,而不能**命
名**。名称就像点,句子就像箭——它们具有涵义”。正像斯坦纽斯 327
指出的,维特根斯坦这里是在利用“涵义”=“意义”以及“涵义”= *WT* 171
“方向”玩双关。句子具有“涵义”,而名称只具有“意义”(Bedeutung),与弗雷格不同,这对维特根斯坦来说似乎是两者间
的基本区别——句子具有真/假极,而名称则没有;一个句子实际 *NB* 94
上指向一个事态,而背向另外一个事态,而名称则向下,指向其所表示的对象。不过,斯坦纽斯把一种类似于弗雷格的断定理论强加给《逻辑哲学论》,但这个理论是维特根斯坦明确拒绝了的。我

们已经看到，可以把维特根斯坦关于逻辑常项的解释，看成实际上赋予它们以传达讲出句子的行为所带有的语力这一功能，但由于并不承认需要把一种特殊的语力附加给祈使句或疑问句，他也就不认为一个不包含逻辑常项的句子需要添加任何表示断定语力的记号——它**已经**被用来表达一个断定行为了。我们知道，这是错的，斯坦纽斯试图添加一种断定理论而对4.064不予理会，由此造
WT 167-71 成了混乱。斯坦纽斯坚持认为，“命题根(sentence-radical)”(句子中用来表达思想、而没有包含表示语力的记号的那部分)本身就具有“有方向的”涵义，而这独立于通过对其添加断定号就可以表达的那个断定。诚然，“命题根”具有“真/假极”，因为其涵义就在于，在使其为真的条件与使其为假的条件间是有区分的；但是，只有通过考察在添加了断定语力时的用法，我们才能确定涵义的“方向”，即它指向哪些条件以及背向哪些条件，因为只有参照它在断定中

426 的角色，我们才能识别出使其为**真**的一组条件，以及使其为**假**的另一组条件。

我们已经看到，用来为句子赋予语力的记号(即按照约定，用来表明通过讲出句子所作出的是何种语言行为的记号)，不可能有意义地出现于充当复合句成分的从句中，而只能添加给作为整体的完整句子。确切地说，这至少是弗雷格的学说。这个学说如果正确，那就似乎构成了一种强有力的方法，用来揭穿那些以为自己识别出了一种新型语力或语言行为的虚假论断。吉奇用过这种方
Tr 89-97 法。比如说，斯特劳森实际上就曾建议，“是真的”一词不应当理解成对它出现于其中的句子涵义做出了贡献，而是理解为表达了讲出它时所用的语力；这样的词表示所实行的是若干特殊的语言行

为中的一种，它区别于普通的断定，例如说，这是一种确认 328
(corroboration)行为，或者附议(concession)行为。但是，如果“一个语力记号不能出现于语句算子辖域之内”这个观点是正确的，那就有一种简单的方法处理这个建议——我们只需要指出，含有“是真的”这类词的句子，例如“目击者所说的是真的”，可以作为从属性从句出现，比如说可以充当条件句的前件。在他的文章“归属主义(Ascriptivism)”中，吉奇以类似方式处理了一类主张，即像“应 *LM* 250-4
当”、“好”、“有责任的”之类的词，被用来表示所实行的是一些特殊的语言行为，像推荐、评价、鼓励、推脱等。

但是，如果这个观点不正确，那么涵义与语力之间的整个区分就都面临威胁。因此，仔细审查这个观点就具有头等的重要性。

我们所关注的只是为表达完整思想的句子所赋予的那些类型的语力。不管怎样，终归有其他种类的语力，例如表达一种不特定的悲痛、满意、致意、召唤，以及提出非语句的问题(由“谁……?”“何时……?”等开头的问题，可以说是在问变元满足某个谓词的值是什么)。至少，我们也可以为附加给完整思想的语力列出候选类型，这种列举不必是完备的：断定情况是A；命令、要求、鼓励、建议某人让A实现；询问情况是否是A；表达要情况是A的愿望和希望；假定情况是A；在特定的假设下得出结论，情况会是A。显然可以再细分，例如，如果要把“因而”这个词算作是语力记号，用来表示所断定的东西被认为是以前发生的情况的后果，那么它就界定而不是替代了断定记号。接下来我们用像“A”和“B”这样的大写字母，来表示被看作具有涵义而没有语力的句子，用维特根斯坦 *PI* p. 11n
的术语来说就是命题根；另外用“⊢”充当断定号，“?”表示疑问语

力，“!”表示命令。

把语力记号包含在语句算子的辖域之内，一般说来这会有什么意义呢？一种建议是这样的。如果亨利作出了一个断定，或者提了一个问题等等，那么像“亨利断定 A”、“亨利询问是否 A”诸如此类形式的报道就是正确的。于是有人就会提议说，在辖域内包含了语力标志的任何语句算子都应当解释成，包含了同样语句算子的报道算作是正确的。而这次这应当毫无问题。比如，如果亨利说“ ├(A 或者 B)”，那么唯一正确的报道就是，“亨利断定 A 或
329 者 B”。而报道说“或者亨利断定 A 或者他断定了 B”，就相当失实了，因为他没有做这两件事。但按这种解释，如果亨利说的是“(├ A)或者(├ B)”，后一种报道就应当是正确的。

在包含了析取和断定的情况下，这个建议显然相当糟糕。但在其他情况下却没有这么荒谬。假定有人对我说，“ ├ A”。我也许同意，也许不同意，并通过说“ ├ B”来表明我的态度，这里“B”与“A”相反。但也许，我的处境使我既不准备同意“A”，但也不想断定“并非 A”。在这种情况下，我不说“ ├(并非 A)”，而说“并非(├ A)”。

按照推荐的解释，如果亨利说“并非(├ A)”，那么“亨利没有断定 A”这样的报道就是正确的。但我们为什么需要这样的报道呢？为什么不能说，亨利不是通过任何特定形式的讲话行为，而只是不断定 A，以此确保这样一种报道正确呢？如果不准备作出任何相反的断定，他可以仅仅是什么都不说。在“沉默即同意”的情况下，人们就需要用明确的方式来表达非—断定(non-assertion)。如果人们以默认或者明示的方式达成一致，对某人的断定我只要

不表示反对就要算作同意，那么，因为还不确定有任何相反的断定可做，我就必须具备一种手段来表达我不同意。社会上有很多情况都或多或少接近是这样的。

然而，在更为一般的情况下，“亨利没有断定 A”这样的报道，对于亨利通过讲出“并非(⊢ A)”所完成事情来说，还不能算完整，因为，通常情况与“沉默即同意”的情况相反，如果亨利什么都没说，这个报道就是真的，但无论他所说的在多大程度上是否定的，他毕竟说了些东西。但这样一种形式可以理解为表达不情愿断定“A”的一种方式，此时，除非适用了特殊的社会性的约定，保持沉默，或者转移话题，都既与情愿断定“A”相容，也与情愿否定它，以及既不情愿断定又不情愿否定相容。在这种解释之下，当一个人说“并非(⊢ A)”，他可能实际上准备在其他人在场时否定“A”，只不过不愿意对眼下的谈话者亮明这一观点——他正在表达的，是还没有足够理由支持对“A”作出断定这样一种看法。通过保持沉默，他可能只是表明他不想告诉你他所认为的是什么；但若说“并非(⊢ A)”，他就至少告诉你他所认为的不是什么。

对断定号使用否定这一做法，这至少提供了一种可能的解释——在自然语言中，我们真的有起这一作用的表达形式吗？考 330
虑对于自然语言中对条件句进行的否定我们如何解释的，就可以最为清楚地看到，我们的确有这种形式。假定我说，“如果下雨，比赛就取消”，而你回答说，“不是这样”，或者，“我认为不是这样的”。我可能回答说：“我觉得你想说他们不准备取消，但我了解情况，我认为不管怎样，如果**真的**下雨了，他们**就会**取消它。”你说：“我对他

们现在的想法一无所知，但我也是在谈论**将来**。我正好认为，情况不是说，如果下雨，比赛就会取消。"我问道："你说的是什么意思呢？你的意思不可能是说，天**会**下雨，而比赛将不会被取消。或许你的意思只是，即使下雨，比赛也不会取消。"你也许会接受这种说法，但同样，你也许会回答说："我没有说那么绝对，我只是说，如果下雨，那么比赛不是**必然**要被取消。天下雨了但比赛仍然没有取消，这是**可能**的。"

在对否定条件句是什么意思进行的解释中，这里引入了模态表达式"必然"和"可能"，它们在这里表达的是我们所知道的"认识论(epistemic)"模态("据我所知"或"就我意识到的而言")。认识论模态的表达式通常并不出现于语句算子的辖域之内，最好不要把它们理解为对它们所约束的句子涵义有所贡献，不要理解为决定了那些句子的真值条件，而是理解为表达了讲出那些句子时所带有的语力。当"可能"用来表达认识论模态，"情况可能是 A"就最好理解为说"并非(⊢(并非 A))"，其中对于断定语力按照前面给出的方式来解释。于是，按照这种解释，我们就没有关于自然语言中的条件句的否定，也就是说，没有关于其**涵义**的否定——我们只具备一种表达形式，用于拒绝对其断定表示同意。

前面我们已经承认，可以把语言行为粗略地区分为较多形式化与较少形式化的类型，即那些具有确切后果的与没有确切后果的类型，我们用有利害关系的游戏与没有利害关系的游戏来与这个区分进行了比较。那些较少形式化的类别，通常可以正确地描述为是对某种心理态度的表达，例如断定可以正确地称为关于信念的表达。这种刻画方式的正确性，不会因为会出现言不由衷的

表达行为而遭到责难。这一点可以通过摩尔悖论来证明——即一个人如果作出断定,但又直接陈述或者以其他方式表示,他并不相信它是真的,他就使语言行为落空了。请求同样可以说表达了一种针对所请求的东西的欲望,因为,如果一个人在作出请求之后又补充说,他并不想要所请求的东西,那么他也同样使请求落空了。另一方面我们也说过,下命令的行为,通常不会因为表示希望命令被违反而落空;而把问问题当成是表达想知道关于某事的真相,这 331
一观点也意味着,测验题以及法庭上、教学中和非常普通的谈话中提出的许多问题,都不是原本意义上的问题。人们的确会误解某人提问的目的,当他只是想提问时却以为他在刺探情报,或者做相反的理解,但这体现在问题得到回答以后他继续说的话中,因而并不表明问题本身有什么歧义——辩护律师会说,“不要管我想套出什么话来,回答问题吧”。我们也确实认为,对于甚至是非形式化的语言行为来说,正确的解释方法也不是要独立于语言,来分析相应的讲话行为所表达的心理态度,而是研究约束那些讲话行为的约定,研究通过那些行为所玩的语言游戏,而这并没有破坏那些可以说表达了内在态度的讲话行为,与那些不能表达内在态度的讲话行为之间的区分。

在一类不常见的情况中,断定行为属于更为形式化的讲话行为。在宗教迫害时代,一个人可能会被要求供奉教会,否则就被威胁钉上十字架上,甚至真的被钉上十字架。按这种做法,他被迫做的事情,比如就是要**说出**“耶稣基督是魔鬼的后代”这样的话。正像在提问和下命令的情况下,重要的是**说**了什么(在戏剧表演中,在引用中,以及在举出一个语法例子等这样的情况下,对于所说的

东西也给予了应有的地位),而不是说话者所表现出的态度,这里,所说的话是重要的。受害者可能知道,迫害他的那些人很清楚,即使自己说了他们要他说的话,他也不会相信它——对双方来说,重要的都是他**说**了还是没说。

比起实施更为形式化的语言行为要用的那些种类的语力,以相似的方式解释针对语力标志运用的否定,甚至要更容易理解一些。按这样一种解释,“并非(! A)”表示我没有命令你实现A,而“并非(? A)”则表示我没有问情况是否是A。这里自然无法避开这样一个后果,说“并非(? A)”要比单纯没有说“? A”多出来一些东西——利用前一种方式,我把注意力引向我没有问情况是否是A这一事实,从而更有力地保证你随后能够宣称我没有这么问过。但情况仍然既不同于断定,也不同于其他所有那些没有那么

332 形式化的语言行为,在那些情况下我们可以谈论关于态度的表达。

当我说“并非(⊢ A)”,我不是单纯把注意力引向我们有断定A这个事实,我在说我不愿意断定A。对于“情况可能不是A”这个句子来说,就它在自然语言中起了“并非(⊢ A)”所起的作用而论,我们可以说,我们理解这种形式的措辞所依据的约定是,一个人尽管在私下相信A但还是讲了这个句子,那么说话者这一方肯定有某种不诚实;但制约“并非(⊢ A)”的约定却没有这么强,按照我们的理解,它所表达的不一定是没有持有对于A的信念,而可以是单纯不愿表达那个信念。但是,既然在提问题时人们根本就不表达态度,疑问语力的否定也就不可能表达态度,甚至不表达不愿提问这样一种态度——它仅仅是记录一个问题没有被提出这样一个事实。

在自然语言中我们拥有表达这些类型的语力的形式吗？在祈使句的情况下我们肯定有——表示许可的“可以(may)”当然最好这样解释。“你可以做 X”于是就被理解成是说“并非(！你不做 X)”，它记录了我没有禁止你做 X 这个事实。在某些特殊的情况下，它的作用就止于此。这就是以默认或者明示的方式有约在先的情况，在那种情况下，除非明确批准，任何一个属于特定种类的行为都遭到禁止。例如母亲告诉孩子，如果没有先征得她的同意，不得接受留宿邀请。(默认了需要征得许可的情况，要比“沉默即同意”的情况更为常见。)然而，在一般情况下，人们更多是使用表达许可的形式，而不是单纯不禁止你做 X，并且这是不由自主的。如果你受我管辖，我没有禁止你做 X，而你做了这件事，那么我自然不能以你没有服从为名指责你，但我同样可以出于其他理由指责你做了这件事。但如果我明确允许你做 X，那么我实际上事先就宣布，我不会因为你做了 X 这件事本身而责备你，尽管，我当然还是可以因为你以这样那样的方式，或在这样那样的场合下做这件事而责备你。

对于问题来说，我们确实经常有机会陈述，我们**没有**问这个或那个问题这样的事实，比如避免歧义、防止某种与实际问题无关的节外生枝、说明一场讨论要进行到什么程度，以及说明我们有什么权利提问。但似乎并没有特殊的形式可供利用，除了用述行语式(the performative)的否定，例如短语“我并没有问……”。

这里我们看到，在斯坦纽斯关于《逻辑哲学论》的那本书的第九章给出的解释有一个错误。如果不是这个错误，那个解释在大多数方面都与这里给出的解释相吻合。斯坦纽斯仿效冯·赖特

333 (von Wright)，把带有祈使语力的记号写成“O”。他正确地指出，“并非 O：P”具有与“O：并非 P”不同的内容——他说，前者的意思是“非 P 是允许的”，后者的意思则是“P 是禁止的”。他主张，在内部的否定(internal negations)与外部的否定(external negations)之间与之类似的区别，对于除了断定和提(语句)问题之外的所有其他类型的语言行为都成立。他说，但是，如果我们把断定号写成“I”，那么“并非 I：P”就只能理解成与“I：并非 P”等价(p. 163)。这
WT 163-4 使他可以宣布，断定与提问在语言行为中占据了一个特殊位置(p. 164)。或许这与一个人们有时会作出的论断相联系，即断定要比其他语言行为更加基本，并且，或许也与斯坦纽斯关于思想的“方向性”所犯的错误联系在一起。他主张“并非 I：P”与“I：并非 P”等价的理由是，“I”不能恰当地改写为“……得到了断定”。他承认，在“P 没有得到断定”与“非 P 得到了断定”之间确实有区别，但他说，这是一种语气(即我们所说的“语力”)上的区别，它存在于断定一个事物与陈述它得到了断定这两种情况之间。因此他批评维
PI 22 特根斯坦在《哲学研究》中提出的建议，即所有断定都可以用添加了“……得到了断定”的句子加以表达。

这两种情况之间确实有区别，一种情况是用“情况是……”来改写断定号，用“实现这种情况……”来改写命令记号；另一种情况则是，用“我断定……”来改写断定号，用“我命令……”来改写命令记号。后一种改写更为可取，可以通过它来表现出外部的否定与内部的否定之间的区别，即对语力进行的否定，与对语句复合物的描述性内容(涵义)进行的否定之间的区别。前一种改写不可能表现这种区别。原因是，按前面一种形式改写所使用的短语，本身就

形成分别表达断定和命令的句子，因此对它们进行否定只是产生了否定的断定和否定的命令，而不是**对**断定的否定或**对**命令的否定。不管怎样，这两种情况总是严格平行的。斯坦纽斯本可以有同样的权利论辩说，虽然“没有命令 P”确实具有不同于“命令非 P”的内容，但在命令做某事，与陈述某事被命令这两者之间，也还是有区别的。

用“我断定……”与“我命令……”来进行改写，就使用了在自然语言中用来构成奥斯汀(Austin)所称的“述行语式”的短语。我 *HTW* 6
们可以这样解释这个词：述行语式的讲话行为，就是用来实施（也许与某种附带的行为一起）其所言述的那种行为的说话行为。与 334
普通的断定相反，它并不陈述被认为独立于讲出它的行为的某种情况。某人说“我许诺归还贷款”，他就是在**通过**讲出这句话，来**作出**归还贷款的许诺；他并不是在断定这样一件事是真的，它之为真，并不取决于他说了什么。按照这种方式解释，对述行语式来说重要的是，相关的语词形式如果换了时态、主语，甚至只是动词换了不同的屈折变化，就可以用来作出普通类型的断定；还有，同样的语词形式，如果用来充当完整句子中的成分从句，就只是在表达思想，而不是用来实施其所言述的行为。比如，“我许诺过归还贷款”、“他许诺归还贷款”，或许甚至“我正在许诺归还贷款”，都是普通的、非述行语式的断定；而如果我以“如果我许诺归还贷款，……”开始一个句子，那么这些词语就只是用来传达某种描述性的内容（即表达思想），而不是进行许诺。对于刻画述行语式来说，同样的或者相关的词应当有其他用法，这一点之所以重要，是因为如果不是这样，“它所言述的行为”这个短语也就失去了内容。用句子作出的任何有意义的讲话行为，都是用来实施某件事、进行某种(约定性的)活动，但只有当存在其他的用法，在**陈述**一种行为被作出了这种意义上用来言述这种活动，我们才能以不至于贫乏的方式，通过说那就是“它所言述的行为”，来说明所实施的是什么活动。当然，说一个述行语式实施它所言述的行为，这在一般情况下只是用于识别述行语式，而不是用于解释它所实施的行为是什么——应当说，在一般情况下我们必须先解释支配那种类型的述行语式的约定，这种约定使得这样一种讲话行为构成了属于特定种类的语言行为，例如许诺，这样我们才能为这种语词形式的其他用法，指派其所具备的描述性内容，即确定所作出的是这样一种行为。也就是说，所考虑的语言行为，只要像发誓或者为某个事物命名那样，**只能**通过讲出述行语句来完成，解释的顺序就必须这样颠倒——这就是我所说的“一般情况”。在有些情况下，语言行为可以用其他非述行的方式作出，例如，在祝贺某人时我可以说“我祝贺你”，也可以说“做得好！”；当然，我可以通过说“要下雨了”来断定天要下雨了，这与说“我断定天要下雨了”一样。(后面这种情况并不说明，像维特根斯坦在《哲学研究》§22 中建议的那样，断定记号是多余的，而只是说明“我断定……”这个短语不是英语中的
335 断定号。)在这些情况下，通过描述支配那些可以用来实施语言活动的其他(并且更加基本的)讲话行为的约定，就有可能解释这种语言活动是什么。例如，我们可以直接通过说，那是祝贺某人的一种方式，来解释“我祝贺你”这一述行语式的意义，因为我们可以不使用这种述行语式来解释“祝贺”的涵义。这正是维特根斯坦会说述行语式代替其他表达形式的情况。不过，并非所有这样“用来替

代的"表达式都是述行语式——"我想要(I intend to)……"这种形式可以替代"我将(I am going to)……"的某种用法,但说"我想要"却不是想要。

断定某事与陈述某事得到了断定之间为斯坦纽斯所强调的那种区别,正是把一种语词形式用于述行语式与用于非述行语式的区别。说"我许诺……"就是在许诺,但说"有人许诺……"却是在断定,而不是许诺。对于斯坦纽斯所说的"语气"(=语力)来说确实有区分,然而在用述行语式实施**断定**的情况下,却又属可疑。正是因为这,用"我断定……"来改写断定号,才是不恰当的——正是像"他断定"、"我断定了"以及"如果我断定"这样的形式存在,才使得以"我断定……"开头的句子成为述行语式。而断定号不允许时态及人称上的变化,并且不能被置于从属性的从句中,它只能用来实施,而不是描述断定行为。但在"我断定……"与"⊢"之间的这种区别,并不支持斯坦纽斯关于对断定的否定与对否定的断定相重合的主张。"我断定……"构成述行语式,而动词"断定"可以出现于成分从句中,正是这一事实,才使得我们有可能利用这种表达式,来表现否定某事,与表达拒绝断定它之间的区别,即便"情况不是……(It is not the case that)"只能解释成意味着"情况是并非……(It is the case that not)"。当把否定号添加给真正意义上的断定记号或者表示命令的记号,就必须认为它是以不同于通常的方式使用的,因为它一般对句子的描述性内容有贡献。而我们之所以不由自主地认为,我们可以自然地把许可当作是对禁止的否定,把承认某事是可能的,当作是否定对它的否定,是因为一个行为可以**撤销**另一个行为。通过说"它可能这样",我就撤销了之前

通过说“它不是这样”时所做的事情；通过说“你可以这样做”，我撤销了说“不要这样做”时所做的事情。

现在我们考虑，能否把语力标志有意义地放到二元语句联结词的辖域之内。“并且”的情况似乎是最简单的，这是因为我们有
336 那种依次作出若干讲话行为的实践活动。一般模式在这里又一次产生了可以理解的结果。如果亨利说，“(├ A) 并且(├ B)”，这就支持了这样一种报道，“亨利断定了 A 并且断定了 B”；同样，如果他说，“(? A)并且(? B)”，所支持的报道就是“亨利问过情况是否是 A，并且问过情况是否是 B”。这样，说“(├ A) 并且(├ B)”所带有的语力，恰好就与先说“├ A”，然后接着说“├ B”时所带有的语力相同，对提问和命令等等也是如此。对“并且”来说，它所连接的句子甚至不需要受同一种语力标志支配，人们可以说，“(├ A)并且(? B)”，或者“(? B)并且(! C)”，所有这些都没有问题。

我们确实经常以这种方式使用“并且”，而在用这样一些句子时我们毫不为难，“他以押三张同花起注，[并且]不要学他”，以及“他是本世纪最伟大的中提琴手，[并且]他得到过什么承认呢?”(不过，在本章前面，我们提到一些误导性的例子：“再走一步，我就轰掉你的头”[①]并不具备“(! A)并且(├ B)”这样的形式。)如果“并且”是我们的语言中唯一的逻辑常项，我们真的就总是可以将其当作是对附加了语力标志的句子起作用。说“(├ A) 并且(├ B)”所产生的实际效果，与说“├(A 并且 B)”正好相同，用“!”

① 这个句子的英文原句是“Move a step further and I'll blow your head off”。汉语形式无法体现其中的“and”。——译者

来换“⊢”也是如此——在关于断定的合取与关于合取的断定之间，以及在关于命令的合取，与关于使一个合取命题成为真的命令之间，没有什么对立关系。出于这个理由，再坚持说语力标志可以出现在“并且”的辖域之内，就是一件微不足道的事情——由此产生的意义，并不真正区别于把“并且”放到语力标志的辖域之内就可以表达的东西，而在两个命题运用不同的语力标志时，则与依次说两件事情没有区别。当然，唯当我们在一种粗略的意义上考虑“实践效果”时，情况才是这样的。如果每次我未能执行的一个命令，就会在营房里关 30 天禁闭，那么士官给我的是一个合取式的命令，还是两个一起下的命令，对我来说就不一样了。与此类似，如果有人要求，我对你所做的每个断定都要么回答“我同意”，要么回答“我不同意”，那么我把你的断定理解为两个连接在一起的断定，还是一个合取的断定，我的表现就因此而会有所不同。同样，你所做出的是这两者中的哪一种断定，会关系到人们对你的这样一种指控是否准确——“他从来不说真话”。

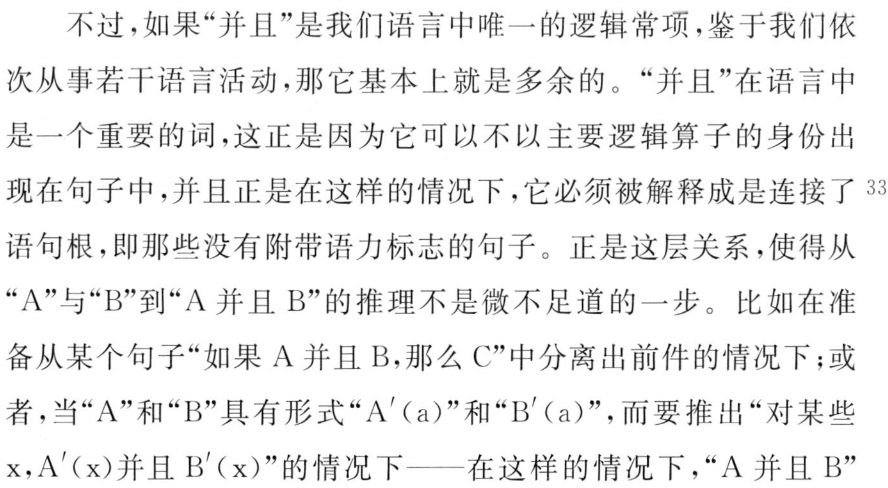

不过，如果“并且”是我们语言中唯一的逻辑常项，鉴于我们依次从事若干语言活动，那它基本上就是多余的。“并且”在语言中是一个重要的词，这正是因为它可以不以主要逻辑算子的身份出现在句子中，并且正是在这样的情况下，它必须被解释成是连接了 337
语句根，即那些没有附带语力标志的句子。正是这层关系，使得从“A”与“B”到“A 并且 B”的推理不是微不足道的一步。比如在准备从某个句子“如果 A 并且 B，那么 C”中分离出前件的情况下；或者，当“A”和“B”具有形式“A′(a)”和“B′(a)”，而要推出“对某些 x，A′(x)并且 B′(x)”的情况下——在这样的情况下，“A 并且 B”

必须被解释成"⊢(A 并且 B)"。因此,在语言中保留"并且",其要点在于它能够用于连接语句根,而连接具有断定语力或祈使语力这类的用法,则完全可以放弃。

这并不意味着,用"并且"充当语句根主算子的句子,总是可以等同于语力标志被置于两个合取支前面的形式。疑问句的情况就是反例。我说的是"?(A 并且 B)",还是"(? A)并且(? B)",在实践上会造成最明显的差异,比如对于我寻求的是什么类型的答案。尽管在这两种情况下我们会以大体相同的方式回答,我们还是知道什么样的答案不多不少回答了问题"?(A 并且 B)",而这不同于回答(? A)与(? B)这两个问题。

然而,析取似乎不能用同样的方式处理。如果我说"(⊢ A)或者(⊢ B)",同时却想使得这样的报道对我来说是正确的,即要么我断定了 A,要么断定了 B,那就不可能看出,我的讲话行为何以能够解释成使得这样的报道为真——在说"(⊢ A)或者(⊢ B)"时,我既没有断定 A,也没有断定 B,因此说我要么断定了这个要么断定了那个,这对我来说不可能是正确的。在试图解释"(! A)或者(! B)"时也会出现类似困难。对于"要么,我命令你关上门,要么,我命令你打开窗户"这个说法,人们可能只是回答说,"那你在下**哪个**命令呢?"不过,对问题来说情况则不同,"(? A)或者(? B)"自然就具有与"?(A 或者 B)"不同的意义。比如下面的测验题:

13. 弗雷格的"对象"一词是什么意思?

或者

罗素的“个体”一词是什么意思?

如果有人问我“?(A 或者 B)”,那么如果情况是 A 与 B 之一时,我就要回答“是”,而如果情况既非 A 又非 B,那我就要回答“否”。但如果有人问我“(? A)或者(? B)”,那么按照要求,我就**要么**回答问题“? A”,**要么**回答问题“? B”(如果“或者”是相容性的,也可以都回答)。

这种解释虽然自然,但沿用以前用来解释在语句算子辖域内 338
使用语力标志的那种模式,却不可能达到。如果有人说,“(? A)或者(? B)”,那么就不能这样叙述,说他要么问了情况是否是 A,要么问了情况是否是 B,因为他两者都没有问。析取不是在对语言行为所做的叙述中引入的,而是在对问题所反应的叙述中引入——被问者要是按照说话者的提示来作出反应,他要做的就是,要么回答情况是否是 A,要么回答情况是否是 B。这种模式不能用于断定的情况,因为断定并不要求与提问、命令以及请求相同的方式作出反应。它可以用于命令的情况,但其结果与逻辑算子落于语力标志辖域之内的情况没有区别。如果需要作出的反应不多不少就是,要么服从使得 A 实现的命令,要么服从使得 B 实现的命令,那么这样的东西就只是一个关于使得“要么 A 要么 B”这种情况得到实现的命令;而如果所要求的反应是不管怎样都确保命令“! A”没有得到服从,那就是命令“! 并非 A”。

最后,我们转向条件式。在一开始我们就遇到一个关于表示形式的问题,例如,一个条件式问题要表示成“如果 A,那么(? B)”、“如果(⊢ A),那么(? B)”,还是“如果(? A),那么(? B)”呢?如

果沿用原来的模式，那么通过说“如果(? A)，那么(? B)”，亨利作出的语言行为就一个支持这样一种报道：“如果亨利问过是否是A，那么他就问了是否是B”。这种类型的语言行为看起来一点用处都没有，因为在作出这种行为时，亨利肯定没有就此询问情况是否是A，而前件在每种情况下都没有得到满足，从而致使整个行为归于无效。但是，对这种字面解释稍加调整，我们就可以设想这种形式具有这样的效果：它告诉对方，如果说话者接下来问情况是否是A，此时他就要被理解为也问到了情况是否是B(否则，事情就变成好像他什么都没有说一样)。于是我们就有了某种悬置起来的问题，就好像法官对悬置的案子下判决一样。然而，对于为什么我们会觉得，在我们的语言中不需要为这种特殊形式的语言行为设置表达式，几乎根本用不着解释。

“如果(⊢ A)，那么(? B)”这种形式相应地就必须理解为，如果在随后的任何时刻，说话者断定了A，那就要理解成他也在就此询问情况是否是B；对“如果(⊢ A)，那么(⊢ B)”也要做类似理解。因此显而易见，对于条件式问题、条件式命令以及条件式断定，我们应该非常自然地认为相应的表示形式是，“如果A，那么
339 (? B)”、“如果A，那么(! B)”，以及“如果A，那么(⊢ B)”。比如说，其中第一种形式的内容是，我希望得到这样的理解，如果情况就是A，那么我就要被理解为询问了情况是否是B，而若情况不是A，那么我就要被理解为根本什么都没有说。这当然与直接问情况是不是如果A那么B非常不同，因为在前一种情况下，当情况不是A时，就没有问题需要回答，而后一种情况则不是如此。

在这种意义上，显然有条件式问题这回事，这就像在表格中这

样问:"如果对问题8的回答是'是',那么你在领取补助吗?"在"如果A,那么(? B)"中,"A"看起来出现在任何语力标志的辖域之外,这不应当被认为构成了困难——整个语境"如果A,那么(? ……)"应该被当作构成了一个单一的语力算子,它表示以情况是A为条件提出了一个问题;或者这样说更好,语境"如果……,那么(? ……)"应当看作一个具有两个主目位置的语力标志,这就像"H ⊢ A"中的"⊢",它表示关于"A"的断定在假定了H的基础上成立,在一个演绎论证中这允许引入和消去假设。这种解释尽可能地合乎原来的模式——通过说"如果A,那么(? B)",亨利促成了一种可以正确地报道为"如果A,那么亨利询问情况是否是B"的情况。这当然还不够精确,亨利实际上根本没有问情况是否是B。真正精确的报道是这样的:亨利所说的是这样的,如果情况是A,那么他说的就相当于询问情况是否是B,而如果情况不是A,那他就相当于没有提出任何问题。

既然在这种意义上存在条件式问题,那是否也存在条件式命令呢?条件句形式的祈使句可以分成两类:其中前件表述的情形在行为者(agent)(受话方)能力范围之内,例如"如果你出去,那就穿上外套";前件表述的情形不在行为者能力范围之内,例如"如果下雨,就穿上外套"。我们希望知道,是否所有的条件式祈使句都要解释为"!(如果A,那么B)",还是说,有些句子解释成"如果A,那么(! B)"更好。

对属于前一类的条件式祈使句来说,似乎有决定性的理由,使我们应当将其解释为这样的命令,它要求"如果A那么B"这一情况得到实现,而不是解释为以情况是A为条件的命令,并要求实现情况 B。这个理由可以说就是，在这种情况下接受命令的人可以让前件为假，而这正是为了服从命令。例如一个孩子被告知，要在出去的时候穿上外套，他很可以选择不出去，以此来服从命令，
340 他也会因为以这种方式服从命令而得到表扬。因此，这一类条件式祈使句，似乎要被解释成一个要使得实质条件句为真的命令，而不是我们在这里使用的那种意义上的条件式命令。

对第二种来说，就不可能基于这个理由做出取舍，因为这种命令的标志性特征就是，行为者不可能通过使前件为假来让实质条件句成为真的。但正是出于这个原因，在这种情况下两种解释也不可能带来实际的区别。这是唯一一种条件式祈使句，我们有可能解释成表达了我们那种意义上的条件式命令，但对这种祈使句说，这样解释似乎是非常多余的。

确实会出现这样的情况：前件在行为者能力范围之内，但他使其为假的行为不会赢得说话者的赞赏。让我们举一个关于请求而不是命令的祈使句为例。我所在的学院一个研究员资格届满的人对我说，“如果我再次获选，请不要行使你的权利，来申请我现在那套房子。”如果我答应他的请求，那么显然，如果我仅仅是为了能够在不慢待他的请求的同时，还能得到他那套房子，而投票反对他获选，那么他不会感谢我。不过，这种情景中的这一特征，没有以条件句的形式得到明确表达，而是任何人都能够从情景本身看出的东西。可以通过这样一个事实看到这一点：那个祈使句可以转换成非条件句的形式，例如“不要让我在获选的同时又把房子让给你”，而这样没有改变这个特征。

冯·赖特与瑞因兰德尔（Rhinelander）建议，把自然语言中的

直陈式条件句解释成条件式断定，而不是关于实质条件句或任何其他形式的条件句——说“如果 A，那么 B”的时候，我的意思并不是直接作出任何断定，从而让这个句子的真值在所有情况下都确定下来；我的意思是，如果情况是 A，我就相当于断定了 B，而如果情况不是 A，我就相当于没有做任何断定。不过，能够进行否定后件(modus tollendo tollens)推理，就似乎以类似方式排除了这种解释。例如，如果某人对我说，“如果 A，那么 B”，我接受他所说的，但随后发现情况不是 B，于是我作出结论，情况不是 A。这样说来，他的讲话行为似乎不能解释成“如果 A，那么(⊢ B)”，因为在这种情况下，前件没有得到满足，但整个说来并不就好像什么都没有说——相反，正是因为这个人说了那些话，才使得我能够知道 341
前件并不成立。因此，允许否定后件推理的条件句形式似乎不能解释成条件式断定，而只能解释成对于一个条件式陈述的断定。但是，我们不是可以引入一种条件句形式，它允许肯定前件(modus(ponendo) ponens)推理，但不能对其进行否定后件推理吗？不，只要指出关于“A”的断定会导致矛盾，这足以让我们有权断定“并非 A”，我们显然就不能这么做；这里关系到的是“并非”的意义，而不是“如果”的意义。

这样看来，条件式命令或条件式断定所要达到的效果，只能通过“封套式命令(sealed orders)”或“封套式陈述(sealed statements)”达到。我交给一个孩子一个信封，上面写着“当且仅当你刚出门时打开它”，里面有张纸条，上面写着，“回去穿上外套”。我这样做诚然就是下了一个以备孩子外出的命令，这个命令不能够通过不外出而得到服从。同样，如果我交给一个人上面写

着“当且仅当 A 时打开”的信封，里面一张写着“├ B”的字条，那么我做的诚然只在那个人发现情况是 A 的情况下才会做出的一个断定，因而从我说的任何话中，他都不能推出情况不是 A。在这两种情况下，如果前件没有满足，或者并不知道前件得到了满足，事情确实都正像我什么都没有说一样。但是，似乎不可能有什么纯粹语言的信封，也不可能有一种语词形式可以有条件地自我撤销。

然而，仔细审查表明，这个论证，以及那个反对条件式命令的论证，可以说都是错误的。通过考察一种条件式言语行为的原型，即条件式打赌，我们就可以看到这一点。以“A”为真为条件，就 B 打赌，这与就条件式陈述“如果 A，那么 B”为真来打赌相当不同。条件式打赌这个概念之所以没有问题，是因为一次（普通的）打赌有两个可能的结果：接受方（the taker）付钱给设赌方（the bettor），或者设赌方付钱给接受方。在条件式打赌中，如果前件落空，则打赌结束，谁都不会付钱。从这儿我们看到，条件式言语行为的实施，并不要求当前件没有得到满足时，**整个**就应该像什么都没说一样。在条件式打赌中，以情况是 A 为条件就 B 打赌，前件至少部分地在设赌方或接受方能力范围之内。一段时间之后，两者之一可能认为自己没有希望赢，于是就开始试着让前件落空，
342 以便至少自己不会输。在条件式打赌这个概念中，没有任何东西使这种做法成为不恰当的，况且，许多直接的打赌行为所涉及的条件，显然也处于设赌方或接受方能力所及的范围之内。行为是否失当，这只能由关于打赌所涉及的主旨来规定，例如那些禁止人为提升赛马体能的约定，而不会出自条件式打赌的语力本身。

一种讲话行为成其为条件式打赌，不在于如果前件没有满足，那么它就相当于什么都没有说，而在于在那种情况下相当于没有做出（直言的）打赌行为。没有任何关于语言的约定有可能保障，在某些情况下作出特定的语言行为，对随后的事件进程不会产生任何后果，除非它在任何情况下都不产生后果。如果它在有些情况下会有某种后果，那么在那些情况下产生那种后果的想法，就会影响听到那些话的人的行为，而我们又不能制定一种一般性的约定，来确保没有人会受到这种影响。（这就是为什么说，没有任何讲话行为可以弄得可以按照条件自我撤销。）因此，当讲出一个条件式祈使句或条件式断定句，即使前件是假的，也会对听者的行为或知识造成影响，这个事实本身并不表明，这种讲话行为不能在我们的意义上被解释成条件式命令，或条件式断定。

如果我们能够说，只要前件是假的，那就相当于没有给出任何（直言的）命令，那么一个讲话行为就是条件式命令；如果我们能够说，只要前件是假的，那就相当于没有给出任何（直言的）断定，那么一个讲话行为就是条件式断定。这种较弱的条件能够让我们理解条件式命令或条件式断定的概念吗？

确实如此，前提是，我们可以确定，比如说下一个命令或者给出一个断定所可能产生的两种独立的后果，就像我们可以确定打赌或者问一个语句问题（人们回答“是”或“否”）所产生的两种不同的后果一样——因为那样的话，我们总是可以设想语言行为的一种形式，使得在某种情况下（前件没有得到满足），两种后果都得不到。会有这种情况，例如在一个社会中，下命令是一件严格形式化了的事情，服从会有奖励，违反会带来惩罚，而这可能还与接受命

令的人的功与过无关。在那种情况下完全有可能有条件式命令，按照支配这种命令的约定，如果前件没有满足，就既不会有奖励，
343 也不会有惩罚。在这种情况下，前件之为假，这是否是由于接受条件式命令的人所为，是完全无关的。由于害怕在前件实现时无法服从命令，他采取行动阻止前件实现，这是完全自然的事情，而根本不会使我们否认这是一种条件式命令。

事实上，命令对我们来说不是像在这种假想社会中描述的那样的。对我们来说，命令明确了不服从意味着什么——如果下命令的人在一开始就有权下命令，那么不服从的行为就自动授予他以惩罚或者至少是斥责的权利，这是一种他不必行使的权利。另一方面，服从则没有授予奖励或表扬的权利，它属于地位高一级的责任人有权**要求**的某种东西。因此，在我们的实践活动中，惩罚/斥责以不同于奖励/表扬的那种方式与命令联系在一起。前者是通过约定与之联系的，命令的内容就决定了什么算作不服从，从而决定了什么行为该当惩罚或斥责（没有能力避免不服从的情况发生，这还是能够充当完全免除责任的合理借口）；与此不同，虽然奖励和表扬可以授予为了避免不服从的情况发生，而自愿作出的任何行为，但还是没有任何行为能确保奖励或表扬的权利。在一个条件式祈使句所表达的命令中，当前件没有处于行为者的能力范围内，我们就不能在前件为假时说行为者服从了命令。这个事实并不构成我们把这种祈使句解释成条件式命令的依据，因为如果不确定什么算不服从，也就没有确定什么算服从这样的问题。一个人如果不需要做任何事就能避免不服从，那就不能说他服从了，而我们也不会用到一种形式，把如此这般的自愿行为尽管成功避

免了不服从的情况，还是规定不能算是服从。这样，对于我们现有的这种下命令的语言行为来说，给定了围绕它的这些约定，我们就没有余地来安排条件式命令了。但要是我们有一种类似于下命令，但与我们实际进行的实践活动有明显差异的语言行为，这样的余地还是有的。

我们已经从否定后件推理的存在出发，反驳了原来那个认为条件式断定不可能的论证。因此，问题初看起来变得困难了，因为我们不知道如何对于断定运用“后果”这个概念，以至于无法提出“一个断定的作出具有一种还是两种后果”这样的问题。当然，形 344
式化的语言行为与非形式化的语言行为之间，显然并没有明晰的区分。例如，提要求的行为在一种意义上是形式化的，这与问问题是一样的，因为对这两种行为来说，所要求的是什么反应，这一般是足够清楚的。但与真正意义上下命令的行为相比，提要求的行为还不是形式化的，因为某人是否按照所要求的方式回应了，其后果并不那么明晰。不过不管怎样，断定的行为处于标尺的非形式化的那一端。作出一个断定，这当然对说话者和听者来说都产生了很多后果。并且我们也注意到，对于像打赌或下命令这样高度定型了的语言行为来说，这种行为是否可能，取决于这样的行为产生一些可以精确规定的后果，这一点在约定中是否得到了承认，然而，从受这种约定所支配的行为，还是会自然而然地产生一些其他后果，它们本身不是约定的一部分。而在断定的情况下，似乎并没有这样的区分可做。

在这种情况下，人们不可避免会求助于真与假这对概念。对于受约定支配的断定行为，无论其所需要的描述究竟应当采取什

么形式，都必须按照使得所断定的内容为真和为假的条件作出。因此，或许我们可以把直接的或直言的断定刻画为只要不是真的就是假的，而条件式断定则刻画成允许在真与假之间可能有中间情况，在这种情况下所说的内容既非真也非假，或者这样说或许更好，在这种情况下没有说出任何真的或假的东西。

很不幸，这个极其自然的建议说明不了什么。原因不难理解。如果我们终究接受涵义与语力的区分，那么对于所有的语言行为（或者至少所有那些为表达完整思想的讲话行为所影响的行为）来说，只要制约它们的约定必须参照赋予所表达思想的真和假的概念来解释，那么情况就是如此。整个要点根本上就是：对于命令来说，服从或不服从的条件，要由构成祈使句涵义的那个思想为真和为假的条件来决定，在所有其他情况下也是如此。因此，对于所有语言行为来说，如果都要为引入一种相应的语言行为留下余地，而这种行为要允许两种后果之外的中间情况，那么这种可能性就必须能够利用这种行为所具备的那类后果，来得到直接的解释。诉

345 诸真与假的概念，我们所得到的就只不过是，对于决定在何种条件下后果将会终止的机制，给出了一种解释；我们并没有得到我们想要的，即解释怎样才能认为后果终止了。

如果有人宣称他是这样使用某个句子“A”的，在某种条件下它是真的，在另外某种相反的条件下它是假的，并且只要前面两种条件都不成立，它就既非真也非假，那么这根本就没有说清楚他讲出句子“A”所做的断定内容。因为，如果确实存在出现中间情况的可能性，那么我们就想要知道，通过断定“A”，他是想要排除这种情况呢，还是要将其当作可能的表现出来。如果他拒绝回答，那

么他就未能引入一种新型的语言行为，一种条件式断定行为，而只是赋予他关于“A”的断定式用法一种歧义。如果他说，通过断定“A”，他希望被理解为排除那种既非真也非假的情况，那么至此我们还弄不清他区分“A”为假与非真非假这两种情况的目的。另一方面，如果他说，在断定“A”时，他希望被理解为保留它非真非假的可能性，那么我们就还是没有得到区分“A”为真与既非真又非假这两种情况的依据。

把自然语言的直陈式条件句解释成表达了条件式断定，解释成当前件为假时没有说出任何为真或为假的东西，这样的建议如果纳入这种考虑，那么显然，一个作出条件式断定的人并没有排除其所说非真非假这种可能性，因为，否则他的讲话行为就只有在前件与后件都为真的情况下才是正确的。然而，这与把“非真非假”[这个谓词]适用于包含了没有指称的名称的句子这种情况，并不相互协调，因为，任何以严肃的方式使用这类句子作出断定的人，显然都没有设想名称缺乏指称的情况。对于“圣托马斯·摩尔最年长的儿子成为了一名新教徒”这个句子，无论说其非真非假有多么充分的理由，任何用这个句子作出严肃断定的人都不会对摩尔没有儿子这种情况留有余地，一旦发现这种情况就会收回这个陈述；如果想留下余地，他应该说的就是“如果摩尔有儿子，那么最年长的那个成为了一名新教徒”。因此，弗雷格在谈到包含无指称名称的句子时所使用的“非真非假”，显然不是在解释用于作出条件 346
式断定的条件句时所用的那个词。

然而，对于条件句来说，到此为止，我们还没有找到用来区分为真与非真非假两种情况的依据——在“B”为假的情况下，没有

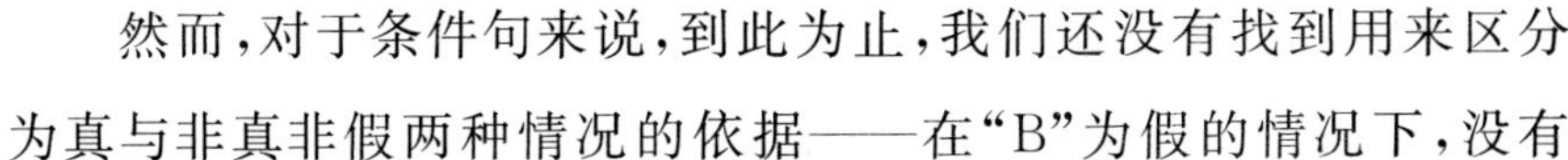

理由不把“如果 B,那么 C”当作真的,从而将其当作实质条件句。同样,对于包含了专名的句子,要是不按照罗素的摹状词理论来解释的话,我们还没有找到用来区分为真与非真非假这两种情况的依据。在后一种情况下,前面我们斟酌过的那条思路确实提供了这样一种依据,但重要的是看到它的特点。原因是这样的,把“摩尔最年长的儿子成了一名新教徒”划分为非真非假的那一类,我们就得到了一种更为简单的方法,来解释以那个句子充当成分,或者看起来充当成分的复合句子。如果把这个句子直接说成是假的,我们就不能把“摩尔最年长的那个儿子没有成为一名新教徒”这个句子当成原来那个句子的否定,也就是说,不能当成是由原来那个句子使用了否定算子以后得到的;并且我们不得不像罗素那样,把原来那个句子分析成不是像表面上看起来的那样,通过把一个名称插入谓词的主目位置就可以得到。如果把它说成是非真非假的,我们就可以把那个否定句看作是运用否定算子得到的,而这个否定算子把真句子转换成假句子,把假句子转换成真句子,并且把一个既非真也非假的句子转换成同样非真非假的句子。

如果在我们的语言中有(实际上没有)对条件句进行否定这么一回事,并将其解释为没有歧义地产生了一个新的断定句,那么类似的动机在这种情况下也会起作用。比如说,假定我们有一个否定算子“否(non)”,在大部分情况下它以一种直接的方式起作用,但当用于直陈式条件句时,则产生一个内容与反对条件句(opposite conditional)相同的句子,也就是说,通过否定后件得到的句子“否(如果 B,那么 C)”,等价于“如果 B,那么否 C”。这样,为了用真值表来解释这种否定算子,就必须在“B”为假时把“如果

B,那么 C”当作非真非假,并且也会再次把“否”当作把真句子转换成假句子,把假句子转换成真句子,而把非真非假的句子转换成还是非真非假的句子。当然,我们没有必要必须这么做,我们可以只是把“否(如果 B,那么 C)”当作“如果 B,那么否 C”的习惯用法。哪种做法更方便,取决于更加复杂的句子的行为,但不管怎样都会有一种依据,让我们把前件为假的条件句说成是“非真非假的”。 347

在这两种情况下,“‘A’是假的”都被认为是在说“‘A’的否定是真的”。当然,这是对“假”这个词的一种非常自然的运用。“‘A’是假的”与“‘A’的否定是真的”之间的等价关系,甚至可以看作“假”一词意义的构成性要素(这不是必须的)——这样一来,说某些句子在特定条件下非真非假,其动机就是要使我们能够继续把其他句子解释成这些句子的否定。这里,重要的是把握两件事。首先,把一个句子描述为在一些情况下是真的,在另外一些情况下是假的,而在第三种情况下非真非假,这还不足以为讲出这个句子所实施的断定确定内容——说话者是否排除了句子既非真也非假的情况,这仍然有待确定。这本身就足以告诉我们,断定这样一种语言行为可以说并没有一种内在的规定,要在人们认为作出断定的行为所具备的两种后果之外,引入一种中间情况。第二,对于断定句来说,引入中间情况(陈述既非真又非假)的依据,不是与句子本身被用来做断定的用法,而是总与用来充当复合句成分的用法相联系,尤其是与利用否定算子得到否定句这样的用法联系。如果只是关心用句子“A”所做断定的内容,那么我们需要知道的,就只是通过作出这样一个断定,哪些事态被排除了。如果那些事态都不成立,那么断定就是正确的。只有当句子充当更为复杂的

句子的成分，而我们需要解释它如何对那个复合句的内容做出贡献时，我们才有必要对断定如何是正确的，或者如何是不正确的，作出更加细致的区分。（当然，当句子被用来实施除了断定以外的其他语言行为，例如像提问这样一些很容易受条件制约的行为，为了解释句子是如何起作用的，也就可能需要这些更细致的区分。）

在认为一个陈述的“真”等于是说讲出这个句子所实施断定是正确的，而“假”则等于说这种断定不正确的情况下，这个论证本身也不支持二值律（该定律规定所有陈述都要么真要么假）。对那个定律的辩护需要考虑比这里此前涉及的更深的一些问题。这里不进入这些问题，而限于指出，如果事先不假定，情况必然是要么为
348 使用某陈述的断定行为所排除的那些事态中的一个成立，要么那些事态都不成立，我们目前的讨论还不能建立这个定律。从目前的讨论中能够得出的只是，按照“真”与“假”的这些意义，一个陈述不可能既非真也非假，我们也不可能把一个可以描述的事态，说成是使得断定既不是正确也不是不正确的事态——而要建立所有陈述都必定要么真要么假这个结论，还需要其他工作。

那么，我们的这番艰苦探索得到了什么成果呢？显然，我们已经确认，在一些情况下，对于已经包含语力标志的句子运用语句算子，我们有可能为这种用法找到一种自然的解释。因此，真正说来，弗雷格所主张的观点是不正确的，他认为语力总是运用于作为整体的完整句子，而不能用于其从属的部分。尽管如此还是很明显，我们为这个观点找到的例外情况并不影响它本质上的正确性。因为，对于在语句算子辖域之内使用语力标志来说，还不能给出一

般性的解释，能够给出的解释并不意味着存在一般的解释模式——我们必须为每种情况寻找可能的解释，有时按照一开始推荐的一般模式找到一种解释，有时又不得不运用其他模式，有时又根本找不到。况且，关键是这些解释中没有一个能够迭代使用——我们最多为对包含语力标志的句子运用一次语句算子的情况作出了解释，而这种解释又不允许把由此得到的整个形式，置于另外一个语句算子或者语力标志[的辖域]之内。我们用来达到解释的那种模式，取决于所考虑语句算子是在描述通过所考虑的那种讲话行为实施的语言行为时使用的，还是在描述这种讲话行为所要引起的反应时使用。毫不奇怪，在有些情况下，我们通过这种方式能够达到一种新的语言行为，它或者属于我们在实践中已经运用的种类，或者是我们没有运用，但通过以一种显然的方式与语言行为的基本形式相联系，我们还是可以设想能够运用。但是，对这种对应于新型语言行为的新型语力来说，它确实还是不能进而被置于语句算子的辖域之内。因而，对于弗雷格的观点“语力不可能被赋予整个句子之内的成分从句”来说，我们由于某些理由对其有效性可能感觉到的任何疑虑，都不会使我们有理由猜测，存在于涵义与语力之间的整个区分会面临崩溃。

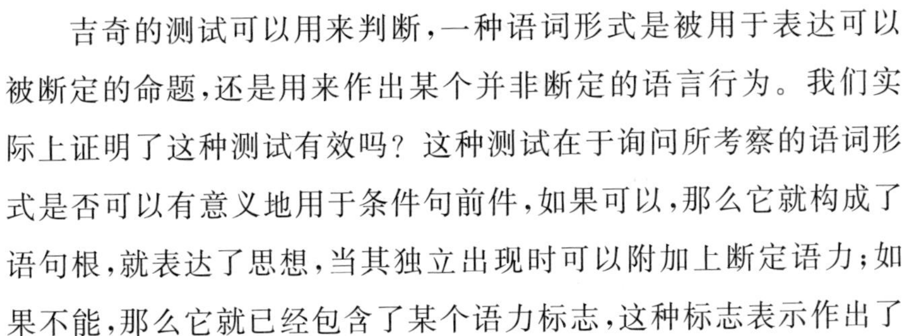

吉奇的测试可以用来判断，一种语词形式是被用于表达可以被断定的命题，还是用来作出某个并非断定的语言行为。我们实 349
际上证明了这种测试有效吗？这种测试在于询问所考察的语词形式是否可以有意义地用于条件句前件，如果可以，那么它就构成了语句根，就表达了思想，当其独立出现时可以附加上断定语力；如果不能，那么它就已经包含了某个语力标志，这种标志表示作出了

某种不属于断定的语言行为。

吉奇的测试背后有一种重要并且有效的洞见,这就是,对于句子来说,真这个概念与用句子充当条件句前件这种用法之间,具有一种直觉上的牢靠联系,其强度与假这个概念与否定号之间的联系相当。很明显,我们的确不能在所有情况下都把否定主干动词(the main verb)所得到的结果,当作对于整个句子的否定。与此同时,我们注意到,我们在对真与假这两个概念的使用上有一种强烈的倾向,它允许我们把从句法上看最明显是对句子作出否定的形式,解释成真正对句子作出的否定,也就是说,只有在对主干动词进行否定所得到的结果是真的,句子才是假的——正是这一点,使得关于某些种类的句子既非真也非假的一些主张,在直觉上具有吸引力。同样,我们直觉上常常倾向于严格按照相关句子在充当条件句前件时表现出的行为,来使用谓词“真的”。例如说,我们在自然语言中使用的条件句,几乎就没有其前件本身就是条件句的情况,而我们根本不情愿把“真的”这个词用于条件句,就肯定与此有关。在这方面为什么是条件句的前件而不是后件才是相关的,我们只需考虑一下条件式的言语行为,原因就会清楚。如果“K”是一个包含了语力标志的句子,“A”是一个语句根,那么至少可以设想“如果 A,那么 K”这种形式还是有些用处。在这种情况下,只要前件“A”已知得到了满足,条件式讲话行为也就具有与简单的讲话行为“K”恰好相同的语力。但是,有些情况下,不管是否明确意识到,为了确定真这个概念如何运用于一个给定的句子,我们还是希望诉诸这个句子在复合句中所表现出来的行为。正是在这种情况下,我们感觉到有理由区分使得句子为真的条件,与使得

将其作为完整句子讲出来的行为算是正确或合适的条件——出于刚才陈述过的理由，句子充当条件句后件所表现出来的行为，在这一点上毫无助益。另一方面我们也已经看到，对于前件包含了语力标志的条件句来说，一般而言也几乎没有什么可做的。这样看 350
来，例如将来时态的句子倒是明确代表了一种情况，在这种情况下我们希望清楚地区分适用于这些句子的真理概念，与使得这些句子以合理的或者有依据的方式得到断定的条件。我会在这两种情况之一中断定这样的句子：我有这么断定的归纳基础；作为对我的意图的表达来断定它。这两个概念在哲学上都很有问题，都需要分析，但这种分析不容易得到，因而，使得一个将来时态的陈述能够得到合理断定的条件，还需要做出相应的复杂分析。况且，这里我们有两种不同种类的情况，它们都能够使将来事态的断定能够合理地作出。要学习将来时态的句子用法，无疑就要理解这些条件，即学习表达自己关于将来的意图，以及学会判断关于未来的陈述是否具备归纳基础。因此，如果将来时态的句子从未充当复合句成分出现过，我们在这里自然就应该区分两种不同类型的语言行为，即作出具备归纳基础的预言，以及对意图的表达——对于将来时态之为**真**来说，我们看不出有任何必要将其与作为预言而具备归纳依据这一点区分开，也没有必要将其与措辞恰当并且真实地表达了意图这一点区分开。在第一种情况下，未来时态的句子在用来报道当前的趋势，与用来作出一个真正关于未来的陈述这两种情况之间，没有通过分析作出区分的余地；在第二种情况下，在表达一个我目前具有的意图，与正确地告知到时候我实际上会做什么之间，也没有作出区分的余地。这并不意味着这两对区分

中的第二个概念可以消失了——除非已经理解了何谓预言之为真和为假，我们无法具备关于预言的归纳基础的概念；除非已经具备了关于意图实现或没有实现的概念，我们也无法具备意图的概念。这只是意味着我们没有依据说，将来时态的陈述的内容就是**事件将会发生**，而不是有归纳证据表明它会发生，或者说话者意欲其发生。换言之，我们没有依据为讲话行为赋予区别于辩护条件的真值条件。

正是将来时态的陈述充当成分出现于复合句中这一情况，迫
351 使我们为这样的陈述赋予真值条件，而不管使这些断定行为就其本身而言，即作为预言或者作为意图的表达而言，是否存在使其得到辩护的条件。正是因为合取与析取有时的确允许语力标志出现于其辖域之内，条件句前件才提供了最为清楚的简单情形。条件句是否要解释成实质条件句，这并不重要，真这个概念与前件所表达的条件联系在一起。如果有人说，“如果永远不会有人理解我的著作，我的一生就白过了”，那么前件所给出的条件达成，就使得由那个人所讲出的句子“永远不会有人理解我的著作”为真，这个条件显然不能等同于使他有理由断定“永远不会有人理解我的著作”的那个条件。

到此为止，吉奇的测试似乎是有效的。然而，它事实上需要接受大幅度的限制。一种形式的句子能够用于直陈式条件句前件，这本身并不表明，这种句子就其具有确定意义而言，就一定要解释成具有确定真值条件。

让我们回顾一下，在解释“如果(？A)，那么(？B)”以及“如果(！A)，那么(！B)”这样的形式时，我们遇到什么困难。我们想把

第一种形式解释成“如果在任意未来时刻我问情况是否是 A，那么我就要被理解为也是在问情况是否是 B”。对祈使句的形式也做类似解释，这样解释尽管可以理解，但似乎没什么价值。不过还有其他的可能性，即把条件式疑问句理解成是在表达“如果我面临着要问是否是 A 的情况，那么我也会问是否是 B”。这个建议对于问题与命令来说，看来甚至比原来的解释更没有意义，但那是因为问题与命令并不属于我们一般会想到要让旁人作出的那类讲话行为。这类讲话行为主要是断定，提问正是得到它们最为直接的方式，更确切地说，我们常常渴望确保其他人赞同我们自己的断定。出于这个原因，我们会使用一种复合形式，“如果（⊢ A），那么（⊢ B）”，而且这一次要将其解释成，“如果我断定（同意）A，那么我应该断定（同意）B”。在一场讨论中，如果有人想说服我同意他关于 B 的断定，我就会考虑使用这种形式——通过这样一种条件式的讲话形式我向他表明，如果能够先说服我同意关于 A 的断定，他就能够达到目的。使用这样理解的条件式断定时，我并不希望别人以后总是把我的意思理解为，如果我在任何时刻断定 A，也就断定了 B。在做直言断定时，我不会希望自己被理解为在未来的所有时刻都继续这样断定，也属此类情况——用那个条件式断定，我只是在表示，就我目前的想法来说，同意一个命题，会使我同 352
意另外那个命题。

这样一种形式的条件式断定对我们的用处极其有限，因为，像这样的情况是罕见的：我可以承认，如果我准备断定 A，也就应该准备断定 B，但在这种情况下我不准备断定“如果 A，那么 B”——关于条件句的断定能够起条件式断定的那种作用。这不是说它们

两者必定等于是同一个东西，而是说，它们间的差别极其细微。

眼下显而易见的是，如果除了断定还存在其他形式的语言行为，有时候我们想从其他人那里引出这种行为，那就可以为这种行为的条件式形式留出位置，这种形式是按上述方式得到解释的，也就是说，其前件必须当成包含了语力标志。不幸的是，正是吉奇认为自己的测试所拒绝的那些理论，让我们关注这种类型的语言行为。例如，吉奇希望反对的一种理论是，关于一个人要为如此这般的行为负责（即他做了这件事，并且能够不做这件事，或者不管怎样，他会因为做了这件事而得到赞扬或者责备）的陈述不具备确定的真值条件，因而讲出这种陈述的讲话行为，并不等于作出了完整意义上的断定，而是作出了一种不同种类的语言行为，即责任归赋(ascription of responsibility)。按这种理论，对于作出这种陈述的人来说，要使其陈述成为正确的而必须满足的那个条件并没有得到满足，这个事实只能部分地表明他是错误的——在某种程度上，他只是在表明自己决心要把所谈到的那个人当作要为那种行为负责，要为此而得到赞扬、奖励、谴责或者惩罚，然而没有一种客观的条件，用来在所有情况下确定这样的态度是否正确。当然，对于伦理陈述、美学陈述等来说，类似的解释是非常流行的。在此我们大可怀疑，这样的理论代表着一种颇为廉价的做法，它用来解决困难的哲学问题的方法，是把这些问题从可理解的秩序中排除出去。而从前面所说的可以清楚地看到，即便指出所考虑的各种形式的陈述可以相当妥帖地充当条件句的前件，也不能便捷地解决问题。因为，即使所讨论的这些理论是正确的，情况仍然是，虽然这些种类的陈述缺乏确定的真值条件，它们仍然是我们想要从其他人那

里引出的。这样一来它们作为条件句前件出现，就一点也不神秘，并且也不会与吉奇希望反驳的那些理论不一致。这样的陈述虽然 353
不具备断定的特征，但的确仍然表现了适合于赞同这个概念的那种语言行为。在有些情况下，我会长时间地斟酌我是否(准备)问某个问题，下某个命令，作出某个请求或下某个赌注，但在这些情况下都不适合说我赞同这个问题、这条命令、这个请求或者这次打赌。原因容易理解。赞同是一种内在的行为，也就是说，在它出现的时候不需要任何外在的表达，因此在决定是否准备赞同一个命题，与决定是否准备表达这种赞同之间，就存在着差别。而询问、下命令、提出请求以及下赌注都是外在的操作，而不是表达任何东西。(当然，一个请求在某种程度上是欲求的表达，但它不止于此——如果有人敦促我说出我想要什么，我做出让步告诉他，我并不因此而要求他满足这种欲求。)我不可能和自己打赌，也不可能请求自己。在某种意义上我可以给自己下命令或问自己一个问题(纳闷＝*se demander*[①])，尽管如此，我不可能纳闷是否要给自己下个命令，也不可能纳闷是否要问自己一个问题。问问题、下命令、提要求或下赌注，这都对所发生的事情造成影响，尤其是对在我身上发生的事情造成影响，但这取决于据以实施语言活动的讲话行为是否发生。而另一方面，我对一个断定的坚持，会以两种不同的方式影响到所发生的事情：如果它得到表达，并且有人听到并理解我说的话，它就通过表达所造成的后果产生影响；通过对我的行为产生的后果，这种后果取决于坚持的内在行为，即我赞同它的意

① 法语，意为“纳闷”。——译者

愿。通过接受一个断定为真，我承诺在某个相应的方面调校我的行为。按照吉奇希望反对的那些理论，通过讲出各种形式的陈述（归赋责任的陈述，伦理学陈述等等）得到表达的语言行为，与真正意义上的断定共有这一特征。这类理论的整个要点就在于，对于具有这些形式的陈述来说，尽管不存在关于赞同该陈述是否正确的确定条件，这样的赞同一经表达，还是表现了关于行为的某种过程或方式的承诺，而在没有得到表达时，则构成了对这种承诺内在的承担。由此看来，为什么我们会想要从他人那里引出这样的讲话行为，而在同样意义上却不想引出问题或命令，原因就非常明显了。

354 这样一些因素可以用于定义一类语言行为，它要比由真正意义上的断定构成的已经很宽泛的语言行为更为宽泛，我们可以称这种更宽泛的行为为“准断定(quasi-assertions)”(其中当然包含了真正的断定)。于是结果就是，吉奇的测试对于区别可以用来作出准断定的句子，与只能用于作出其他类型语言行为的句子，还是有用的和有效的。可惜这并没有让它变得非常有用，因为他利用这种测试想要反驳的那些理论，最大限度地容许否定那些具有准断定地位的陈述是一种断定。

在这一章一开始我们论证说，断定不能被解释成心理态度（相信、判断或赞同）的表达，也不能直接诉诸讲出句子所怀有的意图来加以描述。应当说，对句子来说必须有某种特征，来表示它们是带着断定语力讲出的，而通过描述具备这一特征的句子在使用时所服从的约定，这种特征的意义就得到了解释，从而也解释了作出断定的活动所具有的意义。我们以一种非常概略的方式描述了这种约定，我们只是说这种约定就是要怀着只讲真句子的意图来讲出这种句子，而这需要某种澄清。

这个约定当然是我们意识到的，而不是我们纯粹因为训练而被调教得服从的结果。我们在儿童时代接受训练，只在断定句为真时才讲出它们，但在学习使用语言的某个阶段，所有儿童都自发地发现自己能够撒谎。一旦发现这一点，他们就自然领会到，语言的使用是建立在对不这样误用语言达成一致的基础之上的。（认识到撒谎的可能性，似乎是拥有语言的一个重要特征。狗可以训练得当陌生人靠近房子时吠叫，而我们之所以不愿意把狗的吠叫当成是在断定陌生人靠近了，是因为他不会利用吠叫来骗我们以为陌生人靠近了。）

这样陈述使用断定句时所服从的约定，在多大程度充分描述了断定这种语言活动呢？假定我们有一种约定，它要我们以不同的方式对已婚和未婚的妇女表示欢迎。我们确实可以说，用一种方式来欢迎，就表达了一个人的一种信念，他认为自己在与一个已婚妇女说话，但我们还是不能说，它承担着**断定**她已婚的作用。断定一般用来传达信息，在典型情况下说话者处在一个比听者更能判断断言真假的位置上。关于制约断定活动的约定，我们所给出 355
的描述并没有说清这种约定的要点。一般说来这个要点可以这样陈述：我们怎样对所处环境各种观察到的特征作出反应，也就怎样学会对他人的陈述作出反应。（这种表述确实忽略了一点，学习辨别我们环境的某些特征，这本质上与学习使用报道这类特征的那种陈述，以及学习以那种陈述为基础做出行动，紧密地联系在一起。）因此对于断定活动来说重要的是，作出一个断定，一般会改变

听取断定的人的行为。儿童学习语言，就要学习在特定场合下讲出特定句子，例如学习当看到邮递员把信放进邮箱时说，“邮件到了”；不仅如此，他还要学习在这些陈述的**基础上作出行动**，例如当其他人说“邮件到了”，要按照看到邮递员到来时的那种方式作出反应，例如去取信件。这个事实进而与我们所遵守的那种关于可辩护的断定的那些约定相联系。在最初学习语言时，我们所学习的只是在最有利的情况下作出断定，也就是只在说话者可以辨别出陈述是真的条件下作出断定。对于只讲真的断定句这个约定来说，遵守它的一种方式当然就是只在最有利的情况下讲这些句子，但对大多数形式的陈述来说，我们根本不是这样做的。有些陈述形式(例如未来时态的句子)，从来都不是在我们能够决定性地确定其真假的情况下讲出的；而对另外一些句子，我们最初学习的是只在这样的情况下讲，但后来则学习在我们可能发现原来弄错了的情况下讲。另一方面，我们当然不会学习在没有任何依据的情况下作出陈述，要学的话，这种讲话行为也不算断定(即使我们是怀着只讲出真陈述的意图讲的)，因为没有以这样的陈述为基础作出行动这么一回事。学习作出陈述，学习理解其他人的陈述，这个过程包括理解在没有决定性依据的情况下，什么样的理由被认为使得这样的断定成为合理的，也包括学习询问和给出据以作出断定的理由。在断定这个类中，存在一些按照作出断定的基础加以区分的类型，例如预言与关于意图的表达，它们可能有相同的真值条件，区别在于作出它们需要不同种类的理由。任何关于断定活
356 动的解释，要令人满意的话，就要对所有这些给出描述。而斯坦纽
WT 168 斯认为，断定句的使用，可以通过简单地说明我们要遵守规则只讲

真句子来得到解释，这样的观点是远远不充分的。况且，只要试图沿着前面说明的思路增补一些细节上的解释，我们显然就不得不区分出若干不同类型的断定，并对每种类型说些相当不同的内容。

这自然引起一个问题：把所有那些我们归于断定的讲话行为都归到一起，终究说来，这真的有意义吗？这个问题维特根斯坦在《哲学研究》§23中给出了否定的回答："存在多少种句子？比如说，断定、疑问和命令？——有**无数**种，无数不同种类的用法都属于我们所说的……'句子'。"我们已经看到，不同类型的断定句确实没有整齐划一的用法。然而，存在一个清晰的原则，我们能够据以区分断定与其他种类的讲话行为，同时，所有那些可以归为断定的讲话行为也都有一种共同的特征。我们看到，对于为数众多的讲话行为来说，它们的内容也可以理解为是通过区分使其所表达的东西成立的情况，与使其不成立的情况而得以给出的，而断定区别于其他讲话行为的地方在于，它们都受制于"我们应当只讲出描述性内容成立的句子"这一约定。这并未完整地解释约束这些句子用法的约定，并且作为补充，对不同类型的断定必须说些不同的东西，这些事实并未使得"断定"这个概念变得没有用处。

如果要表述区分断定与其他讲话行为的原则，那就会是这样的：断定就是可以用来欺骗（即撒谎）的行为，并且断定句（或许在去掉了某种表示断定语力的记号以后）也可以充当复合句的成分。这两点都需要一些说明。提问在一种意义上就是表达想知道答案的欲求，因此一个人可以通过问问题来骗某人，以为他想要知道答案。然而，问题可以表达这类欲求，这并不属于当我们学习使用问

题和回答问题时所学到的约定，它只不过是来自这样一个事实，即想知道答案这样的欲求，通常为问问题提供了动机。可以通过一个事实看出这一点：我们已经指出，问一个问题，同时又表现出无意于知道答案（比如一名官员，提出某些问题是他的职责），这并不算是自我挫败；但作出一个断定，同时却表现出并不相信它是真的，这本身就是自我挫败的。第二点可以把像“噢！”这样的讲话行为从断定中排除出去。“噢！”表达了痛，因而可以用来骗人，让他以为自己痛。然而，与“我痛”不同，它不能算作断定，因为它不能在复合句中充当从属性的从句。（在印欧语系的语言中，“断定记号”就是主干动词的直陈语气。由于从属性从句中的动词常常是直陈式的，一个断定句充当从属性从句时很少变化，而不管其所属的复合句具备何种语力。然而，刚才陈述的那个条件不受这个事实的影响。）

357

我们所陈述的那两个条件，实际上刻画了我们称为“准断定句”的那个更大的类别。属于这个类别的讲话行为有两个主要特征。首先，约束这种用法的约定要求把这样的语言行为分成**正确的与不正确的**——断定或准断定都要求辩护。对其他语言行为来说当然也产生关于辩护的问题，对于命令来说，我们会问，下命令的那个人是否有做这件事的权力，我们也会问他这样做是否明智，在道德上是否正确等。但是，虽然权力的缺乏会使命令落空，但没有什么（除了做断定的那个人收回断定）使得断定落空；不过关于我们可以称之为“额外”辩护的问题也可以针对断定提出来，用来支持“你不应该那么说”的可以是“因为那不是真的”，但也可以是“因为那样说不礼貌”，“因为你无权泄露要你保密的东西”，“因为

那是不相干的”，“因为那肯定会引起争吵”，等等。这样的额外辩护之有无，对关于是否作出给定语言行为的问题来说是非常合适的，但它不属于支撑着下命令以及作出断定这些行为方式的那种约定。其次，断定与准断定具有行动上的后果，它们不只是像问题、命令以及请求那样，要求受话方作出特定反应，而且把说话方与受话方（如果后者接受所说的内容）置于要做出一系列行动的位置上，无论这些行动是语言的还是非语言的。

要在准断定句这个大的类别中区分出真正属于断定的子类，总的来看还不是一件容易的事情。要求存在一种统一的方法，用来从为断定行为给出辩护的、得到接受的标准出发，确定怎样才算依照这种断定来行动，也就是说，抽引出接受这个断定就承诺要做出的那个行动系列，这种想法尽管让人动心，但还是有失偏颇。（“行动系列”这种表述在这里太强了，如果需要做出行动，那么要做出的具体是什么行动，这当然取决于目的，取决于作为真的而加以接受的其他陈述，诸如此类的东西。接受一个断定是真的，这只 358
是决定一个人采取什么行动系列的许多因素中的一种，这就是为断定句用法的这一特征给出清楚的解释为何如此困难的原因。不过，存在着从一个陈述出发做出行动这么回事，并且这是陈述句用法的一个重要特征，这在直觉上还是清楚的。）例如，考虑涉及人格同一性（personal identity）这个概念的断定。要在普通情况下对关于人格同一性的问题作出判断，我们还是有比较清晰的标准可用。同时，以这种还是那种方式解决这样的问题，也会带来相当清楚的后果，这些后果与道德的和法律的责任归赋相联系，与人所具有的权利与义务联系，也与动机相联系（因为，通常认为，对于保障

自己未来的幸福，相比于保障其他人未来的幸福来说，一个人至少具有种类不同的动机）。但要解释使关于人格同一性的某个陈述为真的标准，如何与接受这个陈述带来的后果联系起来，还是要困难得多。我们很容易想象某种人使用与我们不同的标准，他们这么做或许是因为原原本本地相信投胎转世，或许是因为把观点上的某种剧烈转变（比如青春期中经历的成人礼）当成了严格意义上的人格转变。他们所使用的标准之所以是关于**人格同一性**的标准，正是因为他们和我们一样，把同样的关于责任、动机等的那些
PI 404 后果，附加给他们所作出的那些人格同一性陈述。如果存在一种确切的方法，从使得陈述为真的标准中抽引出该陈述所产生的后果的话，那么那样一种人与我们自己之间的区别，也就具有就事实问题产生的意见分歧所具有的那种特征，其中一方有能力证明另外一方是错的。如果在真值基础与后果之间没有联系，那么这种分歧就纯粹在于偏爱不同的概念，在这个问题上根本就没有对错可言。由于我们感到其中确实有某种联系，但既不能解释这种联系，也无法说清它有多么紧密，我们就被同时拉向两个方向——我们感到分歧不直截了当是事实性的，但与此同时，又不纯粹是使用了不同概念的问题。

要挑选出真正的断定构成的子类，我们显然需要诉诸真值条件的客观性。然而对我们来说，真值条件这个概念早已被吸收进所讲句子的涵义中，而与语力相对立。关于意义的其他理论也是可能的，例如让所讲句子的涵义（即内容，它独立于附加给它的语力）依赖于使得我们能够说它被证实（verified）所需要的条件。但
Gg I 32 弗雷格的理论是，当我们知道句子为真是怎么回事，我们就知道句

子的涵义。因此，要确定是否接受一个准断定，所需要考虑的任何 359
主观因素，都必须当作是与语力相联系的。如果说归属主义理论是正确的，那么一个把作出某种行动的责任归给某人的陈述，在其涵义中所具备的，就仅限于使得这个准断定成为正确所要求的范围，并且，虽然在单个情况下并非必然，还是要在原则上达到能够让说这种语言的任何人都确信成立的地步。在这种框架中，这种严格意义上的断定于是就可以这样刻画，它是一个准断定，其辩护所要达到的标准，与构成其涵义的思想要成为真的所要达到的标准重合。

对于这样的观点，即句子涵义（它通过规定其真值条件给出）与附加给它的语力之间的区别，有助于解释句子用法，维特根斯坦后期著作中所包含的关于意义的那些想法，实际上与这种观点对立。尤其是，对弗雷格来说真与假的概念在对句子涵义的刻画上起关键作用，但对后期维特根斯坦来说却不是。他明确断定我在别处所说的关于真的“冗余论（redundancy theory）”，这就是说，“真”与“假”这两个词的所有意义都包含在这样一个原则中，即“A是真的”等价于“A”，而“A 是假的”等价于“并非 A”。（参见《哲学研究》§136，《关于数学基础的评论》（*Remarks on the Foundations of Mathematics*）I，附录 I，后者中的表述甚至更加清楚。）如果这就是关于“真”一词的意义能够说的**所有**东西，那么一般来说就不可能把理解句子“A”的涵义，解释成知道在什么条件下“A”是真的。因为要知道说在特定条件下“A”是真的这是什么意思，就必须已经知道“A”的意义。对维特根斯坦来说“意义即使用”，而这其中就包含着，我们必须直接描述每种特定形式句子的

用法，而不是试图利用假定已知的真值条件，去说明怎么使用属于某个大类，例如属于断定句或者祈使句的任意句子。

这个观点独立于“意义即使用”这一想法的其他方面。弗雷格把对句子用法的解释分成两个部分：规定句子涵义，以及描述讲出句子的行为所构成的那种语言行为。弗雷格本人没有花费时间，来为这些语言行为给出任何具体解释。或许就像我们看到的那样，他把这些行为看作是对内在活动的表达，这些内在活动不可能在不引入循环的情况下得到描述。然而我们也看到，对各种类型的语言行为（断定、命令等）给出的充分的解释，会加入相当多的、对于维特根斯坦来说属于句子“用法”的成分。尤其是，对于断定
360 活动的任何一种描述（对此我们还只是做了最为初步的尝试），都必须考虑像以另外一个人所做的断定为基础作出行动这样一些要素。维特根斯坦极力坚持，只有把语言当作与我们的其他活动交织在一起，并在其他活动中扮演角色的活动，我们才能理解语言；他也极力反对这样一种观点，即语言的本质是交流**思想**，而思想被
PI 304 当成不需要与我们的外在行为建立联系的内在状态。他要求我们应当“彻底摒弃这样一种观念：语言总是以一种方式起作用，总是服务于同样的目的，即传达思想，而这种思想也许是关于房屋、疼
PI 317 痛、善与恶，或者你愿意的其他任何东西”。“一个误导人的类比：疼痛的表达是哭喊，而思想的表达，则是句子。就好像句子的目的是向一个人传达在另外一个人身上发生了什么，只不过是发生在
PI 363 他从事思考的部分，而不是在他胃里。”“你过于想当然地认为，一个人可以告诉另外一个人任何东西。那就相当于说，我们这么习惯于在谈话中通过语言来交流，以至于对我们来说交流的整个目

的，好像就在于别人把握我说的词句的涵义（那是某种心理的东西），就好像把它装进自己心里。要是他接下来又用它做了别的事情，这样的事情也不属于语言直接的目的。”在这些段落中，维特根斯坦抨击的看来似乎就是弗雷格所持有的语言观。弗雷格的观点用这种方式解释肯定是最为自然的。但是，撇开弗雷格把断定理 NS 150 (139)； 解成对内在的心理活动的外显表达这一点不谈，这种观点并不包 NS 214 (198) 含于句子涵义与用句子作出的语言行为之间的区分中。

然而，我们可以像前面所做的那样，把这些段落理解成是在宣称对句子存在无数种用法，理解成是在驳斥关于断定在意义理论中是一个有用概念这样的整个想法。关于对断定概念的这种拒绝，可能提出两种解释。其中第一个是否定讨论过意义的大部分哲学家共有的一个观点，这个观点主张意义理论有一个单一的核心概念。弗雷格把意义理论的核心概念当成是真这个概念——理解句子涵义就是把握其真值条件。其他人把证实这个概念（对于真的辨认）当作核心概念——“陈述的意义就是证实它的方法”。 WVC 47,79 还有人提出其他用来充当核心概念的候选者。而哲学家们普遍认同的是，句子具有某个单一特征，可以据以确定句子意义。这些哲学家不是没有意识到，句子及其用法中存在许多其他特征，任何人 361 要能够说理解句子所属的语言，或者能说理解句子，就必须把握这些特征——对于断定句来说，除了要知道什么东西构成了对它决定性的证实，我们还必须也知道，比如在缺乏决定性依据时，什么东西可以充当对于断定行为的辩护，或者接受这个句子的后果是什么。但是，认为存在某个核心概念，我们可以用它来对句子意义作出一般性的刻画，这样一个观点的基础部位上暗含地假定了某

种统一的推导模式，可以在用这个核心概念刻画了任意句子的意义的前提下，用来抽引出其用法的所有其他特征。正是为了促成这种推导模式，才引入了涵义与语力的区分——对应于语力的每个不同种类，就会有不同的统一模式，用来从句子涵义（它被理解为是由其真值条件确定的）得出用法。对于把意义理解为是由某个核心概念加以刻画的任何一种意义理论来说，无论核心概念是真还是证实还是其他什么概念，很难看出怎么能够舍弃像涵义与语力之间的这样一种区分。

理解维特根斯坦这些段落的一种方式，是将其看作是在驳斥在意义理论中存在任何单一的核心概念这样的整个观念，［因此，］对每个句子，其意义都通过直接刻画其用法的所有那些特征来加以解释，并不存在能够从其中任何一种特征推出所有其他特征的统一方法。这种解释不会利用涵义与语力间的任何区分，虽然它会承认，按照通过句子所实施的语言活动类别，可以对句子或讲话行为进行某种粗略的分类，它还是可以像维特根斯坦那样愉快地承认，语言活动的这些类别还是无法从总体上一言以蔽之的，并且在对具体句子的意义进行的解释中，没有必要涉及对语言活动所进行的分类。这样一种理论的困难是，难以看出它怎样才能恰当地处理这样一个问题：构成句子的那些词语的意义是如何决定句子意义的。承认某种东西对意义理论构成了核心概念，这样一种理论的巨大力量就在于，它展示了成分词的意义据以确定句子意义的一种可信的模式，至少像弗雷格所发展的那种理论就是如此。比如，在弗雷格的理论中，这首先关系到这些词语是如何对于确定句子真值条件作出贡献的。至少，这种理论已经着手在按照确定

真值条件的方式，为不同类型语词的涵义给出一种模式。还有一小部分工作需要补上，这样就可以覆盖用来充当语力标志的那些 362
词语。如果没有任何东西能被当成核心概念，对于如何看待词语意义（与句子意义相对），我们就会再次茫无所知。

然而，也有可能把维特根斯坦解释成是在表述一个没有那么激进的观点，也就是说，不是在拒斥存在核心概念这样一个观点，而是认为核心概念不在于比如讲话行为的**依据**（grounds），不在于关于真、证实、确认（confirmation）等这样的概念，而是在于**后果**那方面。按照这样一种理论，知道一个句子的意义，就在于知道讲出这个句子会有什么样的约定性的后果。这里的后果，既是在由听者所作出的语言性的以及非语言性的相应反应这种意义上讲的，也是就说者通过讲出句子使得自己承担的东西而言的。按照这种理论，句子用法的其他特征，比如怎样才算证实了句子，就能够以某种统一的方式，从就由其后果所构成的意义所知道的东西中得出。

这种理论与维特根斯坦在其他地方所说的有些内容相协调，但不是所有内容。很难对这种建议作出评价，因为它完全还是纲要性的，对于这样的意义理论具体是什么样子，我们还不知道。不过有一点是明确的：这样的理论对于断定这个概念来说没有用处。就讲话行为的后果来看，断定所属的类别就成了极端多样的杂烩，而这对于从后果出发对意义作出系统解释的动机来说，没有任何吸引力。

我们自始至终都反对把断定当成是表达判断（judgment）这一内在活动的观点，相反，判断是外在的判断活动的内在化。之所以要这样反过来看待这两者，是因为对于心理状态或心理活动来说，只有在存在一种非约定性的表达方式的条件下，才能把约定性的行为说成是对它们的表达，同时还不至于循环。例如，对于约束一种欢迎姿势的约定来说，我们能够通过说这种姿势被用来表达见到某个人的那种喜悦，以此来描述这种约定，我们能够这么做，只是因为有可能在不用约定性的姿势的前提下表达这种喜悦。而对大部分判断来说，将其归于一个不具备能够表达它们的语言的人，这是无意义的，因为没有一种"自然的"行为就本身而言就足以表达那些判断。约定性的行为竟然可能有一种内在的版本，这看起来似乎有些奇怪——不管怎样，并不存在像纯心理的棋步这么一回事。(另一方面，有些游戏可以和自己玩，并且不依靠运气的成
363 分，比如单人纸牌。一个想象力强大的人可以玩一种完全是"内在的"单人纸牌游戏。)关于断定这种约定性的行为为什么能够有一种内在的类似物，原因就是，语言的使用所具有的不是一种纯粹社会性的意义。如果语言只是由比如说命令，以及由观察者向那些不具备观察条件的人所做的报告(例如孩子对楼下大厅里的母亲说"烤箱在这儿")构成的，那么它就具有纯粹社会性的意义。(我们会认为，即使在这里仍然会有一种判断活动，因为断定是对于环境中观察到的特征作出的反应，而对于这种特征的任何识别活动，无论是否为断定所表达，都构成了针对断定是真是假的判断。在这种意义上，动物也会作出判断活动，但事实上，判断活动这个概念对于描述这种事态来说是不必要的，至少在不涉及内在的言语时是这样的。)拥有一种语言，这当然使个体的行为脱离了与其他人直接交往的范围。这有两个原因。一些表达式要付诸使用，就

要实施针对环境特征的一些探查活动，这些特征不会自动让人观察到。比如使用数词就需要计数活动，而人们都知道，单纯的观察只能以非常原始的方式区分出数。此外，我们几乎所有的用来谈论其他人的词汇，都取决于他们能够使用语言这一事实，而我们对那些词汇的理解，则取决于我们对他们所说的语言的理解，或者取决于对他们的那种能够翻译的语言的理解。其次，如我们已经指出的，对语言的任何一种成熟的用法，都涉及决定说什么的过程（由此才有“判断”这个词）。当孩子在使用语言上还只是新手的时候，只要没有误用，他就只在确切无疑有权说那些话的情况下，才使用断定句。但随着对语言的掌握变得逐渐老练，他学会了对彼此冲突并且不是完全决定性的证据进行权衡，其中一件事情，当然就是从来自不同渠道的陈述入手进行推理。他自己的行为当然在一定程度上取决于他接受什么陈述。因此，决定接受哪些陈述，也就变得对他自己的生活具有重要性，而不再仅仅是在与其他人交流的过程中的片段。语言的这种出于私人目的而非社会目的的用法，因此就可以内在化，其结果就是判断活动。

第十一章　思　　想

364 Ged 60-1(4) 关于真假这两个概念，弗雷格有三个基本论题，它们是：(1)在初始意义上具备真与假的东西就是思想；(2)真与假与句子的联系是充当句子的所指；(3)真是不可定义的。在接下来的几章中，我们分别考察这些论题。

在弗雷格的术语中，一个思想，就是由一个完整的句子所表达的涵义——一个完整的句子就是可以用来作出一个断定，或者提出一个句子疑问(即要求回答“是”或“否”的问题)的句子。当然，弗雷格把用来区分断定句与疑问句的意义成分算作语力而非涵义。在直觉上，我们习惯于运用的一个概念是这样的，通过使用断定句，它被断定是真的；通过使用疑问句，关于它就被询问是否为真；而如果对语言进行一种转换，这种转换无论是在一种语言内部进行，还是跨语言进行，只要在转换中涵义保持不变，这种被断定或者被询问的对象就被认为是不变的——对问题“他断定(说)了什么?”或者“他在问什么?”所作出的回答，就说明了什么样的断定或疑问的讲话行为，能够经受住这种保持涵义不变的转换。由于必须承认句子作为整体具有涵义，而这种涵义，又是由充当句子成

Gg I x, 32; NS 262 (243) 分的表达式的涵义所决定或者组合而成的，对弗雷格来说似乎就没有把断定或提问的对象等同于句子涵义的障碍了。他于是建

议,把一个完整句子的涵义称为一个思想。

一个完整的讲话行为,就是能够独立于之前的语言性的语境,
通过它作出一种语言活动(例如作出一个断言或者提一个问题)的
最小语言单位。“句子”这个词常常被用来表示这样解释的“完整
的讲话行为”,但完整的讲话行为包括例如弗雷格所说的“语词疑 365
问句(word-questions)”(用“谁”、“哪个”、“哪里”、“何时”等构成的 Ged 62(6)
疑问句),而一个语词疑问句的涵义,无论是弗雷格还是其他任何
人,都不会将其当作是一个思想。因此,最好是把一个思想刻画为
一个完整的断定句的涵义,同时承认一些不能用来作出断定的句 NS 142 (131)
子,例如像句子疑问句这样的语词形式,有时也可以以一个思想充
当其涵义。这样解释思想这个概念,于是就诉诸了断定这个概念,
或者至少需要能够把断定句与其他句子区分开。一个句子是否断
定句,这不取决于实际上附加给它的语力(如果有的话)。在一次
特定的讲话行为中,句子与断定、疑问或者其他语力一起出现,还
是充当一个添加了这类语力的复合表达式的成分,这都是不相关
的。所需要的仅仅是,在独立于之前的语言性的语境的前提下,句
子要能够被用来作出断定。限制在独立于之前的语言性的语境的
前提下,这之所以是必要的,是因为考虑到了回答词语疑问句的典
型方式,即一种省略形式。用“菲德尔·卡斯特罗”来回答“谁是在
世最伟大的政治家?”这个问题,我实际上是在断定菲德尔·卡斯
特罗是在世最伟大的政治家。但这并不使“菲德尔·卡斯特罗”这
个名称变成完整句子,因为能够用这个名称来作出那个或者别的
任何断言,这取决于它被用来回答一个问题这一事实。我们应当
自然而然地说,在那个语境中,“菲德尔·卡斯特罗”是一个完整句

子的省略形式,而那个句子是什么,则是由问题决定的。在那样回答时,我确实作出了一个断言,因此我们必须也说,在那个语境中使用那个名称也表达了一个思想,并且与省略前的那个完整句子所表达的是同一个思想。也就是说,在那个语境中,名称“菲德尔·卡斯特罗”表达了与“菲德尔·卡斯特罗是在世最伟大的政治家”相同的涵义,因为,一个思想就是一个句子的涵义。于是这就意味着,一个讲话行为的涵义不仅由其成分表达式决定,而且也由语言性的语境所决定。因此,关于何谓表达一个思想,我们就得到这样一种刻画:对于任何一个在特定语言性的语境中作出的讲话行为来说,如果它在那个语境中具有的涵义与某个句子相同,而这个句子能够被用来独立于语言性的语境作出断言,那么这个讲话行为所表达的就是一个思想。

另外一种众所周知的依赖于语言性语境的情况,与第三人称代词的一种用法有关。在一些情况下,可以把单数或者复数形式的第三人称代词,用名词短语进行替换,由此得到的完整句子与原
366 来的句子(在给定的语言性语境中)涵义相同,原来的句子于是就表达了一个思想,但它不是完整句子。比如,在“尽管中国人发明了火药,但他们最初只用它来做烟花”这个句子中,把“他们”和“它”分别换成“中国人”与“火药”,我们就由第二个从句得到完整句子“中国人最初只用火药来做烟花”——原来那个从句,“他们最初只用它来做烟花”,虽然不是完整句子,还是表达了一个思想。在其他情况下,这是不可能的。在句子“如果两个人经常一起下棋,他们就会了解彼此的弱点”中,我们确实可以把“他们”换成“那两个人”,但这没有让第二个从句变成完整句子。当然,成分从句

不表达一个思想，这有时与代词的出现无关，而是连接方式的结果。在句子“萨克森人当初到达不列颠时，他们是异教徒”中，第二个从句未能表达思想，是因为在“萨克森人是异教徒”这个句子中，时间上的指称是不确定的。

当我们说省略句在语言性语境中具有与省略前的完整句子相同的涵义时，我们所运用的涵义概念当然不是弗雷格通常所用的那个概念。按照那个涵义概念，复合表达式的涵义是由成分表达 Gg I 32；NS 209 (192)
式的涵义构成的，但涵义的确定在一定程度上还必须取决于语言性语境。制约着回答问题的方式以及第三人称代词的一种用法的那种约定，要求我们理解一些充当完整句子省略形式的讲话行为，其方式不难说明。此外，代词的这种用法必须在另外一种用法得以把握之前得到理解，这种另外的用法中代词类似于约束变元，并用来表达普遍性。在自然语言的用法中，这些约定的存在是通过辨别出相关的推理原则展示出来的。

依赖于语言性语境，这与依赖于非语言性的语境是非常不同的事情。为了理解标记自反性表达式，例如像时态、第一人称和第二人称代词，以及“这里”、“昨天”等这样的词，确实需要掌握一些约定，按照这些约定，这些词的指称依赖于作出讲话行为的环境。这些约定一般不可能利用任何这样一种规则来表达，按这种规则能把包含这种标记自反性表达式的句子，替换成其内容独立于讲话语境的句子形式。包含标记自反性表达式的句子不可能被说成是省略句。因此，要是把思想这个概念仅仅理解成涵义这个概念的特殊情形，也就没有理由认为，像“今天很冷”这样的句子不应该当成完整的句子，从而不是以一个思想来充当涵义。与省略形式 367

的讲话行为不同,还没有一种关于涵义的自然而然的理解,能够让我们认为,这样一个句子的涵义会随着讲话的时间地点变化,相反,其涵义的特点就在于,所指称的时间和地点必须以一种统一的方式,由讲话的时间地点来确定(在这种简单的情况下,是通过等同映射来确定)。这样的句子所表达的思想,因而就属于不可能绝对地赋予真或假的那种,这样一种思想在特定时间和地点是真的,

NJ 251; Gg I xvi-xvii; NS 146-7 (134-5) 而在其他时间和地点则是假的。

弗雷格不愿意承认关于真假的这种相对的理解,对他来说,思想总是绝对地为真或为假。因此,句子中如果有表达式的指称需要按照讲话的场合来确定,他就不允许将其涵义等同于思想。弗雷格承认,通过用这类句子作出的特定讲话行为,一个思想能够得到表达,但他说,在这种情况下,伴随着讲话行为的条件与讲话行为本身一起,起着表达这个思想的作用。单纯把一个思想刻画为一个完整句子的涵义,还不可能达到弗雷格的思想概念的这一特征。要得到这个特征,就必须决心把一个思想当成能够说是真是假的东西,并且确信,真与假至少就其原初的使用而言,是不容许相对于时间、地点或其他外部条件的概念。

弗雷格没有尝试过为标记自反表达式建立任何精确的理论。

Ged 64-6 (10-13) 几乎只在1918年的"思想"与1897年的未刊文章"逻辑"中,他对这类表达式的关注程度才算不止于顺带提及。在1897年的文章中他指出,当句子中含有关于时间、地点或人物的不带补充成分的标记自反成分时,同一个句子可以在不同场合下用来表达不同思

NS 146 (134-135) 想。不仅如此,他还说,一个说话者用含有标记自反表达式的句子所表达的思想,可以为另外一个人用含有专名的句子来表达。比

如我说，“我感冒了”。乙听说了，就用“达米特感冒了”来传达给丙。然而，在弗雷格的大部分著作中所谈到的，都默认只是独立于讲话环境而表达确定思想的句子。因此，我们首先要考虑的是这样一个论题，即：是思想而不是句子，才是我们首先要说为真为假的东西。为了简化，我们假定所处理的语言中没有包含标记自反性表达式，这样，在这种语言中，每一个完整的句子作为一个类型 368
(type)①，都表达一个思想。要到晚些时候我们再回头考虑，这个论题对于像我们所说的那种语言来说，是否误导，或者是否错误。

对于刻画断言这种语言行为来说，最为自然的一般性方式就是说，作出一个断言就相当于说所表达的思想是真的；而对提一个语句疑问这种语言行为，则说它相当于问所表达的思想是否是真的。我们在前面说过，这种刻画方式本质上是循环的——它利用了提问这个概念，或者在“断言”的意义上利用了“说”这个概念。然而，这种方法足以表明，弗雷格基于何种动机说，思想就是谓词“是真的”与“是假的”被认为首先适用的东西。他说，一个完整的句子只能在次级的、派生的意义上，按照其所表达的思想是真还是假，说成是“真的”或“假的”。而这种意义上的“真”与“假”只能在原初意义的基础上才能理解，在这种原初意义上，思想，而不是句子，才能说成是真的或假的。 NS 189 (174)-[8]; NS 193n (178n); NS 251 (233)

要是直觉在这个问题上能够提供指导的话，它所提供的就是，

① 英文“type”一词在本书中充当两个术语，一个是指逻辑类型，另外一个与标记(token)相对立，适用于表达式。在译文中不做专门区分，读者可以通过上下文自行判断。——译者

能够说成是真的或假的东西不会是一个人所讲出的那一串词语，
而是通过讲出这一串词语所说的东西，这里“所说的东西”这一模
棱两可的表述似乎最好是解释成“他所表达的思想”。即使有人忍
不住想说，被认为是真是假的应该是句子本身，他也必须承认，句
子是真是假，这是因为它所带有的涵义，而不是因为内在于句子或
者句子所属语言的其他特征。在声称在初始的意义上为真为假的
东西是思想，而句子只在派生的意义上为真为假时，弗雷格对他关
SB 27；于指称所表述的类似观点也深信不疑，即，恰当地说，与某个对象
BW 96 (63) 建立指称关系的是专名的**涵义**，而只有在“指称”这个词的一种派
生的意义上，才能说名称本身与对象具有这种关系；对属于其他逻
辑类型的表达式来说也是类似的。在直觉上说，这看来的确远没
有弗雷格关于什么东西为真为假的论点那么自然，不过我们还是
容易承认，名称具备自己的指称是因为它的涵义。

弗雷格选择思想来充当具有真值的东西，选择涵义来充当具
NS 190 (174)-[11] 有指称的东西，这在一定程度上是因为他把一般而言的涵义，以及
具体而言的思想，理解为无论我们是否具备表达它们的语词都存
在的东西。有时他甚至这样来为“思想是在原初意义上为真为假
369 的东西”进行辩护，他说，对于地球只有一个（天然）卫星这个思想
NS 144-6 (132-4) 来说，即使没有人类来表达这个事实，也没有人认识到它是真的，
这个思想仍然是真的。如果即使我们无法表达或无法把握，甚至
即使我们不存在，成其为真的东西仍然是真的，那么成其为真的东
西不可能依赖于我们而存在，它不可能像句子那样至少依赖于句
子所属的语言而存在，而肯定像某种独立于我们而存在的东西，比
如思想。反过来，如果思想被认为是成其为真或假的东西，并且任

何真的思想，只要不是针对我们的思想，在我们不存在时仍然是真 NS 214 (198)
的，那么思想的存在就不可能取决于我们能否表达或者把握它。

弗雷格关于涵义以及（特别是）思想是无时间性的实体的观点，对于思想是为真为假的东西这样一个观点具有正面贡献，尽管 Ged 76 (27)
如此，后者在他的涵义概念遭到拒斥之后，仍然存活下来。弗雷格这样论证，即使我们不存在，地球只有一个天然卫星这一思想仍然是真的，这个论证避开了思想是否独立存在这个问题。他只有权说，即使我们没有表达某个思想，使得这个思想为真的情况仍然如此。从弗雷格的角度也许会有这样的反驳：他没有承认使得思想为真的东西所构成的范畴。的确，弗雷格的本体论的一个明确的特征就是，他没有像其他哲学家那样引入像事实这样的实体，以便用来充当真思想与之符合，或者使得思想为真的东西。相反，对弗雷格来说一个事实直接就是一个真的思想，思想与对应的事实（如 Ged 74 (25)
果有这样的事实的话）之间的关系不是符合，而是完全的重合。罗素关于命题与事实一度持同样看法。区别在于，对弗雷格来说，思 *EA* 75
想（进而事实）属于涵义领域而非指称领域，因而一个事实（即一个真思想）的成分就会是“珠穆朗玛峰”这个名称的涵义，而不可能是那座山本身；而对罗素来说，充当专名所指谓的实际对象才是命题的成分，而当命题是真的，这些对象就是事实的成分。 *LK* 56

这样一来，在用所推荐的方式来反驳弗雷格论证的同时，似乎就不可能引入事实这样一类他所不承认的实体。看起来甚至可以自然地认为，弗雷格为从自己的本体论中去掉事实所付出的代价恰恰就是，他不得不按照他那种方式，把思想看作无时间性的、永恒的实体，这种实体是否存在，并不取决于表达它的句子是否在实

370 际的语言中存在，甚至不取决于是否存在能把握它的存在物。然而这并不成立。当我们说，即使我们未能表达地球只有一个天然卫星这个思想，使得那个思想为真的东西仍然是那个样子的，我们不是必须要被解释成是说，存在某种实体，它是“使得那个思想为真的东西”这个表达式的所指——我们以这种语词形式想要传达的只不过是，情况仍然是地球只有一个天然卫星。如果情况与弗雷格的理解相反，思想是否存在，被认为取决于能够表达它的语言是否实际上存在，或者至少取决于是否有某种能够把握它的智慧生物，那么，对于陈述“地球只有一个天然卫星这一思想是真的”来说，有两种条件使它成为真的：一个是，地球确实只有一个天然卫星；另外一个是，有这么一种东西，它就是地球只有一个天然卫星这个思想，也就是说，存在一种能够表达这个思想的语言，或者存在一种能够把握这个思想的存在物。对一个任意的、未加说明的思想来说，“在如此这般条件下，使得这个思想为真的东西仍然是这样的”这样的表达式试图表达的是，在所提到的情况下，所有使得那个思想为真的条件都得到满足，但可以除开这样一个条件，即事实上存在这样的思想——它并不就意味着有任何种类的一个实体，它的存在使那些条件得到满足。

这样看来，弗雷格关于思想是无时间性的存在物的论证是没有说服力的。同样，从真理的无时间性，得出为真或为假的是思想而不是句子这个观点的类似论证，也没有说服力。但是，按同样道理，反对思想具有所谓的无时间性的特性，并不就此反对了思想是原初意义上具备真值的东西这一观点。我们可以接受这个观点而不必承诺思想是无时间性的存在，从而也没有必要诉诸一种关于

事实的本体论。

命题态度

在存在思想这样的东西这一前提下，是思想还是句子应该在原初意义上赋予真或假，这个问题似乎不值得讨论，至少在我们眼下的讨论范围之内是这样的。此时我们仅仅考虑能够由完整句子独立于语境表达的思想。思想在直觉上看似乎是更自然的选择，但如果把“真的”与“假的”运用于其中任何一个，就很容易解释如何运用于另外那个。在眼下的讨论范围内，如果接受弗雷格的涵 371
义概念，思想的存在就无须讨论了，因为对独立于语境的句子来说，一个思想直接就被理解为一个完整句子的涵义。既然句子具有涵义，也就很难有理由让区别于句子的任何其他实体来充当具有真值的东西了。这个问题产生争议，也只有当有人认为有可能避免承认，除了句子还有其他竞争者，来充当谓词“是真的”和“是假的”的主目角色——没有人主张说，实际上有两个选项，即思想与句子，只不过这两个选项中成功的一方是句子。

有些哲学家认为，对于信念、预期等做出解释，关键是要承认某种实体居于句子与使得句子为真或为假的实在之间，这种实体在英语的哲学文献中通常被称为“命题”。像“琼斯相信哥伦布第一个横穿大西洋”这样的句子，就必须解释成把整个名词从句“哥伦布第一个横穿大西洋”按照字面当作表示一个命题的词项，按照陈述，琼斯对这个命题具有某种心理态度。这种分析与弗雷格的分析一致。按他的分析，在间接引语中，一个句子以它通常具有的

涵义充当其所指，这样也恰恰就是在说，在这种语境中这个句子表示一个思想。思想就是弗雷格的本体论中最接近不列颠哲学家的“命题”的类似物。其他一些人反对这样解释包含间接引语的句子，他们认为这是过分照搬表面语法结构的结果，并且也引入了不必要的实体；他们论证说，“that”这个词不应当归于接在后面的那个语句性从句(sentential clause)，而是要把“……相信(believe that)……”解释成一种特殊的不完整表达式，它既非关系表达式，也不是语句连接词，而是要求在第一个主目位置填上一个词项，而在第二个位置填上一个句子。但这个建议本身只是框架性的，它不过是在拒绝把信念看成是一种针对思想或命题的态度，而没有提出任何正面的想法来取代这种观点。然而，通常伴随而来的(或者作为替代的)建议则是，把信念当成是一种针对句子的态度。按这种看法，“琼斯相信哥伦布第一个横穿大西洋”就要分析成，琼斯对于“哥伦布第一个横穿大西洋”这个句子持有特定态度，即相信它是真的。这里，“……相信句子---是真的(…… believes the sentence --- to be true)”不能又分析成“……相信句子---是真的
372 这一点(…… believes that the sentence --- is true)”，而应该理解成表达了人与句子之间的一种初始关系。

CAB 针对这个建议有一种众所周知的反对意见，这个最初由丘奇表述的意见涉及了翻译。按这种反对意见，如果这个建议是正确的，那么句子“琼斯相信哥伦布第一个横穿大西洋”就势必就是在指称一个**英语**[汉语]句子，即“哥伦布第一个横穿大西洋”，而通常被认为翻译了前一个句子的德语句子就是，“Jones glaubt, dass Kolumbus die erste über das atlantiche Meer gemacht hat”，它同

样包含了对**德语**句子"Kolumbus die erste über das atlantiche Meer gemacht hat"的指称，因此它不是那个英语[汉语]句子的正确翻译。当然，把信念解释为针对思想而非句子的态度，就没有这样的困难，因为名词从句"哥伦布第一个横穿大西洋"与"dass Kolumbus die erste über das atlantiche Meer gemacht hat"表示的是同一个思想。

很难以非常严肃的方式对待这种反对意见。没有理由假定，人们实际上用来衡量怎样翻译才恰当的标准总是要求严格同义。相反，在翻译小说时，甚至也要译出直接引语，同样，对于历史叙述（包括福音书在内）来说也是如此。在所引表达式被译出以后，如果一段关于被引用的词或短语的话不能保持真值，人们通常允许用一个不等价的表达式来替换所引表达式。（一个例子可见于奥斯汀翻译的弗雷格的《算术基础》中。奥斯汀把句子"Der Begriff Gl 54 'Silbe des Wortes Zahl' hebt das Wort als ein Ganzes …… heraus"译成"'三这个词中的音节'这个概念把这个词作为一个整体确定下来"，原因显而易见，在英语中"数(number)"这个词有两个音节。[①]）

对于基于翻译的论证难以认真对待，对于整个问题，也同样难以认真对待。如果信念是针对句子的态度，那么认其为真这种态度就必须这样理解：一个人可以对于一个他从未听说过或者从未

① 按照弗雷格的原意，他需要一个单音节词，以表明作为整体的是1个单位。弗雷格所用的德文词是"Zahl"，这是个单音节词，直译成英语是"number"，却有两个音节，因而是不恰当的翻译。这种音节数目上的差异在汉语中不容易表现出来。——译者

想到过的句子持有这种态度，也可以对他不能理解的句子，以及属于他不懂的一种语言的句子，持有这种态度。对于担心、期待诸如
WO 213 此类的态度也是如此。甚至像蒯因所指出的那样，如果我们承认老鼠害怕被猫吃掉，这种解释就会要求我们把害怕一个英语句子是真的这样一种态度归于老鼠。用这种方式避免指称思想所付出的代价是，我们不得不解释像“认其为真(believes-true)”这样的表
373 达式的涵义，而要解释这一点，就必定需要解释任意句子与同一种语言之内的等价句之间的关系，以及任意句子与另外一种语言用来翻译它的句子之间的关系。如果终究要对信念这个概念作出确定的解释，那么不管这种解释依据什么模型，关于那种关系的解释总是必须提供的。这个要求不取决于我们对语言之内的同义关系以及跨语言的翻译关系持有何种观点，这种观点会直接体现在关于信念的分析结果中。比如说，如果语言之间的等价关系被认为只是一种模糊的(vague)关系，那么关于信念的句子所需要的语义学，就是一种也为其他模糊表达式(比如“红色”或“山”)所需要的语义学。再比如，如果有人认为翻译的正确与否只能相对于某个框架才能判断，那么把哥伦布第一个横跨大西洋这个信念归于一个德国人，就必须理解成默认与这样一个框架相联系。把信念以及其他“命题态度”归于人，这显然与人所具有的、对于特定句子以特定方式进行使用或者作出反应的倾向联系在一起。因此，只要对信念做出解释，就必须解释，由被归赋信念的人实际或潜在地使用的句子，与在信念归赋的过程中用来表达被归赋信念的句子，它们之间必须达成何种关系。无论是把信念解释成针对思想的态度，还是针对句子的态度，还是其他什么解释，这种必要性总是

存在。

倘若关于信念的任何解释，都必须涉及句子之间的这样一种关系，那么不管这种关系被认为是模糊的还是明确的、相对的还是绝对的，我们都肯定可以把信念当作一种针对命题的态度，这里"由……所表达的命题"要理解成一个算子，其值域由抽象对象构成，这些抽象对象的同一性标准，与这里所考虑的、存在于充当算子主目的句子之间的那种关系是否成立的标准重合。如果不是由于两种情况之一，我们没有理由否认这种可能性，这两种情况是：对于最终能否为信念给出统一的解释感到失望；对抽象对象有一种迷信般的恐惧。对于把以这样粗略的方式理解的命题等同于思想，即等同于句子涵义，弗雷格所采取的进一步的举措相当于这样一个观点，即句子之间的那种相应的关系，就是涵义的等同关系。那些没有与弗雷格一起认为涵义这个概念具有独立必要性的人，确实会拒绝这样的建议——如果他想要为信念给出任何解释的话，那他就还需要解释句子之间某种相应的关系。

蒯因在这两条路中选择了前者。他先判定说，最好把信念归
赋解释成断定人与句子之间有一种关系，而不是人与命题或者其 374
他内涵实体的关系；接下来他建议，把信念归赋句看成纯粹的谓述 *WO* 215-16
句，而完全不具备关系结构，按照这种观点，在句子"琼斯相信哥伦布第一个横跨大西洋"中所指称的唯一对象是琼斯，其余的部分中既没有包含对命题的指称，也没有包含对句子的指称。这相当于采纳了这样一个建议，把"……相信……"解释成介于关系表达式与语句联结词之间的一种表达式，同时不把信念理解成人与句子的关系。这让我们完全不知道怎么解释"……相信……"，怎样理

解在第二个主目位置上填入一个句子构成的一元谓词呢？而这对于蒯因的观点来说才刚刚开了个头，他宣称分析是不可能的，并且宣称当我们"描绘实在的真正的终极结构"时不允许使用间接引语(《词语对对象》(*Word and Object*)，p. 221)。

WO 220-1 蒯因为这一悲观主义的结论所作出的论证，因为他以一种不相关的方式调用了翻译不确定性论题，而变得晦涩难懂。这个论题当初所涉及的是他所谓的**彻底**(radical)翻译，即在不存在既定翻译惯例的语言之间进行翻译。他认为只有在相对于给定的"分析假设(analytical hypothesis)"的框架下，这种翻译才是唯一的，然而存在许多同样可用的这类框架。这里不是考察这个论题的地方。相当清楚，如果接受这个论题，那么对于操一种完全陌生的语言的说话者来说，对其进行的任何一种信念归赋都必须理解为是相对于这样一个框架的。这样一个结论虽然重要，但还不能表明不可能对这样的信念归赋进行分析，而只是表明必须将其当作是相对的。蒯因也把他的翻译不确定性论题推广到并非彻底的翻译中，甚至推广到说同样语言(在"语言"这个词通常的意义上)的说话者对一个人的讲话行为的理解中。这里的情况就不同了。比如说，在意大利语与英语之间存在既定的翻译惯例，因此也就有一个标准框架，在用英语对某个说意大利语的人进行信念归赋时，我们可以参照这个框架。同样，在任何一种语言之内也存在这种标准框架，即蒯因所说的关于翻译的"同音(homophonic)"规则。

诚然，我经常会疑惑某人是否在说他看起来好像在说的东西，我也经常对这个问题作出否定的回答，并将就着使用一套他那个版本的英语与我的英语之间的非同音翻译规则。翻译的不确定性

论题就相当于宣称，没有必要有任何可能的证据，来以这样那样的方式解决这种疑惑。已知一个人所相信的东西，我们可以（假设他在说实话）从他所说的话来确定他是什么意思；反之，已知他赋予 375
自己的话的意义，我们则可以从他的话推知他的信念。不幸的是这两者都没有给出，我们不得不从我们听到他说的话中，同时推知他的信念以及他所说的话的意义。翻译的不确定性论题就是在说，对于证据的切分来说，不存在也没有必要存在唯一的方式——如果以这种方式理解他所说的话，我们就赋予他某一套信念，如果以另外一种方式理解，我们就赋予他另外一套信念。即使我们接受宽容原则（the principle of charity），要赋予他人以尽可能多的与我们自己的信念像协调的信念，按照不确定性论题，情况仍然是，无论我们获得了多少证据，每套信念归赋都与证据吻合。

这极好地揭示了信念与涵义之间的紧密联系。我们可以毫无问题地把波斯的人口多于印度这一信念归赋给一个人，而在表达这个信念时，他也没有必要使用过“波斯”这个名称（他可以说“伊朗”）。但要把波斯要比亚马逊更长这一信念赋予某个人，人们就不知道是什么意思了。人们自然会问，“你是说他认为‘波斯’是一条河的名称吗？”而若回答说，他没有把“波斯”用作名称，人们就会指责对他信念所要给出的那种解释完全不对头。要靠一个人所说的话来表明他相信什么，就要为他说的话附加上某种涵义，并且认为他也已经附加了这种涵义。即使他说的是与我相同的语言，我对于表达他的信念所用语词形式作出选择，也并不意味着他会认为这种选择是恰当的——不过，我怎样描述他的信念，就像我就所有别的事情所说的东西一样，也取决于我对用来描述的话赋予什

么涵义。即便存在像“伊朗”是一条河的名称这样的信念，我也不会把波斯比亚马逊更长这样的信念归赋给任何人。对于显然是认真地讲出“伊朗比亚马逊更长”这个句子的行为，前面那个信念或许有也或许没有构成支持，但只有在关于说话者对“伊朗”这个名称所赋予的涵义，已经有了某种假定的时候，我们才能说他通过讲出那个句子所要表达的信念是什么。

这些对弗雷格与对蒯因来说是一样的。一个人即使对他的话赋予了与我赋予的完全一样的涵义，我能否正确地说他用某个句子作出了一个断定，也不是以他确实恰好以断定语力用了那个句子为必要条件；他有可能为自己的话赋予不同的涵义，这表明那也不是充分条件。蒯因的不确定性论题意味着，对于针对一个人所

376 说的话给出的两种或多种解释来说，在一些情况下没有客观的方式来确定哪个解释正确(这不是因为答案永远隐藏起来了，而是因为对这个问题没有答案)。即使对于不确定性论题最为热心的支持者来说，假定这种情况会在说同一种语言并在同一时段说话的人之间经常发生，也会是荒谬的；但对这种情况来说，从这个论题可以得出，信念归赋必须总是相对于特定的一种解释进行。这本身并不表明翻译是不可能的，也不表明说同样语言的两个人之间不可能交流，同样，它也不表明对信念这个概念作出分析是不可能的。

蒯因最后拒绝在用来描述实在的真实的终极结构的语言中，使用包含间接引语的句子。这个想法他虽然将其表述为不确定性论题的推论，它实际上还是依赖于这样一种观点，即对于命题态度归赋来说并不存在一种关于正确性的标准。“间接引语在多大程

度上偏离直接的陈述，对此不可能有一种固定的衡量标准。允许偏差的程度通常取决于我们使用引语的目的。而这关系到我们想要突出所引用的话语中的哪些特征；我们的间接引语要能算成是真的，必须保证精确的就是那些特征。关于信念和其他命题态度的句子也是同样的”(《词语与对象》p. 218)。

要点抓得很准，但要点本身并不深刻。在间接报道其他人的陈述的时候，我们确实常常允许一些弹性，只是在涉及人人都知道的一些明显的言外之意以及背景事实方面，我们的报道才是精确的。遇到异议时，我们常常会说，“好吧，他没有真的那样说，但相当于那样说了。”在涵义上做到完全忠实，这只是一个我们通常不愿意费劲去追随、在具体语境中也不愿意认为要严格服从的理想。但从这个事实出发，还不能说没有这样的理想，不能说没有一种我们用来判断间接引语按照字面意义(*au pied de la lettre*)[①]是否为真的标准。信念以及其他命题态度的归赋，确实具有与对讲话行为的间接报道不同的模糊性，因为，对于为了引出表达所归赋信念的反应来说，何种程度的提示是允许的，这是不确定的。但这完全是另外一个问题。

蒯因之所以过于强调评价间接引语时所用的可变标准，是因为他认为，对于涵义是否得到保留来说并不存在唯一标准，也就是说，并不存在唯一可以承认的翻译方案。我们知道，即使我们接受，这个要点也属于完全不同的一种类型，因为，如果人们之间终究要进行交流，那么他们就必定能够采纳某种确定的互译方案，这 377

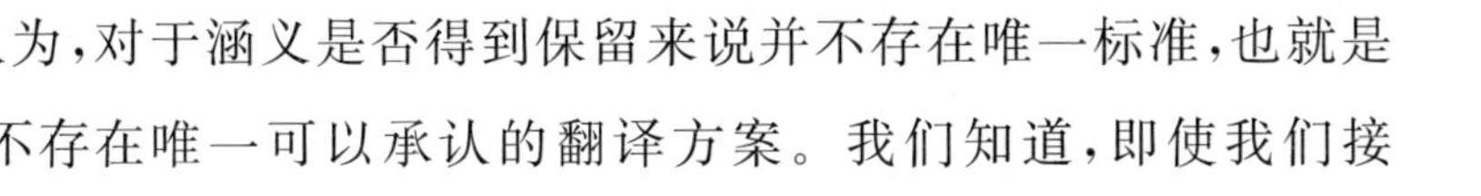

① 原文为法语。——译者

不会使得对于命题态度的归赋沾染上新的模糊性，而只能迫使命题态度相对于某种解释方案而得到归赋。不过，在这里我们也可以不同意蒯因的方法论。他敦请我们“考虑在对这些所谓的对象产生怀疑这么久以后，我是怎么坚持用通俗的方式使用‘意义’、‘观念’诸如此类的词的。有时候使用一个词，确实可以与拒绝承认其对象调和起来，但我继续使用这些词，对调和甚至连提都不用提。这里需要的仅仅是对严格性略加放松”（《词语与对象》p. 210）。依照同样的精神，他建议继续使用间接引语以及表示命题态度的动词，只是在描绘实在的真正和终极的结构，以及表述一个科学分支的基本定律时除外。哲学家通常会允许自己使用他们所质疑的表达式，但不是像蒯因允许的那样随意。自然语言中的习惯说法，如果在仔细检查之下发现具有确切无疑并且无法补救的模糊性，那就为在理论阐述中排除掉这样的说法，提供了好的理由。不过只要说明了产生模糊性的区域和范围，还是可以在不那么要紧的场合使用它们。另外一种情况是，一种习惯说法被揭示出是具有误导性的，它让人们觉得存在一种与实际完全不同的支撑性的结构。蒯因提到，这类说法的一种特殊情况是，对这样一个词项的使用可以与拒绝其对象调和起来。这里，这样的说法是可以保留的，只要我们免予诱惑，不至于错误地解释它就行。还有一种情况是，哲学家发展出了某种怀疑论的论证，或者提出了某个悖论，尽管自己还不能给出解决办法，他还是认为能解决这种悖论或者能够反驳怀疑论的结论，于是他继续使用某种他认为融贯，但还不能证明其融贯性的表达式。这些都不是蒯因的情况。如果某种习惯说法或者表达式真的能够证明在原则上是不可分析的，那就必须避免使用它，于是问题就得到解决——对于一种表达形式来说，如果一方想要证明不可能给予解释，而它出现在对手的论述中被用来充当反驳他的依据，那就没有人能够为自己以及与他观点相同的人主张不加解释而继续使用它的权利。人们完全可以合法地使用一种自己无法解释的表达式。但如果某人声称对某个表达式来说不可能作出解释，那么他实际上就在主张它是不可理解的。如果他是对的。那么当他像其他任何人一样来使用它时，它仍然是不可理解的；他当时没有觉得有多严重，但这一点不能为他提供 378
托词，允许他说些不可理解的东西。双重标准太容易导致自拆其台了。

从翻译的不确定性出发，来论证要拒绝把思想当作命题态度的对象，这样的论证在蒯因那里暗含着，而在戴维森那里则得到了明确表述。这个论证类似于反对绝对时空的那个论证，它的形式是这样的：如果有涵义这样的东西，那么对于翻译是否正确，就会 OST 137-8
有一种唯一的、客观的标准；但并不存在这种唯一的、客观的标准；因此并不存在涵义这种东西。只有与不确定性论题的一种非常强的形式相联系，这个论证才是有说服力的。蒯因实际上明确地提出了这种形式。但即使是这样，这个论证也不会导致结论说，关于信念或其他命题态度的陈述抗拒分析，而只是得出它们必须相对于一种指称框架来理解。如果有涵义这样的东西，翻译就唯一地确定下来，至少就能够得到在要译入的那种语言之内的同义关系而言是这样的。如果没有涵义这样的东西，那么对于翻译是否正确，我们就必须采纳弱一些的标准，这种标准不能确保翻译的唯一性。但不可能这样反过来论证：如果发现在比涵义相同这个标准弱的标准之下，翻译不是唯一的，那么就不可能有涵义这样的东西，使得我们可以利用它来构造一种更强的，能够获得唯一性的翻译标准。当然，人们可以回答说，对于正确的翻译来说，关于其不确定性的论证，是通过检查建立在可观察的语言行为基础上的所有可能的标准展开的，因此，如果涵义存在，那么它就肯定没有完全反映于语言行为中。要充分地评价这一回应，就有必要仔细省察关于不确定性的论证。在这一章我还不打算做这件事。但是难点在于，那个论证完全是以使用一种完全陌生的语言的实践活动所具有的特征为基础进行的，这种特征可以通过制定翻译方案来进行捕捉，但是，这就留下了这样一些问题，会不会没有这种可以观察到并确定了涵义的特征，它会不会不能用这种方式捕捉到。

弗雷格的涵义概念在用于复合表达式时，需要一种非常狭窄的同一性标准。弗雷格说，包括句子在内的复合表达式的涵义，是由其成分的涵义组合而成的。“组合而成”是一种隐喻，但弗雷格
Ggf 36 (55-6)；NS 275 (255) 有意用它来传达某种比非隐喻性的“决定于”更强的内涵。数论函数的值决定于函数主目，但充当函数值的数，可以不按那个函数对主目的取值来理解。说一个句子的涵义是由其成分语词的涵义组
379 合而成的，这不光是在说，通过知道语词的涵义，我们可以确定句子涵义，而且也是在说，我们只能把那种涵义理解成那些构件恰好以那种方式组合而成的复合物的涵义——对一个句子来说，只有恰好具有那种结构，并且其初始成分在涵义上逐点对应于原来的句子，它才有可能表达同样的涵义。（因此，弗雷格关于复合表达
MN 56-9 式的涵义概念，与卡尔纳普的内涵性同构非常一致。）

诚然，像这里诉诸的句子结构一定不能按照表面来理解。承

认四种语言中各自都包含了表示否定的语句算子，这可以是对的，但在一种语言中这通过在句子前面加上一个短语来表达，在另外一种语言中则是把句子夹在两个词之间，第三种语言利用主干动词的屈折变化，第四种语言则是省略一个在其他情况下会出现的词。这里我们关心的不是表面结构(surface structure)，而是乔姆斯基(Chomsky)及其学派所称的“深层结构(deep structure)”，或许也可以说是仅仅出于语义学目的需要关注的那种结构。然而，完全有可能，按照弗雷格关于句子涵义的同一性标准，如果严格运用的话，在一种给定的语言中没有任何句子，与另外一种语言中的某个特定句子在涵义上精确匹配，原因是两种语言在某个关键点上具有不同的内部结构。在这种情况下，我们只能凑合使用近似的翻译，只求对实践目的来说足够就可以了。相对于在实践中我们不得不采纳的宽松标准来说，翻译完全可能不是唯一的，但这并不表明不存在涵义这种可资提供严格标准的东西，而是表明，所提供的标准非常严格，以至于有时把翻译的可能性也整个排除了。

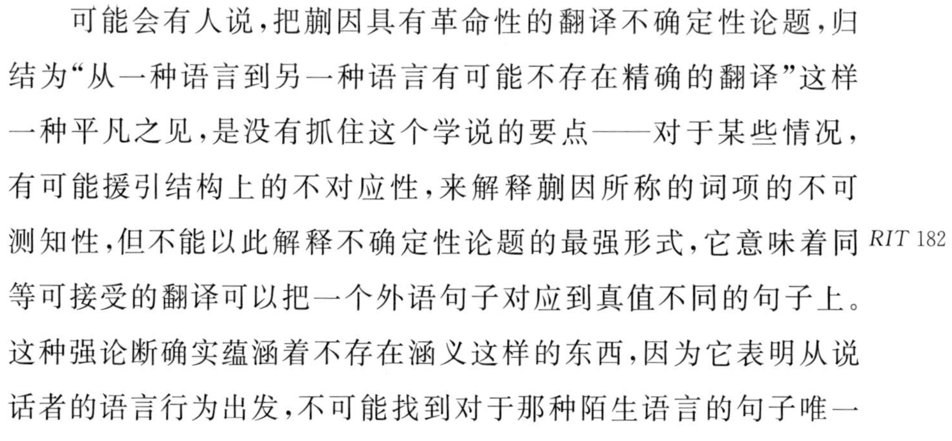

可能会有人说，把蒯因具有革命性的翻译不确定性论题，归结为“从一种语言到另一种语言有可能不存在精确的翻译”这样一种平凡之见，是没有抓住这个学说的要点——对于某些情况，有可能援引结构上的不对应性，来解释蒯因所称的词项的不可
测知性，但不能以此解释不确定性论题的最强形式，它意味着同 *RIT* 182
等可接受的翻译可以把一个外语句子对应到真值不同的句子上。这种强论断确实蕴涵着不存在涵义这样的东西，因为它表明从说话者的语言行为出发，不可能找到对于那种陌生语言的句子唯一

正确的真值定义。我们无法合理地提出要求，要那种陌生语言中说那种语言的人共同认为是真的每个句子，都应该翻译成我们语
380 言中的句子，并且我们普遍会认为翻译成了真句子。这种要求确实常会导致正确的翻译方案根本不存在，但这个要求是不合理的，因为它排除了这样一种情况：我们有可能赋予说那种陌生语言的人以一套不同于我们的共同信念。不管涵义是什么，它都必须用来确定无歧义句子的真值条件——如果有些句子的真值条件，不能完全从说那种语言的人的语言实践中发现，并且从内部的依据也不能表明它是有歧义的，也就是说并没有被他们当成歧义的，那么通过观察那些实践活动，就不可能找到任何涵义。

这个论证确实预设了所有的歧义都必须被辨认出来。我们可以这样反驳：虽然所有的歧义都必须是能够辨认出来的，但在任何时候都有可能有潜在的歧义等待查明。这些隐蔽歧义的存在，确实依赖于说话者的语言倾向，这种歧义一经指出，这些倾向就使他们能够认出那是歧义——但这些倾向远不是显而易见的，其影响力也是长时段的。情况仍然是，如果能够给出不确定性论题的最强形式，即一种语言能够包含这样一些句子，它们不是模糊的，也不是那种在说话者既存倾向（无论是多么长效的倾向）的基础上具有歧义，但使用它们的实践活动仍然不能为其确定唯一的真值条件，那么说话者的语言倾向就不能通过涵义概念得到解释，如果按
Gg I 32 照弗雷格认为的那种方式，把涵义理解成与真值条件相联系的话。

回头想想，真是这样吗？归根到底，确定的涵义要求真值条件也是确定的，这真是这么清楚？真与假的概念可以按何种方式运

用于句子，这一点不是也有松动的余地，而这与关于那些句子如何得到使用的事实相一致吗？比如说，我们可以把自然语言中的直陈式条件句解释成实质条件句，也可以解释成，要使条件句为真，就要求成分句之间具有某种更强的联系，[①]在这两种情况下，我们难道不是同样忠实于关于语言实践的事实吗？

答案取决于如何看待用真值条件对涵义作出的解释。尽管涵 381
义只能被当成一个认知性的概念，关于涵义的解释仍然不是要揭示一种实际的心理机制——如果认为是，那就与弗雷格所坚持的
观点相抵牾，即涵义不是某种心理学上的东西，不与任何内在过程 NS 6-7 (6-7)
相联系。因此，对涵义的解释，就必须是一种通过与可观察的语言行为达成一致而得到检验的理论模型。如果是这样，那就似乎没有任何理由说，只有唯一一种这样的模型堪与实际的实践活动相符。这个问题弗雷格从未正面触及。如果要求这个模型的每个特征，包括指称与真值的概念在内，都应当能够分别解释成表现了语言实践可以区分开的那些方面，那么在这样的解释之下，就只可能有一个模型。另一方面，如果在模型中运用的某些概念，尤其是关于真与假的概念，可以当作是理论性的、不能直接与语言行为相联系的概念，模型则只能作为整体，按照是否与语言实践相吻合来判

① 后面那种情况实际上没有那么大的吸引力。对于意图的条件式表达，几乎只能解释成传达了让实质条件句为真这一意图，然而，如果这种表达是诚实的，那么它就
为另外一个人用同样的条件句作出断定提供了基础。就像格赖斯（Grice）所指出的那 cf *LC*
样，用条件句来作出暗示的用法，让人不会认为其中有比实质条件句更强的联系；对于条件句在某个论证链条中充当前提的用法，情况也是如此。例如，论证的支持者准备无条件地断定后件，但对方以支持者不能接受的理由为基础，只承认条件句。这个例子还可以用来说明所设想的那种情况。

断是否正确，那么就可能有不止一个运转同样良好的模型。在后一种情况下，即便是最强形式的不确定性论题，也与弗雷格关于涵义与指称的学说相容——不同的翻译对应于虽然不同，但同样有效的语义学模型。诚然，没有迹象表明弗雷格曾经考虑过这种不确定性是否可能，他也没有考虑过在关于特定语言的不同的语义学描述之间进行选择的情况，但在他的论述中也没有任何东西能排除这种情况。

就弗雷格的涵义概念来说，不管情况怎样，按照蒯因自己的学说，只要引入某种分析假设系统，我们就总是可能利用涵义概念，来表现一种语言的说话者的语言倾向，只不过这样的系统不是唯一的。或许“涵义”这个词的使用是有倾向性的，但看来，分析假设至少会为这种语言的句子确定具体的真值条件，这是清楚的；并且分析假设肯定会让翻译成为相对于它们来说是唯一的。由此可见，从翻译的不确定性，还得不出关于信念的陈述是不可能分析的，能得出的结论仅仅是，任何这样的陈述都必须理解成相对于某套分析假设。相对于这样一套假设，句子具有确定涵义。因此，只要记住涵义的相对性，对于把信念理解为针对思想的态度，也就不会有以此为理由的反对意见了。

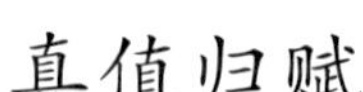

真值归赋

382 对于陈述信念以及其他命题态度的句子进行的分析，并不与何谓具有真值这个主题直接相关。比起“哥伦布第一个横跨大西洋是假的”这样的句子，对“琼斯相信哥伦布第一个横跨大西洋”这类句子进行的分析，要更为迫切地需要思想这个概念，因为，在后一种情况下，名词性从句构成不透明语境，在这个语境中使(普通)指称保持不变的替换会改变整个句子的真值，而在前一种情况下，名词性从句是一个透明语境。因此，完全有可能把“哥伦布第一个横跨大西洋是假的”中的从属句子解释成具有普通指称，也就是说，表示一个真值，而把整个句子理解为把这个真值确认为假。如果按照同样方式处理出现于像“哥德巴赫猜想是假的”这样的句子中的“是假的”，就会产生一个有些奇怪的后果，像“哥德巴赫猜想”、“热力学第二定律”以及“罗宾森所说的话”等这样的表达式，就必须解释成是真值的名称，而不是思想的名称。不过，要是立场坚定的话，容忍这个后果还是可能的。弗雷格的学说，即思想是在原初意义上被称为“真的”或“假的”的东西，并不要求我们把以“这是真的……”或“这是假的……”为开头的句子中的名词性从句当作具有间接指称，即表示(普通)涵义；在同样意义上，他的观点“在原初意义上表示了所指的东西是专名的涵义”，也不要求我们把等同陈述中的名称解释成具有间接指称。应当说，弗雷格的第一个论题，即思想是首要的为真为假的东西，其要点整个就在于它得到了“真与假是句子的所指”这第二个论题的补充——真和假与句子相联系的方式，(至少)类似于对象与其名称的联系，而这意味着，与语言表达式的联系在这两种情况下都是由表达式的涵义决定的。弗雷格说，所指与表达式之间的联系是由所指与涵义的联系派生出来的，就是在说明这一事实。

标记自反性表达式

用弗雷格自己的术语来说，语言具备一种特征，它使我们能够
383 利用讲出同一个完整句子的讲话行为，在不同场合下表达不同的
思想。弗雷格认为这种特征不重要。到目前为止，我们都把注意
WO 12 力集中于蒯因所说的“恒久句(eternal sentences)”上，这种句子中
不包含指称仅仅取决于讲话场合的构件。对弗雷格来说，思想就
是某种绝对地为真为假的东西，它不可能此时为真，而彼时为假。
同样，指称概念对谓词是否适用，也不取决于讲话的场合，一个对
象不可能一会儿落于一个概念之下，一会儿又不落于其下，它要么
只是落于其下，要么只是不落于其下。例如，不存在像“柏林的居
民”这样的概念，在不同时间不同的人落于其下；我们只能考虑像
Gl 46；“1880 年 1 月 1 日的柏林居民”这样的概念，一个对象要么落于其
NS 147 (135) 下，要么不落于其下，而不需要在时间上进一步限制。

ESL 284-7 由于基本上忽略了自然语言中莱辛巴赫所称的“标记自反性”这一特征，弗雷格显然把我们实际所用语言的工作机制，远远地置之脑后。在这一特征纳入考虑之后，如果思想仍然是绝对为真或绝对为假，而没有时间上的或其他限制，那么当句子中包含了标记自反性表达式，思想就不能继续等同于完整的断定句的涵义了——我们必须说，这样的句子可以在不同场合用来表达不同思想。

把“是真的”与“是假的”解释成绝对的、不含相对性的谓词，这个愿望初看起来是完全无害的。像代词“我”和“你”、空间表达式

"这里"或"向北两英里"这样的标记自反性表达式，其所具备的涵义以一种系统的方式，提供了从讲话环境出发确定指称的手段。显然，句子之所说是否为真，一般取决于所用表达式的指称。因此，如果使用的是标记自反性表达式，那么其真假就既取决于所用词语的涵义，也取决于讲话环境。若要把真值归赋于句子，并且用 *CPP* 4.537
皮尔士的术语来说要把句子当作类型，或者说把真值归赋给句子类型(sentence-type)的涵义，那么真值就必定相对于相应的讲话环境——"今年的六个月都有雨"在一个地方是真的，在另一个地方可以是假的。若在识别赋予真值的东西时，已经把相关的讲话环境考虑在内了，这倒完全是自然的。如果把这种归赋的主体当成句子，那么我们就不把它当成句子类型，而是句子标记(sentence-token)。这里的"句子标记"必须解释成涵盖了可能的讲话行为，而不仅仅是实际的讲话行为，例如解释成四元组⟨S，c，m，t⟩，其中 S 是一个句子类型，c 是说话者，m 是一个受话者集合， 384
t 则是时间。如果我们像弗雷格那样把真值归赋的主体当作思想，那么我们就要说，所表达的思想在一定程度上取决于讲话的场合。

按照弗雷格，不仅同一个完整句子可以在不同场合用来表达 NS 288 (269)；
不同思想，而且，不同句子也可以在不同场合用来表达同一个思 NS 146 (134-135)；
想。例如，我昨天说"今天下雨了"，借此表达的思想可以用"昨天 Ged 64 (10)
下雨了"来表达。对思想这个概念的这种用法为一些稍晚的著作(例如斯特劳森的)中"陈述"一词的类似用法所仿效，其目的不止 *ILT* 4
于确保谓词"是真的"和"是假的"的绝对性——思想(陈述)这个概念，有助于解释对不同讲话行为作出的真值归赋之间的联系，这就是说，有助于给出一种关于标记自反性表达式的语义学理论，它能够解释，把一个特定真值归赋给一个讲话行为，如何蕴涵着要给另外一个讲话行为赋予同样的真值。

依据讲话的场合来确定标记自反性表达式指称，一般都有非常直接的方式，因此，为其提供一种解释似乎没有什么大的困难。似乎可以自然地规定，对于两个句子标记$\langle S,c,m,t\rangle$与$\langle T,d,n,u\rangle$来说，只要满足了这样的条件，这两个句子标记就表达了同样的思想：句子类型 S 与 T 具有$A(s_1,\cdots\cdots,s_k)$和$B(r_1,\cdots\cdots,r_k)$这样的形式，而$s_1,\cdots\cdots,s_k$和$r_1,\cdots\cdots,r_k$都是分别出现于 S 和 T 中的简单标记自反性表达式，$A(s_1,\cdots\cdots,s_k)$和$B(s_1,\cdots\cdots,s_k)$涵义相同，并且对于各个i，$1\leqslant i\leqslant k$，当s_i在时间t为c对m说出时，其指称与r_i当在时间u为d对n说出时一样。当然，完全没有必要假定，一个思想如果能够通过在特定场合讲出一个包含了标记自反性表达式的句子来表达，也就能用某个不包含这类表达式的"恒久句"所表达。

不过，在采取这个步骤时，弗雷格弱化了思想是在原初意义上归赋以真假的东西这一主张。真和假是语义学概念，也就是说，这些概念对于解释语言如何工作来说，对于意义理论来说，是必要的。因此，它们必须与当我们学会使用一种语言时所学到的东西联系在一起，而这种联系至少在一定程度上在于，我们语言行为中的一些特征，对于辨别真与假来说是本质性的。从这个观点来看，最初被归赋以真假的，是特定的讲话行为。而说真值的归赋依赖
385 于所说话语的涵义，因而把完整的"恒久句"的涵义当成这种归赋的真正主体，是足够合理的。这样说也同样合理：在出现标记自反

表达式的时候，真值的归赋取决于相关的讲话环境。要是走得更远一些，使得充当真值归赋主体的思想或陈述，在相关的环境和句子标记都(以相应的方式)不相同的情况下，也能够得到识别，那么我们当然就是在设法把事情做得更加忠实于我们语言行为的一些特征，即在对于不同的讲话行为所做的不同的真值归赋之间，存在我们所承认的那种联系。然而，在把这种同一性标准与思想或陈述联系起来时，我们就超出了直接的事实证据的范围，而使我们容易遭到这样一种可能的指责，即在对我们的语言给出正确的语义学解释的过程中，我们把错误的单元当成了具备真值的东西。

这样一种反对意见势必采取这样的形式，它会说把真值归赋给特定的讲话行为，这不应是绝对的，而应该是相对的。这样的论点关心的是把真值归赋给句子标记，因为，在标记自反性表达式存在的情况下，对于句子类型进行的真值归赋不是绝对的，这是无可争议的。主张"真是相对的"的人并不单纯是在说，当两个人讲出句子"我什么都没有听到"时，一个人说的是真的，而另一个人则不是；他的意思是，即使认为所有表达式的指称都是确定的，一个陈述仍然对一个人为真，对另一个人为假。

至少从普罗泰戈拉(Protagoras)以来，没有什么专业哲学家会认为，对恒久句进行的真与假的归赋总是需要相对于单个人，这样一个观点是融贯的。一个恒久句在一个地方为真，而在另外一个地方为假，这样的观点也鲜有信者。但很多哲学家认为，真值会随着时间变化，也就是说，不管是恒久句还是标记句子(特定的讲话行为)，其真值归赋都必定相对于时间。

对有些哲学家来说，这种观点看来是荒谬的，它不过是以一种混淆的方式，把显然属于类型句子（当它含有表示时间的标记自反性表达式）的特征，转嫁给了句子标记或者恒久句。比如艾耶尔
PK 180-1 (Ayer)就相信，关于真值是可变的观点，可以通过直接指出陈述本身不可能是谈论过去或者将来的，而加以阻断。这里，“陈述”一词是在弗雷格“思想”的那种意义上使用的——星期三说“明天天会冷”，星期四说“今天天冷”，以及星期五说“昨天天冷”，这些都是同一个陈述，按这种解释，陈述就没有时态之分。从艾耶尔这样的
386 观点来看就很明显，一旦把对于时间的指称纳入关于陈述（思想）的同一性标准之内，我们就没有额外的需要，让真值相对于时间了。如果假定有这个必要，就犯了类似于这样一种情形的低级错误：对于通过在伦敦说出句子“到牛津有 60 英里远”所作出的那个陈述，某人认为在伦敦是真的，而在牛津则是假的。

尽管这个错误是这么低级，探究一下人们为什么在联系到时间而不是空间的情况下容易犯这个错误，仍然是一件有意思的事情。为什么把真值理解为随时间发生变化，这个想法这么有吸引力呢？当考虑存在这个概念的时候，我们感到这种吸引力最强。
TP 90-1 吉奇论证说，动词“存在”具有两种不同的涵义，一种没有有意义的时态变化，另一种有。按他的观点，只有在前一种涵义上，说“存在”不是谓词才是正确的，在这种意义上，它要用存在量词来改写；但在第二种涵义上，它直接就是谓词。比如，当我们说国际联盟(the League of Nations)不复存在时，我们确实作出了一个关于国际联盟的陈述，它断言了关于国际联盟的某种东西，而这与我们说燃素不存在的情况是不同的。

如果这个观点是正确的，那么动词“存在”就直接是多义词——毕竟，涵义之间有什么区别比属于不同逻辑类型的情况（即量词与一阶谓词）更大的呢？但这却足以表明那个观点如果就是像这里陈述的，就不可能是正确的，因为，即使“存在”有两种可以区分的涵义，这两种涵义也显然联系在一起。吉奇论断的动机来自维特根斯坦，维特根斯坦在《哲学研究》中讨论名称的指称与其 *PI* 40
承载物之间的联系时说：一个人名的承载物死了，名称并没有失去指称。我们不愿把“燃素”解释成具有指称的词项，只不过其指称是一种单纯属于可能，而不是实有的物质，因为，正如梅农的教训所证明的那样，一旦要说明关于可能对象的陈述的真值条件，我们就陷入了让人不舒服的两难之中。诚然，这自然使得我们把量化的取值范围限制在实际对象中，而这又为解释对于量化进行的模态化制造了困难。但对模态陈述的解释在任何情况下都属不明朗，因此这不是一种决定性的反驳意见。如果“燃素”不能像“水”这个词那样按字面理解，那么“燃素是不存在的”也就不能按字面理解，理解成否认某种物质具有存在这种性质。但我们不太愿意否认能够作出关于曾经存在，后来又不存在的对象的陈述——除非承诺了要把所有的表面单称词项重新解释成限定摹状词，人们 387
不会认为有必要对所有不复存在的对象的专名作出重新解释；即使要这么做，也仍然有必要承认涵盖了这类对象的量化，而不是仅限于那些当前存在的对象。这样，“克里奥佩特拉爱安东尼”与“克里奥佩特拉不复存在”都可以按字面理解。

如果问“克里奥佩特拉不复存在”所说的是不是克里奥佩特拉**不再**具备特定性质，上述解释中的错误就可以看出来了。说有克

里奥佩特拉这个人，她不再具有存在这种性质，这与说有燃素这么一种物质，而它缺乏存在这么一种（无时间性的）性质，是同样荒谬的。美貌是当克里奥佩特拉身为女人时具备，而身为婴儿时缺乏的性质，但存在，即便是时间性的，也不是一种可以一开始具备，后来又失去的性质。有人说，"道路在这里很窄"。他这是把什么性质归给道路呢？人们自然会说，"在那里很窄这种性质"，而不是简单地说，"很窄这种性质"。当然，道路可以具备窄这种性质，而无须加上限制，但那意味着整条道路都很窄。在这种意义上，一条路显然能够既非窄的又非宽的，因为它可以这里窄，那里宽。如果我们往前走的时候路到头了，我们会说，"道路在这里不存在了"，或者更自然地说，"路到这里没有了"。在某个地点很窄，这是道路的性质，在这种意义上我们也会说，超出某段距离就并不存在，或者更自然地说，不会到达某个位置，这是道路的性质。但是，如果我们简单地把宽与窄当作道路的性质，当作道路在某些位置有在某些位置无的性质，那么存在和不存在就不是道路在各个位置所具有的性质。

因此，时间性的存在与无时间性的存在一样，都不是性质。如果把"克里奥佩特拉不复存在"理解成把一种性质归赋给克里奥佩特拉，那么这个性质不是据说她此时所具备的非存在，而是"此刻不存在"这个性质。如果时间性的对象被认为具备这样一种性质，那么美貌、比例与身高等就不是性质，只有像在生命中的特定阶段的美貌才是性质。按这种方式理解，性质就是无时间性的，说一个人获得或者失去它们都没有意义。

在我们的语言中，当谈到时间性的对象，即经历变化，并且能够进入和离开存在领域（而这正是具有时态的现象）的对象时，我们通常滑向一种空间的表达方式，好像在谈论道路以及河流一样。388 对我们来说，作为典型被归属给物质对象的性质，是那些能够在特定时刻断定这些对象具备，而在另外一个时刻又对这些对象为假的性质。原因非常明显。我们语言中的基本谓词，同时也是我们最先学会的谓词，是那些通过观察就能确定是否适用的谓词。观察只能确定对象在某个时刻是怎样的。也许会有人反对说，具体的观察活动，同样也只能告诉我们对象在一个地点是怎样的。但这个类比只对像道路与河流这样的对象成立，这样的对象一般不能从整体上得到观察。只能以相对于地点的方式运用于对象的谓词，我们也可以说它们只适用于对象的局部——河流在接近源头的地方流速快，接近河口处流速缓慢，又如，针的一头尖，另一头钝。用空间来类比，正确的例子比如：有时我们说，一头动物年幼时顽皮，老了以后脾气暴躁。而说山从远处看是蓝色的，则应当类似于说，小时候住的房子回想起来似乎很大。大部分的观察谓词适用于被认为处于特定时间的整个对象。当然，尽管在观察的时候对象必定处于某个地点，谓词的适用与否却并不被理解为取决于它是否占据那个地点（当对象在其他时候处于那个位置，谓词可能不适用于它）。甚至对象在特定时刻的位置，本身就可能是通过观察确定的（只要当时的环境有利）。当然，我们可以通过观察反过来确定，一个对象何时处于一个给定位置，但这一般不是通过在适当位置进行一次性的观察确定的，而是要在某个时间段之内作出

一系列观察，来确定每次观察时对象是否在那个时刻那个位置。[①]

389 当然，我们使用的许多谓词，其是否适用都不可能通过一次性的观察确定下来。这些谓词适用于对象，不是因为对象当前可观察的状态，而在于之前的历史。这类谓词的用法只有在已经掌握了过去时态以后才能习得，而这只有当句子在现在时态时是观察性的才能达成——简单说来，谓词“长大了(has grown)”只有在掌握了如何使用“过去是小的(was small)”以后才能学会。

出于这一原因，时间性的指称所起的作用非常不同于空间性的指称。空间性的指称，无论是标记自反性的还是别的什么，都可以最为自然地解释成在特定时间对于特定对象为真的谓词。像“There are snakes in England”就具有“There are snakes which are in England”这种形式，而“There are no cowards here”则具有形式“There are no coward who are here”，或者更加明确地说具有形式“There is no one who is(now) a coward and who is(now) here”。[②] 但时间性的指称则不能这样解释，而应当理解为作为副词

① 做出这些说明时并没有顾及这样一些事实：我们所观察的大部分对象，相对于光速以及我们朝向它的速度来说，离我们都很近，因此在实践活动中，直到人类历史的最近期，我们还认为观察原则上可以揭示对象在观察时的状态。我们也没有考虑这样一个补充性的事实，确定观察谓词是否适用的基本方法，通常能够允许对象所处距离的大幅度变化。因此，出于实践目的，我们通过在特定时刻进行观察，来确定对象在那个时刻的状态；但如果要确定对象在特定位置是怎样的，我们还没有必要从那个位置去观察它。如果没有视觉和听觉，而只有触觉，我们的概念框架无疑会很不相同。如果光信号到达的时延总是会带来很大的实际后果，情况也是如此。但要是认为在这两种情况下，空间与时间之间所熟悉的那种不对称性就会消失，那就错了。

② 这五句英文，前两句的意思都是“英格兰有蛇”，后三句意思则是“这里没有懦夫”。这里的要点是把地点状语从谓词中分离出来，构成单独的谓词，从而解释含有空间修饰成分的谓词(它具有空间性的指称)的逻辑结构。这种变化在英语语法的基础上得到了非常方便的展示，因而不予翻译。这里以及后面几个句子都是如此。——译者

修饰整个句子。“John is ill today(约翰今天病了)”显然不能解释成“John is ill and John is today(约翰病了并且约翰在今天)”。(当然,也并非所有空间性的指称都可以看作是谓词性的,看成是为一个对象确定被指称时的位置,比如在“Henry came here(亨利来这里了)”这样包含了表示运动的动词的句子中就是这样。在这种情况下,对于所指称的位置最自然的理解就是表示关系,在这个句子中就是动作的目标。看起来需要解释成状语的唯一一种空间性的指称,就是与对象上的位置,而不是对象本身的处所相联系的那种,比如“他打了我这里”,说这句话的人同时指着自己身体的某个部位。)

我们语言的结构为现在时态,而不是像“这里”以及“我”这样的无时间性的标记自反性表达式,赋予了更为重要的地位。当然,如果使用的是空间性的标记自反性表达式,我们必须知道讲话行为发生在哪里,以便知道所指称的位置;而若使用的是人称代词,要分清所指称的是谁,我们就需要知道是谁在说话,或者说给谁听。空间性的或人称性的指称,只能是要么作为谓词或者关系表达式的主目进入句子,要么,对空间性指称来说,它本身就充当谓词,而不是修饰整个句子。时态逻辑中,把时间标志表示成语句算子,就正确地反映了自然语言的结构——在许多语言中,动词都具有时态上的屈折变化,但没有一种语言会把空间标志包含到动词词尾中(当然,作用于整个句子或从句的算子,实际上通常用动词屈折变化,或者用隶属于动词的虚词或助动词来表示),这不是偶然的。利用语句算子的这种表示法无论是对于非标记自反性的时间标志,还是对标记自反性的时间标志来说都是成立的——像“在公元800年的圣诞节”这样的副词短语,就最好解释成“事情发生 390

于公元800年的圣诞节……”这样的算子。

如果这样表示时间标志，那么我们又如何解释最为核心的成分，即不包含明确的时间标志的表达式呢？是将其当成无时态的TM 10 语句根(radicals)，还是具有暗含的现在时态？普瑞尔(Prior)发起了针对时态逻辑展开的系统研究，他曾经就关注过这个问题，但这是一个空洞的问题。如果我们只使用非标记自反性的时间标志，前一种选择就似乎更为自然一些。于是我们就得到一种完全没有时态的语言。如果相信真值是不可变的，我们就会认为这种语言的句子是绝对为真或为假的；语句根本身则既不为真也不为假，而只是在特定时刻为真，其他时刻为假。如果我们使用像“两天前的情况是……”这样的标记自反性算子，那么所有句子(即句子类型)就都具备随时间而变化的真值，于是我们就也会认为，语句根是暗含地具备现在时态的句子。把它们当成是现在时态的句子，还是当成需要运用(非标记自反性的)时间算子的不完整句子，这是不重要的。重要的是，在构造句子时运用的基本单元，是必须认为在不同时刻具有不同真值的某种东西，而这对应于具有有意义的现在时态的句子在自然语言中的用法。

如果我们像弗雷格明确表现出来的那样，觉得用一种清除了NJ 251 标记自反性表达式的语言来思考更为合意一些，或者像后来的艾耶尔以及许多其他哲学家那样，对于真值的不变性没有感到不妥，那么，我们当然就可以把语句根当成主目是时间的一元谓词，而时间算子的运用就直接具有填充主目位置的效果，并且，由于由此得到的是具有绝对真值的句子，迭代使用时间算子就是多余的(就像在模态系统S5中迭代模态词是多余的一样)。这样一种看待语言

的方式，掩盖了在我们实际习得语言时，时间标志在这种语言中所起的那种相当特殊的作用。从自然语言的角度来看，时间标志所起的作用非常不同于带有人称性或空间性指称的表达式。只有重视这一点，我们才能理解，把真值当成随同时间而变化，为什么要比当成随同地点或人物而变化，对我们来说要更有吸引力得多；只要我们觉得真值具有可变性这一想法仅仅来自于具有标记自反性的表达式，这一现象就会一直难以理解。我们的语言需要能够指 391
称地点，而这可以通过标记自反性或者其他途径实现。但它并不需要对于某物来说在某个地点为真，而在另一地点为假的概念，除非在那种要用来解释具有标记自反性的空间标志这一贫乏的意义上。然而，我们的语言需要一种在一个时刻为真，而在另一时刻为假的基础性的概念，这并不取决于我们是否使用标记自反的时间标志；换句话说，它要求，即使在没有其他标记自反的时间标志的情况下，也要理解现在时态句子的用法。

就我们到此为止关于具有时态的句子的讨论而言，这表明在原初意义上归赋真值的，不是像弗雷格所理解的那样是思想，而是具有时态的句子所表达的内容，而这种内容能够在一时刻为真，另一时刻为假。这当然并不说明，如果所配备的同一性标准把时态或表达式的其他标记自反特征考虑在内，认为思想或陈述具有绝对的或者不变的真值，这一想法就是错误的。错误的想法是，就像艾耶尔那样，认为只要引入了思想或陈述这样的概念，就会承认真值的不变性。相反，对于利用时间算子构成的语言来说，像前面描述的那种语义学，会由于关于时间接受了不同的形而上学而有所不同。一个人如果认为真值是绝对的、不变的，那他就会提出下面

这样一种语义学。他会假定关于世界的历史存在一个唯一的、囊括了过去与未来的总体进程，这就使得每一个语句根或现在时态的句子，都被理解成在每一时刻都具备一个确定真值，在那个时刻要么为真，要么为假。一个形如“在时刻 t 情况（在无时间性的意义上）是……”的时间算子，就显然具有这样的效果：“在时刻 t 情况是 A”（在绝对的意义上）是真的还是假的，取决于“A”在时刻 t 是真的还是假的。如果涉及标记自反的时间算子，不妨假定时间
TM 10 单位是天，我们用普瑞尔的方式把“n 天以后的情况是……”写成“Fn”，而把“n 天以前的情况是……”写成“Pn”，这样，显然，只要“A”在时刻 $t+n$ 是真的，“Fn A”就是真的，而只要“A”在时刻 $t-n$ 是真的，“Pn A”就是真的。

不过，这种直截了当的语义学还不是唯一的可能性。它的基础假定是，世界史存在唯一的总体进程，这个进程中包含了所有实际上已经发生的，以及实际上将要发生的情况——一个相信真值可变的人会拒绝这个假定。不妨设想，一个人同意世界史直到当下的总体实际进程是唯一的，但认为未来在一种意义上是开放的，
392 也就是说，对于世界史来说，并不存在一种能够表现未来实际上要发生什么的未来总体进程。因此，对他来说，世界的历史存在许多总体进程，这些进程就眼下来说都具有同等的可能性，它们到当前为止都是重合的，此后则开始分叉。我们可以把这整个结构设想成（数学意义上的）树，它的路径表示世界史在创世时具有可能性的各个总体进程，每个节点表示在给定的世界史总体进程之下特定日子的事态，而各个语句根（不包含时间算子的句子）则在各给定节点上确定地为真或为假。这种结构是一个树，这一事实符合

于我们关于世界史过去的实际进程是确定的这样一个假定。两个节点彼此区别，这并不必然表示既存事态（语句根在那些节点处的真值）之间的任何区别，即使在它们离顶点距离相同（与同样的日期相联系）的情况下，也是如此——这可能只是对应于从顶点到达这些节点的不同路线，即从创世到那个时刻的不同的事件序列。

说每个语句根在每个节点处为真或为假，也就等于说，对每个时间 t 以及世界史的每个总体进程 C，每个语句根在 C 之下的 t 时刻要么真要么假。不妨把非标记自反的时间算子"时刻 t 的情况是……"简写成"Tt"。可以做出如下定义。对句子"A"来说，只要它在 C 之下的每一时刻 t 都是真的（假的），那么我们就说它在世界史的总体进程 C 之下是真的（假的）。"Tt A"在 C 之下是真的（假的），当且仅当"A"在 C 之下的 t 时刻是真的（假的）。"Fn A"在 C 之下的 t 时刻是真的（假的），当且仅当"A"在 C 之下 $t+n$ 时刻是真的（假的）。"Pn A"在 C 之下的 t 时刻是真的（假的），当且仅当"A"在 C 之下的 $t-n$ 时刻是真的（假的）。到此为止，我们精确地沿用了以前的规定，只不过我们考虑的世界史不仅仅是一个总体进程（实际进程），而是所有可能的进程，即在创世的时刻就已经开放的可能性。像否定、析取等这样的普通算子，就按照真值表针对各个给定的进程 C 与时刻 t 给出解释。这样我们就得到一种纯粹的经典逻辑，尤其是，对于所有 n、t 和 C，"Fn A $\vee\neg Fn$ A"在 C 之下的时刻 t 是真的。我们现在引入两个总体进程 C 与 C' **到时刻 t 为止重合**（coincidence up to）这样一个概念。如果我们把树结构的开端当成是给定了的，那么这种关系就在节点 $\langle t,C\rangle$ 与节点

$\langle t, C'\rangle$相同时成立。如果不是这样的，那么我们就定义“到时刻 t 为止 C 与 C'重合”为，对所有**语句根**“A”以及所有时刻 $t'\leqslant t$，“A”在 C 之下的时刻 t'为真，当且仅当“A”在 C'之下的时刻 t'也为真。我们现在规定，对任意句子“A”，无论是简单句还是复合句，“A”在 C 之下的时刻 t 是**可断定的**(assertible)，当且仅当，对到时刻 t 为止都与 C 重合的每个进程 C'，“A”在 C'之下的时刻 t 是真的。
393 对于所有 t、C、n 以及“A”，“Fn A”在 C 之下的时刻 t 要么是真的，要么是假的，但仍然很有可能，“Fn A”以及“$\neg Fn$ A”在 C 之下的时刻 t 都不是可断定的。

对于当学会包含时间算子的句子时，我们所学会的那种语言实践来说，这样一种类型的语义学与这种语言实践的所有特征都相协调，其中包括我们接受经典逻辑的定律这个事实——如果是事实的话。在句子(包括语句根)中包含有意义的时态成分的情况下，真是相对的，不仅相对于时间，而且相对于世界史的可能的总体进程；在句子中包含非标记自反的时间算子(即恒久句)的情况下，真只相对于后者。而可断定性，不管是对恒久句还是对带有时态的句子来说，都既相对于时间，又相对于世界史的总体进程。不过，句子“A”在 C 之下的时刻 t 的可断定性，只依赖于节点$\langle t, C\rangle$，而不是 C 的全部。因此，如果我们从直觉上假定，对任意给定时刻，都存在世界史到那个时刻为止的唯一一条实际进程，那么在那个时刻的可断定性不要求进一步的相对化。

对于相信未来是不确定的人来说，这种语义学中有两个特征可能被认为是缺陷。由于它承认经典逻辑的所有定律，就不可能通过否认其中的某个定律能够用于关于未来的陈述，来推翻关于宿命论(fatalism)的论证。想要避开宿命论，这是相信未来具有不确定性的动机之一，而许多人觉得，如果不驳斥经典逻辑，就无法避开宿命论。其次，尽管世界史的未来进程中没有一个被认为是实际进程，但对将来时态(或者与当前时刻之后的时刻相联系的时间算子)的理解，却在本质上依赖于关于世界史可能的总体未来进程的概念。另外一个选项是，用前面关于可断定性的定义来充当关于真的定义。于是我们规定，“Tt' A”在 C 之下的时刻 t 是真的，当且仅当，对直到时刻 t 都与 C 重合的所有 C' 来说，“A”在 C' 之下的 t' 都是真的；“Fn A”在 C 之下的 t 是真的，当且仅当，对直到时刻 t 都与 C 重合的所有 C' 来说，“A”在 C' 之下的 $t+n$ 是真的；“Pn A”在 C 之下的 t 是真的，当且仅当，对直到时刻 t 都与 C 重合的所有 C' 来说，“A”在 C' 之下的 $t-n$ 是真的；以及，对所有“A”，如果“A”在 C 之下的 t 不是真的，那么“A”在 C 之下的 t 是假的。标准的算子还是用真值函项来解释。因此，我们仍然有，对任意 t、C、n 以及“A”，“(Fn A) $\vee\neg$(Fn A)”在 C 之下的 t 是真的。然而，与前面的那种语义学不同，情况不再是，只要“$\neg Fn$ A”在 C 之下的 t 是真的，“Fn $\neg$A”在 C 之下的 t 也就是真的——“(Fn A) $\vee$(Fn $\neg$A)”在 C 之下的 t 就完全可以不是真的。一个句子(恒久句或者带有时态的句子)为真，这在形式上仍然既相对于时刻 t，又相对于世界史的总体进程 C，但它实际上只依赖于节点 $\langle t,C\rangle$， 394
也就是说，依赖于到时刻 t 为止的历史进程(C 的前半段)。这本质上就是亚里士多德的一些注释者归于亚里士多德的那种语义学。在这种语义学中，只要当“A”在 C 之下的 $t-n$ 是真的，“Pn A”在 C 之下的 t 也就是真的，并且，在 $t'\leqslant t$ 时，只要“A”在 C

之下的t'是真的,“Tt' A”在C之下的t就是真的;但下面这两点并不成立,其一,只要“A”在C之下的$t+n$是真的,“Fn A”就在C之下的t为真,其二,当$t' > t$,只要“A”在C之下的t'为真,“Tt' A”就在C之下的t为真。“$Fn(Pn$ A)”总是等价于“A”,但“A”并不蕴涵“$Pn(Fn$ A)”。说只要“Fn ¬A”在$\langle t,C\rangle$为真“Fn A”就在此处为假,“假”在这里当然有一种强的意义。

在之前的那个系统中,“A”可以在C之下的t是真的,从而“Fn A”在C之下的$t-n$也是真的,但“Fn A”在C之下的$t-n$却可能不可断定。与此相似,在现在这个系统中,“A”可能在C之下的t为真,但“Fn A”在C之下的$t-n$却是假的(在弱的意义上)。这正是当“A”在C之下的t为真,但“$Pn(Fn$ A)”为假的情况,此时,对直到$t-n$都与C重合,但到t却不与C重合的某个C',“A”在C'之下的t是假的。“A”与“$Pn(Fn$ A)”不等价,这可能被认为是这个系统的一个弱点,但这可以通过引入另外一个概念来加以缓解,这个概念类似于前面系统中的可断定性。在当前这个系统中,一个句子只要在特定的时刻是真的,它就是可断定的。不过,对于无时态的句子“Tt' A”来说,将其真值相对化于时刻t,这不能理解成是与讲出句子的时间,或者被认为讲出的时间联系起来,而要与句子被赋予真值的时间联系。当然,我们必须考虑句子所指称的时刻t',但当我们在时刻t确定句子是真是假时,我们并不关心这个无时态的句子在被讲出的时刻t''的真假,甚至不关心在其所指称的时刻t'的真假,而是关心在进行判断的时刻t的真假。这就是说,如果我们现在处于节点$\langle t,C\rangle$上,那么我们所关注的只是那些直到t都与C重合的C';如果“Tt' A”在时刻t''讲出,而

$t''<t$,那么我们所关注的 C' 不是直至 t'' 与 C 重合的进程,而是直至 t 与 C 重合的进程;因此我们关注的是处于 t 而不是 t'' 的真值。只有在句子被讲出时是真的,它才在被讲出时是可断定的;但即使它在那时不是可断定的,我们在之后也可以判断出它是真的。

要进行这些考察,无须进行新的定义,因为对无时态的句子来说,真值对于时间的相对化已经起了这个作用。不过,对于含有时态的句子,例如"*Fn* A"来说,对于时间的相对化扮演了双重角色:它同时与讲话的时间(为了确定标记自反表达式"*Fn*"的时间性指 395 称就需要这个时间),以及赋予真值的时间联系。我们可以通过引入下面的概念来把这两个角色分开。不妨说,一个带有时态的句

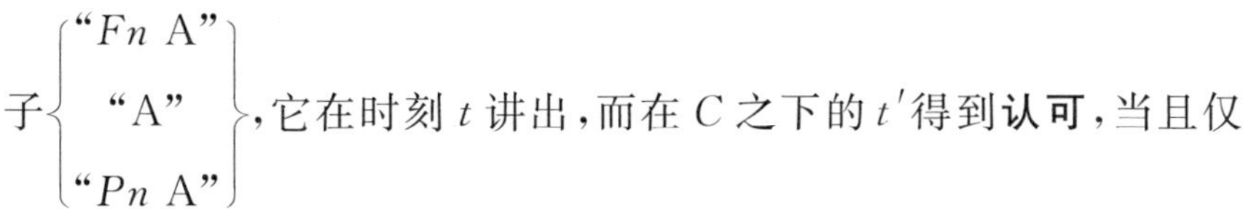

子$\left\{\begin{matrix}\text{“}Fn\text{ A”}\\ \text{“A”}\\ \text{“}Pn\text{ A”}\end{matrix}\right\}$,它在时刻 t 讲出,而在 C 之下的 t' 得到**认可**,当且仅当,对于直到 t' 都与 C 重合的所有 C' 来说,"A"在 C' 之下的 $\left\{\begin{matrix}t+n\\ t\\ t-n\end{matrix}\right\}$为真。由此得出,"A"在 C 之下的 t 是真的,当且仅当,在 $t-n$ 时刻讲出的"*Fn* A"在 C 之下的 t 得到认可。

这个定义要求作出进一步调整。我们可以把带有时态的句子的真,当作相对于两个时间,即讲话时间与赋值时间。这样,在一开始我们就要假定每个语句根在每个节点都具有一个值,即真与假。接着我们定义:在时刻 t 讲出的"A"在 C 之下的时刻 t' 是真的,当且仅当,对直到 t' 都与 C 重合的所有 C',"A"在 $\langle t,C'\rangle$ 处

为真，此时"A"是语句根。进而定义：在时刻 t 讲出的"Fn A"("Pn A")在 C 之下的 t' 是真的，当且仅当，对直到 t' 都与 C 重合的所有 C' 来说，在时刻 $t+n(t-n)$ 讲出的"A"在 C' 之下的时刻 $t+n(t-n)$ 是真的。这样就恢复了"A"与"Pn(Fn P)"的等价关系，也就是说，对所有 t，t' 以及 C，在时刻 t 讲出的"Pn(Fn A)"在 C 之下的 t' 是真的，当且仅当在 t 讲出的"A"在 C 之下的 t' 是真的。

其他调整显然也是可以设想的。例如，第二个和第三个系统都把"并非情况将是 A"与"情况将是非 A"("$\neg Fn$ A"与"Fn $\neg$A")截然地区分开了，对于析取与蕴涵也有类似的区分。这样做我们会觉得违反直觉，或者至少与我们通常采取的那种用法相违背。对标准算子重新作适当的解释以后，这还是可以避免的。如果我们只是重新解释否定，使得它能与"Fn"一起进行变换，那么排中律就会失效，"(Fn A) $\vee\neg$(Fn A)"将不成立，因为重新解释后它等价于"(Fn A) $\vee$(Fn $\neg$A)"，而这不是有效的。另一方面，如果我们也重新解释析取，使得"Fn"能对析取支进行分配，那么排中律就会得到恢复，因为"(Fn A) $\vee$(Fn $\neg$A)"会解释成与"Fn(A $\vee\neg$A)"等价，而它显然是有效的(只要语句算子在运用于语句根时按照经典逻辑的方式来理解)。在后面这种情况下，结果就是我们的系统会退化成第一个系统，在这个系统中所有的经典定律都成立。

如果不把基本结构当作树，而只是一种偏序结构(a partial
396 ordering)，我们得到的语义学就会与认为过去是不确定的这样的信念相一致。这里，两个节点就只有在表示了不同事态存在的情

况下，也就是说，只有当至少有一个语句根在一个节点处为真，而在另一个节点处为假的情况下，才可以区别开，而在关于可断定性与关于真的定义中，直到时刻 t 都重合这样一种关系，就要换成在时刻 t 的重合关系。

结论因而是这样的。无论时间算子是标记自反的还是别的，我们对时间算子的使用，都不要求世界史有一种确定的总体进程。我们可以为不要求这种假定的算子描述一种语义学。可以用两种方式中的任一种来做这件事：要么给出的逻辑与世界史有唯一的总体进程这一假定相符合；要么违反两种经典定律中的一种或两种，即(i)“A”与“Fn(Pn A)”以及“Pn(Fn A)”等价，(ii)时间算子对于标准联结词的分配律。(如果我们处理的是非标记自反的时间算子“Tt”，(i)的形式就是“Tt'(Tt A)”与“Tt A”等价。)看来，这两种经典定律都包含在我们在学习使用带有时间算子的句子时，所习得的那种实际的语言实践中。因此，宣扬任何一种违背了这两种定律的语义学系统，都是在对我们日常语言实践的一部分提出挑战。而这类似于直觉主义逻辑的情况。主张关于数学的直觉主义逻辑，就意味着对我们在学习处理数学陈述以及理解或构造数学证明时所习得的那种日常实践提出挑战。

现在没有人认为既有的语言实践是神圣不可侵犯的。而假定其是，则是“日常语言”哲学的基本信条。支撑这个信条的想法是，既然意义就是使用，我们就可以采纳我们所选择的不管什么样的语言实践。我们的选择直接决定了使用，从而决定了我们的表达式的意义。因此任何想要改变既定实践的建议，就仅仅是在建议为我们的表达式赋予不同的涵义，然而我们有权赋予它们我们愿

意赋予的任何涵义。这种态度的根本错误在一定程度上在于，它未能看到“使用”的不同方面之间的相互作用，以及这些方面相互协调的必要性。粗略地说，对于一种给定的句子形式，关于它的使用总是存在两个方面：使得讲出那个句子的行为成为恰当的条件，对断定句来说，这就是什么样的可以接受的基础才算是断定这个句子所需要的，以及讲出句子的后果，它既包括说话者通过作出讲话行为所承诺的东西，又包括听者一方恰当的反应，对于断定句来
397 说，这包括如果接受这个句子，他能够从中推论出什么。认为这只不过是意义的两个种类，我们可以将其随意地附加给任意给定句子，而不必要求它们之间协调一致，这种关于“描述性”意义与“评价性”意义的学说，现在理所当然名誉扫地了。与此相反，我们显然可以合法地要求，特定形式的表达式用法的这两个方面之间，应当有某种协调关系，而觉察到这种关系的缺乏，则是对表达式涵义建议修改或者完全拒绝的名正言顺的主要理由。而要一般性地刻画这种协调关系究竟是什么，无疑是困难的，在某些情况下（关于人格同一性陈述的情况也许是最让人印象深刻的例子），会涉及非常深的哲学问题。不过，在最简单的情况下，关于协调性的要求显然可以表达成，在语言中添加给定表达式，要构成对这种语言的保守扩张。① 对于某种形式的句子 B 来说，如果其既定用法要求它能够从一个句子 A 中推出，并能够从它推出句子 C，那么，如果在不借助 B 的情况下我们不愿意承认从 A 到 C 的推论是合法的，那

① 参见 Prior，“The Runabout Inference Ticket”，以及 Belnap，“Tonk，Plonk and Plink”，均载于 Strawson(ed.)，*Philosophical Logic*。

么这种形式的句子在语言中的存在，就可以有效地予以否定。（一个直截了当的例子是任何一种形式的不恰当的贬义表达式。）

更一般地说，之所以会认为既定用法是无懈可击的，是因为不情愿承认，语言实践能够按照一些基本原则来加以系统化，而这种原则我们可以在一定程度上意识到，并且可以完全明确地表述出来。否认能够抽出这种基本原则，也就否认了系统的意义理论是可能的，从而否认我们的表达式的涵义能够具有任何清晰的模型。NS 7 (6-7)；NS 272 (252)；NS 288 (269)
因而，这也就是在否认在我们的日常实践中能够找到任何彼此冲突，或者无法达到完全融贯的支撑性的原则。

当然，在弗雷格那里完全没有这样的倾向。我们已经看到，在何种程度上他乐于批评自然语言，并认为如果不对自然语言作出重大修正，就无法为之提供一种融贯的语义学；他承认，一种语言应该使系统的语义学成为可能。但既定用法即令不是神圣不可侵犯的，它也是起支配作用的。要提出一种语义学，如果需要我们抛弃自己习惯于承认其有效性的推理原则，那么只有在证明了为这些原则进行辩护的任何一种语义学都不融贯，这种主张才是合法 398
的。对一个相信未来或者过去是不确定的人来说，只有同意前面描述的第一种语义学系统，即不会对我们运用时间算子的实践带来任何改变的那个系统，他才能宣称拥有这样的证明。这里我们不准备考察由此产生的那些困难的哲学问题。

支持我们第一个语义学系统的人处境则不相同，他不想质疑获得普遍承认的推理原则。前面已经指出，这意味着他不能为了反驳关于宿命论的论证，而诉诸他那种偏离常规的语义学，尤其是这种论证所要求的只是运用这样一些普遍承认的推理形式。这并不意味着他会陷入原来所有的那些困难，而他当初就是为了避开这些困难而赞同未来的不确定性的。因为，他的语义学系统允许引入在经典逻辑中没有类似物的一些算子。例如，考虑关于未来的确定性的神学论证。认为上帝是全知的，这可以说就相当于断定下列模式的所有实例都是真的：

（＊）如果 p，那么上帝知道 p。

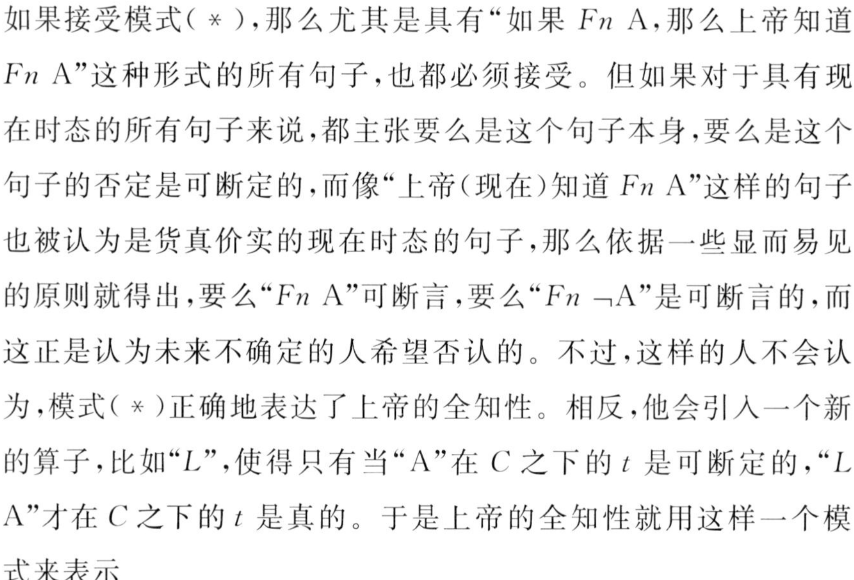

如果接受模式（＊），那么尤其是具有"如果 Fn A，那么上帝知道 Fn A"这种形式的所有句子，也都必须接受。但如果对于具有现在时态的所有句子来说，都主张要么是这个句子本身，要么是这个句子的否定是可断定的，而像"上帝（现在）知道 Fn A"这样的句子也被认为是货真价实的现在时态的句子，那么依据一些显而易见的原则就得出，要么"Fn A"可断言，要么"Fn $\neg$A"是可断言的，而这正是认为未来不确定的人希望否认的。不过，这样的人不会认为，模式（＊）正确地表达了上帝的全知性。相反，他会引入一个新的算子，比如"L"，使得只有当"A"在 C 之下的 t 是可断定的，"L A"才在 C 之下的 t 是真的。于是上帝的全知性就用这样一个模式来表示

如果 L p，那么上帝知道 p。

因此，甚至是接受第一个系统的人，也会出于特定目的，选择引入一种与"A"在第二个系统中起同样作用的句子形式，"L A"。

我们一开始想做的是，看看在认真对待标记自反性表达式的情况下，弗雷格关于思想所拥有的是绝对真值这一观点是否还是合理的。我们已经看到，空间的和人称上的标记自反表达式对这个观点不会造成困难，威胁只来自时态（时间性的标记自反），来自 399
关于真值可变性的想法在哲学上的说服力。我们也已经看到，不可能像艾耶尔建议的那样诉诸思想或陈述的概念，从而在一开始就排除真值可变性的想法。再者我们也看到，无论是否相信世界史具有唯一确定的总体进程，对于包含了时间算子的句子来说，也不可能主张，当运用于思想时，关于真的初始概念是一种绝对的真。既然我们已经粗略地考察了可能被认为体现了关于真值可变性的想法的各种语义学系统，接下来就来看看，对于这种想法是否全盘否定了弗雷格的思想概念，我们能否给出一个最终的判断。

在所有那些系统中，我们都没有把基本的语义学概念当成只是在时刻 t 为真，而是在世界史的一种可能的总体进程 C 之下的时刻 t 为真。然而，由于在第二、第三两个系统中，在 C 之下的 t 为真只取决于 C 到 t 为止的那段，并且由于过去的历史进程直觉上认为是确定的，我们就可以把特定讲话行为的真假，说成是在特定时刻给予赋值，而不必参照历史的任何一个整体进程 C。然而，即使是无时态的句子“Tt A”，其为真这一概念也必须相对于时间——我们已经说明了，对讲出这样一个句子的行为的真假进行相对化的时间，必定不是讲话的那个时刻，也不是 t 所指称的那个时刻，而是归赋真值的那个时刻。如果愿意采纳思想这个术语，我们就可以说，只要“Tt A”在任意的 C 之下的 t' 是真的，并且 C 直

至 t' 都与实际的事件进程相重合，句子“Tt A”就在时刻 t' 表达了一个真思想。因此，即使所使用的句子中没有包含标记自反的时间标志，我们也必须认为思想的确定不单需要句子涵义，还需要加上涵义得到把握的时刻（或赋予真值的那个时刻）。如果考虑的是带有时态的句子，就会有对于时间的双重相对化，我们必须考虑讲话行为的时间（以确定标记自反的时间算子的指称），以及确定真值的，或许不同的时间。例如，只要在时刻 $t+n$ 讲出的句子“A”在时刻 t' 获得认可（或者，如果在第三个系统中，就是在时刻 t' 为真），在时刻 t 讲出的句子“Fn A”在时刻 t' 就表达了一个真思想。按照这样的术语，真值的可变性转变成所表达的思想的可变性。我们可以继续认为思想具有绝对的真与假，但代价是，要认为特定的讲话行为不是表达了一个唯一的思想，而是在不同时刻表达不
400 同思想，确切地说，不是在做出讲话行为的不同时刻（如果是特定的讲话行为，它就是在唯一的时刻做出的），而是在讲话行为得到考虑的不同时刻。关于思想的想法本身并不排除真值可变性的想法，产生排除效果的是思想绝对地为真或为假这一观点，再加上每个句子标记都表达唯一一个思想这一观点。

第一个系统要更成问题一些，因为在 C 之下的 t 为真，这并不单单取决于 C 到 t 为止的那一段。因此，在这个系统的语境中，似乎没有办法把思想这个概念解释得能赋予一个思想以绝对的真值，这里，理解思想这个概念唯一自然的方式，似乎就是承认每个特定的讲话行为都表达唯一的思想（例如，在 t 讲出的“Fn A”与在 t' 讲出的“Pm A”表达同一个思想，当且仅当，$t+n=t'-m$），但否认一个思想总是具有一个真值——在 t 讲出的“Fn A”所表达

的思想，直到时刻 $t+n$ 才获得真值。

哲学家们相信真值可变，或者同一回事，相信未来不确定（或者更为少见的情况，相信过去不确定），其依据或许是可靠的，或许是混乱的，但要细究这一点那就离题太远了。这些依据肯定关系到，当我们学会使用过去时态或将来时态的句子（无论这些句子包含的时间标志是标记自反性的，还是非标记自反性的）时，我们所学到的是什么，也就是说，关系到用来把握这类句子涵义的正确模型是什么。这里的讨论揭示出，这样的依据不能预先加以取舍，至于何以不能，其基本理由就是，无论思想具有绝对真值这一观点能否得到维护，无论是否认为特定的讲话行为，不管我们什么时候考察，它表达了唯一的思想，思想这个概念，就其为包含时间算子的句子所需要而言，都不是初始的，而是派生的。我们必须把讲话行为本身当作真值的初始承载物——这取决于句子的涵义，同时，当其包含标记自反性表达式的时候，这也取决于讲话的环境。思想是一种次级构造，因此，对于那些为了表达思想而要讲出的句子来说，这些思想据认为具备的性质，不能用来排除针对这些句子所做的解释。相反，给定关于这些句子用法的正确的语义学模型，思想才被证明或许具备或许不具备赋予它们的那些性质。

第十二章　真值与指称

401 SB 34 按照弗雷格的观点，真和假不是（或者说至少不完全是）思想的性质，它们与思想之间具备某个表达式的所指与其涵义之间的 NS 211 (194) 那种关系。由于关于指称的学说本身的复杂性，真值是句子所指这个观点也包含多条理解线索。

如果指称这个概念当初只是作为不同种类表达式的语义学角色引入的，而且没有把名称/承载物关系当成原型，那么在一开始我们就不会有动机把内涵语境与外延语境区分开，也不会单独处理内涵语境，相反，我们会自然而然地倾向于对所有语境进行统一的语义学处理。于是，如果没有放弃这种处理方式，我们就很有理由否认专名的承载物确定其指称，也会否认句子的指称是由其真值确定的。

把语义学角色当作指称，这本身是一种纯粹一般性的想法，它并没有告诉我们对于在逻辑上种类各异的表达式，该如何理解语义学角色，它没有为我们的语言提供用于语义学解释的模型。对弗雷格来说，指称的概念当然不止是语义学角色，他用名称/承载物关系充当原型，也就假定了，所有表达式，只要本身就是具有语义学地位的单元，就都可以解释为与实在世界中的某物具有关系。然而这样表述的话，这种假定说明不了什么，因为，无论怎样理解不同种类表达式的语义学角色，我们都可以利用表达式与某种非语言实体之间的指称关系，来表达这种理解。不管以什么样的语义学解释为基础，在逻辑类型相同的表达式之间，都会存在一种语义等价关系。可以说，如果觉得自己已经配备了关于语言中的句子真值的概念，即使在没有任何特定语义学的情况下，我们也可以 402
把在所有语境中互换都不会改变真值这一点，当作语义等价的标准。语义等价当然会是一种等价关系，并进而能够在任意逻辑类型的表达式中区分出等价类（equivalence classes）。接着要做的，就只是把这些等价类看成分别对应于唯一的抽象实体，而这些抽象实体可以解释成各等价类中的表达式的所指。这实际上就是图根哈特针对弗雷格的指称概念所建议的那种解释。

从几个方面来看，这样解释的指称概念都与弗雷格的概念颇为不同。首先，由于我们到此为止还没有理由，对内涵语境采取不 MBF 529
同于外延语境的处理方式，指称同一性（语义等价）的标准就要比弗雷格的严格得多。当然也有可能，当我们想要为语言真正设置一种语义学解释，以此来充实那种至此还只是一般性的解释时，我们会发现难以为所有语境提供整齐划一的处理方法，从而被迫去寻找某种用来区分内涵语境与外延语境的标准，把后者当成首要的，而把前者当成需要另外特殊处理的东西。然而，即使在这种情况下，这样解释的关于所指的概念也迥异于弗雷格的概念。对弗雷格来说，允许构成有涵义但没有所指的表达式，这是自然语言的 Gg I 28; FB 19; NS 193 (178-9)
缺陷。但按照图根哈特的这种解释，表达式只要是真正的语义学单元，并且被赋予了涵义，就不存在表达式缺乏所指这样的问题——它肯定属于由语义等价的表达式构成的某个类，而这个类对应于一个所指。表达式有意义但没有所指，这变得完全不可想象了。尤其是，这样解释使所有所指都成了抽象对象，而抽象对象不可能会与我们通常当作名称承载物的那些对象等同。我们也没有任何理由把指称的领域与整个实在等同起来，相反，表达式的所指会像其涵义那样构成一个特殊的领域。

人们会说，按这种想法我们可以假定，要真为我们的语言构造一种语义学，我们就不得不区分外延语境与内涵语境，因而迫使我们诉诸关于名称承载物的通常的理解。从我们后面要进行的更详细的讨论来看，完全是这样的。这个事实作为一部分依据，支持弗雷格把名称/承载物关系当作指称关系的原型这种做法。但如果

403 我们按照图根哈特的解释来理解指称关系，却得不出我们能够把专名所指等同于其承载物这一结论。我们最多能说，名称的指称，或者说它所属的语义等价的表达式的类，是由名称的承载物(如果存在的话)所决定的。有两件事还会阻止我们把按这种方式解释的名称所指，等同于名称的承载物。首先，按这种解释，任何名称的所指都是一种非常特殊的抽象对象，而名称的承载物则可以是任何一种对象，而无论其抽象还是具体。其次，如果这样解释“所指”，那么名称不可能缺少所指，但它会没有承载物。

于是我们面临下面这样一种处境。如果我们以一种纯粹一般性的方式把指称理解成语义学角色，并指望得到一种涵盖所有语境的统一的语义学解释，那么我们就该把无限制的可互换性当作语义等价的标准，而这样就不会有余地来对指称的同一性与涵义的同一性作出区分。甚至是对这种标准的运用，也意味着要具备一种针对完整句子的真值概念。因此，在为我们的语言实际给出

一种语义学的过程中，看来我们果真被迫要把内涵语境与外延语境区分开，并单独处理前者。在这种情况下，就要把作为语义等价的标准的可互换性，限制在外延语境之内。按这种标准，认为句子只要具有相同真值就在语义上等价，看来是可以接受的。如果迫于实际建立一种语义学解释的压力（很可能是这样的），我们必须诉诸专名承载物的概念，那么我们就不仅能够表述，而且势必会接受这样的观点，即两个名称语义等价，当且仅当它们具有同样的承载物。然而，接受这个观点，与把名称的承载物当作其所指还根本不是一回事。从名称承载物确定其指称这个观点，会得出没有承载物的两个名称具有同样的指称，而不会得出没有承载物的名称也就没有指称。如果指称只是被解释成语义角色，那么说表达式没有指称，也就是说它未能承担其指定的角色。这应该相当于说，使用由这样的表达式构成的句子，我们没有说任何东西，或者说，未能作出一种语言行为，未能在语言游戏中走出那一步。但是，从目前所采取的观点来看，我们还没有理由认为，专名缺乏承载物，会对包含该名称的句子产生这样一种破坏性的后果。

弗雷格还从来没有持有过这样一种完全说不过去的观点，认为使用的句子中包含缺乏承载物的名称，就是像连思想都没有表达出来一样，什么都没有说。这个观点是荒谬的，因为我们可以理 404
解这样的言说行为，并且，如果我们误以为名称有承载物，我们还可以信以为真。弗雷格确实认为，这样的句子未能说出任何真的 NS 211 (194)
或假的内容。但如果把指称直接解释为语义学角色，这样说的依据就始终是令人费解的。诚然，至少在许多情况下，如果有人真的想作出一个真的断言，但使用的句子又包含了没有承载物的名称，那么他显然是不会成功的。然而,比起作出假的陈述来说,为什么应当认为这样的不成功要更加严重,或者为什么说这是一种种类不同的不成功,这却并不明显。所使用的句子中所有表达式都实现了应有的语义学角色,这并不保证句子所说的是真的——把指称理解为语义学角色,这无助于解释,为什么要认为在句子中出现没有承载物的名称,使得句子甚至连假的也未能说出。

当然,这只是说明,就作为原型的名称/承载物关系所涉及的内容而言,我们的表述对于弗雷格的指称概念来说还是太弱。诉诸这一原型,意在为我们语言的语义学解释理当具备的形式,提供一种部分的,但却具有实质意义的说明。像前面那样说,用名称/承载物关系来充当原型,要求各类表达式的语义学角色,应当能够解释成相当于与某种非语言实体建立了指称关系,这样说还是没有体现出这一意图,因为,我们已经看到,这只是提供了一个可以容纳任何语义学解释的模子。

从把指称仅仅理解为语义学角色出发,如果我们到了前面所说的那一步,即引入名称承载物的概念,而把内涵语境留待专门处理,那么我们多半就会倾向于同意,两个名称的承载物相同,它们的指称就相同——那么,在"所指实际上就**是**承载物"这种说法中,还包含其他的东西吗?在专名的情况下把指称关系与名称/承载物关系等同起来,其意图不限于专名本身,而且也是为一阶谓词确定语义学角色。而这有赖于"我们的语词的所指是我们所**谈到**(about)的东西"这一观点。这不止是说,我们可以把专名的语义学角色,表述成与充当其所指的某个对象的关系,而且在于,当我们讲出一个含有专名的句子,这个句子可以解释成,关于充当专名

所指的那个对象说了些什么。这意味着，从句子中去掉专名后得 SB 32-3；NS 109 (100)
到的谓词，必须理解为具备这样一种语义学角色，它就在于对每一
给定对象（至少是能够充当置于谓词主目位置上的名称所指的每 405
一对象）为真或为假、适用或不适用。反过来说，我们不是只要求有某个对象可资充当名称所指，或者某对象可以满足这样的条件，即名称的所指确定了给定的名称所属的语义等价类——我们要求，对充当所指的对象来说，所有谓词，只要可以把相应名称置于主目位置，就能有意义地（真的或假的）适用于该对象；并且要求，作为这类对象中的一员，充当所指的那个对象只要谓词对它来说是真的，由此得到的句子就是真的。

对复合谓词来说，如何理解谓词对于对象之为真或为假，取决于如何理解用对象的名称填充谓词的主目位置所得到的句子之为真或为假。因此，只有在联系到简单谓词的情况下，“我们语词的所指就是我们所谈论的东西”这个原则，才为能够选取什么对象来充当名称的所指施加限制，其方式是明确我们如何理解简单谓词的语义学角色。要把某对象当作给定专名的所指，就必须要能够合理地认为，为该名称附加简单谓词得到的原子句，只有在谓词对于那个对象为真时才是真的。

所有这些也许被认为是在显而易见的事情上大费周章，在某种意义上也确实如此。弗雷格引入指称概念的方式，非常依赖于我们认为理所当然的若干直觉概念。它假定我们已经熟悉名称与承载物之间的关系概念，对于在使用专名时所谈到的东西也有了解，并且理解谓词对于给定对象为真或为假是怎么回事。因为远在着手为我们的语言构建系统的语义学之前，这些直觉概念就已

经为我们所熟悉，而在指称这个概念最初引入时，我们很难注意到它们在起作用了。比如说，对于应当把什么对象当作给定专名的所指，我们不可能遇到任何问题。这就是为什么我们倾向于把专名的指称概念，当作毫无问题的东西接受下来，而集中注意力去检查。使这个概念得以扩展到其他逻辑类型表达式的那种类比关系。幸亏有图根哈特，他意识到，有意思的问题不是指称概念能不
406 能得到定义和辩护，而是要用它做什么；而在提出这个问题时，他觉察到这个概念在弗雷格的理论中服务于语义学角色这个概念，这样也就根本不可能否认，对于具有语义学地位的一些表达式类型来说，指称概念的确是可以适用的。但与此同时，他未能注意到名称/承载物关系所起的那种充当原型的功能，即确定所要给出的语义学解释的形式。其结果是重新解释了弗雷格的指称概念，这种解释完全弄不懂弗雷格在引入指称概念时，为何要诉诸我们具备的那些直觉上的、前一系统的(pre-systematic)概念，比如名称与承载物间的关系。由于我们很难意识到这一点，当指称概念最初引入时，面对这样一种重新解释，我们难以确定其中是否有所遗漏，以及如果有，遗漏了什么。这里，到此为止我一直试图做的，就是弄清弗雷格在哪些地方诉诸我们通常视为当然的这些直觉性的概念，从而弄清，在像图根哈特这样的解释中，弗雷格的指称概念里的哪些成分实际上被遗漏了。

在为我们的语言构建语义学解释并分析其工作机制之前，我们已经具备了名称的承载物这一概念，以及谓词对于对象为真或为假这一概念。因为这些概念贯彻于相当基本的语言活动中，在学习使用我们的语言的同时，我们就获得了这些概念。这两个概

念都来自于实指(ostension)活动,也就是说,来自于不用名称挑选出具体对象的一种手段,即伴有指点动作的实指词。通过使用重认性陈述(形如“这是 a”的陈述),我们习惯于把对象当作名称的承载物;我们也习惯于使用实指性谓述(ostensive predications)(形如“这是 F”的陈述),来对以实指的方式挑出的对象使用谓词。说名称的所指就是其承载物,以及说所指就是我们所谈到的东西,这实际上都是在说,专名和简单谓词的语义学角色,应当与这些基本的实践活动联系起来理解——正是因为我们完全熟悉了这些基本的语言实践,指称概念一旦引入,就为表达式的至少是最简单的逻辑类型,向我们提供了一幅如此明确而又易于接受的图景。

对弗雷格来说,具体对象与其名称间的那种关系,就是指称关系的原型。即使在这种情况下,用来充当所指的对象,也不能以完全独立于语言的方式辨认出来——我们能够学会在概念上把世界切分成离散的对象,这只有依赖于这样一个事实,即要理解我们所 407
运用的语言,就必须掌握关于同一性的若干标准,这些标准所涵盖的,既包括借助名称加以识别的对象,也包括通过指示词以实指的方式加以识别的对象。但对具体对象来说,我们的确拥有一种挑选出这类对象的手段,这种手段并不是单靠语言表达式起作用。其结果是,如果我们(有时)能够找到。以实指的方式识别充当给定专名承载物的东西,我们就拥有一种关于承载物存在的概念。如果取值范围是具体对象的某种受到限制的类,我们关于存在量词的原初的理解,就与浏览或搜索这样的实际过程联系在一起,这种过程最终得到一个实指性谓述(或重认性陈述)。正是因为这,名称缺乏承载物这样的情况才是可以理解的,进而,名称的所指一

旦等同于其承载物，名称在这种情况下就没有所指。这与图根哈特解释的那种情况正好相反，在那种情况下我们不可能有理由认为，一个具有语义学地位的表达式在被赋予了涵义以后，还能缺乏所指。因为在那种情况下，所指的概念是通过语义等价这样一种被认为构成了指称同一性的等价关系，以完全抽象的方式引入的，我们没有理由认为，表达式的所指可以不通过"……的所指"这样的算子给予我们。按照这种解释，表达式缺乏所指，这与平面图形没有形状，与集合没有基数一样，对我们来说都是无法理解的。

对于弗雷格援引名称/承载物关系作为原型的做法，我们最初作出的刻画过弱了。它仅仅要求把各个类型表达式的语义学角色，解释为表达式与某个非语言实体间的指称关系。经过了这些讨论后再进一步要求，这种实体的存在，除了仅仅作为那类表达式的所指，还能够以其他方式得到把握，似乎也是合理的。诚然，必须承认，随着离具体对象的专名这样的典型情形越来越远，这一原则也就越来越站不住脚。如果撇开这种原型，考虑关于抽象对象的专名，我们就不再能够撇开纯语言的手段（相应的或别的名称），而去挑选或指称这样一个表达式的所指了——抽象对象是不能实指的。不过，抽象对象的名称总是要么本身就是复合的，要么等价
408 于复合表达式，这样我们就总是能够表述对象作为名称的承载物而存在的条件，而不必明确提到或使用这些名称。（对于颜色的名称这一点似乎是有疑问的，但颜色可以作为实指对象。正是因此，把颜色当成抽象对象，这是不恰当的。）因此，在这种情况下，有意义的名称缺乏所指，这也是可以理解的。之所以可以理解是因为，在引入指称的概念以作为语义学理论的工具之前，对于充当名称

所指的对象来说，我们已经拥有了关于那类对象存在的概念。

考虑不完整表达式的情况，类比关系可以看到变得更加紧张了。就抽象对象而言，至少对某些种类的对象来说，还是有识别一个充当名称承载物的对象这么回事——尽管我们无法用实指的方式来挑出抽象对象，但对特定种类的抽象对象来说，还是有些词项原本就是用来指称它们，比如用数词来指称自然数。于是我们就可以把这些地位特殊的词项，看成就像用来识别具体对象的实指词那样，构成了识别抽象对象的手段。相反，我们已经指出，对概念（或者其他不完整的实体）进行识别，这种说法似乎很不恰当。语词的所指就是我们所谈到的东西，按这个原则我们就应该认为，知道谓词的语义学角色，就相当于知道，对任何给定对象来说，该谓词何时为真何时为假，而不是知道如何识别其所指。同样，我们也可以看到，对于谓词或其他不完整表达式，说它们在有涵义的情况下仍然缺乏指称，这让人感到为难。弗雷格在对谓词运用指称概念时，并没有真正与专名的情况进行类比，并且，即使我们可以找到真正类似的情况，这种情况也极不重要。不过，概念（函项、关系等）的存在，依然是在引入指称这个语义学概念之前我们就理解的东西——我们当然知道，只有利用高阶量化，才能解释如何赋予不完整表达式以指称，而这种量化形式在我们着手为语言的工作机制配置语义学分析之前，就已经出现于语言中了。把名称/承载物关系当作原型，这种做法表现了弗雷格的实在论观点，这种观点认为我们所有的语言表达式都与实在中的成分相联系，因而，正是因为一种客观的、独立于我们的实在，我们的句子才为真或为假。像“ξ比ζ大”这样的关系表达式，其所指像具有这种关系的木星与

火星这类对象一样,是实在中的成分。之所以如此,是因为必须把
409 谓词和关系表达式的所指,理解为我们用二阶量化所量化的东西,而不是特意引入,以对应于表达式的语义等价类。

这样,弗雷格引入指称概念的方式,就体现了我们是如何理解专名、一阶谓词以及关系表达式的语义学角色的。名称的语义学角色全然在于确定我们所谈到的对象,即可以充当名称承载物的对象。相应地,谓词的语义学角色就在于对任意一个对象说出一些东西,也就是说,在于对任意给定对象为真或为假;关系表达式也是如此。关于名称和谓词语义学角色的这样一种模型,当然就迫使我们把不透明语境处理成例外情况。普通谓词必定适用或者不适用于一个对象,而不管这个对象是如何用特定名称挑选出来的,因为一旦承载物得到确定,名称的语义学贡献就被穷尽了。于是,谓词的主目位置就必须构成透明语境,其中一个名称可以用另外一个名称来替换,只要承载物保持不变,真值也就不变。从不透明语境中去掉名称以后,并不得到这样的谓词,因此我们就不得不说,在这样的语境中,名称不具备其普通指称。

把名称的所指等同于承载物,由此自然得出,缺乏承载物的名称没有所指。但由此是否也能得出,这样的名称缺乏指称呢?弗雷格不可能提出这个问题,因为他没有在术语上把表达式的所指,即指称关系的项,与指称关系本身区分开。答案显然取决于如何解释“指称”这个词。由于没有东西可供建立指称关系,一个缺乏承载物的名称就没有指称。但这并不意味着,这样的名称没有语义学角色,而说话者会因为使用它而丧失作出语言行为的能力。我们知道,对于在多大程度上表达式会因为没有指称而产生这种

后果，弗雷格是小心的。他特意承认，说出的句子中即便包含没有 SB 28
承载物的名称，也仍然可以表达思想，但对于当这样的句子以断言
的方式说出（即怀着作出一个真断言的严肃的意图），说话者是否
成功地断言了一些东西，他却从未下过论断。不过，他确实主张，
在讲出这样的句子时，说话者未能说出真的或假的东西。这个结
论肯定不能从“专名的语义学角色就在于与其承载物建立指称关 410
系”这一观点中直接得到。如果有人认为，句子中出现没有承载物的名称，这不会使句子丧失真值，他就会说，这样的名称即使没有指称，它也会有语义学角色；如果用“指称”这个词直接说“语义学角色”，那他就会说，即使没有所指，名称也有指称，而其指称恰好取决于它没有所指这一事实。弗雷格用了同一个名词“Bedeutung”来指表达式的语义学角色（对他来说指称关系就构成了这种语义学角色），以及所指（它是那种指称关系的项），因此他无法表述这样的观点——他也不需要表述，因为他本来不会接受它。但是，也不必因为弗雷格把术语裁剪得适合于表达他自己的观点，而过于轻易地接受那些观点。

如果按照弗雷格关于专名和谓词的语义学展开研究，我们就必须把内涵语境留待单独处理。在那种情况下，我们就会同意，句子真值决定了它的语义学角色。即使是表述这一观点，也需要我们以某种适当的方式来理解真和假。到目前为止，对这种理解必须采取何种形式，我们一直存而不论。按照弗雷格，事情必须是这样的，任何句子，只要其中的一个部分没有指称，尤其是其中的名称缺乏承载物，句子就肯定没有真值，而所有其他句子必定是确定地为真或为假。对这两个观点中的前一个，相应的论证是这样的。

名称的 Bedeutung 是其承载物；句子的 Bedeutung 是其真值。如果复合表达式的一个部分缺少 Bedeutung，那么整个表达式就缺少 Bedeutung。因此，如果出现于句子中的名称缺少承载物，那么作为整体的句子也就缺少真值。

这个论证的说服力在很大程度上取决于，我们是把"Bedeutung"理解为"语义学角色"，还是"所指"。很难理解，我们何以能够否认，在复合表达式的某个部分没有实现意定的语义学角色时，整个表达式也同样没有实现其意定语义学角色。但就此认为当名称缺少承载物它就没有语义学角色，这却预设了论题（to beg the question）。在一种弗雷格式的语义学中，名称的角色诚然是确定充当其承载物的那个对象，但到此为止我们还没有理由说，如果没有这样的对象可供识别，使用相应的名称就使作出语言行为的意图落空了，说出包含该名称的句子，就未能作出断言。另一方面，如果我们把"Bedeutung"理解为"所指"，那么"如果有表达

411 式缺少所指，那么整体就缺少所指"这一原则就远没有那么有说服力了。我们知道，它的说服力来自复合名称的情况。如果没有亚瑟王这个人，也就不会有亚瑟王的父亲这个人；如果没有祝融星这颗行星，也就不会有祝融星的质心这个点。然而，这个原则是否能推广到其他类型的复合表达式，这却一点也不是显而易见的。比如，我们可以说，如果没有亚瑟王这个人，那么就不会有概念来充当"ξ 嫁给亚瑟王"的所指，但没有明显的理由让我们一定要这么说，而不是说，这个谓词的所指是一个没有东西落于其下的概念。我们必须选择前一种说法，才能跟随弗雷格，去主张如果不存在亚瑟王这个人，那么像"a 嫁给了亚瑟王"这种形式的句子甚至连假

的都不是——但在眼下的语境中以此为前提，就是在循环论证。主张这样的谓词没有所指的唯一不至于循环的依据，就是希望通过坚持“如果部分没有所指，整体就没有所指”这个原则，尽可能地在专名与不完整表达式之间建立类比关系——这个观点本身是不可信的。

如果接受弗雷格后来的学说，即句子属于与复合名称一样的逻辑类型，那么我们就不可能反对他的论证。对弗雷格来说，概念与谓词相联系的方式，只是和名称的承载物与名称之间的那种关系相似，而在他后来的学说中，真值与句子之间的关系，就是承载物与名称之间的那种关系。如果是这样，那就真地意味着，如果“亚瑟王”缺少承载物，那么“亚瑟王没有子嗣”就没有真值。

然而，把真值当作句子的所指，由此推不出句子就等同于复合名称。如果句子是与名称逻辑类型不同的表达式，那么真值就不是对象，而句子与其真值之间的关系就和谓词与概念的关系一样，只是和名称与其承载物之间的关系相似的关系，而不是同一种关系。句子在逻辑类型上与名称相同，这个观点建立在一个未获支持的假定的基础上，这个假定就是，不同类型的表达式之间的唯一区别，是与它们的不完整性的程度或种类相联系的，而表达式只有当带有主目位置时才是不完整的。名称虽然不具备这种不完整性，但在另外一种意义上仍然是不完整的，这就是当其与句子比较时——本身就能够用来“走出语言游戏中的一步”的是句子，而不是名称。一种不包含高阶的概括表达式和函数表达式的简单语
言，很难产生让人把句子纳入到名称中去的那种诱惑。为了分析 412
这样一种语言，我们不需要复合谓词的概念，简单谓词，或者简单

的关系表达式、简单的函数表达式就够了。进而,我们也不需要通过在句子中进行省略操作,而得到的那种不完整表达式的概念。诚然,我们还是需要解释不同类型的表达式如何彼此钩连,构成句子的,而这会为把名称当作完整的,并与谓词、关系表达式以及函数表达式区分开,提供某种基础。但是,这种简单语言中的谓词成其为"不完整"的,却并不是弗雷格把这个词用于复合谓词以及(通过归并)简单谓词的那种意义,它们不是那种不完整的(*unselbständig*)、为不同句子所共有的纯模式的东西,而是句子真正意义上的片段。这样,就这种语言来说,就不会有什么动力,来让我们把名称称为"完整的"这种意义,与把这个词用于句子的那种更强的意义混在一起。在《算术基础》中,弗雷格非常坚定地强调句子这种独有的逻辑角色,没有理由认为他会不主张将句子与名称区别开。谓词与概念之间存在指称关系,这并不要求把谓词当作特殊种类的复合名称,同样,与真值之间的指称关系也并不要求这样看待句子。

如果同意句子以真值作为其所指,但不是将其当作名称以对象作为所指的一种特殊情形,而是只当作一种类比,我们知道,那就没有一种让人信服的论证,来从基本原则中推出结论说,如果包含没有承载物的名称,句子就没有真值。于是,这个结论是否站得住,就可以用来测试,弗雷格后来把句子归并为复合名称这种做法是否融贯,因为这种做法的确蕴涵这个结论。也可以说,即令这种归并因为其他理由而遭到拒绝,这个结论是否站得住,也可以用来检验属于并非名称的那些表达式的指称关系,与名称与承载物之间的那种关系的类似性有多强。

把名称/承载物关系当作指称关系的原型,这种做法体现了弗雷格对于语言的实在论解释。当指称概念被运用于不完整表达式，这种做法则昭示着弗雷格关于函项、概念以及关系的实在论观点，他把它们看作是外部实在的客观成分。但是，真值是独立的实在中的成分，这一观点在弗雷格的哲学中却并不扮演类似的角色。413
特定的思想是真还是假，这当然是一件客观的事情，但思想的真值本身就是作为实在的一种构成要素的实体，这个想法之所以获得认同，却只是为了得到一种完整的类比，按照这种类比，所有表达式的所指都是表达式的非语言的关联物，这些关联物属于实在世界，而这种想法却并不是作为本身就有价值的观点出现的。

为了澄清问题，我们必须先探究，在一种意义理论中真与假的概念起什么作用。至少在形式语言中，“语义学”这个词通常用来指对语言中的句子真值条件的系统解释，而对于为什么要为这种语言中所有正确地构成的句子指派真或假的值，则被认为已经得到了理解，而在语义学理论本身中不予解释。与此相似，对于游戏的终局分出输赢的意义是什么，规则本身也不解释，而只是视为当然。如何把形式语言的句子分成真的和假的，这与我们使用语言的目的相联系。至于自然语言，它已经付诸使用了，为这种语言构建语义学的目的，只能是为系统描述这种使用提供手段，也就是说，只能充当为这种语言构建的整个意义理论的一部分，而这种意义理论作为整体，为这种语言的工作机制提供了解释。如果认为这种理论的语义学部分为语言中的每个句子指派了条件，以确定句子在特定情况下说出时具有什么样的真值，那么理论的其余部分就必须把句子的真值条件与对它们的使用，即与说这种语言的人实际的实践活动连接起来。对特定的游戏来说，确定什么情况

算输、赢以及平局的规则，对于怎样才算玩游戏，为我们提供了充分的解释。而这是因为，我们已经从其他游戏，熟悉了存在于玩游戏的程序与输、赢以及平局的概念之间的那种系统的联系。同样道理，为一种语言中的句子确定真值条件的语义学理论，则是从真和假的概念与使用那些句子的实践活动之间的系统联系中，获得目的的。

对句子运用真和假的概念的方式，与那些句子的用法之间存在的这种系统联系，必须当成是关于如何运用真假概念的许多哲学讨论所默认的背景。不幸的是，正是因其属于默认，哲学家们对
414 如何理解那种联系保持沉默，而对于他们就真值的归赋所提出的观点有何意义及后果，我们也就无从知晓。于是，关于某一整类的句子（例如伦理学陈述或科学定律）能否恰当地赋予真或假，以及在特定情况下某类句子应当说是假的还是非真非假的（尤其是当句子包含了没有承载物的名称或限定摹状词时），就有了旷日持久的争论，而参与这些争论的人大都没有说明白，在他们看来这种争论所系为何。显然，他们觉得自己在讨论的事情比如何正确使用“真”和“假”这样的词更为重要，他们讨论的是关于如何分析所考虑的句子意义的一个基本问题。如果真是这样，那么真值条件与意义之间就确实有一种系统的联系。但由于争论的双方并没有说明自己是如何理解这种联系的，争论该在什么基础上得到解决，也就不清楚了。

在这种争论中，如果决定以不同的方式使用“真”和“假”，会导致句子被赋予了不同的意义，那么，要揭示这种意义上的差别，就不止是要看“真”和“假”是如何被用于句子的——需要看的是，按

照不同方式运用真和假的概念的使用活动中的某种差别。比如
说，我们设想彼此非常相似的两种语言，在这两种语言中，我们可
以成功地识别出在许多方面具备我们语言中的专名功能的一些表
达式。这些语言都包含一对谓词，它们用于各自语言的大多数句
子的那种方式，与我们的“真”和“假”这样的词很好地吻合。不过，
这两种语言的一个差异在于，在一种语言中，对应于“假”的那个词
适用的句子中包含了无承载物的名称，而在另外那种语言中，适用
于这些句子的表达式则对应于“非真非假”。我们显然会问，这种
差异表明了，包含了专名的句子在这两种语言中被赋予了不同的
意义，还是仅仅表明了可以译为“真”和“假”的词在意义上的细微
差异。只有在两种语言中那些包含专名的句子不仅在所赋的真值
上不同，而且在使用上也有出入，前一种情况才成立。至于当我们
语言中的句子包含了缺少承载物的名称或摹状词时是否应该被认 415
为是假的，那些为此而争论不休的人，只有弄清楚在这两种假想的
语言中关键的差别是什么，才有可能考察，我们自己的语言中的句
子是按照哪种方式来使用“假”这个谓词的——若对此不加解释，
则争论就只是一场空。

按照弗雷格，如果我把握了确定表达式指称（从而，语义学角色）的那种方式，那么我就把握了它的涵义；特别是，如果我把握了确定句子真值（当句子在特定场合说出）的方式，那么我就把握了它所表达的思想。如果我们想脱开与思想相关联的各种语言活动，也就是说，脱离附加于思想的表达式上的各种语力，来看待表达思想的行为，那么对于何谓表达一种涵义，或者更明确地说，何谓表达一种思想，我们是不能获得任何把握的。如果句子的真值

与能够通过说出句子完成的断言、提问等语言行为之间的联系没有建立起来，我们就无从得知什么是真与假，它们之间有什么不同，以及为什么要把它们归赋给句子。尽管不可能用弗雷格的原话来加以印证，但看来很清楚，只有借助于用句子来作出断言、提出问题等的实践活动，句子才具有涵义。同理，游戏中有输赢之分，这仅仅是因为有人玩游戏，或者至少是可以设想有人玩游戏。如果象棋从未被下过，而象棋规则之所以存在，仅仅是为了设置象棋问题，那么说将死就算赢就没有意义。许多问题确实具有“白先行，三步将死”这样的形式，但是若要白方必须在三步内逼和或迫使黑方将死自己，这同样是好问题。同理，如果以通常的方式为一种语言给出一种语义学，只是句子的两个真值不用“真”和“假”，而是用“A”和“B”来表示，那么如果不是与对这种语言实际的或可能的使用联系起来，问哪个值是真哪个是假就没有意义。

弗雷格勾勒了一种意义理论，在这种理论中真和假的概念所扮演的，正是我们所要求的那种核心角色。指称理论构成了语言严格意义上的语义学，通过详细说明语言中初始表达式的指称，同时给出从成分表达式的指称确定复合表达式指称的规则，我们实
416 际上就为这种语言的句子（的特定讲话行为），以归纳的方式定义了真。另外一方面，涵义理论则解释语言中认知的方面，即理解语言中的表达式是怎么回事，因为表达式的涵义就是说话者把握其指称的方式。弗雷格确实只给出了涵义理论的大体框架，其部分原因在于，只要表达式是可以定义的，就可以选择那种展示其涵义的方式来陈述其指称——对初始名称来说，要完整地解释涵义，就要描述说话者识别其所指的方法；而对初始的不完整表达式，则要

说明说话者如何识别对表达式进行补充后的所指。关于一种语言的整个意义理论的这两个部分，都必须逐个处理所有的简单表达式，把这些合在一起，就能说明说这种语言的人如何为每个句子确定用来判定真假的条件。进而，在关于涵义和指称的理论的基础上，要补充说明与句子联系的各种形式的语力。语力理论解释了句子在实际的说话行为中的各种用法。只有当对每种语力来说，都有可能以**统一的**方式来描述通过说出已知其真值条件，并赋予这种语力的句子而实施的语言行为，把涵义与语力分开才是一种正当的做法。这样，对于用句子作出断言的用法，就会有一种一般性的解释，而对用来提出句子疑问的用法，则会有另一种解释，这些解释都不考虑句子的特定涵义，进而也不考虑其特定的真值条件。（按弗雷格自己的解释，这只对断言和句子疑问成立；但我们知道，如果具备这种一般结构的意义理论终究是可能的，那么这种解释程序就可以扩展到命令、请求以及关于愿望的表达，等等。）最后，关于语调的解释，将处理对基本的语言行为起辅助作用的一些用法。因此，关于涵义、语调和语力的区分，就为一种语言的意义理论的各个部分提供了概貌，这些部分组合成弗雷格所设想的完整理论。

在这种类型的意义理论中，真与假的概念是从其在理论内部所扮演的角色获得内容的。这一角色是双重的，它对应于这种理论的语义学和认知的部分（对指称和涵义的解释），与语用学的部分（对语力的解释）之间的划分。这种理论的语义学部分确定了真和假的概念如何**应用**于语言中句子（而认知部分则揭示我们是如何识别这种应用的）；语用学的部分为把句子区分成真的和假的， 417

提供了**目的**,其方法是,针对任意句子,利用句子的真值条件来描述句子可以付诸的用法。只有当理论的这两个部分结合到一起,才有可能询问它是否与在使用语言的实践中观察到的相一致。这也就是问,在理论的语义学部分以某种方式确定了“真”和“假”如何应用于语言中的句子的情况下,语用学部分中对那些句子用法的描述是否与事实相符。

这样一种意义理论的语义学部分,整个与句子真值的确定联系在一起,所有表达式的语义学角色(指称),都完全服从于确定包含相应表达式的句子真值条件这一目的。然而,至于句子本身,我们则有两种不同的方式来看待,由此会引向两种不同的真值概念。一方面,我们可以把句子看作是完整的说话行为,附加以特定种类的语力,就得到一种语言行为。在这种情况下,我们要求用真值概念来解释特定种类的语力。另一方面,句子可以作为另外一些句子的成分出现,而在这种情况下,句子就具备一种有助于确定整个句子真值的语义学角色。因此,这里我们关注的,就是一种能够用来解释复合句的真值如何为其成分句所决定的真值概念,而无论这种概念是怎样的。没有一种先天的理由,来保证这两种真值概念吻合。

关于真与假的直觉概念,首先与语言的断定式使用相联系。在区分了涵义与语力的情况下,我们可以把句子疑问看作是表达了一个思想,如果给予肯定的回答是正确的,这个思想就是真的,如果否定的回答是正确的,思想就是假的。如果把这个区分推广到祈使句的情况,我们就可以把命令看作是表达了一个思想,当命令得到服从,思想为真,而若命令被违反,思想就是假的。然而,把

真和假的概念用到疑问和命令上，却是违反直觉的。这没有对这种推广构成反驳，但它确实为把断言当作基本的和代表性的情况，提供了依据。要把握一个断言的内容，我们必须知道在什么情况下该断言被判断为正确，而在什么情况下判断为不正确。如果断定句既无歧义又不含混，那么这些情况就不会重叠，并且是穷尽的(exhaustive)。这些情况至少在这样一种意义上是穷尽的：不存在那种情况，我们知道那种情况后就有权说，再没有新的信息能够 418
决定断定句是否正确——如果有这样的情况，断定句就只有一种不确定的、只能得到部分说明的涵义。在一些场合下出于这样那样的理由，我们似乎倾向于说，一个想做出断言的说话者虽然表达了一个确定的思想，但还是没有说出真的或假的东西——通过让人注意这类场合来驳斥上述观点，这种做法却是错误的。即令存在这类场合，也必须回答“当说话者这样说时，是否要排除发生那种情况的可能性”这样的问题，这样的问题无论在什么场合都要回答；换句话说，如果不能回答这样的问题，那就只能说明说话者没有作出完全确定的断言。在作出断言时，说话者希望被理解为在排除某种可能的事态而保留其他可能性，而如果断言具有确定的内容，它必定与每种可能的事态建立一种确定的关系。如果他所排除的某个事态得到实现，那么他的断言就是不正确的；如果没有这样的事态实现，断言就是正确的。

对什么是正确的断言和不正确的断言，当然可以用另外一种方式得到同样好的刻画，即在可能的事态中，区分出在使其得到决定性的辩护的意义上证实了断言的那些事态，或者排除那种必须撤回断言的事态。在这种情况下我们可以说，如果那些可以证实

断言的事态中的任何一个得到实现，断言就是正确的，而如果没有这样的事态实现，断言就是错误的。但是，以这种方式处理问题在直觉上不是那么清楚，因为，比起为断言行为所排除来说，怎样才算让断言得到决定性的辩护，在某种意义上显得更加不明确。这类似于这样一个事实，比起服从一个命令来说，违反命令是个更为基本的概念。命令本身就指明了什么算作违反，而关于服从的概念则更多地是暗示着称赞，因而涉及接受命令一方的意图。因此，服从最好是用违反来解释，也就是说，解释成为了避免违反而实施的行为。同样，在关于断言的辩护这样一个概念中，也包含着赞许的味道，它说明说话者拥有作出断言的合理基础。一种事态如果为断言所排除，并且还被证明得到了实现，那么说话者就必须收回断言，而不管他的断言作出得有多么合理——断言的内容本身就决定了，在什么情况下必须收回它。这样，关于给定事态是否为特
419 定断言所排除，在语言行为中就会有相当直接的标准。事态在表明断言在我们所要求的那种意义上得到辩护的同时，并不必然表明说话者就有了作出该断言的良好依据；承认事态得到实现，并不产生如此简单的语言学后果。因此，最好把[使断言被判定为正确的]情况刻画为，对于为断言所排除、从而会迫使断言被撤回的任何事态来说，相应的可能性都被排除的情况。

于是，为了解释断言语力，为了解释用句子作出断言的用法，就只能诉诸针对句子（相对于说话场合）的一种二分法，即把句子分成可以用来作出正确断言的句子，与产生错误断言的句子。（这里我们并不是想**定义**正确的断言和不正确的断言这样的概念，也不是要为断言这种语言活动提供解释；我们感兴趣的只不过是，为

了给出这样的解释，我们需要由语义学理论确定关于真与假的何种概念。）我们不情愿把“真”与“假”用到不是断言的句子，这已经说明，我们关于真与假的直觉理解，与断言的正确与不正确紧密地联系在一起——按照“真”与“假”的一种用法，对一个思想来说，只要关于它的断言是正确的，它就会被称为是真的，否则就称为假。如果只是想把握一种语言的说话者所作断言的内容，而不想理解句子的内部结构，那么关于真与假所需要的就只是这样的理解。成语词典把整个句子从一种语言译成另一种语言，而对句子成分不加解释。可以设想，生活在陌生语言中的人会认得一些用来断定的简单句，在没有猜测其内部结构的情况下，整个儿地把握句子内容（其实，这也许只针对包含某种标记-自反成分的句子，比如明确属于现在时态的句子，而不是像“象是食草的”这样的句子）。如果他一直都是只想理解断定句作为整体的内容，那么对他来说要关心的，就只是使得断言正确和不正确的条件，因而就是他会认为说话者通过断言所要予以排除的事态。至于是否有理由比如说不要把不正确的断言算作是假的，而要算作是非真非假，对他的目的则是全然无关的。

因此，对于弗雷格的“句子如果包含缺少承载物的名称就没有真值”这一观点，通过考虑为了解释断定语力而需要的真假概念，
我们还不能找到辩护。人们以下断言为目的而严肃地使用包含名 420
称或限定摹状词的句子，这不是在设想名称或摹状词缺少承载物的那种可能性，也不是要人这么理解自己。有人（指着一栋房子）对我说：“独住那栋房子的人昨天去世了”；另一个人走过来对他说：“有人独住在那栋房子里，他昨天去世了”。按照弗雷格和斯特

LLP 12 劳森的观点，这两个句子有不同的真值条件——如果此前没有人住在那栋房子里，那么第二个断言是假的，而第一个则非真非假。但是，这种真值条件上的差别所涉及的不管是什么，都不是两次说话行为所做断言的内容，因为这种内容是由断言是否正确的条件所决定的，而这些条件是吻合的——在说出第一个句子时，说话者与第二个说话者一样，都不承认房子此前是空着的。

再者，如果我们暂且回到前面的建议，把自然语言中的直陈条件句按照类似于条件式打赌的方式，解释成作出条件式断言，那么就很清楚，即使前件被证明为假，说话者也不会撤回他说过的话。这是因为他并不想让人觉得，自己说出这个条件句就是在排除前件为假的可能性。因此，按照“条件式断言”解释，所说的东西非真非假，在这里就是作出正确断言的情况——条件式断言与具有实质条件句形式的断言之间的差别无论怎样，它都不在我们只考虑断言内容，从而只考虑与内容的确定相关的真假概念的那个层次。

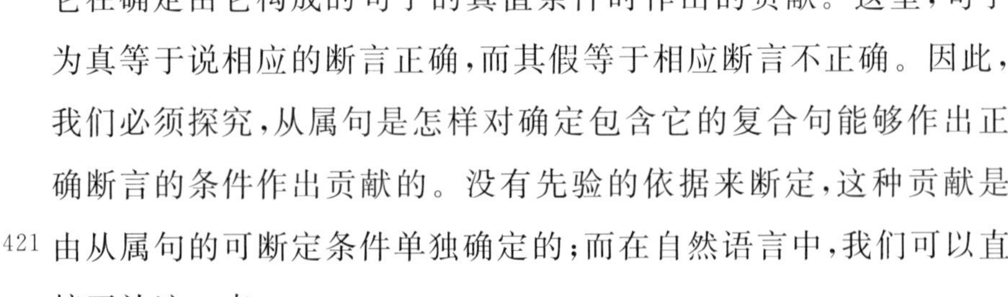

然而，当我们试图刻画句子所扮演的语义学角色，此时句子不是作为自身，而是作为更为复杂的句子中的成分使用，那么我们考虑它们的方式就与其他种类的句子成分相同，那些成分是不能单独使用的。我们的基本假定是，所有表达式的语义学角色，都在于它在确定由它构成的句子的真值条件时作出的贡献。这里，句子为真等于说相应的断言正确，而其假等于相应断言不正确。因此，我们必须探究，从属句是怎样对确定包含它的复合句能够作出正确断言的条件作出贡献的。没有先验的依据来断定，这种贡献是
421 由从属句的可断定条件单独确定的；而在自然语言中，我们可以直接否认这一点。

一个句子充当另一个句子的成分,最简单的方式就是否定原来那个句子。在自然语言中,我们没有(或者说,至少不常使用)直接充当表达否定的语句算子的短语。如果语法主语是或者包含了比如"有些人"这样的概括记号,或者主干动词受像"必定"这样的模态辅助词的制约,那么对动词进行否定得到的句子,就不能解释为是在否定原来的句子。然而,把在原子句的动词上附加的否定记号,解释为适用于整个句子的算子,这却是一种颇为自然的想法。不过,按照这种解释,否定一个原子句得到的结果,却并不直接就是对正确断定的条件进行颠倒。应当说,对于使用原来那个句子作出的断言来说,我们必须区分出认为它不正确的两种不同的情况,而这种区分的唯一标准,只能是按照句子中出现的单称词项是否缺少承载物。正是出于这个理由,即便从关于语义学角色的一种完全超然的理解入手,而不以名称/承载物关系作为原型,要为自然语言构造一种语义学,我们也会被迫引入关于名称的承载物的概念。不妨这样说,如果原来的句子在用它作出的断言不正确这种意义上是假的,但句子包含的所有词项都有承载物,那么句子以第一种方式为假(假$_1$);而若句子在同样的意义上为假,而且原因是其中包含的一个或多个词项没有承载物,那么它以第二种方式为假(假$_2$)。接下来,我们把否定算子对句子的作用解释成,把一个真句子变成假$_1$ 句子,把假$_1$ 句子变成真句子,而把假$_2$ 句子变成仍然是假$_2$ 的句子。这样,我们实际上就用三值的真值表描述了否定号的用法。

我们称句子"假$_1$",这当然是弗雷格直接称为"假"的情况,而我们称为"假$_2$"的则是他说是非真非假的情况。因此,弗雷格对

“真”和“假”的用法明显不是我们认为适合于解释断定语力的那种，而应当说，至少就我们到此为止的考虑而言，弗雷格所说的句子为假的情况与非真非假的情况之间的区分，仅仅是为解释句子
422 充当其他句子的成分的角色（尤其是在否定的情况下）之所需。然而出于这一目的而有必要区分假$_1$ 与假$_2$，这并不支持弗雷格所说的假$_2$ 句子完全没有真值，甚至也没有对这一点做出解释。不过，他把“假”这个词留给假$_1$ 句子，这种做法倒是合乎直觉的原则，即句子是假的，当且仅当它的（我们所承认的那种）否定是真的。这条原则深深地影响了我们对“假”这个词的使用。它在直觉上的力量的一个佐证就是，我们不愿意把“假”这个词用在条件句上，因为，在自然语言中我们通常不会构造在形式上要否定条件句的句子。

p. 346 第十章我们给出了一种语言的例子，对这种语言有必要把真划分成一些不同的子情形。我们知道，应当把直陈条件句当其前件为假时解释成非真非假，这一建议在具有下面特征的语言中也同样可取：在这种语言中有一个一元的语句算子“否（Non）……”，在大部分情况下它直接对所适用句子的可断定条件进行颠倒，但在用于条件句“如果 A，那么 B”时，却得到一个与“如果 A，那么否 B”具有相同可断定条件的句子。在这种情况下，要按照真值条件来解释否定算子，对条件句来说，我们就需要区分两种真——当条件句因为前后件均为真而为真时，它就是真$_1$，而当条件句因为前件为假而为真，条件句就是真$_2$。这样，否定算子就可以描述为把真$_1$ 句子变成假句子，把假句子变成真$_1$ 句子，而真$_2$ 句子仍然变成真$_2$ 句子。为了保留真句子的否定为假这样一个原则，自然的做

法就是把“真”这个词留给$真_1$句子，而$真_2$句子则要认为是非真非假的。

作为一种技术性的研究，多值逻辑最初是作为二值逻辑的数学推广发展起来的，直觉性的解释则很少得到关注。真值被区分开，一些属于“指定了的(designated)”，另一些则属于“未指定的(undesignated)”。一个公式如果在针对其语句字母所做的所有真值指派下都得到一个指定了的值，那么按照定义它就是有效的。有一种显而易见的方法，可以确保这种多值逻辑具有直觉解释，从而展示出一种语义学结构，这就是让指定了的值和未指定的值之间的区分，对应于真与假，并且把真假这样的概念按照断言的正确与不正确来理解。这样，通过说出一个句子作出一个断言，这就相当于宣称句子具有指定了的值，而为了把握特定断言的内容，所需要的就仅仅是知道使得说出的句子具有指定值所要满足的条件。为了这个目的，关于各个指定了的真值之间的区别，以及各个未指定的真值之间的区别，我们不需要知道任何东西。理解这种区分，仅仅是为了能够从成分句的涵义导出复合句的可断定条件，因为用来为语句算子给出语义学角色的真值表，与单个的真值，而不是恰好与指定的和未指定的值之间的区分相联系。出于特定的理由，比如要保留句子为假当且仅当其否定为真这样的原则，人们可能觉得还是要把“真”这个标签限制在若干指定了的值中的特定的一个值上，或者把“假”这个标签限制在若干未指定的值中的特定一个值上，或者两种限制同时进行。但是，如果没有区分指定的真值与未指定的真值，仅仅建议把某种句子在某种情况下视为非真非假，这还是没有告诉我们，非真非假的状态是被当成可以正确断

423

定的子情形，还是不正确的断定的子情形，因而也就没有确定句子的断言内容。

多值逻辑是否能够充当一种语义学结构，取决于我们是否知道一个成分句何时具有各个真值。一种可能性是，原子句只能有两个可能的真值，一个是指定了的，另一个是没有指定的。在这种情况下，对每个其他的真值，都必须对应一个复合句，当其成分句具有基本的两个真值的适当组合时，复合句就具有该值。这种情况会出现在我们的第二个例子中，原子句只有值真$_1$ 和假，而条件句则当前件为假时得到值真$_2$。另外一种可能性是，像在第一例子中那样，原子句可以取各个值，而在这种情况下，我们必须有用来区别原子句具有的是哪个值的标准，无论这些值都是未指定的，还是都是指定了的。在我们这里，这是通过诉诸名称的承载物这一概念来完成的。弗雷格认为，允许构成没有承载物的名称，这是自然语言的一种缺陷，而在正确地构造的语言中，每个名称都保证有承载物。对这种语言来说，为了说明原子句为真为假的条件，我们仍然需要诉诸名称的承载物这一概念。但是，从某个方面说，人们还不那么容易认识到，在为语言提供语义学时，承载物的概念是不
424 可或缺的。因为，为了陈述语句算子的真值表而必需的真与假的概念，可以不通过承载物的概念来解释，而是与解释断定语力所需要的东西相吻合。

当然，由于并不是必须把自然语言中的否定号当作语句算子，我们还是可以为自然语言提供一种二值的语义学。从逻辑上以及从句法上讲，否定号都可以当成是只附加给动词短语，从而理解为谓词或关系表达式，而单称词项则按照罗素的摹状词理论处理成

限定摹状词。这样的解释当然依赖于如何理解谓词对于给定对象为真或为假,以及如何理解对象与限定摹状词的对应关系;而在对动词进行否定这样一种操作在表示法上的差别,则允许假被处理成单一的真值。人们常说,把句子在包含没有承载物的名称时视为非真非假的,这种做法之所以必要,是因为弗雷格决心把所有的表面单称词项都处理成名称。但至少就我们到目前为止的讨论所表明的来说,我们还无法弄清这样说的确切内容。弗雷格当然没有在罗素的"逻辑专名"的那种意义上处理自然语言中的单称词项,因为这就要认为它们保证有承载物,而弗雷格的全部抱怨就在于它们没有。那种说法毋宁说意味着,名称作为一种表达式,其语义学角色全然在于它以某个特定对象为承载物。如果认为这就意味着,名称在缺少承载物时即使有涵义,也会因为没有履行意定的语义学角色,而使得包含它的句子失去真值,那么弗雷格确实是这样认为的,但这恰恰是他的理论中我们到此为止未能找到支持的那一部分。我们已经看到,按照对"真"与"假"一种颇为自然的用法,说这样的句子非真非假,何以是一种可以得到辩护的说法;但我们发现没有理由说这是一种不具备真值的情况,也没有理由说,不能通过这样的句子来作出语言行为。另一方面,如果专名的语义学角色就在于具备它所具备的承载物,这一原则在一种弱的意义上得到理解,从而允许特定名称的语义学角色恰好在于它没有承载物这一事实,那么这个原则就不排除按照罗素式摹状词的方式来解释单称词项。要这样解释,就只需要确定词项是否有承载物(是否有一个对象对应于限定摹状词),以及如果有,是哪个,而完全没有必要认为词项要能被分析为一个摹状词算子与一个谓 425

词。从我们目前的观点来看，两种解释的区别只是在于以不同的方式理解否定算子。

在为自然语言建立语义学时，无论是用三值逻辑，还是用摹状词理论，都会带来明显的不便，但决定哪种方式更可取，这不是我们目前关心的事情。我们的目的只是要确定，当弗雷格主张包含没有承载物的名称的句子没有真值时，他利用什么原则来支持真与假的概念，并确定句子真值是其所指这一观点的后果。

必须承认，如果考虑的是疑问语力而非断定语力，那么即便只
LLP 12 是在解释原子句本身的用法时，我们也会为区分针对原子句的两个未指定真值，而找到理由。句子疑问承认两个可能的回答，“是”和“否”，我们需要区分正确的回答是“否”的情况，与两种回答都不正确的情况（就像斯特劳森所说的，在这种情况下，尽管有人提问，但“问题没有发生”）。然而这并没有推翻我们的分析，因为回答“否”恰好相当于（并且最好这样分析），对以疑问的形式说出的句子（至少当句子在句法上是肯定的时候）的否定进行断定。

如果像“亚瑟王没有击败萨克森人”这样的句子，被解释为“亚瑟王击败了萨克森人”的否定，我们就需要区分假$_1$ 与假$_2$，或者用弗雷格的术语来说，区分假与非真非假——没有任何迹象使我们有依据把后一种情况，当成是根本没有真值、而不是具有第二种未指定真值的情况。不妨称这个未指定的真值为“值 X”。要解释断定语力，只需要区分具有指定真值与具有未指定真值的情况，而不需要区分两个未指定的值。这个事实本身就足以表明，即令句子的语义学角色就是其真值，一个包含了没有承载物的名称的句子，仍然并不是没有真值。而这恰恰是因为，并没有理由说，说出这样

的句子的时候，人们没有实施任何语言行为。不过，可能有人觉得，抓住这一点不放是一种迂腐之举——人们会觉得，只要我们不过分强调弗雷格关于这类句子没有真值的观点，以至于到了认为不能通过讲出这类句子作出断言的地步，说它没有真值，与说它具有值 X，它们之间的区别就只是术语上的无关紧要的事情。这种猜测是错误的。弗雷格的观点使针对复合句的解释无法成立。如果接受弗雷格的“如果表达式的部分缺少指称，那么整个表达式就 426
没有指称”这一原则，并且如果句子缺少真值从而缺少指称，那么可以看到这一情况会影响到以这样的句子为成分的所有复合句。包含了缺乏承载物的名称、从而没有真值的，不仅是原子句或原子句的否定，不管什么句子，只要包含了这样的名称，就同样没有真值——这正是弗雷格所得出的结论。另一方面，如果认为句子在非真非假的情况下具有值 X，那么我们就有余地以与观察到的用法最为相符的方式，为语句连接词设置三值的真值表。比如说，我们可以为“或”选取一个真值表，在这个表中，只要“A”是真的，即便“B”具有值 X，“A 或 B”也还是真的；也可以为“如果”设置真值表，其中即使是在“A”具有值 X 的时候，“如果 A，那么 B”也总是真的。要使所设置的真值表尽可能多地保留直觉上有效的论证形式，我们也许会感到有些困难，但原则上并无障碍。

显然，没有一种先天的理由让我们采纳弗雷格的方式而不是后一种。为了把含有的名称缺乏承载物的句子不看作直接就是假的，而只是看作不能为真，我们原来给出的理由只适用于**原子**句及其否定句。在我们已经假定比如“亚瑟王”没有承载物的情况下，根本没有对等的理由按同样的方式来说比如“如果亚瑟王抗击萨

克森人，萨克森人的征服就会推迟”，或者“如果不是亚瑟王抗击萨克森人，萨克森人就不会遇到对手”这样的句子。弗雷格说这样的句子非真非假，其理由完全来自他的“原子句如果包含没有承载物的名称，就没有真值，从而没有指称”的观点，再附加他关于复合表达式的指称的原则。因此，前一个观点是实质性的，但我们未能为它找到任何基础。

给定了弗雷格的观点，即任何句子，不管是什么，只要所包含的名称缺少承载物，它就非真非假，我们就很容易理解，他本来就
SB 41 应该把能够构成这样的名称，当作是一种需要弥补的缺陷。要为语言构造这样一种语义学，在这种语义学中，复合句中只要有成分句具有值 X，整个句子也就具有这个值，往最好处说，这是一项单调的工作。这里没有任何有效的公式，即所有实例都具有真值真的公式；也没有任何有效的推理模式，其中结论会包含没有在前提中出现过的部分。似乎没有必要去论证，是不是像弗雷格默认的
427 那样，真的无法为这样的语言设置融贯的语义学。很清楚，构建这样一种语义学是极为棘手的事情，最好的途径就是弗雷格所采取的，也就是说，重新构建一种语言，不让缺乏承载物的名称在其中出现。

从好几个角度来看，这样一种重建，不管怎样都展示了处理事情最为方便的方式，不过这并不是眼下我们要关注的。弗雷格刻画了自然语言中，使得构造复合名称以及引入简单名称成为可能的那种特征，对这种特征来说，没有承载物不仅仅是在形式逻辑学家看来的不方便之处——他将其刻画为未能达到语言本质性的目的，即确保已赋予涵义的所有表达式都履行语义学角色。然而，事

情的真相是明白无误的，弗雷格在这一点上弄错了——即使我们把看起来是否定了原子句的句子看作是真正的否定，为包含了无承载物的名称的语言建立一种语义学，也是没有障碍的。在这种情况下，我们必须承认，原子句及其否定句在包含无承载物名称时都是非真非假的，并且即使不是所有复合句，至少对某些复合句来说，也是如此。我们要把这当作是具有特定真值，即值 X 的情况。

在含有无承载物的名称时句子具有何种地位，这本身不是很重要。我集中讨论它，不是出于它本身的兴趣，而是用它充当一种手段，来清理构成弗雷格所使用的真假概念的一些不同的线索，这些线索进而构成了他关于指称的一般性的理解。对指称概念的两个成分来说，即对关于指称的语义学角色的理解，以及以名称/承载物作为原型的理解来说，这是最为清楚地表现它们之间的张力的要点之一。由于弗雷格的原则在这种情况下导致了错误的结论，这些原则需要修正。这种修正必须足以削弱名称与承载物的关系所充当的那种原型的效力。至少在探究这种修正能够贯彻多远时，由于“具有语义学角色”与“具有所指”之间的歧义，“指称”这个词本身对我们来说不再有用。我们讨论的结果是，在表达式具有（完全确定的）涵义与具备语义学角色之间，不可能作出有帮助的区分。尤其是，如果句子表达了思想，那么它就可以用来作出断言、提出问题等，因而就具有语义学角色，即使它包含了无承载物的名称；而且即使如此，句子仍然有真值。承认“如果复合表达式的任何部分缺乏语义学角色，那么整个表达式也是如此”似乎是合理的，既然如此，那就意味着，当名称具有确定的涵义，即使在缺乏 428
承载物时，它也具备语义学角色——它的语义学角色在于，如果有

承载物的话，它就具备它所具备的承载物；而不在于它有一个承载物。我们似乎没有理由不允许句子的真值就是其所指，并且当名称有承载物，该承载物就是其所指——但是，虽然“在复合名称中，如果某个成分名称缺少所指，那么复合名称也就缺少所指”这个原则成立，但它不可能推广到关于复合表达式的一般情况，尤其是不能推广到句子。至于无承载物的名称是否有指称，现在就只是一个字面上的问题了——它有语义学角色，但缺少所指。重要的是，甚至是对名称来说，我们也被迫要松解语义学角色与名称/承载物关系之间的联系。名称的语义学角色仍然与拥有承载物紧密地联系在一起，但我们不再能够说，它就等于对象作为所指与之建立了联系。这进而削弱了弗雷格在其他种类表达式的情况下，以名称/承载物关系为原型的力度。弗雷格以名称与承载物关系的形式引入指称的概念，因此，在一开始就假定表达式可以有指称而缺少所指，这是荒谬的——事实上，由于我们没有将两者从词语上区分开，这个假定甚至都不能得到表达。然而，弗雷格要求指称这个概念所起的作用，就是解释表达式（起初是名称）的语义学角色，正是出于这个原因，他才认为在通常的情况下赋予句子以及不完整表达式以指称，是没有问题的。但用名称/承载物关系来充当原型，这就允许他假定，任何表达式的语义学角色，都总是在于表达式与实在中构成其所指的成分之间的联系。如果即使在专名这样基本的情形中都不是这样，那么“在其他情形中也是如此”这样的假定相应地就被削弱了。我们知道，弗雷格关于不完整表达式的非语言关联物（概念、关系以及函项）存在的信念，事实上是可以得到辩护的，但是，这类表达式的语义学角色，仍然不可能以任何与专名的语义学角色相同的方式,利用其所指来加以解释。弗雷格从他关于句子的一般原则出发所进行的推导,显而易见是不正确的,而这会让弗雷格的那些即使是最为教条主义的信徒,都不至于夸大名称的指称与不完整表达式的指称之间的相似之处。

我们前面说过,弗雷格的"包含无承载物的名称的句子没有真值"这一观点是否站得住,这对于他后来把句子归并为名称的做法
来说,构成了一种好的测试。初看起来,我们的讨论结果并不是决 429
定性地排斥这种做法。如果接受这种归并,那么包含无承载物的名称就确实使句子不可能具有真值。但由于我们已经把具有语义学角色与具有所指这两者分离开,看来,只要承认这样的句子仍然具有语义学角色,我们还是可以同意,它们没有真值,从而没有所指。但是,按照这种方式赞同归并的做法,很明显只是形式而已。名称的承载物这一概念要先于表达式的语义学角色概念,因此,说名称即使没有承载物,也可以实现这样的角色,这种说法显然是值得重视的。但是至少,只要我们超出与断言的正确与否联系在一起的那种真与假的概念,句子真值的概念就是句子语义学角色的概念——像假与非真非假(按照弗雷格对这些词项的用法)之间的那种区分,只是与对句子在否定或者其他算子之下的行为作出的真值函项解释相联系。撇开这一点,我们就无从理解句子具有真值是怎么回事——因此,如果建议说,句子可以具备一种语义学角色,并用真值表中的某种条目加以刻画,但仍然缺少真值,那么这种建议就只是对语言作出一种虚设的调整,其目的只是为了维护一种说不过去的想法。这样一种调整,与"名称即使没有承载物也可以有语义学角色"这一完全清楚的观点之间,显然是无法类比

的。而这本身又说明了弗雷格晚期的观点，即句子是真值的复合名称，本身就是错的。

附录　关于多值逻辑的注记

430 设想我们处理的是包含了 &、∨、→以及¬这四个算子的语句逻辑（sentential logics）。我们把**赋值系统**（valuational system）表示为一个六元组〈***A***,***D***,∩,∪,⇒,—〉，其中 ***A*** 是一个有两个或更多元素的集合，***D*** 是 ***A*** 的一个非空真子集（a non-empty proper subset），∩、∪和⇒是从 ***A***×***A*** 到 ***A*** 的映射，而—则是从 ***A*** 到 ***A*** 的映射。***D*** 中的元素被称为 ***A*** 中**指定了的**元素。一个**指派** φ 是从一个句子字母的集合到 ***A*** 的映射。任何一个这样的指派都可以扩展为一个**赋值**（valuation）$\bar{\varphi}'$，它是从公式集合到 ***A*** 的满足下列条件的映射：

(i) $\bar{\varphi}(p)=\varphi(p)$

(ii) $\bar{\varphi}(A\&B)=\bar{\varphi}(A)\cap\bar{\varphi}(B)$

(iii) $\bar{\varphi}(A\vee B)=\bar{\varphi}(A)\cup\bar{\varphi}(B)$

(iv) $\bar{\varphi}(A\rightarrow B)=\bar{\varphi}(A)\Rightarrow\bar{\varphi}(B)$

(v) $\bar{\varphi}(\neg A)=—\bar{\varphi}(A)$。

其中 p 是任意句子字母，而 A 与 B 则是任意公式。如果 $\mathcal{A}$=〈***A***,***D***,∩,∪,⇒,—〉是一个赋值系统，A 是一个公式，而 Γ 是一个公式集合，我们可以自然地定义，只要对于所有 $B \in \Gamma$，对于使得 $\bar{\varphi}(B)$ 的所有指派 φ 都有 $\bar{\varphi}(A) \in \boldsymbol{D}$，我们就说 $\Gamma \models A$ 在 $\mathcal{A}$ 中成立。如果 $\varnothing \models A$，我们就直接写作 $\models A$，并且令 $V(\mathcal{A}) = \{A \mid$ 在 $\mathcal{A}$ 中 $\models A\}$。

这样，我们就可以刻画任意的语句逻辑 $\mathfrak{L}$，方法是用利用可导出关系(derivability relation) $\vdash$ 。这种关系先是定义在公式的有穷集与单个公式之间，然后推广到无穷集 Γ。只要对于 Γ 的某个有穷子集 Δ，$\Delta \vdash A$，就定义 $\Gamma \vdash A$。要承认 $\mathfrak{L}$ 是一种逻辑，就必须对 $\vdash$ 施加限制，即：

(α) 如果 $A \in \Gamma$，那么 $\Gamma \vdash A$；

(β) 如果 $\Gamma \vdash A$ 并且 $\Gamma \subseteq \Delta$，那么 $\Delta \vdash A$；

(γ) 如果 $\Gamma \vdash A$ 并且 $\Delta \cup \{A\} \vdash B$，那么 $\Gamma \cup \Delta \vdash B$；

(δ) 如果 $\Gamma \vdash A$ 并且 * 是任意替换，那么 $\Gamma^* \vdash A^*$ 。[1]

这里所谓的**替换**(substitution)，是从公式集合到它自身的任意同 431
态映射(homomorphic mapping)，也就是满足这些条件的映射：$(A \& B)^* = A^* \& B^*$；$(A \vee B)^* = (A^* \vee B^*)$；$(A \rightarrow B)^* = (A^* \rightarrow B^*)$；并且，$(\neg A)^* = \neg A^*$ 。Γ^* 则是 $\{B^* \mid B \in \Gamma\}$。

现在，如果认为一种逻辑就是这样通过可导出关系加以刻画的，那么，赋值系统与逻辑之间所要考虑的那种自然的对应关系，

① 这几行出现的两处记号“∪”都是指对集合的合并运算，这与前面定义在赋值系统中的同形记号不同，后者是对真值的运算。——译者

就要按照这样的方式来定义：

> (a) 如果，只要在$\mathfrak{L}$中$\Gamma \vdash A$，在$\mathcal{A}$中就有$\Gamma \models A$，那么$\mathcal{A}$就**忠实于**(faithful to)**L**；
>
> (b) 如果，$\mathcal{A}$中有$\Gamma \models A$，当且仅当，$\mathfrak{L}$中有$\Gamma \vdash A$，那么$\mathcal{A}$对$\mathfrak{L}$来说就是**严格典型的**(strictly characteristic for)。

不过，由于学科的历史发展，传统上考虑的严格说来并不就是这些关系。

关于赋值系统的研究，是现代数理逻辑中最早的分支之一。塔斯基、卢卡西维茨(tukasiewicz)，以及波兰学派的其他成员，都为之投入了大量的研究。甚至到近期，它还成为像后期的亚瑟·普莱尔(Arthur Prior)这样的老派逻辑学家的首要兴趣。这一主题具有两方面的兴趣。一方面，赋值系统是为逻辑提供语义学的最为熟悉的方式。本章的正文中已经说明了做这件事的一种方式，为经典逻辑服务的二值语义学当然是这种方式的特殊情形。赋值系统中的元素被认为就是真值，人们假定每个句子都只具有这些真值中唯一且确定的一个值。这样，任一句子的断言内容，就等于主张该句子有一个指定了的值。如果我们用"真"和"假"这些词，来分别对应"具有一个指定了的值"与"具有一个未被指定的值"，那么指定了的不同的值，就变成句子为真的不同方式，而未指定的不同值，则变成句子为假的不同方式。若按下面的方式理解，多值逻辑就没有什么神秘之处了——语句算子只不过恰好以一种方式起作用，使得我们单从成分句的真假，还无法确定复合句的真

假，还必须知道成分句为真或为假的特定方式。这样，赋值系统就为受某种多值逻辑支撑的语言的语义学，提供了一种严格的表述。在这种表述的基础上，我们可以为那种逻辑的形式化，给出关于可靠性和完全性的证明。更恰当地说，它提供了构造这种语义学的框架，而要完成对这种语言的语义学解释，我们还必须确定原子句具有特定真值的条件。

如果我们希望对真与假的概念进行相对化处理，就要对此作出 432
一些改变——对时态逻辑来说，我们不希望把句子当成是绝对地为真或为假，而是看作在每个特定时间上为真或为假；而对模态逻辑来说，我们则不希望把句子当作仅仅是在现实世界中为真或为假，而是当作在各个可能世界中为真或为假。在这样的情况下，赋值系统的元素就是从时间的集合或者可能世界的集合，到两元素集合{真，假}的映射。赋值系统也会有其他用法，比如用于直觉主义逻辑的贝斯树(Beth trees)或克里普克树(Kripke trees)，其元素是以直觉的方式解释的，但不是解释成客观的真值，而是解释成知识状态。

人们只要对非标准逻辑感兴趣，就会对如何用赋值系统来为非标准逻辑提供语义学感兴趣。但人们以前对赋值系统投入的巨大关注，并不仅仅是出于探究语义学的兴趣。毋宁说，赋值系统得到广泛的研究，在很大程度上是因为这种方法在技术上的力量。有人接受以证明论的方式刻画的经典逻辑，但拒绝通常的二值语义学。尽管如此，他还是会感到，为了获得关于经典逻辑的结果，两元素的赋值系统仍然非常有用——他不是用它来为逻辑常项提供预期的意义，而是充当用来证明关于经典逻辑的一些结论的纯代数工具，要是用证明论方法来建立这些结论只会更加困难。同

样，亚斯科斯基(Jaśkowski)、塔斯基、麦肯塞(McKinsey)、拉斯奥瓦(Rasiowa)以及司考斯基(Sikorski)最初也是按照一种纯粹代数的精神，来研究关于直觉主义逻辑的赋值系统。他们根本没有想要以这种方式，为经过意定解释的直觉主义逻辑，找到对完全性定理的表述或者证明——赋值系统仅仅是一种有用的技术工具。

赋值系统以前之所以在技术上具有这么强烈的吸引力，是因为那时候的证明论还处于一种不让人满意的状态。作为现代数理逻辑的创始人，弗雷格以及其后的罗素，都是以一种相当误导人的
Gg I 14 方式，通过与公理化理论类比，来对逻辑系统进行形式化的——也就是说，化归到数量最少的推演规则上，规定某些形式的公式有效，并以之为公理。在这样的形式化方法中，注意力被集中在逻辑真理的设定，以及从这些真理推出更多的逻辑真理上。这在弗雷格这方面来说是经过了相当考虑的——在这一方面(也只是这一方面)弗雷格的逻辑研究的新进路是一种倒退。他这样描述逻辑，所有科学都以真理作为目标，而在逻辑中，真理不仅仅是目标，而且也是研究的对象。然而，对"逻辑的主题是什么"这个问题，传统
433 的回答实际上并不是真理，而是推演，或者更恰当地说，是逻辑后承关系。在逻辑研究一直到弗雷格的复兴为止的整个萧条期，这都是公认的观点；当然，这也是正确的观点。

即使在这里，弗雷格所采取的步骤也不是一种完完全全的退
NS 139 (128) 步。他强调真理是逻辑研究的对象，与此相联系的是，他在逻辑史上是第一次意识到，我们称之为证明论(句法)方法与模型论(语义
NS 3(3) 学)方法之间的分别。这种分别存在于对推演的某种模式的形式刻画，与对这种推演所作出的辩护之间。这种辩护就是通过参照

对那些形式的句子的真值条件所作出的表述，把推演解释为把真从前提传递到结论。把逻辑理解为是关于真而不是关于逻辑后承的，这也在很大程度上归因于弗雷格对数学真理的兴趣，以及他想要表明，在一个很大范围之内的数学真理是逻辑真理的一个子类。FT 94-5

把逻辑描述成所关心句子的一种特征，即真，而不是关心从句子到句子的转换，这种做法对逻辑以及哲学都终究是非常有害的。在哲学上，这导致人们关注逻辑真理，以及作为其推广形式的分析真理，将其当作疑难概念，而不是关注于理解一个陈述何以是其他陈述的演绎后承；而这进而导致了这样的解决方案，它们把分析真理与偶然真理这两种据以为是极其不同的真理区分开，但如果核心问题从一开始就集中于演绎后承，这些方案就显出荒谬和不相干了。真理种类之间的区分，进一步使得人们区分不同种类的意义，即普通的经验意义，以及由分析陈述所具备的那种特殊种类的意义。按照这种区分，任意两个在分析上等价的表达式，其经验意义或内容也将相同。这样的观点诚然与弗雷格本人的观点相去甚远。弗雷格的涵义概念与陈述之是否有信息含量（认知价值）联系在一起，因而允许分析陈述有信息含量，进而，它允许对两个表达式来说，尽管就它们有同样的指称这一点是分析的，它们仍然有不同的涵义。尽管如此，那种随后在分析哲学中占据主导地位的殊为不同的观点，仍然很可以看作源自弗雷格关于逻辑的刻画，即逻辑是关于真理的研究，更准确地说，源自弗雷格按照这个精神所采纳的、对逻辑理论进行形式化的那种方式。

第一个纠正这种扭曲了的观点，并抛弃在逻辑的形式化与公理理论之间所做的错误类比的人，是甘岑。通过用相继式运算 434 *CPG* 81-5

(sequent calculi)来替代对逻辑所做的公理式的形式化,甘岑表明了,只通过说明推演规则,而对逻辑真理不做任何直接的设定,如何可能对逻辑进行形式化。当然,代价是推演规则的概念复杂化了,它要把用来解除假设的规则包含在内。在一种公理化了的理论中,我们关心的是建立真陈述,而从其他陈述导出陈述,则只是服务于这一目的的手段。在逻辑中,导出的过程本身构成了研究对象,因此,只有当推演规则本身作为初始的东西,而不是把单个公式的有效性或者单个句子的真视为初始,才能获得正确的方向。在相继式运算或者自然演绎中,逻辑的形式化,对逻辑真陈述的辨别,这些并不占据核心位置。确实会产生一些逻辑真理,这是一些可以断定所依赖的假设为空集的句子,但这只是从真句子导出其他真句子这一过程的副产品;给定这些过程,就会有些句子单从这些过程本身就可以确认为真,但这些句子被承认具备这一特殊地位,这一点对于刻画那些过程本身来说,是不起作用的。[①] 这样,逻辑真理的寻求,就下降到真正属于它的、辅助性的角色上,充当逻辑的副产品,而不是核心。

可以这么说,是甘岑第一个表明了,证明论应该怎样做。通过用相继式运算,尤其是通过用无切(cut-free)系统,来取代旧的、对逻辑的公理式形式化,他不仅纠正了我们看待逻辑概念的角度,而且恢复了证明论与代数方法之间的那种技术效能上的平衡。对于

① 按照一阶经典逻辑,要在一个自然演绎系统中,从一些全都不有效的假设中导出并非本身有效的公式,甚至都不要求我们写下一个有效的公式。然而,在直觉主义逻辑中却不是这样的——要从(A→A)→B 中导出 B,在推导过程中就必须引用公式 A→A。不过,我们并不需要利用 A→A 可以独立于任何假设而得到证明这一事实。

证明关于逻辑系统的一般结果来说，公理式的形式化是一种极为笨拙的手段，相比之下，代数技术要有力得多；就效能而言，代数方法胜过公理式的形式化方法，而甘岑所提供的无切系统又胜过代数方法。（比如说，在直觉主义逻辑中，$\vdash A \vee B$ 仅当 $\vdash A$ 或者 $\vdash B$，这一点可以从甘岑的消切定理（cut-elimination theroem）中推出。不妨把这一点的容易程度，与由塔斯基和麦肯塞就同一结 435
果给出的代数证明比较一下。）

弗雷格所引入的那种对逻辑理论进行公理式形式化的方法，在技术上和在概念上都不令人满意。它不仅让人过于依赖作为一种代数技术的赋值系统，而不是甘岑后来设计的更为强大的证明论技术，而且在关于非经典逻辑的研究中，以及在对赋值系统就其语义学方面而言的研究中，也引发了一种误导性的观点。逻辑倾向于不是像前面那样，利用一种可导出关系来加以刻画，而是仅仅利用可证公式的集合 $V(\mathfrak{L})$ 来刻画。（按照前面定义的逻辑 $\mathfrak{L}$，当 $\varnothing \vdash A$，我们就写作 $\vdash A$，并且令 $V(\mathfrak{L})=\{A \mid \text{在}\mathfrak{L}\text{中} \vdash A\}$。）同样，在按照前面的定义考虑赋值系统 α 忠实于逻辑 $\mathfrak{L}$，或者考虑 α 是逻辑 $\mathfrak{L}$ 的严格典型时，正式考虑的则是当 $V(\mathfrak{L}) \subseteq V(\alpha)$ 以及当 $V(\mathfrak{L})=V(\alpha)$ 时成立的那些关系。在实践中，人们常常觉得这些关系太弱了，而通过把所考虑的范围限制在具备一些额外特征的赋值系统上，来弥补这个缺陷——但做这件事的方式却是特设性的，这要参照推演或证明的一些规则；比如，在一个赋值系统 α 中，如果 $\{p, p \rightarrow q\} \vDash q$，那么我们就说 α 是**常规的**（regular），而在关于模态逻辑的赋值系统 $\mathcal{M}$ 中，如果 $\{p\} \vDash \Box p$，那么我们就说 $\mathcal{M}$ 是**普通的**（normal）。（尤其是，像前面的例子所表明的那样，所施加的

限制没有考虑推演规则与证明规则在地位上的区别。这些说法要在下面解释。)按照正式的说法,只要 $V(\alpha)=V(\mathfrak{L})$,$\alpha$就是$\mathfrak{L}$的"典型",尽管如此,实际上,通常所考虑的那种关系在某种意义上要更强一些,我们可以这么定义它:

(c) 如果α忠实于$\mathfrak{L}$,并且 $V(\mathfrak{L})=V(\alpha)$,那么$\alpha$是$\mathfrak{L}$的弱典型($\alpha$ is weakly characteristic for $\mathfrak{L}$)。

按照我们的术语,假定α是$\mathfrak{L}$的弱典型但不是严格的典型。那么就存在 Γ 和 A,使得在α中 $\Gamma \models A$,但在$\mathfrak{L}$中却没有 $\Gamma \vdash A$。现在,假定有一种替换*,使得对于每个 $B \in \Gamma^*$,在$\mathfrak{L}$中都有 $\vdash B$。于是,由于$V(\mathfrak{L})=V(\alpha)$,就有 $\Gamma^* \subseteq V(\alpha)$,据此,由于在$\alpha$中 $\Gamma \models A$,在α中就有 $\models A^*$,因此,最终在$\mathfrak{L}$中有 $\vdash A^*$。(这里利用了一个显而易见的事实,即对任意赋值系统α,$\models$ 具有对应于关于 $\vdash$ 的条件(δ)的特征。)因此,Γ 与 A 彼此就确实具有可以单独用逻辑$\mathfrak{L}$来加以刻画的关系。我们可以定义:

在$\mathfrak{L}$中 $\Gamma \Vdash A$,当且仅当,对每个使得 $\Gamma^* \subseteq V(\mathfrak{L})$ 的替换*,在$\mathfrak{L}$中都有 $\vdash A^*$,

436 并且说,只要在$\mathfrak{L}$中 $\Gamma \Vdash A$,从 Γ 到 A 的转换就作为**在$\mathfrak{L}$中的证明规则成立**。(而当在$\mathfrak{L}$中 $\Gamma \vdash A$,我们相应地就说,从 Γ 到 A 的转换作为**在$\mathfrak{L}$中的推演规则成立**。)因此,按照我们的假设,逻辑$\mathfrak{L}$就必须具备某些证明规则,但这些规则不同时是推演规则——举个简单的例子，$\mathfrak{L}$是常见的那种模态逻辑，我们有$\{p\} \Vdash \Box p$，但没有$\{p\} \vdash \Box p$。不妨说，如果$\mathfrak{L}$所有的证明规则都是推演规则，那么这种逻辑是**光滑的**(smooth)，此时，只要$\Gamma \Vdash A$，就有$\Gamma \vdash A$；否则，这种逻辑就是**粗糙的**(rough)。这样，对任何光滑的逻辑来说，所有弱典型的赋值系统也都是严格典型。容易证明，经典的语句逻辑是光滑的。另一方面，直觉主义逻辑不是光滑的，例如，我们有“$\{\neg p \to q \vee r\} \Vdash (\neg p \to q) \vee (\neg p \to r)$”，但没有“$\{\neg p \to q \vee r\} \vdash (\neg p \to q) \vee (\neg p \to r)$”。

证明规则与推演规则的区分，是我们非常熟悉的。然而，让人印象深刻的是，原来由于公理式形式化的逻辑研究方法，而对赋值系统研究造成的误导性的观点，要清除起来有多么困难。T. J. 斯密莱(Smiley)几年前就指出过，赋值系统应当被用来考察适合于一种逻辑的可导出关系，而不仅仅是可证明性的性质。但即使是像哈洛普(Harrop)这样的作者，尽管在他的著作中证明规则与推演规则的区别获得了突出地位，他还是没有真正按照斯密莱的信条来处理赋值系统。事实上，哈洛普与在他之前的林登鲍姆(Lindenbaum)一样，都从语义学角度，对与逻辑以非常特殊的方式相联系的赋值系统，给予了相当错位的强调。这种联系我们可以用最后一个定义来表明：

(d) 如果，只要$\mathfrak{L}$中有$\Gamma \Vdash A$，在α中就有$\Gamma \vDash A$，那么α对$\mathfrak{L}$来说就是**强典型的**(strongly characteristic for)。

(当然，如果$\mathfrak{L}$是一种光滑的逻辑，那么**弱典型**、**强典型**以及**严格典型**，这三个概念就重合了。)因此，林登鲍姆证明对每个逻辑$\mathfrak{L}$都存在①的林登鲍姆代数，在所有的情况下就都是对$\mathfrak{L}$的强典型的赋值系统。此外，哈洛普证明了一个定理，它可以这样陈述：令α是任意有穷赋值系统，令$\mathfrak{L}$是使得在$\mathfrak{L}$中的关系$\vdash$与α中的关系$\models$相重合的那种逻辑；于是，存在一个有穷的赋值系统，它对$\mathfrak{L}$来说是强典型。但对一种粗糙的逻辑来说，那两种关系是有区分的，于是强
437 典型的系统就不能提供所要求的语义学；只有严格典型的系统可以做到。没有对建立强典型的赋值系统的工作予以恰当的注意，忽视严格典型系统是否存在这一问题，这些情况甚至出现在像哈洛普这样的人的新近著作中。它们都反映了人们在从关于这个主题的误导性的图景中摆脱出来时，所感到的困难。而这幅图景最初却是由于运用逻辑的公理式的形式化方法，而强加给人们的。

本附录中主张，运用赋值系统来刻画一种逻辑的可导出关系，而不仅仅是为这种逻辑给出一些可证公式。这种做法实际上已经为 D. J. 休斯密斯(Shoesmith)和斯密莱的文章“可演绎性与多值性(Deducibility and Many-valuedness)”所采用。这篇文章发表于 1971 年 12 月的《符号逻辑杂志》(*Journal of Symbolic Logic*)上(Vol. 36，pp. 610-22)，而这在本附录初稿交付印刷之后。休斯密斯与斯密莱考虑的语句逻辑，要比这里设想的要更为宽泛。其中包括那些不紧致的(compact)逻辑，这类逻辑中包含“可从公式的无穷集导出”这一概念，而它并不等价于“可从某个有穷子集导出”。再者，他们没有要求逻辑要满足这里提出的限制(α)—

① 如果把“林登鲍姆代数”这个词解释成，它要求只有唯一的一个指定了的元素，那么这些代数就只是对数量很多逻辑来说才存在。

(δ),而是定义,一种逻辑如果满足了五个条件,就具有**普通结构**(be normally constituted)。这五个条件中的三个就等于是条件(α)、(β)和(δ),另外一个条件只要逻辑是紧致的,就等价于(γ),第五个条件直接就是我们充当可证性的那个定义。他们得到的结果实际上大都与既是紧致的,又具有普通结构的那些逻辑相联系,因此,我在这里解释这些结果时,就继续使用“逻辑”这个词,以此来间接地表示那两个性质,而忽略由于他们更为一般的处理而导致的复杂之处。与此同时,我把他们的术语大体上翻译成我自己的。

对于林登鲍姆的定理“对每种语句逻辑来说,都有一个至多是可数的(denumerable)赋值系统,该系统是这种逻辑的弱典型”,显然不能直接假定可以通过把“弱典型”换成“严格典型”而将其强化,因为我们已经指出,一种逻辑的林登鲍姆代数对这种逻辑来说总是强典型。因此,林登鲍姆的证明不能用来为任何粗糙的逻辑,产生严格典型的赋值系统。休斯密斯与斯密莱从一个略为不同的角度处理问题,其有趣还不在于一个弱典型的赋值系统也是严格典型的,而在于一个严格典型的系统竟然存在。事实上,他们并没有区分粗糙的与光滑的逻辑;他们也没有引入“弱典型”与“强典型”的概念,而只引入了“(严格)典型的”、“有穷典型的”与“对可证性典型的”。“有穷典型的”意思是“就公式的有穷集来说是严格典 438
型的”。之所以需要这个概念,是因为一个赋值系统α可能不是紧致的,也就是说,在Γ是无穷的情况下,即便Γ没有有穷子集Δ,使得在α中有$\Delta \models A$,在α中我们也可以有$\Gamma \models A$。在这种情况下,α即使不是一种逻辑的严格典型,也可以是其有穷典型。

通过添加不可数多的新语句字母来扩展语句语言,从而对林登鲍姆的论证加以修改,休斯密斯与斯密莱建立了林登鲍姆定理

的一个近似定理，即一种逻辑拥有一个对其是严格典型的赋值系统，当且仅当它具备他们所称的“撤销性质(cancellation property)”；再者，可以认为这个严格典型的赋值系统的基数不超过连续统。关于基数的这个结论不可能再推进了，因为他们证明了，卢卡西维茨的无穷多值逻辑并没有基数更小的赋值系统来充当其严格典型。然而，如果我们只关心能否找到一个有穷典型的赋值系统，那么撤销性质就是充分必要的，但赋值系统会被认为最多是可数的。尤其是，卢卡西维茨自己的可数赋值系统，其元素是闭区间[0,1]中的有理数，它实际上是他的无穷多值逻辑的有穷典型。但从休斯密斯与斯密莱的结论中得到，它不是紧致的，因此不是那种逻辑的严格典型。尽管相应的以区间[0,1]中的实数为元素的赋值系统有正确的基数，路易丝·施密尔·海伊(Louise Schmir Hay)还是在“无穷多值谓词运算的公理化”(Axiomatization of the Infinite-valued Predicate Calculus)(刊于《符号逻辑杂志》，Vol. 28，1963，并为休斯密斯与斯密莱所引用)中证明了，虽然这个系统对这种逻辑来说是有穷典型，它仍然不是紧致的(参见她的引理B，第84页)。海伊表明了，具有实数基数的那个系统，确实具备我们可以说是“对于一致性来说是典型”的性质，也就是说，一个无论是有穷还是无穷的集合Γ在这种逻辑中是一致的，当且仅当，它在这个系统中是可满足的(参见引理A，第79页)，然而，C. C. 张(Chang)(第80页)的一个例子却表明，一个具有有理数基数的可数系统，甚至连针对无穷集的条件也不能满足。

一个公式集合只要有至少一个公式不能从中导出，依据定义，它就是一致的。如果这样，那么严格典型性与对于一致性来说的典型性，也就是彼此独立的性质。刚才说的那个例子表明后者并不蕴涵前者。另一方面，休斯密斯与斯密莱指出，虽然实证逻辑（即不含否定的直觉主义逻辑）有严格典型的赋值系统，所有公式的集合（或所有语句字母的集合）还是不一致但仍然是可满足的。439
然而，这个不一致的集合却不是**在形式上不一致**（formally inconsistent），即不是在某个替换之下的所有的像（image）都不一致的那种意义上不一致；他们还巧妙地指出，对任意给定的逻辑来说，要么没有形式上不一致的集合，要么所有不一致的集合同时也是形式上不一致的。这样我们就可以说，如果就一种逻辑而言存在形式上不一致的集合，那么对这种逻辑来说，不一致性就是形式上的。于是我们就可以说，对一种逻辑来说，如果它的不一致性属于形式的，那么所有严格典型的赋值系统也都是对于一致性而言典型的，但反之则不是如此。

按照我们的定义，一种逻辑$\mathfrak{L}$如果具有有穷典型的但并非紧致的赋值系统α，它就是粗糙的。为了看到这一点，在没有有穷集$\Delta \subseteq \Gamma$使得$\Delta \models A$在α中成立的条件下，让我们假定在α中有$\Gamma \models A$。由于α是有穷典型，对于任意有穷$\Delta \subseteq \Gamma$，我们在$\mathfrak{L}$中都得不到$\Delta \vdash A$，因此$\Gamma \vdash A$在$\mathfrak{L}$中不成立。另一方面，如果对某个替换*，$\Gamma^* \subseteq V(\mathfrak{L})$，那么由于$V(\alpha) = V(\mathfrak{L})$，就也会有$\Gamma^* \subseteq V(\alpha)$。既然在$\alpha$中有$\Gamma^* \models A^*$，我们得到，在$\alpha$中$\models A^*$，据此，在$\mathfrak{L}$中有$\vdash A^*$。因此，在$\mathfrak{L}$中有$\Gamma \Vdash A$。然而，尽管按照我们的定义，从$\Gamma$到$A$存在一种证明规则，它同时不是推演规则，这仍然是以一种相当人为的方式使用术语，因为自然的用法是，只把“证明规则”与“推演规则”这两个词用于有穷集Γ。

我们还必须说一下撤销性质。确切地说,这种性质对逻辑$\mathfrak{L}$成立的充分条件是,每当在$\mathfrak{L}$中有 $\Gamma\cup\Delta\vdash A$,其中 Δ 是没有与 Γ 或 A 共有语句字母的一致的公式集,在$\mathfrak{L}$中就有 $\Gamma\vdash A$。我们可以说,未能具备撤销性质,这是粗糙性的另外一种非常特殊的情况。为看到这一点,让我们设想,对特定公式 A 以及集合 Γ 与 Δ 来说,逻辑$\mathfrak{L}$不具备撤销性质。由此可以得出,不可能有使得 $\Delta^{*}\subseteq V(\mathfrak{L})$成立的替换*。因为,如果有这样的替换,按照针对语句逻辑的限制条件(δ),在$\mathfrak{L}$中我们就会有 $\Gamma\cup\Delta^{*}\vdash A$,因而,按照限制条件($\gamma$),就有 $\Gamma\vdash A$。但这意味着,对所有公式 B 来说,在$\mathfrak{L}$中我们都会以贫乏的方式得到 $\Delta\Vdash B$;然而,由于 Δ 已经假定是一致的,至少对一个 B 来说在$\mathfrak{L}$中 $\Delta\vdash B$ 就不会成立。

休斯密斯与斯密莱证明了,有些系统没有撤销性质,因而没有严格典型的赋值系统,确切地说,它们是约翰逊(Johansson)的极小运算,模态系统 S1、S2、S3,以及卢卡西维茨的所谓L-模态逻辑。比如说,极小运算缺乏这种性质,是因为$\{p,\neg p\}\vdash\neg q$,但$\{p,\neg p\}$是一致的,并且,当然$\neg q$ 是可证的。尽管$\{p,\neg p\}$在极小逻辑中是一致的,但没有可证公式的对子 A 与$\neg$A,因而,在林登鲍姆代数
440 中,对所有公式 B,都有$\{p,\neg p\}\vDash B$;当然,同样也有$\{p,\neg p\}\Vdash B$。对极小逻辑来说,没有任何赋值系统是严格典型的,甚至也没有有穷典型的赋值系统。因为,由于$\{p,\neg p\}\vdash q$ 并不成立,在任意有穷典型的系统α中,就必定存在一种指派 φ,使得 $\varphi(p)\in\boldsymbol{D}$,$\bar{\varphi}(\neg p)\in\boldsymbol{D}$,并且 $\varphi(q)\notin\boldsymbol{D}$。然而,由于 $\vdash\neg q$ 并不成立,就必须有一个指派 ψ,使得 $\bar{\psi}$①$(\neg q)\notin\boldsymbol{D}$。但这样的话,我们可以得到一个指派 θ,

① 原文为“$\bar{\varphi}'$”,应为笔误。——译注

使得 $\theta(p)=\varphi(p)$，$\theta(q)=\psi(q)$，并且我们会有 $\theta(p)\in\boldsymbol{D}$，$\bar{\theta}(\neg p)\in\boldsymbol{D}$，$\bar{\theta}(\neg q)\notin\boldsymbol{D}$，从而在 α 中 $\{p,\neg p\}\vDash\neg q$ 并不成立，而这与 $\{p,\neg p\}\vdash\neg q$ 这个事实，以及 α 是有穷典型的这个假定相冲突。

没有什么语句逻辑既是自然得到又缺乏撤销性质。这里有一个人为的例子。考虑可以利用赋值系统 α 来描述的逻辑 $\mathfrak{L}$，其中 $\boldsymbol{A}=\{1,a,b,0\}$，$\boldsymbol{D}=\{1\}$，并且就 $\cup$ 与 $\cap$ 来说 $\boldsymbol{A}$ 就构成了一个格(lattice)，0 和 1 是这个格的零与单元元素，a 与 b 是不可比的；此外，对任意 x 与 y，当 $x\leqslant y$ 有 $x\Rightarrow y=1$，并且 $1\Rightarrow x=x$，$a\Rightarrow b=a\Rightarrow 0=b\Rightarrow a=b$，$b\Rightarrow 0=a$，$-x=x\Rightarrow 0$。于是，对于任意 Γ 与 A 来说，只要对某个有穷的 $\Delta\subseteq\Gamma$，以及对于 Δ 的某个枚举 D_1，……，D_n（无论是否有重复），在 α 中有 $\vDash(D_1\rightarrow(D_2\rightarrow\cdots\cdots(D_n\rightarrow A)\cdots\cdots))$，那么在 $\mathfrak{L}$ 中 $\Gamma\vdash A$ 就按照定义成立；这等于说，如果 A 在 $\Gamma\cup V(\alpha)$ 关于肯定前件推理的闭包(closure)中，那么 $\mathfrak{L}$ 中 $\Gamma\vdash A$ 就成立。也许可以证明 $\mathfrak{L}$ 在我们的意义上是一种真正的逻辑；条件(α)、(β)与(δ)直接满足，而(γ)则是可以获得证实的。这样，$\mathfrak{L}$ 就缺少撤销性质——因为，由于 $q\leftrightarrow\neg q$ 只能取值 0 与 b，在 $\mathfrak{L}$ 中 $\{p,q\leftrightarrow\neg q\}\vdash\neg p\rightarrow p$ 就成立，从而在 α 中有 $\vDash p\rightarrow[(q\leftrightarrow\neg q)\rightarrow(\neg p\rightarrow p)]$；但在 $\mathfrak{L}$ 中 $\{p\}\vdash\neg p\rightarrow p$ 并不成立，因为如果 p 被赋予值 a，那么 $p\rightarrow(\neg p\rightarrow p)$ 就得到值 b，$p\rightarrow(p\rightarrow(\neg p\rightarrow p))$ 就也是如此，等等。另一方面，在 α 中显然有 $\{p\}\vDash\neg p\rightarrow p$。这表明了这样一个事实，对 $\mathfrak{L}$ 来说 α 甚至连有穷典型都不是，并且，由于 $\mathfrak{L}$ 缺乏撤销性质，没有任何系统能够是。由于这个理由，尽管 α 被用来描述 $\mathfrak{L}$，但不能认为它为 $\mathfrak{L}$ 提供了正确的语义学，至少当具备一个指定了的值就等于可断定性时，不能这样；因为，如果这样做，就不能解释

在$\mathfrak{L}$中$\{p\}\vdash\neg p\rightarrow p$何以不成立。

这个例子也说明了一个事实，即α缺少这样一种性质，当$\{A\}\models B$成立时，$\models A\rightarrow B$也成立。缺少这一性质的另外一个赋值系统，是卢卡西维茨的三值系统（他所有的多值系统都是这样的）。这个系统有三个元素，1、1/2以及0，其中1是指定了的——对每个x和y，$1\Rightarrow x=x$，当$x\leqslant y$时$x\Rightarrow y=1$，$1/2\Rightarrow 0=1/2$，以及$-x=x\Rightarrow 0$。这样，当p被指派了值1/2时，就有例如$\{p\}\models\neg(p\rightarrow\neg p)$，而$p\rightarrow\neg(p\rightarrow\neg p)$具有值1/2。然而，在这种情况下，就像
441 前面的例子中$\mathfrak{L}$以α定义，这里的三值逻辑用三元素系统定义，此时我们确实有$\{p\}\vdash\neg(p\rightarrow\neg p)$，因为$\models p\rightarrow(p\rightarrow\neg(p\rightarrow\neg p))$。三元素系统事实上就像休斯密斯与斯密莱所说的那样，是这种逻辑的严格典型，因而可以正确地说是一种"三值"系统。虽然修正了的形式"如果$\Gamma\cup\{A\}\vdash B$，那么$\Gamma\vdash A\rightarrow(A\rightarrow B)$"成立，但定律"由$\{A\}\models B$得出$\models A\rightarrow B$"本身是不成立的，这意味着演绎定理对这种逻辑不成立。这也就是说，在这种逻辑中"→"并不服从通常的引入规则，即条件化（conditionalization）规则——我们可以合法地从A推出B，这个事实并不足以支持我们断定A→B。当然，由于三要素系统作为这种逻辑的严格典型，可以认为为这种逻辑提供了一种语义学，→具有由⇒所确定的、完全清楚的意义。但是，条件化规则似乎是"如果"一词意义的有机部分，以至于我们很难把在这种逻辑中的记号"→"读作"如果"。因此，在一种语言中设置连接词，又让其具有三元素系统赋予"→"的那种奇特意义，这样做的目的何在，还是不太清楚。

第十三章　能定义真吗？

弗雷格虽然是实在论者，但他并不认同真理符合论。在“思 442
想”一文中，他用图画来与句子或思想做对比。一幅画只要与要表 Ged 59 (3)
现的东西足够相符，就可以说是“真的”。因此，图画的真假是一种
关系——只有知道关系的另外那个项，即所描绘的对象，我们才能
判断一幅画是不是真的。相反，一个（完整的）句子的真假，或者句
子表达的思想的真假，却不是一种关系——我们不可能先找到句
子所要描述的事态，然后将其与句子比较，看它们是否吻合；句子
无条件地直接为真或为假。在弗雷格的本体论中，事实并不是实 Ged 60 (3)
在的另一种成分，不是在指称领域中与对象、真值、概念、关系以及
函项并列的东西。而应当说，它们与真思想是等同的——“汉尼拔
穿越了阿尔卑斯山是个事实”，仅仅是“汉尼拔穿越了阿尔卑斯山 Ged 74 (25)
这个思想是真的”的另外一种说法。因此，事实像真思想一样，并
不属于指称的领域，而是属于涵义领域。因此我们就不能说，思
想只要与事实相符合就是真的——如果它是真的，那么它就是
事实，这里并没有两个东西来供我们比较，以确定它们是否
符合。

弗雷格说，适用于图画的真这一概念，可以归结为适用于句子

或思想的真。因为，图画的真假就在于图画与所描绘的对象（比如科隆大教堂）吻合与否，而当我们探究是否吻合时，我们所探究的
Ged 60 (3) 是“这幅画与科隆大教堂吻合”这个句子是否是真的。正是因此，句子或思想的真，不能进而归结为其他任何东西。比如说，如果一
443 个句子是否真，在于它是否与某个东西，比如 W 相符合，那么，为了确定这种符合关系是否达成，我们就必须探究另外一个句子是否是真的，即“这个句子与 W 相符合”。如果后面这个句子是否真，取决于它是否与另外一个东西 W^* 相符合，那么，为了确定它是否真，我们就必须探究这样的句子是否为真，即“句子‘这个句子与 W 相符合’与 W^* 相符合”。这样就产生了无穷后退。同样的推理证明了真是绝对不可定义的。因为，如果一个句子为真，这定义为它具有如此这般的特征，那么为了确定句子是否为真，我们就必须探究描述第一个句子的这种特征的那个句子是否真；这样我们又进入了无穷后退。

这个论证产生的第一印象是诡辩。因为，人们会说，按这种方式我们可以证明，真这个概念必须完全拒绝，而不管它是否得到了定义——因为总是会产生同样的无穷后退。假定我们想确定哥德巴赫猜想是不是真的。我们必须探究“哥德巴赫猜想是真的”这个陈述是否真，进而又要确定“‘哥德巴赫猜想是真的’这个陈述是真的”是否真，如此等等。因此，能否产生后退，这与真是否可以定义没有关系。再者，人们可以继续争论说，这个后退不是恶性的。不妨假定，陈述 A 是否真，确实取决于是否与某个事态 W 符合。于是，在确定 A 是否真时，我所确定的是 A 是否与 W 相符合；但这

并不就是说，我必须对我自己表述“A 与 *W* 符合”这个思想；即使我必须表述，我也可以只是这样问我自己，“A 与 *W* 符合吗”，而不是用这种形式来表述问题，“‘A 与 *W* 符合’这个陈述是真的吗”。诚然，在确定某个陈述 A 是否为真时，我也在确定无穷多其他陈述是否真，例如“A 是真的”，“陈述‘A 是真的’是真的”……但这没有坏处，只要我们承认这个序列中的所有陈述是否真，这是同时得到确定的——只有当我们认为，为了确定这个序列中的任意陈述是否真，我必须先确定序列中紧接下来的那个是否真，只有这时，后退才是恶性的。

这种反对意见成功地表明了，弗雷格的论证并不支持他得出
的强结论，即真是绝对不可定义的。但就体现于符合论的那种关
于真的定义而言，这种反对意见没有推翻弗雷格针对那种定义所
给出的反论。这种反对意见实际上说明了，必须满足什么条件，后
退才是恶性的。这种条件对任何一种关于真的合法定义都起作 444
用，但没有为通过符合对真所作出的定义所满足。这个条件就是，
定义应当产生这样的结果，例如，要探究“弗雷格死于 1925 年”这
个陈述是否真，就要探究弗雷格是否死于 1925 年，对所有其他陈 NS 153 (141)
述也是如此。只要把对于“……是真的”的定义应用于特定实例
“‘弗雷格死于 1925 年’是真的”的结果，是把这个句子归结到“弗
雷格死于 1925 年”这个句子，对其他特定实例也是如此，那么无穷
后退是可以无害化的。这一条件不能为符合论所满足。如果不允
许从说我们在探究“弗雷格死于 1925 年”这个陈述是否符合 *W*，
过渡到说我们在探究“‘弗雷格死于 1925 年’这个陈述符合事实”

这个陈述是否真，那么后退当然也可以阻塞。但是，如果我们不允许这种过渡，那么也就不能允许从说我们在探究弗雷格是否死于1925年，过渡到说我们在探究“弗雷格死于1925年”这个陈述是否是真的。事实上，可以说符合论最基本的错误正是让我们没有理由这样(以及反向)过渡。结果是切断了探究、断言、信念、推理等等与真之间的联系。我们理当能够说，比如只有当明确地指称了思想或陈述时，人们才能断定该思想或陈述为真——例如，通过说“哥德巴赫猜想是真的”，以及或许通过说具有“哥德巴赫猜想符合G”这类形式的某种东西，人们可以断定哥德巴赫猜想是真的，而不是通过说“所有偶数都是两个素数之和”来断定。这样人们就可能接受一个结论是真的，但不接受这个结论，或者相反。我可以自由地认同特定形式的推理是保真的，并且断定前提，但拒绝结论——因为人们对我表明了，从断定前提到对它们赋予真值，以及从赋予结论真值到接受它，都没有通路。

因此，弗雷格的论证并没有表明不能定义真，但它对关于真什么样的定义可以接受施加了限制。这种限制需要小心地加以表述。不妨先把“ξ是真的”当作适用于句子的谓词。我们假设，在句子的简单名称与复合名称中，有一些被选作标准名称。这些名称必须是这样的，只给定句子的标准名称，我们就有一种能行的方法来写下句子，并且相反，给出了句子，我们就有一种能行的方法，来为句子构造标准名称——我们可以假定，句子的标准名称是通过对句子进行拼写给出的，也就是说，用表示连接的表达式，来连接句子最小成分的记号的名称。
445 这样，限制条件就是，设A是任

意句子，S 是其标准名称，从"ξ 是真的"的定义，应当能够导出等价式⌈S 是真的当且仅当 A⌉。[①] 如果"ξ 是真的"用作适用于思想的谓词，我们就可以用具有形式⌈思想 A⌉的词项，即我们可以能行地写出表达该思想的句子的词项，来充当标准名称。这样，限制条件就是，对每个这样的句子 A，我们应当能够导出等价式⌈思想 A 是真的当且仅当 A⌉。如果把⌈A⌉理解为具有不透明指称，我们也可以把限制条件写成⌈A 是真的当且仅当 A⌉。[②]

⌈A 是真的⌉等价于 A，这个观点由弗雷格本人在同一篇文章"思想"中予以阐述。他说，"我嗅到紫罗兰的香气是真的"，与"我嗅到紫罗兰的香气"恰好有同样的内容。不妨称这一观点为"等价性论题"。至于等价性论题的正确与否，则必须做出初步的限制，而这与这个论题在对真这个概念所做刻画中占据的地位关系不大——这种限制关系到，对于二值律并不严格适用的语言来说，等 Ged 61 (6)

① 为了精确，这里使用蒯因的准引号(quasi-quotation)。"⌈S 是真的当且仅当 A⌉"的意思是，"把名称 S 加在'是真的当且仅当'这些词前面，而这些词后面接句子 A，由此得到的表达式"。这样说能够更好地传达这种限制的目的，即对句子⌈S 是真的⌉应用这种定义，得到的结果就是这个句子本身。但是，由于定义是归纳式的，如果用弗雷格的方法转换成显式定义，应用定义所产生的直接结果就是句子的前半部分，即"S 属于这种句子的最小类：……"。在 A 包含了标记自反表达式的情况下，这个条件还必须进行适当调整。

② 这句话中的"⌈A⌉"在英文中是"⌈that A⌉"，而"⌈A 是真的当且仅当 A⌉"则对应于英文"⌈It is true that A if and only if A⌉"。在"⌈A 是真的当且仅当 A⌉"中，前后两个"A"的意义虽然都与思想有关，但后一个"A"表达思想，前一个"A"则指称这个思想。这种区别通过"that A"这种结构的名词词性表现出来。汉语中由于没有从句的语法标志，就无法从表达式形式上表现这种区分。但在汉语中还是可以通过语法功能区分，在"A 是真的当且仅当 A"中，前一个"A"充当主语，是名词，后一个"A"则直接是句子。——译者

价性论题是否适用。假定 A 是一个句子，它所表达的思想在特定情况下是非真非假的。这样，句子⌜A 是真的⌝就不可能与 A 等价，因为，当 A 表达的思想非真非假，比如是因为 A 包含了有涵义但没有承载物的名称，那么由⌜A 是真的⌝所表达的思想就是假的，但是，按照假定，由 A 表达的思想却不是假的。即使从弗雷格的角度来说，也不可能以名词从句中含有一个无承载物（所指）的名称为由，论证说⌜A 是真的⌝本身就表达了一个既非真也非假的思想，因为我们在这里把名词从句当作具有不透明指称，因此其中的名称代表其涵义，而我们假定了它有涵义。当然，对于⌜A 是真的⌝这种特殊的表达形式来说，我们可以把 A 解释成在这种语境中具有直接指称，以此来避免这种后果。但这样一来同样的困难会出现于⌜思想 A 是真的⌝这样的情况。如果"ξ 是真的"被当成适用于句子而不是思想的谓词，这种困难会出现于句子⌜S 是真的⌝，

446 其中 S 是 A 的标准名称。显而易见，对于"真"与"假"的一种意义来说，如果有时候可以正确地说某个句子或其所表达的思想是非真非假的，那么在"真"的这种意义上，把真归于句子或思想，就并不等价于那个句子本身。

可能有人反对说，在这里我们对元语言（这是语言的一个局部，利用它我们对语言中某个大的局部，即对象语言中的句子，给出关于真的定义）假定了一种二值逻辑；如果我们如同本该所做的那样假定，二值律在元语言中和在对象语言中一样失效，那就没有理由说⌜A 是真的⌝不会表现得与 A 一样。这个反对意见是错误的。我们已经指出，如果 A 不是要么真要么假的，这要归因于其中有无承载物的名称，那么我们就不能基于同样理由说，⌜A 是真

的⌝也不是要么真要么假的——如果我们决定以这样一种方式使用“真”和“假”这些词,一个句子只有当它包含的具有直接指称的名称缺乏承载物时,才能是非真非假的,那就没有其他理由能够迫使我们把其他句子也称为“非真非假的”了。这个论证并不是基于二值性对元语言来说一般是成立的这样一个假定,而是基于这样一个原则,即我们可以从说⌜A 不是真的⌝是真的,过渡到说⌜A 是真的⌝是假的。之所以持有这个原则,是因为即便在多值逻辑的情况下,我们也希望能通过否定,从仅仅是为假的陈述过渡到真陈述。这并不是因为没有想到在多值逻辑中有其他一元语句算子的情况,而是因为,在两个或更多未指定的真值中仅仅把其中的一个标记为“假”,唯一的理由就是要保留一个陈述为假,当且仅当其否定为真这个原则。

然而,基于一个确切的真理,对于一种由多值逻辑所制约的语言来说,为陈述其语义学,我们却必须使用一种受制于二值逻辑的语言;不过,这一定不能解释成像有些赞成它的人所认为的那样,表明在多值逻辑中有某种不一致的东西。假定我们有一个真值系统,它拥有 m 个指定了的真值,D_1,……,D_m,以及 n 个未指定的真值,U_1,……,U_n;这里,要么 m 要么 n 是 1,但我们假定不都是 1。一种基于这种真值系统的语义学,建立在关于意义的一种一般性理解的基础之上,这种理解与弗雷格所赞同的理解相同,即知道一个陈述的意义,也就是知道要使其为真就必须实现的条件。然而,在这种情况下,我们知道,必须区分在两种不同的意义上知道一个陈述的意义,即把握相应断定的内容,与知道该陈述对于确定 447
包含该陈述的复合陈述的内容所作出的贡献——不妨称前者为直

接知道陈述的**内容**，称后者为知道其**成分涵义**(ingredient sense)。这样，要知道一个陈述的内容，即用它可以作出正确断言的条件，需要做的就只是知道使其获得某个指定值的条件——我们不需要知道不同指定值之间的区别，也不需要知道不同的未指定值之间的区别。另一方面，要知道一个陈述的成分涵义，我们必须知道要使其获得 $m+n$ 个特定真值中的一个，所需要满足的各种条件——而这只是意味着，一个复合陈述的内容不是由其成分的内容以一种统一的方式确定的。支持这样一种语义学的假定仍然是，各陈述都被赋予了一种成分涵义，以确保它具备这 $m+n$ 个真值中确定的某一个真值，而不管我们是否有能力识别它所具备的是哪一个。因此，为了陈述与这种逻辑相适应的那种语言的语义学，对这 $m+n$ 个真值中的每一个，我们都要为具备该真值所需要的条件，配备一个表达式。利用这些表达式，我们肯定就有能力表述“每个陈述都具有一个并且唯一一个真值”这样的观点，并且，在我们的元语言的逻辑中，合取肯定能对析取进行分配，以使我们能对任意有穷数量的陈述，推断出不同的、可能的真值组合来。说得更强些，没有理由否认，为陈述赋予真值，这个过程本身就遵守二值逻辑。可以看到，为多值逻辑的使用提供基础的那种意义理论，本身就支持二值逻辑——因此，原则上就没有理由反对引入这样一些陈述，我们将其理解为只能具有一个指定值，即 D_1，以及一个未指定值，即 U_1，并且定义于这些陈述上的、包括否定在内的语句算子，取值都不会超出集合$\{D_1, U_1\}$。处理元语言的这种最为自然的方式如果获得采纳，那就可以从例如说“A 具有值 D_2”或者“A 具有值 U_1”，合法地推断出“A 不具有值 D_1”，对所有其他真值也是如此。

在这种情况下，唯一能够附加的条件显然只能是，只要 A 具
有一个指定值，⌈思想 A 具有一个指定值⌉就是真的（具有值 D_1），
也就是说，就与 A 具有同样内容——我们不能指望这样一个陈述
会与 A 具有同样的成分涵义。特别是，如果 A 具有值 U_2，……，
U_n 中的一个，⌈思想 A 具有一个指定值⌉就会具有与之不同的真
值，也就是说，具有值 D_1；如果我们出于某个理由选择把“假”这个 448
标签留给具有值 U_1 的那种情况，比如说是因为对于对象语言的
一个具有指定值的陈述来说，它的否定句唯一能够具有的未指定
值就是 U_1，那么当 A 不为假时，⌈思想 A 具有一个指定值⌉就是假
的。同样，如果我们选择把“真”这个标签留给具有值 D_1 的情况，
比如说因为对于对象语言中一个具有未指定值的陈述来说，唯一
能够为这个陈述的否定句所具有的指定值就是 D_1，那么⌈思想 A
具有一个指定值⌉就在 A 不为真时也会是真。对于在使用多值逻
辑时为何要拒绝二值律，只要把握其合法的，但比较表面化的理
由，所有这些就没有一点神秘之处了。

经过这样的限制，等价性论题至少看来是可取的。问题是，在对真这一概念的刻画中它的作用是什么。初看起来，等价性论题无论如何都唯一地确定了如何使用谓词“ξ 是真的”，因为它似乎为对任意特定句子应用这一谓词，提供了一种确定的标准。然而，斟酌之下，却并不是这么清楚。对于“假”的直觉性的应用，不确定性会以两种方式产生。假设我们清楚该如何对句子 A 运用“真”，并且存在另外一个句子，我们将其视为 A 的否定，对这个句子我们也很清楚该如何使用“真”这个谓词。在这种情况下，我们会被

拉向两个方向——一个方向是，A 只要不是真的，就说它是假的；而另一个方向则是，只有在其否定是真的时，才说它是假的。这是我们会倾向于说 A 非真非假的一种情况。句子中包含无承载物的名称，就属于这种情况。

在一种完全不同的情况下，我们会不确定如何使用“假”，这就是没有任何句子我们会认为是 A 的否定的情况。一个例子是，A 是自然语言中的一个直陈条件句——对形如「情况并非是如果 B 那么 C」的表达形式，我们还没有赋予其任何确定的涵义，这样一来，一个句子只要其否定是真的它就是假的，这个原则就无法使用，于是我们就不确定在什么情况下说一个条件句是假的。在某些这类情况中，我们可以求助于取舍原则（the alternative principle），即一个句子只要不是真的就是假的。但在直陈条件句的情况下，这也会让我们失望，因为如何对它们运用谓词“真”，我们同样是不确定。在对句子使用谓词“假”时，我们受其否定句的

449 表现所指引，同样，在对句子使用谓词“真”时，我们也要看它在充当条件句前件时是如何表现的。这一事实可用来解释，不仅是“假”，而且也对“真”是如何使用于条件句本身的，我们为何会感到不确定，因为在自然语言中，我们几乎不用那些前件本身就是条件句的条件句。

由于这一点，等价性论题恰好在我们需要的地方不起作用了。我们不确定在什么情况下，应当称“如果在十二个月以内有一次大选，劳动党就会取得胜利”这样的句子为“真的”。等价性论题告诉我们，这个句子是真的，当且仅当，如果十二个月以内有一次大选，劳动党就会胜利。但就这个问题我们一开始就遇到困难，这恰恰

是因为，我们没有为形如⌈如果，如果A那么B，那么C⌉这样的句子赋予清楚的涵义；如果我们这样做了，在对句子“如果A，那么B”运用“真的”这个谓词时，就不大可能会有任何犹豫。因此，如果有人告诉我们，“如果，如果十二个月以内有一次大选，那么劳动党会取得胜利，那么我们的条件句就是真的”，由此我们也得不到任何帮助；因为，这样说所采用的措辞形式，正是我们一开始就觉得无法理解的。

前一章我们强调说，要把这两种情况区别开，即把句子理解为单独用来作出断言，与理解为能够充当更加复杂的句子的成分。前者看来是基本的概念，因为意义的其他所有特征，都取决于句子对某个完整句子传达的东西所作出的贡献。但从直观上看，真这个概念，却取决于句子能够充当其他更为复杂的句子的成分这一事实。甚至，关于断言本身的正确性的概念，也部分地取决于这一事实。这并没有推翻我们在关于真假的两种理解之间所做的区分，而只是使其没有像我们所刻画得那么极端。这两种理解的前一种是解释断定语力所需要的，按这种理解，一个句子为真，就等于说使用它所做的断定是正确的；另一种理解则是对语句算子作出真值函项解释所需要的。我们把断言的正确性这个概念保留在相当含混的状态。很清楚，针对断言的不正确所作出的批评，与批评它比如说不老练、不相关或者破坏信任关系完全不同，后面这些批评关系到信念的表达，而不是是否坚持信念。但对“真”这个词的使用通常不止这些，它涉及这样一种区分，一种情况是所断定的东西实际上未能是真的，另一种情况则是，说话者只是缺乏断言所需的充分保障。如果用来作出断言的句子，不能充当更加复杂的 450

句子的成分,这种区分就不能作出——通过说明句子在什么情况下以断定的方式说出就被认为是合适的,句子的用法就可以得到完整的刻画,这样也就没有余地来在这些情况中,区分使得断言为真的情况,与为说话者认为断言为真提供依据或者其他保障的情况。

pp. 350-1 在第十章中我们就将来时态的句子提到过这一点。除了先知与宣示宗教信仰的情况,如果不是用来真诚地表达意图,或者拥有归纳性的依据,或者两者兼有,作出关于未来的断言是得不到辩护的。然而,即使这种断言没有得到辩护,我们通常还是会承认它是真的,或者,虽然得到辩护,我们仍然承认它是假的。如果未来时态的句子不能置于语句算子的辖域之内,也就没有区分辩护与真的余地。比如说,我们没有基础来区分对意图的表达与对意图的陈述,也就是说,区分这样两种形式"我将娶简"与"我想娶简"。它们的区分不在于使得说出它们的行为得到辩护的场合,而只在于它们的真值条件。这个区分只与这两种形式的句子作为更复杂的句子的成分时,尤其是当其充当条件句的前件时的表现有关。再者,我们也会没有必要区分真正的未来时态(所产生的陈述是真是假,取决于以后发生什么),与表达当前倾向的未来时态,比如这样的形式,"……与……之间预告的婚礼将不举行"。未来时态的这两种用法之间的区别,只能通过复合句子得到表现,比如前件为未来时态句子的条件句,或者通过含有像"曾经会(was going to)……"这样复合时态的句子。(至少,就眼下的目的而言,时态被解释成一种语句算子,比如句子"婚礼曾经会举行"就要解释成复合句,它的一个成分是"婚礼将会举行"。)

这一点并不损害对真值条件的两种理解之间的划分，一种理解与断言的正确与否相联系，另一种理解则是关于否定或其他算子的多值逻辑的真值表所要求的。与可辩护性不同，真这个概念无论是通过在句子中用作条件句前件引入，还是为时态算子所限制，都严格地适用于二值律——这些考虑并没有促使我们把句子在某些情况下当成非真非假的，而只是让我们区分有好的理由做 451
出断定，与做出正确的断定这两种情况。不过，如果没有这样的区分，我们就根本不确定如何使用真这个概念——正是因为在自然语言中直陈条件句既不能被否定，也不能充当更为复杂的条件句的前件，哲学家们才为如何运用真与假的概念于这样的句子，而备感踌躇。事实上，正是从真与辩护的区分中，关于真的实在论理解才得以产生。在一种关于意义的实在论理论中，比如在弗雷格所发展的那种理论中，句子被认为具有客观的真值条件，它是否满足并不取决于我们是否认识到句子真值，并且，一般说来甚至不取决于我们能够获得何种认识它们的手段。这种理解看起来如此可信，一个原因是，对真这个概念最初产生理解，是缘于在以一种不甚明确的方式倚重于断定这种讲话行为的情况下，有必要区分真与关于辩护的认识论概念，而这进而是理解一些种类的复合句所要求的。

现在，让我们回到弗雷格用来反驳符合论的后退论证——对弗雷格的论证建立了什么，我们还没有达到作出满意评估的地步。论证的思路是这样的。符合论告诉我，A 是真的当且仅当 A 符合 *W*。因此，为了确定 A 是否真，我必须确定 A 符合 *W* 这一点是否真。我们看到，只有否认可以把“A 符合 *W*”与“A 符合 *W* 是真

的”合法地等同起来，才能阻止后退。但如果否认这一点，我们同样也就切断了 A 与「A 是真的」之间的联系，进而切断了接受 A 是真的，与接受 A 之间的联系，以及断定 A 是真的与断定 A 之间的联系，等等。由此得到的教训是，关于真的任何一种可以接受的定义，都必须使得我们能够导出等价性论题的相关实例——通过对“A 是真的”使用这种定义，我们最终必须得到一个不再指称 A 的句子，也就是说，事实上要得到句子 A 本身。但是，有人会反对说，按这种方式，我们只是把一个恶性的无穷后退换成了恶性循环。因为等价性论题告诉我们，我可以把「S 是真的」与 A 等同起来，其中 *S* 是 A 的标准名称。也就是说，它告诉我句子「S 是真的当且仅当 A」成立。但我是按照真值表来理解连接词“当且仅当”的，因此这样我所知道的就是，只要 A 是真的「S 是真的」就是真的。但是，除非我知道什么时候情况才**是** A 为真，我不可能利用这一点；这正是我希望知道的。

452 若要能够从关于真的定义中导出等价性论题的实例，就必须预设已经理解了一些句子，谓词“真的”对这些句子是如何使用的，这一点已经明确了——换言之，用来表述定义的，是通过扩展对象语言得到的元语言，比如说，如果元语言是一种自然语言，那么对象语言就是这种自然语言的一个大的局部，其中没有包含“真的”或“假的”这样的词，以及与之联系的表达式。不过现在也清楚了，为什么最好是能够通过要求当应用于「A 是真的」或「S 是真的」时，要能够从定义得到 A，以此来表述对定义所附加的限制条件。任何定义都会提供一种手段，来为包含了所定义表达式的句子 B，找到另外一种没有包含该表达式的句子 B*，B* 已经得到了理解，

并且 B 的用法与 B^* 的(已经知道的)用法相同——为了获得这种定义,我们不要求对理解或者使用作出任何分析。因此,为了对句子「A 是真的」运用定义,我们假定已经理解了句子 A,在这个事实中没有任何可以反驳的循环。但是,我们对真理定义所附加的限制具有两个不幸的特征。首先,对我们为其定义了谓词"真的"的任意句子 A,它预设我们理解以 A 作为前件的条件句——而我们知道,这个预设很可能是假的。其次,如果第一个缺陷通过用真值表来解释条件句而得到了弥补,一个真正的循环还是会形成,因为要使用真值表,就要求我们已经知道 A 在何种条件下为真。

按我们最初的解释,弗雷格有些诡辩味道的论证没有达成意定的结论,即论证真是完全不能定义的,而是对关于真的任意可能的定义施加了一些限制。我们设置这些限制的方式是,假定定义已经针对某一种语言给出了,并且是在为其给出定义的那种语言中给出的,也就是说,所使用的元语言把对象语言作为一个真部分(a proper part)包含在内。如果定义是在一种与对象语言有相当区别的元语言中给出的,那么看似会出现的循环就不会产生;但与此同时,在那种情况下,等价性论题也就不能得到表述。然而我们还没有问,这样的定义要服从一个什么样的目的,也没有问,它是否是弗雷格在宣称真不可定义时,心中所想的那种定义。乍看之下肯定不像——他所批评的那种体现于符合论中的那种定义,要覆盖的是所有可能语言的句子,而不仅仅是适用于某个时刻的单 453
个语言;而且弗雷格反驳真之可定义性的一般性论证,似乎是直接针对一种同时适用于任何语言的句子的定义。

当一种新的表达式被引入语言，定义就为确定新表达式所要
担负的涵义，提供了一种完全充分的手段。很容易从这一点引向
另外一个想法，认为如果需要对一种现存的表达式进行分析，定义
也会同样好地担当此任。这常常是一种严重的错误。包含了问题
表达式的句子可以在两个方向上与其他句子连接，它可以作为后
p. 355 承被推出，也可以推出后承。像在第十章所指出的那样，在对语言
的学习中通常也有两个方面。孩子必须训练在特定场合下使用断
定句；但他也必须训练对其他人作出的断定作出恰当的反应。当
他尚且处于使用像“火”、“狗”等这样的简单观察句阶段时，其他人
会用他的话作为他们自己的知觉渠道的一种延伸。但是，正如狗
被训练当邮差到达时吠叫，这不能说它在断定邮差到了，同样，对
孩子也还不能说，他在那样说时是在断定。要能够说孩子在作出
断定，他必须学会对其他人的断定作出反应。（其实，说他那样说
是要引起其他人相应的反应，这肯定是恰当的。在这种意义上我
们可以说，只有当他会撒谎时，才能说他能够断定什么。正是这一
Mg 洞见，支持着格赖斯（Grice）对意义的解释。）

因此，学习使用特定形式的陈述，这需要学习两件事——使得某人所做陈述得到辩护的条件；以及怎样才算接受这种陈述，即接受它的后果。这里的“后果（concequences）”一词一定要理解为既包含陈述的推理能力（inferential power），又包含能够算作对陈述的真假有所影响的任何东西。当然，这两件事都非常复杂，对于刚开始学习语言的小孩来说，所涉及的还只是这一区分的最为原始的形式——一开始，训练孩子简单地接受所说的随便什么东西；之后，当对断言的可接受条件有了更精细的把握以后，他就可以学习

探究其他人的断言是否可以得到辩护,并对之进行批评。我的意思并不是说,断定一个陈述的条件与接受陈述的后果,这两者之间的区别可以在它得到运用之前就可以得到明确的处理——相反,对于特定形式的陈述来说,什么才算作意义的这一面或者另外一面,会随着选择什么样的分析而有很大不同。一个好例子是在一些论证形式中使用的"有效的(valid)"这个词。我们会把对有效 454
性的句法刻画,算作是为把谓词"有效的"运用于论证给出了标准,而把对于有效性的语义学标准看作是这种运用的后果。比如,我们可以设想教一个孩子利用句法标准,来分辨某种特定形式的论证(语句论证或者三段论)是否有效;如果用一种非常没有想象力的方式教,他可能会把区分论证有效和无效,看作是类似于分辨诗歌是否是十四行,因而无法明白,一个论证是有效的,这个事实使人们有理由在接受了前提时进而接受结论。我们会自然而然地说,他不明白这个区分的**目的**;这个目的寓于有效性与真的关联中。不过,比起语义学标准来说,关于有效性的句法标准虽然与我们用来识别有效性的手段更为紧密地联系在一起,但并没有一种在先的原则要求我们用句法的手段而不是语义的手段,来说明在什么情况下使用"有效的"这个谓词。

在这里只是要给出一种非常粗略的区分,在特定情况下该如何运用它,这还要部分取决于我们选择什么样的方式来切分事物。然而,它仍然是一个非常重要的区分,它对于许多种形式的语言变化都是关键性的,而这些变化我们认为涉及概念的废弃或修正。之所以会有这样的变化,是因为人们希望获得或者保持表达式意义的这两个方面之间的协调性。一个简单的例子与例如"德国佬

(Boche)”这个贬义词有关。对某个人使用这个词的条件是，他拥有德国国籍；而使用它的后果则是说，他粗野，并且比其他欧洲人有更多的残暴倾向。我们设想这两个方向的联系，紧密得就像足够为这个词的意义本身所包含那样，而不能在不改变其意义的情况下被切断。一些人之所以拒绝使用这个词，是因为他们不愿意承认从使用这个词的理由，到使用它的后果的那种过渡。把“德国佬”这个词添加到以前没有这个词的语言中，就产生了一种非保守的扩张，也就是说，没有包含这个词的某个陈述，可以从同样没有
p. 397 包含这个词的其他陈述中推出，而在以前这是不能推出的。（就像第十一章所指出的那样，这是贝尔纳普(Belnap)的一个观点的推广，这个观点是在评论普莱尔关于不一致的语句联结词的例子时表述的。）在逻辑常项的情况下，我们把支配该常项的引入规则，当
455 作是给出了对以该常项为主算子的陈述进行断定的条件，而把排除规则，当作是给出了这样一个陈述的后果——它们之间的协调性要求，就可以表述为：把该常项加入一种语言，就对该语言产生了保守型扩张。

按照一种对于语言的朴素的(naïve)观点，陈述的可断定条件就穷尽了陈述的意义。其结果是，我们不可能明白意义何以竟然能够被批评、修改以及拒绝。正是这种朴素的看法，致使人们使用人人皆知的“典型情形论证(paradigm-case argument)”。一种几乎同样朴素的观点，把陈述的可断定条件当作“描述性的”意义，而陈述的后果当作“评价性的”意义，这种观点主张它们之间没有任何协调性的要求也行，我们有权为一种形式的陈述选择任何一种

评价性的意义,而无须考虑其描述性的意义。[①]

对于正确应用某个谓词的条件所做的解释,无论多么精确,都可能漏掉谓词意义的重要的直觉特征,尤其是,会遗漏我们认为是我们使用该谓词的目的。对真这个概念所作出的哲学解释,因此也就不是一定能够通过关于谓词"真的"的定义达到,因为,这种定义之为正确,可能仅仅在于它正确地说明了谓词的使用方法,但该谓词与其他概念的关联,却仍然暧昧不明。

于是我们会问:关于真的定义,即便可以从中导出等价性论题的每个实例,那又服务于什么目的呢?在探究真这个概念时,我们会怀有不同的目的。"真"和"假"这样的词属于日常会话,而我们所能怀有的野心则是,至少为在我们的语言中如何使用它们,给出一种解释。这种解释与关于一个概念的任何其他的哲学解释相似,都是通过描述一个词、一个表达式,或者一小组这样的词或表达式如何使用来达到的。这样一种解释试图通过描述一些表达式的用法,来澄清一个概念,理解了那些表达式,也就拥有了那个概 456
念以及联系紧密的其他概念,而表达式的用法,也就被认为把相应讲话行为的依据与后果同时包含在内。对用法的描述,在原则上可以用来向完全不知道那个概念,但熟悉语言中所有其他表达式的人传达的那种用法。考虑到我们的目的仅仅是解释我们的语言

① 这并不是说,所要求的这种协调性是怎样的,这总是很容易得到解释,也不是说它总是可以用保守型扩张这个概念来解释。在第十章已经指出,最为困难的情况可 p. 358
能是关于人格同一性这样一个让人烦恼的问题。一个关于人格同一性的断言所产生的后果,既包括对过去事件的责任,又包括关于未来事件的动机。我们可以设想,有人会采纳关于人格同一性的不同标准,但为用于归赋人格同一性的陈述附加相同的后果——难点在于说出他们究竟错在哪里。

中“真”、“假”两词的用法，在解释形如「A 是真的」这样的句子的涵义时，假定句子 A 本身已经得到理解，这完全是适当的。

p. 414 关于真的哲学理论，通常有野心得多。前一章已经说过，人们常常认为真与假的概念与意义这个概念联系紧密。即使有一种语言不包含任何与“真”和“假”相应的词，我们还是会指望能够对那种语言的句子运用真和假的概念。可以这样说，这仅仅是希望，我们能够利用一种图式来将其翻译为我们自己的语言，来使另外一种语言成为我们可以理解的，这种翻译要达到那种语言的句子只有在其译文为真的情况下，才被称为“真”这种程度。然而，可理解性是否就意味着可翻译性，这远远不是显而易见的。从一种语言到另外一种语言，常常没有精确的翻译——原则上似乎没有理由认为，不会有一种甚至连近似的翻译都达不到的情况，甚至也没有理由认为，不会有一种语言，对这种语言来说这种情况如此之多，以至于系统的翻译总的来说是不可能。在我们的语言中，要精确地描述另外那种语言中的词语和句子是怎么使用的，这却仍然是可能的，尽管这种描述没有采取从那种语言到我们的语言的翻译图式的形式。而且我们也会相信，任何这样的描述都必须把真与假的概念，用于所描述的那种语言的句子，或者至少为把这些概念扩展到那些句子上，提供一种相当直接的基础。

之所以这么想，是因为我们认为，对于关于任何一种可能的语言的意义理论来说，真与假都是核心概念。操持一种语言，这是一种非常复杂、侧面众多的实践，而对于把一种相当简单的模式套用到表达式的意义上，哲学家们又如此乐观，这让人惊讶。因为，如果“掌握那种实践就等于把握了那种语言中语词的意义”是一个坚实的论点,那么,不管怎么看,那种实践都受制于对那些意义的把握。然而关于意义的大部分哲学观察意见,都声称看到了这样一种简单的模式:句子的意义就在于使句子为真和为假的条件,或者 457
在于验证它的方法,或者在于接受它所带来的实践上的后果。这样的断言不能被当成是幼稚的,好像除了人们分离出来充当句子意义的那些东西,它忽略了句子的用法中有许多其他特征——相反,希望在于我们能够解释意义的这些不同特征之间存在的那种联系。一个特定的方面将被认为是核心,对任意给定句子的意义来说被认为是构成性的(constitutive)东西;继而,为这样解释的句子意义提供的详细说明,说明句子意义是如何为构成句子的那些词构成句子的方式所决定的;句子用法的所有其他特征,就将通过统一说明如何从作为核心的特征导出,来得到解释。充当这一核心角色最为通行的选项,就是真这个概念。我们已经看到,弗雷格的意义理论恰好就是这种类型,也就是说,真这个概念是核心,语言中表达式的语义学角色得到详细说明,由此为由这些表达式构成的句子提供真值条件,并且,作为补充,还要描述与说出一个句子所用各种不同语力相联系的、各种类型的语言行为。句子用法的每个方面,都将体现于一种特定语言实践中,而对这种实践的描述,将纳入关于某个特定种类的语力的解释——意义理论于是就为任意句子的真值条件,与句子用法的任意特定方面,提供了一种统一的联系。当然,对于句子用法的某些方面来说,我们在获得这种统一的解释上,走得要比其他方面远得多。例如,对于句子的真值条件与句子间推理关系之间的联系,我们已经有了相当详细的解释,而在描述一种特定样式的断定语力,即描述如何由以前的断

定得出另外一个断定时，句子间的推理关系是一种本质性的成分。

对于关于真的哲学理论，人们通常认为其目的在于，要为勾勒某种意义理论的轮廓而作出贡献，在这种意义理论中，被置于核心地位的要么是真与假这些概念本身，要么是某个与之密切联系的概念，比如验证（verification）（确立陈述为真）或者认可（acceptance）（承认陈述为真）。这种意义上的真理理论试图做的事情，比起解释“真的”与“假的”这样的词在语言中的用法来，要深远得多，甚至在如何把这些概念应用于语言中的句子这一方面，它也有权偏离那种解释。人们不能先天地假定，谓词“真的”与“假

458 的”在语言之内的用法，恰好就是当真与假被当作意义理论的核心概念时所要求的那种。与此同时，这种理论上的偏离，会因为谓词“真的”与“假的”在我们语言之内的用法本身就体现了一种初级的语义学理论，而得到很大缓解。意义这个概念终究属于我们的语言，而没有被局限在某种更高等级的话语中，我们用这种话语来表达关于语言的理论——关于意义，以及关于真与意义之间关系的那些萌芽状态的理论，本身就支撑着我们对“真”与“意义”这样的词的日常使用，尤其是当这些词被用来规定或者澄清其他语词的用法的时候。我们已经知道，对“真的”与“假的”这些词的直觉用法背后的原则加以澄清，本身就是在揭示关于真、意义以及用法之间关系的一些基本的理解。

如果真理定义的形式是直截了当地规定等价性论题的所有实例都成立，那么在以真这个概念作为意义理论的核心，以此来对这个概念做出的解释中，就不可能包含这种定义。这种定义充其量

可以认为是对那种语言中的“真”这个词,做出了澄清。它取决于事先已经理解了谓词“真的”定义于其上的那些句子,并且,这种依赖关系起作用的方式,就预设已经理解以那些句子充当前件的条件句。哲学家们有时会主张,对真这个概念能够给出的唯一一种解释,也就在于直接规定等价性论题是正确的。一个非常明白的例子出现于维特根斯坦的《数学基础评论》(*Remarks on the Foundations of Mathematics*)第一部分的附录I。我们可以用关于真的“冗余论”来称呼这种观点。它的首要意义是,明确拒绝真与假的概念对意义理论来说具有核心地位这一观点——接受冗余论,也就是否认把握句子意义就相当于把握其真值条件,相当于知道要使句子为真,情况必须是怎样的。因为,对于“真”这个词在运用于例如“弗雷格死于1925年”这个句子时来说,如果对其涵义的**整个**解释就在于说,“‘弗雷格死于1925年’是真的”等价于“弗雷格死于1925年”,那么我对于句子“弗雷格死于1925年”的理解,就不可能反过来取决于我知道要使这个句子为真,情况必须是怎样的。在我知道对那个句子运用谓词“真的”是什么意思的情况下,知道这一点就等于在最为字面的意义上知道一个纯粹的重言式——如果说“弗雷格死于1925年”是真的,其**所有**意义只在于说弗雷格死于1925年,那么,知道只有当弗雷格死于1925年,“弗雷格死于1925年”才是真的,就仅仅等于“知道”,只有当弗雷格死于1925年,弗雷格才死于1925年。同样道理,如果对于“赢”这个词的涵义的解释,仅仅在于针对各种游戏,规定在什么条件下才能说 459
玩游戏的一方赢了,那么关于一种特定的游戏是什么的知识,就不可能包含知道在那种游戏中怎样才算赢——比如说,一方要么将

死对手，要么对手放弃，此时他才算赢了象棋游戏，知道这一点，就仅仅相当于“知道”，当一方要么将死对手要么对手放弃时，他要么将死对手要么对手放弃，而这根本不是知识。这里我们遇到的是关于真理理论的关键性的两难。一方面，如果我们提供的解释并不足以表明弗雷格已经死于1925年，与弗雷格死于1925年是真的这两者之间的联系，那么我们就遗漏了真这个概念的一个本质性的特征。另一方面，如果我们通过设定这种联系成立，来以最为自然的方式解释它，那么我们就没有能力解释意义与真之间的联系，尤其是，不能把关于意义的把握，刻画为关于真值条件的知识。

一种允许导出等价性论题实例的真理定义，可以不采取直接规定该论题所有实例成立这样一种粗鲁的形式，而是用塔斯基式的归纳定义。这样一种定义的制定，远远不是一件显而易见的事情。它要求对对象语言的句子结构作出分析，以表述归纳定义中的条款。因此，宣称这样一种归纳定义展示了那些句子的意义是如何从其构成成分的意义构成的，还是有很大的说服力。然而，关于这一断言的有效范围，还是有两个疑点。首先，能够认为这样一种归纳式的真理定义构成了对谓词“真的”的**完整的**解释吗？其次，在一种把对象语言作为部分包含在内的元语言中制定真理定义，这样做的意义何在呢？只有完成这件事，才有可能导出等价性论题的实例。但是，定义于一种语言的句子之上的谓词，它的本质性的特征，却又依赖于用来说明那个谓词如何使用的那种语言，这看起来让人困惑。

对于“真”这个词对一种或多种语言中句子的用法，要是断定对此作出说明就穷尽了这个词的意义，那就与冗余论一样，为把意义解释为关于真值条件的知识设置了障碍。再者,它也类似于说,“赢”这个词的意义,可以通过针对每种游戏都给出说一方赢的标准而完全给出。关于“赢”这个词,人们如果真的只是知道这些,那么他也能够判断,关于特定一方是否赢了的断言是否正确。但是, 460
如果他甚至不明白那种游戏是一种竞争型的活动,游戏的每一方都力求赢,那么就可以正确地说,对“赢”这个词他只有部分的理解。他甚至不能解释,同样是“赢”这个词为什么在不同的游戏中使用。只有当充当关于一种语言的完整的意义理论中的一个局部,并且补充以对这种语言的实践活动的描述,这种实践活动本身就用到了真假概念,而这种概念的用法通过真值条件得到了说明,一种关于真的归纳定义才获得了目的。意义理论中这种补充性的部分把核心的概念(这里是真与假这样的概念),与句子在会话中的实际使用联系起来,这个部分在很大程度上不随语言而变化,正是这个事实,解释了这些概念为何独立于特定的语言。真与断定或认可之间的联系,在于对一个句子作出断定就是断定其**为真**,认可一个句子也是认可其**为真**。这种联系取决于,利用所断定或所赞同的句子真值条件,怎样对断定与赞同这样的语言行为进行统一的描述。

在一种给定的语言中表述关于真的解释,从字面上看,这预设已经理解了那种语言。另一方面,要把真当作关于一种语言的意义理论的核心概念,也就是说,如果认为把握那种语言中的句子意义,就取决于知道使其为真的条件,那么在一种意义上,真这个概念必须先于关于那种意义的任何一种理解。真理定义要在一种作为对象语言的扩展的元语言中给出,这对于使得等价性论题能够

被导出这样个目的来说是重要的，但是，这样也就出现了一个矛盾，一方面要引入这样一种真理定义，另一方面要把真这个概念用作意义理论的核心。即使不说真理定义穷尽了“真”一词的意义，情况也仍然如此。看来应该是这样的，这样一种真理定义所能服务的目的，只能是在那种语言**之内**解释“真”一词的用法，而不是给出一种关于那种语言的意义理论。

若要把真这个概念当成关于一种语言的意义理论的核心，这个概念就必须先于对那种语言的理解。之所以如此，是因为如果对那种语言中的句子的理解，取决于知道在什么情况下那个句子为真，那么这种知识就不可能反过来，依赖于为使得那个句子为真
461 的条件（或者能够导出这种条件的归纳条款）提供文字表述的能力。要在所考虑的那种语言（或者其扩展）中给出文字表述，我们就得到一个循环；如果要在某种相当不同的语言中表述，那就意味着在理解其他语言之前，没有任何语言能够被理解。当然，通过对包含某个表达式的句子的真值条件提供文字表述，我们常常能够解释那个表达式，因为这实际上只是为那样的句子给出另外一种与之等价的措辞形式。因此，这种情况对于把真当作意义理论的核心这样的理解方式来说，既没有提供支持，也没有反对（尽管它可能使得哲学家们偏向于那种方式）。虽然能用不同的措辞来表达句子的能力通常是检验理解的好方法，而文字解释也是说明表达式涵义的常用手段，但是，在同一种语言或者另一种语言中找到一个等价句子的能力，一般而言却并不等于构成了对一个表达式的理解，比如，并不等于当孩子学会我们语言中的某个片段时所学会的东西。如果对意义的某种把握就等于知道真值条件，那么这

种知识就必须以不同于陈述那些真值条件的能力的方式昭显(manifest)出来——最终就必须是这样的知识,拥有了它,就等于掌握了语言实践中某些可以得到确切说明的方面。

当然,情况也许是,对于使得特定句子为真一般说来必须成立的条件来说,关于这种条件的知识根本不能完全得到昭显。在这种情况下,用以充当意义理论核心的真与假的概念,就是通过语言实践的任何可以观察的特征都不能充分兑现的一种理论构造。但这种构造仍然可以用来制定一种理论,为那些实践活动制定某种融贯的模式,这就像是通过一种物理学理论,为各式各样的物理现象建立秩序。无论真这个概念最终是否是理论性的,否定性的观点仍然是这样的:据以构成对句子的理解的、那种关于真值条件的知识,不可能单纯归结为可以形诸言辞的知识。

因此,从这个观点来看,当一种用于说明谓词“真的”如何使用的真理定义,被用来充当关于一种语言的意义理论的一部分,而意义理论的其余部分在描述使用这种语言的句子的实践活动时,仍然用到这个谓词,这种真理定义作为这种理论的构成部分,还是部分地展示了任何一个理解这种语言的人都必须知道的东西。但这件事只是以间接的方式做的——这种定义为一种实践能力提供了 462
一种理论模型。这里,“理论”一词并不像前面那样,与“可以用可观察的东西来作出充分的说明”相对立,而是在与实践知识相对立的理论知识的那种意义上使用——真理定义代表着一种知识,这种知识最终必须通过使用句子的能力,以及以语言的方式或非语言的方式对句子做出反应的能力,作为一种关于事情是如何的知

识昭显出来(一种借助 that-知识来陈述的 how-知识)。[①] 就此而论,真理定义是用把对象语言作为真部分包含在内的元语言表述,还是用完全不同的语言来表述,这都不重要——作为关于对象语言的全局性的意义理论的一部分,必须以这种间接的方式来理解它。

如果这样就正确地说明了问题,那么等价性论题最终就没有起实质性作用。对于弗雷格反对符合论的后退论证,我们原来所做的修改,是把符合论的关键缺陷,归结为未能展示例如相信或断定弗雷格死于 1925 年,与相信或断定"弗雷格死于 1925 年"是真的,这两者之间的联系。进而,我们对任何合法的真理定义施加了限制,即这种定义应当产生等价性论题的所有实例。现在,这个限制显然太强了。但我们还是会要求,任何一种真理定义,或者这样说更好,任何一种其中用到真这个概念的意义理论,都应当展示断定一个句子与断定那个句子是真的,这两者之间的联系;并且,只要那个句子本身属于用来表述真理定义或者意义理论的那种语言,这个要求就蕴涵着,可以导出与那个句子相关的等价性论题的实例。但我们不再需要真理定义在一种本身是对象语言的扩充的元语言中给出——针对一种语言的真理定义,即便是在一种与之没有重合部分的语言中制定的,也不会失去任何实质性的东西。因为,在断定一个句子与断定这个句子为真这两者之间所要求的

① "that-知识"与"how-知识"分别是对"knowledge-that"与"knowledge-how"的汉译。这个区分是按表述形式作出的。在英语中以"S knows that p"的形式加以表述的知识属于前者,其中"S"指知识的主体,"p"则指一个完整句子;而若以"S knows how to v."的形式加以表述,就属于后者,其中"to v."是动词不定式。——译者

那种联系,是由关于这种语言的意义理论中用来补充真理定义的那部分建立的,因而并不取决于如何表述等价性论题。

那么,等价性论题原来为何又显得那么重要呢?原因是,“真”与“假”不仅仅是在语言哲学或者语言学科学中,用来给出意义理论(即关于语言用法的理论)的理论词项,它们还是语言在其日常使用中用到的词。对象语言与元语言的划分只具有理论价值。一种真理理论,当它试图展示真这个概念在一种全局性的意义理论中的价值时,并不是一项与解释“真”一词如何在自然语言中使用 463
完全分离的事业——这不是在说,后面那种解释要求设定等价性论题是正确的,而这与一种更具野心的真理理论完全无关。毋宁说,就像“意义”、“陈述”、“定义”等这些词一样,“真”与“假”这些词在我们的语言中出现,表明我们实际的语言实践在很大程度上是自我反映的(self-reflective)。也就是说,关于这种语言本身,那种实践包含了一种初级的、仅仅是部分得到明确表述的意义理论。按一种类似的方式说,在游戏中用于陈述规则或者描述策略的专门术语,大部分也不是人们从外面描述这种游戏时,所使用的单纯理论上的手段,也就是说,不属于人类学对社会行为给出外部描述时,所用的那类技术术语;它们是在玩游戏或者学习如何玩游戏的过程中使用的术语。在语言之内使用的真与假这些概念,因而也就并没有与在关于那种语言的意义理论中充当核心的那些概念切分开,尽管前面已经说过,我们不能事先就认为这两种概念完全吻合,甚至也不能认定其使用也是吻合的——在语言之内使用的概念,可以说是系统的意义理论所需要的那种概念的初步而又概略的草图。在一种给定的语言(的扩展)中,即便是最粗略地尝试陈

述谓词“真”对那种语言中句子的用法，按照关于那种语言的意义理论的要求，也必须（按照我们此前就多于二值的系统的情况所做的限制）得出等价性论题的每个实例。再者，关于这个论题的阐述，也可以用来说明，断定（相信，等等）一个陈述，与断定（相信，等等）该陈述为真，这两者间的联系获得了承认，而无须通过描述这种联系得以栖身的像断定（对信念的表达，等等）这样的语言行为，来明确地展示这种联系。因此，在对真这个概念的解释中具有如此核心的重要性的，是等价性论题得以出现这一事实。

作为对真的解释，符合论是失败的，这是因为它试图对所有句子都统一地刻画谓词“真的”的用法。由于句子的真值显然依赖于其涵义，这就假定了句子涵义在确定其真值条件之前就可以给出，这是因为它要求，句子的真值条件随后可以从关于其涵义的知识导出。这样的论点本身并不荒谬，它相当于主张，真与假对意义理
464 论来说不是核心概念。使得符合论陷于荒谬的，是它同时还想给出一种关于真的实在论解释。我们可以假定像验证与否证这样的其他某些概念，应该当成意义理论的核心，也就是说，当成是用来为语言陈述一种语义学的东西。在这种情况下，仍然可以引入关于真值的某种概念，用以充当次级概念，并用那些被当作核心的无论什么概念（比如验证和否证）来统一地解释它——但由此得到的真与假的概念就不是实在论的了。与实在论相容的，只能是把握一个句子的意义就在于知道其真值条件这一观点。而在这种情况下，若把句子涵义视为已知，对于使得句子为真的条件，就不能给出统一的解释；同样道理，如果假定已经知道游戏是什么，也就不可能对什么算作赢得游戏，给出统一的解释。

弗雷格虽然正确地拒绝了符合论,他对真理的理解无疑仍然
是实在论的。尝试一下说明这种实在论究竟是什么,还是值得的。
弗雷格自己表述实在论的方法,完全有赖于指称这个概念——我 SB 28;
们语词的所指就是我们所谈论的东西,而这些所指不是关于实在 NS 189 (174)-[3]
成分的心理表征,而是那些成分本身。真值本质上与指称相联系。如果我们所关心的就像在小说中那样,仅仅是句子的涵义,那么不管那些句子有何真值,还是它们的成分是否有指称,这些对我们就都不重要——只要我们关心真,也就是说,只要通过作出实际的断定,我们"从思想进到真值",我们所用的表达式要有指称,这就变成至关重要的了。因此,借助那些直接通过真所表述的观点来表达实在论的原则,就应当是可能的。

这种实在论观点是这样的:只有当存在某个使得思想借以为真的东西,思想才能是真的。这一论点很自然就引发了一种直觉上的反应,但论点本身不太容易解释,尤其是因为没有事实这一本体论领域,可借以使得思想为真。对于陈述 A,如果 A 是真的,但没有更强,且不以 A 为其成分的真陈述 B,那么我们就称 A 为"无条件真(barely true)"。这样,一些形式的陈述不可能无条件为真,这样一种主张就属于对真作出的实在论解释的一部分。例如,析取陈述不可能无条件真,因为,如果它是真的,那么它的某个成分也就肯定是真的。(一些钻研关于事实的本体论的哲学家,会同
意并不存在析取事实,支撑这个想法的正是这个原则。)反事实条 465
件句(counterfactual conditionals)就是一个好例子。人们自然会认为,反事实条件句不可能无条件真——如果这样一个陈述是真的,那么肯定有某个真陈述,它不具条件句的形式,但其为真这一

点为断定条件句提供了足够的基础。

对于“如果一个陈述为真，那就必定有某个使其据以为真的东西”这个观点，这些例子说明了它所具备的直觉力量——我们感到，假设一个反事实条件句或者一个析取陈述无条件真，也就假定了一个陈述尽管没有什么使其为真，但仍然是真的。然而，这些例子并没有为我们提供关于这个观点清楚的表述，也就是说，没有确定什么才算有某个东西，使得陈述据以为真。如果我们考虑另外一个富于直觉说服力的观点，就会更接近于获得这样的表述，这个观点就是，对一个陈述来说，除非原则上有可能知道其为真，它不可能为真。如果不对“原则上”作出慷慨的解释，这个观点从实在论角度是不可接受的。在我们因为时空位置、特定的感知装备以及智力水准而受到限制的情况下，就会有一些陈述，它们之为真（如果它们是真的），是原则上不可能为**我们**所知的。然而很难抗拒这样一种想法，任何一种可以理解的陈述，只要是真的，这一点就可以为处于合适的时空位置、配备了相应的知觉及思考能力的某种生物所知道。这两个观点是紧密联系的。描述使得陈述为真的东西，也就描述了认识到它为真是怎么回事，即便我们还无法获得认识的手段。

这两个观点所以联系起来，其基础在于这个事实，我们对于存在某个使得陈述为真的东西这一点的把握，来自我们把基本形式的陈述用作报道观察这种用法。按照关于意义的一种实在论理解，理解一个句子，就在于知道要使句子为真，情况必须是怎样的；而这种知识则是由一种模型构成的，这种模型表明了，怎样才算利用最为直接的手段认识到句子为真。至于我们之所以只能（如果

能的话)通过演绎或者归纳推理间接认识到句子是否为真,则是因为它所包含的表达式的涵义,是通过超出我们能力范围的知觉或心理上的操作给出的——对这些操作的理解,是从我们能够作出的操作通过类比得到的。一个例子是无穷域上的量化。我们可以理解包含这类量化的句子,即便我们受条件所限,只能在有穷多时间内做出有穷多的观察与检验,我们也可以通过与有穷的情况类比,将这类句子的真值条件当作是由无穷多实例决定的。 466

对于真蕴涵原则上可知这一观点来说,即便在使实在论者能够接受所必要的限度内,按照更弱的方式解释,它仍然具有某种内容,就是说,它为何种范围内的陈述允许作出实在论解释(意义模型),施加了某种限制。这些限制就是要求在我们能够作出的知觉的或心理的操作,与那些我们假想的操作之间实际上有某种类似,后面这种操作是我们做不到的,但通过暗中参照它们,我们才得以按照一种实在论的理解,把握我们语言中那些不那么基本的表达式的涵义;这就要求在这些假想的操作与那些我们实际上从事的操作之间,有一种可以识别的相似之处。如果没有这些要求,以实在论方式解释的这个观点实际上也就失去了内容——为了解释我们如何理解任意一组句子,只需为直接觉察到这些句子真值,引入一种假想的能力就够了。比如说,反事实条件句的涵义,就可以通过诉诸一种假想的存在物来解释,这种存在物有能力通过直觉知道任意反事实的句子是真还是假。这样一种关于假想能力的完全概略性的刻画,显然无法回应反事实句不可能无条件真这一主张,从而无法抗拒一种实在论解释,无法无视二值律(此时对于一个反事实句"如果情况是 A,那么情况就会是 B"来说,只要与之对立的

反事实句“如果情况是A,那么情况就不会是B”是假的,它就要被认为是真的)。不是说,只要一种用来识别某一组陈述是否为真的假想能力,出于这些目的得到了满意的刻画,也就是说,这种刻画既与我们拥有的能力建立了可以识别的类比关系,又与我们实际用来识别所考虑的那组陈述是否为真的手段,维持一种可以理解的联系,问题就可以得到简洁的回答;我还是不在这里做这种尝试吧。

实在论的基本宗旨是,被赋予了充分明确的涵义的任何句子,都具备确定的真值,而不考虑我们确定其真值的实际能力。出于这个原因,即便我们的语言中包含了按照二值真值表无法加以解释的语句算子,引入经典的二值算子,尤其是引入经典的否定算子,也肯定总是可以理解的。在最为基本的层次上有观察句,而我们应用于这些句子的真理概念,与用这样的句子可以进行报道的

467 那种观察相联系。(更一般地说,任何可判定句子的真假,都与我们用以判定的手段相联系,例如,算术等式可以通过计算来判定。)但是,既然一般而言可以说,我们的语言包含的许多句子其真值我们还没有能行的判定手段,实在论者所解释的句子具有真值的情况,就与我们实际上用来识别真值的手段相脱节,尽管最终的联系还是保持着——这种联系体现于这样一个原则中:任何真陈述,都必定能够为位置恰当,且能力足够强的某种假想存在物所识别。

人们只要认为,我们对我们语言中的句子所赋予的涵义,只能与我们实际上具备的那种识别真值的手段相联系,就会对这种类型的实在论观点提出批评。按这种观点,当我们学习使用那些句

子时，我们学到的不是对句子来说何谓真或假，而是对我们来说什么算作决定性地确定其为真或假——因此，意义理论的核心概念，就必须是验证与否证，而不是真与假。而按照假定，在我们没有确定句子真值的能行手段的情况下，要使句子为真一般而言必须实现的事态，是我们没有能力识别是否得到实现的事态。这样，关于怎样才算句子为真的知识，就不能通过我们所具备的一种倾向充分昭显出来，这种倾向就是，只要我们有能力识别句子是真的，就会认可句子——这是一种我们事实上不能通过实际的语言实践，而完全昭显的知识，因此也就不能通过把握那种实践而获得。应当说，在考虑这类句子时，我们应当把对它们的理解，视为是有能力做当我们学习使用句子时实际上所学习的那类事情，也就是在特定情况下认识到它们得到了验证，而在其他情况下则被否证。任何句子为真以及为假的条件，于是就应当认为是只要实现我们就能有效地识别的那种条件——关于真与假的实在论观念与关于验证与否证的对立理解，这两者之间的区别就在于此。一个句子是不可判定的，就只是说它具有这样的涵义，尽管在一些能行地识别的情况下我们会承认其为真，在另外一些情况下会承认其为假，还有些情况则不可能确定，但我们还是没有一种能行的手段，来确定一种情况属于前两种情况中的哪一种。我们应当按照事物实际
的样子来描述，而不是诉诸假想的、我们并不具备的能力，通过与 468
我们具备的能力相类比来设想它，不是找到一种方法，来把这样一种不可判定的句子，转换成可以判定的。我们语言实践的实际情况是，对这类句子我们所拥有的唯一的真与假的概念，还不足以让

我们能够把句子当成是独立于我们的知识而确定地为真为假。这类句子之为真，只能在于让我们学会识别句子为真的那种情况发生了，而其为假，则只能在于让我们学会识别句子为假的情况发生——既然我们既不能保障这种或那种情况将会发生，也不能保证能够随意引发这些情况，那么，只有在误解了当我们学习使用那种形式的句子时我们所学到的东西的情况下，我们才会以为拥有了使得句子确定地要么真要么假的真理概念。

这种批评是强有力的——对于这样一种关于意义的概念来说，除了在数学中这种概念构成了对这一学科展开直觉主义重建的基础，这种概念的后果还从来没有系统地思考清楚。但对于实在论者来说，这个批评却并非无法回应。在实在论者看来，论证中的错误在于，对于关于何谓不可判定的句子为真的知识来说，即便这种知识不可能充分地表现为这样一种倾向，即只要我们算作句子得到验证的情况出现，我们就认可句子，从此也不能过渡到说这种知识根本就不能通过实际的语言实践得到充分昭显。用验证和否证的概念替换真与假的概念，来充当意义理论的核心概念，这肯定会导致一种不同的逻辑，按照对逻辑常项经典的（即二值的）解释来说有效的一些论证形式，此时就要予以拒绝。就此而论，我们实际学会的语言实践，服从于关于意义的实在论解释——拒斥实在论这样一种哲学学说，意味着对实际使用活动中的某些特征要持修正主义态度。对反实在论者（anti-realist）来说，实际的实践活动的这些无法辩解的特征，产生于我们为自己制造的错误图景，我们成功地把这幅图景加到我们的句子上——但还是有一种可能性没有得到探究,那就是正是通过学会那种实践的这些方面,我们才遭遇关于意义的实在论理论要求我们具备的、关于真与假的那些概念。

我们已经知道,关于真的实在论理解,即把真看作是区别于可辩护性的那种理解,起源于某些语句算子的用法,尤其是条件句算子。学习使用未来时态的句子,肯定要知道关于这类句子的断言据以得到保障(warrant)的那种基础。但是,如果要利用关于未来 469
时态的句子为真来解释,而且这种句子为真等于说对于相应断定存在保障,那么要解释如何使用以未来时态的句子为前件的条件句,或者有需要的话,要解释至少包含一个关于未来的成分句的析取句子如何使用,那就是不可能的。于是我们会说,是运用于未来时态句子(包括过去时态,用来构成过去未来时“曾经会”)的语句算子的那种用法,迫使我们采纳一种关于未来时态的句子为真的理解,按照这种理解,这类句子为真还是为假,取决于所提到的那个时刻(而不是讲话的那个时刻)情况是怎样的。对于建立在验证和否证、而不是真与假的基础之上的意义概念来说,这个特殊的例子不会造成特别的困难,因为没有理由说,验证一个句子不需要一个时间跨度。但它肯定会引起这样一个问题,在其他情况下,对于特定种类的句子来说,通过学习使用以这类句子作为成分的复合句,我们是否获得了一种实在论的真理概念。对于验证主义观点(verificationist view)来说,过去时态的句子确实会引起很大困难。在作出断言之后进行验证,这样的想法并没有什么荒唐之处,但验证不可能先于作出被验证的那个断言。以前的观察可以用来

决定性地确认一个过去时态的句子是真的，而这只有在知道观察已经做出的条件下，也就是说，只有记得这次观察才行。因此，从验证主义观点来看，不是过去的观察本身，而是当前对它的记忆(或其他痕迹)，才构成了对断言的验证。这并不是说，必须把记忆当作据以推断以前所做观察的材料，但它确实把过去时态的句子置于不可判定的位置上，对这样的句子，我们现在有，或者以后会发现一种用来验证或否证的事实，但对这样的句子，我们并不具备达到验证或否证的有效方法。当真被理解为就是对相应断定存在保障，对于比如运用于过去时态句子的析取来说，要利用这种真概念来对其进行解释，还是不可能的。人们有可能不记得是否 A 以及是否 B，但仍然记得要么 A 要么 B，同样，人们可能拥有关于过去的析取陈述的推理基础，但不能确定成立的是这个还是那个析取支。同理，未来完成时态的用法，也不能利用过去时态的陈述在将来的可验证性来解释。

是反实在论者可以容纳我们语言实践中足够多的特征，以维
470 护自己的解释的合理性呢，还是实在论者可以说明，要对这些特征获得一种把握，就要拥有一种超越了我们用以识别真假的方法的真值概念？对于在这场争论中谁是胜者，这里还不是讨论的地方。我试图做的，只是弄清关于真与假的比如说由弗雷格所持有的实在论理解究竟是什么，如何才能反驳它，以及如何为之辩护。把真和假的概念从意义理论的核心位置上替换下来，而代之以验证与否证的概念，结果就是拒斥二值律。比起因为受到多于二真值的系统的吸引而拒斥二值律来说，这种拒斥要激进得多，因为，验证

主义解释整个舍弃了客观的真值概念,这一概念独立于我们的知识以及获得知识的手段,而为外在于我们的实在所决定。弗雷格并没有针对对于实在论的这种拒斥而提出批评,或许这是因为他那个时代的唯心论,还在与一种不相关的心理主义纠缠。但他的观点是足够明确的,这使我们得以将其在这里解释的那种意义上,描述成一个实在论者。即便弗雷格本人并没有向那个方向瞄准,但为一次正式的攻击标出靶子,仍然是件有趣的事情。

第十四章　抽象对象

471　是否有抽象对象，有哪些抽象对象，什么是抽象对象，以及我们如何知道它们存在，其存在的标准是什么，具体对象与抽象对象之间的界限在哪里——所有这样的问题都是现代的问题。乍一看，这种想法似乎是可笑的，人们完全可以认为，这些问题像哲学一样古老。但事实是，“对象”这个概念本身，作为现在在哲学中常用的概念，是一个现代的概念，它最先是由弗雷格引入的。我们知道，弗雷格处理本体论问题的方法，与直到他那个时代在哲学上占据主导地位的传统之间，有一种清楚的断裂。那种传统一直延续到像斯特劳森的《个体》(*Individuals*)这样的著作。按照古代传统，实体被划分为殊相与共相。殊相的标志性特征在于，我们只能指称它们，并且关于它们来谓述别的东西(共相)(说些关于它们的事情)——我们不能关于别的东西来谓述它们，也就是说，我们不能说它们是关于任何东西的(say them of anything)。与此不同，共相既能作为关于殊相的东西而被述谓，也能够在述谓关于它们的其他东西(高阶共相)的过程中被指称。[①] 因此，按照这一传统，

① 在英语中，当说“say/predicate A of B”时，就相当于说“say that B is A”。按这里的译法，“say/predicate A of B”就是“关于 B 说 A”，或“关于 B 谓述 A”。用“关于”来译“of”，虽然是固定译法，但若不参照英文中“say A of B”这种习惯说法，仍可能不解其意。——译者

共相就可以用两种不同的方式提到(allude to)(用斯特劳森的术 *Ind* 146
语就是“引入(introduction)”):用谓述表达式,我们关于其他某个东西来述谓共相;通过使用词项,在关于共相来述谓某个东西时,我们可以指称共相。

当然可以完全遵从这个传统,区分那些我们用来指称殊相与指称共相的词项。但是,如果我们只是把注意力放在这样的词项上,就无法分辨是什么使共相区别于殊相。因为区别正是在于我们可以关于别的东西述谓共相这一事实。因此,如果我们想理解
什么是共相,就必须把注意力放在谓述表达式上,我们用这些表达 472
式做出关于其他东西的述谓——正是通过研究谓述的特征,我们才得以理解共相的本性。

我们知道,对弗雷格来说,这一方法根本上属于误解。词项(专名)与谓词作为表达式属于极端不同的种类,在语言中扮演如此迥异的角色,以至于说同一个东西既可以被某个谓词提到,又可以被某个词项所提到,这是无意义的。诚然,只有通过理解谓词的语言学角色,我们才能把握谓词所表示的那种东西(概念),但是正是出于这个原因,如果表达式不能扮演那种语言学角色,我们就无法把表达式理解为表示那种东西。

从弗雷格的角度来说,这一论点当然不是纯粹任意的规定——他并不是随意地规定,词项的所指不能被认为与谓词的所指相重合。这也不是关系到头脑缺乏灵活性的问题,不是说,有着更富弹性的想象力的哲学家们所能把握的某种概念,弗雷格就没有能力把握。毋宁说,弗雷格不承认在传统的基础上有可能为一种语言建立一种可以工作的语义学——把一个特定词项,比如“智

慧”，当作表示了一个由某个谓词（在这种情况下是“ξ是智慧的”）所表示的东西，这样的建议对我们来说没有任何用处。为了利用这个建议，我们应当能够据此建立关于一类句子真值条件的一种解释，在这类句子中出现了抽象词项，例如“智慧并不限于年高”或“智慧取决于经验”这样的句子。这意味着要把这类句子中的谓词（“ξ并不限于年高”或“ξ取决于经验”），解释成应用于某种作为谓词所指的东西本身。但这仅仅意味着要把出现了抽象词项的句子，解释为等价于包含相应谓词的一个句子，例如，把“智慧并不限于年高”解释成“不只是老人才智慧”的另外一种说法。当然，这样重新解释没有什么荒谬的地方，而我们已经看到，接受弗雷格的对象概念，并不要求我们不加选择地承认所有抽象名词都是真正的单称词项——更有可能，我们希望把其中的大部分，当作是包含了相应谓词或关系表达式的句子的另外一种说法。但是，这样解释抽象名词，恰好就是否认它作为真正的词项或者专名的地位——正是出于那个理由，也就不可能既承认抽象名词就是真正的单称词
473 项、同时还为它们指派与相应谓词相同的指称。这么看，传统的理解就是完全不融贯的。[①]

---

① 有人会认为，对概念与对抽象对象作出的存在量化具有不同真值条件，由此会
Schr 得到另外一个反对意见。弗雷格坚持认为，自相矛盾的谓词仍然是有意义的，能被用
453-4 来构造真陈述——例如，从“没有人既是聪明又是愚蠢的”，我们可以有效地推出“存在某种没有人具备的东西”。另一方面，如果我们相信有质（quality），并将其理解为共相，也就是说，理解为抽象名词当其作为单称词项时的所指，那么我们就很可能要求质在逻辑上能够得到例示，于是就会说，不存在同时是聪明和愚蠢这样的质。然而，这并不是一个值得注意的论证。不管怎样看，我们都希望承认，说“没有既聪明又愚蠢这样的东西”在一种意义上是真的；而如果这一点是按照二阶量化来理解的，那么那种量化就必须限制在能够运用的概念上，或者说限制在逻辑上能够运用的概念上。

有可能接受弗雷格的对象概念，按照这一概念，对象被刻画为能够充当专名所指的那类东西，而且认为专名的所指与不完整表达式的所指属于截然不同的类别，与此同时，仍然不认为抽象对象存在。这样的立场事实上就在后来的意义上的唯名论，即古德曼与蒯因的那种意义上的唯名论。（在原初的意义上，唯名论意味着 SCN
否认共相存在，也就是说，同时否认谓词和抽象名词具有指称。在古德曼的意义上，它意味着否认抽象对象存在。）但是，由于“对象”这个概念一般说来只有在弗雷格对于对象与概念所做的截然区分这一背景下才有其来源，连是否存在抽象对象这个问题本身，也需要这个背景才能得到表述。

本体论的基本问题是“什么存在”，当然，由于不要求实际上发明什么，想要问的就是，“哪些种类的东西存在”。至于问题如何分解，则取决于分类的基本原则。按照传统的理解，分解问题的第一步是由两个具体化了的问题构成的：“哪些殊相存在”与“有共相吗？如果有，哪些”。第二个问题当然就引出了关于传统上理解的那种唯名论的问题。另一方面，“哪些对象存在”这个问题，只有在弗雷格式的本体论观点的背景下才产生，与之相伴的问题是，“概念存在吗”、“关系存在吗”、“函项存在吗”以及“真值存在吗”。关于对象的问题进而可以分解成关于具体对象与抽象对象的存在问题。

上述反驳谓词与相应的抽象名词具有相同指称这一传统观点 474
的那个论证，要求接受一种弗雷格式语义学的框架。要是认为自然语言的正确的语义学属于全然不同的类别，这个论证就没有任何力量了。而如果弗雷格关于语言的分析以及相应的语义学大体上正确，弗雷格所引入的那种对象概念，显然就是研究本体论问题所要求的基本概念。对象概念正确与否，于是就取决于，弗雷格对于语言的分析（而这已经为标准的经典谓词逻辑奉为圭臬），是否为关于自然语言的语义学提供了基础。当然，自然语言还有许多特征弗雷格并没有处理，但他坚信，这些特征都可以安置到那种谓词逻辑所提供的总体框架中。包括蒯因和戴维森在内的所有工作于弗雷格传统的语言哲学家，也都这么认为。的确，我们也没有别的总体框架可用。只有在弗雷格那种语言分析的背景之下，对象概念才被赋予了涵义，而"哪些对象存在"这样问题，以及同样像"抽象对象存在吗"这样更为具体的问题，也只有在这个背景下才能提出。

对象概念在弗雷格的语义学中扮演双重角色。一方面，对象是专名的所指——包含专名的句子，尤其是原子句，其真值条件要用专名与其所表示的对象之间的指称关系来解释。同时，对象当然是谓词针对它为真或者为假的东西。如果我们只是关注原子句，而用语句算子来连接原子句，那么单单对于简单的谓词以及关系表达式来说，我们就需要已经具备了谓词对于一个对象为真或者为假的概念，或者关系表达式对于一对对象成立或不成立的概念。而当我们转向对象概念所扮演的第二种角色，即对量化作出解释时，就要扩展到复合谓词。这个角色要求对象构成量词的定义域，即能为量词所约束的个体变元的取值范围。如果弗雷格对于语言的分析原则上是正确的，那么无论在细节上必须偏离弗雷格的观点多远，一阶量化的概念就总是为语言中的许多句子作出分析所不可或缺的工具。而只要引入了一阶量化，确定适当的对象总体以充当量化的定义域，就必定是可能的。

当弗雷格论证说，某个特定种类的东西，比如数，必须被认为 475
是对象时，他往往是专注于表达式据以表示那些东西的形式，也就
是说，专注于对象概念的两个角色中的前一个。在《算术基础》的
一个关节点上，弗雷格希望建立数（基数）是对象这个观点。他的 Gl 57
做法是，把注意力集中在用作名词的数词，以及在大多数代数语境中都会出现的数字上，进而主张，这些都必须解释成专名，即单称词项。这样，为这一论点给出非常有说服力的例证，例如“5 是一个素数”中或在“5×2＝10”中，“5”充当词项，或者在“东京的人口是一千万”中“一千万”也是这样的，对他来说就相当容易。但是，问题的重要性不在于把这类语境中的“5”或“一千万”解释为专名，而在于这个事实：一旦确信建立了数是对象这个观点，他就心安理得地认为，它们可以落于个体变元取值范围之内；尤其是，如果数词项被认为最终是通过构词算子“使得 $\Phi(x)$ 的 x 的数目”构成的，我们就可以用定义在数上的谓词，来合法地填充这个算子的主目位置。

弗雷格自然而然地假定，有可能把一个唯一的极大定义域，即所有对象的域，当作是个体变元在所有语境中的取值范围。这对他来说是个自然的结论，它来自这样一个简单的观察，即总是可以通过使用由所有并且只有取值范围内的成员满足的谓词，来获得对取值范围进行限制的效果——“所有人都是勇敢的”可以写成“$\forall x$ x 是勇敢的”，其中变元的取值范围是由人构成的集合，但也可以写成“$\forall x$(x 是人→x 是勇敢的)”，其中“x”以任意集合为取值范围，其中也包括由人构成的集合；同样，“有些人是诚实的”可

以写成"$\exists x\ x$ 是诚实的",其中"x"以人构成的集合为取值范围,或者写成"$\exists x$(x 是人 & x 是诚实的)","x"在一个更大的集合中取值。除了认为个体变元总是可以统一地在唯一的最大总体中取值,而想要的限制总是可以利用适当的谓词获得,还有什么更加显而易见呢?这就是为何弗雷格从数是对象这个观点,不加论证地推进到结论,即任意个体变元都可以被当作在包含了数以及其他东西的域中取值。因此,对弗雷格来说,对形式语言所做的解释,只要求解释非逻辑常项——对他来说,没有必要专门确定个体变元的定义域,因为它被一劳永逸地确定为所有对象的总体。这当
476 然与现代关于解释的标准概念不同,后者要求首先确定定义域。

我们既不必要,也不能追随弗雷格,去假定唯一一个无所不包的取值范围就能够为所有个体变元服务。因为,至少当我们考虑抽象对象时,集合论悖论最为直接的教训就是,不存在一个把我们能够合法地进行量化的所有定义域都作为子集包含在内的定义域——我们不可能通过让个体变元在符合关于集合、基数或者序数的直觉概念的所有东西上取值,来为一种语言提供融贯的解释,使得这种语言的所有句子都可以认为具有确定真值。因此,我们必须把弗雷格的基本直觉,即把与确定取值范围联系起来理解的量化用作语言分析的基本工具,与其另外一个不正确的假定分离开,这个假定就是,通过把定义域规定为无所不包,就可以认为在所有语境下都有相同定义域。

FLPV 8 蒯因由于一个论点而受到赞扬,这个论点关系到我们把什么当作语言的本体论承诺,它被表述成,"存在就是成为变元的值"。这个论点相当于说,为了确定因使用我们语言中某个片段而必须

承诺什么东西存在，我们必须研究如何利用谓词逻辑来分析那种语言（这要承认这种分析要求使用一种多类理论（many-sorted theory）的情况，这种理论要求使用若干形式不同的个体变元）——于是，我们所承诺的对象，就是在我们的分析之下，那些构成了不同类的个体变元的定义域的东西。

在一些早期表述中，蒯因让人觉得，本体论承诺好像只是由存在量化，甚至只是由句首的存在量化来承担，也就是说，好像可以通过考虑我们准备断定哪些具有形式“存在（There exists）……”的陈述，来解决我们承诺哪些对象存在这样的问题。然而，我们显然不能只把注意力集中在句首的存在量化上——就存在来说，具有形式“$\forall x \exists y$ B(x, y)”的陈述具有与形如“$\exists x$ A(x)”的陈述同样的意义。但是，不管怎样，全称量化与存在量化一样需要考虑。如果我们通过利用谓词逻辑的语言所做的分析，来为我们的语言给出一种语义学，那么，要是为所分析的语言提供的语义学属于经典的类型，我们就需要对每个种类的个体变元确定定义域，以便为在分析之下包含了不管什么种类的一阶量化句子确定真值条件。477
因此，如果分析是正确的，我们的本体论承诺就包含了所有这些定义域中的所有对象。

蒯因表述论点的方式有时让人觉得，好像我们已经提供了在谓词逻辑框架内表述的若干理论，好像只有在关于非形式语言的某种分析已经给出之后，才能产生本体论承诺的问题。初看起来，这使本体论承诺问题显得无关痛痒——如果我们所考虑的只是形式语言，那么用这样的语言表述的理论，除了承诺其个体变元取值范围之内的对象，还能承诺什么呢？蒯因当然意识到，本体论问题

确实是问题,并认为它关系到另外一个问题,即在一种语言中表述的理论,何时能够为在另一种语言中表述的另外一种理论所替代——问题现在就是澄清“替代”这个相关的概念。很难不去回头参照我们试图分析的那种非形式语言——在什么意义上说一种理论替代另外一种理论,来充当对非形式语言的一个片段所作出的分析,那么就在什么意义上,这种替代与本体论问题相关。至少,在涉及例如命题这样的实体是否能够被“排除”这样的问题时,事情就是这样的。这里,真正的问题是,我们的语言中是否有这样的句子,对它们所作出的正确分析,要求我们把其中出现的某些表达式解释成表示的就是命题。(当问题涉及的是把一类对象“还原”成另一类对象,事情就很不相同了。一个经典的例子是,把有序对〈x,y〉的类还原成形如{{x},{x,y}}的集合的类。这里就没有谁更正确谁更有效的问题,而只是同样起作用的分析中,哪种分析能够通过从一个定义域到另一个定义域的映射,而达到一种经济性。)

因此,对于非形式语言的给定片段来说,本体论问题肯定可以在尚无得到认可的分析的情况下产生,甚至,问题本身正是相当于问,所需要的分析应当采取何种形式。然而,情况是这样的,询问语言的某个片段使我们承诺什么东西存在,这预先就假定了,用来给出正确分析的一般框架就是谓词逻辑的语言。因为只有与那种形式的分析相联系,我们才能理解对象这个概念。蒯因的论点成为许多批评与攻击的目标,但多数都直接遗漏了这一点:只有在关于语言的弗雷格式分析的语境中,我们承诺什么对象这个问题才提得出来;在这个语境中,已经没有余地来争论,这个要紧的问题

是否关系到个体变元的定义域，因为正是通过参照弗雷格关于一 478
阶量化的语义学，我们所使用的“对象”这个概念才第一次给出。

本体论问题之所以能够成为问题，这当然是因为，弗雷格对于语言的分析要揭示的仅仅是所谓的“深层”结构，而不是其表面结构。显而易见，按照自然语言中句子的构造方式，我们不可能从句子的表面形式，就看出它例示了在谓词逻辑中奉为圭臬的那种句子构造模式。弗雷格的语言哲学体现了这样的信念：只有通过把属于自然语言的各种语言装置，刻画为在谓词逻辑中用来表达句子构造操作的、常常远远不是透明的手段，我们才能为我们的语言获取一种够格的语义学。这一信念之所以得以树立，是因为弗雷格与工作在那个传统中的其他人。在为分析自然语言制定这样一种规划上所取得的局部的成功，部分地也是因为没有其他一般性的分析模型与之竞争。还是有许多问题领域，比如关于是否存在命题、事件等这样的本体论问题，这些问题表明，如何在这些领域中如何实施那种规划，这仍然有些不确定。

蒯因关注弗雷格“对象”概念的第二种角色，即解释一阶量化，这是因为他并不看重第一种角色，即解释专名的使用。他不看重的理由是，他可以完全不用专名，而把所有表面上的专名都解释成限定摹状词，之后用罗素的方法利用量化来分析限定摹状词。这样一个建议事实上不会产生任何明显的节约，因为，即使是在被认为并不真的包含任何原子句的一种语言中（因为它不包含真正的单称词项），为了为这种语言给出语义学，也有必要为每个谓词说明它对给定对象来说何时为真（这样的说明起了为原子句规定真值条件的作用）。蒯因甚至这样补充这一论点：如果没有无穷值

域,量化就可以排除,代之以有穷的析取与合取。确实,如果一种语言的个体变元在有穷域中取值,而且对这个域中的所有元素,这种语言中都有表示它的词项,那么这种语言中的所有句子都等价于不含量词的句子。但是,在以这种方式排除了量词,并代之以原子句的有穷组合以后,如果我们接下来通过把其中出现的单称词项,解释成罗素式的限定摹状词,那么我们就又重新引入了量化。
479 这个过程看来只是一个循环,因而很难弄懂,蒯因何以能够在这个
OR 62 基础上论证说,这样的语言完全不需要本体论承诺。

另一方面,蒯因觉得,"哪些对象存在"这个问题,就穷尽了"什么存在"这样一个一般性的本体论问题的内容,而这与弗雷格的观点反差鲜明。要这样进行归结,就要像蒯因那样认为,所有高阶量化都可以抛弃,而只保留在抽象对象(即类)上的量化。从弗雷格的观点来看,这样的主张是荒谬的,因为对他来说,类这个概念本身就是一个二阶概念——对弗雷格来说,类虽然的确是对象,因而对于类的量化只要求一阶量化,但是,如果没有对于概念的量化,我们就不能解释什么是类,或者更确切地说,就不能定义类中的成
Gg I 9, 34 员关系这样的基本关系。弗雷格在对类理论进行形式化时,把类—抽象算子,即"使得 $\Phi(x)$ 的 x 的类",当作是初始的,利用它来构造表示类的词项,进而以此定义成员关系。当然,与此不同,现代公理集合论把成员关系当作初始的,而用它来定义类—抽象算子(利用摹状词算子,或者用于定义词项的约定)。运用这种类型的形式化的一阶理论,这实际上没有结束争论——仍然有必要探究,在何种程度上,一阶理论成功捕捉到了关于"类"的直觉概念。蒯因极力主张,它做到了,而弗雷格大概会予以否认——但在

这儿我们不会进一步讨论这个问题,它更多是属于数学哲学。至少这一点是清楚的:如果关于语言的弗雷格式分析是正确的,我们的本体论承诺就主要取决于,按照这种分析我们的语言中要用到哪种类型的量化。蒯因会把这种关联弄得非常直接,即如果只需要各个种类的一阶量化,那么我们就只承诺对应种类的对象存在;但如果需要高阶量化,我们就会也承诺相应类别的概念、关系,以及函项。按照弗雷格的观点,对于本体论承诺的这种估计是过于吝啬了,下一章会论证,在这一点上弗雷格是对的,而蒯因则否。从弗雷格的立场看,问题应当这样表述:我们的本体论承诺取决于,我们语言中的哪些表达式(包括不完整表达式)是我们必须认为是构成了在逻辑上有意义的单元,因而是具有指称的;而这进而取决于我们
为这种语言中的句子给出什么样的分析,尤其是,取决于这样的分 480
析所引入的,是什么类型的量词,以及什么类型的其他二阶或高阶算子。不过,总的要点对于弗雷格和蒯因来说是共同的——一种语言中体现何种本体论承诺,取决于逻辑分析揭示了何种量化结构。

弗雷格以 种暗示的方式,承认区分具体对象与抽象对象的
可能性——在《算术基础》中,他运用"具体"(wirklich,字面意思是 Gl 26,85;
"actual")对象这种说法,只不过那是在论证并非所有对象都是具 Gg I xviii
体的。然而,他并没有利用这个区分。对他来说,抽象对象与具体对象一样,都是对象,它们都可以同样合法地被认为是专名的所指,或者同样合法地被认为属于一阶量化的定义域,而这就是事情的全部。不过,弗雷格之后的哲学中,抽象对象无疑已经成为争论的焦点。前面已经指出,有些哲学家,尤其是尼尔森·古德曼,提出了一套新的唯名论观点,按照这种观点,对于抽象对象的指称以

及量化，真正说来都是不可理解的，因而必须始终予以排除，要么就用某种其他形式的措辞来替代。其他人觉得难以支持这种彻底的拘谨态度，不过还是主张，对抽象对象进行“支持”是一桩严重的事情，如果不是出于必要加以采纳，在理智上就是有罪的，于是就把打造可以用来排除针对它们的指称和量化的还原论装备，当作是哲学的主要目的。还有一些人则要么觉得，承认抽象对象是可以容忍的，但只有当它们被解释成“假设”才是如此；要么就论证说，这样做之所以是允许的，仅仅是因为具体对象实际上也是假设。数学哲学中的争论常常取决于，像自然数、实数以及集合这样的数学对象，是被认为是独立存在的抽象对象，还是人类心灵自由的创造，还是完全可以予以舍弃。

对于弗雷格轻易就承认了的抽象对象来说，要想在鉴别这种做法是无害的、是一种令人遗憾的必要性、还是第一等的哲学罪这个问题上有任何推进，我们都必须动用某种手段，来提供区分具体对象与抽象对象的标准。它们之间粗糙而又常见的区分，是按照是否能够为感官所感知来划线的，就像性别韵(gender rhyme)中那样——“后接-io的抽象名词全都被称为阴性；阳性只能是能摸能看的东西”。这使这个区分取决于人类的感觉能力，因为偶然的事情显然会影响到某个东西是否会作用于人的感官——按照这个标准，光波是具体的，但辐射波却是抽象的。再者，在运用这样的
481 定义时也会出现困难，比如什么算作“感觉到”某个东西——例如说，我们感觉到地球的重力牵引，还是说我们感觉的只是来自支撑我们的东西的压力，还是说我们实际感觉到的不是压力，而是对象本身？

这个区分显然与我们以前说过的那个区分相联系，即能够实指的对象和不能实指的对象的区分——那些能够通过使用指示词，并伴以指点的姿势（这不同于一些语法上的指示词，它们只是用来从前面的句子中挑出指称），与那些不能用这种方式指称的东西之间的区分。当我们使用指示词来以实指的方式指称一个对象，[①]语境中实际上就必须提供适当的识别标准，否则就必须通过使用通用名词（general noun）来明确地给出这种标准——没有同一性标准，我们就可以说不知道怎样把对象从环境中分离出来。但我们知道，有些对象根本不让自己被指出来，即使在相应的同一性标准已经提供的时候也是如此。形状与方向就是属于这类对象的最好例子——形状必须作为某个二维或者三维的区域的形状给出，而方向则作为一条线或者一种运动的方向给出。在这种情况下，单是使用指示词，即使伴以指点的姿势，而且相应的同一性标准也已给出，也不足以确定所指的对象——我们必须不仅知道所指称的是形状，而且要知道，比如说，如何识别要确定的是什么东西的形状。因此，具有典型意义的是，表示形状的表达式要使用函数表达式"ξ的形状"。即使这个词项本身不是复合的，它也要作为利用那个函数表达式构成的某个词项的等价物引入。

这里我们显然有了关于具体对象与抽象对象的区分的一个轮廓，但为了使其站得住，还需要大量的细化。具体对象的类，不可能简单地等同于可以充当实指对象的对象类，至少在实指被按照字面理解为要使用指点手势时是这样的——这样的刻画会把像彩

① 在第十六章我们会指出，绝非指示词的所有实指用法都指称对象。

虹、不透明的实质对象这样的视觉对象包含在内，但不包括比如说无色的气体、声音或者气味。再者，也不能保证，我们对抽象对象所给出的正面刻画（即那些落于某个像“ξ 的形状”的函项取值范
482 围之内的东西），足以覆盖能够被指的对象的类的整个补类(completement)，即使把“指”这个词的意义适当扩展后也是如此。

让我们先以适当的方式，把像“ξ 的形状”这样的函数表达式的概念弄精确些。这个函数表达式是属于一阶还是二阶，这是没有关系的——对我们的目的来说，我们所感兴趣的是“Φ 的数目”（“使得 $\Phi(x)$ 的 x 的数目”）这样的类型。另一方面，“ξ 的首都”则完全不是我们感兴趣的，因为把这个表达式引入语言的方式，并不是用来引入一组新的对象，也就是说，“ξ 的首都”的直觉意义，部分地在于，其取值范围内的对象，不需要直接或间接地使用国家首都这个概念就可以指称（比如作为一个具有特定地理位置的城市）。要把一个函数表达式纳入我们感兴趣的那个类型，我们制定这样一个必要条件：表达式的直觉意义不应当要求我们，把补全后的函数表达式所指谓的对象，等同于利用不包含该词项的表达式所指称的对象。比如，有可能利用某些类来识别基数，进而，按这种识别方法，用根本就不含函数表达式“Φ 的数目”的词项来指称某个基数，这也是可能的，尽管如此，这样一种识别方法仍然不是表达式“……的数目”的直觉意义所要求的。现在，假定有人宣称，即使没有这种额外的识别，也没有必要把数的名称当作包含了“Φ 的数目”这个函项。我们无法不承认“$\aleph_0$”具有“自然数的数目”这样的直觉意义；并且，由于在我们的语言中有穷数与计数过程之间存在密切联系，对于比如作为指称一个基数的“67”来说，其基本的

直觉意义就是“从‘1’到‘67’的数字的数目”。不过，我们可以很容易地设想一个语言共同体，其中没有除了“0”、“1”、“2”、“3”以及“4”以外其他确定的数词。这样假定并不是否认，这个共同体的成员把握了势(cardinality)这个基本概念，也没有否认他们把握了双射(bijective mapping)和一一对应关系这样的概念。他们完全知道，对于有穷集来说，甚至是对于无穷集也是这样，如何借助一一对应的概念，来确定一个集合的成员比另一个集合要少，还是同样多。他们可以利用木头上的刻痕，来记录属于某个种类的东西有多少，这样一来，比如说，牧羊人就可以通过把羊只与他为羊群所保留木头上的刻痕配对，来核对是否所有的羊都已归栏。(有一个人们常说的故事，我不知道它是真是假。故事说，一些原始人没有 483
对应于大于四的数的数词。讲这个故事的人总是认为，这些人实际上肯定不具备势的概念。从上述情况我们看到，这个假定是缺乏保证的。)这样的人与我们自己之间唯一的区别是，他们没有想到把一个无穷的任意表达式序列，用来充当共同的标准或者刻木，从而在所有有穷的情况下，都为“多少”这个问题提供确定的回答。

设想这样一个共同体，目的是要提供一种语言，其中包含了基数名称，即表示从 0 到 4 这些数的词，但人们会说，这些名称在他们的语言中不能(即便是隐含地)解释成等价于由“Φ 的数”构成的表达式。他们和我们一样，不需计数就可以直接识别出，在不多于五个的情况下，特定种类的事物有多少——因此，对于那种语言中相当于“三”的那个词来说，并没有某个充当原型的三元素集合可以让我们说，那个词的意思就是“那个集合成员的数目”。

显然没有什么依据认为，在这种情况下基数就被当作了具体对象而非抽象对象。这个反对意见的有趣之处只在于，它迫使我们把这样一个假设弄得更精确些，这个假设就是，函数表达式的直觉意义并不要求利用借助其他方式指称的对象，来对借助函数表达式指称的对象进行识别。所设想的那种语言共同体使用数目名称的方式，在有些地方非常接近于我们把颜色词用作名词，即用作颜色的名称这种用法。蓝色是天空的颜色，但不能认为通常理解的名称“蓝色”中，潜在地包含着对于天空的指称，或者潜在地指称某个视觉对象或者物质对象，“蓝色”表示该对象的颜色。但是，这个事实本身不足以否认颜色具有抽象对象的地位。

如果认真看待这个例子，我们就必须假定，所设想的那个共同体中有一种严肃的实践活动，即把一些单称词项当作基数名称来使用——他们的语言中必须包含意为“Φ 的数目”的算子，并拥有某种形式的算术，也就是说，有一套用于表示基数(或许只是有穷基数)的性质、关系以及函项的词汇。如果他们准备只把数词用于对我们来说相当于语法上的形容词的情况，也就是说，用于回答“有多少 Φ”这种形式的问题，那就根本不能说他们把数当作对象
484 加以指称，而他们是将其当作抽象对象还是具体对象，这样的问题
就不会产生。这样，即便没有无穷基数的概念，在某种意义上他们也处在一个不用选择公理而要达到无穷基数的位置上——我们可以假定，每个集合都与一个充当其基数的对象相联系，但如果不诉诸选择公理，我们就没有一种系统的方式，来为每个基数选择一个代表性的集合；同样，这些人可以使用在基数或有穷基数上取值的变元，并表述或者证明像关于加法的交换律这样的定律。无法想象，在不超过四的词是这种语言唯一确定的数词的情况下，在没有

类似这些的背景时，他们还拥有把这些词用作数的名称（而不是对应于我们用作数—形容词的用法）这样一种严肃的实践活动。

之所以要断定数是抽象对象，这取决于从对“有多少”这样的问题给出回答，到把数作为对象加以谈论，是一种什么样的过渡。形如“有三个 F”[①]的陈述，并不（哪怕是隐含地）以 F 与某个特殊的三元素集合的关联为基础，对于这种语言的说话者来说，这个事实是不相关的。重要的是，当用作数的名称时，“3”被理解成表示数变元的取值范围之内的某个东西，即理解成对某个概念 F 来说 F（落于 F 之下的对象）的数目。我们可以这样表述这一点，作为单称词项，“3”对这些人来说要解释成“n，对于任意恰好有三个 F 的 F 来说，n 是 F 的数”。至于他们采用何种方法来确定，对特定概念 F 来说，是否正好有三个 F，是直接查看还是通过计数，这些都不重要。这只会产生这样的后果，即对他们来说，“3”不是解释成“G 的数目”，其中 G 是任意特定概念——但把“3”用作数的名称，取决于他们承认它表示函数表达式“Φ 的数目”值域范围内的某个东西。我们不能说，只有将其当作数变元可以取的值，他们才会把“3”用作数的名称；况且，对于数变元意定的取值范围唯一可能的解释，正是将其解释成那个函数表达式的值域。因此情况依然是，对这些人来说与对我们来说是一样的，把词项用作数的名称，这种用法只能在从函数表达式“Φ 的数目”构造而成的词项的

① “three F’s”（汉译为“三个 F”）这种说法与摹状词同属一类，这里的“三个”与定冠词“那个”一样是构词算子。若把“三个 F”中的“F”理解为指称一个概念，从而把“三个 F”理解为有三个概念 F，就是无意义的。正确的理解是，“三个 F”中的“F”仅仅作为概念词出现，将其填入构词算子“三个 Φ”的空位后得到一个词项。——译者

指称这一基础上，才能得到解释，即便数词的意义不是直接解释成与那个函数表达式的特定补全形式等价。

485 也正因此，前面提到的那类反对意见，还不足以表明颜色不是抽象对象。“蓝色”这个词在用作名词，即用作颜色名称，而非用作形容词以充当适用于物质对象或视觉对象的谓词时，并不表示“天空的颜色”这么简单的意思。不过，按相同的思路，我们可以把它的意思解释成“c，使得对于所有 x，如果 x 是蓝色的，那么 c 就是 x 的颜色”。对于按照颜色相符的关系得到的等价类来说，我们能够把物质对象和视觉对象指派给这样的等价类，而不必指称等价类中单个代表性的成员，从而能够确定这样一个等价类的成员共同的颜色，而不必把这种颜色作为任何特定对象的颜色而加以表示。但这还不是重要的，重要的是从使用颜色谓词以及物质对象的颜色之间的关系表达式，过渡到使用颜色名称来指称作为对象的颜色。

对于理解用作单称词项的“3”来说，重要的是我们承认存在一些类别的事物，而“3”表示其中任意类别中事物的数目；并且，在习得像“蓝色”这样用作名词的颜色词的用法时，我们明白，存在这样一些物质对象和视觉对象，“蓝色”表示这些对象的颜色。相反，要把握像“马德里”这样的名称的用法，是否意识到存在一个国家，而“马德里”表示其首都，这倒不是本质性的。因此，可以修改我们的这一条件，即要使得一个对象成其为抽象的，就必须有一个函数表达式，使得那个对象如果不是用由这个函数表达式构成的词项，就不能得到指称；应当说，我们要求的仅仅是，要理解那个对象的任何名称，都必须承认那个对象处于那个函数表达式的值域范

围内。

然而，就像前面看到的那样，仍然有好的理由来否认颜色的抽象对象地位。在我们的语言中，把颜色作为对象来指称，实际上出现于学习过程中一个相当晚的阶段。孩子先学习使用指示词、专名以及指称物质对象与像天空这样的视觉对象的其他词项，然后学习适用于这类对象的各种谓词与关系表达式，包括颜色形容词，以及像“ξ与ζ颜色相同”和“ξ要比ζ暗一些”这样的表达式。只有到更晚时，他才学会用颜色词充当名词，也就是说，充当颜色的专名，学会使用“ξ的颜色”，以及用于颜色的谓词和关系表达式，像“ξ是原色”和“ξ与ζ是互补色”。不过，习得概念的这种顺序虽然无疑有心理学上的必然性，却没有认识论上的必然性。假定在没有任何指称物质对象或视觉对象的手段时，用作名词的颜色词 486
就已经引入语言，并且这些颜色名称是通过实指引入的，这在逻辑上没有任何荒唐之处——孩子学会指点的方法后问“那是什么”，然后把颜色的同一性标准与答案（例如“猩红”）联系起来。我们已经说过，是否把在答案中给出的颜色词解释成专名而不是形容词，取决于孩子是否同时学会了一套适用于颜色的谓词和关系表达式；但假定他在学会指称物质对象与视觉对象之前就学会这套词汇，这在逻辑上并不荒谬。这之所以对颜色而不是对形状是可以设想的，是因为我们知道，为了确定所指称的是什么颜色，我们只需要确定手指的方向，而为了确定所指的形状，我们需要一种手段，来划出具有那种形状的区域。

对于特定种类的对象来说，我们用来确定它是抽象的而非具体的的标准是，存在某个函数表达式，它对于理解属于那个种类的

某对象的任何名称来说，都是本质性的，或者说，那个名称的所指被认为落于函数表达式的值域之内。(有了这个表述，就不再需要对所提到的函数表达式作出任何限制，因为这个定义本身就排除了像“ξ的首都”这样的函数表达式。)从颜色的情况，我们知道我们不会认为该定义所涉及的条件是相对于特定语言的，也不会认为是相对于习得语言的不同部分所采取的特定顺序——它必须制约任何语言中任何表示特定种类对象的词项用法。对说英语的人而言，我们可以合理地说，要从把颜色词只用作形容词，过渡到也用作名词，就要学会使用函数表达式“ξ的颜色”。因此，这样的说话者要理解颜色词用作名词时的意义，重要的就是他要将其看作表示这个函数表达式值域中的某个东西。但这并不足以使得我们把颜色划分到抽象对象中，因为我们可以设想一种语言，其中包含了只用作名词的颜色词，但由于这种语言中没有可以填充主目位置的词项，也就没有表达式来承担“ξ的颜色”的角色。

颜色实际上位于具体对象与抽象对象的界线上，它们肯定可以按照传统观点被归入共相，而对我们所使用的标准进行略为不同的解释，就会把它们置于界线的抽象对象这边。然而颜色作为
487 一方、形状与方向作为另外一方，仍然会有一种非常重要的区分，对这个区分我们可以这么表述：一种形状必须被当成某物的形状，方向必须当成某物的方向，但颜色则没有必要理解为任何东西的颜色。结论是，要把颜色当作具体对象，而形状则当作抽象对象。这个结论与古德曼和蒯因的结论是一致的，理由也大致相同。一种形状或者方向必须是“属于(of)”某物的，这非常接近于亚里士
Cat 1[a] 24 多德用介词“在……中(in)”所表达的那种逻辑依赖关系，他把不

"在其他任何东西中"用来作为对实体(substance)所做界定的一部分。当然会有人反对说,存在不为任何东西拥有的形状,因此我们应当断定的只能是,对任何形状来说,都**可能**有某种东西拥有它。但这里我们遇到关于抽象对象存在的标准的问题,这个问题我们到后面,等我们解决眼前的问题,即如何划分具体对象与抽象对象之后,再做处理。

关于抽象对象我们所表述的条件肯定是充分的,但它似乎不是必要的。作为抽象对象的典型例子,弗雷格援引的是太阳系的质心。"ξ的质心"这个函数表达式肯定不属于我们到此为止所考 Gl 26
虑的那种,而是接近于"ξ的首都"——质心是一个点,而对那个点除了作为某个东西的质心还有许多方式来指称它。另一方面,点之于抽象对象的地位来说似乎是非常突出的候选者——而要找到一个函数表达式,它之于点具有"ξ的形状"之于形状的那种关系, 641
看来却很困难。

稍加考虑就会找到许多其他例子——对事物我们赋予了名称,名称在句子中肯定是用作单称词项,事物又具备了以合理的方式得到很好定义的同一性条件,并且我们可以对之进行计数,但却又似乎并不像当弗雷格讨论把数解释为对象时所考虑的那样,处于他所想的那种函数表达式的值域之内。桥牌中的叫牌套路,象棋中的开局,都配有在严格意义上无可争议的专名,比如"坚固套约定(Solid Suit Convention)"、"黑木问叫(Blackwood)"、"西西里防御(Sicilian Defence)"、"意大利开局(Giuoco Piano)"[①]。游戏本

① 均为游戏专用术语,前两个用于桥牌,后两个是国际象棋术语。——译者

身也有专名，但很难说是具体对象——玩一夜扑克，这可以算作一个事件，因而是一个具体对象，但扑克游戏本身就像字母 A 一样是抽象对象。的确，回头想想可以加以命名的各种对象，具体对象
488 与抽象对象的切分变得好像过于粗糙——比如说，我们该把米斯特拉尔家族指派到两个范畴中的哪一个呢？意识到对象类型这种难以总括的多样性，就自然地强化了弗雷格的这一论点，即具体对象与抽象对象的区分，并不具备基础性的逻辑价值——或许，有的只是对象，试图做任何更加细致的分类都是无的放矢。

然而，要得到这样的结论，就忽视了一个要紧的问题，即不同类型对象的专名或其他单称词项具有何种涵义。我们为具体对象的专名涵义勾勒了一个粗略的模型——把握这类名称的涵义，就是具备了必要的标准，来识别充当名称所指的对象。在许多情况下，“识别标准”这个短语都过于呆板，换成像“辨别能力(propensity of recognition)”会更为可取——但总的想法是，把握名称的涵义，就在于对任何给定的对象都有能力说它是否是那个名称的所指或者承载物。这里还是需要限制，尤其是当名称是复合的，但是通过查看还不可能确定某个给定对象是不是名称所表示的东西的时候。我理解词项“露西的金鱼”，是通过知道对于任意特定对象来说，需要什么条件才能确认对象是这个词项的所指，但是，我当然不能指望能够在一瞥之下回答那个问题。至少从弗雷格的立场来看，甚至不可能要求有一种能行可判定性——只要我能够辨别某种能够解决问题的东西，也就没有必要能够在所有情况下都投入到最终解决问题的程序中去。

为提供这种解释，我们面临着要解释何为一个对象被“给予”

或“给出”了——为了能够分清某个对象是不是一个名称的所指，除了使用那个名称，我还必须拥有其他的手段，来挑出我要识别的那个对象。在具体对象的情况下，我们认为可以通过使用指示词来做到这一点。这样，按照这种解释，理解一个名称的涵义，就相当于有能力确定这样一类句子的真值(更恰当地说，知道什么东西能确定真值)，句子中包含了所考虑的那个名称，并且属于相当特殊的种类，即我们称为“重认性陈述”的那种句子——具有形式“这是X”的句子，其中“X”是所考虑的名称，而“是”作为等号出现。这种能力当然预设已经把握了相应的同一性条件，因而名称的涵义是复合的。要把握其涵义，这种语言的说话者可以说就必须先知道所命名的是何种对象，也就是说，必须把握与之相联系的同一 489
性条件，进而必须能够知道如何辨别充当那个名称的所指且属于那个种类的特定对象。

只要名称的所指不是可以实指的对象，只要对象不能通过使用指示词并伴以指点的姿势(在某种已经得到理解的同一性标准的背景下)给出，沿着这些思路所作出的解释就需要作出修改。无论具体对象与抽象对象之间的区分是否恰当，我们都已经说过，一些可以最为自然地称为“抽象”的对象，都不能当作是可以实指的对象。对于这些对象的名称来说，关于何谓把握这类名称的涵义，其解释必须作出修改，以便按照这样一个对象借以给出的其他某种标准方法，来考虑识别名称所指的能力。如果能够把那些抽象对象刻画为属于我们已经考虑过的那类函数表达式值域，那么这样的方法就很容易得到——一个对象如果属于由任意一个这样的函数表达式所确定的类别，就可以被认为是通过为函项确定特定主目而给出的。如果函数表达式是一阶的，那么这就意味着把一个对象确定为主目，例如，确定一条线，而我们所关注的是这条线的方向，或者，确定一个物质对象，而我们所关注的是其形状。充当函项主目的对象也许本身就是以实指的方式给出的；如果不是，那么确定这样一个对象的首要方法，就将取决于那类对象的名称所具有的那类涵义。在函数表达式属于高阶时，例如"Φ 的数目"，主目就不是对象，而是概念、关系或者函项，因而必须利用属于相应逻辑类型的某个语言表达式来加以确定。不过我们已经看到，并不是所有的抽象对象（这样说更好，不是所有不能实指的对象），都可以看作是在一个这样的函数表达式值域之内，因此我们必须找到关于名称涵义的某种更为一般性的解释。

在实践中关于什么东西可以成为实指对象的理解，完全没有我们此前在原则上说明得那样僵硬。严格地说，形状不可能是实指的对象，而在这种意义上颜色则可以。这种区分的确标志着形状概念与颜色概念之间的一种重要差别，我们在这种差别的基础上，把形状而不是颜色当作抽象对象。但这种区分完全是一种原则上的差别——对于我们所指出的一种形状，我们通常并不意识
490 到有必要确定我们要把它当作什么东西的形状，也不会意识到在这方面我们希望指出的颜色有什么不同；这不仅是因为我们确实常常指明具备那种颜色的是哪个对象，而不是使用纯粹的实指方式，而且是因为，在关系到形状的情况下，对象经常是隐含地确定下来的。字母表中的字母归根结底只是一种形状，一种具有特定意义的形状（当"字母"所意指的是类型而不是标记，也就是说，使用字母的那种方式使得我们说，英语字母表中有二十六个字母）。

但是,指着用某种不熟悉的字体书写或印刷的一页纸的某个位置问,“那是什么字母”,语境就会使得再说明是什么东西被认为构成了字母,成为多余的。象棋中的棋步,比如以车护王,或者 1. P-K4,如果当作类型为不是标记,那就肯定是抽象对象,然而在比如说在“那步棋叫什么”,或者“那步棋行吗”这样的说法中使用指示词,我们一点都不感到古怪,即便这时相当清楚,“步”是在类型而不是标记的意义上使用的。反之,许多物质对象是不可能成为实指对象的,因为它们太大或者太近,或者太小太远,或者只是因为它们不会作用于我们的感官。人们不可能指着太阳系,尽管当空间旅行足够发达时,这一点或许成为可能——只有宇航员才能指着地球。同样,人们不可能指着无色的气体,而对气味、声音与事件,指点这个概念似乎无法应用。

当所指示的对象发光、折射或者反射光线,并且够大够近能看见,但又够远够小而具有确定的方向,指点的姿势才是指示词付诸使用时的辅助手段。指示词有一些其他使用方式并不要求辅助姿势,但仍然可以当成是实指的方式。其中一种方式是,“这”这个词可以解释成像“我们身处其中的”或“最近的”这样的意思。能够指一座城市的场合相对少见,但“这座城市”这个短语,当用于说话者所在的城市时,却极其普通。如果有人说“这座城市”或者“这个国家”这样的短语,而没有指的动作,就可以解释为在进行实指,那么“这个行星系统”以及“这个星系”也就可以以同样正当的方式这样解释。这种形式的实指提供了另外一种方式,在对专名涵义加以解释的语境中,我们可以利用这种方式来把特定对象当作是给予的——作为属于一个已经得到理解的种类的对象给出,并且说话

者身处其中，或者只有这个对象近在咫尺。类似的方式可以认为
491 适用于声音与气味。如果有人问，“那是什么气味？”他不会使用指点的姿势，因为气味的感觉是没有方向的；而如果他问，“那是什么声音？”他也不大会这么做，因为听觉只具有弱的方向性——但这些也会被当作是适合于所提到对象的那些类型的实指，这里“那”可以解释成类似于“当前触及我们感官的东西”。

因此，作用于我们的感官，并且因而能够利用对感官的刺激来加以指称，这是某个东西成其为具体对象的充分条件。然而，这并不是必要条件，比如在无色无味的气体的情况下。就此而论，我们可以建议的充分必要条件是，对象对某种可以设想的感觉能力来说是可以知觉的，但这种能力并不必然是对我们所具备的任何感官的一种纯粹延伸。说对象的出现可以为某种工具或者装置所探知，这也同样好；这不过是相当于说，对象是那种可以导致变化的东西。更一般地说，具体对象可以参与因果作用——抽象对象既不能充当原因，也不能发生变化。

说抽象对象不能引起变化，这似乎蛮有道理，但说它不可能充当变化的主体，则似乎是有问题的。一个对象的形状不能变化吗？山上羊群的数目不会增加吗？木星的质心不能移位吗？对数来说，弗雷格给出的回答是，没有任何一个数，当它在任何时候充当山上羊群数目时，有时大，有时小，有时又消失了——毋宁说，变化
Gl 46；NS 147 (135) 来自这个事实，在某个时刻充当山上羊群数目的那个数，比后来充当山上羊群数目的那个数要小些。（弗雷格实际所举的例子是柏林的居民数目。）在其他例子中我们也可以这样说——木星在一个时刻的质心，与在另外一个时刻的质心不是同一个点。当然，我们

并不一定要按弗雷格的方式来解释这样的短语,比如我们可以说,“伦敦的人口规模”是一个可变数的名称。但这会导致不便,因为这种可变数不能等同于隶属数学的数系统的那些数。既然弗雷格总有办法排除它们,这些数就是多余的。然而应当指出,对于属于给定种类的对象来说,我们是否说它是可以变化的主体,这显然取决于我们的句子结构的一些偶然的特征,或者说取决于我们对它们给出的分析的一些偶然的特征。如果形状不可能变化,并且被称为形状变化的,就某个对象而言,是从具有一种形状到具有另外 492
一种形状的那种变化,那么对颜色也应当这么说,而这样我们就失去了前面我们据以把颜色当作具体对象而区分于作为抽象对象的形状的那种理由。那个理由是说,颜色可以充当实指对象,但为了使得颜色能被看作可以实指的对象,就必须承认它具有位置,因而就是变化的主体,比如当颜色从一个特定位置上褪去。

尽管弗雷格的论证可以反驳抽象对象据说可以发生的那些变化,但它仍然不能说明,为何它们不能发生其他变化。即便承认当第三十一头羊走上山时并没有数增加,情况还不是 30 这个数经历了不同的变化吗?它从是山上羊的数目变成了不再是山上羊的数目。在刚才那个成功的反驳启发下,我们可能想论证说,变化并没有发生,因为 30 曾经是,并且仍然是之前山上羊的数目,并且现在不是,也从来不是山上羊后来的数目。但这不管用,因为按照这种说法,我们可以论证说没有任何变化发生——当罗宾逊长出胡子,他就一直是在那一天长有胡子的人,并且他仍然是在一个较早的日期脸颊刮得干干净净的人。如果按照罗素建议的方式分析变 *PoM* 469
化,也就是说把变化分析为不同陈述拥有不同的真值,这些陈述只

是在时间指称(time-reference)上有内在区别,那么对于在一个对象中发生的变化,大概也可以按类似方式,分析成两个陈述具有不同的真值,而两个陈述中都包含了指称那个对象的词项,而且只在时间指称上有内在区别。在那种情况下,前面的例子确实说明了一个数所能发生的变化。对于什么构成了一个对象**中**的变化,我们的直觉标准要比这严格得多。至于是否可以将其精确化,我还不知道,但肯定很难加以刻画。我们可以把一种内在变化,描述为罗素所说的,两个陈述没有包含对任何其他对象的指称或者量化的情况。这可能过于严格了,肯定会有些变化虽然是关系上的,但仍然是对象中的变化。当一个人结婚,或者成为父亲,这些肯定是他作为主体的变化;一个典型例子是空间位置上的变化。如果只承认那些伴随有内在变化的关系性的变化,限制会太严;而若只是要求关系性的变化有可能产生内在变化,限制又太弱了。我能够得到的最为接近的条件是,变化必须包含对象与其他某个事物间
493 的因果作用;而对抽象对象来说,我们就又回到它们不能参与因果作用这一原则,而这又使我们有理由不承认它们是可变化的主体。

抽象对象为什么不能与其他对象产生因果作用呢?事情很可能会进入一个循环,会说因果作用总是蕴涵着相关对象中的某种变化——但这并不总是我们理解因果作用的方式,比如说,在重力吸引的情况下就不是这样的。毋宁说,事情关系到,关于抽象对象本身所能作出的任何陈述,都不具备解释性的特征。出于论辩的考虑,我们不妨接受一个流行的想法,即红布会激怒公牛,我们会说,是颜色导致了公牛的变化吗?似乎没有什么特殊的理由让我们不这么说,但这是因为我们没有把颜色当作抽象对象,因而承认

它偶然地占据特定的空间位置。我们可以用颜色就在他可以看见的位置,来解释公牛的愤怒。对照一下物质的味道是由分子形状决定的这一理论。我们能说特定的形状导致了苦味吗?一旦我们把形状当作真正的抽象实体,因而本身不占据空间位置,而只能充当某个对象或者轮廓的形状这样一种性质,我们就不愿意这么说了——味道并不是来自于形状的存在,而来自具有那种形状的分子的存在。这反映了形状是**属于**(of)对象而颜色则否这一事实——这不是说,我们没有选择形状在特定位置这种说法,而更愿意对颜色这么说;而是说,说形状在某个位置,而不指出它是什么东西的形状,这是无意义的。一个点当然有空间位置,但在一个点不能移动的那种意义上,点并不是偶然地占据空间位置。为了给出某件事的原因,我们必须提出某个偶然的事实。(无须对“偶然的”一词进行任何深入的分析,我们就能够接受这个平凡的原则,因为我们所需要的只是“某个东西可能是别的样子”这一直观涵义;对这个“可能”无论是否能够给出精确的解释,对因果关系的陈述都显而易见会得到反事实条件句。)关于抽象对象,不可能给出偶然的事实,而这种事实不能更为自然地解释成关于具体对象的事实,比如,关于那些抽象对象所“属于(of)”的具体对象的事实。因此我们并不认为抽象对象本身就具备因果效能,也不认为它们就是因果作用的主体。

关于抽象对象,重要的并不是它们与具体对象之间可以划出的严格界线——到现在已经清楚了,这条线并没有清楚地标出来,
而我们追踪这条线的方式,在细节上不仅就容易接受调整的那些 494
方面而言依赖于我们语言的细微结构,而且也依赖于我们以何种

方式表述划分的标准。事实上，也没有理由要在具体对象与抽象对象之间作出明确的区分——在语言中我们所使用的单称词项，在种类上过于多样化，以至于这样的区分失去了意义。然而这个区分仍然重要，因为不同种类的名称有适用指称这个概念的不同方式。专名涵义就是我们据以识别充当其所指的对象的方式。对于具体对象的名称（即构成指称这个概念的原型的那种情况），我们会把对涵义的把握，等同于判断一个包含了该名称的重认性陈述何时成立的能力，也就是说，判断一个通过实指的方式挑出的对象，何时能够作为名称的承载物得以识别的能力。实指这个概念可以加以扩展，从而涵盖那些不是通过视觉、空间上的接近，或者通过某种可以观察的因果作用而作用于感官的对象。在这种意义上，这一关于专名涵义的模型可以扩展到那些无法看到，或者因为太大或太小而无法真正进行指点的具体对象上。另一方面，抽象对象则只能利用言辞来指称，此时没有任何借以指明某种环境特征的辅助手段，除了在一些情况下，它被当作某个具体对象的函数值，要用实指的方式来挑出主目。在这种情况下，就要用类似于“**这个**的形状”这样的短语来指称。

人们不能把一个抽象对象**展示**（show）给我们，正是这个事实，让我们觉得这样的对象不是真实的。这种感觉支撑着古德曼式的唯名论。当对象可以作为名称的承载物来识别时，我们就以某种方式遭遇对象。在许多情况下，充当特定名称的承载物的对象可能太远了，以至于无法发生这种遭遇，要不就是对象[在这种遭遇发生时]早已不存在了——但我们知道这样的遭遇是什么样子，因而觉得，自己对于什么算作利用名称来指称这样的对象，还是有所把握。但是，不可能遭遇抽象对象，它通常不具时空位置，并且不可为感官所知觉，甚至不能为可以设想的那些超感官所把握。因此，我们很容易落入这样一种框框，觉得我们不能理解什么才算是这样的对象，因而必须它们排除出我们的本体论。

在《算术基础》中，弗雷格对这种倾向表达了最深的敌意。他希望加以反击的那种哲学谬误不是唯名论（即对抽象对象的拒斥），而是心理主义，也就是把表示抽象对象的词项所表示的东西， Gl 60 495
解释成心理表象或者心理操作的其他结果。他说，这样的心理主义是源于一种错误，即“在撇开名称所出现的句子语境的情况下，询问名称的意义”；对唯名论，多半他也会作出同样的诊断。如果孤立地询问抽象对象名称的意义，我们就会因为没有任何东西表明是名称的承载物，而注定要求助于某种心理表象——与之相应的现代错误，就是得出结论说该名称根本就没有任何指称。弗雷格说，相反，名称或其他任何词，都只有在句子语境中才有意义，只有在那种语境中，我们才会询问词语意义。

这里用“意义（meaning）”来翻译的是“Bedeutung”，但弗雷格这时还没有表述他关于指称（Bedeutung）与涵义（Sinn）的区分，并且在表述这个区分之后就再没有重复过这条格言。因此，也就有可能把它解释成是针对名称与其他词的**涵义**。的确，这条格言的部分内容肯定是，句子在语言中扮演了一个特殊的角色——也就是说，既然只有通过句子才能够**说**些什么，才能够作出语言行为（断定、提问、命令等），任何亚语句表达式的涵义，就只能取决于表达式对于决定包含它的句子内容的贡献。由于这个原因，如果不是用来充当一种准备步骤，以引入在句子中使用名称的一种方式，

从而针对那个指定为承载物的对象说些什么，为名称指定一个承载物就纯粹是空架子。句子具有独一无二的核心角色，这是体现在《算术基础》所勾勒的意义理论中的核心见解。在弗雷格后来的著作中，也正是因为句子的这种核心角色非常不幸地消失了，弗雷格才从未重申只有在句子语境中词语才有意义这一格言。

把这条格言解释成关于涵义的论点，虽然展示了它的一个重要部分，但并没有穷尽这条格言的内容。从弗雷格对这一格言的运用来看，他的意思明显不止于此。他希望把它理解成是为语境
Gg II 66 定义(contextual definition)给出的一种辩护。这一点之所以可能被忽略，不仅是因为弗雷格后来极力反对语境定义，而且也归咎于在关于数词的定义上，那本书里实际上写了什么。对于“我们一定不能孤立地询问名称的意义”这一格言，弗雷格加以运用的首要例子是针对像“数 1”这样的词项——然而，当他在掂量了语境定义
Gl 62-7 的一种形式并加以拒绝以后，在真的要为这样的词项给出定义时，
Gl 68 496 他给出了一个以类为基础的显式定义。然而，他显然不是仅仅因为是语境定义，而拒绝了所建议的那种形式。他实际上考虑了针对它的三个反对意见，其中第一个实际上就是这样拒绝语境定义
Gl 63 的——他驳回了前两个反对意见，而只保留了第三个。有可能认为，随后对第三个意见的斟酌，使他认为它可以扩展到覆盖所有语境定义的地步，因而使他后来反对所有语境定义——但在《算术基础》本身中，它并没有提供一种关于语境定义的一般性的反对意见，而只针对这种特定的形式。相反，语境定义在《算术基础》中得
Gl 60 到了明确的捍卫，用极限来定义微分的标准记号，就是一个得到首肯的例子。

如果“词语只有在句子语境中才有意义”这条格言只是一个关于涵义的论点，那么它就不会告诉我们一个名称可以有何种涵义——只要我们注意，为名称指派涵义或指称，唯一目的就是为在句子中使用它而做准备，那么这个论点就并不意味着，单独询问名称的涵义或指称，这会有什么错。而把这条格言当作语境定义的依据，则表明弗雷格想要的不止于此——对于用语境定义引入的名称来说，问它本身的指称是什么，这不会有答案；我们所能有的只是一种方法，用来解释包含它的任意句子的真值条件，而弗雷格说这就是我们有权要求的一切。因此，我们必须这样解释这条格言，它还表达了一个关于指称的论点，即认为我们总是可以要求把充当名称承载物的对象**展示**(show)给我们，这是不合法的。一个表达式是否是名称，这不取决于关于其涵义的精确知识，而只取决于它在句子中充当的逻辑角色，取决于我们当初讨论弗雷格的专名概念时，试图弄清楚的那些标准——那些标准在一种宽松的意义上说是“形式的”，它们中有些关系到句法问题，比如表达式可以在哪些种类的语境中有意义地出现，对于可以通过对包含了那个表达式的句子做出的相当简单的变换来加以描述的一些推理模式来说，那些标准也与这些模式的有效性相关。按照这样的标准，比如说，数词就很容易被承认是专名，因为像“5 是素数”与“伦敦是嘈杂的”，或“19 比 3 大”与“芝加哥在纽约西面”在结构上的相似性是容易得到确认的。这样，对于包含所考察名称的所有可能的句子来说，如果我们都成功地确定了确切的真值条件，那么我们就作出了为赋予这些名称以涵义所需要做的一切。要继续问关于这 497
样的名称是否具有指称的问题，充其量就只能是问，一个存在陈述

是否为真——“祝融星”这个名称是否具有指称，这是个天文学问题，也就是说，它关系到是否有这样一颗行星，它的轨道在水星之内；同样，比如说，关于“ω_1”是否有指称的问题则是一个数学问题，即是否有一个最小的不可数基数。相关的存在陈述是否为真，是由专属那个话语领域的方法所决定的，而这取决于我们预期针对那类句子所规定的真值条件。至于**在实在中**是否存在充当名称所指的对象，则没有其他的、哲学上的问题。

对于名称只有在句子语境中才有意义这条格言来说，这样的解释需要拒斥一种具有特殊的哲学意义的“存在”概念，它允许我们断言，在这种特殊的意义上，数并不真的存在，但仍然承认算术中的存在陈述，比如在7与30之间有一个完全数这样的陈述。关于“存在”我们唯一拥有的涵义，是由我们通常使用的句子中的存在量词所赋予的——如果我们已经为特定存在陈述提供了确定的真值条件，而按那些条件，陈述被证明是真的，那么就存在满足陈述中所给条件的东西，而这就是事情的全部。这当然不会困扰唯名论者，他不是那种想同时证明矛利盾坚（wish to eat cake and have it）的哲学家——他会坚决地拒绝使用以抽象对象（例如数）为定义域的量词，因而根本就不准备承认算术陈述。但是，按照弗雷格的论点，唯名论者也受害于在必须做什么才能为赋予名称以指称这个问题上的迷信想法。要使一个表达式成为一个拥有指称的名称，无须满足别的条件，需要的仅仅是：它满足名称所要满足的“形式”标准；它属于一套词汇的一部分，我们可以利用这套词汇，来构造包含那个名称[表达式]的句子，也可以按照词项与量词相联系的那种标准方式，来构造针对那个表达式的量化句子；我们

为这些句子提供了真值条件；最后，按照我们已经确定的真值条件，这些句子中，对为使名称具有指称所要满足的条件做出陈述的那个句子是真的。

致使人们孤立地询问名称意义的那种迷信就是，名称的涵义必须通过遭遇名称所联系的那个对象而被给予，或者至少原则上能够这么给予。当遇到抽象对象的名称，这种迷信就要么导致一种关于那种名称的心灵主义（mentalistic）解释，要么导致唯名论，498
将其当成无意义的而加以拒绝。具体对象的名称涵义，的确可以认为就是识别作为承载物的对象的标准。但唯名论者与心灵主义者所忽略的是，为了指称对象，这样一种识别本身除了要掌握名称的使用，还需要掌握某种语言手段，即指示词的相应用法。只有语言才能从整个周遭环境中挑出对象，才能通过运用同一性标准来勾勒出对象。对抽象对象的名称来说，指称对象的这种手段阙如，我们需要掌握的仅仅是同一性陈述的用法，在这种陈述中，一边是名称，另一边则是表示那类对象的其他某个复合词项。认为缺乏实指手段对于表达式的专名地位来说至关重要，因而对于其所指的对象地位来说也至关重要，这种想法要归咎于关于具体对象的错误图景，按照这幅图景，可以说对象能够作为本身给予我们，而无须使用语言。一旦领会到不是这样，我们就不会那么容易就夸大实指的作用了。我们会意识到，即使在具体对象中，也会有许多不同的种类，对于它们我们会使用很不相同的同一性标准；实指这个概念也不是铁板一块，而必须依据所关心的对象种类，而服从于各种各样的修正。意识到这一点我们就会明白，实指这个概念无论怎样延伸，抽象名称都不能成其为实指对象，虽然如此，抽象对

象的名称对于一种已经展示了极端多样性的表达样式来说，仍然不是一种彻底的脱离，而仅仅是完全自然的进一步延伸。

弗雷格无疑希望我们按这样的线索理解他的专名概念及对象概念：具体对象与抽象对象的区分获得承认但又不获重视，在这两种对象的名称的使用上又没有本质上的区分，并且，尤其是，对于抽象对象的名称的使用来说，又没有任何东西是可疑的。当然，只有通过以这种方式强调名称在句子语境中的角色，才有可能为抽象对象的名称提供辩护与解释。不过，这种辩护仍然留有让人不安之处。名称的涵义如果不是(或者不总是)以对象充当名称承载物所要满足的同一性标准这样一种形式给出，那么如何才能给出涵义呢？轻描淡写地假定，我们能够为包含了抽象对象名称的句子(比如算术陈述)确定真值条件，这是一回事，但是，如果不是从
499 规定充当成分的词项指称什么开始，这些真值条件又如何得到确定呢？重要的是，体现于用名称/承载物关系充当指称关系的原型这一做法中，并且体现于“我们的词语的所指就是我们所谈论的东西”这一原则中的那种实在论，又该如何呢？当抽象对象的名称拥有指称，这一点被解释成完全是语言之内的事情，那么又是在什么意义上，我们有权认为抽象对象就是外部实在的构成物？

毋庸置疑，在弗雷格的实在论与其只有在语境中才有意义这一学说之间，存在很大张力——问题是，这是否是一种面对面的冲突。对不完整表达式来说，弗雷格认为只有在类比的意义上，才能把指称这个概念运用于它们——但我们已经看到，这种运用虽然可以得到辩护，但类比在一个关键点上断裂了。抽象对象的名称被弗雷格认为在与具体对象名称同样的意义上具有指称，但在这

里我们觉得最好是说，这只是一个类比，并且，虽然这是一个比起不完整表达式来说更加接近的类比，但关于抽象对象名称的意义的实在论图景，却因此而遭到了质疑。我们知道，对属于某个种类的抽象对象的名称来说，有可能在解释结构上仍然把名称的涵义解释成其承载物的识别标准。我们必须为特定种类的抽象对象，找到一组优选的名称。例如在自然数情况下，我们可以从某个特定的记号系统中选出数词；至于像“ξ 的形状”这样的函数表达式，其主目是可以加以实指的对象，对于构成其值域的抽象对象来说，我们可以选用该函数表达式用指示词来补充得到的形式。这样，按照这种解释，任意数字词项 ν 的涵义，就都取决于要确定具有形式⌜ν＝χ⌝的任意句子的真值条件所需要的标准，其中 χ 是一个数词——用来确定这类同一性陈述是否为真的标准，在这里就扮演了在具体对象的情况下，用来确定重认性陈述是否为真所扮演的那种角色。必须承认，在弗雷格自己的著作中还没有找到这类建议的任何佐证。而作为对弗雷格的一种解释，也只能这样替它辩解：除了在有可能给出定义的情况下，涵义可以通过所采纳的定义的形式来加以展示以外，一般而言弗雷格关于涵义说得并不明确。但是，如果不采纳这个建议，就难以看出，在为抽象对象的名称赋予指称与具体对象的情况之间，何以能够作出类比。如果认真对待《算术基础》所推荐的语境定义，那么包含了抽象对象名称的句子，其真值条件就可以通过给出一种规则来加以确定，这种规则规定了，如何把那些句子转换成连关于那类抽象对象的表面上的指 500
称或量化都没有包含的形式——我们可以把谈论方向的句子，解释成只谈论直线的句子。把这理解成为方向名称的使用给出一种

有效的辩护方法，这完全是合理的，但自然也可以这样进行解释：这种方法没有证明这样的名称在具体对象的名称一样也有指称，而是在不为其赋予指称的情况下解释如何使用这类名称。

关于指称的实在论理论与“语境”学说之间的冲突，在这里达到了最为尖锐的程度——如果像弗雷格在《算术基础》中推荐使用语境定义的那些段落所表现的那样，在那种非常强的意义上理解“语境”学说，那么它似乎就提供了一种完全舍弃指称的方法。这一冲突反映在弗雷格对语境定义所表现的犹豫中。针对为具有形式“F 的数目”的词项（对具有形式“a 的方向”的词项也是如此）所建议的语境定义，弗雷格所提供的反对意见是，它并没有为我们给出一种手段，来确定形如“F 的数目是 c”（或“a 的方向是 c”）这类句子的真值，而句子中的名称“c”不具有“G 的数目”（“b 的方向”）这样的形式。一个自然的答复是，在我们的语言中，我们根本就不必认可这样的句子。但是，在其研究生涯的这个阶段，弗雷格尽管明显是希望不要让所有名称都能够占据所有谓词的主目位置，但还是足够确信，必须认为对象构成了一个单一的范畴，以至于认为，连接了两个名称的所有同一性陈述都必须赋予涵义。之所以有这种顾虑，肯定是因为弗雷格意识到，在使用语境定义的情况下为抽象对象的名称识别充当其承载物的对象时，如果唯一能用的方式是通过同一类型的另外一个名称，那么宣称为这类名称赋予了指称，就是站不住脚的说法。

但是，何以至此呢？为了引入特定种类抽象对象的指称，我们使用例如“Φ 的数目”或“ξ 的方向”这种形式的函数表达式。我们不是已经看到，这类表达式在这样使用时的标志性特征就是，属于

那个种类的对象除了利用那种表达式，就不能被指称——我们只能把数作为数来指称，只能把方向作为方向来指称？当然，我们充其量可以指望找到一种方法，来说明一个不作为数来指称的对象不是数，一个不作为方向来指称的对象就不是方向；我们不能指望找到这样的名称，通过它可以挑出不作为数或者方向来确定的一个数或一个方向。

弗雷格的解决办法当然是，利用类来为函数表达式给出显式 501
定义。这样做达到了原定目标，找到了一种方法，把数或方向解释成不作为数或方向而得到识别的对象，即类，并进而以一种方式，把数或方向的名称可以看作具有指称这一点，弄得更加有说服力了。我们知道，把所有抽象对象都归结为类，这并没有为局面带来根本性的改观——这仅仅意味着只有唯一一种抽象对象，而不是多种。类仍然是那种只能作为类来指称的对象；或者说，与把句子划归为名称这一做法保持一致，就像在《算术的基本原则》中所做的那样，我们把类纳入到值-域（value-ranges）这一更为一般的概念之下，而值—域仍然是只能作为值 域而加以指称的对象。我们看到，实际上正是这一点，在《算术的基本原则》中引起了弗雷格
的担忧——当“c”是一个不是通过抽象算子构造出来的名称时，我 Gg I 10
们又如何为形如“F 的类是 c”（更精确地说，“f 的值—域是 c”）的句子确定真值呢？

因此可以认为，弗雷格之所以对语境定义犹豫不决，是因为他只是部分地意识到他的“语境”学说，与关于指称的实在论理解之间的张力。为了终究能够解释如何为抽象对象的名称赋予指称，就只能向弗雷格的意义理论中输入这样一个观点：抽象对象名称

的涵义就取决于，对于连接了该名称与一个属于优选种类的名称（比如数词）的等同陈述，要使其为真的而需要满足什么标准。但即便如此，我们真能达到目的？我们真的能够有理由相信，在与具体对象相同的意义上，抽象对象是实在的构成物？

在某种意义上，这取决于要承认抽象对象存在，需要什么样的
p. 257 标准。在第八章我们看到，关于这个问题有些不同的观点，我们以斯特劳森与亚里士多德作为代表。对斯特劳森来说，关于个体（殊相）的限定摹状词是否拥有指称，这总是一件偶然的事情，尽管如此，有些关于共相的限定摹状词却保证有指称，比如“在黄与红之间紧邻的那种颜色”。与此不同，亚里士多德则主张，除实体（substance）以外的其他范畴中，任何东西的存在与否，都总是取决于它存在于其中的实体，或者能够被它所谓述的实体是否存在。这意味着，对于对应于特定摹状词的颜色或形状来说，只有当存在某个具有那种颜色或形状的对象，那种颜色或形状才存在。按照亚里士多德的存在标准，紧邻在黄与红之间存在一种颜色，这是一
502 件偶然的（虽然是众所周知的）事实，因为这取决于是否有某个物质对象或者视觉对象，它的颜色紧邻在黄与红之间。同理，在休谟的色调等级序列中的空当上，是否存在一种用来填充的色调，这是没有保障的，而是取决于是否有具备那种色调的东西。从这个角度讲，斯特劳森关于存在的保障，所保障的仅仅是**可能的**存在——我们可以先天地说，具备填补空档的色调的某个对象可能存在，但不能说，实际上有这样的对象，因此也就不能说，实际上有这样的色调存在。

与实在论相协调，关于抽象对象的存在，弗雷格总是采纳亚里

士多德式的标准，而非斯特劳森式标准。我们会被诱导，认为在数学中所用的那种存在标准也是斯特劳森式的，或者，用亚里士多德的方式来说，数学关心的是可能的存在，而不是实际的存在——比如，对于自然数的无穷序列，这让我们有足够充分的理由说，对任意 n，可能有 $n+1$ 个对象。弗雷格并不同情这种理解，对他来说，数学与其他任何科学一样，都关心实际存在什么(按亚里士多德的方式来解释)——如果我们能够确认数列是无穷的，那么我们就一定能够证明，对所有 n，都存在对象的某个种类 F，使得实际上有 $n+1$ 个 F。

不过，这个例子提醒我们，对弗雷格来说，情况根本就不是说，所有真的存在陈述都是后验的，甚至也不是综合的。当然，没有理由要让弗雷格或我们一定要接受康德的论点，说它们都是综合的——对康德来说，这个论点直接来自，他把分析陈述定义为谓词包含于主词中，以及“存在”不是谓词这一学说；而弗雷格在一个宽泛得多的意义上定义“分析的”，并且，如果我们最终还是要接受分析性这个概念，那也要跟随弗雷格而不是康德。但是，说存在必然为真的存在陈述，其代价当然是，我们有义务承认，在那些存在或者能够认为存在的东西中，有些是不在世界中的，它们不像具体对象那样充当实在的构成物——至少，如果我们主张有分析为真的存在陈述，而不管“必然为真”有何种不尽相同的涵义，这项义务似乎就都会产生。我不知道这个原则是否能够建立起来，确切地说，我不知道某个东西“在世界中”这样一个晦涩的概念能否弄得足够严格，使得这个主张能够得到证明——或许我们所讨论的只限于一幅图景在直觉上是否可以接受。但是，这幅图景看起来确实要

求，我们称为“实在的构成物”的东西，就是我们能够遭遇的东西；
503 而若一个东西的存在是分析地为真的，认识到它存在，这一点很难说就构成了某种遭遇。

对有些抽象对象，弗雷格认为关于其存在的陈述分析地为真，这类对象可以仿照纯粹集合(pure set)，称为“纯粹抽象对象”。我们如果从个体(非—集合)的某个聚集(collection)开始，就会首先考虑那个聚集的所有子集的总体；现在有两个聚集，一个是个体的聚集，一个是个体的集合的聚集，如果构造这两个聚集的并集，我们就又可以构造这个并集的所有子集的总体，这些子集的成员要么是个体，要么是个体的集合；通过再次为这个总体与个体的集聚取并集，我们就为取子集这一迭代操作建立了基础，如此等等。如果现在考虑用这种方式构成的可数多个聚集，我们就可以取所有这些聚集的并集，从而构成取子集操作的进一步的基础，只要我们愿意，就如此推进到超穷集合。正是这样的集合累进层级，构成了策梅洛—弗兰克尔那种集合论的直观模型。总的来说，什么样的集合出现于层级中，取决于我们从什么样的个体开始。然而，有些集合无论我们从什么个体开始，都会出现——它们事实上正是从根本就没有个体这种情况开始所得到的集合。这样的集合包含空集 ∅、它的单元集{∅}，把空集以及空集的单元集的单元集包含在内的集合{∅，{{∅}}}，以及集合 ω={∅，{∅}，{∅，{∅}}，{∅，{∅}，{∅，{∅}}}，……}，如此等等。集合可以用树来表示，集合本身在顶点上，每个节点都表示一个对象(集合或者个体)，这个对象的成员(如果有的话)就用紧接着它下面的节点来表示。这样的树中每条线路都是有穷的，因而会终结于某个节点上，这个节点表

示的对象没有成员。这样的一个对象要么是一个对象，要么是空集。只要在相应的树中每一个终结节点都表示空集，一个集合就是一个纯粹集合，也就是说，是不管我们从什么样的个体的集聚开始，都会出现于层级中的那种集合。

我们承认世界中包含什么对象，这取决于我们语言的结构。我们有能力在实在中区分任意特定种类的对象，这是因为我们已经学会使用一些表达式（名称或普遍词项），与这些表达式相联系的是一种同一性标准，它在实在中可以得到恰好那种形式的片段——我们原则上能够设想一种语言，其中包含的名称与普遍词项与一些极不相同的同一性标准相联系，而说这样一种语言的说话者，会把世界看作以一种不同于我们的方式区分成离散的对象。

这样，弗雷格由于坚持专名具有涵义，以及这种涵义包含了一种同 504
一性标准，在某种意义上他就可以同意《逻辑哲学论》的第二句话，*TLP* 1.1
“世界是事实的总和，而不是物的总和”。从字面上理解，这对弗雷格来说是错的，因为，我们已经看到，对他来说事实属于涵义而不是指称的领域——然而，我们应当说，在弗雷格看来，世界并不是以任何一种清晰地划分好的方式示人的，是我们，通过使用我们的语言（或者说通过把握那种语言所表达的思想），为世界施加一种结构。

如果我们像弗雷格那样，用亚里士多德的存在标准来评判抽象对象，那么某个种类的抽象对象是否存在，这就是偶然的——不存在没有人玩过的游戏，也没有从来没有人说过的语言。当然，集合论为我们提供了若干机制，可以用来获得在可能的对象上进行量化的效果，而无须引入模态概念——比如说，如果我们想考虑可能的格律形式的总体,而不限于考虑那些实际上有实例的形式,我们首先会用像"ababb"这种字母串的表示形式,来替换格律形式本身,然后用集合论的方式来解释字母串的概念,使得一个字母串的存在与否,不取决于相应的韵律是否在物理上出现过。然而一般说来,抽象对象的存在与否,仍然取决于什么样的具体对象存在,比如说,取决于具体对象的集合或者序列是否存在。但对弗雷格来说,抽象对象是否存在,并不取决于最终是否有具体对象存在。一个满足特定条件的数是否存在,实际上的确依赖于是否有某个概念,使得落于那个概念之下的数满足所提到的那个条件。但是,不仅是对具体对象,并且对抽象对象来说,我们都可以问满足某个特定谓词的东西的数目是什么。因此,为了确认一个特定数的存在,引证一个只有抽象对象(或许只有数)落于其下的概念,并且以这种方式来保证数总是存在的,而完全不理会有什么具体对象存在,这种做法就是合法的。正是以这种方式,弗雷格认为自
Gl 82-3 己满意地证明了自然数序列是无穷的——对任意自然数 n 来说,
小于或者等于 n 的数的数目是比 n 大一的数,因此自然数的序列没有终结;数 0 作为序列的开端,它的存在当然是通过引证一个没有任何东西落于其下的概念,而得到保证的。

这样的抽象概念是否存在,就像纯粹集合一样,可以独立于任何具体对象是否存在而得到承认,而无须对这个世界进行观察。
505 把语言提供给我们的概念工具运用于实在,就会使我们得以区分
各种具体的和抽象的对象——但这种工具却决定了,无论这种工具在运用时所针对的实在是如何构成的,它都会使一些对象得到承认;这些就是纯粹抽象对象,就像自然数那样,它们的存在是分

析的。如果我们把世界看作是由对象构成的,而这些对象以已经分割好的形式来到我们面前,这就是不可理解的——在那种情况下,何以可能有既存的、非人力所为的各式各样的对象呢?但是,一旦我们意识到,我们之所以把实在理解成可以分解成离散的对象,是因为我们把包含于我们语言中的一套概念工具,运用于原来没有进行划分的实在,那么一些对象是来自这样的操作,而不管对其进行操作的实在是怎样的,这就应该不会特别让人意外。

或许不是这样的,而原因恰恰就是,看来不可能把纯粹抽象对象当作是外部实在的构成物。在这一点上,关于指称的实在论观点似乎无可挽回地崩塌了。纯粹抽象对象只不过是一些语言表达式的反映,按照简单的形式标准,这些表达式表现得像是对象的专名,但其涵义却不能描述成我们识别充当其承载物的对象的能力。对于一些特殊种类的同一性陈述来说,比如对在自然数的情况下,一边是数字,一边是所考虑的抽象词项的等式来说,确定其真值的步骤也许可以认为体现了这种抽象词项的涵义,比如体现了数词的涵义。这样看来,这种步骤就显然与识别充当名称承载物的具体对象的步骤相似,因而可以用来解释具体对象的名称与抽象词项之间在逻辑角色上的相似性。但是,使得类比失效的那个点,恰好就在对实在论图景的使用上——不可能认为对于数等式真值的辨别,就在于识别出一个外部对象是一个词项的所指,这正因为,要求我们把数当成外部世界的构成物,这是无意义的。

作为一种数学哲学,柏拉图主义有好些条可以区分开的脉络,虽然在实践中它们通常一同出现,原则上还是可以在一个方面是柏拉图主义者,而在其他方面则不是。柏拉图主义提供了一幅关

于数学陈述是谈论什么的图景，即这些陈述就像关于物理世界的
陈述一样，是关于外在于我们的客观实在的陈述，并且其真假取决
于这种实在；只是在数学陈述中，我们所要描述的那个实在是由抽
506 象的、不变的对象所构成的，而关于物理世界的陈述则描述时间性
Gl 96；Gg I xiii 的、具体对象的结构。如弗雷格所说，“数学家和地理学家一样，无
法创造任何东西，他也是只能发现已经存在的东西，并为之命名”。
但我们不能从这幅图景中直接看出哲学观点的内容，而必须考察
这幅图景是如何使用的。

关于外在于我们的数学实在的这幅柏拉图主义图景，一种使用方式就是表达这样一种信念，按一种实在论解释，数学陈述就像关于物理世界的陈述一样，是客观地确定了要么为真要么为假，而不管我们以何种方式证明或者否证它们。这样的观点显然只能用于这样一种理论的陈述，人们认为构成这种理论的模型的，只有唯一一种数学结构（这要看什么是同构关系）。但要是说比如在集合论中不是这样的，不会与一般的柏拉图主义图景不一致——我们可以认为，关于集合我们并没有一种足够明确的直观理解，使得只有一种独一无二的数学结构可供我们的集合论去描述；进而可以认为，有些集合论陈述，比如连续统假设，它们既非绝对真，也非绝对假，充其量只能说，它们在某些模型中是真的，而在其他模型中则是假的。但是，一旦承认比如关于“自然数”这样的直观概念具有确定的外延，并且承认，这就构成我们要用某种数学理论（在这种情况下就是数论）来加以描述的那种结构，那么，按照这种看法，属于那种理论的陈述就确定要么为真要么为假，而无论我们现在或者未来能否证明或推翻它。

对于外延并非直接就是有穷的直观数学概念来说，构造主义的一些非常极端的形式，会否认所有这些概念具有确定的外延。比如，按照埃塞林—沃尔平（Essenin-Volpin）所倡导的严格有穷主义（极端直觉主义），认为两个关于自然数的直观模型同构，就是错误的——“自然数”就是指这样一个总体，它由那些在实际上可以用某种确定好了的记号，为其写下数字的数所构成，并且，一个这样的结构可能比另外一个要大些，而这取决于所选择的记号。与此相关联的一个观点是维特根斯坦在《数学基础评论》中表述的，即例如像“是素数”这样的数学谓词，其涵义不是通过“原则上”可以用来确定如何使用它的方法来给出的，而是通过我们在实践中所接受的标准给出。既然对任意谓词来说都存在太大的数，以至于无法在实践中应用我们在任何特定时刻所拥有的标准，那么，在任何时候就都没有数学谓词，能具备适用于整个自然数域的那 507
种涵义。这样一种极端观点的一个显而易见的后果是，对任意数学陈述来说，我们都无权认为它确定地要么为真要么为假。

不过，构造主义的任何一种较温和的形式，比如直觉主义，都不会以这种方式反对关于数学陈述的二值律。从直觉主义观点来看，自然数是心理上的构造物。由于在任何时刻我们都无法实施无穷多的构造活动，自然数的整体就与所有其他的无穷总体一样，只是潜在的总体。尽管如此，它仍然是一个完全确定的总体——我们有一种完全明确的步骤，来生成自然数，因此，哪些东西能被承认是自然数而哪些不能，这在事先就确定了。在这种意义上，关于自然数的直观概念，在直觉主义中就与在柏拉图主义中一样，具有完全确定的外延。同样，从直觉主义立场看，数学谓词的涵义是

通过原则上可以用来确定其是否适用的方法(如果这种方法存在的话)给出的——我们在实践中动用的任何其他标准,之所以作为关于该谓词是否适用的标准而得到接受,都仅仅是因为人们承认它产生了一种能行的方法,可以用来确定原来的判定程序的结果,而谓词的涵义则根据这种判定程序给出。

至于直觉主义何以拒绝把关于确定真值的概念用于数学陈述,则是因为至少对于数学语言来说,它采纳了一种关于意义的验证主义(verificationist)解释。因此,问题并不在于对数学词项以及初始的(可判定的)数学谓词作出了何种解释,而是取决于句子是如何构成的,首先是取决于量化。在自然数总体上的量化,并不是一种针对句子的、保留可判定性特征的操作,因而对这样形成的句子涵义的把握,就不能认为是取决于是否知道使句子为真为假的条件,而必须认为是取决于识别出句子是得到证明还是否证的能力。因为,在学习使用量化的数学陈述时,我们所学习的正是这一点。

现在清楚了,自然数作为对象的地位并没有,或者没有必要,在这两种观点的对立中起作用。有人可能会确信,自然数是抽象对象,它们永远存在,而不取决于我们是否知道它们,但与此同时
508 仍然认为,在它们上的量化不能被理解为一种操作,这种操作在各个情况下都产生一个确定地为真为假的陈述,而只能在我们分辨这样的陈述为真或为假的能力的基础上理解。反之,有人也许会认为,自然数是心理的构造物,是人类思维过程的产物,但仍然接受利用无穷的逻辑和与逻辑积来加以解释的量化概念,由此产生为真或者为假的句子,而不管我们是否有能力来证明或否证它。

这里起作用的是关于意义的正确模型，它关系到我们在学习使用我们语言中的句子时，所学习的是什么。一种模型更适合于一幅图景，在这幅图景中，量化定义域中的对象存在于外部；另一种模型所适合的图景则把对象描绘成心理构造物。然而，关于意义的这两种模型中，没有一个本身是我们不得不接受的，也没有一个模型因为相应的图景，而让我们必须接受。

这样，对于关于数学陈述的一种柏拉图主义解释来说，既然它仅仅是说，这样的陈述是通过确定其真值条件而获得意义的，并且，我们具备一种适合于这些陈述的真理概念，在这种概念之下，各个（属于一种足够明确的数学理论的）陈述都确定地要么真要么假，那么这种解释就并没有利用关于数学词项的实在论图景。正如克瑞塞尔说过的，重要的不是数学对象是否存在，而是数学陈述的客观性。因此，考虑到弗雷格关于数学的柏拉图主义也没有超出这一点，他关于意义的“语境”学说，就可以作为关于抽象词项用法的解释与辩护，而加以接受，而指称则可以只是作为一种说法归于这些词项。这些词项的涵义，可以被认为是识别特定的同一性陈述是否为真的标准，而它与真正的专名涵义之间的类比关系，就可以认为解释了抽象词项与专名之间形式上的相似性。但抽象词项的意义不能按照实在论模型，解释成是由词项与外部对象之间的指称关系所确定的；因为，在解释包含这些词项的句子的真值条件时，没有任何地方需要引入这样的对象。

对此可能有人会回应说，我们需要抽象对象的概念，目的是要解释抽象词项这个概念，因此把抽象对象解释成仅仅是反映了抽象词项的用法，就什么也没有解释。比如说，我们打算解释一个关

于自然数的陈述，不是用弗雷格的那种实在论的方式，通过引入对特定抽象对象的指称，并在其上定义数学谓词，从而解释数学陈述，而是对于把数词置于谓词主目位置上所得到的句子来说，通过直接规定这些句子的真值来解释，因此抽象对象就被一笔勾销了。
509 我们似乎不得不这么解释，因为，如果不是用在某个偏爱的记号系统中表示数的数词，我们找不到任何东西，可以用来识别充当某个数词项承载物的那个特定的数。但是，要解释在自然数总体上的量化，我们必须考虑那个特定系统中所有数词的总体。然而，数词不可能等同于实际上写下的印记，这会把自然数的存在弄成一件偶然的事情，并且会坐实在任意时刻只有有穷多自然数这一事实。相反，它们必须被认为是记号（例如阿拉伯数字）的有穷串（finite sequence），而有穷串与自然数本身一样，也是抽象对象。

这就证明了关于消除抽象对象的指望实属徒劳。就此而论，这个论证显得非常有力，也该当如此——唯名论确实削弱了我们的表达能力，要是不作出最为稀奇古怪的曲解，唯名论者甚至都无法严肃地对待数学中哪怕是最小的局部。但在眼下的语境中，这个论证忽视了一般意义的抽象对象。与纯粹抽象对象的区分，而弗雷格认为自然数属于后者。当我们把有穷串的存在当作是由其项（term）的存在所保证的时候，有穷串确实是抽象对象；但是，如果它们的项不是纯粹抽象对象，有穷串也就不是。（这里，我们必须把有穷串解释成初始概念，或者也可以定义成有序对的标准集合论定义的一种扩展；但不能定义成以自然数的起始段作为定义域的函数。我们可以将其当成用以引入一种抽象对象的、特定的初始方法，即以特定次序给出任意 n 个对象，这些对象不必不同，

我们将其看作是确定了一个单一对象，这个对象就是以那些对象
作为项的串。）按照使用单称词项所需要掌握语言的片段的范围，
各个种类的单称词项形成等级。我们在日常生活中遇到的具体对
象，其名称占据等级体系的一端，而表示纯粹抽象对象的词项占据
另外一端。任何名称的使用都要求某种语言技术，因此，把握名称
的涵义，从来就不是在没有使用语言之前，单纯把名称与作为实在
的可分离的构成物给予我们的对象联系起来。这样，我们就可以
认为，等级体系中的位置表明了，为使我们具备关于名称所表示的
那类对象的概念，语言能力和非语言能力所作出的相对贡献。对
任何一种抽象对象来说，为了学会使用它们，所需要掌握的语言片
段就相对大一些，而习得这种语言能力，对于构成关于它们所表示
对象的概念来说，贡献相应也就大。但是，在词项不是表示纯粹抽 510
象对象，而是表示比如物体或者排成串的具体对象的形状时，这些
词项的使用，仍旧与观察外部世界并识别其构成物的过程明确地
联系着。出于这个原因，仍然有可能对这样的词项运用指称概念，
并以实在论的方式把指称解释为与某种外部事物的关系——然
而，沿着等级走得越远，与原型情形之间的类比关系就越弱。只有
当我们到达表示纯粹抽象对象的词项时，关系才完全断掉，我们所
关心的词项才根本没有外部指称。

有人可能会从另外一个角度说，这个批评对弗雷格来说是不公正的。从纯数学家的角度来看，自然数当作为数论所处理的对象加以考虑时，不必与外部世界联系，但弗雷格定义自然数的方式，却非常明确地展示了自然数对于经验实在（以及非经验实在）的应用，即它们用来为具有“多少……？”这种形式的经验问题给出

回答。因此，对弗雷格来说，说自然数是与外部实在没有联系的纯粹抽象对象，就完全是不公正的——这对策梅洛或者冯·纽曼(von Neumann)来说无可置疑，但对弗雷格来说则否。

Gg I 40 对弗雷格(在《算术的基本原则》中)来说，一个数就是具有同样基数的类的一个类。如果我们只允许用具体对象的类，来充当这种类的类中的成员，那么我们得到的数就可以称为"实际数(actual number)"。实际数既非纯粹类，也不是纯粹抽象对象，它们的地位类似于物体的形状。弗雷格的基数不是实际数，也不是纯粹类，因为(除了0)所有特定类的成员中都既有抽象对象，也有具体对象。但纯粹抽象对象的概念并不是要通过与纯粹集合来进行完全严格的类比，来得到解释——毋宁说，一个通过特定摹状词来确定的抽象对象，按照该摹状词，如果它存在与否并不取决于有什么具体对象存在(尽管抽象对象的构成方式是这样的)，那么这个对象就是纯粹的。由于弗雷格希望能够独立于宇宙的具体规模，来断定数列的无穷性，他的自然数就必须在这种意义上理解为纯粹抽象对象——只有当不管什么具体对象存在，某些抽象词项都保证有指称，它们才保证有指称。

然而，柏拉图主义图景常常以另外一种不同的方式使用。有些柏拉图主义者认为，我们对特定的数学结构拥有一种直观的把捉，这种把捉指导我们对描述这些结构的理论中的公理作出表述，
511 但在任何特定时刻，都不会完全体现在那些公理中。这样一种理解比如说被用来解释对数论进行的一阶公理化的不完全性，但与我们的一种占据主导地位的倾向相抵牾——我们倾向于说，在我们看来，我们想要描述的那种结构是独一无二的。这种理解也被

用来建议说，像连续统假设这样的集合论陈述在一种意义上是相对地[①]为真或为假的，它相对于我们对集合论的那种模型的领会，这种领会尚且处于萌芽状态，但它会在以后成功地体现到新的公理中。(关于集合论的情况，当然会因为公理的非范畴性不能单单归咎于使用了一阶语言而不是二阶语言，而有所不同。)

这里还不是讨论这一论点的地方——我们已经岔开话题，对数学哲学谈得太多了。很清楚，试图用这种观念来解释的事实，也可能有其他解释；也很清楚，对于直观概念在数学中所起的作用，也必须有某种承认。应当指出，在这一点上，柏拉图主义者与构造主义者不必是对立的——他们只不过对同样的事实作出了不同描述。对直觉主义者来说，作为关于整个数学的基本观点，心理构造物的概念不能等同于针对符号进行的外部操作，甚至也不能为这种外部操作所充分刻画；直觉证明的概念不能指望与形式系统内的证明概念相重合，而哥德尔的不完全性定理从直觉主义的观点来看，因而就不会有什么好奇怪的。对我们来说重要的是，这种类型的柏拉图主义，试图把数学直觉解释成对于抽象结构扮演了知觉对物理对象来说类似的那种角色。如果这一论点可以得到支持，那么抽象对象与具体对象之间的类似关系，就大大拉近了。抽象对象不可观察，也不可能进入因果作用，这些就不再是真的了，因为对它们的这样一种直觉上的把捉，恰好可以看作是这样一种作用。如果这样一种类比可以作出，那么我们关于纯粹抽象对象

① 这里译文中“相对地”一词在原文中为“absolutely(绝对地)”，但这与后面的“namely relative to……”无法连贯起来，疑为笔误。——译者

所说的所有东西,就都落到了实处——这种对象是可能遭遇到的对象,并且也会有对这样一个对象进行识别这么一回事,而这与识别具体对象堪有一比。而弗雷格把名称/承载物模型运用于抽象词项,这种做法是否站得住,正有赖于能否为抽象对象找到某种类似于观察的过程。

第十五章　量　　化

弗雷格的逻辑记号体系只包含一个量词，即全称量词。由于 512
弗雷格的逻辑属于经典逻辑，存在量词可以用全称量词加上否定来予以表达。就表示二阶概念的表达式而言，全称量词是最为简单的例子。这样的表达式包含一个主目位置，这个主目位置由任意一阶谓词所填充，填充后得到的是一个要么在所有情况下都真，要么在所有情况下都假的句子。由此得到的句子，其真值被弗雷格认为是真值的无穷积，而这些真值所属的句子，是对量词所约束的个体变元定义域中每个对象都运用一阶谓词得到的。由于该定义域被认为总是把所有不管什么对象包含在内，简单地说，这些句 Gg I 8; Bs 11; FB 23
子就相当于把谓词运用于每个存在的对象。如果对任何一个或多个对象运用该谓词，得到的结果是假的，全称量化就是假的——如果运用它得到的结果总是真的，那么全称量化就是真的。这样，全称量化陈述就总是具有确定的真值，即使我们可能不知道这个真值是什么。

如果我们拥有一种足以使用“对象”这个概念的语言，这种语言可以认为包含了所有对象的（简单的或者复合的）名称，那么这就相当于把全称量化陈述，解释成这种语言的句子的无穷合取，这些句子是通过用对象的名称来填充施以量词的那个一阶谓词的主目位置得到的。在这种情况下，为了理解全称量词，就要求理解两件事。首先，对于理解那种语言所要求对象的总体，我们必须拥有某种概念，并且必须掌握了从真值到真值的无穷元函项的观
513 念——这种函项的主目我们从来不能直接确定，因为有无穷多主目。其次，在任意特定情况下，对于把给定一阶函项运用于任意对象所得到的句子来说，我们必须能够理解其真值是如何确定的。
Gg I 30 按照弗雷格对这件事的看法，复合谓词被认为是从句子中省略某个名称的一次或多次出现得到的。比如说，我们可以通过在句子
NS 273 (253) “如果亨利是人，那么，对某个𝔞，𝔞爱亨利”中略去“亨利”这个名称的两次出现，来得到谓词“如果 ξ 是人，那么，对某个𝔞，𝔞爱ξ”[①]——这个复合谓词不能当作是用“如果……那么……”来连接“ξ 是人”与“对某个𝔞，𝔞爱 ξ”这两个谓词形成的。为了能够理解全称量化句“对所有的𝔫，如果𝔫是人，那么对某个𝔞，𝔞爱𝔫”，我们就必须对谓词“如果 ξ 是人，那么，对某个𝔞，𝔞爱 ξ”有一般性的理解，就必须像人们常说的那样，知道那个谓词所表示的概念是什么；也就是说，我们所必须拥有的理解，不仅仅要足以使得我们把握，像“如果亨利是人，那么，对某个𝔞，𝔞爱亨利”这种最初用来从中获得谓词的那些句子的涵义，并且要足以使我们把握，在该谓词中插入任意名称得到的句子涵义。弗雷格默认我们确实有这样的一般性理解——我们对句子“如果亨利是人，那么，对某个𝔞，𝔞爱亨利”的理解中，包含了对名称“亨利”、初始谓词“ξ 是人”以及初始的关系表达式“ξ 爱 ζ”的理解，此外还要一同把握用来构成句子

① 原文误为“ξ 爱𝔞”，现已改过。——译者

的算子"如果……那么……"和"对某个a,Φ(a)",以及用这些手段构成句子的方法;并且,这样一种理解本身就足以使得我们能够设想以类似方式构成的其他句子的真值条件,这些句子在使用"亨利"这个名字的地方,使用了其他涵义已知的某个名称。

无穷元真值函项的概念会遭到严厉反对。事实上,关于涵义的验证主义解释,最初正是在这里与弗雷格那种基于真值条件的解释分道扬镳。只要我们只考虑所有句子都至少在原则上是可判定的那种语言或者语言的片段,这两种解释就不会出现会产生后果的区分。在这个意义上,只要总是存在某种能行的方法,原则上使得我们达到能够确定某句子真值的地步,该句子就是可判定的。对于一种只包含这类句子的语言,如果这样解释充当句子成分的各个表达式的涵义,即对于确定包含该表达式的句子真值所需要 514
的程序来说,把握了表达式的涵义,也就等于说理解了该表达式对确定这种程序所作出的贡献,那么,这种解释就与弗雷格关于涵义的观点完全协调。例如,谓词与关系表达式是可判定的,而其涵义就等于,对于任意给定的一个或一对对象来说,用来确定谓词或关系表达式是否适用的程序。同样,对任意名称,就会存在一种能行的搜索程序,来发现作为名称所指的对象。这样的语言可以包含量词,只要量词的定义域总是能被看作是有穷且可以统观的总体,也就是说,存在一种用来找到总体中每个成员的程序,以及一种用来确认总体中的每个成员均已被查验过的标准——于是,至少在原则上,量化陈述的真值就总是可以通过有穷合取或有穷析取来确定。看来,我们在学习语言时所学到的概括表达式,其最初的用法就属此类——比如,用在像"橱柜里的所有碟子都碎了"这样的

句子中,可以通过查验小规模并且可以统观的总体中的每个成员,来确定这类句子的真假。

然而,如果语言中包含不可判定的句子,并且之所以不可判定,不是由于句子真值是我们不可能确定的,而仅仅是因为,甚至要在原则上达到确定句子真值的地步,我们也缺乏能行的手段,那么,我们就要面临选择了。按照一种验证主义的解释,理解这样一个句子,或说把握其涵义,仅仅相当于具备一种能力,它让我们能识别能决定性地确定句子为真或为假的不管什么东西;而我们关于真与假的概念,就其适用于这样的句子而言,则只在于设想那种决定性地确定句子真值的情形出现。从这样一种观点来看,对于这种不可判定的句子就没有理由说,在任何能使我们辨别句子真假的情形出现之前,或者,对于以前缺乏的、用以促成这种决定性情形的手段来说,至少在得到能为我们提供这种手段的信息之前,句子就必定要么真要么假。

这根本不是弗雷格看问题的方式。对他来说,我们对句子涵义的把握,就在于理解要使句子为真,情况必须是怎样的;而若句子不是可判定的,这就仅仅意味着,对使得句子为真(如果句子为真)的条件来说,无论何时达到这种条件,我们都无法能行地辨别它是否达到了。因此,即便当量化的定义域是不可统观的或者是
515 无穷的总体,而只能间接地或者非决定性地确定句子真值的时候,我们也可以明白全称量化陈述为真是怎么回事。在这种情况下,我们没有一种能行的方法确定陈述的真值,这要么是因为量词定义域是无限的,我们无法考察定义域中的所有成员,要么,即便定义域有限,但由于无法统观而使我们不能确定是否考察了所有的

成员。即使如此也无损于我们对句子涵义的理解,因为对于要使句子为真情况是怎样的或者说必须是怎样的,我们有了完全清楚的把握。并且,对于与把握此类句子涵义相关的真值条件来说,我们也不会贸然宣称它们总的来说是我们可以能行地辨别的。既然如此,我们也就完全有资格认为,只要特定的真值条件制定下来,句子就必然是确定地要么真要么假,而这与我们是否知道其真值,以及是否有确定其真值的手段,完全没有关系。

关于涵义的这两种理解之间的分歧非常之深,这里不准备继续讨论。验证主义者显然占据了强大的优势地位,他有权要求追随弗雷格的人解释,对于没有能力直接确定的真值条件,我们是如何得到把握的。我们势必会认为,这样的要求必须要能够得到满足,而在第十三章我们也看到,要怎样才能作出回应。要应付验证主义者的挑战,显然绝不是小事一桩。

看来我们要假定,语言的学习是从这两种解释之间分歧不大的局部开始的,在语言的这一部分中只能够表述可判定的句子。pp. 468-9
之后习得的是一些表达形式和构造句子的操作,它们可以用来构成不可判定的句子(在这里所说的那种意义上“不可判定”)。因而,要处理这两种解释之间的争论,肯定需要仔细研究最初把不可判定性引入语言的那些语言成分。自然语言中无疑有很多这样的成分,比如过去时态和非真值函项的条件句(the non-truth-functional conditional)。在弗雷格的符号语言中只出现过用于无穷定义域的量化。那种语言当然允许初始谓词用在并非能行可判定,但可以通过其他方法来确定的情况。不过,明确包含在那种语言中,并且必然会产生不可判定句的语言操作,也只有量化。

516 弗雷格认为，量词的定义域一旦确定下来，也就是说，对任意一个东西，我们都能够辨别出它是否属于那个定义域，我们理所当然就理解通过在该定义域进行量化所构成的句子的真值条件。他并没有对这个观点作出论证，因为他根本没有设想与此相反的情况。要是按照这种高度宽泛的方式来陈述，这个观点当然是错误的。因为，当定义域太大，比如说是把所有集合（就“集合”这个词的直观意义而言）都包含在内的总体，或者是所有不管什么样的对象所构成的总体（弗雷格以为总是可以认为这样的总体存在），那么，就像前面已经说过那样，集合论悖论的发现带来的首要教训就是，在那样的定义域上进行的量化根本就不能认为得到了具有确定真值的句子。悖论的发现立即引发了这样一个问题：能否找到这样一种界限，在这个界限之内的总体可以构成经典二值逻辑框架之内的量化定义域（经典逻辑适用于这样的定义域之上的量化句子），或者说，能否界定何为“合法的”总体。这个问题的解决，是发现悖论后人们的当务之急。但弗雷格本人没有为此做任何事情，他在数理逻辑方面的实质性的工作，正是在罗素发现悖论之时终止的。更深层次的探讨关系到，对于所包含的量化定义域不是有穷且可以统观的那些句子来说，经典逻辑是否正确，也就是说，关于涵义的验证主义理论是否优于基于真值条件的弗雷格式涵义理论。但对此弗雷格也无所作为，因为他甚至不认为验证主义解释是可能的。

如果个体变元的定义域不是可数的，或者由于其他原因，人们不认为语言中包含了定义域中所有对象的名称，那么全称量化陈述就不能解释为该语言中句子（即量化陈述的实例）的无穷合取。

弗雷格心目中所有对象构成的总体的基数有多大，对这个问题我们无法给出融贯的回答。因为，如果假定，对于定义在这个总体上的所有概念来说，总体中总是存在对应的、充当概念外延的类，这样的假定就是自相矛盾的，因为这要求所有对象的总体大到不可能的程度。不过，考虑到这个假定，再考虑到弗雷格指望能够在他的逻辑理论中建立经典的分析，我们完全有理由说，他本该把个体变元的定义域看作是不可数的。

在这种情况下，全称量化陈述的真值仍然是由无穷合取确定
的。它是一个无穷长的真值函项的值。但这个函项的主目，即无 517
穷合取的合取支，并不是作为该语言中实际存在的句子真值给出的。应当说，它们是通过对定义域中各个对象适用谓词以后得到的真值。而这就要求，通过略去名称的一些出现得到的谓词如果为我们所理解，我们也就能够识别谓词所表示的是什么概念。因为对任意对象来说，不管语言中是否包含了这个对象的名称，我们都知道谓词在什么情况下对它来说是真的和假的。只要我们对构成量化定义域的对象总体确实具备所要求的理解，这看起来还是合理的。因为，对于那些在谓词的主目位置上插入名称所得到的量化句子的特定实例来说，确定其真值的过程中需要识别该名称所指称的对象，而该名称的涵义对于确定句子真值所作出的贡献，则仅仅在于为这种识别提供标准。因此，如果我们假定，对象是以作为属于语言中的名称所指之外的方式给出的，一旦识别填充主目位置的名称所指的对象这第一个步骤作出了，确定谓词对该对象为真还是为假的程序，就与确定构成量化陈述实例的实际句子的真值的程序恰好相同。

事实上，对于把全称量化解释成无穷合取这种解释来说，要将其归于弗雷格，恰好在这一点上需要限制。弗雷格明确拒绝这种解释，不打一点折扣。他嘲弄这样一种想法：当我断定说“所有人都是有死的”时，按我所表达思想中包含的一种成分，就要把有死性归于我从未听说过的某个非洲酋长。也就是说，即使语言中包含了量化定义域中每个对象的名称，全称量化陈述的涵义也不是所有实例的无穷合取，以至于说所有这些实例的涵义都是量化陈述的涵义的组成部分。这样解释量化，就把出现于各个实例中的名称的涵义，硬塞进量化陈述——然而这些名称的涵义对于理解全称量化来说，是完全不相关的。我们理解全称量化陈述，是因为对构成量化定义域的总体，我们可以说有种**一般性**的把握（可以说我们在思想中将其统合为一种整体），是因为我们知道，对于适用
518 了量词的谓词来说，怎样才算是它对定义域中的任意元素为真或者为假。因此，对于定义域中的各个对象适用谓词所得到的所有真值来说，我们可以理解这些真值构成的集合，而不必把握属于定义域中各个对象的所有名称的涵义。而说弗雷格把全称量化理解成无穷合取，这之所以正确，是因为我们把合取看作是从真值到真值的真值函项，而不是看作利用一些表达涵义的句子构成一个表达涵义的句子这样一种操作。也就是说，就对于对象的特定总体中的各个成员运用给定谓词得到的真值集合来说，在假定我们能够理解这个集合的情况下，弗雷格认为这毫无疑问可以看作是这样一个集合，要么它客观地只包含了真值**真**，要么还包含了真值**假**，因此我们可以认为全称量化陈述要么确定地为真，要么确定地为假，而这取决于那两种客观的可能性中成立的是哪个。

因此，为了理解一阶量化，我们只要求对个体变元的取值范围有种一般性的把握。不管怎样，我们都不需要知道哪些对象属于该取值范围。我们只需对怎样才算属于这个范围，有确定的理解，以便能够客观地确定各个对象是否属于这个范围。只要有了这种理解，我们就成功地赋予全称量词以涵义，按照这种涵义，用量词构成的所有句子都对应于确定的真值（真或者假），而不管我们是否知道如何确定真值。当然，前提是句子的其他部分已经赋予了确定的涵义。这离知道句子的真值是什么可能还差很远，但一旦我们通过设定把对象纳入定义域所需要满足的条件，而确定了量化的定义域，为保证句子**具有**确定的真值，我们就不需要再做什么了——可以说，其余的事情就由客观实在本身来独立完成。在量化定义域的标准已经确定的情况下，实在就决定了所有存在的对象是否属于该定义域；而在适用量词的谓词涵义确定了的情况下，实在就决定了各个对象是否适用于谓词；在这两者都确定的情况下，量化句子的真值就由全称量词所表示的无穷元真值函项所决定。因此我们就有权认为，包含了一阶量化的所有句子都有确定 519
的值，要么真要么假，因而，经典逻辑也就适用于这样的句子。

尽管这些假定确实有问题，我们还是不去深究，因为，既然弗雷格甚至不认为我们能够质疑这些假定，那样做就会把我们引向他完全未加探讨的领域。我们倒是应该回过头来，从弗雷格的学说出发，来考虑对于量化的经典的或者说“实体式（ontic）”解释，与所谓的“替换式（substitutional）”解释之间的区分。这个区分在蒯因及其追随者中多有运用。 *OR* 104-8

蒯因总是很小心地区分在逻辑和数学的记号法中字母的两种

用法，一种为量词所约束，另外一种则没有。他只对前一种用法使用“变元”这个词，而把不能为量词所约束的字母称为“模式字母(schematic letters)”。这与许多数学家甚至逻辑学家的用法都不同，他们把两种字母不加区分地称为“变元”。(当然，也有些字母直接用作常项，比如“e”、“i”、“π”以及“ω”。但现在我们考虑的只是以这样那样的方式用来表达普遍性的字母。)比如，在普通的语句逻辑中，句子字母“p”、“q”、“r”等等(或者“A”、“B”、“C”等)就不为量词所约束，因而按照蒯因的原则被归为模式字母，而不是变元。对一阶谓词逻辑中的谓词字母“F”、“G”、“H”……，个体常项“a”、“b”、“c”……，函数符号“f”、“g”、“h”……，也都如此。另一方面，一阶逻辑中的个体变元“x”、“y”、“z”……，在严格的意义上是变元，而这正是因为它们与量词连在一起使用，并为量词所约束。为了确定特定类型的字母是模式字母还是变元，我们需要知道的显然不止于它属于何种句法范畴——我们要知道形成规则是否允许那种类型的字母为量词所约束。而这显然关系到我们所考虑的语言——在一阶逻辑中，谓词字母是模式字母，但在二阶逻辑中它们却为二阶量词所约束，因此，在那种语境中就是严格意义上的变元(当然，除非特定的记号法在能被量词约束和不被约束的谓词字母之间，确立一种类似于一阶逻辑中个体常项与个体变元之间的那种区分)。同样，在比如人们称为“原始命题演算系统(protothetic)”的逻辑理论中，句子字母可以为量词所约束，因而在那种理论中是真正的变元，而在普通的语句逻辑中，这些字母只是模式字母。与此相似，模式字母与人们正确地称之为常项的字
520 母之间的区分，也取决于我们是否按一种意定的解释来看待语言。

比如说,一阶算术的公式中包含个体常项“0”以及函数符号“′”、“+”以及“·”,按照意定的解释,这些符号在严格意义上是常项。但当我们想要考虑的是算术的非标准模型,这些符号则只是被当作模式字母。人们不认为它们事先有了固定的解释。

模式字母只被用来表示特定句子的结构,或者表示某种规定好的语言中所有可能句子的结构。它们表明,特定句子或者特定语言中的任意句子,是如何由成分表达式构成的,对于这些表达式,模式字母所展示的只是它们所属的逻辑范畴,以及出现于句子各个部分的相同范畴的表达式之间同一或者不同的关系。句子中只有所谓的逻辑常项才以具有特定意义的方式出现。(如果我们考虑的是整个语言,比如用来陈述某种形式理论的语言,模式字母通常就被认为与逻辑常项一起,构成了那种语言的初始符号。但是,当我们考虑单个公式,或者比如说谓词逻辑中的单个演绎过程,那就没有这样的假定,而用公式来表达句子,就只被视为就眼前的目的而言充分地展示了句子的结构。)

蒯因所认为的存在于模式字母与变元之间的截然区分,大体如下所述。为了理解模式字母在公式中的作用,我们只需要能够确定每个模式字母的逻辑范畴,并将其视为表示那个范畴中的任意表达式。也就是说,我们需要把握语言上允许做出的替换的范围,当对公式中的模式字母进行这种替换,就把公式转换成了句子,而公式所要展示的就是这种句子的结构。而对变元来说情况有所不同。变元的区别性的特征是,与模式字母不同,它们可以为量词所约束,而量化必须参照变元取值范围的总体得到解释。因此,模式字母的使用,就只是在可以用来替换的语言表达式集合的

基础上得到解释，而不必考虑表达式表示的任何非语言实体；而量化则迫使我们将其解释为涵盖了非语言实体的集合，当变元自由出现时，用来表示那些实体的表达式就可以替换变元。

按照蒯因的观点，正是出于这个理由，如果我们的语言只允许
521 一阶量化，那么就需要为这种语言中的名称赋予指称，但我们无须为谓词或出现的其他不完整表达式赋予指称，因为，要构成个体变元的定义域，名称的所指就是需要的，而如果没有谓词变元，也就没有必要考虑谓词表示什么东西。（诚然，蒯因认为名称也是可以排除的，方法是按照罗素的方式将其处理为限定摹状词。要真这样做，就不会有需要赋予指称的名称了。不过，只要认为语言中包含名称，我们就还是要把这些名称当作表示了个体变元所涵盖的那些对象。）同理，如果不按蒯因自己的口味行事，而是采纳二阶量化，我们也就应当把谓词和关系表达式当作是表示了相应种类的实体，因为只有这样才能解释二阶变元的取值范围应当是怎样的——其实，正是因为据说在提供这样的解释时遇到了困难，蒯因才对二阶量化持不信任态度。

因此，如果在量化中没有为变元指定一个非语言实体集合作为取值范围，而只是为其确定可替换的语言表达式集合，那么哪怕是有人试图对这种量化作出解释，这也非常不合蒯因的观点。因为对他来说，这样解释就抹掉了模式字母与变元之间那种水火不容的区分。这就是人们所说的“替换式”量化。有人（比如吉奇在
RG 94《指称与普遍性》中）主张，用这种方式来避免按照标准的、“实体式”解释来确定量化定义域时引起的困难。按照替换解释，全称量化陈述相当严格地等价于所有实例的无穷合取，而存在量化陈述

则等价于实例的无穷析取——全称量化解释成这样：在与量词连用的不完整表达式的主目位置上，填入语言中允许的那种表达式，如果由此得到的所有句子都是真的，全称量化就是真的，而只要任何这样的实例是假的，全称量化就是假的。存在量化按照类似方式解释。这样一来，我们就没有必要谈论填入主目位置的表达式表示的是哪类实体了。因此，如果句子中的主算子是管辖句子字母（sentence-letter）的全称量词，我们就没有必要探究句子是否表示了某种东西，也没有必要探究所表示的是真值、命题，还是别的什么——我们只需要说明，去掉量词，并用语言中的同一个任意句子，替换量词此前约束的所有句子变元，只要由此得到的所有句子 522
都是真的，量化句子就是真的。按这样处理，进入不透明语境的量化引起的困难据说也消失了——当我们说比如“这里有些人是我没有想到的”这样的句子时，我们无须还为对什么样的实体进行了量化而费神，而只需确定允许什么样的表达式来同时填充这两个空位，即“……在这里，并且我没有想到……会在这里”（差不多可以肯定专名是可以的，像“主人最好的朋友”这样的摹状词则未必）。

对于弗雷格对量化作出的解释来说，比如用无穷合取来做出的解释，本章最初的表述或多或少像是一种替换解释。只是到后来才作出限制，这种限制不仅针对定义域不可数，或者其中有些元素在语言中并不存在相应名称的情况，而且也针对一般的情况——我们说，名称的涵义对于理解量词来说是无关的，所需要的仅仅是对其所指的总体有所把握，并且，所需要的只是对该总体的一般性的把握，而不是确切地知道哪些对象实际上属于这个总体。

这种限制当然是必要的。我们可以把弗雷格关于非洲酋长的评论，解释成是在拒绝对一阶量化作出替换解释——事实是，在替换解释与实体解释之间作出的任何截然的区分，本身就弄错了局面，蒯因在变元与模式字母之间所做的截然区分也是如此。

只有当人们只想对模式字母所要起的作用作出极为粗略的解释，才可以说我们只需提到能够用来替换模式字母的既存表达式范围，而不必考虑那些表达式的指称。要想对事情作出一种精确的解释，也就是说，要想对公式在解释之下为真（在结构中为真）作出语义学处理，也就有必要解释各模式字母所属范畴的表达式所扮演的语义学角色——如果模式字母是句子字母，我们就必须解释说，充当成分的句子对于其所构成的复合句真值的贡献，就在于其真值；如果模式字母是一元谓词字母，就要解释说，一元谓词凭借为其所适用的对象所构成的集合，而作出这样的贡献；如此等等。在各模式字母与对应种类的实体（真值、定义域的子集等）间建立的关联，于是就起了为模式字母规定解释、以适应语义等价关
523 系的作用。（“以适应语义等价关系”这个短语的用意是说，更为精确的规定在语义学上是不相关的。）考虑到指称要用语义学角色来识别，这样的解释就可以说是为模式字母规定了指称，而不是涵义。

前面已经说过，在弗雷格的指称理论中，把表达式的指称解释为仅仅是语义学角色，与把名称/承载物关系用作所有逻辑范畴中的指称关系的原型，这两者之间存在张力。如果把指称解释为语义学角色，对于为除单称词项以外的表达式赋予指称这样的做法来说，其争议之处也就得到避免；另一方面，关于指称的学说中的

实在论色彩也就得以排除。弗雷格希望能把不完整表达式的所指,即像概念、关系以及函数这样的东西,合法地当作像承载名称的东西一样是实在的构成物,但把指称单纯解释为语义学角色的做法对此起不到保障作用。如果只是把指称当作是表达式的语义学角色,那么我们就无权像前面那样,认为各种表达式的语义学角色都能够通过与某种**实体**(entity)联系起来而加以确定。(“实体”这个词不是弗雷格的术语,因为它打破了不同阶次之间的界限。但如果这样,那么“指称”这个词本身也将如此。按照一种严格的弗雷格式的解释,任何句子,只要包含了像“实体”或“指称”这样的词,并且这些词同时适用于不同阶次表达式,句子就根本不能有意义地理解成确定的陈述。不过,这些或许可以看作是类型论范围之内的某种典型的歧义表述,它们没有附带表示类型的脚标,但只要合法地指派了类型,它们就可以是真的。)

689

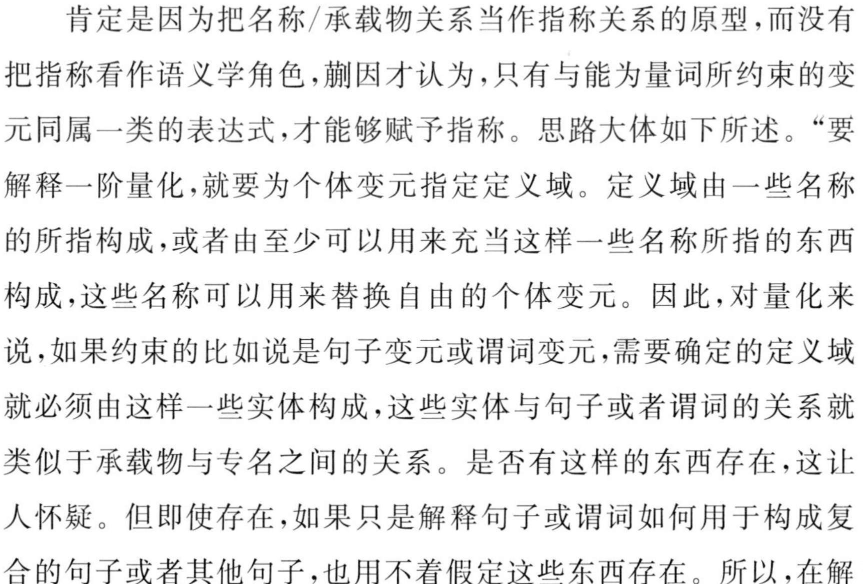

肯定是因为把名称/承载物关系当作指称关系的原型,而没有把指称看作语义学角色,蒯因才认为,只有与能为量词所约束的变元同属一类的表达式,才能够赋予指称。思路大体如下所述。“要解释一阶量化,就要为个体变元指定定义域。定义域由一些名称的所指构成,或者由至少可以用来充当这样一些名称所指的东西构成,这些名称可以用来替换自由的个体变元。因此,对量化来说,如果约束的比如说是句子变元或谓词变元,需要确定的定义域就必须由这样一些实体构成,这些实体与句子或者谓词的关系就类似于承载物与专名之间的关系。是否有这样的东西存在,这让人怀疑。但即使存在,如果只是解释句子或谓词如何用于构成复合的句子或者其他句子,也用不着假定这些东西存在。所以,在解 524

释表示成分句或者谓词的模式字母时，也就不用这么做。”

我们主张把指称这个概念首先解释为语义学角色，如果转而认为名称/承载物原型赋予了这个概念以基本意义，也就难以看出我们如何能够把这个原型用于名称之外的表达式，也难以看出究竟是否有这样的用法，而设置指称这个概念的最终目的也就无迹可寻了。但我们也认为，完全排除名称/承载物原型只会证伪弗雷格的学说。我们认为，这应当解释成关于我们语言中表达式的语义学角色的一个进一步的观点，也就是说，总是要通过为各表达式联系相应种类的某个实体、实在中某个非语言的对应构成物，而使语义学角色得到解释。

如果只是把指称解释成语义学角色，那么当然，对不管什么种类的表达式来说，都谈不上会有是否有指称的问题。进而，模式字母也就不会因为没有承诺所属种类的表达式具有指称，而区别于变元。但是，如果考虑到弗雷格进一步的观点，这也是成立的，这个观点为把名称/承载物关系当作指称关系的原型这种做法提供了辩护，它是这样的：对所有表达式的语义学角色的解释，总是相当于把恰当的实体与表达式联系起来，或者至少支持这种联系。如果承认这个进一步的观点，情况仍然是，要充分解释模式字母的语义学角色，就要对它所代表的表达式作出语义学解释，从而要说明这些表达式表示什么种类的所指物。

因此，对于“只有对与量化的约束变元同属一类的表达式，才有必要赋予指称”这一蒯因的观点来说，要使这个观点有道理，我们必须认为他否认弗雷格的那个观点，即表达式的语义学角色总是在于类似于名称与承载物之间的那种关系。到了这一步，这样说显然正确——蒯因否认的恰好就是这一点。不过,至于对这种否认我们要估计到什么程度,还取决于在多大程度上要求表达式与所指的关系,与名称和承载物的关系之间的相似性。我们自己已经看到,对不完整表达式来说,这种相似性在一个关键点上终止了——表达式的涵义似乎并不涉及任何可以认为是在识别某个所指物的过程。这或许是对于我们借以让蒯因作出这种否定的那种 525
比较,作出了过于拘泥的解释造成的,因为,如果不是让一元谓词与概念或者集合对应、二元谓词与关系对应、函数常项与函数对应,以及让语句算子与真值函项对应,蒯因是否能够给出其他种类的语义学解释,这肯定一点都不明显。如果对语言作出的语义学解释仍然要在表达式与实体间建立这种对应关系,对于把这种对应关系看作类似于名称与承载物的关系这一点是否会有反对意见,这一点都不重要。即使这种类比关系遭到否认,这些实体的本体论地位仍然得到了“支持”或者承认。

应当附带说明,变元与模式字母的区分对于弗雷格的形式语言来说是不能作出的,至少对他所解释的那种语言来说是这样。诚然,他设置了不同类型的字母,有些可以看出在公式中为量词所约束,有些则没有(前者是德语字母,后者则是斜体字母),还有一些(希腊元音字母)则用于可以看出为其他一些算子所约束的情况,例如类—抽象算子。但斜体字母并未被他解释成模式字母,而是解释成由隐含地位于句首位置的全称量词所约束的变元。这个区别的要点是可以更为顺畅地表述推理规则。例如,肯定前件推 Gg I 17
理规则表述为,从“——A”与“ ┬—B └—A ”(“如果 A,那么 B”)可以推

出“——B”。句子“A”与“B”中可能包含任意数量的斜体字母，这样，对这个规则的运用，严格说来就不一定是从条件句与其前件一起推出后件，而是在条件开语句(open conditional)中，从条件句的全称闭包(universal closure)与其前件的全称闭包一起，推出后件的全称闭包。因此，在变元与模式字母之间，弗雷格并没有作出任何对应于蒯因的那种区分，而只是把他的斜体变元、德语以及希腊语变元都直接称为“字母”。(他不喜欢“变元”这个词，它会让人误以为，数字常项表示常数，其大小不变，而数字变元则表示变数，其大小是可以变化的。因此，他使用“字母”这个非函数词项。注意，他从未用过任何字母来充当常项，而这种排版上的做法迫使他设计出很多难以印刷的记号法。)当然，有可能把弗雷格的斜体字母
526 解释成模式字母，但就弗雷格的整个逻辑系统而言，变元总是属于与模式字母同样的范畴。

模式字母与变元之间当然还是有这样一个区别，变元总是需要我们确定它在其中取值的那个总体。而当我们考虑对模式字母作出特定解释时，则只需理解赋予它的特定指称，而不需要将其看作是任何确切总体中的一员。这只不过是在说，为了理解任何充当成分的句子或者特定的谓词，我们只需要知道如何确定其指称，而不必考虑那类表达式所有可能所指的总体。但是，一旦像通常会遇到的那样，希望谈论公式所有可能的解释，或者谈论所有使其为真的解释(即公式的所有模型)，我们就不得不引入关于总体的概念，这种总体涵盖了公式中包含的那些模式字母在语义学上区别开了的所有解释——而这，正好是当探究逻辑问题时，比如当考虑推理的有效性或者公理集合的可满足性时，我们所需要的概念。

但是，基于同样道理，替换式量化也不是在真正意义上有别于“实体式”量化，更不用说为避开一些难题提供出路了。对于所要考虑的量化变元的取值范围来说，如果真的出现语言中的表达式对应于取值范围中每个元素的情况，那么当然必须是这样的：全称量化陈述是真的，当且仅当其所有可以允许的实例都是真的。这里之所以有必要用“可以允许的”来修饰“实例”，是因为可能有这样的表达式，当把它们置于接在量词后面的不完整表达式的空位中时，确实得到了有意义的句子，但在这种意义之下这样的句子为假，却不会使得全称量化陈述为假。但若要为语言提供恰当的语义学，这根本没有减轻我们把指称指派给一些表达式的义务，当把这些表达式置于不完整表达式空位时，就得到量化陈述的实例——因为要陈述那些实例的真值条件，就需要我们这么做。比如，在经典逻辑的基础上，下列原始命题（protothetic）陈述是真的：

$$\forall p\ \exists q\ \forall r\{(q \vee p)\ \&\ [(r \vee p) \rightarrow (q \rightarrow r)]\}$$

按照对量词的“实体式”解释，语句变元“p”、“q”和“r”在两个真值中，即真(T)与假(F)之间取值。整个句子的真值是这样确定的， 527
句子不含量词的部分中，“p”取值 T，那么当“q”指派了值 F 时，不管为“r”指派何值，句子都是真的；而当“p”取值 F，在“q”取 T 值时得到同样结果。按照对量词的替换式解释，我们没有必要为句子变元指派在非语言实体中可以取值的范围，而只需要说明，我们考虑了用既存句子所作出的所有可能的替换。但是，要确定句子是真的，我们还是要解释说，我们已经设定每个句子都在真与假这两个真值中取一个值且只取一个值，并为语句联结词给出真值表；接着就要指出，当用真句子替换原始命题(protothetic)句子不含量词的部分中的“p”，用假句子替换“q”，并用任意句子替换“r”时，或者当用假句子替换“p”，真句子替换“q”，用任意句子替换“r”时，我们都会得到真句子，以此来证明那个原始命题(protothetic)句子为真。诉诸真值的做法已经从对量词的解释，转移到对成分句子在复合句中所承担语义学角色的解释中。但不管怎样，后面这个任务都需要这么做，因此用对量化的替换式解释来取代“实体式”解释，就什么也没有得到。有人会说，由于要求语句变元在真值中取值，“实体式”解释迫使我们把真值解释为句子所表示的对象，而在替换式解释的情况下则只需接受，“……是真的”与“……是假的”这两个真值谓词(truth-predicate)中所有在形式上正确的句子都恰好只适用于一个。这样的反对意见也不起作用。只有过于执着于把名称/承载物关系当作指称关系的原型，才会产生这种错觉。既然句子不是名称和单称词项，我们也就没有任何理由把任何一种类型的对象当作其所指。说句子“表示”真值与句子“具有”真值不是一回事，这也没有实质意义。在对量化的“实体式”解释中要求接受的任何东西，在替换式解释中也都必须要求接受。

对于量化来说，眼下我们的定义域是有穷的，因此，在为经典原始命题系统(protothetic)提供的形式语义学中，我们不必对真值进行量化，因为我们可以列举真值。如果按照“实体式”解释的模型来给出语义学，我们会认为开语句(即包含自由变元的句子)为真值序列所满足；而若按照替换式解释，开语句就要被认为由句子序列所满足，序列中的每个成员都要么满足、要么不满足“x 是
528 真的”这个谓词。但是，这两种表述中的前一个当然并不体现形而

上学设定——真值可以任意地解释成数0和数1,解释成分别为真和为假的一对固定的句子,或者别的什么东西。经典原始命题系统的兴趣不在于与真值的实体地位相关的任何本体论后果,而在于对于任何句子"A",是什么使得从"$\forall p \cdots\cdots p \cdots\cdots$"推出"……A……"这样的推理有效,在于我们把成分句对复合句真值的贡献,当作只是经由其真值作出的。

蒯因认为,只有当量化要在实体中取值,我们才需要把那些实体作为指称赋予相应的常项表达式,才需要在我们的本体论中承诺那些实体——替换式量化因而对他来说就显得是一种威胁,是一种无须本体论承诺就可敷使用的工具。倡导替换式量化的人也与蒯因一样,认为本体论承诺只是要求于"实体式"量化,因而把替换式量化当作摆脱本体论承诺的手段。他们都错了,因为最初要求赋予指称的不是量化——要想对某种语言给出一种语义学解释,对那种语言中充当有意义单元的所有表达式,就都必须赋予指称。对于"这里有人是我没有想到的"这样的句子,如果说只有在对于某个合适的词项"X",具有形式"X在这里,但我没有想到X会在这里"的某个句子为真时,这样的句子才是真的,那么对于含有进入不透明语境中的量化句子来说,单这种说法不足以充分解释语义学。即使为词项"X"成功地划定了我们应当加以承认的取值范围,也还是不行,因为我们还是要为像"亨利在这里,但我没有想到亨利会在这里"这样的句子,给出语义学解释。诚然,量化句子的存在,限制了我们能够为未加量化的句子提供的解释类型,比如,我们不能认为两次出现的"亨利"一词在逻辑上没有关联;但对"亨利"在未加量化的句子中扮演的语义学角色所作出的任何充分

的解释，都同样能为量化句子的“实体式”解释提供基础。

这个例子能用来说明一个我们已经指出过的事实，即语言中存在的量化的种类有助于确定，在一个句子中什么东西必须当作有意义的单元，从而有助于确定要为哪些表达式赋予指称。如果语言中没有一阶量化，那么我们就没有必要承认充当句子成分的
529 复合谓词，从而无须认为复合谓词有指称；我们只需要考虑用来构成原子句的简单谓词。不过，这一点与蒯因有所不同——驱使我们在分析句子结构时使用复合谓词这个概念的，不是二阶量词，而是**一阶**量词。

那么，对于如何能够构成所要求的那种关于个体变元取值范围的概念，弗雷格又是怎么想的呢？如果个体变元就按弗雷格的符号语言那种方式理解，那么正像我们看到的那样，其定义域直接就是所有对象的总体——并不存在对象必须满足，才能归于这个定义域的那种标准，因为所有对象自动属于这个定义域。“对象”这个概念在运用于事物时并无实质内容，这个概念对于有意义地适用它的所有东西来说都是真的。这个概念的实质内容来自不同表达式间所做的区分，即那些表示对象的表达式与不表示对象的表达式间的区分。需要我们表述的，并不是那种要使一个东西成为对象就必须满足的标准，而是一个表达式要表示对象就要满足的标准，此时表达式既被归为专名（单称词项），又被认为有指称。因此，对象这个概念就只能对应“专名”来得到解释，对象就是专名所表示的东西（如果专名表示了东西的话）。然而，我们不能认为语言中包含了所有对象的专名，或者这样说更好，由于有不可数多的对象，我们不能认为这样做在逻辑上是可能的。因此，一般说来

不能要求对象是专名的所指,而只能要求对象是能够充当所指的**一类**东西。为了对所有对象的总体形成理解,我们必须纳入考虑的是所有的这种东西,即便所有这些东西的名称不可能同时加到语言中,表示其中每一个东西的表达式可以加到语言中(这些表达式于是就充当专名),这一点单独就每个东西来看还是真的。

我们已经说过,在罗素的意义上,不合法总体中首当其冲就是所有对象的总体,它不能被当作量化的定义域。说某个总体是不 *PM* I 37
合法的,意思不是说想在这个总体上加以量化的所有句子都是不可理解的——许多这样的句子显而易见是具有真值的,不管它是真还是假。即使变元被解释成在所有对象中取值,下列句子显然都是真的:

$\forall x\ \exists y\ x=y$ 530

$\exists x\ \exists y\ x \neq y$

$\forall x$(x 是人→x 是哺乳动物)

$\exists x$ x 是地球的天然卫星。

说其不合法,意思仅仅是我们不能把所有对象的总体上的量化,当作是总会生成具有确定真值句子的那种操作。换言之,我们不能按照经典逻辑的方式将其当作无穷合取或析取。如果这样做,就会导致矛盾。

只说所有对象的总体是不合法的总体,而不解释它为何不能当作量化定义域,就把事情弄得神秘起来了。原因在于这是一种
非直谓总体(impredicative totality),要确定这种总体就会违反罗 *PM* I 37-8

素的“恶性循环原则(vicious-circle principle)”。对象是专名的对
应物——我们已经看到,对象这个概念必须经由专名这个概念得
到解释。由于对象的总体包含了抽象对象(当然,我们知道,只包
含具体对象的总体总是合法的,至少这种总体不会导致矛盾,因
此,据我们所知,在所有具体对象上的进行一致的量化,这是可能
的),我们不可能把所考虑的对象限制在能以某种实指形式加以表
示的范围内,而必须考虑那些没有与非语言的辅助手段一起使用
的词项所指称的东西。弗雷格完全乐意把所有种类专名的所指都
Gg I 11 纳入对象的总体,其中包括的一些专名本身就是用一阶量化构造
的,或者确切地说,是用约束个体变元构造的。这些用来构造词项
的算子(或者说,与谓词一起使用就得到“专名”的算子)中,就包括
摹状词算子(“使得 $\Phi(x)$ 的 x”)、抽象算子(“使得 $\Phi(x)$ 的 x 的
类”),以及数字算子(“使得 $\Phi(x)$ 的 x 的数目”)。就现在的眼光
698 Gg I 9 来看,摹状词算子是无害的,但其他两个算子就不是这样了。如果
Gl 62 变元“x”的取值范围是一个确定的总体,如果“$F(\xi)$”是在该总体
上恰当地定义的任意谓词,那么当然,满足谓词“$F(\xi)$”的就会是
总体的一个确定的子集。于是也就能完全无碍地认为,我们能够
得到“使得 $F(x)$ 的 x 的类”以及“使得 $F(x)$ 的 x 的数目”这样的
词项,并认为这些词项表示特定的抽象对象,分别表示类与基数。
还没有理由假定,这样表示的对象必定属于我们一开始提到的那
个总体。要是说我们已经认定总体中不管怎样都包含了所有对
531 象,这也不奏效,因为我们没有理由设想任何总体会在这样的操作
之下封闭,这种操作是从定义在总体上的任意谓词到类或者基数
的映射——事实上,就类而言,罗素悖论已经证明不可能有这样的

总体。如果我们事先已经成功地确定了一个总体，那么在该总体中取值的个体变元就会有完全清楚的内容，我们就能够用它来构造表示抽象对象的表达式——但我们无权假定，这些对象必定落于我们最初指定的那个总体之内。然而，如果我们试图利用能够用来表示总体中的元素的那种表达式，来刻画总体（这实际上就是弗雷格的方式），那么为了成功地刻画，就必须假定各表达式的指称已经以独立于总体的方式确定了。如果这些表达式需要使用在总体中取值的变元，那么它们的指称也就不是独立于总体得以确定的方式，而我们也就真的落入了罗素的原则所禁止的那种恶性循环。

人们有各种理由认为罗素的恶性循环原则可疑。这部分地归咎于罗素表述的方式，例如这种说法，一个总体不能包含只有通过
对该总体进行量化才能定义的成员。拉姆塞直接质疑说，这个观 *FM* 41 699
点不是显而易见的。哥德尔则主张，我们是否要认为这个原则对 *RML* 136
抽象对象构成的任意取值范围成立，这必定取决于我们是认为那些抽象对象独立于我们而存在的，还是为我们自己的思想所创造——如果它们独立存在，那么恶性循环原则就是不可取的，但若是我们通过自己的心灵活动构造出来的，则其有效性就必须得到承认。值得一提的是，在讨论这个问题时，拉姆塞用来说明通过对对象所属的总体进行量化来确定对象的例子，实际上是用摹状词算子给出的，而这显然与目前的讨论无关。在把总体当作量化的定义域时，罗素原本就不关心总体的特定成员是如何确定的，他关心的是总体本身是如何确定的。他坚持要避免的，是在确定总体的过程中出现的恶性循环。毋庸置疑，如果我们试图为某种类型

的变元确定取值范围，那么，在这样做时动用了在该范围上的量化，我们就犯了恶性循环的错误——对于这个范围中的成员我们持有何种形而上学观点，它们是独立于人类思想而存在的对象，还是人类思想所创造的东西，这些一点影响都没有；在想要说明这个
532 范围是什么时，如果我们犯了恶性循环的错误，那就根本不会成功地确定任何范围。当然，由此还得不出，比如说，我们不能找到某种手段，为给定的类确定子类的总体，使其满足经典的概括原则(comprehension principle)，也就是说，对这个总体我们可以确保，对能在这个给定的类上进行定义的任意谓词，甚至是对于涉及了对子类的总体进行量化的谓词，也会存在满足该谓词的总体，而这个总体是由给定类的成员的子类所构成的。在这样的情况下，恶性循环原则所要求的仅仅是，我们**事先**就有用来确定子类的总体的手段，这种手段并不是按照谓词挑出子类元素从而确定子类的那种方式，来解释属于该总体的是何种子类。另一方面，如果我们希望用这种方式来解释子类以及我们要在上面进行量化的子类总体，也就是说，对于在给定类上定义的谓词运用抽象算子，并确定子类就是以此获得的类词项(class-term)的所指，如果我们这么做，那么恶性循环原则就正好要求，我们把所考虑的谓词限制在确定子类总体之前就已经定义好了的谓词范围之内，这样的谓词并不需要涉及在该总体上的量化。弗雷格的对象概念正是以这种方式违背了恶性循环原则。我们已经看到，弗雷格承认，除了利用专名(即表示对象的一类表达式)，就没有其他方式来提供关于对象的一般概念。与此同时，他还认为对象的总体中包含那些由“专名”所表示的对象，而这些“专名”指称什么，则取决于如何理解在

对象之上的量化。

我们或许会遗憾，在罗素发现悖论的时候，弗雷格对罗素解决悖论的努力太缺乏同情，以至于他无法透过罗素常常模糊不清的 BW 226-51 (143-70); 表述方式，看到恶性循环原则所体现的重要洞见。当弗雷格的生 NS 288-9 (269-70) 命快走到尽头时，他开始相信，引入类这整个概念，是一个基础性的错误。从某种意义上说，这个判断过激了，但不管怎样，弗雷格似乎到最后都没有真正理解症结何在。

“对象”这个概念与“集合”、“基数”、“序数”等概念一样，在完全直观的意义上讲，都必须被当作是可以无穷扩张的概念。我们如果对于对象的总体成功构造了某个有穷的概念，也就能够在语言中引入在这个总体上的量化。利用这样的量化，再结合某种能够产生表示抽象对象的表达式的构词算子，我们就能够获得新的 533 词项，这些词项表示原先的总体之外的对象。正是因为“对象”这个词只不过是“专名”这个词的对应物，而这些新词项的逻辑特征在弗雷格那种一般的意义上属于专名，“对象”一词就可以看到还能用于新词项的所指。这样我们就能够得到涵盖更广的概念，它对应更大的对象总体。当在这个总体上引入量化，这个步骤就会进一步使我们得到其他的新词项。这个过程只要我们愿意就可以继续下去。正是出于这个原因，也就不可能有涵盖所有对象的定义域。

前面对恶性循环原则的解释是最弱的一种，我们实际上把它弱化到具有无可争辩的有效性的地步。按这种解释，我们并没有预先确定是否有种非循环的手段，来确定非直谓总体(impredicative totality)，这样的总体中包含的一些成员，只有通

过在总体上的量化才能确定。我们只是排除了用于确定总体但本身就需要这种量化的手段。罗素本人是否希望把恶性循环原则理解成预先回答了关于确定非直谓总体的可选手段的问题,这一点还是可以争论的。一方面,他对恶性循环原则最初的表述,强有力地表明他希望如此;另一方面,大名鼎鼎的(或许应该说“臭名昭著的”)可化归公理(axiom of reducibility)的内容实际上正好是,一阶“命题函项”(按照其主目的数目对应于弗雷格的概念与关系)尽管是以非循环的方式确定的,但实际上仍然是非直谓的,因为其中的一些元素,我们只能利用它们在外延上等价于用在总体上的量化加以描述的函项,来加以确定。[①] 无论对罗素本人的哪种解释

534 是正确的,恶性循环原则的大部分支持者,比如说外尔(Weyl),都将其发展为预先排除了非直谓总体的存在。这样理解,这个原则就面临着拉姆塞的批评,即在理论上没有依据认为,对某个对象来说,如果能用来刻画这个对象的唯一方式就是利用在总体上的量化,它就不能作为元素包含在总体中;它也要应对哥德尔的意见,即只要我们设想总体中的元素先于并且独立于我们对它们的描述,拉姆塞的批评就是成立的。但是,如果按照我们这里的方式理

① 这个说法本身也有问题。由个体的一阶(first-order)函数构成的总体,最初被刻画为由这样一些谓词所表达的东西组成,这些谓词在某个未加限定的语言之内,只利用语句算子和个体上的量化就可得到。可化归公理说,对用于个体的谓词来说,只要谓词表达式包含了 n 阶函项上的量化,就在外延上等价于一阶函项的表达式。这样,当给定的谓词包含了一阶函项上的量化,我们就不能说,不能以直谓的方式刻画与之对应的一阶函项。但是,利用直谓式刻画,我们不一定能够识别出那个函项就对应于给定的二阶谓词。对于我们可以作出的用于个体的任何二阶谓词来说,在我们的语言中总有与之外延上等价的一阶谓词;但一般说来,在给定二阶谓词时,我们没有办法找到相应的一阶谓词。

解，将其仅仅当作是排除对于总体的循环刻画，这个原则就是无可争议的，并且独立于关于构成总体的元素的本体论特征的任何形而上学观点——它并没有预先确定非直谓总体是否存在，而只是对相信其存在的人提出挑战，让他们找到一种非循环的手段，来确定它们是由什么组成的。不幸的是，即使在这种最弱的意义上也容易看出，弗雷格把所有对象的总体，当作自己符号语言中个体变元的取值范围，这就违反了恶性循环原则。

弗雷格心目中所有对象的总体之所以是非直谓的，是因为他假定，它对于从定义在总体之上的概念到对象的映射操作来说是封闭的。摹状词算子虽然表示这样一种操作（二阶函项），但不会带来麻烦——它仅仅是从有且仅有一个对象落于其下的概念到那个对象的映射，而所有总体对这种操作来说都是封闭的。另一方面，抽象算子以及数字算子，则受制于为相应操作的结果而设定的、关于同一与差异的条件——二阶函项“使得 $\Phi(x)$ 的 x 的数目”当用于基数不等的概念时，就得到不同结果；而函项“使得 $\Phi(x)$ 的 x 的类”，则在所适用的概念外延不等价时，取不同的值。所有总体在后一种操作之下都不封闭，而对前者来说，只有无穷总体才会封闭。对定义在对象总体上的概念运用类操作，若假定对象总体对这种操作封闭，就会导致不一致性。这足以表明不能一般性地假定，可以合法地认为总体在任何这类操作（即通过用于概念的二阶函项来实现的操作，这些概念定义在总体上）之下都封闭，更不用说总体可以在一开始就参照这样的操作来刻画了。假定总体对特定的这类操作封闭，比如对数字算子所表达的那种操作封闭，这当然要弱很多。如果一开始就可以表明总体足够大，这

535 是允许的。不幸的是，弗雷格证明对象总体无穷的唯一方法，就是
Gl 82-3 参照其中包含的抽象对象，准确地说是基数，这样就引入了恶性循
Gg I 114-19 环——只有通过证明，即便“对象”这个概念没有通过用数字算子
构造的数字词项来解释，也存在无穷多对象，循环才得以避免。

可能有人认为，类似的反对意见已经适用于更低的阶次了，或者反过来说，这些反对意见可以利用低阶的操作来回应。我们把弗雷格关于所有对象的总体的概念中的非直谓性，归咎于他在解释“对象”这个概念时暗中使用了二阶算子，即把谓词置于主目位置的算子。（这只是暗中采纳，是因为虽然弗雷格坚持认为由这样的算子所构成的词项，例如由类词项与数字词项，必须与其他词项一起被当作专名，但这一点从来没有与他关于对象的一般性的刻画相提并论。他把对象一般性地刻画为能够充当专名所指的一类东西。）但人们会论证说，如果假定对象的总体在产生抽象对象的一些一阶函数之下封闭，那么这个假定本身就引入了一种非直谓性。比如这样的假定，如果对象的总体包含所有物质对象，那么它也就包含所有那些对象的颜色、形状、尺寸、质量等，这些是通过运用像“ξ 的颜色”、“ξ 的形状”等一阶函数得到的。一般而言，这个假定就等于说，对象总体在等价类的构造操作下封闭，这些等价类由定义在总体上的等价关系确定——因为这些函数相对于定义在其主目上的等价关系，正好只对等价的主目得到同样的值。换言之，人们可以说，如果在构成等价类的操作之下封闭，这样的假定得到了支持，那么对象总体必定已经是无穷的了，因此假定至少在某些二阶操作之下封闭，也就根本不是循环。

诚然，如果我们从某个特定集合 M 开始，构造一个由 M 的所

有构成等价类的子集所构成的集合,确定这些等价类的,是定义在 M 上的某个任意的等价关系,那么,由此得到的直接就是 M 的受限幂集(即 M 的所有非空子集的集合)。当然,只要 M 有多于一个元素,由此得到的集合的基数就大于 M。现在,如果我们构造 M 与其受限幂集的并集,并再次构造这个并集的受限幂集,我们就得到一个更大的集合。这样,如果我们从一个有穷的非空集合 536 开始,重复进行这种操作可数多次,最后取所有这些集合的并集,我们将得到一个可数集合。我们当然可以继续重复这种操作,但都不会到达一个在这种操作之下封闭的集合,因为这种操作总是会增加基数。

不过,这样看问题就相当于承认,通过分割 M 得到的等价类总是区别于 M 的元素。这就等于说,如果我们从某个对象总体 M 出发,然后引入新的(抽象)对象,这些对象可以被视为 M 中对象的等价类,那么这些新对象总是区别于 M 一开始时的成员。那些可以被看作是其他对象的等价类的抽象对象,总是能够认为构成了诸如"ξ 的形状"或者"ξ 的质量"这类函数的值域,我们看到,这些函数是联系到某种已知的等价关系而得以引入的,这些等价关系为函数提供了对不同主目取相同值的标准——正是弗雷格在《算术基础》中建议说,我们总是可以把这些函数的值,等同于主目 Gl 68 所属的等价类。但是,之所以有可能建议把构成函数值域的抽象对象与等价类等同起来,我们之所以把引入函数(的表达式)当作是引入新抽象对象(的指称手段)来加以谈论,是因为我们并不在乎函数的值是等同于还是区别于以不同手段加以指称的对象,甚至连对是否要提出这样的问题也不在乎。弗雷格确实认为,当我

们想为语言给出一种全面的语义学，或者说，当我们按照能够提供全面的语义学的要求重建语言时，我们必须就这一点作出决定——由于不准备让这种重建的语言成为多类型(many-sorted)语言，不准备设置对应各自定义域的不同类型的个体变元，而只有在唯一一个对象域中取值的单一类型的个体变元，我们就有必要明确规定，语言中的哪些词项具有同样的所指。不过他非常清楚，该如何做，这在很多方面讲都是任意的。在他看来，重建自然语言之所以必要，是因为语言中暗含着不融贯之处——在确定我们语言中的句子真假时，我们服从于各式各样的规则，而这些规则具有潜在的不一致性，也就是说，不能在不造成矛盾的情况下直接加以
537 推广；还有些特征会使我们认为某些词项没有指称，从而认为某些句子没有真值；再有，就是在自然语言中可以在复合语境中使用概括记号。(我们可以把弗雷格对自然语言的这些关于不融贯性的指责，与塔斯基的类似指责相比较。后者是针对自然语言中像“真的”和“假的”这样的语义学表达式的用法。)为了获得系统的语义学，基于另外一些考虑也会认为有必要重建自然语言，这来自于一种不那么严重的缺陷——会有些缺失环节，虽然要填补它们并没有什么障碍，但自然语言表达式的直觉意义却不能提供该如何填补的任何线索。也就是说，我们可以构造一些没有直接用处的句子，尽管构建系统语义学的结果肯定就是要确定这些句子是真的还是假的，但对这些句子中包含的表达式的直觉理解，还是不能为确定这些句子的真值提供任何基础。这类句子比如说有“质量是物质对象的等价类”、“方向是平行线的类”以及“基数是概念的类”。结果是，在重建语言时，我们可以依据方便来设计语义学，从

而让这样的句子具有任一真值。于是,这种重建工作在这样一种意义上是任意的——如果自然语言没有为是否要把一些对象等同起来提供任何指引,关于这些对象等同还是区分也就没有对错可言,因为在自然语言中这样的问题从来不会提出。

比如,在《算术的基本原则》中,弗雷格提出了这样一个问题,即在什么条件下能把类词项(用抽象算子构成的词项)算作与其他某个种类的词项具有相同的所指。接着他就建议后来由蒯因和其他一些人采纳的解决办法,即把由类词项之外的其他词项表示的 Gg I 10
对象,看作等同于它自己的单元类。(在《算术的基本原则》中,除了类词项之外的唯一其他词项就是表示真值的词项,这个事实在这里是不相关的——如果还有其他词项,对弗雷格来说同样的方式无疑也适用于这些词项。)

在弗雷格这里,没有任何原则要求把所有抽象对象与所有具体对象区别开,也不要求把抽象对象与其他种类的对象(即由其他种类的词项所指称的东西)区别开。因此,如果我们从具体对象(即物体)的某个集合 M 开始,并想把这些物体的质量也包含在我们的宇宙中,那就没有理由阻止我们把质量本身也看作物体。比 538
如说,如果能以某种方式把集合 M 看作良序集(well-ordered set),那么我们就可以把属于 M 的任意物体 a 的质量选作 M 的第一个元素,按照良序关系,这个元素在质量上等于 a。同样道理,M 的元素的形状也可以当作 M 的成员,而把 a 的形状当作与 a 一样,是 M 的第一个元素。如果听从弗雷格的一般性的建议,把所有像质量和形状这样的抽象对象都等同于 M 上的等价类,那么,只要 M 一开始就不止一个元素,那就并不是所有抽象对象都可以

等同于 M 的元素。因为，当考虑到所有可能的等价关系时，我们就把 M 的所有非空子集都当成了等价类，而这在数量上多于 M 的元素。但是，这个建议只是在关于类的一般性理论这一背景下才有意义——如果我们已经承认，对象总体在用于构造类的操作之下封闭，或者至少承认，对象总体包含了所有具体对象的类，那么，把所有那些充当定义在具体对象上的一阶函数值的抽象对象，都等同于具体对象的等价类，这还是值得一试的节约做法。不过，眼下我们采取的是更受限制的观点。假定我们同意弗雷格的所有对象的总体具有最高程度的非直谓性，并把这种非直谓性的主要原因，归于他假定了总体在像类抽象和数字抽象这样的二阶操作之下封闭。现在我们考虑，他把对象总体当作是在产生抽象对象的一阶操作之下封闭，这是否也可以认为已经是非直谓性的一个来源。这样的操作不一定要用等价类来解释，而在二阶操作不被允许的情况下，它们也不能这样解释，因为我们手头没有“类”这个概念来用于这样的解释。

答案是，运用产生抽象对象的一阶函数，不是必定引发非直谓性。如果愿意，我们可以把所有这样的函数，看作是直接把对象总体映射到它本身的操作。分开看的话，对各种单独的等价关系来说，这样的映射当然总是可能的，因为最坏的情况不外乎集合 M 被等价关系分割成了单元类。从这个角度说，抽象对象，至少作为定义在具体对象上的一阶函数值的那些抽象对象，没有必要认为是完全不同于具体对象的一种对象，甚至可以说，不必认为它们本身是抽象的。如前所说，没有任何东西阻止我们把抽象对象与具
539 体对象，或者与其他种类的对象等同起来。我们的语言并不要求

这样做，但它也没有排斥这种做法。如果我们满足于能够利用其他某种资源（或许是数学或逻辑的直觉），来确定一个对象总体，或许这个总体本身是高度抽象的，它在基数上足够大，能够包含像形状、质量这样我们眼下关心的所有那些种类的抽象对象（它们作为定义在具体对象上的一阶函数的值给出），那么我们就没有必要把这些抽象对象与具体对象这样等同起来。但我们可以这样等同，只要看来这是最为牢靠的手段，能够确保我们无循环地为我们的个体变元设置确定的定义域，其中还要包含我们希望加以指称的这类抽象对象。

这样解释的话，抽象对象的这种抽象性，就可以说不是对象本身的特征，而是我们用以指称它们的手段的特征。在我们谈论物体的质量或形状时，并没有关于这些质量或形状属于哪类东西的问题，因为，如果愿意，我们可以把它们当作实际存在的物体。应当说，抽象性与我们用来指称这些东西的词项联系在一起，这些词项具有像“a 的质量”或“a 的形状”这样的形式，或者具有更为复杂的形式，但这些形式最终还是要用“ξ 的质量”或“ξ 的形状”这样的函数表达式加以解释。这些词项在语言中使用，而对于其指称与其他种类词项的指称是同是异，却没有支配性的前提，这确实是自然语言的特点。我们用法中本质性的特点是，相应的同一性条件是通过等价关系给出的，例如质量相等的关系或者相似关系，这些关系定义在主目词项“a”所表示的那类对象上。前一个特点不会带进重建后的语言，后者则会——不过，关于如何把这些词项的所指与其他种类词项的所指等同起来，有多种备选方案，它们都与所实施的同一性标准相容。

弗雷格不仅没有意识到自己关于对象总体的理解中潜在着循环，而且也没有意识到自己关于高阶变元取值范围的假定中，也潜在着循环。弗雷格认为，一阶概念的定义域中，理所当然要包括可以在语言中构造出来的任意一阶谓词的所指，其中有些一阶谓词中也包含了一阶或高阶概念上的量化。如果主张要对一阶概念的总体给出非循环的刻画，而相应种类的概括原则又要对这些一阶概念成立的话，这样的假定还不能立即放弃。但弗雷格没有这样
540 的主张，并且也直接看不出来他何以会这么主张。关于“概念”（或者说，关于“函项”）的一般概念是不能定义的，所能给出的仅仅是暗示，而这样的暗示则基于相应类型的语言表达式做出。除了说概念就是一元一阶谓词所表示的东西，似乎也没有办法对概念做出一般性的刻画。要把握特定谓词表示的是**什么**概念，就要知道对任意对象，该谓词在何种情况下对该对象为真。当谓词包含了概念上的量化，我们显然就不可能知道这些，除非我们知道构成这种量化定义域的那些概念的总体——这样一来，恶性循环就昭然若揭了。弗雷格对高阶量化的柏拉图主义理解（更多地体现在他实际上允许的是哪种类型的推理，以及他的形式系统中的推演规则上，而不是任何明确的表述），与他的这样一个想法是断然不可调和的：他相信，我们理解由任何一种逻辑类型（比如一阶概念，一阶关系，一阶概念之间的关系，等等）构成的总体，是通过理解语言的运作方式达成的。这不是说，只要有人声称对于比如说一阶函数的总体持有这种柏拉图主义观点，他就必须认定我们先理解“函数”，然后才把握“函数表达式”这个概念。他完全可以承认，学习使用特定的函数表达式，然后形成关于作为语言单元的函数表达

式的一般观念，这些是我们把握“函数”这个概念必需的准备阶段。柏拉图主义者会认为，在这个阶段会产生关于“函数”的初步概念，即初步理解此类函数表达式的所指——这样的概念仍然是直谓的，因为所考虑的函数表达式本身并不包含函项上的量化(至少在这样构成的概念不是循环之时)。但柏拉图主义者必须承认，为了从这个阶段推进到把握**所有**一阶函数(定义在某个给定的对象总体上)的整个柏拉图式定义域，还需要一步跳跃——在这里，“函数”概念与“函数表达式”的概念之间的连接不得不切断，即便从心理学上讲，后者对获得前者的第一步来说也是必要的。弗雷格从未承认这样的跳跃是必要的；与此同时，他仍然坚持对高阶量化的柏拉图主义理解。

这说明弗雷格并未看到困扰柏拉图主义的哲学观点的各种困难，而对这些困难我们后来非常明确地意识到了。正是在这些要点上，我们遭遇当代哲学所关切的一些问题，而对这些问题，我们
感到从弗雷格那里已学不到任何东西了。(当然，“柏拉图主义”这 541
个词在这里表示针对抽象对象和高阶实体的实在论态度。这个词
的用法通过贝奈斯(Bernays)与蒯因的数学哲学而为人们所熟 SPM 275
知，而与柏拉图本身的观点已经没有什么联系了。由于弗雷格在 FLPV 14
对象与概念之间作出了非常明晰的区分，把他的学说与柏拉图实际上发展的观点进行富于成果的对比，根本是不可能的。)我们不能因此而批评弗雷格，因为在他主张实在论的那种哲学气候中，他所反对的那种流行的唯心论，与我们现在所了解的堪与实在论竞争的那种学说，已经完全不同了。我们感到遗憾的只能是，罗素所发现的集合论悖论对弗雷格构成了毁灭性的打击，以至于实际上

终止了他创造性的工作(尽管他二十年后还有文章发表),使他没有参与由罗素的发现而挑起,对逻辑和数学的哲学基础所展开的混乱、漫长,但又成果巨大的重估工作。

对于把二阶量化解释成在由一阶概念、关系与函数的整个非直谓总体中取值,弗雷格未能给出一致的辩护。这当然没有提供理由,让人否认他有权使用二阶量词。为了导出对于弗雷格的数学基础至为重要的那些原则,究竟要求二阶逻辑强到什么程度,这自然是对数学哲学提出的问题。然而,在弗雷格哲学中提出的,对于二阶量化来说相关的唯一一个一般性的本体论观点,却是为不完整表达式赋予指称,而我们知道,要恰当地表述这一点,需要二阶量化。显然,为了这个目的,只有当我们希望赋予那些本身就包含这类量化的谓词以指称时,才需要假定能够在整个非直谓总体上进行量化;只有当为了其他目的需要这种量化,我们才愿意允许这样的谓词出现在语言中。因此,指称理论本身不可能提供任何违反恶性循环原则的动机。二阶概括的表达方式深深地植根于自然语言中,但在那里它们总是可以解释成在直谓总体中取值。按这种理解,要断定性质是存在的,就需要通过给出实例来加以辩护。二阶量化只要保持直谓性就不会有问题,即使在这种施加了限制的情况下,我们也没有理由来怀疑它。

第十六章 同 一 性[①]

是弗雷格第一个把同一性变成逻辑概念。等号与其他逻辑常 542
项的区别是，它不是用来构成句子的算子，人们不是用它来从简单
一些的句子构成复合句；等号是用来构成原子句的关系表达式。
把表达式当作逻辑常项的一个自然而然的标准，就是它要求用前
面那种类型的算子来表示，这种算子是在逐步从原子句构造复合
句的过程中引入的。照此来看，等号最终为什么应当看作是逻辑
常项，而不是在所有语境中都可以使用的非逻辑的关系，就有些难
以理解了。不过，把量词“至少有一个……”当作逻辑常项，但对于
量词“最多有一个……”来说，如果因为在不把这个表达式当作初
始符号的情况下就要求使用等号，而认为这个表达式不是逻辑常
项，这又让人感到怪异。不管怎样，在弗雷格的《概念文字》对量化
逻辑所做的最初表述中，“＝”这个记号是初始符号，此后一直是逻 Bs 8
辑常项。由于弗雷格的逻辑系统是高阶系统，并且他接受莱布尼

① 这一章除了最后一段和前七段，都是在大卫·维金斯(David Wiggins)的《同一性与时空连续性》(*Identity and Spatio-Temporal Continuity*)出版前写的，那本书处理了在这里占据突出地位的问题。就我的理解来说，我的结论大部分与他相同。我拿不准究竟是撤回这一章，还是重新写成针对维金斯的书的评论式的样子。最终我决定还是让它按原来的样子出现，希望在处理方式上的区别能够得出一些有趣的东西。

Gg I 20 兹律，即“$a=b$”等价于“对所有$\mathfrak{F}$，$\mathfrak{F}(a)$当且仅当$\mathfrak{F}(b)$”，人们就
会问，他为什么有必要把“＝”当作初始符号，而不是利用这种等价
LF 54；Huss 320 关系来定义它。但是，按照弗雷格的说法，同一性是不可定义的，
因为为了表述任何定义，人们需要同一性——定义，至少是显式定
543 义，总是必须采取规定同一性陈述为真的形式；而在《算术基础》之
后的著作中，弗雷格不承认显式定义之外的任何一种定义具有合
Gl 65 法性。弗雷格确实在《算术基础》中把莱布尼兹律说成是同一性的
“定义”，并说自己也将采用它。然而，在《概念文字》以及《算术的
Huss 320 基本原则》这两种形式系统中，等号都是初始的。而他的论证，即
“同一性是不可定义的，这是因为在表述任何定义时，我们都需要
等号”，则是在他关于胡塞尔的评论中。这个理由不是很有说服
力。弗雷格这么说只可能是因为，他让等号也起双条件句的作用，
而只有因为他把句子归为名称(即真值的名称)，这才有可能；但
是，不管在什么情况下，把定义看作是规定两个表达式可以相互替
换，要比规定连接这两个表达式的句子为真，显得更加自然一些。
不过，同一性是不可定义的，这个观点在弗雷格的哲学中似乎没有
起到任何重要作用。

莱布尼兹律是一个双条件句，即a同一于b，当且仅当，a与b具有完全相同的性质(落于同样的概念之下)。双条件句从左向右是显然的。从句子中去掉名称“a”的一次或多次出现，得到的如果是真正适用于“a”的所指的谓词，也就是说，表示的是为对象所具备的性质(即说对象落于其下的概念)，那么谓词对于对象是否为真，这一点必定独立于指称对象的方式，因而，当把“a”换成具有同样所指的任意名称“b”，句子必定保持同样真值。只要这样的替换带来或

者可能带来真值上的变化，从句子中去掉“a”后得到的不完整表达式就不可能表示归于“a”的所指的性质。从右往左看，双条件句表达了不可区分物同一的原则。这个原则被认为是有争议的。显而易见，如果谓词变元“$\mathfrak{F}$”允许取“与 a 同一”这个性质，那么如果 a 与 b 相区别，那么就会有一种性质是 a 有而 b 没有的，那就是同一于 a 这个性质。这样解释的话，这个原则是贫乏的(trivial)。但如果对谓词变元的取值范围作出限制，比如说限制在不必提及对象 a 和 b 就能够表达的性质中，这个原则就会遭到质疑。有人认为，宇宙中只包含两个不同但不可区分的球体，这在逻辑上是可以设想的。然 NS 40 (36)
而，显而易见，无论我们是否必须接受不可区分物同一，没有什么东西会动摇其作为调节原则(regulative principle)的地位。如果我们真的不能找到一个本身不包含对象 a 和 b 的谓词，这个谓词对 a 为真但对 b 不是，那就没有任何东西能阻止我们认为 a 同一于 544
b。比如说，如果我们设想一个完全对称的宇宙，其中包括两个球体和一个观察者(他本人总是关于离两个球心等距的平面对称)，那就没有任何东西能够妨碍把这个宇宙描述成是由唯一一个球体和一个观察者(或者可以说，半个观察者)构成的。

在《概念文字》中，弗雷格主张同一性关系存在于名称之间，而 Bs 8
不是事物之间。他之所以这样说，是要解释真的同一性陈述为何表达了信息。但这就使得在等号的任何一边使用约束变元都无意义了。后来，他通过区分涵义与指称，换了一个更让人满意的解释——这样，同一性就可以当成是对象之间的关系(即任何对象对自己具备，而对其他任何东西都不具备的关系)，而不至于使同一性陈述传达信息这一点变得不可理解。关于关系的陈述所传达的信息，既取决于名称的涵义，也取决于关系表达式的涵义。识别承载名称的东西，这通常不是问题所在，而我们会把所传达的信息，仅仅当作在于所考虑的关系在对象之间成立这个事实。在确定了某个特定对象是两个名称的承载物的情况下，通过了解该对象与自己具有所有对象对自己都具有的那种关系，我们没有获得任何信息——但同一性陈述的真值条件决定了，只有在两个名称的承载物是同一个对象时，该陈述才是真的。同一性陈述传达信息，这一点于是就完全取决于两个名称的涵义，而使这一点成立的恰好就是这一事实：同一性正是对象之间存在的那种关系，即极小自反关系(minimal reflexive relation)。

无论莱布尼兹律是否真的可以用来定义同一性，它都不能充当用来确定同一性陈述真值的标准。它实际上可以为断定同一性陈述为假提供理由，因为，在确定两个名称是否具有同样的承载物之前，还是有可能找到一个谓词，可以确定它对一个名称的承载物为真，而对另外一个名称的承载物为假。但同一性陈述为真，这一点却不能通过莱布尼兹律来确定，因为，即使不考虑遍历一阶函项的总体是否可能，如果不通过确认两个名称具有同样承载物，往往还没有其他方法弄清，对一个名称的承载物为真的特定谓词，对另外那个名称的承载物是否也是真的。比如说，如果不是依靠说明
545 晨星与暮星是同一个天体，也就没有办法说明对晨星显然为真的谓词“在日出前的短时间内可以观察到”，对暮星来说也是真的。

因此，若要能够识别出任何非贫乏的同一性陈述是真的，我们必须拥有断定其为真的标准。弗雷格基本的发现之一就是，尽管“相同”这个表达式具有单一而确定的涵义，但同一性陈述却没有

单一的真值标准，而是有各式各样、视出现于其中的名称而定的标准。不仅如此，而且，确定这样的标准，也是为任何名称赋予涵义时所要完成的工作——对其涵义任何用文字手段的刻画，都必须规定充当名称所指的对象的同一性标准。“同一性标准”这个说法 Gl 62 是弗雷格引入的，它在后来的哲学文献中，尤其是在维特根斯坦的著作中，占据了突出地位。在弗雷格那里，专名具有涵义，而不是像密尔所认为的那样，仅仅是贴在对象上的标签。“同一性标准”这个说法所表达的观念，是构成这个学说的两个成分中更为重要的一个。如果只是知道在特定时刻遇到，或者以某种方式展示给我们的某个对象是某个名称的所指，这还不算知道这个名称表示什么对象——用弗雷格的方式来说，只有当我们知道“如何重新辨别出同样的对象”，也就是说，当我们后来遇到一个对象，或者对象被展示给我们，我们知道如何确定它是否应当被当作同一个对象，只有这时我们才算知道这一点。如何做到这一点，这对不同对象来说不尽相同，而是取决于名称所要表示的事物种类，因而取决于名称的涵义。不同的名称对应不同的同一性标准。通常，一个专名会与我们已知对应另外一些专名的同一性标准相联系，在这种情况下我们会忽略，要把握这个标准我们还必须学习多少东西。但是，一旦有必要解释整整一类专名的涵义，或者说，这类专名对应的同一性标准不同于其他名称，刻画同一性标准的要求就变得突出了。在《算术基础》中，弗雷格考虑引入数词项。在他看来这些词项可以采取“F 的数目”（“使得 $F(\mathfrak{a})$ 为真的 $\mathfrak{a}$ 的数目”）的形式，其中“$F(\xi)$”是谓词。要为这样的名称赋予指称，就必须规定数的同一性标准，也就是使得形如“F 的数目与 G 的数目相同”的 Gl 62

陈述为真的标准。

546 弗雷格并没有明确地补充说，不仅对于专名，并且对像“人”、“河流”、“城市”这样为数众多的名词性的通用词项来说，要确定涵义，也需要找到对应的同一性标准。要把握这样一个通用词项的涵义，我们必须不仅知道按照何种标准来使用它，也就是说，不仅要知道对于某个东西，在什么时候说它是一个人、一条河或者一个城市才算正确，而且还要知道与之对应的同一性标准，即“……与……是同一个人（同一条河、同一座城市）”的正确用法。这是适用性标准之外的一个附加要求，它不受制于适用性标准，但却是通用
p. 74 词项涵义的必要部分，这些再清楚不过地体现在，存在一种仅仅关系到同一性标准的歧义。这种歧义就像我们在第四章说明过的那样，发生在“书”这个词上。

由于同一性标准与这种通用词项相联系，与专名相联系的同一性标准，常常可以通过规定名称所适用的对象适用于什么样的通用词项，来加以确定——如果有人说，一个专名是一个人的名称，那么与这个专名对应的同一性标准就是用于“同一个人”的标准。通用词项中常常会有若干词项对应于同样的同一性标准，这样，这些词项涵义的区别就只是在适用性标准上。不过，情况往往是，对任意同一性标准，存在一个涵盖最广的名词性词项与该标准相对应，这个词项适用于运用这个同一性标准的所有对象。在第
p. 76 四章我们同意把这样的词项称为“范畴谓词”，而把适用范畴谓词的一类对象叫做“范畴”。

对弗雷格来说，有必要规定与单个名称或者与某个范围内的所有名称对应的同一性标准，而这并没有让人怀疑等号的单义性。

在讨论数词时，弗雷格恰恰讨论并拒绝了这样一种意见，即为数制 Gl 63
定同一性标准，实际上就是在使用数词的语境中赋予等号以特殊的涵义。他回答说，不。他并不是在赋予它以特殊涵义，而应当说，通过把莱布尼兹律所作出的规定作为固定的涵义赋予等号，从而设定关于数相等的陈述的真值条件，他所确定的是出现于这些陈述中的数词的涵义。

在《算术基础》第56节出现了这样的段落：

> 一般说来，如果能对概念指派数目，就能以确定的方式界 547
> 定是什么落于概念之下。"四(four)这个词中的字母"这个概念把 f 与 o，o 与 u，等等区分开。"四这个词中的音节"这个概念则把这个词当成了整体，并使其成为不可切分的，因为再没有其他部分落于"四这个词中的音节"这个概念之下。并不是所有概念都是这样构成的。比如说，我们可以用多种方式来分割落于"红"这个概念之下的东西，而不会使分割得到的局部不再落于这个概念之下。没有任何有穷数能够属于这样的概念。"单位是分离的和不可分割的"，这个命题因而就可以这样表述：对概念来说，只有能够以确定的方式区分开落于其下的东西，而不允许任意分割，它才能为有穷数充当单位。

(从最后两句可以看出，弗雷格写这段话时是在讨论"单位"这个概念，他建议把指派了数目的**概念**当作"单位"。)

吉奇不止一次责怪弗雷格在讨论**红**这个概念时太谨慎了(《指称与普遍性》，pp. 38，153)。他解释说，因为**红**这个概念与**"四"**这

个词中的字母这个概念之间的区别不止于说，有无穷多红的东西，而“四”这个词中只有有穷多字母；这两个概念的区别要大得多。即使我们考虑的是一个限定更多的概念，即**吉奇在 1964 年 1 月 1 日半夜所研究的那些红色的东西**，麻烦也不在于落于这个概念之下的对象无法数完，而在于我们不知道怎么开始数——谈论红色的东西的数目根本是没有意义的，即使在一个受限的时空区域中
Huss 327 也是如此。弗雷格主张，对于关于“多少”的问题回答说“0”，这就像用“没有谁”来回答“谁？”这个问题一样，并不算是拒绝回答。弗雷格是对的。但对有些关于“多少”的问题则只能拒绝回答——对“今天在这个房间里的红色东西的数目是多少”这个问题，我们只能回答“没有这样的数目”。

吉奇之所以持有这样的观点，是因为他认为通用词项（即弗雷格所说的“概念词”）要分成两类：一类比如说“人”，其涵义中包含对应的同一性标准；另一类比如“红”，没有同一性标准与之对应，而其整个涵义我们可以说就在于相应的适用标准。要把握这两类通用词项，就必须知道相应的适用标准，即在何种条件下，对于一个对象而言，说它是一个人，或者说它是红的，这是真的。但对前
548 一类通用词项来说，我们还需要知道别的东西，即对应的同一性标准，它不能由（或者至少不能完全由）适用条件来确定。比如说，我们必须知道“……与……是同一个人”是什么意思。然而，对第二种通用词项来说，就不再需要别的了——“……与……是同一个红色的东西”不具备单一的涵义，除非已经为“东西”赋予了特定内容。吉奇认为，这两类通用词项之间的区别，大体上对应于（通用）名词与形容词之间的语法上的区分。

如果这是对的，那就确实得到吉奇的结论，对于适用第二种通用词项的对象问关于多少的问题，就无法给出确定回答。正如吉奇所说，对于计数程序来说至关重要的是，我们应当计入每个（落于给定概念之下的）对象，每个对象只计一次。在特定情况下，如果实际上没有标准来让我们判断，正在数的东西之前有没有数过，那我们就无法确定我们是不是把一些对象数过两次，因而也就不能说，我们是否正确地实施了计数程序。像吉奇说过的那样，借口说落于该概念之下的有无穷多个对象，这也不起作用，因为只要是要解释对那个概念指派一个确定的无穷基数是什么意思，同样的反对意见就会出现——任何这样的解释都要使用一一对应这个概念，而这就要确保，对落于概念之下的**每个**对象来说，我们都将其与充当标准的总体中的某个成员只对应了**一次**。

吉奇称前一类通用词项为“名词性的”，而把第二类称为“形容词性的”。他把通用词项“*X*”称为名词性的，是基于这样一个标准：“同一个*X*”这个短语应当具有确定涵义，并且知道这种涵义，是知道通用词项“*X*”的涵义的必要条件。这对他来说，只是把通用词项归为他所说的“可数词项(countable)”所要满足的必要条件，而非充分条件。“可数的”意思就是，问“有多少*X*”总是有确定涵义(当然，“可数的”这个词的使用与“最多可数的(at most denumerable)”没有联系[①])。例如，蒯因所说的像“金”这样的“物

① “可数的”一词在这里对应英语的两个词，即“countable”与“denumerable”。后者是集合论中的一个术语。一个集合的成员如果与自然数集构成一一对应关系，则该集合是可数的(denumerable)。但“countable”在这里所赋予的意义则不要求与自然数集合对应，而只需要与某个充当标准的总体一一对应。——译者

料词项(mass term)”,其涵义中就对应有同一性标准,我们知道说“同一块金”是什么意思,但若问“有多少金”就没有任何意义。[1]“金”因此就是名词性的,但不是可数的通用词项。不过,吉奇没有解释,要使通用词项成为可数的,属于其涵义的除了同一性标准,
549 还必须有什么——要赋予其可数性,通用词项的用法中还有其他什么特征需要说明。我们后面会看到,蒯因也不接受吉奇的区分。蒯因跟随弗雷格前面那段引文建议说,吉奇错误地表述了一个有效的区分,它存在于这样两类概念之间,对一类概念来说,一个对象如果落于其下,那么该对象的任何部分都落于其下,而对后一类概念则否——比如,至少对于日常目的而言,红色表面的任何部分都是红色的,而一块金的任何局部本身也都是金。从第二个例子我们可以看出,如果要说对应的话,这对应于吉奇在可数概念与不可数概念之间的区分,而不是形容词性的概念与名词性概念之间的区分。不管怎样,弗雷格显然夸大了这个区分性的原则——在所引段落的开头他说,对可数概念而言,落于其下的任何东西的任何部分都**不**落于这个概念之下。比如**长方形**这个概念,它显然是可数的,对于问附图中有多少个长方形这个问题,的确有确定的答案,但一些长方形是另外一些长方形的一部分。引文中的最后一句话要更加准确一些——可数概念不允许进行**任意的**分割。

① 与“有多少金”对应的英文原文是“How many golds”。两种说法在各自的语言中确实都没有意义。但是,当把“the same gold”翻译成“同一金”,在英语中有意义的说法到汉语中就没有意义了。为弥补这一点,译者使用了“同一块金”这个译法。——译者

因此，如果吉奇是对的，那么弗雷格对“当我们作出关于数的
陈述时，我们关于事物所说的是什么”这个问题作出的回答，还不
是很准确。他的回答是，“概念”。按吉奇的解释，这个回答过于笼 Gl 46
统了——恰当的回答是“可数概念”。但吉奇对弗雷格的责备很明
显不止于措辞，他指责他在哲学上犯了错误。按照吉奇的观点，尽
管所引用的那段话表明弗雷格觉察到了名词性概念与形容词性概
念之间的区分，但对这个区分视而不见——他之所以给出“谨慎
的”借口，说有无穷多红色的东西，是因为他决心要把所有真正的
概念理解为可数的。从弗雷格关于类所说的东西中，这一点终究
是足够清楚的。类区别于纯粹的聚集（aggregate），就在于其成员 Schr 434,
彼此区分开了　对给定的类来说，什么才算其中单个的成员，这 442;
总是确定的。正是受这种考虑的驱使，弗雷格才主张类只能理解 NS 198-9 (182-3)
为概念的外延——正是通过以类作为外延的概念，属于类的那些
对象（它们落于概念之下）才彼此区分开。如果弗雷格认定，所有
概念（所有真正的概念）都能按照《算术基础》那段引文中部分承认
的那种方式，区分落于它之下的对象，而**红**这个概念则不能区分， 550
那么他能主张的就只是这一点。面对吉奇的批评，通过在术语上
做文章，通过指出弗雷格虽然承认吉奇的区分，但暗中却希望自己
的“概念词”这种表述被理解成只用于名词性的通用词项（或者可

数的通用词项),从而把他的"概念"一词只用于名词性的(或可数的)概念,以此来为弗雷格辩护,这是没有用的。因为,不管弗雷格在多大程度上承认这个区分,他的形式语言,考虑到它具有弗雷格所赋予的那种语义学,都没有为这种区分留下余地。在弗雷格的系统中,我们可以用形式的方式证明,对所有谓词来说,都存在数目确定的对象,该谓词对这些对象为真。在这样的证明中只需要假定,对每个对象来说,谓词对它是否为真,这一点是确定的——这里似乎没有必要,实际上也没有可能,用同一性标准来强化谓词
Gl 63 的适用性标准。

吉奇赞同前面归于弗雷格的那个观点,即虽然"同一个"具有单一并且确定的涵义,这仍然没有使得人们没有必要为任意名称都规定其所指对象的同一性标准。在同意这个观点的同时,吉奇对"同一个"具有单一涵义这样一个从属性的论点,附加了一个很特别的注解。但他没有把这个想法归于弗雷格,而是责怪弗雷格没有理解它。(他肯定会把这个想法归于维特根斯坦,它在《哲学研究》开始的段落中占据突出地位。)吉奇进而从这个想法中引出好些对弗雷格来说非常有害的结果。吉奇对"同一个"一词的单一性是这样解释的:它虽然不是歧义的或含混的,但却是截短了的表达式,只有当我们说"同一个 *X*",其中"*X*"表示某个(名词性的)通用词项时,它才是有意义的(《心理行为》(*Mental Acts*), p. 69)。就此而言,这类似于"真的(real)"、"好的",或者数词形容词。吉奇指责弗雷格,说他虽然心里清楚"'一'除了与通用词项一起使用(至少这么理解),它不可能有意义地充当用于对象的谓词",但还是不明白对"同一个"来说也是如此(《指称与普遍性》, p. 39)。

“真的”与“好的”都不能单独表示对象的性质。离开语境说一个对象是真实的或者好的,这既非真也非假,而仅仅是没有意义。虽然如此,“真的”和“好的”不是歧义的,不是在不同语境有不同意义的。应当说,它们表示一种算子,使用它们可以从给定的通用词项构造另外一些通用词项,后者的涵义与原来的通用词项构成了一种统一的联系。如果不是对于适当的通用词项“X”说“真的 X”或者“好的 X”,而只是说某个东西是“真的”或“好的”,这是没有意义 551
的——但“好的”和“真的”具有单一的涵义,因为对这两个形容词来说,将其置于任何可以容纳它们的通用词项前面,都会在通用词项的涵义的基础上起同样的修饰作用。吉奇主张“同一个”也是如此。不存在像同一关系这样的关系——“……与……是同一个”当脱离语境时,就根本不表示任何关系。如果“X”和“Y”是名词性的通用词项,那么“……与……是同一个 X”与“……与……是同一个 Y”就确实表示确定的关系。但它们一般表示不同的关系。然而,“同一个”并不因此而具有歧义。对任意通用词项“X”和“Y”,关系词项“……与……是同一个 X”与“X”之间的那种关系,恰恰与(并非同义的)“……与……是同一个 Y”和“Y”的关系相同。

吉奇会认为,与“真的”和“好的”之间的类比在这里可以稍微停一下。在规定通用词项“X”的涵义时,我们并不明确规定“真的 X”或者“好的 X”的意义,毋宁说,如果给定了“X”的涵义,那么我们可以按照构成修饰词“真的”和“好的”的涵义的那种一般原则,来确定“真的 X”或“好的 X”的涵义(如果它们有涵义的话,因为它们不总是有)。“同一个”则不是这样的。在规定通用词项“X”的涵义时,我们必须明确说明“同一个 X”是什么意思,因此“同一个

X”的涵义不是由“X”的涵义确定的，而是作为它的一部分，与其一同给出。说“同一个”具有单一涵义之所以仍然是正确的，是因为在任意具有“同一个 X”与“同一个 Y”这类形式的两个表达式的涵义之间，存在着形式的或逻辑的相似性——合法的变换以及推演规则，对于包含这两种表达式的句子来说，都是相同的。

从这个观点出发，吉奇导出了好些对弗雷格不利的结论。首先，弗雷格做出的概念分析，比如用一一对应对于像“……与……恰好一样多”所做的分析，只要这些分析运用了单一的、无条件的同一关系，就要进行修改。至于吉奇设想应当怎么修改，我过一会儿再解释。

其次，在规定名词性通用词项“X”的涵义时，如果有必要明确规定“同一个 X”的涵义，而无须考虑从“X”的涵义的其他构成性特征中，是否可能导出这个短语的涵义（用我们的术语，这就是说，如果同一性标准不是由适用标准确定的，而是必须分开制定），那么就可能会有“形容词性的”通用词项，对它们我们没有作出这样
552 的附加规定，但其涵义完全由适用标准构成，而不对应任何同一性标准。我们已经看到，吉奇认为这不光是一种理论上的可能性，我们的语言实际上充满了这样的形容词性的通用词项。

第三，吉奇从他自己关于同一性的学说出发，来质疑弗雷格对量词的处理方式。他指出，量词—变元记号中有两个由弗雷格引入、完全分离的特征，这些特征解放了逻辑。一个特征在这本书前面的部分强调过了，这就是概括记号不像在自然语言中那样占据谓词的主目位置，而是被置于与约束变元连用的谓词前面，而约束变元也占据了主目位置。另外那个完全不同的特征是，所有量词在取值范围上都不受约束（当然，除了各约束变元都限制在唯一一个**类型**中，比如对象、一元一阶函项等）。对弗雷格来说，所有个体变元都同时在所有对象上取值，所有函数变元都在特定类型的所有函数上取值。这两个特征显然可以分离——我们可以保留第一个特征而舍弃第二个，方法是把自然语言中所有形如"……某个老虎……"的句子（其中"某个"是主算子），都换成形如"对某个老虎a，……a……"（而用"对所有老虎a，……a……"来替换"……所有老虎……"）；然而弗雷格的方法当然是把"……某个老虎……"表示成"对某个a，a是老虎并且……a……"（以及把"……所有老虎……"表示成"对所有a，如果a是老虎，那么……a……"）。吉奇给出的论证实际上并不要求像"对某个老虎a，……a……"这么贴近自然语言（或者说离当代逻辑这么远）；如果把"……某个老虎……"表示成（比如）"对某个动物a，a是老虎并且……a……"（而把"……所有老虎……"表示成"对所有a，如果a是老虎，那么……a……"），也能满足要求。一般来说，对任意名词性的通用词项"X"，我们都可以找到唯一对应的范畴词"A"，"A"是名词性通用词项，并且在对应于与"X"相同的同一性标准的词项中，具有最大的适用范围。（在前面的例子中，我假定"动物"是对应于"老虎"的范畴词项。应当注意，吉奇自己对"范畴"这个词的用法是完全不同的。）如果"X"是名词性的通用词项，而"A"是对应的范畴词项，那么"y与z是同一个X"的意思就是，"y是X，并且y与z是同一个A"。例如，"y与z是同一只老虎"的意思是，"y是老虎，并且y与z是同一只动物"。（吉奇并没有这样说，也根本没有提到范畴词项。为了引入这些说法，我对他的学说进行了调整，但他肯定必须承认这是一种可以允许的推广。）这样看来，吉奇认为弗雷

553 格出错的地方就是，把上述分析做过了头，认为“y 与 z 是同一个 X”的意思是“y 是 X，并且 y 与 z（无条件）是同一个”——例如，“y 与 z 是同一只老虎”的意思是“y 是老虎，并且 y 与 z 是同一个”；然而，对吉奇来说，不加限定地说“y 与 z 是同一个”完全没有意义。出于这个理由，像“对某只老虎 𝔴”这样受到限制的量词，就不会用像“对某个 𝔴”这样完全没有限制的量词来解释，这个量词被解释成同时在所有不管是什么的对象中间取值。

像“对某只老虎 𝔴”或“对某个动物 𝔴”这样的短语要表达什么，这是显而易见的，但像“对某个 A 𝔴”这样的记号，正如吉奇所意识到的，容易被错误地解释成，“A”是一个由量词所约束的变元。要避免这个让人为难的地方，我采用“对 A 中的某个 𝔴”这种形式（以此来解释既存记号“∃𝔴↑A”）。当然，把“A”换成任意特定范畴词项或者名词性词项，还不足以得到在英语中可以容忍的形式，因此在这种情况下我还是用原来的形式，即“对某个动物 𝔴”。（除了在直接引用吉奇的地方，这一章里一直用德文词表示约束变元。吉奇用斜体字母表示自由变元和约束变元。）

吉奇是怎样从他关于同一性和名词性通用词项的学说，过渡到关于量化的观点的呢？他的论证虽然初看起来有说服力，但经过审视后却证明建立在无关的前提之上。在他的论证中用了古代关于赫拉克利特的那个悖论。他说，如果依照弗雷格的方式，把概括记号理解成不受限制的量词，那么我们就会把陈述

（1）赫拉克利特昨天在某条河中洗澡，今天又在同一条河里洗澡

写成

(3) 对某个w，w是一条河，赫拉克利特昨天在w中洗澡，并且今天赫拉克利特在w中洗澡。

同样，我们会把陈述

(4) 赫拉克利特昨天在某些水中洗澡，并且今天在同一些水中洗澡

写成

(6) 对某个w，w是水，赫拉克利特昨天在w中洗澡，并且今天赫拉克利特在w中洗澡。

进而，陈述

(i) 所有是河的东西都是水

就会写成 554

(ii) 对任意w，如果w是一条河，则w是水

但这足以证明这些写法是错的，因为(6)可以从(3)和(ii)得到，然

而众所周知(4)不能从(1)和(i)得出。

吉奇宣称(《指称与普遍性》第150页),这个悖论拒斥了他所谓的“正统”观点,即用不受限制的量化来解释受限制的量化(即“对 A 中的某个 $\mathscr{u}$,……$\mathscr{u}$……”要解释成“对某个 $\mathscr{u}$,$\mathscr{u}$ 是 A 并且……$\mathscr{u}$……”)。然而,表述完悖论以后,明确得到的结论却只是“是同一些水”不能分析成“是同一个/些(随便某样东西)并且是水”(同上,第151页)。这样,吉奇就同时论证了他关于同一性的论点和关于量化的论点。另一方面,我们已经考虑过关于同一性的论点的依据,现在则希望弄清吉奇是如何从那个论点过渡到关于量化的论点的。从这个角度看,赫拉克利特悖论就没有那么有说服力了。吉奇承认,(6)确实告诉我们,赫拉克利特连续两天在同样的随便什么东西中洗澡,而这个随便什么东西就“是”水(吉奇的引号),并且,这确实可以从(3)和(ii)得出,或者从(1)和(i)得出。但是他说,(6)这个命题比(4)弱得多。如果他是对的,那么把(4)改写成(6)实际上就是不正确的。但这种不正确性却已经是他的“‘x 与 y 是同一些水’并不意味着‘x 是水并且 x 与 y 相同’”这一论点的结论了,除了无限制的量化是不正确的这一点,这个论点没有证明其他东西。

人们可能认为吉奇会这么回答,关于一阶谓词演算的经典语义学甚至在不含有等式的情况下,也会预设单一的无条件同一关系这样一种虚假的概念。他确实从未明确持有这种观点,但如果不认为他持有这个观点,他拒斥无条件的同一关系而青睐相对化了的多种同一关系这样的做法,与他针对把无限制量化视为受限制量化的基础这样一种“正统”观点的反对态度之间,似乎正好就

接不上了。按这样的观点,在理解像"对某个$\boldsymbol{a}$,$F(\boldsymbol{a})$"这类非常简单的公式时,没有必要暗中求助于无条件的同一关系;但是只要所关心的公式中由任意量词约束的变元出现了不止一次,一般说来也就要这么做。比如,在对"F"和"G"所作出的某种解释之下,为了确定公式"对某个$\boldsymbol{a}$,$F(\boldsymbol{a})$并且$G(\boldsymbol{a})$"的真值,我们需要知道,按照这种解释,是否可以找到**一个**对象,谓词字母"F"和"G"都 555
对它为真;而这要求我们回答这样一类问题:就给定的某个对象而言,当"F"对它为真时,它与对于"G"为真的某个对象是否相同。吉奇明显偏向于避免使用约束变元,而是使用形如"同一个A"的短语,或者用意思是"同一个A"的代词,就很可以看作是在潜意识果鼓吹这样的观点。(这种观点经过适当修正后不仅适用于按照经典的方式解释的无限制量化,而且也适用于受限制的量化。也就是说,不仅具有形式"对某个x,$F(x)$并且$G(x)$"的公式潜在地需要一般的同一性关系,而且像"对A中的某个$\boldsymbol{a}$,$F(\boldsymbol{a})$并且$G(\boldsymbol{a})$"这样的公式也潜在地需要由"……与……是同一个A"所表示的特殊的同一关系。)我们在第154页中可以看到,(7)就是吉奇用"同一个A"这样的短语替代约束变元的例子。吉奇没有这么写:

对A中的某个x,x是水,并且赫拉克利特昨天在x中洗澡,并且赫拉克利特今天在x中洗澡。

而是写成

某个A是水,并且赫拉克利特昨天在那(同一)些A中洗澡，并且赫拉克利特今天在同一些 A 中洗澡。

但我们不能把这个观点归于吉奇，因为在书的结尾他明确驳斥了它。他把“同一个/些 A”在表达式“是与……同一个/些 A”中的“谓词性”用法与“主词性用法”区分开，并说（第 190 页），“‘同一个/些 A’的主词性用法只是说，若干谓词对于通名‘A’所表示的特定个体来说一起为真”——名词性通用词项在某些时候是个体对象真正的名称，这是他学说的一部分。他继续说，“我们对‘一起为真’的理解，并不依赖于同一性标准这个困难的概念，而是依赖于一个清楚得多的概念，即若干谓词由真值函项（即‘并且’）连接在一起，构成新的谓词”。

有鉴于此，也就难以看出吉奇会以什么理由，拒绝关于无限制量化的“正统”观点。诚然，他可以这样问：如果不能把（4）解释成（6），那么在使用无限制量化的情况下，我们该怎样解释？无论他是否提出这个问题，我们的第一印象还是，吉奇的观点中有些东西被弄拧了。吉奇说（同上，第 151 页），把（4）解释成（6），这与把（1）
556 解释成（3）“同对同错”，而考虑到他用来反对前一个解释的那个论证，这成了他关于赫拉克利特悖论的评论中最不可信的部分。何以可能（6）真而（4）假，这是足够清楚的——当赫拉克利特连续两天到同一条河里洗澡，那条河一直都是（或“是”）水，然而他昨天洗澡的水到今天已经流到海里了。不过，虽然（3）为假时（1）显然不可能为真，但至于何以能够在（1）为假的时候（3）为真，却一点也没有这么清楚（或许是赫拉克利特昨天在密苏里河洗澡，今天在密西西比河洗澡，而密西西比河在他今天洗澡时，是由且只由他在昨天

洗澡时密苏里河的水所构成的?)。这样说并不是纯粹在例子的偶然特征上做文章,吉奇在这里忽视了“河”与“水”这两个名词性通用词项之间显然的区别,我们应当认真地考虑这是否误导了他的论证。区别在于,“水”是蒯因所称的“物料词项”,而“河”不是;或者用吉奇自己的术语说,“河”是可数的通用词项,而“水”虽然是名词性的,但不是可数的。看来这么说是有道理的:“x 与 y 是同一些水”并不意味着“x 是水,并且 x 与 y 同一”。至少,就允许我们说“是河的不管什么东西都是水”而言是这样的。但是,要是想说明“x 与 y 是同一条河”并不等价于“x 是河并且 x 与 y 同一”,则要困难得多。

不过,在正式批评之前,我们必须完整地阐述他的观点。与他之前的其他人的类似说法相比,他的观点还是非常值得详细阐发的。首先,让我们看吉奇如何建议修改弗雷格使用绝对同一关系所作出的那些定义。吉奇将不会再允许把某种关系一般性地理解为 733
多对一关系,因为“R 是多对一关系”按照定义就是“对任意 $\mathfrak{d}$,$\mathfrak{a}$ 与 Gl 72
$\mathfrak{e}$,如果 $\mathfrak{d}$ 与6有关系 R,$\mathfrak{d}$ 与 $\mathfrak{e}$ 有关系 R,那么 $\mathfrak{a}$ 与 $\mathfrak{e}$ 同一”,而这使用了遭到禁止的绝对同一关系。现在,这个概念被“R 是 A 与 B 之间的多对一关系”这样一个相对化了的概念所取代,其中“A”与“B”表示任意名词性词项。“R 是 A 与 B 之间的多对一关系”意味着“对 A 中的任意 $\mathfrak{d}$,B 中的任意 $\mathfrak{a}$,以及 B 中的任意 $\mathfrak{e}$,如果 $\mathfrak{d}$ 与 $\mathfrak{a}$ 有关系 R,并且 $\mathfrak{d}$ 与 $\mathfrak{e}$ 有关系 R,那么 $\mathfrak{a}$ 与 $\mathfrak{e}$ 同一个 B”。(这里我在措辞上做了调整,以避开异议。)“有同样多的 F 与 G”按照定义其意思是“对某个关系 $\mathcal{R}$,$\mathcal{R}$ 使 F 与 G 对应,并且 $\mathcal{R}$ 是 F 与 G 之间的一一对应关系”。这种修改的结果,就是把对谓词字母“F”与“G”的可允许的解释,限制在名词性词项中,而这当然非常接近于吉奇所 557

寻求的那种优点。但也不尽然。让关系的一一对应特性相对于一对通用词项，这只是把那些通用词项限制为名词性的（因为它们必须出现在"同一个 A"和"同一个 B"这样的语境中），因此结果应当是，只要"F"与"G"是名词性词项，说"有同样多的 F 与 G"就是有意义的。然而，这不是吉奇原来阐述的观点，即词项是名词性的，这是其可数性的必要而非充分条件。一个通用词项何以能够是名词性的但却是不可数的，对此我们仍然一无所知。一旦想起来，关于通用词项是名词性的但不是可数的唯一例子就是物料词项，前一段话表达的那种怀疑也就加强了。物料词项构成了让人相信"x 与 y 是同一个/些 A"与"x 是 A 并且 x 与 y 同一"不等价的唯一情形，而正是因为这种情形，建议对于"同样多"的定义所做修改，不能达到预期效果。

要是说，吉奇把无限制的量化当作全然是无意义的而加以拒绝，这就错了。他拒绝它只是因为它是按照经典的方式来解释的。他并不是全盘反对无限制的量化，而只是反对认为它是基本的，并且要用它来解释受限制的量化。对他来说解释的方向应当颠倒过来，要用受限制的量化来解释不受限制的量化。这样，包含了无限制量化的陈述(6)就要被解释成：

(8) 对某个 $\mathfrak{A}$，对 $\mathfrak{A}$ 中的某个 $\mathfrak{w}$，$\mathfrak{w}$ 是水，并且赫拉克利特昨天在 $\mathfrak{w}$ 中洗澡，并且赫拉克利特今天在 $\mathfrak{w}$ 中洗澡。

这里，约束变元"$\mathfrak{A}$"以范畴或者种(kind)（如果种就是名词性词项的外延的话）为值。德文字母"$\mathfrak{A}$"当然是约束变元，其使用方式不同于前面例子中出现的模式字母“A”，特别是完全不同于受限制的量词“对 A 中的某个 $\mathscr{x}$”。吉奇在对(8)的表述中没有使用个体变元，而是像他说的那样，选用短语“那(同一)个/些 A”和“同一个/些 A”，但难以想象他会反对使用个体变元。

于是，按照吉奇的观点，无限制量化就要用受限制的(在属于范畴或种的对象上的)量化，结合一种以范畴或种类为值的高阶量化，来进行解释。这种高阶量化(量词“对某个 $\mathcal{A}$”)又该如何解释呢？

对这种量词吉奇采用了一种替换解释。只要有某个名词性通 558
用词项“X”，当我们去掉量词，用“X”来取代约束变元“$\mathcal{A}$”的所有其他出现，由此会得到真陈述(这里要有可能把“X”限制为范畴词项)，具有“对某个 $\mathcal{A}$，…… $\mathcal{A}$ ……”这种形式的陈述就是真的。当然，对全称量词“对所有 $\mathcal{A}$”也要同样理解。这样，这种量化就不会被当作是在范畴或种这样的实体域上的量化，而是按照语言上的一套替换来理解。在前面讨论对量词的替换性解释时我们已经看到，这种区分有一部分是虚假的——吉奇继续解释说，为了确定存在量化陈述为真，他并没有要求语言中实际存在用来替换的名词性通用词项，而只要求在能够融贯地添加到语言中的任何名词性通用词项之间，可以作出这样的替换就行了，这样，他就让这种区分几近于无了。

引入了像“对某个 $\mathcal{A}$”这样的经过替换解释的量词以后，吉奇继续呼吁使用按照类似方式加以解释，但具有不同取值范围的量词。事实上，他允许对语言中各个**种类**(sort)(吉奇在这里使用“范畴”这个词，而不是“种类”，但我已经出于不同的目的用了这个词)的表达式引入这样的量词——他把“种类(sort)”定义为，在陈述中可以替换一个特定表达式，而不使陈述变得无意义的所有那

些表达式所构成的类。要产生吉奇所希望的那种结果，即所有名词性通用词项构成一个种类，而所有专名构成另外一个种类，这种解释肯定是错的，因为很难指望说，包含比如“同一条河”这个短语的所有句子，用“老虎”来替换“河”以后仍然是有意义的，也难以指望一只老虎的专名替换一条河的名称，而总是仍然能够使句子有意义。不过，如果不是在表述一般原则，这都没有关系；而这里我们不必关心一般原则。对构成专名的那一种类的表达式来说，通过对与之相应的量词给予替换性解释，就可以直接解释在对象上的无限制量化，而无须引入在种或者范畴上的量化。如果“对某个$\mathscr{C}$”是这样一个无限制的量词，那么对“对某个$\mathscr{C}$，……$\mathscr{C}$……”这样的句子来说，只要在语言中存在（或者可以融贯地添加到语言中）一个专名“a”，使得“……a……”构成真陈述，那么这个句子就是真的。然而，吉奇坚持认为，对于无限制量化的这种直接解释，比起用在种或者范畴上的量化给出的解释来说，并不更简单更经
559 济——事实上，真正说来，两者等价。要能够认出专名，我们必须理解专名所拥有的那种涵义，而这种涵义中至少有一部分是对应于专名的同一性标准。这种同一性标准能确定承载专名的对象属于哪个范畴，该范畴中包含了适用这个同一性标准的所有对象，并且有相应的范畴词项。因此，恰当地理解的话，要说存在专名“a”使得陈述“……a……”为真，所说的不多不少就是，有一个名词性（范畴）词项“A”，使得陈述“对A中的某个$\mathscr{n}$，……$\mathscr{n}$……”是真的。

吉奇停下来宣布说，对量词的替换性解释的一个好处是，可以处理进入不透明语境之内的量化。比如，如果假设在某种情况下这样说是真的：

(11) 詹金斯是人；并且约翰逊不认为德维拉是个开店的，而认为詹金斯是开店的；并且詹金斯与德维拉是同一个人。

如果用替换的方式来解释“对某个$\mathscr{C}$”，那就可以有效地推出：

(10) 对某个$\mathscr{C}$，$\mathscr{C}$是人；并且约翰逊不认为德维拉是开店的，而认为$\mathscr{C}$是开店的；并且$\mathscr{C}$与德维拉是同一个人。

然而众所周知，如果试图用经典的方式，把“对某个$\mathscr{C}$”解释成对象域上（甚至是由人或者动物构成的域）的量化，那么这个推理就是无效的，而(10)事实上是无意义的。因为，正如吉奇所强调的，如果这样解释(10)，即认为只要当谓词“ξ 是人；并且约翰逊不认为德维拉是开店的，而认为 ξ 是开店的；并且 ξ 与德维拉是同一个人”对于某个对象是真的，(10)就是真的，这么做就是无意义的，因为我们无法融贯地解释，应当在何种情况下说这个谓词对于给定对象是真的。同样道理，我们显然不能把(10)解释成：

对某个人$\mathscr{n}$，约翰逊不认为德维拉是开店的，而认为$\mathscr{n}$是开店的；并且$\mathscr{n}$与德维拉是同一个人。

当然，这个例子与无限制的量化没有这么相关。可以看到，它只是说明，对量词的替换性解释据说拥有的优点，只是徒有其表。这意味着，吉奇认为存在于“对某个$\mathscr{C}$”与“对某个$\mathscr{A}$和$\mathscr{A}$中的某个$\mathscr{a}$”之间的等价关系，实际并不成立。

处理了这样的语境以后，吉奇就抛出一个让人惊讶的言论，即 560

对于他所称的“莎士比亚式”谓词来说，对附加了量词以后得到的表达式作出的经典解释与替换解释是吻合的。吉奇把没有构成不透明性语境的谓词称为“莎士比亚式”谓词，即这样的谓词“$F(\xi)$”，只要“a”和“b”是具有同样指称的专名，“$F(a)$”与“$F(b)$”在真值上就等价。吉奇没有用这种术语来表述上述言论，他是这么说的(第165页)：如果“ξ是F”是莎士比亚式谓词，那么“对某个$\mathscr{E}$，$\mathscr{E}$是F”是真的，当且仅当谓词“ξ是F”对某个东西，即某个对象(可以为专名所命名)为真。我之所以说这种言论“让人惊讶”，不是因为我觉得它是错的——考虑到对变元取值范围作出的直谓式刻画与非直谓式刻画的区别，我们的确可以质疑这种言论，但这不是我在这里关注的事情。应当说，它之所以让人惊讶，是因为这就削弱了吉奇关于无限制量化的整个立场。首先，尽管吉奇似乎并不愿意完全拒绝无限制的量化，但他还是希望用受限制的量化来解释它，而不是反过来。接下来，对无限制量化的直接解释又似乎终究可以给出了，即便吉奇经过分析后宣布，这种解释本质上等价于用受限制的量化作出的解释。于是重点现在又放在对量词的替换式解释与经典解释之间的区分上。最后，情况终于是这样的，除开不是莎士比亚式谓词的那些不相干的情况不算，对无限制量化的替换式解释与经典解释重合——最终，若要合法地考虑属于语言或者能够融贯地加入语言的专名总体，我们就能够同样合法地考虑对象的总体(它们被命名和能被命名)。这样，吉奇反对关于无限制的一阶量化的“正统”(即错误)解释的论战，最后似乎就完全烟消云散了。

在后来的著作中，对受限制的量化与无限制的量化之间的区别，吉奇做了更加清晰的解释：只有当对某个专名“a”来说，有针对“同一个A”的同一性标准与之联系，使得“a是F”为真时，“某

个 A 是 F”才是真的；但即使有与此不同的同一性标准与“b”联系，“b 是 F”也可以是真的，因此当“某个 A 是 F”不为真时，“对某个 x，x 是一个 A 并且 x 是 F”也可以是真的。这实际上要求吉奇接受他以前拒绝的那个观点（参见第 555 页）。

蒯因在对吉奇的书评中对他的观点进行了尖锐的批评（《哲学评论》，1964 年 1 月）。蒯因激烈反对吉奇拒斥单一的绝对同一关 561
系，而建议多元的、相对化的同一关系的做法。他评论说，“这种学说与量化的概念本身相矛盾，而这个概念是现代逻辑的主要动力。量化取决于变元有值可取，这些值无条件地同一或不同一；承认了量化，在同一性上也就没有选择余地了，对变元也是如此。对于一种包含了量化的语言来说，对‘$x=y$’只有唯一的合法解释（不算等价的解释）”。当然，蒯因后来也承认，这是一种诉诸他人的论证。正是基于蒯因所批评的学说，吉奇才呼吁对量词理论进行修正。不管怎样，蒯因能够清楚地看到我们到现在还未能发现的东西，即吉奇关于同一性的观点与他关于量化的观点之间的联系。关于 x 与 y 是同一个 F，但却是不同的 G，蒯因找不到有说服力的例子——他并不认同吉奇所说的，“不同的官方身份可以是同一个人”。蒯因同意，相信绝对的同一关系，就意味着要把“x 与 y 是同一个 A”分析成“x 是 A 并且 x 与 y 同一”，并且要认为，对任意通用词项“A”（至少对于可以出现在“x 是 A”这种结构中的通用词项），“同一个 A”是有意义的。但他认为这些结论无可反对。他不同意像吉奇那样处理弗雷格关于红色东西的数目的例子，他评论说，“这一步走偏了。由于从概念上讲，红色的东西可以分割成红色的东西，也就的确无所谓对红色的东西进行计数。但这不是说，

不能识别出 d 是否与 e 是同一个红色的东西”——但吉奇说了不能识别。也就是说，对蒯因来说，“红”这个通用词项**是**不可数的，但对红色的东西同样还是存在同一性标准（与所有其他东西一样）。蒯因认为“同一些水”的意义不像“同一个红色东西”那么显然。对于吉奇对赫拉克利特悖论的处理，他说，“危机被夸大了。像‘水’和‘糖’这样的物料词项原本并不接受‘同一个’和‘一个’的修饰。当它们接在这样的小品词后面，就要从上下文获得特定的个体化条件。比如，‘同一些糖’可能意指货运批次上相同。如果人们不愿说赫拉克利特两次在同一些水中洗澡，其意思是，一些水(a water)就只是当人在洗澡时靠近人的一堆分子。但一条河不是这样的一些水。”

现在，我们的任务就是看吉奇的观点里有多少是真的，有多少可以归于弗雷格，以及有多少与他的学说相对立。让我们以这样一个问题重新开始我们的工作：吉奇关于同一性的观点是否要求
562 放弃关于量词的经典理论。我们已经看到，在这两种观点之间难以追踪到形式上的联系，然而，在关于量词的经典解释我们所习惯形成的那幅图景，与吉奇关于同一性的学说所唤起的那幅图景之间，我们感觉到强烈的不相容。就像蒯因所说，对（一阶）量词的经典处理所联系到的图景，就是这样一个对象域，每个对象都确定地彼此区别。诚然，要解释公式（**不含**等同的一阶谓词演算）在给定解释之下怎样才算是真的，并不需要我们有能力确定，当按两种方式向自由变元指派定义域中的元素时，对任意一个特定的自由变元是否指派了**同一个**元素；所需要的仅仅是，能够分清我们是否作出了这样的指派，并且能够以某种方式统观这种指派的总体。正

是出于这个原因，在吉奇对绝对同一性的拒斥与他对量词的经典处理的反对之间，并没有一种形式上的衍推关系。但是，对于什么构成了能够用来充当个体变元取值范围的对象域，我们所拥有的**图景**却使得我们不可能看到，对于设定一种定义在这种对象域上的绝对同一关系，何以能够提出反对——用蒯因的话说，这个对象域中的元素被当作是绝对地同一或不同一。吉奇关于同一性的学说似乎要求一幅与此冲突的图景，但看起来似乎甚至难以决定它要求的是什么图景。我们可以从设想一个确定的对象域入手，在对象之间有若干相对化了的同一关系——这些“同一”关系就是等价关系，出于特定目的，我们不必区别任何一个等价类中的不同成员。（例如，我们可以设想一个物质对象的域，在这个域上定义了颜色吻合这样的等价关系。这样，把这种关系当作一种“同一”关系，实际上也就是解释颜色的名称，即作为单称词项的颜色词，是什么意思。在谈论红这种颜色时，就眼下的目的而言，我们就是在把所有红色对象当作单一的对象。）这幅图景尽管与数学家在某些情况下常常倾向于采取的那种谈论方式一致，但还没有那么极端，因为，各种相对化了的同一关系的根基处，是一种绝对的同一关系。或许，这其实就是吉奇心目中实际所想的。在这种情况下，他的建议就等于是我们可以用来避免弗雷格式设计的一种手段。弗雷格把给定总体按照等价关系得到的等价类当作新对象引入，这种等价关系定义在总体上的方式，根本没有把形如“……与……是同样的 F”的表达式理解为表示同一关系，而是表示等价关系。按 563
这种建议，相应的单称词项（表示 F 的词项）就必须按照同样反传统的方式解释，确切地说，解释成不是用来表示确定的个体对象。

但这似乎不大可能就是吉奇的观点——如果是，那就没有任何理由，认为这个观点对量词的标准处理方式作出了真正的修改。

应当说，吉奇似乎希望我们把变元的取值范围，描绘成实在的无定形的团块，本身没有划分成分离的对象。这种划分可以以多种方式中的任何一种来完成——通过选择特定的同一性标准，我们把实在切分成分立的个体对象。这样的同一性标准对应于某个名词性通用词项（尤其是，对应于某个范畴词项），这就是为何在对象上的量化总是相对于某个名词性词项。

这样的图景确实正确地表现了语言的一些特征，但它很难与吉奇的表述相吻合。让我们回顾一下。他说，“除非添加或者理解了某个通用词项，即‘同一个 F’，否则判断 x 与 y 是否‘同一’是没有意义的”；又说，“无所谓分辩 d 是否与 e 是同一个红色的东西，这里没有同一性标准”；又说，弗雷格认为“x 与 y 是同一个 A”可以切分成“x 是 A”与“x 与 y 同一”，这是错误的。在这些说法中，我们该如何理解“x”、“y”、“d”、“e”这些字母呢？它们熟知的用法（肯定也是弗雷格想要的用法，而弗雷格本人在其中的两段话中直接遭到批评）是用作个体变元，因此，如果不是理解成是在说，无所谓分辨对象 d 是否与对象 e 是同一个红色的对象，我们不知道还能怎样理解。若说吉奇想的是其他理解方式，他却又没有告诉我们是怎样的方式（并且，如果是这样的，那么他的评论并不**直接**与弗雷格冲突）。但如果我们这样解释这些评论，它们的意思就不清楚了。就算把实在理解成无定形的团块，可以按照不同的方式切分成个体对象，情况仍然是，只要我们开始谈论**一个对象**是或者不是**一个对象**，我们就已经引入了把实在切分成对象的某种方式，至

少引入了把对象从团块中分离出来的两次特定的概念活动——一旦我们承认这一点，每次切分下来的是否同一个对象，也就得到了确定。这里，诉诸对个体变元的替换式解释，虽然吉奇认为这种解释无须承认变元在实体上取值(《指称与普遍性》，第 157 页)，这对吉奇来说也没有好处，因为，按照他自己的学说，所有专名都对应 564
特定的同一性标准，因此只要我们设想“x”与“y”或“d”与“e”为专名所替代，就立即施加了一种同一性标准，按照这个标准，同一性陈述是否是真的，就有了确定的回答。或许是因为部分地意识到了这些困难，吉奇在表达观点时避免用我用的术语，避免说不存在绝对的同一关系，而只有各式各样的相对的同一关系。因为这会引起自然的问题，“这些同一关系被认为存在于什么之间呢?”这个问题在无定形团块图景中是不可能回答的，甚至根本不可能既回答这个问题，又不至于使得拒斥绝对同一关系的做法显得非常古怪。或许是因为要抑制这类问题，吉奇总是借助个体变元来表述自己的观点，但这种手段并不真能使他摆脱问题。

人们会质疑，对于对应于通用词项的适用标准与同一性标准之间的区分来说，无定形团块图景是否与关于这个区分的正确解释相容。在一种明白无误的意义上，它们是彼此独立的。适用标准不仅不决定同一性标准，它也不受制于同一性标准。比如，“狗”与“牧羊犬”对应于同样的同一性标准，但并不对应于同样的适用标准。在书的最后一段，以及在后来的著作中，吉奇实际上建议与此对立的观点，即对名词性通用词项“A”来说，其谓词性的使用“是 A”可以用表示同一性的陈述“是同一个 A”来进行分析，方法是把“y 是 A”解释成“对 A 中的某个 $\mathscr{n}$，y 与 $\mathscr{n}$ 是同一个 A”。这样，“y 是一只狗”

就要解释成“对某只狗 w，y 与 w 是同一只狗”，而把“y 是一只牧羊犬”解释成“对某只牧羊犬 w，y 与 w 是同一只牧羊犬。”但作为一种概念分析，即作为对词语的涵义机制的揭示，要使这种分析可信的话，就要否认一般意义上的名词性词项，区别于我们称为“范畴词项”的那种特殊的名词性词项。在知道“狗”的意思的情况下，为了知道“与……是同一只牧羊犬”的意思是什么，人们所必须知道的东西显然并不关系到**识别**牧羊犬的任何特殊程序，而是需要知道，对于一条狗来说，说它是牧羊犬怎样才算是真的。如果我们承认，“x 与 y 是同一只狗”与“x 与 y 是同一只牧羊犬”要分别分析成“x 是一只狗并且 x 与 y 是同一只动物”以及“x 是一只牧羊犬并且 x 与 y 是同一只动物”，那也就不再可能把谓词性表达式“是一只狗”与“是一只牧羊犬”排除掉，而“狗”与“牧羊犬”在涵义上的区别，也就恰好
565 变成适用标准的区别，而不是同一性标准之间的区别。

按吉奇的解释，有些通用词项，即形容词性的通用词项，有适用性标准而没有同一性标准与之对应。由于他没有设想相反的情况，那么即使就他自己的观点来看，也会有一种理解，即适用性标准先于同一性标准。一个通用词项“A”如果有同一性标准而没有适用标准与之对应，那么对它来说“是同一个 A”就有意义，但“是 A”则没有意义；主张这样的通用词项存在，似乎是不可信的。能找到的最多是像“动物”这样的范畴词项，它所适用的对象虽说没有把所有东西都包含在内，也还至少覆盖了名词性通用词项能够覆盖的范围。然而，肯定不可能说“是动物”是无意义的，甚至不能说它没有用处。它的确可以利用前面讨论的那种方式排除掉，也就是说，把“y 是动物”解释成“对某只动物 w，y 与 w 是同一只动

物”，并且，前面针对非范畴词项的反对意见也不适用于这里。尽管如此，这最多也只是意味着，我们在这种情况下适用标准可以用同一性标准来解释，而不是以前证明的它们不存在。因此，按照吉奇的解释，似乎所有通用词项都与适用标准对应，而同一性标准则与其中的一些对应，而其他的则没有。这样就可以反对说，关于通用词项的这种观点不可能利用无定形团块图景来解释。按照这幅图景，在能够设想某个通用词项对某些对象为真、对其他对象为假之前，我们似乎必须先在许多可选方式中，选择某种确定的方式，来把实在切分成离散的对象。因此，在引入适用标准之前，必须先给出同一性标准。按照无定形团块图景，我们不可能解释谓词只具有适用标准这回事，因为，如果不是把实在设想成已经以某种方式分割成了个体对象，我们就没有办法想象，对于这样的谓词为真或为假的，会是属于什么种类的东西。这里，我们会再次猜测，吉奇的表达方式是要把注意力从这一点上转移开——他说，“是一个A”或“是A”有意义而“是同一个A”则没有，而不说“A”有对应的适用条件而没有同一性条件。但这样的措辞不可能使他免予解释，在没有标准来制约什么构成了红色事物的前提下，形容词“红的”适用或者不适用的对象是哪类事物。

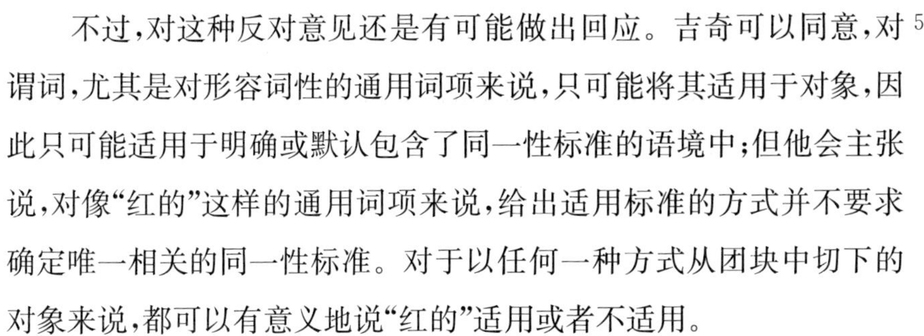

不过，对这种反对意见还是有可能做出回应。吉奇可以同意，对 566
谓词，尤其是对形容词性的通用词项来说，只可能将其适用于对象，因此只可能适用于明确或默认包含了同一性标准的语境中；但他会主张说，对像“红的”这样的通用词项来说，给出适用标准的方式并不要求确定唯一相关的同一性标准。对于以任何一种方式从团块中切下的对象来说，都可以有意义地说“红的”适用或者不适用。

虽然听起来似乎有道理,但这个答复不让我们满意。如果只能用“红的”来述说**对象**,那么任何这种述说都预先假定了切分出对象的某种方式,而这需要特定的同一性标准。因此蒯因的说法肯定是对的,他说,任何东西只要能有意义地说是红的,那么它与另外给出的、也可以有意义地说是红的的对象,就必然(绝对地)要么同一要么不同一。如果两个对象都是来自于切分实在的同一种方法,那么我们就有明确的同一性标准,据此可以判断它们是否同一;如果它们来自于不同的切分方法,因而对应不同的同一性标准,那么肯定也就有一种显然是绝对的方式,这种方式虽不与我们所说的同一性标准联系,但还是可以按这种方式正确地说它们是不同对象。最终,我们的无形团块比喻在这一点上破坏了:物质的团块不可能以两种不同的方式切分,而不导致第三种切分方式的结果;然而,我们可以同时考虑以两种不同的方式,在概念上把实在切分成个体对象而得到的结果。如果有若干不同的方式,在实在的总体中区分出个体对象,从而得到我们可以有意义地说是红色的对象,那我们似乎就没有理由不把这些不同区分方式得到的所有结果,视为一个总体,由此构成用来定义“红的”这个谓词所有那些对象的域——即使这个域中包含一些次级总体(subtotalities),每个次级总体都由同样的基础原料切分而成,这也没有关系。由于这个域是由离散的对象构成的,我们就可以认为有单一的绝对同一关系定义在这个域上,因而这个域中适用于“红的”这个谓词的对象,终究就有某个确定的数目,即便这是一个无穷大的或许不可数的数。

对于这个新的反对意见只能这样回答:要把实在分割成通用
567 词项“红的”按照适用标准可以有意义地适用的那些对象,并没有数目确定的方法，甚至也没有有穷数目的方法。事情可能是这样的，相对于特定语言的特定发展阶段，我们可以区分数量有限的名词性通用词项，包括简单的和复合的，这些词项对应于不同的同一性标准，并且也都适用于我们可以有意义地称之为“红的”的对象；但是，仍然可以在这种语言中引入数量无穷的这类名词性词项，因此，对于能够谈论，并且当我们谈论时知道称其为“红的”是什么意思的对象来说，我们无法构成关于所有这些对象总体的概念。这样一个论断实际上是吉奇无法作出的，因为这就使他对在范畴或种上的量化（“对某个 $\mathcal{A}$”）做出的替换式解释成为无意义的了——然而，这个论断虽然没有获得证明，它本身还是有某种说服力的，而目前看来这是吉奇学说的支持者仅存的出路。

还不清楚，对于可以有意义地适用于通用词项“红的”的对象，我们是否真的不能构成关于这种对象总体的确定概念。一时似乎还不能证明或者否认。但我们已经以某种方式指出过，一般说来还不能指望排斥这样的结论：从集合论悖论中得出的一个教训看来是相当确定的，即我们不能以弗雷格的方式来解释个体变元，让它在可以指称或量化的所有对象的总体中取值。我们注意到，这就是为何对一阶谓词演算的语义学给出的现代解释，总是要求对个体变元**指定**定义域。我们不能像弗雷格所主张的那样，依赖于这样一种一揽子解释：个体变元总是被当作是在所有对象的总体上取值。

出于这个原因，吉奇对他所称的“正统”学说的抨击，就建立在通过歪曲对方的观点来驳斥对手的谬误（an ignoratio elenchi）之上。我们看到，他指控现代形式逻辑学家们（他只指名道姓提到了蒯因）犯了用无限制量化来解释受限量化的错误，然而我们有把握说，几乎没有一个现代逻辑学家相信全然无限制的量化。所有现代逻辑学家都同意，为了对任何包含了约束变元的句子或公式提供一种解释，都有必要明确规定变元的取值范围。当然，有了这样一种规定，形如“……某个 A……”的句子（其中“A”并不适用于给
568 定的定义域中的所有对象）就变成了“对某个 x，x 是一个 A 并且……x……”，对全称量化也是如此。比如，如果定义域是由实数构成的，那么“……某个实数……”与“……所有实数……”就只是变成“对某个 x，……x……”以及“对所有 x，……x……”，而“……某个超越数……”以及“……所有超越数……”就分别变成“对某个 x，x 是超越的并且……x……”以及“对所有 x，如果 x 是超越的，那么……x……”。有些人在写教科书时犯了教学上的错误，在说明这个要点时没有重申，甚至事先就没有解释，一开始就必须规定变元定义域。这些人该挨板子。不过，要是说，大

多数现代逻辑学家相信受限量化可以还原成无限制的量化，这却
RG 144-50 是荒谬的——他们根本就不相信无限制的量化。弗雷格相信，但他没有被算在犯错者之列。（吉奇在第 153 页承认，对于谓词演算的某些运用来说，“把量词理解为限制在像‘人’或‘（自然）数’这样的名词性词项所划定的‘全集’中”，这就够了。但他似乎认为，现代逻辑学家只是为临时方便考虑才承认这一点的。然而事实上，这一般被认为是普遍必须的。）

p. 530 第十五章简短地说明过，不可能把个体变元融贯地理解成是在所有对象，甚至在所有集合、所有序数等等中取值。这里正好可以对这一点进行展开。如果在一种很强的意义上理解这个断言，就会认为它的意思是，当变元被理解为在所有对象、所有集合或者

所有序数中取值，那么没有任何量化陈述是可以理解的，或者至少没有任何量化陈述可以认为是真的。这样理解明显是荒谬的。像“对所有$\mathscr{x}$，$\mathscr{x}$等同于$\mathscr{x}$”这样的陈述对任何对象都是真的；而当“$\mathscr{a}$”和“$\mathscr{b}$”在所有集合上取值，“对所有$\mathscr{a}$和$\mathscr{b}$，$\mathscr{a} \cup \mathscr{b} = \mathscr{b} \cup \mathscr{a}$”是真的；“所有序数都有后继（successor）”与“对任意确定序数m，函数$m+\xi$是普通函数（normal function）”这两个陈述对于所有序数都为真，而没有任何限制。同样，由于陈述“对某个$\mathscr{a}$，$\mathscr{a}$有无穷多成员”与“对某个序数（ordinal）m，m没有直接前驱（immediate predecessor）”对于让变元在特定定义域的取值的某些解释来说是真的；但也必须承认，当变元被认为分别在**所有**集合和**所有**序数中取值时，这些陈述都是真的。但是应当清楚，这个论断不是要解释得这么强，以至于与这些显然的真理相冲突。应当说它的意思是，不可能认为只要把某种形式的个体变元的取值范围指定为“所有对象”、“所有集合”或者“所有序数”，当陈述中包含了约束这类变元的量词（即使这些陈述中出现的其他符号都指派了确定的涵 569
义），我们也就赋予所有这些陈述以确定的真值。如果我们试图相对于这样一个定义域使用谓词、关系表达式以及函数算子，从而为这些表达式规定涵义，那就要么导致矛盾，要么就得承认，我们使用的约束变元，终究不是在我们可以出于直觉承认是对象、集合或者序数的所有东西上无条件地取值。

诚然，“现代逻辑学家”常偏爱（在单个语境中）在记号法中只使用一种形式的约束个体变元，例如，他们常偏爱同时包含了点与线的单一定义域，而不是两个分开的定义域。这种表示法也确实扭曲了我们据以构成概念的实际模式——我们不是先对包含了平

面上的点与直线的总体形成概念，然后才学会如何分辨一个几何对象是点还是直线。然而，一旦我们已经获得了关于两个不同总体的概念，对两个总体分别都可以进行量化，那么，采用一种表示方法，这种方法要求构造这两个总体的并集，并在这个并集上量化，这显然没有什么错。使用种类单一的个体变元被认为只是出于方便，而不关系到原则，既然如此，在这种做法中我们显然找不到可供吉奇责难的任何理由。

我们还不能就此丢下问题，因为，尽管吉奇的学说整个说来是不可接受的，支撑这种学说的显然还是有真正的洞见。吉奇在这一点上是对的：通用词项的适用标准并不确定对应的同一性标准。我们已经在关于“书”这个词的例子中看到这一点。“那就是你昨天带的书吗?”按照“同一本书”意思是“同一个原作品的副本”还是“同一个副本”，这个问题要求不同的回答。吉奇说，这表明“书”的涵义发生变化，而不是“同一个”的涵义有变化，这当然是对的。不过我们看到，“书”这个词的这种歧义，似乎只影响到“同一本书”这个表达式，以及相关的像“五本书”以及“多少本书”这样的表达式的使用，而不影响“是一本书”这样的谓词。因此似乎可以自然而然地像吉奇那样说，当同一性标准变化时，适用标准可以保持不变。主张形容词性的通用词项不对应同一性标准，在这一点上吉
570 奇当然也是对的。表述得当的话，吉奇学说中有好些东西似乎都与对量词的正统解释相协调。比如，专名总是与同一性标准相联系（因为，按照正统观点，单称词项只在已经指定的定义域内指派指称）。又比如有些通用词项的涵义不仅包含适用标准，而且也包含同一性标准。但与此同时，吉奇学说的其他部分看来真的不能

与正统观点相适应,即我们需要为各个语境规定个体变元的定义域,然后相对于那个定义域,在那个语境中为所有单称词项、谓词、关系表达式及函数表达式指派解释。这样的观点没有顾及纯粹形容词性的通用词项,也没有考虑到共有适用标准,但对应不同的同一性标准的名词性通用词项。个体变元的各个定义域都构成了某名词性通用词项的外延(或者至少是若干这类通用词项外延的并集),并有同一性标准与之对应。如果对谓词的解释总是相对于这样的定义域,那么各谓词都必须与某个同一性标准相联系(这个标准对应于用来定义该谓词的域)——对于涵盖一个给定定义域的谓词来说,我们完全没有任何手段,来辨别出它与涵盖某个不同定义域的另外一个谓词是否具有"同一个解释"。然而,我们恰恰需要这种手段,以便理解通用词项何以具备适用标准却不对应任何同一性标准,或者理解何谓两个通用词项共有适用标准,但对应不同的同一性标准。

事情的真相是,吉奇的观点就其有效的部分来说,与通用词项在一类句子中的用法相联系,而这类句子无论是弗雷格的形式语言,还是作为其演变形式的、现代的逻辑形式系统,都没有为其提供位置,这就是包含了指示词的句子。这类句子是具有形式"这与那是同一个(X)吗?"或者"那是与……同一个(X)吗?"的问题,或者可以用来回答这类问题的句子,其中"X"是名词性的通用词项。对这类句子而言,像吉奇那样说,"同一个"是一个片段表达式,只当其在具有形式"同一个 X"的语境中使用或者理解,才能够有确定的涵义,这种说法才是正确的。这里,人们才真正有机会说,"他与我昨天见到的是同一个人,但不是同一个官方身份"(或者反过

来说)。吉奇犯错误的地方是,从这一点他得出结论,存在这样(两个)对象,它们**是**(are)不同的官方身份,但与此同时**是**(are)同一
571 个人。“这”和“那”这样的指示词,即使当用在确定的语境,并伴以指示的手势,也根本不是用来挑出**对象**的。只有当语境中提供了特定的同一性标准,指示词才能挑出对象;而要成功地使用指示词,并不需要总是已经提供了这样的同一性标准。说“同一个东西”可以说是不同的官方身份然而仍然是同一个人,这只有在这种情况下才有意义:指示词在相关方面相同的语境中使用(“官方身份”与“人”这些表达式所提供的同一性标准,则并不算是语境的一部分,而只是像指示的方向之类的东西),而这构成了说在两种场合谈到了“同一个东西”所需要的标准。但在这种情况下“同一个东西”的意思并不是“同一个对象”。正如吉奇一再坚持的,要挑出或者指称一个对象,就有必要给出特定的同一性标准。给定了这样一个同一性标准,也就无所谓对象与自己或者别的对象是否具有某种相对的同一关系,而这种关系对应于不同的同一性标准这样的问题。这样,按照吉奇对“官方身份”这个通用词项的理解,试图把一种官方身份与一个人等同起来,也就没有意义了,因为对应于人的同一性标准是完全不同的。当然,一种官方身份无论何时都与某个人具有特定的关系,而对这种关系我们在日常谈话中还没有词汇来表达(因为在日常谈话中我们实际上并不像吉奇那样使用“官方身份”这个词)——还是这么说吧,在任何时候,一种官方身份都是由某个人“实现(realize)”的(例如,在 1961 年美国总统是由约翰·肯尼迪实现的)。于是情况常常是这样的,在相同或不同的时刻,两个不同的官方身份为同一个人所实现,而在不同时

刻，同一个官方身份为不同人所实现。但是按这种方式，说在某个时刻某种官方身份就**是**(is)某个人，以及说两个官方身份**是**(are)彼此相同的人，这都是没有意义的。问题不是要用若干相对的同一性标准，来替代绝对的同一性标准——一种官方身份与实现他(它?)的人之间的关系，以及与同一个人所实现的不同的官方身份之间，都没有任何一种同一关系。我之所以还在用吉奇这种没有什么说服力的例子，是因为尽管我们实际上不是按他以为的那种方式谈论官方身份，但是很清楚，在其他大量的情况下，我们还是可以，并且实际上就是在用这种方式谈论。伦敦动物园里有多少动物呢？这就像关于“书”例子一样，答案取决于“动物”的意思是“动物个体”，还是指“物种”。如果不考虑个体不可能改变其所属 572
物种这个事实，“个体”与“物种”还是可以起“人”与“官方身份”的作用，在许多其他情况下也是这样的。

对于可数的通用词项“X”来说，重要的是它不仅能够在语境“是一个 X”中充当谓词，还可以用来构成限定摹状词“那个……的 X”。要达到这个目的，必须有同一性条件与之对应。谓词性的用法出现在两种相当不同的语境中，即与专名或者其他单称词项连用，以及与指示词连用——前一情况是在述说一个确定的对象，但后一情况则不是。可数通用词项“X”本身当然提供了同一性标准，但这并不是说，这个同一性标准可以用来确定使用指示词所指称的对象。例如，从我说了“那是一匹马”这个事实，我们不可能得出我用“那”这个词指称了一匹马，甚至也不能说指称了一个动物，因为我可能弄错，那甚至连动物都不是，然而却有我错误地说成是一匹马的某个东西。考虑一下这种情况还是有帮助的：我指着一

具尸体说,“那是(was)一匹马”或“那是(was)蓝彼得”。一匹马的尸体不是(is)一匹马,因此我不可能当真用指示词去指称任何马,尤其是不能去指称蓝彼得。再者,我们会认为在某个方面适用性标准要先于同一性标准。这一点不可能从通用词项被用来述说由专名指称的对象的句子中看到,因为这样就有为专名所提供的同一性标准。因此只能联系到形如“那是一个 X”的句子,这样的句子可以在不知道与“X”对应的同一性标准的情况下得到理解。

指示代词的使用,要么可以认为联系到物质的东西,要么是联系到可感觉的外观。(用指示词说“刚才提到的东西”之类,则不在讨论之列。)通用词项的最初、也是最原始的用法,就是在主词是指示代词的句子中充当谓词,我们可以认为其涵义中确定这类句子真值条件的那一部分,构成了它们的“适用标准”。只有某些通用词项(那些在我们的语言中最为基本的部分)才有这样的用法。通用词项要能这样用,事情就必须是这样的:我们应当能够理解用它所作出的断定,并且所断定的不是确定的对象,从而不是设想用特定同一性标准挑出的对象。“光滑”和“人”都有这样的用法,但“头
573 脑狭隘”则没有。只有当能够明白头脑狭隘只能用来说人,我们才能理解断言头脑狭隘是什么意思,这样我们就必须知道怎样识别一个人。要能用来构成限定摹状词,可数通用词项必须先被指定另外一种用法,即用于识别性陈述(我们把识别性陈述理解为具有“这与那是同一个 X”这样的形式,或者类似形式的句子)。这需要知道,在某个场合下指着两个不同的方向说,“这与那是同一个 X”,这在什么情况下是正确的;并且要知道,对于“那与我们在以前的如此这般的场合看到的东西是同一个 X”,以及诸如此类的

话，什么时候说是正确的。可数通用词项“X”的涵义中这样一些能够确定这类句子真值条件的特征，就可以称为对应于“X”的同一性标准。在学会这种词项的训练过程中，我们也需要学会 X 的专名用法，而这最初是在“那是 a”（其中“a”是某个 X 的专名）这样的重认陈述中进行的。

通过使用指示代词来完成这样一种实指活动，并不是要挑出任何确定**对象**，再考虑到适用标准是先于同一性标准的，何以能够有像“红的”和“光滑的”这种并不对应同一性标准的形容词性通用词项，也就显而易见了。这样的形容词性通用词项，很自然是要与像“头脑狭隘的”这样一些专为这个目的而引入的其他通用词项一起，来作出关于**对象**的断言。但是，我们说这些词项对应适用标准而不对应同一性标准，却不是因为它们被用来作出了关于对象的断言，而是因为它们用于像“那是 Y”这样形式更为初级的句子，而没有出现于像“这与那是同一个 Y（东西）”这样的识别性陈述中。同样，正是考虑到主词是指示代词的句子，我们才能说两个可数通用词项共有适用标准，而同一性标准不同。在知道关于书的任何同一性标准之前，或者知道而不用探究要用的是哪个同一性标准时，我就可以明白何时说“那是一本书”是对的——然而不存在这样的对象，在“书”的两种意义上都可以正确地说它是本书。

我们知道，吉奇承认可数通用词项与像“水”这样的物料词项之间的区分，但我们也知道，由于把它们都归为名词性词项，他有些难以解释，我们何以不能对水进行计数。这两者的区别是这样的：与物料词项对应的同一性标准（不考虑像蒯因所说的同一个运装批次那样的非典型用法），只是一种跨时间的同一性标准。如果

574 我用一根手指指向一条人腿，另一根手指指一只人手，我知道如何确定两根手指指的是不是同一个人。虽说针对人的跨时间段的同一性标准，是关于人的同一性标准中难学的一部分，“人”这个词的涵义中本质性的一部分仍然是，我们能够说什么构成了在任意特定时刻的那同一个人。对像“水”和“糖”这样的物料词项则不是这样的——这里的这些水，与那边的那些水是不是同一些水，这样的问题是没有意义的。“同一些水”只与规定数量的水相联系，这种数量在当前与之前的场合都得到了规定。（与此不同，当“X”是可数通用词项，我们要想问“那是与以前同一个 X 吗”，需要做的仅仅是指着某个 X，即我手指的方向与 X 交汇。我没有必要划定物体的范围，并标出其边界——如果我**正在**指着 X，这件事就由与“X”对应的同一性标准来完成了。这里我想把像“颜色”这样的词纳入可数通用词项之列。当然，我们通常并不认为颜色具有边界，但是，“颜色”这个词涵义中当然也包括，对于“这与那是同一种颜色”这样伴以手势作出的陈述，我们拥有判定其是否真的标准。）对应于物料词项的同一性标准，针对的总是一块**物质**（matter）——我们确实可以说，“是同一些水”的意思是“是水并且是同一块物质”。

那么，赫拉克利特悖论又该如何解决呢？把

(1) 赫拉克利特昨天在某条河里洗澡，并且今天又在同一条河里洗澡

改写成

(3) 对某个 x，x 是条河，并且赫拉克利特昨天在 x 里洗澡，并且赫拉克利特今天在 x 里洗澡，

对此不会有什么反对意见。语境要求(3)中的约束变元的定义域中包含河。这没有什么歧义，因为，只要所有河都包含在定义域中，还有别的什么也包含于其中，也就不重要了——没有任何对象能够让人信服地说是一条河，但昨天与今天又不是同一条河。陈述

(4) 赫拉克利特昨天在某些水中洗澡，并且今天在同一些水中洗澡

应当改写成：

575

757

(6′) 对某(块物质) y，y 昨天是水并且赫拉克利特昨天在 y 中洗澡，并且 y 今天是水并且赫拉克利特今天 y 在中洗澡。

这里重要的是，正像括号里说明的那样，要把约束变元理解成是在物质中取值。现在，如果我们允许(6′)中约束变元的定义域包含了除物质之外的东西，比如河，这是否就会产生歧义呢？我们能够说，相对于这样一个定义域，陈述(6′)甚至能够在陈述(4)为假的时候为真吗？也许——这都取决于我们如何解释“……是水”这个关键性的短语。如果我们把物料词项理解成(在特定时刻)既能用来单义地断言一块物质，又能用来单义地断言一个物质对象，而对该对象来说，其同一性标准并不要求构成它的物质保持恒定，那么

把(4)改写成(6′)正确与否,就取决于是否把“$\mathcal{A}$”的取值范围限制在物质上。如果我们以看来更为自然的方式,把“……是水”当成只能用来断言一块物质,并将其区别于可以适用于物质对象的谓词“……是由水构成的”,那么(6′)照此看来就没有歧义了。当然,这样一来我们就必须说,“任何东西只要是河,就是由水构成的”,而不说“任何东西只要是河,它就是水”,于是悖论甚至就不会出现了。如果不算蒯因关于装运批次的无关评论的话,这种解释与他更加简练的分析几乎完全一致。

吉奇还提到另外一种类型的通用词项,比如“海”。他有些为难地将其归为形容词性的通用词项。他相当正确地说,“‘字母’(在印刷的意义上)这个词确定了世界上的印刷物如何分割成字母,但在这种意义上,‘海’这个词并不确定如何把世界上的水域分割成各海域”(第 38 页)。他在此基础上将其归为形容词性的词项。这样做的为难之处是,各海域是**有**专名的。这与说一些红色的东西有专名完全不同,因为,对于“以‘地中海’充当专名的是种什么样的东西”这个问题,如果不是回答说“一片海”,人们不能给出别的回答。很清楚,虽然“海”这个通名像吉奇所说的那样,没有与把海划分成各海域的原则联系起来,然而给定在任何时刻对单个海域的任何特定的划分方式,我们还是可以据此确定什么才算
576 这样划分出的单个海域(如果地球的陆地板块不会发生灾难性的变化的话)——海域的同一性标准显然是地形测量学标准。因此,我们应当记录下第四种(也许根本没有多少)通用词项,对这种词项来说,并没有这样意义上的同一性标准,在指派专名之前就可据以判定“这与那是同一个海域”是否为真,因而也就没有一般性的

原则，来分离出通用词项所适用的个体对象；但是对这种词项不仅存在跨时间的同一性标准，而且有一种原则，来决定以何种方式把任意这类单个对象以特定方式分离出来，并赋予名称。

按照普遍接受的正确观点，人们远不是要把所有的量化都还原成无限制的量化，而是按照吉奇的说法，要把无限制的量化整个宣布为不合法。有一类句子致使吉奇认为，有必要以某种方式来解释无限制的量化，对那类句子，我们还是必须给予解释。对这类句子中含有的概括记号作出限定的，只是形容词性的通用词项，而非可数的通用词项，例如“桌布上有些黏乎乎的东西(something sticky)”、“我看到那儿有些红色的东西(something red)”、“我被尖东西(something spiky)绊倒了”。吉奇是在凭空讨论无限制量化问题，而没有举例说明他认为产生这个问题的那类句子。如果考虑像刚才引用的那类例子，我们会看到吉奇自己的解释多么没有说服力。看来，前两个句子大概通常都能够是真的，即使甚至在理论上都没有可能把专名“a”和“b”引入语言，使得陈述“a 在桌布上并且 a 是黏的”与“b 是红的并且我看到 b 在那儿”为真。比如说，如果桌布上一个地方涂上了果酱、止咳糖浆，以及呢子外套上的毛的混合物，那么看来很有可能，能够用来指称那层黏乎乎的东西，并且正确地对应了确定的同一性标准的词语，根本不会是我们所使用的那种专名。在第二个例子中，这种可能性甚至更加让人怀疑，比如，我看到的红光是一道光通过三棱镜产生的短暂的折射。但这样一来，我们就不知道(吉奇也没有告诉我们)能够为可以引入专名的范围设定什么界限了。比较清楚的是，吉奇的解释对于认识论次序来说是错的——它用不那么初始的部分来解释相

当初始的部分。我们能够理解类似前面引用的那些句子，而不需要能够运用任何同一性标准，甚至不需要能够使用任何专名，更不用说能够构成任意专名的概念，并对应以某个同一性标准了。

577 这样一种无限制的概括似乎并没有引起吉奇所认为的那么深远的问题，尤其是没有引起需要用任何一种类型的量词来加以表示的问题，因为，像这样的无限制的概括记号只能有意义地用于一个非常狭窄的范围，即与由形容词性的通用词项所构成的那一类谓词连用。比如，说“有一种不黏的东西在盘子上”时，如果这种概括不是有一个默认的受到限制的取值范围(比如各种食物)，这样说就是没有意义的。前面引用的那类句子，代表了从具有初始形式的句子“那是 X”(其中“X”是形容词性的词项)出发所迈出的一步。这些稍为复杂的句子中，并不包含指示词——地点与时间不一定是这里和现在，它们是由句子中其他的语言手段来表示的。只不过，形容词性的词项所适用的东西必然是感觉对象，即令就像我们给出的第一个和第三个句子那样，不是直接描述成感觉对象。因此，使用这样的句子，也就构成了一种进步，即从对直接呈现的东西进行描述，进步到用同样的词来描述过去或者别处的事物。“某种东西(something)”一词的使用没有逻辑作用，就像“it”在“it is raining”那样，只是用来填充要由语法上的名词或代词来填充的位置。包含了像“某种东西”这类词的句子，不能总是，并且从来不需要，被认为是对含有专名或其他单称词项的句子进行逻辑操作得到的结果，正是因此，才有可能用这里说明的这种相当随意的方式来处理它们。

于是，把实在描绘成无定形的、还没有切分成离散对象的团

块，如果使用得当，就证明这幅图景是正确的。这幅图景可以用来强调，在学习使用可数通用词项以及专名时，我们必须知道与之对应的同一性标准。而这意味着要首先知道形如“这与那是同一个X”的识别性陈述是什么涵义，以及形如“那是a”这样的重认陈述的涵义，从而要求知道包含了指示词的句子的涵义。这样的图景矫正了比如在密尔那里可以找到的一种素朴的理解，即通用词项的意义就是其内涵（即我们确定词项对哪些对象为真所要使用的原则）。这样理解，也就预设了世界是作为已经分割成离散的对象呈现给我们的，对于这些对象，我们在根本没有把握任何语言之前，就知道如何在再次遇见时重新认出来。维特根斯坦在《哲学研究》前面的部分着手抨击的，正是这种错误的理解，连带一种与之伴随的错误看法，即认为专名是我们语言中具有特殊简单性的成 578
分，它们通过实指定义这样一种具备特殊简单性的方法，而被赋予了单一的意义。上述图景适合于表现我们如何学会使用语言中最为初级的部分，而吉奇的错误在于，他把它移植来解释一个复杂得多的部分，这部分的结构，正是以谓词演算的形式系统充当模型要加以表现的。弗雷格的逻辑形式体系无疑适合于他的主要目标，即表现数学陈述和数学证明。他对包含了不透明语境的句子所做的零星的逻辑研究表明，这种体系并不足以表现我们语言中的所有句子。他该受到批评的地方是，他没有意识到，包含了指示词的句子与只包含了专名和其他单称词项的句子比起来，具有根本上不同的特征。在他为数不多的谈到指示词或者像“我”这样的词的地方，他都把它们纳入单称词项之列，并认为区别只在于，在确定其指称时某种非语言的东西也起作用。但是吉奇弄错了他要谈的是

什么——他所误用的学说对于解释含有指示词的句子来说确实是本质性的，而他要达到的目的却是去批评弗雷格与现代逻辑学家处理完全不同种类的句子的那种方式，这种批评最终是不融贯的。

把发展“可数通用词项与专名的涵义，部分地在于它们与同一性标准的联系”这一维特根斯坦式学说的功劳归功于弗雷格，这在多大程度上是正确的呢？这一章的开始我们只是把这样的一种学说，至少是这一学说关于专名的部分，归于弗雷格，而现在，对这个学说究竟必须具备何种涵义，我们达到了一种严格得多的理解。

在《算术基础》第 62 节，弗雷格建议把“F 的数目与 G 的数目相同”这种形式的句子所具有的真值条件，规定为对形如“F 的数目”的词项的（语境）定义；同样，在 65 节，“直线 a 的方向”的语境定义可以采取这种形式，即规定“a 的方向 $=b$ 的方向”是真的，当且仅当“a 平行于 b”为真。如果弗雷格最终支持这些建议，那么，《算术基础》的这一部分无疑给出了一种与维特根斯坦非常接近（虽然不是相同）的学说，而这事实上会很好地启发维特根斯坦在《哲学研究》中发展自己的观点。《算术基础》第 56 与 62 节强调，对于“自足的对象（self-subsistent object）”来说，其首要特征就是，我们能够再次认出它是同一个对象。由于“对象”与“专名”相关
579 联，我们可以认为，在弗雷格看来，专名涵义的首要特征是能为我们提供重新识别名称所指的对象所需要的标准。然而，到目前为止这只是一个暗示。实质性的东西是第 62 节所发展，又在第 63 至 65 节予以辩护的观点，即他明确称之为“数的同一性标准”的东西是什么，这是由我们来规定的，并且在这么做时，我们并没有违背“相同”具备单义性和无歧义性的原则——这不是专为数词而提

出的，而是充当一种一般性的程序，可以用于相当宽泛的范围。

最终，弗雷格否决了把数或方向的同一性标准视为语境定义这一建议，他后来甚至完全禁止了语境定义，这一事实本身不应当 Gg II 66
阻止我们认为，弗雷格预见到了维特根斯坦关于同一性标准的学说。弗雷格最终选取了后来不恰当地称为“抽象定义(definition by abstraction)”的那类显式定义，即把数、方向等定义成等价类。如果我们把等价类，或者更一般地把类，当作不需要进一步解释的已知概念，那么当然，这样的定义在通常的意义上是一种显式定义，它用某种已经理解的东西来解释被定义词项。但如果我们不把类的概念当作事先给定的，那么抽象定义就只能看作是表示了弗雷格最初建议的那种语境定义所采取的一般形式。而如果这么看，那么以这种一般形式来展示“F 的数目”和“a 的方向”的定义，就根本没有妨碍我们把维特根斯坦的学说归于弗雷格。不利之处在于，弗雷格并没有以这种方式看待抽象定义。因此我们还不能确定，弗雷格真的宣扬了这个学说，即使在《算术基础》中也不能这么说。到后来的著作中，这个学说就只留下极微弱的痕迹了。在《算术基础》我们所考虑的那部分中，他确实阐述了这个学说，但最终，我们得到的实际上只是一个启发式的建议，建议在为关于某种形式的名称寻求定义时最好问问自己，连接了两个这类名称的同一性陈述，其真值条件是什么，然后设计我们的定义以获得这一条件。与“要确定名称的涵义，就必须规定相应的同一性标准”相比，这只是一个弱的替代物。因此我们不能说，弗雷格实际上赞同他所阐述的这个学说。

弗雷格所阐述的这个学说，并不与维特根斯坦在《哲学研究》

580 中宣扬的学说精确一致，而只是与之密切联系，因为弗雷格所关心的情形还不是维特根斯坦主要兴趣所在。我们已经看到，一个重要的区分存在于名称的所指也可以通过使用指示词来表示，与所表示的对象不能这么表示这两种情况之间；与维特根斯坦在《哲学研究》第1到第28节所说的不同，数与方向的名称属于第二种。在《算术基础》中，弗雷格所处理的是第二种名称，而维特根斯坦主要关心的是第一种名称，因此他所感兴趣的是实指。构成第二类名称的典型方法是用《算术基础》第62至69节所考虑的那些函数算子，而最简单的例子是具有形式“$f(a)$”的名称，其中“$f(\xi)$”是算子，而“a”则是表示另一种类对象的名称。因此，对于由算子“$f(\xi)$”构成的名称来说，其表示的对象适用的同一性标准，就是使“$f(a)=f(b)$”这种形式的陈述为真所要满足的条件，因而可以表达成对象a与b之间的关系。在这种语境之下，弗雷格对指示词的忽略无关紧要，这丝毫不损害他给出的解释。我们应当注意，弗雷格在有必要规定特定的同一性标准的情况下，并没有以吉奇的那种方式解释“相同”一词的单义性——他并不认为“相同”是一个表达式片段。在像“a的方向与b的方向相同”这样的句子中，我们没有必要通过表述或者默认“a的方向与b的方向是同一个**方向**”来对“相同”作出限制——a的方向要么与b的方向绝对相同，要么绝对不同。确实，如果愿意，我们就可以说“直线a与直线b的方向相同”。但这样一来，“方向相同”这个表达式就要么必须理解成允许过渡到“a的方向与b的方向绝对相同”，要么整个当作一个表达式，不是表示任何一种同一关系，而仅仅是“平行”的另外一种说法。“相同”只有当出现在包含指示词的同一性陈述中，比如像“这与那是相同的(X)”这种形式的陈述中，才能正确地说是表达式片段，而这正是因为指示词并不确定所谈论的是何种对象。

由于未能清晰地区分指示词与专名，从而没有区分形如“这与那是相同的(X)”的句子与形如“a 与 b 相同”的句子，弗雷格本来就无法阐述关于同一性标准的维特根斯坦式观点，尤其是当这种观点适用于专名和我们所说的两种通用词项中的前一种的情况下；他当然也无法针对这种情况作出修正。对这种情况来说，只能把同一性标准，解释成使得包含了指示词的同一性陈述为真的标 581
准。关于方向的同一性标准，就是具有那种方向的两条直线之间应当具备的特定关系，而关于数的同一性标准，则是那些数所属的两个概念之间建立的一种二阶关系。然而关于人、城市、行星或者河流的同一性标准，至少不能自然地看成是任意两个实体(对象或概念)之间要具有某种关系，而要满足的条件，而要看成说“这是同一个人(城市等)”所要满足的条件。我们看到，弗雷格把“通过抽象”得到的定义，看作是用已经清楚理解了的(关于类的)概念来进行定义，这种观点致使把这种定义当成规定同一性标准这样一种做法在他心目中丧失了吸引力。而他关于在对象上完全不受限制地进行量化的错误想法(现代逻辑学家并不持有这种想法)，则进一步模糊了他对同一性标准这种观念的把握。于是，那个维特根斯坦式学说虽然在《算术基础》中就适用的两类情况中的一种得到了相当清楚的陈述，但在弗雷格的语言哲学中却消失了。

弗雷格未能表述关于能用指示词来表示的对象的学说，再加上他认为能够在对象上作出不受限制的量化，这就解释了他在处理形容词性的通用词项上的难处——他所预设的东西没有为这些

词项留下任何容身之地。那么，对于红色的东西的数量来说，弗雷格该说些什么呢？事情很清楚，如果我们已经把某个确定的域规定为个体变元的取值范围，那么相对于这个域，对于红色的东西数量是多少，也就有确定的回答——至少，如果没有，这就必须归咎于这样的事实，“红的”在适用性上是模糊的，对域中的某些对象是否适用形容词“红的”，还没有确切回答。但对特定时刻特定位置中有多少红色的东西这个问题来说，如果没有预先假定，在提问之前就为个体变元指定了取值范围，能够如何做出回答呢？（我们可以回答特定时刻房间里有多少人这样的问题，而不必预先假定事先指定了一个域，这是因为“人”这个可数通用词项本身就指明了相关的域。）

我们已经承认，有两件事使我们有可能同意吉奇，对于特定时刻特定房间中的红色东西来说，是谈不上有什么数目的。其一，情况很可能是，“房间里有红色的东西”这个陈述，即使在房间里没有

582 任何我们可以承认适用谓词“红的”的对象（即能够充当约束变元定义域中的元素）的情况下，仍然能够是真的。比如说，当从某个角度看过去，房间里某种液体的表面呈现红色光泽，情况就是这样的。其二，我们必须承认，对于可以用来对房间里的东西进行切分，以得到离散对象的所有可以设想的方式，可能并没有确定的方法来进行统观。但对此可以有下述的反对意见。我们已经同意吉奇，至少对于理解约束变元的标准方式来说，必须把约束变元当作是在任意特定语境都具有某个受限制的取值范围。但我们为此给出的理由与吉奇相当不同，并且要弱许多。**我们的**理由仅仅是说，不可能同时在所有抽象对象上（在所有集合、基数或者序数上）进行量化。因此也就没有理由认为，我们不应当接受在所有具体对

象上进行量化的可能性（吉奇会否认这种可能性），尤其没有理由为了避免一个困难，而不接受在所有物质对象上的量化。这个困难就是，尽管没有能被认为是**对象**的东西是红的，但仍然有红色的东西。比如，撇开像光线、倒影、闪光这些纯粹视觉的对象，我们还是要回答这样的问题，即是否有特定时刻房间里红色的物质对象的数目这么回事。若要避免进一步的困难，我们甚至可以只讨论不透明的固体对象。

如果对物质的构成没有可靠的把握，对这个问题大概不会有确切答案。如果把“特定时刻”理解成“在特定的瞬间”，而物质则被当作是由可以识别的离散粒子构成的，那么，我们就可以把量化看作是在房间里由粒子的集合构成的巨大但确定的总体上进行的。当然，之后我们就应当精确地规定，在何种条件下任意一个粒子集合可以说是红的。（如果把“特定时刻”理解成“特定时间段”，而把时间当成离散的，因而在特定时间段中只有数量有穷且经验上可以区分的瞬间，情况也是如此。只不过我们需要的就应当是在粒子集合—瞬间上取值的变元。）而如果我们把物质看作是连续的，那么量化就可以理解为在所有连续的表面上进行。同样，我们需要确定，任意一个连续表面在什么时候被认为是红的。然而，我们有好的理由说，这两种图景都不正确。在这个语境中，一幅图景的目的在于给我们提供某种方法，来统观无定形团块（中的一块）切分成离散对象的可能方式的总体。如果没有任何确定的方法来统观这个总体，我们就不得不同意吉奇的回答，即除非事先给出用 583
来确定什么才算**一个**物质对象的某种方法，就根本没有办法说，在给定的时空区域中红色物质对象的数目是多少。

像“这是(一个)X”这种原始谓述句的用法，以及前面提到的事实，即构成这种句子主词的指示代词要么与物质、要么与感觉外观联系，这两者一起引向一个从其他方向看就让人困惑的事实，即用于具体对象的范畴谓词(categorial pedicate)并不表达《逻辑哲学论》那种意义上的、纯粹形式的概念。一阶谓词“ξ是基数”一般不能以传达信息的方式用于对象。因为，撇开一些贫乏的表达方式(“我所想的”、“‘hachi’在日语里所表示的”)，一个用来表示基数的词项，必定展示了其所指是一个基数这样的事实；人们如果不知道那是否是数，他也就不知道在谈论什么。(如果所作出的是某种非强制的等同，比如把基数等同于某些集合，或起始序数，那么事情就不是这样。但在这种情况下，“基数”就不再是范畴谓词。)但像“动物”(或“有机物”)这样的范畴词项却具备真正意义上的适用标准，因为，尽管具有形式“a 是动物”的句子(“a”是专名)不传达信息(因为那个名称要是得到了理解，它必定已经被当作是动物的名称了)，原始谓述句“那是动物”却可以传达信息。而这是因为，指示词不必指称对象，而只是指称某块可以识别物质；并且，也有些直接的经验测试，来确定一块物质的东西是不是动物和有机物。在主词更加复杂、但仍然指称一块物质的其他句子中，范畴词项仍然保持其非形式特点，比如，“叶子上的是一只动物”。在其他情况下，指示词甚至不能被认为是指称了一块物质，而只是指称以某种方式呈现给感官的东西。如果我问，“那是一头动物吗”有时你会合情合理地回答，“不，那只是影子”。通用词项的这种用法也可以延伸到主词不是指示词的情况，比如“地平线上的小点是教堂的尖顶”。如果我们总是要按照关于对象谈论某事的模式来解释，谓述句也就无法理解了。

第十七章　初始涵义[①]

在“思想”一文中，弗雷格考虑了一种假想的情况：列奥·彼得 584 Ged 65
(Leo Peter)知道“古斯塔夫·劳本大夫(Dr. Gustav Lauben)”这 (11)
个名字属于住在他知道的一所房子里的唯一一名医生；赫伯特·嘎纳尔(Herbert Garner)知道，古斯塔夫·劳本大夫生于1875年9月13日的N. N.，而所有其他人都不是这样的，但他既不知道劳本大夫现在住在哪里，也不知道关于劳本大夫的其他任何事情。在这种情况下，弗雷格说，就“古斯塔夫·劳本大夫”这个专名而言，赫伯特·嘎纳尔与列奥·彼得所说的不是同一种语言，因为尽管他们事实上用这个名称指称同一个人，但并不知道他们是在指称同一个人。他们赋予名称的涵义是不同的。

同样的考虑也适用于定义。弗雷格常致力于寻找数学表达式的定义，而在为确认句子是分析的而构造所需要的证明时，他允许求助于对句子所包含的词语作出的定义。不过，他非常清楚地意 Huss 320；Bs 7

① 我用来充当这一章标题的双关语，来自普林斯顿大学的保罗·贝纳塞夫(Paul Benacerraf)教授。

译者：“初始涵义”的英文原文是“Original Sinn”。德文的“Sinn”(即“涵义”)与英文的“sin”(即“罪”)发音相同，而“original sin”意为“原罪”。关于“罪”的讨论可以参见边码第480页。

识到，以不同的方式定义表达式，这通常是可能的，而这些方式即使在分析上是等价的，也不能认为给表达式赋予了相同的涵义，除非我们准备承认（但弗雷格并不承认），任何两个在分析上等价的表达式都具有相同涵义。由于词语的定义提供了确定其涵义的一
Ged 65 (12) 种方式，在这种情况下，我们本来也应该说，对同一个词采纳了不同定义的人所说的语言是不同的。

涵义这个概念是作为某种客观的东西引入的，对持有一种语言的所有人来说涵义都是共同的，这不同于因人而异的纯粹主观
585 的联想。因此，承认同样的词语可以由通常认为说同一种语言的人赋予不同涵义，这就威胁到整个涵义概念。当涵义被说成是对说一种语言的所有人都共同的东西，“语言”一词就应该是按照通常的方式使用的，按照这种方式，我们区分法语、日语、泰米尔语等——但现在，由于迫切需要“涵义”这个词，我们就不得不把语言分得更细，以至于比如说，两个人如果在包括他们所熟悉的专名在内的词汇上不同，或者他们对词语作出了不同的解释，就算作在说不同的语言。按这种解释，几乎不可能有两个人说同样的语言。考虑到这一点，也就不清楚涵义的所谓客观性会是什么，而它当初就被认为是对共有一种语言的所有人来说共同的东西。

显然，只有当不同人对同一个词所附涵义上的区别，原则上是可以查知并调和的，才能说涵义这个概念可以成立。进一步说，只有当这样探查和调和涵义上的区别，时常具有重要的实践目的，才有可能继续认为涵义这个概念具有真正的意义。我们已经粗略考虑过这个问题。不过，由于语言哲学中一个有影响的学派就是以拒斥弗雷格的涵义概念为基础的，也就有必要对此进行更仔细的

考察。本章开头所提到的那种现象，显然让如何把弗雷格的意义理论运用于实际的语言这一点变得模糊不清了。这不会为弗雷格带来多少苦恼，因为他一开始就认为自然语言是一种有缺陷的工具，而逻辑学家所需要的那种关于语言工作机制的理论，所考虑的不是自然语言，而是一种改进了的语言，这种语言按照设想会替代自然语言，并且，对于最为严格的科学目的来说，实际上就在这么做。这个想法因为他的第一个胜利而扎下根来，这就是对多重概括问题的解决。这种解决并不是通过分析自然语言中那种表达概括的手段获得的，而是要将其替换为一种更好的表达方式。但我们不像弗雷格那么甘心轻易接受这样的解决方案。我们需要先掂量一下，被表述成理想的东西是否真是一种理想，而自然语言对这种理想的偏离，是不是真的阻碍了对自然语言的工作机制作出系统的解释。甚至对弗雷格来说也必须承认，自然语言的表达式在多大程度上缺少唯一的、确定的、客观的涵义，也就构成了一个多大的缺口，而信从弗雷格意义理论的人必须填补这个缺口，以解释从弗雷格当作理想的那种情况出发，自然语言何以仍然有加以考
察的价值。即使可以提供这种理由，我们还是不得不先问，整件事 586
情是否值得一做，如果完全抛弃涵义这个概念，我们是否还能对语言的工作方式给予完全满意的解释。这就是为何还值得去考察，如果不借助任何对应于涵义概念的东西，能否给出这种解释。

在“经验论的两个教条”一文中，蒯因首先勾勒了这样一种解 *FLPV* 20-46
释。蒯因一开始就抨击了某种验证主义假设，而这种假设与弗雷格哲学没有什么关联。逻辑实证主义学派所表述的那种验证主义，作为一种意义理论来说，在两个不同的方面区别于弗雷格所发

展的意义理论。首先，句子涵义得到确定，不是像弗雷格所想的那样，是通过确定句子在何种情况下为真，而是通过确定我们在何种条件下能够认识到句子是真的。使得陈述为真的条件是否得到满足，这完全独立于我们认识到它是否满足的能力。在某些情况下，我们会成功地给予句子以涵义，但我们根本没有能力直接确定它们是真的还是假的，或者甚至无法确定它们是真的还是假的。另一方面，让我们认识到句子是真是假所需要的条件，则属于很不相同的种类，就这种情况的实质而言，它们必须是那种当得到满足我们就可以知道它得到满足的条件。只有在极端简单的情况下，或许比如“我牙疼”这样的陈述，才会出现连单独一个人也会达到要么认识到句子为真的条件得到满足，要么认识到句子为假的条件得到满足的程度。通常最多能够希望，对于给定的句子来说，我们拥有某种有效的方法，来促成使得这两个条件中不管哪个必定会满足的情形出现——如果这种有效方法存在，句子就是能行可判定的。然而，对许多句子来说，并不存在这种判定真值的能行方法，甚至连在原则上可判定也做不到。我们可以去寻找一种判决性的情形，在这种情形中，要么使句子得以被认识到为真的条件满足，要么使句子得以被认识到为假的条件满足，但并不能保障能够找到这种情形。这样的解释抛弃了关于确定真值的想法，它不再认为真值以独立于我们认知能力的方式附加给我们语言中的句子，而是用验证和否证的概念来替代意义理论中的真假概念。这样给出的解释是否与逻辑实证主义的想法吻合，这还不太明朗，因为这种观点的一个自然的后果是，否认排中律适用于那些并非在
587 原则上能行可判定的句子，而这是实证主义者们似乎始终都没有

采取的步骤。他们的著作有时甚至表明，他们会否认原则上并非能行可判定的句子有完全的涵义。不过，这是实证主义背离弗雷格的一个方面，这一点至少是清楚的——意义与我们据以知道陈述真值的手段紧密联系，而不是与它们据以为真或为假的条件（就其得到确定的方式与我们知道它的能力无关而言）联系。

对于验证主义的这一方面，蒯因在“经验论的两个教条”中关注甚少。他的注意力集中在第二个特征上，这个特征也背离了弗雷格的理论。这就是，对实证主义者来说，当陈述的意义被认为通过构成验证或否证的条件得到确定时，这些条件是由纯粹的感觉词项刻画的。这构成了实证主义的经验论成分。其主导想法是，所有信息都是通过我们感官的刺激得到的。如果我们能够认识到某个条件得到满足，而这个条件证实了某个句子，那么最终，我们是通过识别感官刺激的某种模式做到这一点的。结果，我们可以把所有句子的意义看作是以这样的方式得到的：在可以对我们施加影响的所有可能的感觉经验中，有些被用来构成证实句子的东西，另一些则构成否证句子的东西，我们把起证实和否证作用的感觉经验的这两个集合与句子对应起来，以此赋予句子以意义。

显然可以接受验证主义的前一个论点，而不接受后一个，也就是说，主张句子涵义是通过对应的验证条件和否证条件，而不是通过真值条件来确定的，但不把这些起验证和否证作用的条件仅仅当作是感觉经验的集合。但是，第二个论点是在第一个观点的语境中得到表述的，它关系到何种条件构成了验证与否证条件，或者至少也关系到这种条件是如何得到刻画的。因此，我们能否在不考虑第一个论点的情况下，来把这第二个论点与弗雷格的观点对

立起来，这一时还不明显——弗雷格并不认为涵义是通过验证条件和否证条件给出的，对他来说，什么构成了这样的条件，如何对这些条件进行刻画，这样的问题还提不出来。对弗雷格来说，使句子为真或为假的条件，一般说来并不是我们必然能够认识到的，因此认定它们由一些感觉经验构成，就是荒谬的。

然而，这种对立是可以建立起来的。事实上，要想理解弗雷
588 格，就有必要建立它。按照实证主义观点，逻辑上必然的陈述根本就没有通常的涵义，因为没有感觉经验能够否证它们，因此要验证它们也就不需要感觉经验；要赋予它们以涵义，那么这种涵义肯定完全不同于经验陈述所具备的那种涵义，这种涵义**不能**利用验证和否证的概念，来得到同样的解释。

这样的结论在这里虽然是在验证主义意义理论的基础上表述的，但它还是不受这种意义理论与弗雷格的理论之间的那种对立关系的影响，而弗雷格的理论是用真值条件来得到陈述的。在实证主义者那里，第二个论点可以从第一个论点导出，方法是用我们可以称为验证一个句子所需要的原材料的东西，来对验证这个概念作出排他性的解释，而不考虑要识别验证条件是否发生，我们还需要做什么。在基于真值条件的意义理论内部，也可以用正好相同的方式，来把真值条件的概念解释成纯粹是取决于世界是如何构成的，而不取决于我们认识到世界如何构成的任何特定途径——比如，人们可以把现实世界在可能世界的某个集合中的成员地位，当作是真值条件的模型。从这样的解释中可以导出同样结论——逻辑上必然的陈述没有真正的真值条件，因为要使陈述为真，世界没有必要按一种特定的方式而不按另一种方式构成，因

此这样的陈述不可能具备与经验陈述同属一类的涵义。这样的后果与弗雷格的思考方式格格不入。对他来说，分析陈述与综合陈述适用于完全相同的涵义概念，我们完全可以在不知道句子是分析的还是综合的情况下，知道句子的涵义。如果“涵义”这个词在用于这两种陈述时具有歧义，这样做也就是不可能的。对实证主义者来说，两个句子或谓词分析等价，这是由它们拥有相同涵义保证的；而对弗雷格，这是一个必要条件，而绝不是充分条件。

不妨假定有两个句子具有分析等价关系，但涵义不同。由于具有不同涵义，按照弗雷格那种观点，它们必须有不同的真值条件。由于它们是分析等价的，世界的构成方式就不可能使得其中一个为真，另一个却为假——使得其中一个为真的可能世界集合，与使得另外一个为真的完全是同一个集合。弗雷格何以能有区分两者真值条件的余地呢？尤其是，按照像弗雷格所持有的那种实在论理论，当涵义被认为是以独立于我们认识能力的方式给出的，589
何以能够合法地引入辨别真值条件是否满足的途径呢？

在对弗雷格哲学的这种解释中我们曾一再强调，以弗雷格的方式理解的涵义概念是与我们对指称的识别联系在一起的，尤其是，这样一来句子涵义就与我们认识到句子是真是假的能力联系在一起。弗雷格理论中实在论的那部分与指称学说相关——把弗雷格的意义理论想成意义与知识截然分开，是相当错误的。那么，弗雷格的理论为何没有成为一种验证主义理论呢？答案在于这个事实：按弗雷格的理解，我们所赋予表达式的涵义，能够与我们自己没有能力付诸实践的认知手段相联系。弗雷格实际上没有以这样的方式表述过，但这似乎是解释他唯一可能的方式。我们已经

注意到，这方面的一个例子就是在无穷域上的量化。要说这样的
量化与识别量化句子为真为假的手段完全没有联系，这并不准确，
应当说，那是一种我们自己不能使用的手段，因为我们不能在有穷
LE 143-4 的时间中完成无穷多的任务。（这解释了为何罗素觉得有必要把
这种不可能的情况贬称为“纯属治疗性的”。）如果有人问，我们是
如何获得这样的概念的（这个问题弗雷格从未提出过，遑论回答
了），答案想必是，与有穷的情况类比——借助我们实际上能够完
成的确定真值的程序，我们能够理解在有穷域上的量化，此后，我
们就可以把这种理解扩展到我们不能完成的程序。这种扩展能使
我们明白，必须赋予句子以确定的真值，进而使我们即使实际上通
常找不到普遍适用的判定方法，也可以承认某种间接的手段来确
定句子真值。弗雷格的意义理论是一种**强意义上的**实在论理论，
但不是**纯粹意义上的**实在论理论。如果意义理论针对的语言中所
有句子都可判定，那么这种意义理论就可以既是实在论的，又是验
证主义的——对这种语言来说，用真值条件来解释涵义，这与用验
证条件来解释是一致的。（人们已经注意到，可以认为实证主义者
是在主张，有意义的句子只是那些可判定的句子，因而可以认为他
们发展了一种同时是实在论和验证主义的意义理论。这就解释了
590 为何它们未能在验证主义的基础上拒斥经典逻辑。）如果在不存在
能行的判定方法时，句子也被承认是有意义的，那么，如果这样的
句子被认为独立于我们的知识而具有确定真值，其涵义也就不能
只通过我们认识其真值的能力来加以解释。作为一个实在论者，
弗雷格尽可能不超出这个范围——他没有切断涵义与知识之间的
联系，也没有切断涵义与关于真理的认识之间的联系，但他承认，

涵义就是对确定真值的理想程序的把握，而这种程序我们实际上，甚至原则上都不可能付诸实践。

在一种纯粹实在论的意义理论中，涵义与对真理的认识之间的关系被完全忽略了。结果是，我们被迫不是按照辨别句子真值的任何程序，甚至也不是理想程序，来设想真值条件，从而确定涵义，而单单只联系到世界的情况，而不管我们怎么把握它。这样，句子之间在涵义上所能够作出的最为精细的区分，就是按照使其为真的可能世界上的不同。因此，就像第二个实证主义论点那样，分析等价的句子就具有同样涵义，而分析为真的句子根本没有通常的涵义。这正是维特根斯坦在《逻辑哲学论》中给出的那种意义理论中出现的情况。

但验证主义的意义理论不能阻止实证主义者犯同样错误。尽管他们认为涵义是通过句子的验证条件决定的，他们还是坚持把这些条件看作仅仅是外部世界对我们的作用，当作是通过感官输入的东西，从中抽掉了我们自己的主动性，而正是这种主动性，使我们得以认出句子获得了验证。由此得到的那种验证概念，就与当我们确定句子真值时实际运用的任何程序都毫无相似之处。在一种纯粹实在论的理论中，比如在《逻辑哲学论》的那种理论中，没有留下任何位置给承担弗雷格所赋予的角色的那种涵义概念，按照这种角色，涵义被用来解释我们对词语指称，进而对词语用法的把握。在验证主义理论中，指望意义这个概念扮演的正是这种角色，但如果验证按照实证主义者的那种方式给予一种奇怪的解释，那它就不能扮演这种角色，从而完全失去其目的了。认为说一种语言的人把每个句子都对应一个起验证作用的感觉经验集合、一

种以纯感觉词项来刻画的起验证作用的情形，这毫不足信——像“地球围绕太阳转”这样的句子，在有人想到什么样的观察可以确
591 认和否证它之前很久，其涵义就已经确定了。要使验证主义的意义理论最终得到接受，那就应当按照我们在识别陈述为真时的实践活动，来塑造它所利用的验证这个概念。

当我们转向这种实践活动，立即就会意识到，只有对数量极其有限的一类句子，说它们的验证与否证在于一些感觉的出现，才有那么一丁点的可信度。即使撇开所谓的感觉材料(sense-datum)语言与物质对象以及物理性质之间的沟隔，要建立经验陈述，所需要的也不仅仅是观察，还需要用与之相连的其他陈述来充当中介，从而沿着演绎或归纳推理的路线推进。就拿蒯因的一个例子来说，甚至是对像“赫伯特与安东尼是兄弟”这样的日常陈述，其验证
WO 56 也并不止于在查对两张出生证明时得到的视觉印象——它取决于
778 致使我们相信人类通过性行为进行繁衍的所有东西，并且，如果出生证明是相关的话，还取决于决定语言的一些特定片断意义的所有东西，以及使得我们相信登记的内容可靠的所有东西，如此等等。而这里在确认这个关于兄弟关系的陈述为真时，暗中涉及的也都不是那种靠直接观察来确定涵义的陈述。这些陈述的涵义取决于对整个理论(诚然在“理论”这个词较弱的那种意义上)的辩护，也就是说，是一个推理过程的结果。这个例子刻画了我们语言中许多句子都具有的那类涵义，正是在与对语言其他部分的使用建立的联系中，我们才学会这些句子，也就是说，这类涵义使得陈述只有经由演绎或归纳推理才能确认为真。一旦承认这一点，也就没有什么能阻止我们看到，有些陈述的涵义会让观察在确认陈

述为真时不会起任何作用,对陈述的验证完全展示在演绎序列中。这些就是数学陈述,它们可以看作位于一个等级体系的一个顶点。这个体系的另外一个顶点为纯粹的观察陈述所占据,大部分陈述位于中间。这样也就不再需要为数学陈述引入一种完全不同类型的涵义,而只把普通类型的涵义留给经验陈述了。所有陈述的涵义都由验证条件来解释,而这种条件则意味着这样一种实际的情形,任何一个理解陈述的人当身处这种情形时,都会承认陈述得到了验证。一般说来,验证就相当于观察与推理的混合,在一些极限情况下它只是由其中之一构成,而在另外一些极限情况下则只由另外那种成分构成。

在这幅图景中,语言就是一张连缀到一起的网,与经验接触的 592
句子相比,网中的一些句子比其他句子位于与更深的位置。这张网当然就是蒯因在“两个教条”这篇文章结尾描述的东西。在实证主义意义理论中,句子涵义具有原子论特征,这样,句子具有涵义,就在于句子与作为验证条件的感觉经验序列的集合直接对应;这种原子论特征正是蒯因那篇文章所要抨击的。我们已经指出,他认为需要驳斥的不是实证主义解释中属于验证主义的那种特性。

至此,如果不算我们是需要验证主义还是实在论的意义理论这个问题,所有东西似乎都与弗雷格的观点一致。正如“两个教条”结尾表明,蒯因的理论是验证主义的,因为它整个关系到经验对于我们认为是真的那些东西所产生的作用,而不是考虑我们所说的东西所具有的、独立于我们的任何理由的那种真;但我们强调过,弗雷格的理论虽然是实在论的,但却不是完全反验证主义的。那么蒯因在哪里偏离了弗雷格呢?

蒯因所描绘的图景是，语言是一种网状结构，只是在边界上与实在，或者说我们对实在的经验相接触。这幅图景的目的是要表达这样一个事实，我们语言的句子通过各种推演性的关联（不一定都是严格演绎性的）连接在一起，而要掌握句子涵义，就要把握这种关联。边缘的句子是观察句，而对它们的涵义的掌握，首先在于知道如何利用经验来验证或否证它们。位于中部的句子则可以只作为推演的结果，通过与结构中其他句子的连接建立起来。对这样的句子来说，验证或否证不是通过直接面对经验来完成的。

在“两个教条”中，蒯因进一步发展了两个论点。其一，经验与边缘之间的接触没有那么紧密，不至于使任何经验都可以驱使我们为特定的边缘句子赋予确定真值——在任何一种经验的影响下，都总是有可能在网络内部作出调整，而使得句子免遭推翻，或者使句子不被接受。蒯因说，在为句子指派真值时，我们倾向于寻求最为节约的全局性调整，但他没有说我们一定要这么做。显然，这样的内部调整有时也会达到这样的节约。边缘句子不是经验材

593 料陈述，而是能够用来报道观察的那种关于外部世界的陈述；而蒯因所利用的想法则是，我们总是可以把任何顽固的经验当作是幻觉而弃之不顾。蒯因进而把这个论点推广到位于内部任意深度的句子上，不过这里他又利用了什么想法，还不是很明显。结果是，虽然所出现的经验可以顽固到迫使我们对句子的真值指派作出某种全局性的改动，还是没有任何一种全局性改动是我们不得不采纳的——一种经验可以使得**某种**改动是必要的，但总是有若干可选的改动方式，其中的任何一种都能合法地应对给定的那种顽固经验。

其二，没有任何句子会扎根太深，以至于免予改动。在作出调

整以应对经验冲击的过程中，任何句子，甚至是逻辑律（蒯因提到的是排中律），都有可能作为错误的而加以否决。在结构内部的位置越深，与其他句子的连接范围也就越大，因此对它们的否决本身就会导致比更靠近边缘的句子更为广泛的全局性改动。但是，如果有大量的分支建立在系统其他部分之上，那么否决某些更靠近中部的具有高度普遍性的句子，也许比为保留这个句子而进行的所有其他调整方式更简单些。

不幸，蒯因从这两个论点得到的结论破坏了他所给出的语言图景。从第一个论点，他得出结论说，我们必须超越弗雷格。弗雷格把句子而不是词项当作意义的初始载体，这是一个进步；但我们必须说，经验意义的单位甚至不是句子，而是“整个科学”。“科学”在这里被用来涵盖我们认为是真的所有陈述。对顽固的经验所作出的反应，是对我们可以称之为“总体理论（total theory）”做出的全局性改动，而所谓的“总体理论”，也就是任意时刻我们倾向于对语言中的句子所作出的有偏向的真值指派。由于总体理论的任意有穷的子理论都与任意经验相容，这就意味着没有任何一个句子是本身有意义的，只有总体理论才是本身就有意义的。

这么说的后果是，推翻了关于边缘与内部的比喻。如果总是可能有可供选择的改动，尤其是保留边缘部分不变的那些改动，说理论总体只有在边缘与经验接触，也就等于什么没说。应当说，理论总体**作为整体**面对经验——作为整体来说，经验的出现也许要求，也许不要求改动；但受到影响的并不是总体理论中任何一个点 594
或者任何一个区域。按照定义，边缘是经验直接作用的一组句子，而内部的句子所受到的来自外部的作用，则只有当这种作用来自

边缘并由一些句子传递才会产生。如果系统只有作为整体才面对经验，那么也就无所谓边缘与内部了。

蒯因做了一些尝试，来对边缘/内部的比喻进行辩护。他说，离边缘有多近，这关系到“在遇到顽固经验时，我们实际上选择改动这个陈述而非那个陈述的相对概率”。但我们还是有权问，这种几率上的不同取决于对理论整体所贡献的意义（significance），还是说就对那种意义所作出的任何一种系统性的解释来说，即对关于蒯因式语言的意义理论来说，它都必须被当作是初始的部分。知道总体理论的经验意义，这大概就是说知道何种经验对它来说是顽固的，就是知道对任意给定的顽固经验来说，要以什么样的全局性改动来加以应对。对任意特定的顽固经验来说，不同的全局性改动都是可能的，对某个句子来说，有些改动会保留它，而另一些改动则要为它指派新的真值。现在，我们能够计算这个句子在面对那个顽固经验时被改动的概率，因为我们可以在各种可选的全局性改动所造成影响的基础上，为这些改动指派特定的概率——是这样吗？还是说，在考虑随后而来的全局性改动之前，我们已经可以为任意句子确定在面对经验时遭到改动的概率，并且，以对给定句子作出改动为条件，我们可以为任意其他句子指派概率，如此等等？

在后一种情况下，按道理讲，我们应该把全局性的改动看作是一串连续的步骤。对应于各个句子以及各个顽固经验来说，对那个句子的改动作为应对那种经验的初始反应，应当也有一个特定的概率。句子之间的推演关系，也就在于句子 A 改动后，句子 B 紧接着改动这样一种条件概率。这样，全局性的改动就从顽固经

验产生扰动的某个起始点开始，按照概率性的定律传递到总体理论的各处。然而，这不太可能是蒯因所想的那种模型，因为它与他的只有整体理论才具有经验意义这一论点相冲突。按照这个模
型，理论中的各个句子都有意义，不仅在具备通过经验得到决定性 595
的验证或否证的标准这一意义上有意义，而且还具有一种概率性的意义。特定句子被作为真的接受和作为假的而被否认，不是因为面对经验检验，而是由于其他句子被接受或否认，这一事实不会使句子失去独立意义，无论句子之间的联系是概率性的还是刚性的。

然而，如果特定句子在面对经验时做改动的概率，是从相应的全局改动中导出的，那么前一种概率（它决定了句子离边缘的距离）就不是关于蒯因式语言的意义理论中的原初部分。对这种语言的工作机制作出的解释，其基本特征包括：它决定了经验是对整个理论具有顽固性的，对顽固经验所做的反应是全局性的改动，以及或许包括这种改动的相对概率。（还不清楚，为了理解这种语言，我们是否需要潜在地（implicitly）**知道**这些概率，还是说这只是自然中我们还不知道的事实。）在这种情况下，虽然仍然有可能辩护说，边缘/内部的比喻还是说明问题的，但已经与我们对语言的理解无关了——对于一个句子来说，知道它的位置离边缘有多远，这对我们运用这个句子的能力来说无关紧要。

确实，在一种清楚的意义上我们可以说，就弗雷格而言，句子是意义的初始载体，而词的涵义只能通过参照包含它的句子来解释。但弗雷格的理论并没有说，我们直接把涵义赋予每个句子，就 NS 262
好像句子在逻辑上是一种简单表达式。相反，弗雷格主张，我们把 (243)

句子涵义当作一种复合结构，是由充当其成分的词语的涵义构成的。而弗雷格的语义学，他关于各种逻辑类型表达式指称的理论，就尝试至少要提供一个起点，以解释我们是怎样利用构成成分的涵义来确定句子涵义的。蒯因主张意义的单元（说原初载体更好些）是整个理论，这也可以按同样方式理解。按这种理解，句子的涵义就只有参照它充当理论整体的组成部分这一点来解释；但是，我们只能从构成理论整体的句子涵义，来得到理论整体的意义。这意味着我们应该依据构成理论的句子的涵义，来确定特定经验
596 对特定理论整体来说是不是顽固的，何种全局性的改动有可能应付它。句子的这种涵义因此必须就在于句子与经验间直接的关系，以及句子之间相互的连接，而无论这种连接是决定论的还是概率性的——即便与经验的这些关系以及句子间的这种相互连接，只能描述成对总体理论的经验意义以某种方式作出的贡献，情况也是如此。此时，要说明句子涵义，也就要说明理论何时与经验相协调，以及如果不协调，又该如何改动。

然而，由于蒯因坚持没有任何东西是免予改动的，这种类型的理解似乎也就被排除了。为了充实这种理解，我们尤其必须对句子间的推演关系是什么，获得某种方式的理解。然而，蒯因的论点要求，制约演绎关系的那些原则本身要构成总体理论的一部分，而这种总体理论是作为整体面对经验的。要避免刘易斯·卡罗尔那种关于阿基里斯和乌龟的麻烦，我们势必要承认总体理论中既包含推演规则，也包括以有效模式或者句子的形式出现的逻辑律——然而没有理由认为，蒯因区分了这类规则与像排中律这样的定律的地位；在受到来自外部足够强的冲击时，这两者都肯定同

样不免于遭到否决的命运。但在那种情况下，句子间的推演关系究竟是什么，也就无从确定了。即使假定一种超推演联系(superinferential links)，当我们接受某些逻辑原则时，这种联系就迫使我们同时也接受对我们所接受的其他句子运用这些原则所带来的后果，这种推演关系也不能为超推演联系所取代——因为任意这样的超逻辑定律(superlogical laws)都可以进一步表述成，并被视为与其他句子一样不能免予改动的句子。更一般地说，对于解释整体理论意义的任何一种尝试，都面临同样的问题。如果有人试图说明什么样的经验被认为要求对理论作出修改，以及什么样的修改合乎要求，那么他所说的就必定是其理论中的另外一个句子，而如果我们没有已知作为整体的理论所具备的意义，这个句子也就不能传达任何内容。这样，意义对于蒯因就成了本质上不能说的东西。我们不能说，我们的语言，或者语言中的任意部分具有何种意义，因为任何一种这样的尝试，都只是在需要指派意义的整体中添加新的成分。

要是认为，蒯因在“两个教条”中表述的那种关于语言的理论是要完全否弃意义这个概念，那就错了。相反，意义被归于所有总体理论，总体理论则通过确定何种经验与其协调，而何种经验与之冲突的(不管怎样的)原则，而具有意义。这种原则还决定了，当需 597
要全局性修改时，什么样的修改是允许的。尽管没有规定每一步做什么，游戏还是需要规则。“没有任何经验迫使我们否决任何句子”，以及“所有句子都不免予修改”，这两个论点的后果，就是把蒯因原来关于语言的模型，转换成了一种真正的整体论(holism)。第一个论点使边缘和内部的区分消失了，总体理论必须被看作是

经验面前的一个均质团块。第二个论点的结果则是，理论内部由句子间彼此连接的关系构成的结构，也完全消解了。句子间没有任何特定的关系，理论也就变成了句子纯粹无特征的集合。

蒯因说过，关于意义的表象主义(imagist)理论可以当作是尝试为词语涵义构造一种原子论解释——一个词语对应一个观念，而与包含句子在内的复合表达式，则对应由成分语词所对应的观念组合而成的复合观念。在蒯因笔下，弗雷格发现意义的原初载体是句子而不是词，是因为他看到关于词语涵义的原子论理论不起作用——我们只能按照词语与包含它的句子之间的关系，来确定词语的涵义。这并不意味着宣称词语没有涵义，也不是忽略句子是由词语构成这一事实。同样，蒯因在反对实证主义、拒绝关于句子涵义的原子论理论上，也是正确的。这种原子论理论让句子单个地对应于可用来验证或否证句子的一些感觉经验；然而关于句子涵义的适当的理论，则必须解释句子与其他句子之间的关系，或者确切地说，必须解释这样一个事实：对于大多数句子来说，我们对语言的理解，要求对句子真值的确定是通过与之相连的其他句子进行的，而不是通过直接面对经验。蒯因理当因为洞察到这种必要性而享有巨大声望，而这种必要性虽然没有在弗雷格那里找到明确表述，但如我们所知，它仍然与解释其涵义概念的一种自然的方式相符合。然而，要矫正原子论模型的错误，并不是要否认句子具有涵义，把涵义仅仅归于整个理论，而忽略理论作为句子复合体所具有的结构；而是要把句子与其他句子以及经验之间的联系也考虑在内，以对句子涵义提供更好的解释。一种可行的意义理论必须解释，如何把涵义既归于句子也归于词语，而不是放弃这

么做。

一种彻底的整体论虽然能够为语言提供一种可以抽象理解的 598
模型，但不能让人信服地解释我们如何用语言来交流，也不能解释我们如何学会掌握语言。人们不得不认为，要掌握一种整体论意义上的语言，就要掌握定义在所有可能的总体理论（在句法上得到了确定的语言范围之内），以及所有经验上的一种关系——当这种关系成立，我们就可以说经验与理论**协调**，否则就说它们相**冲突**。当顽固的经验出现时，就需要对理论进行改动，而可以允许的改动，只能是那些使得理论与顽固经验以及以前的所有其他经验协调的那种改动。按照整体论，这种协调关系不能从理论所包含句子的任何意义特征中得出，而只能针对作为单元的总体理论进行直接定义。

像蒯因在“两个教条”中宣扬的那种全面的整体论，必定是唯我论的。在这篇文章的最后一句话，蒯因谈到“每个人”都在感官刺激的提示下整理自己得到的科学遗产，而在此之前，他所说的一直是“我们”对“我们的”总体理论进行改动。但是，若要认为这种模型所针对的是一般意义上的语言，而不限于通常的、在“科学”一词的狭窄意义上的科学语言，那就必须考虑单个人采纳其他人并不具备的信念的情况。于是，我们就必须把总体理论理解成任意时刻由某个人所持有的信念的总体——其他人也许说与他同样的语言，并且不止在句法意义上是同样的语言，而且在总体理论与经验之间有着同样的协调关系；但每个人都只拥有自己的理论。

要说明一种按照这种模型起作用的语言何以能够用于交流实践，有两个困难。一个困难来自这样一个事实：尽管只有总体理论具备经验意义，但我们对另外一个人的总体理论所能知道的，都只是这个人承认为真的句子中很小的有限子集。只有在对这个人的总体理论的剩余部分作出假定的情况下，我们才能对这些句子赋予确定的内容。然而这些假定很可能是错的。有人会说，这正是我们的实际处境——我们按照句子的字面意思来理解关于这个句子的真值所发生的分歧，并认为它表现了一种真正的而不是字词上的分歧，直到证明不是这样的。确实如此，但这不是一回事。事实上，我们可以说，对其他人的信念我知道得越多，当他的信念被证明与我非常不同时，这种分歧就越有可能按照字面意思来理解。
599 这种比较失效的地方是其中那些被认为是分析真命题的句子——如果我知道某人否认允许我们从“A”与“B”中推出“A 并且 B”的那种定律，那么当分歧涉及比如他不愿接受法国在欧洲而印度在亚洲这样的陈述时，即使一点都不知道他的意思是什么，我也会怀疑这是否是真正的分歧。但对蒯因来说，这个定律具有与其他任何句子一样的地位。按他的解释，即使某人和我对特定句子赋予完全不同的真值，在都承认同样的经验是顽固的这个意义上，我们各自所持有的总体理论还是可以是等价的，而且对整体理论来说，还可以承认正好相同的协调关系。这可以算是一种纯粹字词上的分歧，尽管就我们对只是有穷多的句子所做出的真值指派来说，还没有什么线索可以确定就是如此。因此，只有当我知道（或者猜出）一个人所相信的所有东西，我才能知道这个人相信什么。这样，一个人何以能够告诉另外一个人一些事情，这就变得不可理解了。

正是这个原因，使得我们不可能承认，除了受到经验的作用，一个总体理论还能够通过接受旁证以及专家意见而得到修改，进而通过承认这一点而为语言恢复公共性。因为，即便我相信其他某个人的总体理论作为整体是正确的，这也不会使我有理由认为，接受这个理论中的某个句子为真，这会改进我自己的总体理论——一种理论只有作为整体才能判断是否正确。“两个教条”模型无法解释语言的交流功能，因为在一开始设计的时候就没有考虑到这个功能。可能有人会鼓吹，交流事实上一直都有失败的危险。但是，语言的整体论图景使我们不可能理解，这种失败究竟是怎样开始的。

另外那个困难关系到用来表述总体理论的语义学的那种语言。即使我们知道一个人的总体理论，也只有当我知道相关的那种协调关系（至少是它如何在理论与所有可能的经验之间定义的），我才能知道这种理论的意义。我无权假定另一个人承认与我一样的协调关系，但要确定这种协调关系是否相同，又似乎有不可克服的困难。前面已经说过，我不可能问他，在面对未来假想的经验时他会如何修改自己的理论，因为我能够获得的只是他的理论中的另外一个句子，而按照眼下的假设，我已经知道这个句子。这种情形本质上类似于这样的语言，这种语言中的所有句子都只有一个词，因而没有内部的语义学结构——如果这些句子被认为以实证主义的那种方式，通过确定与感觉经验一致或不一致而具有涵义，那就不能理解，说这种语言的人如何能够把这些涵义与以整 600
块形式存在的句子对应起来，更不用说在不同说话者之间达成同样的对应关系了；也不能理解，单个的人何以能够找到另外一个人赋予句子的涵义，如何确定它是否与自己赋予的涵义一样。同理，

如果总体理论不能分解成有意义的各部分，那么我们就不能从其内部结构中导出其意义，因为没有这样的结构，也没有其他东西可供我们导出。

蒯因把语言想象成一种网状的连接，这是恰当的。蒯因给出了两个附加论点，这就完全毁掉了这幅图景，从中已经不可能看出语言是可以用于交流的工具。这不是说蒯因的两个论点是不正确的，而是说他采取了一种错误的方式来接纳它们。两个论点中的第一个远不是那么重要，并且可以相当容易地吸收，而不必损害边缘/内部之分的原则。任何经验，即使是像错觉这样的不获认可的经验，也不是在没有任何记录的情况下发生的。由于忽略了这样一个显而易见的事实，蒯因就让人们很难看到，如何能够继续认为边缘就是经验最先作用的地方。观察陈述是作为对经验作用的标准反应而得到接受的，但即使遭到否决，观察陈述仍然可以以"情况看起来像是……"或类似得到限定的形式使用。只有受到来自内部的其他与之不相容的陈述的抗拒，观察陈述才遭到否决。蒯因把事情弄得好像我们能自由地选择是否接受观察陈述，而需要服从的信条只是全局性改动的最大经济性。相反，我们不得不服从于我们关于概率权衡的判断，而这不可能以这个信条来总括（否则，允许凭借单个判决性的观察就抛弃合情合理的假设，就根本不算合理了）——这种权衡存在于这两种可能性之间：在特定条件下相关种类的错觉或者观察错误的可能性，以及着眼证据考虑，不相容的陈述为假的可能性。诚然，鉴于概率评估的不精确性，作出的选择常常取决于直觉上的估计，因而不是强制性的。这不重要，因为这样的决定可以通过证据累加在以后得到校正——原来被否决

的观察陈述可以得到恢复，而原来接受的则可以否决。不同的全局改动在前面解释过的意义上等价，即与同样的后续经验相协调，这样的情况尽管按照蒯因的解释是完全有可能的，但从来不会发生。即使这种情况出现，也不会对我们关于未来是否要把特定的 601
经验作为错觉而抛弃的预期，造成任何影响。

蒯因的第二个论点是他拒斥分析性的基础，这是一个更为严重也更困难的问题。在弗雷格看来，在“涵义”这个词的同样意义上，分析陈述与综合陈述都是有涵义的。维特根斯坦认为分析陈述没有涵义；而实证主义者则认为它们有意义，偶然陈述也有意义，只不过这要归于“意义”这个词的歧义。在试图解释分析陈述在语言中的角色时，实证主义者抓住它们用作阐明性的句子(elucidatory sentence)这一点，将其用来传达句子中所包含词语的涵义的某种特征。这通常被认为只适用于一般认为不需要证明的那些分析陈述，比如类似于“一月份有三十一天”这样的句子是其中的典型。蒯因同意弗雷格这一点，即所谓的分析陈述与所谓的综合陈述在语言中扮演类似的角色——太相似了，以至于它们之间无法区分了，两种陈述本身都不具备意义，都是只在总体理论之内才充当具有真值的东西。

对于分析陈述所要扮演的角色，实证主义的解释倒是给予了公正对待，至少对一些分析陈述的有些用法来说是这样的。蒯因对分析性的拒斥，肯定与他否认阐明是一种可以与断言区别开的语言操作密切相关。哲学家们都说，断言是语言的首要功能，比如，我们可以设想语言中没有疑问句和命令句，但不能设想没有断定句。然而，蒯因关于语言的“两个教条”模型却把断言弄成了唯

一可能的语言行为。对于赋予表达式的涵义来说，这种模型没有为阐述或解释涵义留下位置——所有东西都必须在对句子作出的真值指派的基础上加以设想。而这就是这种模式之所以不恰当的基本原因。

蒯因主张所有句子都屈从于修改。在一种意义上这显然是真的。孩子可能怀疑，认为“一月份有三十一天”是普遍接受的句子，这是不是对的；或许，在熟悉了类似于从华氏温标向摄氏温标这样的换算以后，他会容易设想这个句子何以能够不再为人普遍接受。对有些分析陈述来说，要通过证明才能决定是否接受，比如数学定理，这些分析陈述的可修改性并不难理解——除了在最简单的情
602 况下，在证明过程中发现错误，这总是可能的，而在面对所谓的反例时，我们知道如何着手将其与证明相比照，以发现是证明错了，还是反例徒有其表。至于不要求证明的分析陈述，传统的解释是，是否否决它们，这必须取决于意义是否变化。当对陈述的阐明被当作是直接规定意义时，比如像“一月份有三十一天”这样的句子，这种意义上的变化该如何理解，是没有问题的，至少当针对遭到否决的句子已经给出了确定的替换方法时是这样的。在其他情况下，要否决一个陈述，就要阐明准备赋予陈述中一个或多个表达式的新意义。这意味着否决这样一种陈述虽然不是不允许的，但并不具备事先赋予的那种价值——只有通过解释这种否决背后的那种意义上的变化，这种否决才获得那种价值。

有些句子不可能在不改变意义的情况下遭到否决，如果认为这些句子的这种性质不能以蒯因的术语来刻画，那就错了。用那些术语来说就是这样的：当要做出的改动是要否决这个句子，那么

这种改动要获得允许，就不可能不改变定义在总体理论与经验之间的那种协调关系。蒯因之所以不承认有些陈述具备这一性质，不是因为他没有足以表达这种性质的意义概念——他关于总体理论的经验意义概念足以达到这一目的。而是因为，他不能允许把对意义的解释当作一种可能的语言活动。一个人可以告诉另外一个人，他就某些句子而言改动了自己的总体理论——如果把语言理解为不仅在句法上，而且在语义上也得到了定义（蒯因式语言的语义学是由相应的协调关系确定的），那么他就没有可用的手段，来说明他对用来表达其理论的语言做了这样那样的改动。因此，在蒯因关于语言的模型中，也就不能容纳这样一些句子，这些句子不是无法否认，而是要否认的话就必须解释意义如何得到改变的。

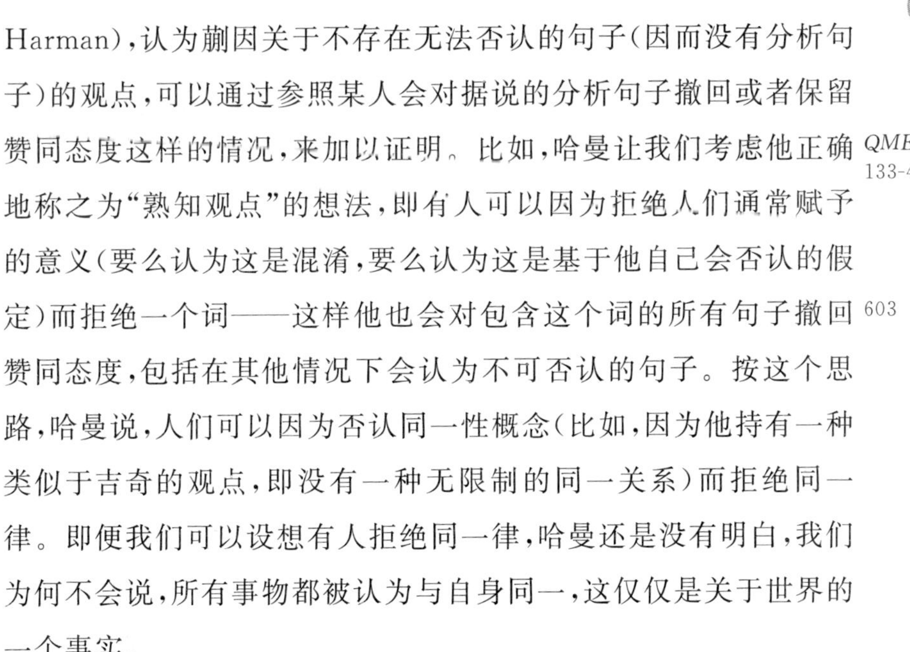

蒯因的一些支持者，特别是吉尔伯特·哈曼（Gilbert Harman），认为蒯因关于不存在无法否认的句子（因而没有分析句子）的观点，可以通过参照某人会对据说的分析句子撤回或者保留 793
赞同态度这样的情况，来加以证明。比如，哈曼让我们考虑他正确 QME 133-4
地称之为"熟知观点"的想法，即有人可以因为拒绝人们通常赋予的意义（要么认为这是混淆，要么认为这是基于他自己会否认的假
定）而拒绝一个词——这样他也会对包含这个词的所有句子撤回 603
赞同态度，包括在其他情况下会认为不可否认的句子。按这个思路，哈曼说，人们可以因为否认同一性概念（比如，因为他持有一种类似于吉奇的观点，即没有一种无限制的同一关系）而拒绝同一律。即便我们可以设想有人拒绝同一律，哈曼还是没有明白，我们为何不会说，所有事物都被认为与自身同一，这仅仅是关于世界的一个事实。

不过，这就把一种幼稚的想法归给了相信分析性的人，这尤其是因为，“熟知观点”是通过许多这样的人的著作而为人熟知的。从来没有人认为，会有纯粹以句法方式识别的句子，在本质上就是不可否认的；人们主张的最多是，有些句子不可能在不改变意义的情况下加以否认。如果真有句子，其所遭到否决只是完全拒绝其中的某个词的结果，那么它就极有可能的确是分析的。（我们把意义遭到破坏，看作是意义改变的极端情形。）

在“逻辑是经验的吗？（Is Logic Empirical?）”一文中，普特南采取了一种比哈曼更复杂的思路。对于当据说的分析陈述被拒绝时是否有意义上的改变，他宣称自己是个不可知论者，但他急于强调，在许多情况下这终究不是**纯粹**的意义改变。他把“纯粹的”意义改变理解为一种意义为另外一种意义所取代，而原来的意义仍然可以由其他短语直接表达。比如，如果“单身汉”以前被用来说“未婚男人”，现在则用来说“未婚者”，那这就是纯粹的意义改变，因为原来的意义完全可以为“男性单身汉”来表达。普特南为不是纯粹的意义改变给的例子，就是用黎曼几何取代欧基里德几何来描述物理空间（或空—时）。他认为，说“直线”一词的意义因为这种替换而发生变化，这也可以是对的，但不属于我们能够用其他某种方式来表达以前用“直线”一词来表达的意义这样一种情况。相反，以前把“直线”一词用于物理空间中的线时所表达的内容，我们现在不能表达了。

普特南在（我们可以同意这么称呼的）**纯粹的**（mere）意义变化，与（我们可以也这么说的）**实质的**（substantive）意义变化之间，作出了有效并且非常重要的区分。但是，对实质的意义变化来说，

普特南对于终究是否真有意义上的变化这个问题所声称的中立态度，变得显然倾向于作出否定的回答。他的论证的整个要点是，抛 604
弃据说的分析陈述（“三角形的内角和是两直角之和”），采纳其他的分析陈述（“三角形内角和取决于三角形面积”），这样的变化是作为对经验发现的反应发生的；他的结论是，所谓的分析陈述也可以归为经验陈述。当然，只有在没有真正的依据来断定发生了意义上的变化时，才能得到这个结论。

他用来说明这个论点的例子是，在量子力学陈述中，用来取代经典逻辑那种逻辑使得分配律在其中不再成立了。冯·纽曼（von Neumann）与博克豪夫（Birkhoff）建议这么做。这个提议当初所依据的那种考虑是容易把握的。按照量子力学，不可能把确定的位置与确定的动量同时赋予亚原子粒子。于是就可以提议，如果“P”是为特定粒子赋予在特定瞬间的确定位置的一个陈述，而“M”则为该粒子赋予在该瞬间的确定动量，那么合取式“P&M”就应当被当成是假的，而它实际上是矛盾的。因此，如果“M_1”、“M_2”、……、“M_n”为该粒子赋予在特定瞬间的不同的确定动量，那么析取式“$(P\&M_1)\vee(P\&M_2)\vee\cdots\cdots\vee(P\&M_n)$”由于是一些矛盾的陈述构成的析取，也就要被当作本身也是矛盾的。但另一方面，我们却有条件同时断定“P”与析取式“$M_1\vee M_2\vee\cdots\cdots\vee M_n$”，因而可以断定合取式“$P\&(M_1\vee M_2\vee\cdots\cdots\vee M_n)$”。这样，分配律就失效了。①

普特南的态度是，我们应当把分配律失效，直接看作是观察到

① 这个例子以与普特南所用的同样无害的方式进行了简化。

的现象所产生的经验后果，而加以接受——按照蒯因的图景，在深入内部的层次（理论物理学陈述所在的层次）上作出的调整，会导致核心部分，即逻辑律所在的层次上的进一步调整。因此，逻辑律虽然比其他任何句子都远离边缘，但在原则上并不区别于其他句子。在经验的冲击之下，它们也会受到修改，而在这种意义上它们也可以看作是经验的。

有人如果宣布不接受同一律，我们还真拿他所说的话没有办法——我们不能像接受值得信赖的人的话一样接受它，我们也不能试图说服他这个定律是真的；我们只能问他他是什么意思。如果他回答说他拒绝同一性这个概念，我们就知道他以什么形式来
605 反对这个定律，但如果他不说明拒绝这个概念的理由，我们对他的反对意见的内容还是不会有确定的了解。

同样，如果有人宣布，鉴于量子理论，他否认分配律，我们一开始的态度，就会像是小学生第一次听说有个数的平方是－1一样。普特南的态度，即我们这里所看到的只是经验观察对于逻辑所产生的后果，就有些像是在劝说小学生，最好接受这种假想的数是存在的，因为它对于比如电子学有重要作用——他知道可以证明所有数都有非负的平方，因此他不可能明白，这样一个自相矛盾的陈述能有什么用处，不管这种作用重不重要。同样，我们明白不了分配律何以能是假的，也不明白何以有经验发现能够推翻它，不管这种发现有多大的影响。这样的反应相当正确。我们对科学理论赋予的意义，以及我们对它的评价，都取决于我们是否知道据以从这种理论中推出可观察结论的原则。现在，如果在从某个理论似乎可以推出矛盾时，合法的处理方法不是去怀疑理论，而是怀疑那些

据以得到结论的原则，那么我们就不会继续认为自己知道任何科学理论的意义何在了，我们也不会认为自己知道，怎样才算接受任何一种理论为真。

只要对小学生解释说，在“数”这个词的一种不同于他所熟悉的那种意义上，可以说有些数的平方是负数，他的困惑就会消失。为了确保他为这个断言赋予清楚的意思，有必要对他解释“数”的这种扩展了的涵义究竟是什么。当然，我们很容易就可以这么做，而这正是要归功于像弗雷格这样的人的劳动，他们认为澄清数学基础的工作是有价值的。如果人们都认为数学只是我们全局性的科学理论中的一部分，因而必须按照经验使用上的要求加以裁剪，那么弗雷格和其他人为数学提供融贯基础的努力，也就作为无意义的而被放弃，而数学就将继续停留在混乱状态，即弗雷格称其为
丑闻的状态。这不是对于“数学的意义是否**最终**在于其经验运用” ZS iii

这个问题的一种臆断，而只是抵制这样一种想法，即对于包括数学和物理学在内的任何理论来说，唯一的辩护基础是它“管用”，而如果它的确管用，那就无须对它如何管用和为何管用作出分析。

同样，如果某人提议拒绝分配律，那么只要他解释说，他是在
提倡以一种不同于通常的意义使用“并且”和“或者”这样的词，我 606
们的困惑就会消失；不过，如果他不解释新的意义是什么，我们还是不知道他究竟在提议什么。人们要是像普特南和蒯因那样，在所主张的学说中不准备对意义进行阐明，并把所有的语言活动，都看成是通过对句子指派真值就可以刻画的，人们自然就会以纯粹形式主义的方式来看待逻辑与数学理论。也就是说，将其看作是由这样一些公理与推演规则构成，公理规定了一些句子为真或者

一些模式有效，推演规则则是为了推出其他真句子或有效模式而制定的。在关于修改经典逻辑的整个讨论过程中，普特南只是用可推导关系来定义逻辑，而没有明确提到任何用真值表对语句算子所作出的解释，这就非常说明问题。不过，在快到文章结尾的时候，他还是以毫不掩饰的厌恶口吻，为量子逻辑的语句算子给出了语义学解释，即一种“操作主义的(operationalist)”定义。对每一个原子陈述都假定对应了一个测试，运用测试就可以确定陈述是真的还是假的。接着断定，在 $S \leqslant T$ 关系之下，由这种测试构成的每一个集合都可以扩展成补全了的非分配格(non-distributive lattice)。当所有通过测试 S 的陈述都通过测试 T 时，$S \leqslant T$ 成立。该格的 0 是不可能测试，即没有任何东西算作通过的测试，而 1 则是空集，所有东西都算作通过。于是否定就被解释成对应于求补运算(complementation)，析取对应于取合集(join)(最小上确界)，合取则对应于取交集(meet)(最大下确界)；条件句未被使用。

在普特南的文章中这是第一次解释“并且”与“或者”的新意义，按这种解释，分配律失效；这也是第一次我们得以理解关于拒绝分配律的建议是什么内容。普特南花了一些功夫来弄成没有发生意义变化的样子，理由是，在经典逻辑中“并且”与“或者”得到了正好一样的操作主义定义。然而，只有合取与析取运用于可判定陈述时，情况才是这样；一旦对它们所适用的陈述不存在判定真值的能行方法，从经典逻辑的角度说，充当成分的陈述的意义以及进而语句连接词的意义，也就根本不再是通过参照测试所能给出的了。如果承认有意义上的变化，也就能够合法地问，这是表面的变化还是实质性的变化。只要逻辑常项原来的经典意义能够继续与新的、操作性的意义共存(显然要用不同的符号来表示这两种常项),也就是说,只要利用真值条件作出经典的,或者实在论的解释仍然能合法地运用于量子力学陈述,那么意义的变化就只是表面上的。只要对与原子陈述相联系的那种测试可能作出实在论解释,情况就是这样的。这样的解释建立在两个假定的基础之上:(a)所有测试在使用时都说明一种独立于测试的事态是存在的,也就是说,即使没有作出测试,相应事态也本该实现;(b)对所有测试,即使测试没有作出甚至不可能作出,对于“如果做了测试,那么测试的结果是什么”这个问题,也会存在一种客观的答案(只是我们也许不知道答案)。如果做了这两个假定,那就可以认为每个原子陈述都有客观的真值,而无论我们是否知道;当测试作出时,决定测试结果的是这种真值,而当测试没有作出或者不可能作出,那么这种真值也就决定了“如果测试作出了的话,本该会有什么结果”这个问题的答案。如何利用真值表来定义语句算子,现在也就清楚了。对由这样的真值函项算子构造的某些复合陈述,就会没有对应的测试。 607

799

论证量子力学是否允许一种实在论解释,这不在我们眼下的目的范围之内。如果不允许,那么用量子逻辑来取代经典逻辑,就是一种实质的意义变化——在这种情况下,所有逻辑常项都不能用来表达“并且”与“或者”以前所具有的那种意义。普特南极力主张实在论解释是可能的,但他就这个主题所说的似乎也很混乱,难以与他的其他观点相调和,例如很难与他所说的采纳量子逻辑不是表面的意义变化相调和。他事实上发展出了一种荒谬的论点,即只有放弃分配律，我们才能主张对量子力学作出实在论解释。由于真陈述当按照实在论的方式设想时，就析取而言是满足分配律的（按照经典的方式解释的话），因此，实在论当然肯定允许以使得分配律有效的那种方式使用“并且”与“或者”，而不需要排除非真值函项的，使得分配律失效的某种额外的用法。

普特南的例子是失败的。这非常明白地说明，虽然或许所有句子都不能宣称免予修改，还是会有些句子，对这些句子的否决如果要传达什么确定的内容，就总是要求解释。这样的句子之为真，
608 通常被认为对出现于句子中词语的涵义起了构成性的作用。因此，要是不同意这样的句子，就要否定或者修改充当句子成分的某个词的涵义，从而要求进一步给出否认其涵义的理由，或者阐明修改后的涵义。因此蒯因关于语言的网络系统比喻要成为可以接受的，也就不能通过否认单个句子的涵义，而给予整体论的解释，而是要以自然的方式，承认句子间存在确定的推理联系，而非边缘的句子的涵义，也就恰好取决于它与其他句子的连接。如果我们把推演规则看作是在句子间建立直接的演绎联系，那么其他的非直接联系，就会时常通过对某些主导性的句子以约定的方式指派真值，而得以引入；相反，直接联系的网络所产生的效果，有时就是让某些位于其中的句子成为真的，而这不取决于如何指派真值以对经验做出反应。边缘和非边缘的句子都会经历逐步的、不为人所注意的变化。存在于句子间的联系，以及经验对边缘句子所施加的作用，都关系到公共的语言习惯，而共同体的习惯会经历缓慢的、任何人都没有意识到的调整。但涵义上的改变也可以以有意决定的方式进行，而正是这，才使得否决以前内嵌在网络中的句子

成为可能。要解释这个过程，就要厘清要改变的涵义，从而要承认阐明的存在，承认这是一种语言活动，这种活动不同于为其涵义被认为已经得到理解的句子赋予真值。

因为在整体论解释中不可能有余地留给任何一种作为阐明的活动，蒯因无法弄清自然语言在多大程度上能够容纳自己的语义学。至于认为单个的语言能够表达自己本身的整个语义学，对这种想法无疑有一种原则上的反对意见——但是没有理由认为，作为一种语言，为什么就不应当认为，比如英语就能够在自身中表达关于自己一个相当大的片段的语义学。不光是语言学或者哲学专业的学生，每一个使用语言的人，对自己的语言是如何工作的，通过努力都或多或少能获得一种理解。正是这个原因，像“真”、“假”、“意味着”、“称为”、“正确地说……”词语就构成我们语言的一部分，并充当着教语言和调整其用法的工具。当语言不再被认为是天衣无缝的一块，而是某种可以拆分成有意义的局部的东西，那就可以设想它内部能有不同的层次，一个层次上的表达式涵义，能够用更深层次的句子来表达。

宣扬关于语言的整体论理解，这常常是基于对“理论”一词的误用。迪昂(Duhem)关于科学理论的模型，当然是蒯因关于语言整体的典型模型。就像“集合论”一词一样，“理论”一词通常只是用来表示一组连接在一起的学说。理论时常隐含着创造性思考的成果，它承担着解释已知事实的任务。这些事实总的来说过于零碎，以至于利用普通的演绎或者归纳的程序(比如历史性的推测)无法得出任何结论。关于理论一个来自科学的例子是达尔文理

论，这也是它原本的目的。关于“理论”的这两种概念都要比适合于迪昂模型的理论范围要大得多，按那种模型，理论是包含了理论词项的一组句子。可以把理论词项理解为有意在没有完整的语义学的情况下引入的词项。包含了理论词项的理论作为整体是成立还是遭到否决，这取决于它是否与观察相符，但构成理论的单个句子则不能孤立地得到确认或否决——这样，理论就好像在整个语言结构中凝结成了一块，或多或少像一个单个的句子那样起作用。

要说非观察句的涵义要求句子通过与其他句子的推理联系来得到确认或否决，这与说它在迪昂的那种意义上是一个理论陈述，根本就不是一回事。而拥护整体主义语言观的人就容易模糊这个区别。在严格意义上讲，区分理论陈述的，是不存在单个对其进行确认或否决的路径；对普通的非边缘句子来说，通常会有这样的路径，即便这条路径需要确认其他的中间句子才能走通。蒯因尤其会经常犯混淆抽象词项与理论词项的错误——不用说，他把逻辑
FLPV 44 的和数学的陈述说成是“高度理论性的”。但是，不管我们认为对作为有穷基数或序数的自然数的使用是内在于“自然数”这个概念还是外在于它，这个概念都是抽象概念而不是理论概念。比如，如果我用一个模型来描述人类行为，这个模型需要对每样东西指派一个效用，并用区间[-1,1]之间的实数来表示，那么，只要我不设定任何一种决定性的手段，来针对某个特定事件为特定的人指定特定的效用值，那么效用的概念就仍然是一个理论概念。与此不同，一个包含了自然数的非算术陈述本身就具备确定真值——我
610 们还不至于说，算术作为一种理论，必须按照可以从中导出的陈述

是否与观察一致来加以判断，而不是考虑其所指称的自然数。对“理论”这个词随意的使用，会鼓励人们以为有理由把迪昂的模型推广到整个语言，然而这样的推广是没有依据的。

在像“卡尔纳普与逻辑真理（Carnap and Logical Truth）”这样的后来的著作中，蒯因乐于承认，规约（stipulation），即他所称的立法性公设（Legislative postulation），有别于把真值归于成分已经给定的句子——但他把规约的出现当作是真值最初被指派给句子的那种语言活动的特征，而不是将其当作句子的一贯特征。我们已经注意到，有些句子似乎一直有这样的特征，而不是转瞬即逝，比如“一月份有三十一天”就是其中之一——但更重要的是，蒯因不能设想，除了直接进行规约，句子还能够以其他什么方式决定句子中包含的词语意义。现在他乐于承认，人们不能在否定初等经典逻辑中的定律，或在关于集合论的句子与其他人发生分歧的同时，而不表现出对于逻辑常项或“∈”的不同用法——当然，要在分歧是不能通过演绎论证来解决的情况下。但正是基于同样的原因，关于逻辑真理的语言学观点是没有内容的，因为除了句子真值上的差异，并没有独立的标准来衡量用法上的不同。即使事情真是这样，那也不能证明关于逻辑真理的语言学观点是空的，因为对大多数句子来说，在真值上的分歧并不是用法上有差异的充分条件；即使是给出证明（蒯因的评论还不算证明）说，对于逻辑或集合论的句子，不需要其他条件就可以判断有用法上的不同，这个论断也绝不是没有内容的。不过，事实是这样的，关于逻辑或集合论的真正分歧，在形式上并不是关于公设或定律的竞争性的规约相互

对峙。针对集合论，蒯因说，“我们所做的原来就是，小心地选择并列出［这些公设和定律］，除了考虑精致与方便，并不进行任何辩护”。这确实清楚地描述了蒯因在“新基础（New Foundations）”中是如何引入他自己的公理集合论的，但作为对这件事常见态度的描述来说，这一点都不准确。像策梅洛—弗兰克尔与贝奈斯—哥德尔这样的标准集合论系统，都建立在关于要描述的那种结构的一种确定的直觉模型上，即集合的累积层级结构；至于该如何进一步添加公理，则多半是基于这样一种想法，我们希望这个模型做到就高度而言的最大化（也就是说，从一个层级到下一个层级的过渡
611 要具有尽可能大的包容性）。其他的集合论，比如蒯因的新基础，则由于没有这样的直觉模型，而对标准集合论完全够不上竞争关系；除非有一种明显的最大化特点，任何附加的公理就都不大会获得采纳。

前面引用的那段关于处理集合论的方式的描述，也被蒯因用来向“在基础层次上……持有异见的逻辑学家”提出建议，但在这里这甚至更不恰当。直觉主义者，或者其他认真地支持非经典逻辑的人，都不只是在保留一些相反的规约——他拒绝那种用来解释逻辑常项意义的经典模型，并基于不同的意义理论提出不同的模型。就此而论，难以想象某人仅仅是提议不承认排中律或者分配律——他有必要告诉我们，对语句算子的意义来说，他用什么样的模型来取代真值表模型，而要取代的可不仅仅是一种计算手段，而是制约着我们对经典逻辑的理解，并为其定律提供依据的那种

模型。[①]

在《词语与对象》(*Word and Object*)中给出的对语言的解释，在两个方面不同于“两个教条”。其一，解释不再是唯我论的，而是社会化了的。语言现在被承认是社会交流的工具。在“两个教条”中，一个人所认其为真的所有东西都位于同一层次，因而整个变成了不可分辨的一团，构成他所赞同的总体理论。在《词语与对象》中，说话者对语言的掌握被看作是由语言倾向构成的集合，语言倾向被解释成对句子赞同或不赞同的倾向——但不是说话能够拥有的所有对的或错的信息，都继续被认为是以不可区分的方式对这些倾向作出贡献；通过观察其他说话者的倾向，我们可以捕捉到一 612
个说话者或者一小群说话者特有的信息。

其二，在“两个教条”中着力强调的两个论点等于是消失了。边缘句作为观察句出现，而其直觉意义被认为接近于刺激意义(stimulus-meaning)(即在特定的感觉刺激模式之下赞同或不赞同句子的倾向)。分析性以刺激分析性(stimulus-analyticity)的形

① 在《逻辑哲学》(*Philosophy of Logic*)中蒯因针对直觉主义逻辑这么说：“有人 *PL* 87
想为语句连接词赋予一种直觉意义，并用像‘否定’和‘推出’这样的词来加以解释。但当人们试图尊重说一个句子与谈论它之间的区分时，这些解释就变得让人怀疑了。人们倒不如越过这些解释，直接到达海廷(Heyting)对直觉主义逻辑的公理化。”这里，蒯因虽然一度承认有可能不通过规定形式规则而给出解释，但他清楚地表示不看好这种程序。由于只有在为这种直觉解释给出严格表述的基础上，可靠性定理和完全性定理甚至才有可能得到陈述，蒯因同样也表示他不看好关于可靠性和完全性的证明。事实上，使用与提及之间的混淆对于解释直觉主义逻辑的常项来说，是相当不重要的——人们也可以说，当用“真”与“假”这样的词来解释经典常项时，也会有同样的混淆。并且，只是通过研究直觉主义的形式系统，人们是否能够猜到其中的常项要表达的意义，这也是很可疑的。他肯定从来领会不了直觉主义者是怎么反对经典逻辑的。

式获得承认，而在简单的情况下，分析性的功能就被承认正好就是经验论者所同意的那种，即在句子间建立联系，以及用一个词项固定另外一个词项。比如，蒯因说，表达式“单身汉”与“未婚男人”具有刺激同义性(stimulus-synonymous)，而句子“所有单身汉都是未婚男人，反之也是如此”则具有刺激分析性。对于在我们的语言倾向中具备一种使得这个句子具有刺激分析性的倾向有什么用处，他解释说，这就实现了他称为一个表达式为另一个表达式所“固定(anchoring)”这么一种关系——“人们把‘未婚男人’看作是在语义上固定了‘单身汉’。切断与‘未婚男人’之间的这种连接，你就将其置于丧失了社会确定性的境地，因而对交流来说失去了用处”。进而，他说，“兄弟”与“男性同气(sibling)”之间的同义关系，本质上与“单身汉”与“未婚男人”之间的同义关系相当。“只有在与关于降生的句子之间建立字词联系，我们才能学会‘兄弟’(就其准确的成人的用法来说)，而只有通过与‘兄弟’和‘姐妹’建立字词联系，才能学会‘同气’这个词。场合句(occasion sentence)‘兄弟’和‘同气’不是观察句——它们的刺激意义与‘单身汉’一样，随着社会一同随机变化，而只有一些字词联系才给予这些词项以交流所需的稳定性。”新的社会规约已定，然而当然，原来的意义犹存。在“两个教条”中作为例子来说明经验发现会使我们修改逻辑
PL 86 律的那种情形(放弃排中律以适应量子力学)，在《逻辑哲学》中得到了明确的批评。这里，蒯因把损害极小化信条视为限制条件，而**不管**修改会带来什么样的技术上的好处。

在“两个教条”中并没有那种在单个人所认其为真的两个句子之间做出的区分。而在《词语与对象》中则添加了两个维度，时间

和社会。我们可以区分那些只有在适当的感觉刺激之下才得到赞同的句子,与不需要刺激就得到赞同的句子;我们也可以区分单个人赞同的句子,与应当由语言共同体所有成员都赞同的句子。但 613
事情就到此为止——这就是为什么刺激分析性的概念(即为所有说话者在所有刺激下都赞同),是能够获得的最为接近分析性的概念。因为

> 假设一个特定的类Σ只包含了不需要求助于辅助信息,本身就足以使人完全赞同句子S的刺激。假设构成了另外一个类Σ′的刺激也足以让人赞同S,但要借助于某种散布很广的辅助信息C才能产生这种效果。现在,难道我们不能不如说,在获得C时,人们觉得潜在地改变S的"意义"是方便的,这样Σ′的成员就像Σ的成员一样是完全充分的了?我建议我们可以这么说……差异只是一种错觉……事实上不是一个真正的问题。我们在客观上拥有的只不过是越来越适应自然的过程,这体现为面对刺激而对句子作出赞同或不赞同的反应倾向上的进步。这些倾向在包含了关于世界的知识这一意义上可以认为是不纯粹的,但它们会将其溶解,而不留任何沉淀。 *WO* 38-9

在任何时候,每个说话者都有一组语言倾向。这些倾向随着对单个句子的赞同或不赞同,通过在句子间引入的间接的推理联系而获得修正。要最大限度地接近关于意义的直觉概念,我们能做的最多是把为说这种语言的所有人共有的那些恒定的倾向分离出

来。因此也就没有一种原则,能够按照其地位把为整个社会永远接受为真的那些句子彼此区分开来——我们不可能从意义的具有化学纯度的沉淀物中,分离出为所有说话者所共有的信念(无论是真的还是假的)对于确定其共同的赞同与不赞同的语言倾向所作出的贡献。

对于“不可能分清经验与约定这两个确定语言倾向的要素”这个论点来说,可以按照两种方式来理解:对于任何可以设想的语言来说,这在原则上都是不可能的;或者,这只不过意味着,当人类通常使用语言时,这两个要素就变得相互交织,无法分解了。考虑前面引文中概要地勾勒的那种情形。如果我们问说这种语言的人,在受到Σ′中的刺激时,他有什么理由赞同或不赞同 S,他肯定会引
614 用辅助信息 C。(如果不是这样,那就可以立即放弃对这种情形的这种描述。)当然,这还没有确认 C 作为纯粹的辅助信息的地位——我们不能排除 C 被认为分析真这种情况。因此,我们接下来必须询问相信 C 的理由。事实上,正是这,构成了弗雷格所发
Gl 3 展、借以区分分析陈述与综合陈述的基础——分析陈述就是可以给予特定种类的理由的陈述,而综合陈述则需要另外一种理由。如果把问题追得足够远,我们就应当能够按照说这种语言的人提供什么种类的理由,来确定 C 被当作是分析的还是综合的。

很少有人会否认,在学习使用语言时,我们所学到的东西中一种有机的部分就是,如何为自己作出的断言提供理由,询问其他人作出断言的理由,诸如此类的实践活动。蒯因试图完全从说话者在特定的感觉刺激之下对句子赞同或者不赞同的倾向出发,来刻画语言的工作机制,或者也可以说,他试图从仅仅是表现这种倾向

的观察素材出发,描述如何进行翻译工作。有人会说,我们要在这种证据的基础上,按照地位上的不同来区分具有刺激分析性的不同陈述,这的确有种原则上的困难。但这并不意味着这样的区分纯属虚构,因为语言的使用远不止于记录对于相应感觉刺激的赞同或不赞同的反应,尤其是,语言的典型用法出现在语篇中,而远不止于孤立的肯定与否定。诚然,弗雷格对分析性的定义远不是唯一的可选项,但在拒绝利用弗雷格主张用来区分分析与综合的那种特征时,否认这个概念的客观适用性,却绝不是合理的。这样的推论包含了老式教科书中所说的文不对题(*ignoratio elenchi*)的谬误推理。

困难部分源自蒯因展开探究的框架限制过紧,换言之,他所依
据的翻译模式不得已是既没有存在于从翻译者自己的语言开始,
到那种极端不同的语言的一连串语言中已有的翻译传统的帮助,
也没有任何双语解释者的帮助的情况下建立的。这种假想处境的
优点是,关于说那种语言的人的语言行为,翻译者不会求助于可观
察事实之外的任何东西。然而,不清楚蒯因为什么要对翻译者设
置这么严苛的限制。如果我们的兴趣在于对何谓掌握一种语言给
出一种理论解释,那就不会对人类学家会遇到的那类实践上的困 615
难而操心——那很像是要让他披上一件隐身衣,来观察人类学家
实际上从来无缘看到的情形。而在《词语与对象》中,翻译者对于
语言的使用行为的经验,仅限于观察人们自言自语地说着像
“Gavagai”这样的东西,以及当他用希望被理解成疑问口气的方式
说出“Gavagai”时他们的反应。不过,在一个段落中蒯因提到另外
一种可能性:

WO 47 第十节让语言学家不能从充当样本的情形，大致上猜出非观察场合句的刺激意义。现在我们看到，有一种方式，虽然费事，但还是能够完成对于这类句子的极端翻译(radical translation)。他可以安下心来，像婴儿那样直接学习这种土著语言。当他成为一名双语者以后，就可以通过对刺激同义性进行反省，从而进行翻译。

这种做法的突出效果，就是能够清楚地识别土著的错误信念。如果语言学家只是把土著的观察句与自己的观察句就刺激意义而言对应起来，那他就不可能把土著的任何判断当成是错误的，除非他以特设性的方式，极其小心地削减自己建立的对应关系。但一旦他成为双语者，就可以超越观察句，并像兄弟之间一样与土著斗嘴。

对此自然可以说，如果这种情形是可以设想的，如果不是考虑一个人起初对所要翻译的语言完全无知，而是考虑某人已经知道相互之间还没有公认的翻译惯例的两种语言，由这个人来探究，从一种语言到另一种语言的好的翻译或翻译模式应该采用什么样的标准，那么许多无关的困难就可以避免了。当然，我们不应当允许这种标准用涉及意义概念的词语来描述，比如不能说，只要两个句子对双语翻译者来说有相同意义，对句子的某种翻译就是好的——但双语者对两种语言的说话者的语言倾向本该有许多了解，而在获取这些了解时所遇到的困难，也与探究翻译的理论特性没有真正关系。尤其是，如果保留了记录的话，他应该拥有能够随意支配的更多纯行为素材储备，这些素材与他在语言上获得指导

的过程联系在一起，包括在这种指导过程中他学会做的所有事情，他学会说的所有话，所有对他说的话，以及他所得到的所有纠正。616 蒯因确实简短地考察了这条可选的方式。他实际上说，对关于非母语的语言行为的记录来说，在操作上难以保持其不受翻译者解释的污染——他似乎一时忘记了自己不是在为人类学家提供操作指南，而是在做理论分析。

可能有人回答说，好翻译的标准最终必须是用刺激意义来制定的。这是一个相当没有道理的假设。不要将其与一个无害的想法混淆了，这个想法就是，这种标准最终要联系到说话者在特定情形中实际上说什么，当然也包括其他说话者之前说了什么。除了表达说话者对句子的赞同或不赞同，说话行为还有许多别的功能。比如，如果在探究为一个断言提供的是何种理由，我们就有必要能够区分所说的话中哪些是给出理由，哪些是用来改换话题等。说我们的素材最终的形式都是在这样那样的外部环境之下说出这样那样的话，这固然正确，但没有帮助——需要对说话方式作出更为细致的区分，我们才能大有斩获。把一些说话行为作为对赞同或不赞同的表达挑出来，这本身就已经向这个方向迈出了一步，但没有理由认为这是唯一必须迈出的一步。当然，当我们面对一种当初完全不了解的语言，要能识别各种说话方式（与说话行为联系的各种语力），还是需要花些时间。说话方式可以通过其“在语言中承担的角色”来加以识别，但要是说这种角色只能用刺激意义（在蒯因为这种说法赋予的特定的技术涵义上）来刻画，那就是偏见了。比如说，是不是在要求提供依据，这是通过其所要求的反应来识别的；打赌通过支付钱款、物品或者服务这样的后果来识别——以为

通过引发这些说话行为的感觉刺激模式，就可以在识别相应说话方式上取得进展，这是荒谬的。

对这个问题蒯因有一个回答。他乐意承认，单靠刺激意义，他所假设的翻译者只能取得很少的进展。(实际上也可以主张，如果使用与刺激意义联系的更为精细的标准，他可以取得比蒯因承认的还多的进展。但这里我们不考虑这一点。)一旦翻译者耗尽了刺激意义的直接资源，他就必须求助于蒯因所称的“分析假设(analytical hypotheses)”，以便为语言中的表达式指派句法范畴，
617 并对迄今还很零碎的翻译模式进行扩展。这些分析假设必须满足某些在刺激意义基础上制定的条件，但这些条件还远不能确定分析假设——以许多不同的方式选择的分析假设都同样运转良好，由此就得到蒯因关于极端翻译的不确定性论题。

这里还不是考察这个著名论题的地方，它与我们目前的主题
WO 51-7, 71-2 只是间接相关。在《词语与对象》中，为极端翻译的不确定性给出的唯一论证，与据说在翻译“gavagai”这个词时有可能出现的多种选择(“兔子”、“兔子出现的时间段(rabbit-stage)”等)有关。不过，在“论翻译不确定性的原因(On the Reasons for Indeterminacy of Translation)”一文给出的对这个论题非常必要的澄清中，蒯因对术语做了细化，在“gavagai”现象(他称为“词项的不可测知性(the inscrutability of terms)”)与真正的翻译不确定性之间做了清晰的区分——因为有可能在如何翻译一个词时有不可消除的不确定性，但在如何翻译包含那个词项的句子这个问题上，至少在明显具有等价性的范围内，仍然是确定的。不过，在断定翻译的不确定性时，蒯因所关心的就是整个句子，而不是构成

句子的词。即便不确定性论题在这种更强的意义上成立，说在把什么当作为断言所提供的基础上有不确定性，这也不是很让人信服，因此，不确定性论题不会阻止人们认为，我们可以按适合这些句子的是何种理由，来在具有刺激分析性的句子中区分出不同的类型。另一方面，如果翻译就句子而言是确定的，那么这种区分要是可以在英语中作出，那就也可以对其他语言作出，因而在分析假设发生变化时保持不变。[①]

《词语与对象》保留了“两个教条”给出的关于语言的整体网络图景中的许多成分——他极力强调在英语中以及极端陌生的语言中句子之间的相互连接关系。正是因为这种相互连接，刺激意义一般而言成为直觉意义糟糕的代用品——终究，刺激意义直接就是像实证主义者所解释那种意义。不过，不确定性论题就等于说， 618
网络可以不按照唯一一种方式来进行拆分。刺激意义虽说是不够充分，但却是可怜的翻译者唯一可用的工具。因此，对于非观察句的意义来说，也就是说，对于这些句子与其他句子的连接关系来说，如果不是引入笼统的翻译模式，连 种接近充分的解释也无法得到。这种模式不可能一个节点一个节点地加以辩护，而只能在已知不同模式都能同样好地起作用的情况下，作为总体接受判断。

蒯因成熟状态的语言哲学之所以这么令人难以把握，是因为

① 蒯因为这种更强意义上的不确定性所提供的论证，是建立在这样一个观点基础上的，即存在经验上等价但逻辑上不相容的物理学理论。对这个观点蒯因说，他希望获得广泛的赞同。即使这个观点获得承认，这个论证仍然没有说服力，因为这些理论仍然在内部结构上可能有不可调和的分歧。但这个观点是荒谬的，因为没有什么能够阻止我们把表面上的不相容性归于歧义。实际上，如果能够确认两个理论在经验上等价，也就必定能够找到从一个翻译成另一个的方法。

它一直在两个极点间摇摆，一方面他坚持语言的相互连接特性，另一方面又宣称刺激意义穷尽了行为素材，至少穷尽了可以不求助于具有理论负荷的词项来加以描述的那种素材。有人不禁会问，句子间真的相互连接起来了吗？如果是，那不就必然要体现在实际的语言行为中？而如果这么体现了，那不就在原则可以发现，而不管需要做多么复杂的研究工作？回答似乎是，虽然有这样的相互连接，但这种连接处于持续的修正状态——只要有某个句子要求普遍赞同，它就在句子间建立了间接的推演关系，而这种关系不可能由其他任何句子来建立。但现在我们会问，会不会没有任何一般性的原则来支撑这个过程，也就是说，当一个句子被承认表达了共同体共有的信念，这个原则将决定什么样的推理关系被认为是成立的。一幅自然的图景是，这种间接的连接是由普遍承认的推演规则所建立的——一个普遍接受为真的句子达成这种连接，是由于在论证中它总是可以用作充当前提。现在，对于一种特定语言来说，如果我们真的就只能这么说，那么为何这就是那种语言本身的样子呢？这样一种语言应该具有这样一种特点，即在任意时刻，都会有一套句子储备来表达共同体共有的信念，这些句子可以在任何单个说话者作出自己的某个断言时用作理由，舍此就没有其他句子可用——一旦句子获得这样的优先地位，就既不再需要理由，也不会遭到质疑。说这种语言的人所拥有的语言倾向，将
LFM 104-7 通过把句子加进“档案中的”这套储备而获得进化。[①] 如果这就准

① 值得注意，蒯因对语言的一般性解释与维特根斯坦对数学的解释之间有何相似之处。对维特根斯坦来说，接受一个证明，也就改变了我们用于一些表达式的标准，从而也就改变它们的意义；就此而论，定理的地位与公理没有什么不同。

确地描述了特定语言是如何使用的，那么对这种语言就可以通过
描述四样东西，来给出的完整解释：观察句的刺激意义；获得承认 619
的直接推演关系；普遍接受的句子的既存储备；以及新句子获得普
遍接受的程序。

应当注意，**翻译**的不确定性在此不起作用。我们所关心的是
对一种语言如何使用作出直接的描述，这种描述可以用英语来表
述，但不是用翻译成英语的方式来描述。就词项的不可测知论题
来说，蒯因关于汉语与日语的“分类词(classifier)”是一个出色的
例子，但是，虽然一种翻译模式必须在同样可用的选项中作出取 *OR* 35-8
舍，但这并没有为描述要翻译的表达式实际上如何使用，带来任何
不确定性。

我们怎样才能确定什么样的直接推演关系获得承认了呢？如果愿意这么说的话，我们所关心的是在赞同相关形式的句子的情况下，赞同某种形式的句子的主体间的条件倾向(intersubjective conditional disposition)，并且这种赞同尤其是紧随在对前面那些句子作出的表达之后。不过，与省略三段论相对应的话，这样的倾向也可以揭示句子的间接联系。因此，我们必须考察，当需要理由时，或者当设法要说服其他人时，也就是说，当说话者试图利用听者的条件倾向，以确保他赞同某个断言时，他说出的是什么。可以想象，情况可能是这样的。采纳一个新的共有信念，当表达这个信念的句子从未在辩护或者论证中明确引用，就总是会导致一种新的、直接的连接建立起来。这种情形也可以通过观察来发现，并且，只要我们能够确定眼下得到承认的直接连接，就可以足够清楚地描述这种情形。

但注意，关于语言的这样一幅图景离我们使用的语言还相当远。我们能够并且愿意为了得到结论而引用未被陈述的前提，并且我们一般也乐意反过来为那些前提提供理由，即便是它们表达了普遍承认的真理。当然，任何单个的人都或许不得不让步，并求助于专家意见，但这样做至少也是假定了专家可以提供相应的理由。我们赋予一个句子的涵义，以及我们所了解的句子用法，都具有一个基本特征，即只要情况需要，我们就可以把这个句子当作探求理由的终点，也可以不这么做——叙述一种观察，或者作为目击者陈述一种记忆，这是一种终点；另外一种就是我们认为是对意义起构成作用的句子。

对意义起构成作用的陈述，这本意不是一个截然区分出的概
620 念。像“1 月份有 31 天”这样的陈述是有清楚而明确的用法的，对任何对此进行询问的人，我们都会毫无困难地予以回答——要是认为我们可能在认为 1 月份有 31 天这一点上都错了，那就是一个
MM 41 堪与利特伍德的小学生（Littlewood’s schoolboy）相比的错误（“假设 x 是地里奶牛的数目”——“但是，先生，要是 x **不是**地里奶牛的数目呢”）。其他情况就没有这么清楚了。我们现在关心的是具有下列特征的陈述：(1)我们一般不会预期它们遭到质疑，而若要求提供理由，大部分人会无所适从；(2)我们不应当将其理解成，为了用像“1 月份有 31 天”这样直接的方式确定意义，就要通过普遍同意为真，并且同意无需理由，而加以接受；(3)尽管如此，我们还是不能为否定它们的陈述赋予清楚的内容，我们对这样的否定会有什么后果，也没有任何概念。对大多数人来说，基本的逻辑律就属于这个范畴，许多为哲学家所讨论的那种疑难命题也属此类。

对蒯因和许多同情他的人来说，这些情况的不明朗，表明了分析性是一个不可挽回的模糊概念；至少对蒯因本人来说，这表明它充其量只能为“普遍接受为真”近似地替代。这类陈述的本质特征是(3)——正是这个特征，才使这些陈述区别于为某人总是不自觉地认为是真的陈述，在这种情况下，当有人质疑，这个人或许会承认自己弄错了，并至少会承认有必要给出理由。我们所关心的情况是，对陈述的否定不被当作是语言游戏中可能走出的一步——我们不止是不可能设想会有理由去否定它，而且不知道怎样去否定它；我们不知道这种否定会有什么后果，进而，我们会感到，如果这种否定是可能的，那么我们也就不再有把握认为，我们理解另外一些句子的前提与结论，这些句子包含了遭到否定的陈述中出现的一些关键词语。两个东西是拴在一起的：如果对一个陈述的否定有清晰的内容，那么询问这个陈述的理由就没有问题，反之亦然。

在前面描述的蒯因式语言中，把刺激分析陈述与其他陈述区别开的特征是，只要承认这样的陈述具有普遍接受为真的地位，关于为其辩护的要求也就不获支持。(这当然不是蒯因对“刺激分析性”的定义。这是这样的句子在一种确实不可能更精细地作出区分的语言中，必然具有的特征。)语言中那些我们现在所关注的疑难句子，则属于我们不认为需要辩护的那种。它们之所以成为疑 621
难，是因为我们还不足以洞察到句子之间的联系，从而按照类似于“1月份有31天”的那种方式来看待它们；对这个句子，我们立即将其归为是具有约定性的。但这个事实并不支持蒯因的态度，他把我们不情愿承认对这类陈述所做出的否定，当成只是表明了它们远离边缘的程度之别，而不是看作是种类之别。相反，这个事实

支持把弗雷格的模型运用于语言，或者说，支持我们努力把我们的语言向这样的模型靠拢。

在蒯因式语言中，刺激分析句子直接就被当作是不需要辩护的句子。这样处理，就使这样的句子产生了由于约定而被接受的任何句子所产生的那种效果，即把其他句子以各种方式连接起来。说这种语言的人与我们自己之间的区别在于，他们一点都不关心是否能够对句子之间的联系有一种清楚的把握；而我们则一直在努力获得这种把握。任何人都明白，按照约定来接受“1 月份有 31 天”，就在关于日期的不同句子间建立了联系。把“1 月份有 31 天，而 4 月则有 30 天”换成“1 月份有 30 天，而 4 月则有 31 天”，就把一年中从第 31 天到第 120 天(闰年的第 121 天)重新进行了标记。但对于比如“结果不可能先于原因”这样的句子，情况还不是这么清楚。放弃这个句子，原来不能描述成另外一些事件原因的事件，现在就可以这么描述了吗？会有事件 A 与 B 完全按照原因与结果的方式联系，但 B 先于 A 这样的情况吗？包含了“产生”的句子，与那些包含“招致”或者“为了”的句子之间究竟是什么关系？这种关系会因为放弃“结果不可能先于原因”而受到什么影响呢？

像“结果不可能先于原因”这样的句子之所以成为疑难，正是因为，在没有清楚把握各种相关的句子之间的联系之前，我们不会满足于将其当成是通过约定所规定的东西。我们孜孜不倦地致力于获得这种把握，而这意味着要追问理由，直到这种理由终止于某种可以认为是直接规定的东西。这常常是一种技术性的问题。我们已经说过，对大多数人来说，基本的逻辑律在我们所考虑的那种

意义上构成疑难，而逻辑学家们则试图揭示逻辑律之间的相互关系，并为逻辑有效性提供语义学分析。他们取得了巨大的成功。科学家、数学家以及哲学家，都在各自领域致力于揭示我们还没有完全意识到的那种基础结构。当然，在这个过程中，他们常常让以前还模糊不清的结构变得明确起来。只有出于偏见，才会有人把 622
这些活动中的一部分奉为对科学的进步作出了贡献之列，而把其他的活动贬为受到意义的鬼火愚弄。

我们在哲学、逻辑、数学或科学中承担起的系统化的任务，就是把追问理由的工作推进到超出大部分人的能力范围之外。但这么做只不过是对一种程序进行扩展，而这种程序构成了我们对语言用法的有机部分。要学会语言，就要学会各种句子需要什么样的理由。在一开始，这要求孩子对其他人的断言作出反应；此后则也要求对关于可以做出什么断定的问题作出反应，即使这样的问题针对的是共同同意的事情。按照蒯因的模型，语言的学习只能是灌输，只是获得承认某些句子为真的倾向。一个孩子如果还在学习语言的同时也在了解世界，而对于我们所说的东西却没有一种标记，来把约定与经验事实区分开，那他就不得不把包含了任何给定词语的所有共同接受的真理，都当作是对词语意义的一种扩展解释，从而无法把学到的任何部分当成是在交流信息。那样的话，他就无从开始学习对要他接受的东西提问或者批评了，因为他无从知道什么样的修改是可能的，也无从知道任何一种修改所具有的意义。在这个过程中，有些领域还是模糊不清；概念问题连模糊不清都算不上，而是根本没有提出。尤其是，有些句子我们被教导要加以接受，但并没有弄清，如果行的话，可以为其提供什么理

由。在我们使用语言的实践活动中，探究理由，评价论证的有效性，把一些句子当作是确定了意义，而对起其他作用的句子则要求提供支持，这些都仍然是有机的构成部分。

前面我们提出过这样一个问题，蒯因的“除了刺激分析与刺激综合之别，句子间就不可能有更精细的区分了”这个论断是希望在原则上对任意可能的语言成立，还是仅仅是事实上对我们实际所说的语言成立。如果附加限制条件，即任何区分都必须能够用刺激意义来定义，那就肯定要承认这个论断在原则上是正确的——但承认这个条件，也就相当于让蒯因既制定游戏规则，又来玩游戏，这样这些规则也就不那么有趣了。如果考虑到对围绕某种特定语言的陈述展开的辩护起制约作用的既存实践，那么原则上就没有什么障碍，来阻止我们在普遍接受的陈述中区分出那些被认

623 为不需要进一步辩护的陈述，与要求作出被承认是合法辩护的那些陈述。这样，作为决定语言倾向的两类要素，事实与约定之间难以分解开，这就不可能是一种理论上的不可能，而最多是实践上的不可能。

持有一种语言的说话者，要是把所有普遍接受的句子都一视同仁看作是需要理由的，那么这种区分要运用于这种语言，也就变得不可能了。这种区分运用起来的不确定性，与实践因人而异的程度相当，并且也与疑难情形的多少成正比。问题于是变成这样的：在运用于我们实际上所说的那种语言时，蒯因所宣扬的那种模型好些，还是弗雷格建议的那种要好呢？蒯因的模型归给语言以这样一些特征：观察句的主体间的刺激意义；以及句子之间在主体间的那种意义上建立的连接，这种连接部分地是由直接的推演关

系确定，部分是由共同接受的刺激分析句子的储备确定的。相互连接构成的网络是一个演进系统，这种演进取决于对刺激分析句子的储备进行的添加，而这种添加是通过合法的规约，或者通过决定何时表示赞同的那种通常的机制完成的——但一个句子一旦获得这样的地位，它就与其他此类句子一视同仁了，要学习这种语言，就要接受它是真的。

我在这里所描述的这种模型是否就是蒯因所提供的模型，这在关于翻译的整个讨论中实际上是难以分辨的，不过我们现在不关心翻译。有人可能觉得这种描述是种歪曲——我让蒯因把所有的刺激分析句子当作是决定意义的，但他却说，不管你是这么看，还是将其当作是陈述事实，都完全是一回事。我并不关心该如何使用“陈述事实”这个标签。重要的是，在我们关于语言的模型中，针对特定句子来说，是否有种机制来确定赞同它或不赞同它的条件。如果刺激分析句子彼此是不可区分的，那也就没有这样的机制。如果句子不是通过规约而成为刺激分析句的，那么在还没有成为刺激分析句之前，句子是获得赞同还是否认，就取决于它与其他句子的连接，因而最终取决于与观察句的连接——但蒯因明确说，一旦句子获得那样的地位，原来接受它的基础也就只有历史价值了。诚然，蒯因后来有时还重又谈到“修改”，重又谈到否决这样的句子，但除了原来那个不再起作用的整体论模型，没有其他模型来让我们理解这一点。

如果考虑到验证主义与实在论之间的区别的话，弗雷格的模型在总体结构上还是相似的。目前我们所关心的区别之处是，起支配作用的句子有一个小得多的中央核心，它（实际上并不是由所 624

有的分析陈述或者先天陈述占据，而是）仅仅由按照弗雷格的说法既不需要又不允许证明的那些基本定律所占据。在这个模型中，对这个中央核心的添加或者减少都是不允许的，对它的任何改变都改变了语言。（这并不是否认，语言在社会学的意义上不能发生这种改变。）之所以产生这种区别，当然是因为，使得句子属于这个核心的标准对于蒯因来说仅仅是在所有刺激下都要求普遍承认，而对弗雷格来说，则是句子不仅要是真的，而且要求不能有理由。

一种完全适合于弗雷格模型的语言，是一种严格的并且完全规整好的语言，但自然语言则像弗雷格总是抱怨的那样，既不严格也不规整。比如，如果由原来有不同涵义的词项构成的同一性陈述为真，这一点已经成为一种共同的知识，那么当其中的一个或者两个词项都是专名（在通常的意义上），它们在涵义上的区别也就趋于消失。对象若是我们以不同的方式遇到的，其专名就没有一种标准的引入方式，而是按照第一次遇到对象的情形引入；我们并不回头参照最初在何种情况下获知那个名称的用法，而当我们更熟悉对象或者关于它知道更多以后，这种知识就会影响我们重新认出名称的承载物的倾向，而这种倾向是有可塑性的——在这些情况下，我们不认为自己的这种倾向与其他任何人的倾向完全相同，也不在乎不同。关于对象专名的情况如此，对于表示自然类的词语来说，比如对动物物种名称和化学物质名称来说，也是如此；至少就我们不会诉诸任何标准样本来说，像颜色词这样的表示最初只能通过实指来加以辨认的感觉性质的词语，情况也是如此。我们的语言倾向是可以变化的，这不仅是对于意义的有意改变而作出的有意识的反应，比如去掉或者调换某个核心句子，而且常常

是一种要继续维护已经确认的句子、多半是无意识的作用——在这个过程中，原来不折不扣的经验陈述有时会沉淀下来，成为或多或少居于中央核心的陈述。在对特定词语进行解释时，可以采取具有同等合法性的不同路线，有时我们中有人会通过一条路线来学会这个词，有人则会用其他路线。大部分词语的涵义都既过度确定(over-determined)，又不够确定(under-determined)——过度确定是因为使用了不同标准，而这些标准会在以后分道扬镳；不够确定是因为会有些我们没有预料到，甚至没有想到的情况，在这些情况下词语的用法根本没有提供出来。

这些事实在蒯因建立他的语言哲学之前很久，就已经为人所 625
熟知了。它们是我们展开这一章节的素材，并且也提示蒯因去建立另外一种语言模型。这样的素材迫使我们承认，自然语言仅仅是近似于弗雷格的模型。不过，弗雷格的模型还是恰当地处理了我们语言的使用中的重要特征，而对这些特征蒯因的模型则无以解释。关于专名承载物人所共知的事实中，并不是每个事实都以同样的方式，关系到如何识别承载名称的对象。比如，知道“半人马座-α”这个名称的大多数人，也知道半人马座-α是离我们最近的可见恒星；然而没有人会认为，如果时差测量法被发现是错误的，而人们发现另外一颗恒星要更近一些，这个名称就会换给那颗恒星(如果最近的那颗恒星有一个像“毕宿五”这样的真正的专名，情况也是如此)。如果人们发现《伊利亚特》与《奥德赛》不是同一个人写的，我们将无法说我们该怎样处理“荷马”这个名称。这个事实表明，专名与其他词语一样没有精确的涵义，也表明弗雷格的模型对实践中的真实情况做了锐化处理。但是，我们能够并且有时也会把适用标准与对象众所周知的性质区别开，这却说明蒯因的模型是不恰当的，因为在它那里没有作出这种区分的余地。

弗雷格的涵义概念确实是一种理想，是我们努力要达到的目标。这一点表现在，虽然我们会在事情不重要时让涵义停留在模
Gg II 56 糊状态，然而当情况需要，我们也会努力把涵义弄清晰。比如，就像弗雷格不厌其烦地指出的那样，对专名来说，当关于同一性或者存在的问题变得重要起来，我们就会这么做。只要提出关于辩护的问题，对词语涵义的清晰化和明确化的需求就尤其强烈。蒯因在“卡尔纳普与逻辑真理”一文中解释公设时作出了一个有效的区分，即立法性公设（legislative postulation）与衍推性公设（discursive postulation）的区分。前者通过约定构成真句子，后者则仅仅是为了按演绎的方式建立一种理论，而选择的一些公理。但这个区分太粗了。公理化的若干动机之一，就是研究一组真陈述的最终辩护基础。（蒯因模模糊糊地提到，衍推性公设的目的就是探究逻辑关系。）我们确实常常意识到，但并不在意一种理论会有不同的公理基础，但是，虽然在指出“在作出设定时并不同时附带地宣称公设是约定为真的”时蒯因是对的，但我们常常会注意在一组公设中区分出那些要求辩护的、带有实质性假设的公设，与那
626 些可以解释成约定的规定。比如在数论中，关于加法和乘法的递归等式可以看作是规定这些函数符号的意义；但皮亚诺公理中的第三和第四公理，则不能仅仅看作是关于“自然数”的意义所做规定的一部分，因为它们要求先假定无穷总体的存在。同样，在语句逻辑中，给定了肯定前件推理规则，公理模式“(A & B)→A”、“(A & B)→B”以及“A→(B→(A & B))”可以看作是一起规定了“&”

的意义，因为它们确定了任意合取句子的推理关系；但皮尔士律“((A→B)→A)→A”很难说对“→”的意义作出了什么规定。在对涵义进行规整的过程中，蒯因所说的衍推性公设常常是重要的部分。

系统化或者规整工作不是我们对语言的日常使用之外的过程，而是完全与之吻合，只是在讨论主题的彻底性或者技术性上，区别于日常谈话中的惯常状态。把表达式之间的连接纳入约定，这种过程并不仅仅是教和学语言中不可缺少的环节，并且还作为我们对语言的常规使用的特征保持着。蒯因正确地说，对于词项最初的引入，或者对句子最初得到接受时的历史环境，我们并不承认负有多大的责任——在自然语言中，赋予词项的初始**涵义**不会一直有效；我们不能像在公理化了的理论中那样，回过头去把原初的定义当作一劳永逸地确定下来的涵义。语言习惯是可变的，而我们只对当前的而不是过去的习惯负责。但在坚持不懈地致力于澄清我们语言的工作机制时，我们也在把意义弄得更清晰，也在设定更牢靠的联系，甚至也在建立新的联系。我们知道，随着时间流逝，这些联系中有些会松掉，有些新的则会开始形成——我们并不试图为整个未来立法，而只是在关键点上引入足够的刚性，以服务于我们眼下的评价、修正，或直接赋予我们所说的内容以清晰性这样一些目的。

弗雷格的语言模型既是刚性的又是静态的，因而算不上是对自然语言的自然主义的刻画。然而，之所以说它提供了一种理想，正是因为它建立的相互连接是极小的——它施加给我们的句子之上的连接，与我们希望句子所投入的那种使用（即蒯因所说的在社

会交流中的效用)所需要的一样多,此外没有其他的了。因此,一种语言越是接近于这一模型,对这种语言中的连接也就看得越清楚,因而对其句子的内容也就越有把握。另一方面,蒯因的模型则
627 把过度确定当作一种优点,只有以使得制约变化的原则变得难以辨别为代价,它才能容纳变化。往坏处看,这是一种不可救药的保守,因为没有据以对普遍接受的不管什么东西进行批评的基础——只有等知道关于这种语言的所有东西,我们才真正知道关于这种语言的任何东西;并且只有等我们接受了也被说这种语言的人所接受的所有东西,我们才算知道这种语言,因为,只有这样,我们才具有与他们相同的语言倾向。往好处说,这完全是一种失败主义——它把决定陈述何时被普遍接受为真,以及以后何时被否弃的定律,解释成原则上是不可测知的。不是在意图上,而是就效果而言,在这两种情况下它都是反智性的(anti-intellectual),因为它把想发现或运用这种定律的任何尝试,都斥为误入歧途。

第十八章　弗雷格思想的发展

从来不改变想法的人就像死水，滋生心灵的爬虫。

——威廉·布莱克

与大多数哲学家相比，弗雷格的著作更有资格被当成是一个 628
整体。比如说，要写关于罗素哲学的东西，就不可能把它弄成一整块学说——在他的哲学生涯中，罗素在非常多的基本问题上都过于经常地改变观点。但对弗雷格就可以这么做。弗雷格的思想确实有发展，但他很少推翻以前的观点，这种情况的发生也常常只是一种修改，而并不要求对系统其余部分作出什么调整。

弗雷格哲学的这种几乎是线性的推进方式，为这本书所采取的写作方法提供了依据。这本书把弗雷格哲学当作一个整体，而不是只在特定阶段存在。不过，他的观点还是有一些变化，至少在他的思路上是这样的，忽略这些变化会导致误解。比如，容易把晚些时候提出的一些学说读回到《算术基础》中。就涵义与指称的区分来说，这还只具有一种澄清的效果——尽管弗雷格在写《算术基
础》时没有明确作出这个区分，要恰当地解释对象、概念以及关系 BW 96 (63)
这些在那儿已经得到使用的概念，这个区分还是需要的。但是，如果我们把在后来的著作中非常突出的、一般性地反对语境定义的态度读回到《算术基础》，就肯定会误解一个关键部分（第 62—68 节），

在那儿弗雷格讨论数词算子"Φ 的数目"的定义，并最后迈出了把类这个概念引入系统这致命的一步。反过来说，弗雷格后期著作
629 中阐述的意义理论，会因为我们倾向于把那里实际上没有，而是明确否认的东西读了进去，而获得更强的说服力——这就是句子在语言之内所扮演的非常特殊的角色，弗雷格在《算术基础》中极力强调这种角色。引导我们这么做的是一种正确的直觉，因为领会到句子之于意义理论的核心地位，这是弗雷格最为深刻也最赋予成果的洞见之一，实际上，只要它成为理论视野中熟悉的一部分，就会成为显而易见的，它让人难以理解以前是如何看待事物的。然而，弗雷格后来让这个洞见溜掉了，它不能始终如一地与他后来所持的观点协调起来。如果在读《算术基础》以后的著作时没有牢记这个事实，我们就会赋予这个系统以它实际上没有的一种张力。

这一章，我将尝试勾勒弗雷格不同发展阶段的主要特征。在这么做时，我会挑出这本书的其他地方没有系统处理的一些要点，以供讨论。

我们可以把弗雷格的发展进程分成六个时期。第一个时期到 1883 年为止，它产生了 1879 年的《概念文字》。这个时期在《概念文字》出版以后的那个阶段，弗雷格的写作主要是解释《概念文字》所阐述的逻辑系统，论证它之于前人工作的优点。当然，《概念文字》宣告了弗雷格的发现，这个发现构成此后他所有工作的基础，单是这个发现就使他声名卓著了。这就是发明量词与变元记号，它标志着现代数理逻辑的开端，并把逻辑从长期的贫瘠状态中解放出来。这部著作包含了他对语句逻辑和谓词逻辑的公理化成果，即不含类的高阶谓词逻辑，其中的一阶部分是完全的。这部著

作中还包含了弗雷格著名的技术，它利用高阶量化把归纳定义转 Bs 26
换成显式定义。著作的非形式说明中包含了弗雷格后来关于断言的学说的萌芽，这里是作为判断的内在活动，而不是作出断言的外部活动来谈论的。弗雷格按照能否表现“可判断的”内容，即能否 Bs 2
成为判断的内容，来区分有意义的表达式。他进而区分了（此前像康德这样的哲学家则没有区分）可判断的内容与判断的行为本身——像量词一样，断定号也是第一次出现。当然，现在还没有涵义与指称之间的区分。并且大家也知道，在《概念文字》中对同一性作出的解释，也与弗雷格的成熟观点不相一致，同一性被说成是 630
表达式之间的关系——但至少，弗雷格后来作为区分涵义与指称的起点的那个问题，即关于同一性的真陈述何以能够传达信息，是已经提出了。

在阐述《概念文字》逻辑系统的文章中，弗雷格不仅强调，在他的系统中可以处理比布尔的系统范围更大的推演，他还强调，他的 CN 88,
系统可以用作一种语言，来表达像数学这样的实际的理论。要把 93-7,
204-8;
布尔的逻辑演算用来表示它可以进行分析的任何证明或推论，都 NS
13-14
需要先用字母来对相关的谓词和句子进行编码。与此不同，弗雷 (12-13)
格的记号法不需要这样的约定，量词与变元记号可以直接适用于任何选定的初始谓词、关系表达式、名称以及函数符号。

接下来的时期我们可以认为是从 1884 年《算术基础》的出版，到 1890 年。弗雷格对数学家和哲学家都未能领会到《概念文字》所给出的系统的优点，而痛感失望。他希望通过出版一本完全避开符号的书，能为他赢得来自学术界的、他充分意识到自己思想的原创性与富于成效性应当获得的那种关注。在这上面，他再次痛感失望。这本书所唤起的唯一关注来自数学家乔治·康托，他的开创性的工作与弗雷格最为接近，他本人则遭到了来自数学家同行的无情批评，而他的工作是弗雷格极其尊重的。康托对《算术基础》的反应是一篇尖刻的书评（这是那本书得到的仅有的三篇书评之一），而这篇书评表明康托没有费神以足够的细心与理解去读弗雷格的书。

弗雷格哲学生涯的第二个时期是他最有创作力的时期。他后来的所有作品都不能与《算术基础》媲美。在《算术基础》中他引入了他大部分的主要观点：心理表象对于涵义是无关的；更一般地说，涵义与逻辑就其客观性而言区别于具有主观性的心理过程，以及有必要阻止在解释它们时参照心理过程；在对象与概念、关系和函项之间存在截然区分。再者，对于句子在语言中的核心角色的强调，在《算术基础》中处于极其显著的位置，它被奉以格言的形
Glx,60,62,106 式，即“只有在句子语境中词语才有意义”，并重申了四次。弗雷格
631 完全意识到这些原则在方法论上的基础地位，甚至在书的前言中
Glx 作为三个基本原则加以列举：

> 一定要把心理与逻辑、主观与客观明确区分开；
>
> 一定只在句子语境中，而不能孤立地询问词语的意义；
>
> 一定要牢记概念与对象的区分。

这些原则属于意义理论，如果得到接受，它们必定会为在所有哲学领域中展开的探究确立一种模式——这就是为什么这篇关于数学哲学的论著，在一般意义的哲学中都具有如此基础性的价值。

《算术基础》对一般意义的哲学所作的其他基础性的贡献是为抽象 Gl 58-68
对象所做的辩护，以及对分析性与先天性所作出的新的解释。在 Gl 3
数学哲学中，逻辑主义观点认为算术陈述是分析的，可以用纯逻辑
的词项来解释，并且从纯逻辑的原则推出。对这种观点，我们有弗
雷格的陈述以及详细阐述；我们也有对柏拉图主义观点的首次清 Gl 96
晰的表述，它出现在对形式主义的批评中。这部著作里也最早引
入了弗雷格关于类概念的逻辑理论，这种理论将对逻辑主义计划 Gl 68-9
的实施，产生灾难性的后果。弗雷格哲学的一个重要构件在《算术
基础》中还没有出现，这就是涵义与指称的区分。

分析性这个概念直到蒯因及其学派对其展开批评以前，一直是二十世纪分析哲学的首要主题。康德曾经把先天真理当做主要的哲学问题，但对他来说需要探究的概念是先天综合性；按照他的解释，分析真理本身是贫乏的，而其存在则只得到贫乏的解释。弗雷格保留了康德对真陈述做出的分析、先天综合、后天这一三重区分，但他把“分析的”重新定义成一般不再是贫乏的，并宣布要证明为数众多的数学真理是分析的，从而阐明其本性。这样，他的注意力就转向业已成为重要范畴的分析性。后来的哲学家完全否弃了先天综合陈述，而把分析/综合之别当做哲学方法中的基本手段。

由于分析性这个概念在弗雷格哲学中主要用于数学，而在他
一般性的意义理论几乎不起作用，对他是如何处理这个概念的，我
们会留到讨论弗雷格的数学哲学的那一卷再考察。但是，对弗雷 632
格来说，这个概念对他的意义理论并不占据核心地位，这个事实表
明弗雷格的进路比后来的哲学家要更加优越。我们已经强调过，

对弗雷格来说，涵义是个认知性的概念——涵义与指称的区分是为了解释一些句子何以具有认知价值（可以传达信息）而引入的，而对于与指称概念有别的涵义概念来说，除了体现持有一种语言的人所共有，据以把握那种语言的表达式的语义学角色的方式以外，它还真没有什么用处。对弗雷格来说，分析性与先天性也是认知性的概念，句子是作为分析的、先天综合的还是后天的，这关系到存在何种手段来知道句子是真的（但并不关系到如果我们知道它是真的，那么我们实际上恰好是用什么手段知道的）。在这种意义上，句子的涵义决定句子的地位，而与世界是怎样的没有关系——句子如果在分析的意义上为真，或者先天地为真，那么就是必然如此，而这仅仅取决于涵义。然而，弗雷格在句子涵义与句子地位之间建立的联系，完全没有后来的分析哲学家建立的联系那么紧密。按弗雷格对涵义的理解，同义关系必须是一种能行可判定关系——如果两个表达式的涵义相同，而某人知道两个表达式的涵义是什么，那么他必定知道它们的涵义是相同的。一个同一性陈述是真的，当且仅当两个名称的指称相同，而只有在它们的涵义不同时陈述才传达信息。因此，如果同一性陈述中等号所连接的两个名称有同样的涵义，那么当陈述为真时就会贫乏地为真，也就是说，不传达信息——任何人只要理解句子，知道句子成分的涵义，就能够立即识别出它是真的；而未能识别其为真，则是未能理解句子的一个标准。然而，按照弗雷格对问题的看法，关于贫乏性的这种条件断然不能用于所有分析真的同一性陈述——如果能的话，那就不能像弗雷格那样，认为所有真的算术等式都是分析的（弗雷格把实数理论和复数理论都包含在“算术”中，而在数论中，

“等式”包含了不可计算函数的符号)。分析的真陈述并不必然是在上述意义上是贫乏的,即并不是任何人只要理解陈述就知道它是真的——这样的陈述有可能有某种证明,但这样的证明很难找到,甚至根本就找不到。因此,连接两个专名的同一性陈述成其为分析的,所需要的条件要比两个名称有同样涵义要弱得多。

后来的哲学家,尤其是写作《逻辑哲学论》时的维特根斯坦和 633
逻辑实证主义者,几乎一致认为同义性(即涵义相同)就等于分析的等价性。由此表现出的分歧不关乎弗雷格的同一性概念,而关乎其涵义概念。“分析性”常常按照不同于弗雷格的方式得到解释,尤其是这样一种方式,它不是与能够借以知道分析陈述为真的手段相联系,而是与陈述所具有的那种真相联系,即与使得陈述为真的那种东西联系,尽管如此,“分析性”还是被认为具有与弗雷格所赋予的相同的那种外延宽度,甚至还要宽些,比如适用于所有的数学真陈述。如果忠实于弗雷格的涵义概念,“分析性”的外延还应更窄些,分析性应当收缩到与在前面解释的那种意义上的贫乏性相重合。应当说,涵义就不得不被认为是某种并非能行可辨别的东西,也就是说,人们可以把握两个表达式的涵义,而没有意识到它们相同。否则,如果这个后果遭到否定,那么关于理解的通常概念(这个概念为在日常谈话中运用表达式的能力所例示),就必须与对表达式涵义的把握分开——涵义于是就成了隐藏起来的东西,而只有通过分析才能揭示。这些后果实际上没有很明确地表述过,但得到其中的某个结论,却是不可避免的。

所有这些都是因为涵义与逻辑后承这两个概念的联系过于紧密了——句子的涵义被等同于由其衍推出的一组句子,或者用语

义学术语来说，等同于使句子为真的一组模型。“模型”这个词用在这里不太对，因为按照通常的理解，它允许对非逻辑常项（谓词、个体常项等）作出不同解释；这样说更符合这些哲学家（例如《逻辑哲学论》的作者）的理解——句子在其中为真的一组可能世界。这里，非逻辑常项的意义被认为在不同可能世界之间以某种方式保持固定。于是，分析句子就是在所有模型中都为真的句子，或者更确切地说，在所有可能世界中为真，因而其意义实际上也就消失了。

这样理解，涵义概念就变成占据了认知性的东西与纯粹外延性的东西之间的古怪的真空地带，即在把握我们语言中的表达式用法时，我们实际上领会到的东西与表达式指称之间的真空地带。我们可以立即看出一些衍推关系，但绝非所有的衍推关系；我们远远不是总能看出两个句子是分析等价的，也就是说，不总能看出句
634 子正好在同样的可能世界中为真，或两个谓词在分析的意义上共外延。这样，对于解释我们是如何对语言进行操作的，涵义概念也就不再能起任何作用——它与理解这个概念隔离开了。另一方面，它起什么作用，也就不再清楚。它被认为是一个比指称更加丰富的概念，因为，为了确定涵义，我们要把表达式或句子与所有可能世界联系起来，而表达式的指称则只需与现实世界相联系——但考虑到我们的语言是外延性的，要解释我们语言中表达式的语义学角色，就不需要比指称更加丰富的概念，除非我们想把语义学角色与我们运用这些表达式的能力联系起来。需要对内涵语境给予严肃对待的最明显的情况涉及心理态度，比如信念与意图，但正是在这里，如果要采纳一种内涵性的处理，就要诉诸直接与我们的

理解相关联的涵义概念。

弗雷格的涵义概念确实与真值的确定相联系——如果不是，那么涵义也就不能被当成据以把握指称的方式。当我们知道句子涵义，也就知道能够用来确定句子真假最为直接的手段。但在这样说时，必须考虑两个限制。其一，我们已经在第十五章以及别的地方说过，由涵义直接给出的、用来确定句子真假的手段，不必是我们实际上可以获得的手段。比如，如果句子是一个全称概括的数论陈述，那么我对全称量词涵义的把握，就在于我明白，如果句子的可数多的每个实例是真的，那么句子就是真的，否则就是假的——与涵义联系的那种确定句子真值的方法，就要求遍历自然数以确定谓词是否适用于所有数。这一过程显然是我们一般所不能实施的，即使句子恰好是真的，我们也无法以这种手段来加以确定。如果这样一个句子是真的，那么在我们无法确定其为真的情况下，就必须利用某种间接的方式，也就是说，利用并非由对句子涵义的理解所直接给予的某种方式，例如，通过证明。第二个限制是这样的：一般说来，用来确定句子真值的方式不止一种。通过句子成分的涵义来确定的那种句子涵义，只是直接确定了其中的一种方式，在第七章我们称其为确定句子真值的“直接”手段——但 p. 237
这种直接手段可能是我们无法获得的，即使能够获得，那也一点都 635
不是最简单的方式。我们在第七章看到，比如说，对于“北极星要么看得到，要么看不到”这样一个例示了排中律的句子来说，验证它的手段是由其涵义直接给予的。这种手段要求以相应的方式来确定其成分句的真值（在这种情况下是“北极星是看得到的”），而不诉诸这个复合句是重言式这一事实。这个事实当然提供了一种

认识到其为真的更简单的手段，而不必抬头查看天空，而这种更简单的手段决定了句子是分析的。但这种更简单的手段并不是在上面所说的那种意义上的直接方式——它不是通过把握句子涵义就立即给出的那种方式，因此，人们原则上可以把握了句子涵义，而没有意识到可以有这种更简单的方式。当然，在这种明显的情况下，有人在要确定情况是否是北极星要么看得见要么看不见时却需要查看天空，这是不可想象的。但如果遇到的是复杂的重言式，就很可能有人通过观察来确定真值，而没有意识到那是一个重言式——更有可能的类似情况是，我们所处理的是一阶谓词逻辑的有效公式，但对于公式我们缺少能行的判定手段。

当然，我们辨别判定某个句子真假的间接手段的能力，肯定取决于对那个句子涵义的把握。而如果这种间接的手段要求运用一连串演绎推理，那么辨别这种手段就还要取决于我们对其他句子涵义的把握。不过，这种间接手段，并不是由我们所理解的那种句子涵义直接给出的。从我们对那些句子的理解这一角度来说，这种手段代表着一种迂回路线(即使如此，这种路线走起来有时更容易也更快)。无怪乎，演绎推理为何可能，这在哲学上让人困惑，而我们也会抱怨弗雷格没有花力气消除这种困惑。但他的涵义概念至少为一种解释留下了余地，后继者所采纳的概念则没有。对后继者们来说，句子涵义已经包含在能够衍推出该句子的其他句子的涵义中了，而演绎推理就只是逐步抽出涵义，这种推理的结果算不上是一种发现。

在后来哲学家的著作中，句子涵义只是与使得句子为真的可能世界是如何构成的相联系。于是，他们所使用的涵义概念，如果

要解释成与我们对句子真假的识别相联系，就要配上这样一幅图 636
景，就好像说我们能够一下子对句子与实在进行比较——我们查看这个世界，看它是不是使得句子为真的那种世界。这样一种理解当然抹去了对辨别真值的过程所做解释中的所有细节，尤其是，它不能解释，要辨别一个句子是否为真，要怎样通过辨别其他句子[的真值]来进行，也就是说，它不能解释句子在辨别真值时所做的推理中的角色——每个句子都单独比照实在来得到直接的衡量。因此一点都不奇怪，逻辑实证主义者们所采纳的正是这样的涵义概念。仰慕维特根斯坦的人会抱怨实证主义者把《逻辑哲学论》解释成一篇实证主义的宣言，而在《逻辑哲学论》中实际上很少有实证主义的成分。但这种抱怨本身也是不公正的，因为这本书直接促成了这种解释。对实证主义者来说，句子涵义就等于验证句子的手段，而验证则被设想成直接面对感觉材料（sense-data）——验证照此看来就是纯粹的观察，而不包含语言上的操作（除了与本身待验证的句子比较）。

另一方面，弗雷格的涵义概念只能按完全不同的方式理解。与他的涵义概念相联系的，没有必要是对辨别真值的过程的一种理想化，也没有必要硬说我们在句子与世界之间作出了直接的对比。句子涵义总是复合的，而确定其真假的直接方式，于是就总是一种复合过程，其中的步骤自然对应于句子的那种复合性。一般来说，没有理由认为包含实施一连串演绎推理在内的语言操作，在相应的情况下为何不应该是这样一种过程的构成部分。（与此相对立，可能会有人建议，总是把以演绎推理的方式确定句子真值，当作确定句子真值的**间接**手段——要在这里讨论这个论点就岔得

太远了。)正是出于这个原因,按照弗雷格看问题的方式,两个句子涵义不同但仍然在分析的意义上等价,也就毫不奇怪了,因为在确定其真值的直接程序很不相同的情况下,仍然可以总是得到同样的结果。从弗雷格的观点来看,在句子能够传达信息与具有分析性之间是不存在张力的。如果确定句子真值的过程只能得到一种结果,句子就是分析的,而若这种结果不能直接得到辨别,句子就
637 传达了信息。我们可以在不知道句子真假的情况下理解句子;我们也可以在不知道句子是分析的情况下认识到句子是真的;我们还可以发现句子是分析的——所有这三种可能性都在不同的情况下实现,这不会有什么问题。

蒯因在“两个教条”中所反对的,当然正是实证主义者所使用的那种铁板一块的验证概念。“两个教条”所提议的论点是,语言中只有数量很少的“边缘”句子可以说直接面对经验,而对大部分句子来说,我们对其真值的辨别则以其他句子为中介。(我们可以这么设想:非边缘句子如果在确定其真值时,所需要的中介都是比这个句子离边缘更近的句子,那就可以说其真值是直接确定的;而若所需要的中介中包含具有同样深度,或者更大深度的句子,那就是间接确定的句子。)蒯因在那篇文章中,对他自己的观点与弗雷格的观点做了一个不太准确的比较,但他所批评的理解并不属于弗雷格。而我们也已经看到,蒯因观点的这一部分,要比实证主义者铁板一块的理解更自然地与弗雷格的涵义概念相符合。

弗雷格在没有出版的一些著作中,有时确实也会把玩这里用
BW 105-6 来与他相比照的一些观点。比如,在他未出版的一篇著作中他提
(70-1) 出建议说,对两个**偶然**为真的句子来说,如果关于它们真值相同的

陈述是分析的,那么它们的涵义相重合。不过这个建议与他的一般观点相左——这会导致对偶然句子与分析句子在涵义上作出不同解释,而弗雷格理论的优点恰好在于,它使统一的解释成为可能。我这并不是在主张,这里从弗雷格的涵义概念以及他对分析性的解释中得到的后果,真的是弗雷格明确得到的——相反,关于涵义与确定真值的方法之间的联系,他的论述完全谈不上明确,这里我在确定真值的直接手段与间接手段之间所做的区分,是我加给他的学说,而不是他明确表述的。然而,我觉得可以认为,这里所给出的解释以自然的,甚至是不可抗拒的方式,来自弗雷格实际上所说的内容,来自他在涵义、认知价值以及分析性之间建立的联系,更值得一提的是,也来自他在它们之间**没有**建立的联系。

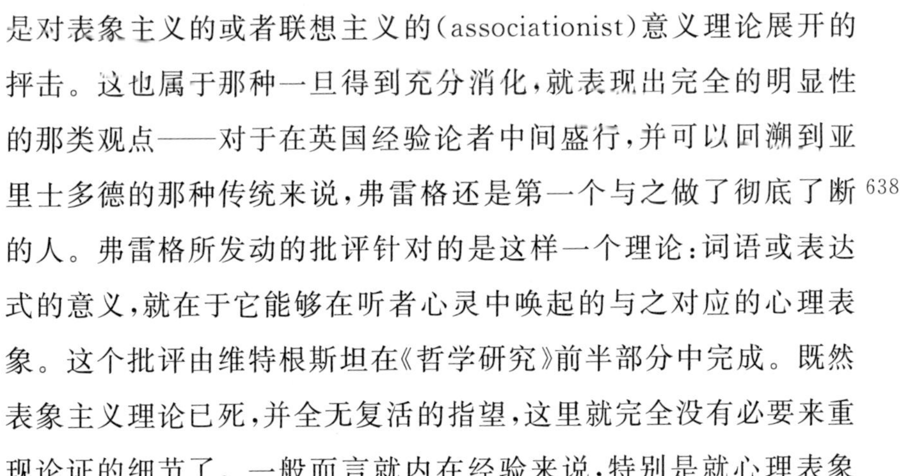

《算术基础》对一般哲学所做所有贡献中最为重要的,或许就是对表象主义的或者联想主义的(associationist)意义理论展开的抨击。这也属于那种一旦得到充分消化,就表现出完全的明显性的那类观点——对于在英国经验论者中间盛行,并可以回溯到亚里士多德的那种传统来说,弗雷格还是第一个与之做了彻底了断 638
的人。弗雷格所发动的批评针对的是这样一个理论:词语或表达式的意义,就在于它能够在听者心灵中唤起的与之对应的心理表象。这个批评由维特根斯坦在《哲学研究》前半部分中完成。既然表象主义理论已死,并全无复活的指望,这里就完全没有必要来重现论证的细节了。一般而言就内在经验来说,特别是就心理表象来说,由于弗雷格错误地坚持其主观性以及最终而言的不可交流的特点,他的批评实际上没有表现出来的那么强。作为例子,他设

Gl 26 想了只能知觉投影几何的性质与关系的两个理性存在物。他推论说，鉴于投影几何中众所周知的对偶性，要辨别出其中一个人对一个点产生的那种视觉表象，是否是另外一个人对一个平面产生的视觉表象，这是不可能的，反之亦然。他说，但他们仍然可以使用像“点”、“线”和“面”这样的词来彼此交流，因而这些词对他们来说就有共同的、客观的意义。这种意义独立于与词语对应的视觉表象，因为一个人会把另外那个人对应于“面”的东西对应到“点”上，或者反之。这表明若意义被当作是客观的并且对于一种语言的所有说话者来说是共同的，意义就与心理表象或感觉经验无关。

这样一种论证对我们来说，有些像是维特根斯坦为反对私人语言和私人实指定义是可能的，而作出的那个论证，不过是变了形的版本。其中的例子只不过是有名的色谱翻转假设的一种复杂的形式。这个假设是这样的：我不可能辨别出你所经验的那种色谱，是不是我所经验的那种色谱的翻转形式，我不知道，我们都称为

Ged 67 (14) “红色”的那种颜色，对你来说是不是我们都称为“紫色”的东西对我来说的那种样子，我也不知道情况是不是与此相反的。弗雷格假定的确有两种不同的选项：要么，两个假想的人把同样的视觉表象与“点”对应，也把同样视觉表象与“面”对应；要么，一个人与“点”这个词对应的东西，在另外那个人那里与“面”这个词对应，以及相反的情况。而他所坚持的则是，首先，哪种可能性成立，这是无法发现的；其次，在两种情况下，利用“点”和“面”这样的词还都能同样好地交流；因此，这两个词的意义，就其使得交流成为可能

639 而言，就与对应于它们的感觉经验或者心理表象无关。而维特根斯坦则从同样类型的假想情形出发得出结论说，既然原则上不可

能发现这两种选项中哪个成立，它们之间假想的区分也就徒有其表了——这里并无真正的区分开的两种可能性。假设在A那里对应于“点”这个词的视觉表象，与在B那里对应于“面”一词的视觉表象相同，这也就是假定，对“同样的经验”这一表达式存在某种用法，这种用法独立于描述经验的方式——确切地说，这种描述所用的语言对A与对B来说是共同的。而这又相当于假定，对“同样的经验”这个短语想要作出的那种运用，与在他们中其中一个的私有语言中所给出的经验描述相关联——除了对两个说话者来说共同的那种意义，A还可以在他自己的私人语言中赋予“点”这个词以一种特殊的意义，这样，如果“点$_A$”和“面$_A$”表达的是A所赋予的那种私人意义，那么A就可以这么问，“当B看到一个点时，他看到的是点$_A$还是面$_A$呢？”但A能够为这些词赋予这样的私人意义，这是个幻觉。对于他是否正确地使用了它们，是不存在标准的，实际上也无法设想他能够错误地使用它们。而这之所以无法设想，是因为他的错误根本就不关系到任何东西，因此当他“正确地”使用它们时，也没有任何东西为他所正确地谈论了。事情并不是说，当他看到点$_A$时，他不得不承认那就是点$_A$；而是说，除了他称某个东西为点$_A$，说他识别了点$_A$没有任何其他意义，因而那样说没有任何内容。

对于私人意义的抨击本身并不构成对不可纠正性(incorrigibility)的批评。维特根斯坦承认，有些形式的表达式在使用的方式中就排除了“错误”这样一个概念——用来衡量其使用是否正确的标准，所衡量的是说话者是否真诚。对于A说“我看到的东西对我来说像是一个平面”是否正确，其标准就是他是否确

实倾向于说“我看到了一个平面”，而不管那样说是否是真的，也不管他是否相信那样说是真的，因此对于A认定他所看到的对他来说像一个平面，他不可能是错误的。但真诚性标准的使用却有一个背景，这种标准不仅要以A说“我看到一个平面”的倾向来解释，其中“平面”这个词属于A与B共有的语言，而且这种标准还依赖于A对这个词用法的把握。对于“平面”这种属于公共语言，并且其用法又有公认标准的词语来说，如果A表现出他从来没有掌握，或者后来又忘记了这个词的用法，那么他在说“我看到一个平面”或“我看到一个对我看来像一个平面的东西”时所具有那种
640 真诚的态度，也就不能为说他看到的东西对他来说像一个平面，而提供标准了。“……看到的东西对他来说像一个平面”也是属于A和B共有语言中的表达式，因此它是否适用于B，也取决于与适用于A时相同的标准，也就是说，取决于B是否真诚地倾向于说“我看到一个平面”。A不可能用这样的手段，来想法为“平面”这个词赋予一种独立于公共语言的意义。尤其是，他不可能为“B看到一个平面$_{A}$”赋予一种意义，而这种意义独立于B对公共语词“平面”的使用活动，比如他不能说，当B看到了与A看到平面时所看到的相同的东西，B就看到了平面$_{A}$——对于这里所使用的“看到同样的东西”这个概念，还没有赋予任何内容。

弗雷格与维特根斯坦的结论相同，即词语的意义是由公认的使用来得到充分解释的，付诸使用的是许多人所共有、把词语包含于其中的语言；而这样的意义不可能通过单个人作出、在词语与某个心理表象或者感觉经验之间建立的联想，来加以解释。初看起来，弗雷格的论证似乎更强一些，因为他能够在私人经验和私人表

象所具有的私人性、主观性以及最终的不可交流性，与意义的公共性、客观性以及本质上的可交流性之间建立对比关系，而维特根斯坦则主张个人的经验、感觉以及表象原则上与其他所有东西一样，都是可以交流的。然而事实上，维特根斯坦的立场要更强些。即使承认弗雷格的立场，反对者也可以论辩说，虽然公共的意义独立于词语与表象或感觉之间建立的特定的联想关系，私人意义仍然是可能的，它为这种联想所确定，而且，公共的意义仍然可以建立在私人意义的基础之上——A 与 B 之所以能够为“点”这个词赋予共同的公共意义，是因为他们各自为它赋予了一种私人意义“点$_{A}$”与“点$_{B}$”，方法是把词与特定的私人视觉表象对应起来，而这样对应的表象不管是相同还是不同，都恰好按照使得词语的公共使用成为可能的那种方式搭配起来了。对此弗雷格只能回答说，他所感兴趣的只是公共的意义，而不是各个说话者把这种公共意义赋予语言中的词语时，所凭借的那种心理机制——他本来就没有理由，来否认这样一种私人的心理机制在起作用，也不能否认这种机制是必要的。

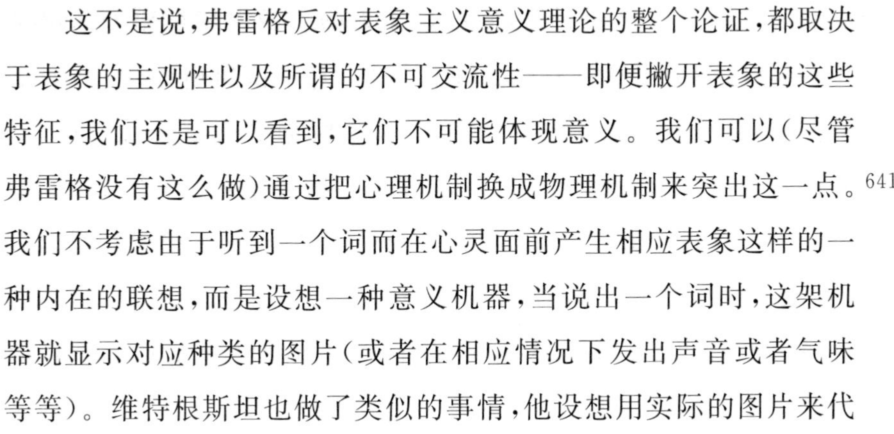

这不是说，弗雷格反对表象主义意义理论的整个论证，都取决于表象的主观性以及所谓的不可交流性——即便撇开表象的这些特征，我们还是可以看到，它们不可能体现意义。我们可以（尽管弗雷格没有这么做）通过把心理机制换成物理机制来突出这一点。641
我们不考虑由于听到一个词而在心灵面前产生相应表象这样的一种内在的联想，而是设想一种意义机器，当说出一个词时，这架机器就显示对应种类的图片（或者在相应情况下发出声音或者气味等等）。维特根斯坦也做了类似的事情，他设想用实际的图片来代

替视觉表象。记忆手段的用处是无可否认的——一个人如果对人名的记性很差，他可以带一套附上文字说明的熟人照片；如果他记不住颜色的名称，就可以带一份颜色表；一个人如果理解了计数过程但记不住数词顺序，他就可以查对印好的表格。但这些手段的运用，取决于我们在各种情况下都已经知道相应种类词语的用法，比如人名、颜色词、数词等，就差用以与同属一般类别的其他词语相区别的那部分涵义了——图片不可能显示涵义中这种一般性的成分。借用《逻辑哲学论》中的表述来说，要能够从意义机器所展示的图片中得出词语的意义，我们必须知道描绘的方法，也就是使用图片的方法，并且，当词语所具备的意义在种类上变化时，描绘的方法也会变化。图片按照所采取的描绘方法来表现意义，它不可能同时描绘自己的描绘方法。弗雷格对表象主义的意义理论所做的抨击，大都是在指出，在心理表象与词语（其意义要用表象来体现）的使用之间，那种要用用法上的约定来填补的裂缝有多宽；要把握词语的意义，就要理解这些约定，而一旦我们明白这一点，就不会认为表象扮演了实质性的角色，因为制约了词语使用的那种约定可以直接得到把握，而不是作为制约表象的运用方式的那种约定而得到把握。贝克莱通过区分概念（notions）与观念（ideas），而在经验论者中第一个承认某些词语的意义（这些词语并不直接用于或者表示可通过感觉观察的对象）不能用与之联系的心理表象来解释。对于那些他仍然认为可以这么解释意义的词语，他也强调，有必要为与之联系的心理表象提供关于表象方式的约定。最后的这一步就留给了弗雷格，他完全否认心理表象扮演了实质性的角色。

对于意义如此显然不恰当的理解，居然在这么长的时间内一直占据着哲学家们的头脑，尤其是在贝克莱迈出了松解这一理解 642
的关键性的第一步后还是如此，现在看来简直是不可思议的。特别是，“观念”一词既用于心理表象，也用于表达式的意义，并在为表象理论增添说服力上，扮演了举足轻重的角色，而这种歧义现在对我们来说是一目了然的。维特根斯坦说，哲学试图使我们摆脱 *PI* 194
的、对于我们的语言所产生的那种误解，就类似于原始人对于文明人的话语，所产生的那种误解。维特根斯坦这么说，他也是以这种关于意义的误解为典型的。然而，直到弗雷格实施抨击，表象理论才最终宣告终结。对这一理论的拒斥，是承认句子在意义理论中占据核心地位的先决条件；或者反过来说，承认句子的核心地位，迫使人们放弃关于意义的表象主义理论。如果表达式的意义就是表达式与心理表象的联想关系，那么句子就只是具有特定语法形式的复合表达式，句子与复合心理表象的那种联想关系，与其他任何复合表达式所具备的联想关系同属一类——句子与短语之间的区别就只能被当作是一种语法上的区别，而没有基本的逻辑意义（比如，就像主动句与被动句之间的那种区别一样）。反之，句子能够扮演核心角色，也就要求在意义理论中，表达式的涵义取决于它对于确定一类语言复合物真值条件的能力，这类语言复合物就是真值条件的承载物；因此，在这种理论中，涵义必须按照与心理表象模型相当不同的方式来解释。弗雷格很清楚，他对表象主义理论的拒斥，与指派句子以核心角色之间有何联系——在《算术基础》前言中他说，在解释词语意义时诉诸心理表象，这正是因为犯了孤立地探究词语的意义，而不是在词语所出现的语境中探究这

样一个错误。当我们单独考察词语并试图解释其意义,我们自然就会求助于内省,并认为通过描述词语所唤起的注意力集中在什么样的心理表象上,就可以给出一种解释——然而此时我们应当做的,是考察包含了这个词语的句子的真值条件,以及辨别词语在这样一个句子中的出现,对确定这些真值条件起什么作用。

弗雷格哲学生涯的第三个阶段,可以认为是从1891年关于《函数与概念》的讲座发布与出版,到1906年,弗雷格关于几何基础的两个系列文章中的第二个系列出版为止。这个阶段包含了
643 《算术的基本原则》(*Grundgesetze der Arithmetik*)的出版。这个两卷本分别出版于1893年与1903年。这个时期虽然见证了涵义与指称之分这一具有绝对首要地位的思想的诞生,但基本上是一个巩固阶段。弗雷格从事了两件工作。一件是系统地发展他的逻辑哲学,对此他在哲学杂志上的一些文章中加以阐述,其中最重要的是"论涵义与指称"与"论概念与对象",它们都出版于1892年。弗雷格数次尝试写作一本书,整个都用来讨论他的逻辑哲学——最早一次要早到第一个阶段,在写作《概念文字》之后的一段时间;另外一次是在1897年,在两卷《算术的基本原则》的出版之间;第三次是在1906年;最后一次是从1918年到1923年,其中前三章以单篇论文的形式出版,即"思想"、"否定"与"复合思想"。然而,他从未成功地完成这一计划。虽然他未能用一整本书来处理这个学科,但他无疑建立了一个系统。在他第三个阶段主要做的第二件工作,是写作他的名著《算术的基本原则》。这部著作用他的逻辑记号体系,来严格而又详尽地完成在《算术基础》中制订了大致轮廓的计划。

第三个阶段不光从出版量来说是弗雷格一生中最多产的时期，而且从思想上来看，也是最富于创造性的时期。在《算术基础》中许多还只是轮廓的东西，在此时得到了详尽的阐述。而涵义与指称的区分，不仅是现时代对于意义理论所做出的最突出的贡献之一，而且也是对弗雷格已经提出的观念进行阐明必不可少的工具。然而，与弗雷格在《算术基础》中所体现出的那种哲学思考风格相比，还是出现了某种僵化——弗雷格现在刻意构建系统，而他对后承的处理方式有时候也表现出某种墨守成规的特点。在《算术基础》中，所有得到断定和维护的东西，都无不茕然自立——为了清楚地理解所说的内容，人们也许需要参考其他东西，但若要知道弗雷格那样说的理由，就完全无须如此；每个要点都从头开始得到论证。在后来的著作中就不是这样了，观点不是作为具有内在说服力的东西而得到表述，而只是从系统中其他定律不由分说地推出的东西。

从第二到第三个阶段在观点上的两个主要发展，是区分涵义
与指称，以及把句子归为复合名称。这两个中的第一个完全与《算 644
术基础》中的观点相协调，并为其提供了必要的补充。第二个看来算得上是彻头彻尾的灾难，它要为弗雷格在这个阶段有时发展的一些不足取的论点负主要责任，也要为他的著作中的陈腐气息负主要责任。我们已经看到，把涵义与指称的区分从名称推广到其他种类的表达式，从而把真值当作句子的所指，这对弗雷格来说是自然而又正确的。但我们也已经看到，这样做绝不会使他有义务把句子处理成一种特殊的复合专名，也不至于使他把真值当作足以与其他任何东西等量齐观的对象。当然，把句子归并为专名，会

在弗雷格对本体论宇宙中的成员进行分类时获得极大的经济性——概念此时就仅仅作为一元函项的特殊情形出现，而关系则是二元函项的特殊情形；概念就只是对任何主目来说总以真值为值的函项。这使《算术的基本原则》中的形式系统相比于《概念文字》中的系统有某种简化，并且使弗雷格能够不用类抽象算子，而是使用一种更为一般的算子，它可以用于任意函数表达式，并得到一个表示函项外延的词项，它表示弗雷格所说的“值-域”。（对弗雷格来说，值—域之于函项犹如类之于概念——在标准的术语中，集合或类对立于性质或属性，但“函项”这个词在弗雷格那里则有“值—域”和“函项”的歧义。）类于是就成了那些恰好是概念的函项所具备的值—域。

然而，除了本体论上以及符号系统上的节约诸如此类的琐碎好处以外，把句子归并为名称这一做法能被认为有积极效果的唯一一件事，就是能够认为所有的不完整性都是以函项为模式的那种不完整性。显然，不完整性概念对函项来说要比对概念来说更易理解，因而在某种意义上有助于弗雷格在后来讨论不完整性时说，概念的不完整性的确只是函项不完整性的特殊情况。然而，优点并不是很大，而这正是因为这种做法还是留下一种疑虑。毕竟，这两者还是有区别的。如果承认真值是句子的所指，但它们本身**不是**对象，那仍然有可能以函项作为类比，来解释概念的不完整性——但应予承认的还是仅止于类比，因为句子在起作用时一点都不像专名。

645 新观点最具灾难性的后果是抛弃了弗雷格最重要的洞见，即句子在意义理论中占据核心地位。如果句子只是专名的一种，那么其他表达式的涵义，就不可能是对确定句子（特别是包含那些表达式的句子）涵义所作出的贡献——我们充其量能够说，表达式的涵义是以确定包含该表达式的复合名称的涵义为目标的。正是这个原因，使得《算术基础》中的格言，即只有在句子语境中词语才有意义，才在弗雷格的著作中不再出现。不过，在《算术的基本原则》一开头关于类词项（准确地说，是表示值—域的词项）指称的讨论 Gg I 10 中，我们发现这样一个观点，它实际上是说，对一个词项，我们可以通过确定由它构成的更为复杂的词项的指称，来确定它的指称——这就给我们留下疑问，如果一些词项的指称可以直接设定，那为什么有必要用这种间接的方式去确定其他词项的指称；再者，对于直接确定指称的词项与指称只能间接确定的词项来说，区分它们的原则是什么。文本没有提供任何线索，而且，在他已经把句子归并为名称的情况下，事实上没有什么合理的这类原则可供发现了。

另外两个观点不能由把句子归并为名称这一点衍推出来，但在弗雷格心目中与之紧密相连的，这两个观点在《算术基础》中无迹可寻，但在弗雷格第三阶段的著作中占据了非常突出的位置。这就是关于完全定义（complete definition）的学说，以及对语境定义的拒斥。

我用“完全定义学说”来指这样一个观点，即所有谓词、关系表 FB 20 达式以及函数表达式都应当对所有对象都有定义。显然，自然语言中的大多数谓词只能用于特定范畴的对象——只有人或者由人所制造的东西、所做的事情可以说是有野心的，只有生物体或者生物体的一部分可以说是雌性的，只有三角形可以说是不等边的。

然而，如果把谓词运用于一个对其没有定义的对象照这样说是没有意义的，这种无意义也不是来自弗雷格所承认的唯一来源，即违反阶次之别；这种情况在正确的记号法中完全不可能出现。弗雷格把这种无意义归于指称上的失效，而不是涵义上的失效——这是自然语言中可能产生无真值句子的第二个来源，因而也必须从恰当地构造的语言中排除掉。实际上，这种情况并不真正区别于产生无真值句子的另外一种情况，即使用的名称没有所指——因
646 为这种现象的产生，是由于所使用的函数表达式并不对所有对象都有定义，或所使用的摹状词算子(表示二阶函项的表达式)只有当与仅适用于一个对象的谓词连用时才得到具有所指的词项。因此，解决办法就是确保在一种构造恰当的语言中，所有谓词和所有函数表达式对所有可能的主目都有定义，也就是说，对所有对象都有定义，而不止于我们对谓词是否适用感兴趣的那些对象。可以用看来方便的任何一种方法来做这件事。如果要处理的是谓词“ξ是有野心的”，我们就可以用任意我们喜欢的方式，来确定如何将其适用于恒星或者自然数；当用月亮来充当“ξ的父亲”的主目时，我们也可以突发奇想地任意确定一个对象来作为函数值。如果我们想要具备一种语言，这种语言有一种融贯的语义学，也就是说，可以系统地为每个句子提供真值条件，那就不得不做出这样的规
Gg II 56,64 定。只是局部得到定义的概念和函项，根本不是真正的概念和函项。自然语言的一个缺陷就是使用表示这些东西的表达式，或者更准确地说，如果这样的东西存在的话，这些表达式只能表示这些东西；而既然这些东西不存在，这些表达式就根本没有指称。

显然，还是会有一种可选方案，即采用一种多类别逻辑

(many-sorted logic),这种逻辑区分不同种类的个体变元和词项,为每种变元确定不同的取值范围,而每个谓词或函数表达式都只在唯一的域中有定义。这样,弗雷格对局部定义的概念与函项反对得最为激烈的那些段落,就显得完全不合适了——在某个特定定义域中得到恰当定义的概念与函项,是完全值得尊重的实体,而实际上,由于我们知道并不存在把所有对象都包含在内的定义域,所有得到明确定义的概念与函项,在这个意义上都必须理解成局部定义的概念与函项。弗雷格不喜欢多种类逻辑的想法,因为他错误地以为自己发现了这一事实,即有可能在所有语境下,都把个体变元的定义域当作是所有对象的无所不包的同一个总体。在形式理论中使用单种类语言(one-sorted language)有显而易见的好处,如果要在比通常直觉上理解更宽的定义域内定义一些谓词和函数表达式,这种语言也许是必要的。弗雷格认为,使用多类别逻辑,从而对语言中谓词与函数表达式的定义域作出限制,这样的做法实际上是不恰当的。弗雷格用来支持这一观点的论证是完全错误的。

确切地说,弗雷格的错误在于混淆了两件不同的事情,即谓词或函数表达式的模糊性(vagueness),与不完全定义。在表述所有 647
谓词与函数表达式必须处处有定义这一要求时,他说,对所有概念 FB 20
来说,任意给定对象是否落于其下,对任意函项来说,当任意对象 NS 168 (155)
充当其主目时要取何值,这些都必须是确定的;他还说,具有模糊边界的概念根本不是真正的概念。这样说就显得我们所关心的那种现象就是模糊性——对模糊概念来说,对给定对象是否落于其下这样的一些问题,确实是没有答案的。但这与概念的定义域受到了限制，完全是两回事。这样的概念边界是足够清晰的，只不过在涉及定义域之外的对象时，不会有对象是否落于这个概念之下这样的问题；而对模糊概念来说，这样的问题即使在给不出回答时也完全可以提出来。

弗雷格认为模糊性本身就构成了自然语言的一种缺陷，这是妨碍我们为自然语言给出系统的语义学解释的另外一个无法克服的障碍，而就要求在获得一种语言，并为之建立融贯的语义学之前，要先清除这个障碍。在这本书里我不准备讨论弗雷格这种想法是否正确。模糊性是一个非常困难的话题，况且，尽管弗雷格关于模糊性的观点表述得很清楚，但他对这个话题的考虑过于粗略，犯不着为了充分地处理它而太费笔墨。不管怎样，我们显然还是在直觉上倾向于弗雷格的这样一个看法，即模糊表达式在那种意义上是涵义上的一种缺陷——对于模糊性的任何一种解释，至少都必须解释这种直觉性的看法，否则就是不充分的。与此同时，我们也有一种相反的直觉，会觉得模糊性是语言中不可缺少的一种特征，如果不是许多表达式具有这种特征，我们将不能像这样使用语言——对模糊性的任何一种令人满意的解释，同样也都至少也要解释这种直觉。维特根斯坦在《哲学研究》的一些段落中强有力地表达了后面这种直觉，在那里他嘲讽了弗雷格认为模糊性总是一种缺陷，而我们唯一要做的就是设法排除它这样一种想法。但很难说，对模糊性何以是不可缺少的，维特根斯坦就提供了任何解释或者分析，更不用说对弗雷格认为必须排除模糊性的理由进行反驳了。

PI 71

无论如何，很清楚，即对于包含了模糊表达式的语言来说，其

语义学不可能直截了当就是二值的，而二值语义学是弗雷格认为 648
唯一可能的语义学。如果希望语言中的每个句子都能够说具有确定值，要么真要么假，那么这种语言中的任何一点模糊性都必须排除掉。在这种意义上，考虑到经典二值语义学的必然性是弗雷格的信条之一，他拒绝允许模糊表达式，这就是正确的。这样的话，也就不必考虑这样一些问题了，比如：为一种包含模糊表达式的语言构建语义学实际上是否可能，以及这样的语义学是怎样的；为了解释我们语言的工作机制，是否有必要构建这样的语义学，或者，把自然语言当作是对实践目的来说恰当的，但只是近似地适用于二值语义学，这样做是否足够；在一种语言中出现模糊表达式，这代表了一种只为避免麻烦而使用的方便手段，还是在某种更深的层次上说不可缺少。

然而，对于是否允许不完全定义的谓词与函数表达式来说，所有这些都是无关的——这是与模糊表达式完全不同的一种现象，而不能像弗雷格那样将其混同起来。弗雷格试图让人觉得，如果允许不完全定义的谓词这样的东西，就会不可避免地产生一些没有真值的句子。但条件适当的话，完全可以不是这样的。如果特定条件得到满足，就有可能对语言中的形成规则设置限制，使得缺乏真值的句子直接就不属于这种语言。这些条件如下所述。首先，特定的谓词或函数表达式的定义域本身必须得到清楚的，甚至是能行的定义。其次，必须能够恰当地设置我们的记号，使得对任意词项，我们都能判定它是否表示定义域中的一个对象。最后，语言中一定不能包含任何这样一种函数的表达式，它们与给定的表达式一起，得到的有些值位于给定表达式的定义域之内，另外一些

值则否。违反了第一个条件，我们就会有一种模糊性——假设一个对象位于谓词的定义域之内，谓词要么确定地适用于对象，要么确定地不适用于对象；但关于对象却有些边界情况，并不确定谓词是否对那个对象有定义。第二、三两个条件都可以用算术谓词对数0没有定义这一情况来说明，在这种情况下，第三个条件被违反，而第二个条件或许也被违反。第一个条件满足了，因为除0以
649 外的数集合是能行可判定的。对于任意常数词项来说，如果我们都能确定它所表示的数，那么第二个条件就得到满足；但如果这种语言允许用摹状词算子或极小数算子(least-number operator)来构造数词，那么就会有些词项，我们不能能行地判定它们是否表示0，因而也就不能利用能行的形成规则，来排除没有真值的句子。在任何情况下，第三个条件都会被违反——如果谓词是“A(ξ)”，而“f(ξ)”则表示一个函数，这个函数的值有时是0，有时是正数，那么我们就会不知道如何解释句子“对所有 x，A(f(x))”，因为它的有些实例是有真值的句子，有些则没有真值。

弗雷格反对同时代的数学家，针对的经常就是这类情况。我们会对这种反对感到同情，因为在这种情况下通过运用能行的形成规则，不可避免地会构造出没有真值的句子，或者构造出无法对量词直接作出经典解释的量化句子。但弗雷格没有理由把这种反对扩展到不完全定义的谓词，因为在许多情况下上述条件得到了满足，而正是在这种情况下，弗雷格坚持要求所有谓词和函数表达式处处有定义，才显得极其古怪和教条。

所有谓词都要对所有对象有定义，这一观点没有出现在《算术基础》中。在那里，当提到引入数词的方法时他评论说，到目前为

止，这样的词项还只是作为出现于同一性陈述中的词项引入的，若
希望为它们以后出现在其他语境中创造条件，我们还必须留意要
满足一些条件。看来很明显，他在这个阶段还没有假定，词项一旦
引入就能够置于任意谓词的主目位置。（不过他确实假定，对任意
一对词项来说，都总是允许构成将其连接起来的那种同一性陈述，
因此我们必须为所有这样的同一性陈述规定真值条件。）为引入数
词而建议的方法就是语境定义。弗雷格最终推翻了这种方法，而
代之以显式定义。他的理由是，这种方法不能让我们为一些同一
性陈述确定真值条件，这些陈述的一边是数词，另外一边则是其他 Gl 63-5
种类的对象。但是很明显，在写作《算术基础》时，他还不是在原则
上反对语境定义。相反，他针对关于语境定义的一种一般性的反
对意见，为对数词给予语境定义的方法进行了辩护。他援引了自
己的“只有在句子语境中名称才表示某物”这一观点，用对微分符 650
号“dx/dy”的标准定义作为例子，来对语境定义给予了一般性的 Gl 60
辩护。

然而在第三个时期，弗雷格对语境定义极端敌视，这种态度波及零打碎敲式的定义（piecemeal definition）（分情况定义）和条件式定义（conditional definition），实际上包括背离了直接的显式定义的所有种类的定义。仅对条件式定义，这当然与他要求所有的不完整表达式都必须处处有定义直接相关，因为条件式定义恰好就是限制谓词和函数表达式定义域的手段。弗雷格对这一点的论证，以对条件式定义故意作出的错误解释为基础。对于形如“如果 R 是代数 $\mathcal{A}$ 上的全等关系（congruence relation），那么 $\mathcal{A}$/R 是 R 之下的商代数（quotient algebra）”这样的定义，弗雷格运用否定后

Gg II 65 件推理，得到一个可笑的结果，即“如果$\mathcal{A}$/R 不是 R 之下的商代数，那么 R 不是代数$\mathcal{A}$上的全等关系”。显然，条件式定义不是要规定一个条件句陈述的真值，而是以前件为真为前提，规定后件为真。

弗雷格反对语境定义，这不是因为他拒斥不完全定义的谓词，但它们属于同一套想法。弗雷格把语境定义对比于需要求解的方
Gg II 66 程，他说，定义应当给出方程的解。如果只是要求列出需要求解的方程，我们一般还不知道是否有解，也不知道如果有解，是不是有唯一解。弗雷格用来支持其反对态度的想法是，定义应当总是不附带任何预设，也就是说，给出定义的方式应当不事先要求证明定义的合法性，即不要求证明实际上成功地定义了某种东西。但即便接受这个原则，弗雷格也错过了为解决一个极其重要的问题而做出贡献的机会，这个问题非常自然地产生于他的意义理论背景之下。之所以如此，是因为他未能分辨“解”这个概念的歧义。如果把语境定义与方程求解相类比，那么弗雷格就把解理解为显式定义，即用语言中某个已经得到理解的表达式，来统一地替换被定义表达式的规则，这样说，就有可能没有这样一种意义上的解。但根本就不清楚为何我们有权要求有这样的解，更不用说要求唯一解了。从另一个角度说，在一种更一般的意义上，可以合法地要求
651 有唯一解，或者说，语境定义应当为被定义表达式确定唯一指称。

与其他任何一种引入表达式的方法不同，我们可以这么理解**定义**的特征：它提供了一种能行的方法，使得任何包含了被定义表达式的句子，都可以用没有包含此类表达式的句子替换。显式定义达到这个目的，是通过对出现在任何地方的被定义表达式进行

逐个替换，而语境定义则是通过给出更为复杂的规则，来对包含了被定义表达式的句子进行转换。这个要求独立于另外那个要求，即要求为引入的表达式确定唯一指称。后面这个要求可以通过其他规定来满足，它并不等于上述意义上的定义，也就是说，它并不提供一种用来排除新表达式的规则——最熟知的例子就是用于算术函数的一组递归方程(recursion equations)。有且仅有一个算术函数满足这些递归方程，但这些方程并不提供从所有语境中排除该函数符号的方法(特别是，当实施递归的主目位置由包含了变元的变元或词项占据时，就不能这样排除。)

当语言所提供的手段不允许给出显式定义时，就会要求使用语境定义。在不含摹状词算子的一阶语言中对集合论进行形式化，就是这样的例子。这里我们可以通过规定“$x \in y \cap z$”与“$x \in y \ \& \ x \in z$”等价，来用语境的方式定义交集算子(intersection operator)。我们不能把这个定义转换成对“$y \cap z$”的显式定义，因为语言中没有构造复合词项的机制——然而，给定了外延性公理(the Axiom of Extensionality)与比如说分离公理(the Axiom of Separation)，就可以保证算子“$\cap$”有唯一指称。在这种情况下，原则上不会对语境定义的使用构成有效的反对意见。而在其他情况下，语境定义之所以需要，是因为所引入的表达式要扮演一种不同于语义学角色的句法学角色(syntactical role)。一个例子就是罗素的摹状词理论中的摹状词算子。就使用的记号来说，限定摹状词是一种复合的单称词项，但所给出的定义却并不为摹状词算子指派真正的构词算子的角色；而语境定义要能够转换成显式定义，却必须把记号换成与所给定义相适应的形式，比如，不用摹状词算

子，而是定义弗雷格所称的表示二阶关系的表达式，即具有两个主目位置，且两个位置都用谓词来填充的量词。另外一个例子就是
652 蒯因的“虚拟类”(virtual classes)。如果在集合论中我们引入表达式“$\mathcal{V}$”，并通过建立“$x \in \mathcal{V}$”与“$x = x$”的等价关系，来以语境的方式定义这个表达式，那么表达式“$\mathcal{V}$”就以表示一个集合或者一个类的常项的形式出现；但如果我们在普通的策梅洛—弗兰克尔集合论中进行操作，那就不会存在真类(proper classes)，自然也就没有满足所加条件的集合。然而，只要我们知道自己在做什么，尤其是，只要我们不允许“$\mathcal{V}$”被置于“$\in$”之前，也不允许从陈述“$A(\mathcal{V})$”得出存在概括“$\exists x A(x)$”，这样做就是无害的(相反，从“$\forall y \forall z A(y \cap z, y, z)$”得出“$\forall y \forall z \exists x A(x, y, z)$”则是完全合法的)。但事实仍然是这样的，在这些情况下之所以有必要使用语境定义，是因为选择了不适当的句法形式来表示被定义的东西——如果我们不是用表示虚拟类的词项(即伪词项)，而是用同样的定义项来引入一个谓词，定义就会变成显式定义。

这样我们就有两类语境定义，一类为被定义的表达式成功地确定了指称，另一类则没有。在前一种情况下，我们要用语境定义而不是显式定义，是因为语言手段上的限制，后一种情况则是因为使用了不适当的记号法。如果是后一种情况，我们就可以接受弗雷格对语境定义的反对意见(除非我们像蒯因用虚拟类所做的那样，着眼于对理论进行的比较)。但是，如果我们和弗雷格一起排除前一类语境定义，那又会怎样呢？如果有人建议语境定义，我们能够做的就只有两件事：要么，扩充我们的语言，允许这个定义转换成显式定义；要么，把表达式不是当作定义出来的，而是当作初

始的，同时把规定的等价式不是当作定义，而是当作公理或公设。但这样一来，对于这样的公理具有何种地位，我们就会茫无头绪了。定义的地位是清楚的，它规定了新引入的表达式所具有的涵义。然而对于制约了一个理论中的初始表达式的公理来说，在何种条件与情况下我们才能赋予这种公理以相似的地位，这个问题却亟待回答。

弗雷格不厌其烦地申明，一种语言中的所有表达式不可能都 Ver 150 (42)
得到定义。然而，既然我们需要知道这种语言中所有表达式的涵义，其中包括不是通过定义引入的那些表达式，并且，由于弗雷格的意义理论要求表达式的涵义是某种客观的、为说这种语言的所有人所把握的东西，所以，涵义这个概念，以及把这个概念包含在内的整个意义理论，都要在很大程度上为一种解释涵义的手段所 653
说明，这种手段不是用来把表达式引入语言所用的定义，它与定义共存，并且也可以用来说明表达式的涵义是什么。弗雷格对定义持有一种严格的态度，他只承认那些满足了显式定义的严苛标准的才算是定义。这种态度只能使问题恶化。不管怎样，他在这个 NS 224-5 (207-8)
问题上几乎完全没有意识到自己握有一种解释。

问题可以这么表述：我们什么时候才有权**规定**特定的句子，或者具有特定形式的所有句子要被认为是真的？显然，当且仅当这样的规定为句子中的某个表达式确定了涵义，这样的规定才是恰当的。（这种规定表面上确定的是表达式的指称，而通过以特定方式确定指称，它显示表达式涵义是什么。）要求任何一种这样的规定都应当为所考虑的表达式确定指称，这似乎是合理的——也就是说，用弗雷格的比喻，方程应当至少有一个解，并且或许应当有

唯一一个解。(不过,当不同的解也会使包含了表达式的每个句子都得到相同真值,我们也可以放松唯一解的要求。)这样的规定如果后来满足了进一步的条件,即实际上能够排除被定义的表达式,那么它就构成了严格意义上的定义,而不管这是显式定义还是语境定义,并且在这种情况下也可以承认它是引入表达式的合法手段。如果不满足这个进一步的条件,那当然就不被列为定义;这样,问题也就产生了,为表达式确定唯一指称,这就足以让我们把这样的一个规定算作用来引入表达式的合法的非定义手段呢,还是要求某个进一步的条件。

我不准备进一步探究这个问题,而满足于提出问题。在形式理论中,我们目前还不习惯承认语言中的表达式有多于两种地位,即充当被定义的表达式与充当初始表达式。被定义的表达式是通过定义引入的(显式定义,或者也包括语境定义,这取决于我们在为定义设置标准时有多慷慨),因而在原则上是可以排除的;初始表达式为公理所制约,因而可以说从一开始就在语言中了。不过,我们显然有一种模糊的直觉,即一种理论中不同的公理在认识论地位上差别很大,一些公理可以当作是纯粹规定的结果,而其他公
654 理则似乎体现了实质性的、需要辩护的假定。(比如,比较一下外延性公理与关于集合存在性的公理;或者在一阶算术中比较一下关于加法和乘法的递归方程与归纳公理。)无论是就认识论目的而言,还是就意义理论而言,我们都非常需要对公设给出解释,确切地说,需要解释,对于什么样的假定,我们可以当作是直接制定用于确定特定表达式涵义的手段,而什么样的假定我们不能当作是纯粹规定的结果。希尔伯特主张,几何公理作为整体可以充当几

何学初始词项的“隐定义(implicit definition)”,弗雷格在对这个观点进行抨击时,得到一些可观的点数;当然,希尔伯特对待问题 GG_1 直来直去的方式既过分简单化也不够恰当。然而,弗雷格应当意识到,希尔伯特所利用的直觉也是部分合理的,而且希尔伯特所提出的问题,也是弗雷格所要面对的。

这个问题关系到分析性概念,我们已经触及过这个问题。尽管这个概念在弗雷格一般的语言哲学中不起多大作用,它对他来说还是重要的,因为正是利用这个概念,弗雷格才构建了他的数学哲学的首要论点,即算术真陈述是分析的。弗雷格把分析陈述定义成可以用特定方式加以辩护的陈述——在使得特定陈述成为分析陈述的那些辩护基础中,弗雷格尤其赞同诉诸陈述所包含表达 Gl 3 式的定义。如果我们问弗雷格为何允许诉诸定义,唯一可能的回答似乎是,弗雷格必须以合乎直觉理解的方式表述他对“分析的”的定义,按照这种理解,分析陈述就是只需利用制约其中所包含表达式涵义的那些原则就可以承认为真的陈述(用熟悉但不准确的方式表述,就是“仅凭意义就为真的陈述”)。弗雷格没有把这一理解形诸文字,但这似乎是他采用他那种方式定义“分析的”的唯一基础,也是能够解释分析性这个按照弗雷格的方式定义的概念何以有趣和重要的唯一方式。

定义所具备与分析性概念相关的唯一特征就是,它构成了表达式的涵义能够据以得到制定的手段。弗雷格自己承认,除了定义,必须存在用以制定表达式涵义的其他手段;而这在任何情况下都是显而易见的。完全有可能(事实上概率极高),在这种用以制定表达式涵义的非定义手段中,有些就是,或者包括规定特定句子

655 为真。如果这样，在证明某个陈述为真的过程中，利用这样一个句子为真的事实，就与利用定义同样让人感兴趣——在这种背景下，定义允许把通过它解释了涵义的表达式排除掉，而非定义的规定则不允许，这个区别并不相关。而这意味着，即便我们原则上接受弗雷格关于分析性的观点，他对"分析的"实际上所做的定义也只是临时性的。一旦我们找到一种方式来刻画那些规定为真的句子，而这种规定构成了把表达式引入语言并为其确定涵义的合法手段，那么，"分析的"的定义就应当拓宽，以便在证明陈述为真，并通过这种证明确认陈述的分析性时，把这样的句子纳入考虑。

在语境定义中，我们区分了用来为被定义表达式确定指称的那些定义，与不能确定指称的那些定义。就这种划分的情况而言，这个区分允许中间情形。集合论公理已经规定了任意两个集合的交集是存在的，同时排除了全集的存在。在理论中的公理既不要求、又不禁止新词项所指称的对象存在的情况下，用语境定义的方式引入构词算子就属于中间情形。对于包含了用新算子构造的词项的句子来说，我们可以按照是否允许存在概括，来判断这种定义落于界线的这边还是那边。如果允许存在概括，那么在这样构造的整个理论的任意模型中，都必须有对象充当新词项的所指——只不过语境定义的引入，突出了理论所作出的存在性论断。显而易见，引入表达式的手段是否合法，以及公理是否表达了不含假设的公设，在很大程度上取决于它们是否带来存在性方面的后果。但是，还是让我们以这样一个论断离开这个话题吧。

对弗雷格在这第三个时期的工作中更为正面的特征，在本书主体部分我已经详尽地处理了，因此在这一章我把注意力集中在一些负面的东西上。不过，把这第三个时期看成是弗雷格除了添加一些教条主义的、站不住脚的东西，并损害以前的工作，其他什么都没有做，那就是非常误导了。在这个跨度接近二十年的时期中，弗雷格实现并丰富了在《算术基础》中还只是草案的东西。如果弗雷格在写作《算术基础》之后就去世，我们就只能知道他许多观点的胚胎形式，而他所有哲学观点中最为著名的一个，即涵义与指称的区分，我们根本无从得知。

在《算术的基本原则》第一卷序言的一个脚注中，弗雷格抱怨 656 Gg I xin.
说，他的工作甚至遭到研究范围接近的那些作者的忽视。他还特意提到，戴德金、斯托尔茨(Stolz)、霍尔姆赫兹(Helmholtz)以及克罗内克尔(Kronecker)显然不知道它。仿佛造化作弄，戴德金在《数的本质与意义》(*Was sind und was sollen die Zahlen*)一书的第二版中对弗雷格的工作给予了称赞，而这本书只比《算术的基本原则》晚出版一个月。但弗雷格的抱怨是有道理的，对于这部开辟了现代数学哲学，并为一般意义上的哲学史无可争议地开启了整个时代的著作，实际上还是没有得到重视。不过，在弗雷格哲学生涯的每个阶段都有造化在作弄。1902 年当《算术的基本原则》第二卷正在排印时，弗雷格接到了来自一位仰慕者的恭恭敬敬的信。 BW 211-12 (130-1)
他有可能是能够充分欣赏弗雷格工作的价值的第一人，不过他肯定是向弗雷格表达这种欣赏的第一人。这位仰慕者就是伯特兰·罗素。但是，信里用谨慎的措辞描述了罗素所发现的著名悖论，它源于素朴的集合论，确切地说，它也产生于体现在《算术的基本原则》的形式系统中的那种类理论(更确切地说，关于值一域的理论)。弗雷格表示“惊愕”，并尽可能地做了答复。通信持续了一段

时间。值得注意的是,弗雷格很快就镇定下来了——在后来的信
中,在没有找到解决悖论的方法之前,他还是满怀信心地否决了罗
素提出的各种建议。尽管还不知道错在哪里,他还是有足够信心
拒绝罗素的一些建议。在通信的中间阶段,弗雷格告诉罗素如何
BW 232-3 修改公理 V。这个公理掌管着类抽象算子。他相信这样修改将恢
(150) 复一致性,并在附加在《算术的基本原则》第二卷后面的附录中予
BW 233 以阐述。罗素回信说弗雷格可能是对的,但那时罗素已经专注于
(151) 一些想法,这些想法导致了他自己的解决方案,即分支类型论
(ramified theory of types)。两个人之间实质性的交流就此终
止了。

Sob 弗雷格去世之后,涅斯列夫斯基证明了,即使接受弗雷格对公
理 V 作出的那种弱化,也仍然会产生矛盾,只不过这其实不是罗
素的那个悖论。这个事实其实不能直接看出来,也没有证据表明
弗雷格意识到了它。不过(导论中已经指出过了),有个步骤是任
何数学家只要被迫修改或者削弱自己给出的其中一个公理就必须
做的,这就是检查对定理的证明是否仍然成立。弗雷格是在《算术
的基本原则》第二卷正在排印时接到罗素的信的,他必须在书出版
657 之前找到解决矛盾的方法,并在附录中解释这个矛盾以及自己的
解决办法。而在此之后,他唯一可能的反应肯定是从头检查第一
卷中的证明,以确保它们在弱化了公理以后仍然成立。如果他做
了这件事,那他肯定很快就发现,在公理弱化之后,关于自然数列
Gg I 114-20 的无穷性的这样一个关键证明失败了。这不是一件谁都可以忽略
的事情——要么弗雷格从来没有检查这些证明是否成立,要么他
发现这个关键性的定理垮掉了,而在《算术基础》中他又对这个定

理强调有加。没有直接的证据表明弗雷格做过这种检查，也没有证据表明他有这样的发现，然而合理的推测几乎让人可以肯定，他做过检查并发现了这一点。只要发现了这一点，对弗雷格来说就没有顺势做进一步修改的必要了。为了恢复对那个定理的证明，就有必要再次强化修改后的公理 V，但在不再次产生罗素悖论的前提下没有办法做到这一点。在策梅洛为集合论开创的新进路中，基数不得不以完全不同于弗雷格的方式加以定义，不是像弗雷格那样定义成具有给定基数的所有类的类，而是定义成，比如说具有该基数的代表类(representative classes)。而对冯・纽曼来说，基数 n 本身就是一个有 n 个成员的特定的类。对弗雷格来说，要采纳这样的进路，就意味着要对自己的理论进行大幅度的重建。再者，由于弗雷格所使用的类抽象是适用于任意谓词的初始算子，他的公理 V 不能表述成关于类的存在性的公理，而应当表述成用来制约类之间的同一性条件的公理。这本身就很难与像策梅洛那种类型的进路衔接。

看来极有可能，弗雷格很快就意识到，自己从逻辑中导出算术的计划失败了。这种推测不仅本身是极有可能成立，而且也与我们关于他此后所知道的情况完全合拍。他的生活的第四阶段可以认为是从 1907 年到 1913 年。这段时间他几乎没有写什么。1908 年至 1910 年之间，他与逻辑学家列奥泼德・诺文海(Leopold Löwenheim)之间有过通信联系，讨论形式算术。可惜这些信件未能保存下来。这个时期他仅有的出版物是与托迈(Thomae)之间的争论，以及关于约尔丹讨论他的一篇文章的评论。与托迈的争论是托迈挑起的，主题是形式主义。而关于约尔丹的评论则与约

尔丹的文章一起发表。尤其是，他没有想出版《算术的基本原则》的第三卷。就我们看到的情况来说，《算术的基本原则》分成了三个部分。第一部分是对逻辑系统的一般说明，其中陈述了公理与推演规则，以及一种赋予其解释的非形式语义学、一些定义和初步
658 的推论。第二部分在这个系统中给出关于基数理论，尤其是自然数理论的形式构造。这一部分分成了十五节，用大写希腊字母标记，而第一卷在 Λ 节与 M 节之间终止。看起来就好像弗雷格对一叠手稿进行了测量，分出他或者出版商认为足够一卷的分量。第二卷完成了书的第二部分，直到最后的 O 节，然后开始第三部分，这部分考虑的是实数。这一部分弗雷格的目的是处理在《算术基础》中讨论过的实数理论，而在《算术的基本原则》第二部分中则处理自然数。他要证明以前的理论是不恰当的，并要在自己的形式系统中，在纯粹逻辑的基础上，导出整个实数理论。第三部分从对其他作者的理论展开的一长段批评开始，他的意图是要像自己在《算术基础》的那些批驳性的段落中驳斥以前的自然数理论那样，尽可能成功地批驳这些理论，然后继之以形式构造，这种构造在第二卷中只推进到 Z 节——但整个计划是在六节以后才勾勒出来，其中更大的部分还没有实施，而 Z 节的最后一个小节题目是“下一个问题”。很明显弗雷格是要发布第三卷，以完成没写完的第三部分。他这样留下未竟之作唯一的原因就是，他认为罗素的发现意味着要对自己的形式系统作出的修改过于庞大，以至于他无心去完成它。在 1912 年罗素再次写信给弗雷格，邀请他在举
BW 252 (170) 办于剑桥的数学家会议上讲话。弗雷格回绝了要求，信中表达了深深的消沉情绪。

弗雷格的第五个阶段是从 1914 年到 1918 年，即战争年代。弗雷格从耶拿的教职上退休，并重又萌生出活力。1914 年春，他写了一篇题为“数学中的逻辑(Logik in der Mathematik)”的内容覆盖面大的文章，但没有发表它。前面也说过，他再次尝试写一本书，来阐述他的整个逻辑哲学。这本书的前三章发表了，前两章发表于 1918 年，第三章则迟至 1923 年。书总的题目是《逻辑研究》(*Logische Untersuchungen*)。第四章讨论普遍性，原想在同一本杂志里发表，现在保留在弗雷格的遗稿中，1969 年得以出版。

NS 219-70 (203-50)

NS 278-81 (258-62)

这些论文有一种显眼的新风格，一些论断在他已经出版的其他著作中是见不到的。然而，把它们与以前没有出版的著作相比照，尤其是与断代到 1906 年后的一本讨论逻辑的未竟书稿相比照，表明这些论文所包含的观点都是数年前弗雷格已经建立了的。这方面或许最为有趣的是第二篇论文，即“否定”，其中弗雷格明确陈述了这样一个观点，即句子疑问句的涵义是思想，从而与对应的断定句的涵义相同。而在“思想”一文中他说，祈使句的涵义不是思想，也就是说，不是可以适用“真的”和“假的”这些谓词的东西。在“否定”一文中弗雷格还说，在自然语言的句子中不可能区分肯定句与否定句。他还论证说，否定号由于可以出现在复合句所包含的从句中，必须被当作是对句子的涵义作出了贡献，因此没有必要认为否定是与断定并列的一种语力——对一个思想进行否定就是对这个思想的否定进行断定。

Ver 145 (34)

659

Ged 62 (6)

第一篇文章“思想”中，包含了弗雷格关于真之不可定义性论证的最为明确的表述，以及他对符合论批评。他颇为用心地把思想或者句子的真与图像的真进行了区别。在“思想”一文中弗雷格

Ged 58-60 (3-4)

还拒绝把事实当作属于指称领域的实体——事实只是真思想，因
而属于涵义领域。（弗雷格在“思想”中没有用“指称领域”与“涵义
Ged 69 (17) 领域”这样的说法。那里也没有引入涵义与指称的概念，但他的确
区分出思想的领域是观念领域与“外部世界”之外的“第三领域”。）
文中还罕见地讨论了标记自反性表达式，而不止是顺便说说。他
坚持认为，句子如果实质性地包含了这样的表达式，它本身就不确
定思想，而是只有与特定的说话行为所处的环境一起，才确定思
想。进而，弗雷格还明确讨论了，专名在不同说话者那里可以赋予
不同的涵义。在“思想”一文中，弗雷格对心理主义（即在分析涵义
时诉诸心理过程）重新展开了批评，而由此产生的是对弗雷格来说
最不典型的作品——在这样做时，他一度抨击了这样一个唯心论
的观点，即我们只意识到自己的观念，因而没有理由认为外在于我
们的世界是存在的。在所有其他著作中，弗雷格都是一声不响地
绕过这个臭名昭著的哲学泥潭，这里，他却故意带领读者深入其
Ged 67 (15) 中，并试图为其指出一条出路。弗雷格说，观念可以被认为就是需
要承载物的东西，[①]因此，当我假定所有东西都是观念，我也就假
定了这些观念的承载物。这个承载物就是我自己。但我不可能与
我自己的观念等同起来，也就是说，我的观念的承载物本身不可能
660 是我的一个观念。因此，我的意识至少存在一个对象，它不是我的
意识的内容，这就是我自己——我确实有关于我自己的观念，但我
不是那个观念。哪怕是一个反例，就足以反驳“我能够意识到的所

① 显然，这不是在名称有承载物的那种意义上说的，而是在拥有观念的某人或某物的意义上这么说。

有东西,我所理解的所有对象都是观念,都是我意识的内容"这样一个论点。而一旦我承认独立存在的实体是可能的,承认不取决于我的意识而存在的东西是可能的,那么我认为具有这种独立存在性的东西,尤其是本身也是观念的承载物的其他人,也就极有可能真的这么存在了。当然,一旦我们离开内部世界,来到外部世界,我们就被剥夺了在内部世界所享有的那种确实性,而必须对付具有概然性的东西。无论如何,对思想本身的特性进行反思,我们就会明白它们不是观念,不是我们意识的内容——虽然它们属于一个特殊的领域,但在本性上它们还是不依赖于我们的思考活动。

尽管"思想"与弗雷格以前所写的东西如此不同,这一点还是让人印象深刻,弗雷格在《逻辑研究》中阐述的关于逻辑的基本观念,自他以前发表文章之后这么长的时间里,仍然没有什么变化。断代到1906年的关于那本逻辑著作的两份写作计划,与《逻辑研究》所贯彻的计划几乎完全一样。后者的四章讨论思想、否定、复合句以及普遍性。1906年的其中一份计划则这样分节:思想;把断定语力与谓词区分开;否定;复合句;普遍性。另外那份的分节方式则是:把断定语力与谓词区分开;条件句;普遍性;涵义与指称。在读《逻辑研究》时人们会注意到一个事实,其中谈到的所有东西,包括对不完整性这个概念(就其运用于谓词、关系表达式和函数表达式而言)的解释,都是利用涵义来表达的——弗雷格不仅没有利用涵义与指称的区分,而且,尽管一般性地提到了"外部世界的事物",他还是没有谈论属于"指称领域"的任何一种类型的实体(对象、概念、关系、函项、真值),所有这些都是通过语言表达式及其涵义来谈论的。(在"思想"中他谈到谓词"……是真的",而没

NS 201-18 (185-202)

有提到真值实体。）有人会猜测，这种省略表明弗雷格自己在涵义/指称之分上的观点有变化——确实，如果指称这个概念被完全放弃掉，那将是弗雷格的学说中能够想象最为极端的改动。然而，这种省略显然只是策略上的——就像1906年的计划中那样，弗雷格
661 把指称这个概念留到后面再引入。在1914年的“数学中的逻辑”
NS 250 (232) 中，涵义与指称之别再次出现，后来还在1919年对路德维希·达
NS 275 (255) 姆斯塔德（Ludwig Darmstaedter）所做的简短阐述中出现。

或许比观点上的连续性更让人注意的，是他对其他人的工作所表现得毫不在意。到了1918年，罗素与怀特海、希尔伯特、策梅洛、诺文海以及其他人，都对数理逻辑这一由弗雷格发明的学科做出了许多深刻的贡献。如果不算诺文海，这些贡献确实更多是关系到数学基础，而不是弗雷格在这些文章里所关心的初等逻辑，但是，尽管弗雷格与诺文海之间有大量通信（如今都不幸遗失了），在他发表和未发表的著作中，都根本没有提到，就他的工作来说，他所开辟的这个领域当前发生了什么。在《逻辑研究》中，他的写作方式看起来好像之前根本没有人思考过那些主题一样。这与他在哲学生涯一开始的写作方式相同，那时确实没有人思考过。不过，也许事实是，弗雷格这个人太有原创性了，以至于无法与他人协同工作。虽然他在政治与社会事物上观点极为保守，甚至反动，他在哲学与数学上的观点却不假外求，这令人惊异。鲜有观念会新到无法追踪到起源处——人们可以将其看作是旧观念的扩展，或者旧观念的不同组合，或者至少源于对旧概念所做的反应，或者对提出的某个问题的反应。追踪一种观念最初形成于何时，这项工作众所周知的困难足以说明这一点——最常见的是，人们会说一种

观念公认的发明者不是第一个想到这种观念，而是第一个看到其重要性。弗雷格的观念看起来是没有先例的。他投身于形式逻辑，发明了一种全新的思路；他投身于哲学，他的写作让人觉得这个世界是新的，而这个学科也是刚刚创立。他的著作诚然到处是对别人所犯错误的斥责，但他似乎从来不从别人那里学到东西，甚至也不从反面学习。其他作者在他的著作中似乎仅仅是充当反面教材，用来说明不能怎样处理问题。如此说来，希望他对逻辑与数学基础方面的后继者的工作报以更多关注，或许是徒劳的——或许，在看得见其他船只的海面上，他是无法航行的。

弗雷格在他的第五个阶段中遇到过一个或许对他产生过影响的人，这就是路德维希·维特根斯坦，一个年轻但甚至比罗素还要深刻的仰慕者。维特根斯坦在 1913 年 10 月写信给弗雷格，并在
也许早至 1914 年新年拜访他。可惜，他们之间的通信保留下来的 662
部分，在第二次世界大战美军轰炸时毁掉了。在会面前写给弗雷
格的信中，维特根斯坦反对过弗雷格的真理理论，他似乎尤其是反 BW 266
对他规定函数表达式指称的方法。维特根斯坦的观点让弗雷格产生了足够的兴趣，他在会面之前和之后给予了回应。战争期间，维
特根斯坦寄了一些战地明信片给弗雷格，而当他被俘期间，维特根 BW 266-7
斯坦的姐姐告知弗雷格他的近况。战后两人有了新的接触——弗 BW 268
雷格寄给维特根斯坦“思想”一文的副本（对于该文人们知道，维特根斯坦反对说，弗雷格被误导去抨击一种他毫不同情的理论），而维特根斯坦寄给弗雷格《逻辑哲学论》。

由于通信被毁，我们无从知道弗雷格对《逻辑哲学论》是怎么想的。人们自然会猜想，弗雷格在“思想”一文中在思想的真与图

像的真之间所做的区分，是否表现了对维特根斯坦关于意义的图像理论的一种含有敌意的反应，而在同一篇文章中关于事实只是真思想的那段话，是否直接反对《逻辑哲学论》的第二句话（“世界是事实的总体，而不是物的总体”）。不管怎样，可能就是因为维特根斯坦，弗雷格才为今天的哲学家们所阅读。《逻辑哲学论》对弗雷格抱以深刻的敬意，这种敬意显然要比对罗素的敬意强烈得多。书中到处引用弗雷格的观点，如果没有他这个背景，这本书实际上是无法理解的。如果不是这本有口皆碑的书的影响，如果不是维特根斯坦的其他教学与写作活动，弗雷格的著作很可能最终已经遭到遗忘了。

弗雷格最后一个阶段涵盖了他生命的最后几年，即从1919年到1925年。在这个阶段他没有发表任何东西，但又开始了关于数学的写作，一些零星的东西保留在遗稿中。在这些著作中，弗雷格直率地面对自己逻辑主义计划的失败。他把错误的根源定位到引
NS 288 (269) 入类这个概念这一做法上，并把这个概念当作全然虚假的而加以拒斥。这看起来似乎有些夸张，但弗雷格从来不对作为数学分支的集合论感兴趣，对他来说类的概念是一个逻辑概念，否则就什么都不是。因此，在这个时期他总结说，类什么都不是——我们被语言中仅仅是说法的东西所误导，以为有类这样一些东西。对于落于概念 F 与概念 G 之下的是同一些对象这样的事实，我们允许自己这样去表达，“概念 F 与概念 G 有同样的外延”，或者“概念 F 的
663 外延与概念 G 的外延重合”，进而就陷入错觉，以为我们用短语
NS 289 (269-70) “概念 F 的外延”成功地指称了某个对象，然而事情仅仅关系到，
怎样来表达概念 F 与概念 G 之间共外延这样一种二阶关系。

弗雷格甚至做了推广。他说，数学哲学的基本问题，就是无穷
这个概念的来源。即使是要为最简单的数学理论打基础，即为数
论打基础，我们也需要确保无穷多对象的存在。这样说就表明，弗
雷格还没有放弃他在《算术基础》中强烈主张的另外一个信念，即 NS 284-5 (265)
数是对象，以及数学陈述之为真，取决于这些对象实际上存在。知
识有三种不同来源：感性知觉，逻辑直觉，以及几何与时间直觉。
（弗雷格只有一次使用过“直觉”这个词，主要是谈到知识的逻辑来 NS 298 (278)
源与几何学来源，但他的意思显然是指能为我们确保某些真理的
某种能力，因此用“直觉”这个词似乎是合适的。）利用感性知觉我 NS 299 (279)
们无法保证知道无穷多的东西存在，因为我们只能直觉有穷多的
事物。认为逻辑可以为无穷多的对象存在提供基础，这是幻觉。
单凭逻辑甚至不能给出任何对象。这里的措辞让人想起《逻辑哲
学论》中的句子，“不存在逻辑对象”。这也许说明维特根斯坦对这
个时期的弗雷格产生了影响。维特根斯坦的表述适于表达弗雷格
对自己以前观点的拒斥态度，因为“逻辑对象”就是表示对于弗雷 *TLP* 4.441
格来说的类，以及更加一般地说值一域这样一些东西。如果数是
对象，而算术能够还原成逻辑，那么必须存在逻辑对象——正是这 Gg II 74,147
样，弗雷格的逻辑主义为他的柏拉图主义提供了论旨。

由于数学必须以确保无穷总体为基础，由于逻辑与感性知觉
都不能提供这种保障，数学就只能来自第三种来源，即空间和时间
直觉。弗雷格一直相信知识有一种非逻辑的然而先天的来源，他
一直认为几何是先天综合的。现在，他实际上又回到了康德式的
观点，即算术也是先天综合的——但不是像康德那样，认为这是因 Gl 89; BW 163
为算术源自另外一种直觉，即时间直觉，而不是空间直觉。弗雷格 (100)
认为，仍然有必要整合数学，只是现在我们要从几何中，推出包含 NS 297 (277)

数论在内的所有数学。他不再认为数论占据了任何基础地位,相
664 反,不是要用自然数来定义实数,而是必须先在几何的基础上直接
NS 299 (279) 定义实数,然后从实数中把自然数当作非负的整实数分离出来。一旦关于类的整个理论遭到抛弃,这样做当然是不可避免的,因为,如果不用类的概念以及无穷串(infinite sequence)的概念,就不可能从自然数过渡到经典连续统。

弗雷格最后阶段的这些零星著作质量不高,它们之所以引起兴趣,主要是因为它们说明,弗雷格至少到了生命快结束的时候,还是承认逻辑主义计划失败了(在《算术基础》中他曾信心百倍地宣布这个计划),说明他还是有精力着手从头另外构建关于数学基础的理论,来取代这个计划。对于一个明知道自己的工作拥有最高的价值,但还是不得不一再面对遭到忽视这样一种让人沮丧的局面的人来说,罗素悖论的发现是一次毁灭性的打击。考虑到在非形式推理中以及对形式系统的处理中,他不无道理地引以为傲的那种严格与仔细,这尤其有讽刺意义。施罗德由于未能区分类成员关系(class-membership)与类包含关系(class-inclusion),而在他的类运算中产生了矛盾。关于这个矛盾,以及施罗德试图利用(实际上相当于)一种简单类型论来恢复一致性的努力,弗雷格
Schr 439 写道,“这个矛盾就像晴空霹雳一样突如其来。在严格的逻辑中,我们如何才能预防这类事情呢?谁又能保证在向前推进时不会又突然遇到矛盾呢?这样的情况要归结到原初设计上的错误……这种权宜之计[类型论]可以说只是让船在搁浅以后离开浅滩,但如果驾驶得当,她本该从一开始就不会搁浅。”七年后,晴空霹雳降临到弗雷格头上。让人惊讶的不是它让他沉默了十五年之久,而是他后来重又开始写作了。

第十九章　弗雷格在哲学史中的地位

要是弗雷格于1880年去世，他在哲学史上作为现代数理逻辑 665
创始人的地位，会仍然牢固。他的重要性实际上远不止于此。这部分地是因为他开启了数学哲学的现代阶段，而作为主干学科的后代，数学哲学常常教给父辈很多东西。这还只是解释了弗雷格的重要性的一小部分。在《算术基础》中，弗雷格关于逻辑哲学或意义理论的一般性的讨论，看起来是服务于数学哲学研究的，但人们不可能在读了他后来关于非数学主题的文章以后，还认为弗雷格继续把这些讨论，当作只是为捍卫关于数学的哲学观点所做的准备——它们是由于自身的缘故而吸引弗雷格的。后来其他人对这些主题的讨论也是如此，他们是因为这些主题的内在价值而讨论它们，而不是单纯为数学哲学中的一些观点打基础。

弗雷格对数学哲学的贡献为工作在数学哲学领域中的人所高度评价，这是不奇怪的；他为逻辑哲学所做的贡献也为工作在那个领域中的人高度评价，这同样一点都不奇怪。需要得到解释的是，人们不仅普遍认为弗雷格在他工作的特定的哲学分支中有头等的重要性，而且在整个哲学中都有头等重要性。一个人的哲学成果完全限制在两个专业领域，并且完全没有向我们谈起过他关于上帝、自由意志或永生、知识、善以及身心问题的观点，这样一个人怎

么可以被当作在重要性上堪比亚里士多德和康德的哲学家呢？

答案是，当弗雷格完全专注于他所工作的那个领域时，他也在哲学中给予这个领域以核心地位，而这样一来，他就发动了一场与
666 笛卡尔发动的一样势不可挡的革命。数学哲学实际上一直被当作哲学的一个专门分支。它常常有很多东西可供哲学的其他领域借鉴，这是因为在数学哲学中提出的问题与其他领域中的问题，但在形式上要更为尖锐。问题仍然是极难解决的，但比其他领域中的类似问题要易于处理，而这是因为注意力限制在不会出现某些现象的区域。可以这么说，我们在研究银河系中没有为尘埃云所遮挡的那一部分。如果人们对数学哲学中发生了什么抱以更多关注，这个世纪的分析哲学进步实际上要快得多。比如关于外部世界的现象主义（phenomenalism）与实在论，如果把它们之间的争论更多地比照数学哲学中直觉主义与柏拉图主义之争的那种模式，那么这场争论进行得就会好得多。

尽管如此，赋予弗雷格以在一般意义的哲学史上头等重要性地位的，还不是他在数学哲学中的工作，而是在逻辑哲学中的工作。弗雷格的首要价值在于，他使得哲学的这个领域不再是一个专门分支，而是整个学科的起点。

在哲学的各个领域之间，有一种特定的等级秩序。维特根斯坦说过，哲学问题只可能一同得到解决。不过我们还是可以在一些问题之间辨别出某种自然的、非对称的依赖关系。原来由安斯康小姐给出的一个清楚的例子，是伦理学对心灵哲学的依赖关系——关于自由意志，以及关于意图和行动的本质的问题，对伦理学来说显然是关键性的，但这些问题可以以完全独立于真正的道

德概念的方式加以考虑。同样，在一大堆关于形而上学、认识论、伦理学的问题事先没有解决时，关于宗教哲学的问题就很难讨论——自然神学就像政治哲学或者科学哲学一样，属于**应用**哲学一类。

于是自然而然的问题就是，哲学中是否有一个部分，它在这个意义上先于所有其他部分？也可以这么说，哲学是否有一个基础？在笛卡尔之前，很难说哲学有一部分被认为对于其他所有部分是基础性的，笛卡尔革命就在于把这个地位给了知识论。笛卡尔让“我们知道什么，我们凭什么知道”这个问题成为整个哲学的起点。667
虽然不同的学派间在观点上相互冲突，这个起点还是被承认长达两个世纪之久。

弗雷格基本的成就建立在这个事实之上：他完全没有理会笛卡尔传统，从而能把自己看待问题的不同方式（在去世以后）强加给分析传统的其他哲学家。这不是说弗雷格对关于辩护的问题没有兴趣——比如，他极其关注基本的数学原则的辩护，进而极其关注对数学理论中的公理的辩护，但他不把这样的问题当作是起点，当作在所有其他事情之前必须解决的问题。

对弗雷格来说，在任何哲学探究中首先要做的，就是对意义进行分析。他不像后来的一些语言学的哲学家（linguistic philosopher）那样，把这当作哲学的全部目标，从而把哲学当作是“概念分析”；当所关心的表达式意义成功地得到了分析，关于辩护的问题就会提出来，这个问题解决起来也有难有易。但是，在还没有先对相关表达式的意义作出满意的分析之前，我们还没有达到提出关于辩护和真的问题的程度，因为还不清楚我们要试图辩护的是什么，也不清楚我们要探究的是什么东西为真。硬要说以前的哲学家不常关心意义分析，这当然是荒谬的，但弗雷格是把这项工作，与之后确认什么是真的以及有何依据接受其为真这样一些工作，清楚地分离开的第一人（至少是从柏拉图以来）。或许还是他第一个清楚地表明，要对意义达到满意的分析有多么困难。人们在接受了笛卡尔观点，认为认识论是整个哲学的起点的情况下，可能会不耐烦地承认，在展开讨论之前，先就所有可能有歧义的词项意义达成一致，这样做是可取的，但他们只是把这当作是哲学探究纯粹预备性的工作，而不是哲学探究的一部分。只有当人们清楚地看到，对于具备哲学家感兴趣的那种普遍性和深刻性的表达式来说，要对其意义获得一种恰当的分析有多么困难，关于意义的分析才被当作哲学的首要任务。

即便意义分析是哲学的重要任务，因而在任何一种哲学研究中，都是要在继续从事更加实质性的工作之前要完成的任务，这本身也不会与笛卡尔的认识论是哲学的基础这一观点相冲突——它只是一种方法论信条，只是关系到包括认识论在内的哲学研究工
668 作要如何进行。把弗雷格当作是仅仅在方法论上提出改进，这对他来说是一种无礼的歪曲。在日常生活中，当我们在探究一个词的意义时，如果有人反问我们，“先告诉我你说的‘意义’是什么意思”，我们理所当然会被激怒。哲学中的探究在某种意义上也是如此。但随着研究的深入，这样的反问也就越来越正当。词语所表达的概念越是基本，我们就越是不像通常那样，习惯于用语言的解释来传达涵义；而我们越是不习惯于这么做，作为关于意义的恰当解释而要加以接受的东西是什么以及不是什么，也就越是不明显。

出于这个原因,哲学家在试图分析像空间、盖然性以及快乐这样的概念时,也就不止于会在他们所给出的分析上产生分歧——他们会就什么算作分析这样的事情产生分歧。我们对于语言的理解,当然是逐步形成的。在后来的阶段中,尽管并不总是如此,我们在掌握语言上的进步,还是几乎完全在于词汇量上的扩展,新加的词语通过语言上的解释或实际的定义给出。哲学分析在一种意义上是要颠倒这个过程,而这样做就是要把我们在学习过程中隐含的东西明确化。分析越是深入,就越要关注语言上的解释在引入表达式上很少起作用的那些语言层次,在那些层次上我们是通过在实践中学会如何使用表达式来获得理解的,而不是靠别人告诉我们如何使用来获得理解。

结果是,在探索如何对词语意义作出分析时走得越深,我们也就越是依赖于对语言的工作机制拥有正确的模型。要能够说出表达式的意义是什么,我们就必须正确地理解,知道这样一个表达式的意义究竟是怎么回事。这意味着要正确理解,对包含这个表达式的句子来说,把握它的正确使用方式又是怎么回事;而这又需要用正确的模型来确定,从这个表达式与其他表达式一起构成句子的方式中,我们又如何抽引出这类句子的用法。

如果我们所关心的词项意义可以用最简单的方式给出,即通过定义,通过利用等值的表达式,那么我们根本就无须解释知道一个词项的意义是怎么回事——不管是什么意义,这个词项都与等值表达式的意义相同。但只有当我们处于习惯于给出此类词项的定义这一范围之内,情况才是这样的;一旦跨出这个范围,我们就不敢保证能够辨别出正确的定义,即便定义是可能的,并且我们面 669

前有了一个定义。当我们所要分析的词项是我们还不习惯于定义的,或者因为用来给出定义的所有表达式都必须预设它,因而不能进行定义,那么,为了知道一种分析究竟要采取何种形式,我们就必须求助于关于意义的一般模型。一个非常浅显的例子是语句算子。当人们怀疑对语句算子所做的经典分析,人们并不是要怀疑对各种算子是否给出了正确的真值表,而是怀疑真值表在根本上是不是确定这样一个算子的正确方法,或者,如果是,那么真值表是不是应该是二值的。与用真值表作出的解释相对立的,是“操作主义”解释,或者就像直觉主义者利用验证或者证明来给出的那类解释。在这类情况下,人们要考虑的不是为单个算子提供的特定分析,而是分析的整个模式——为了确定采纳哪个模式,我们必须确定,知道一个语句算子的意义,这一般说来是怎么回事。

正是因为这,意义理论才是哲学中支撑所有其他一切的基础部分。意义分析是哲学如果不是唯一也是最先的任务,并且,这种分析走得越深,它就越是取决于对意义作出的正确的一般性解释,取决于用来确定何谓理解一个表达式的模型,因此,整个哲学的基础部分,就是对这种模型所展开的研究,就是意义理论,而不是像笛卡尔误导我们相信的那样,是认识论。弗雷格的伟大首先就在于他看到了这一点。他从意义开始,并不仅仅是因为,例如说,对“自然数”这个表达式的意义所进行的研究,要先于关于自然数定律的基础的研究;而是因为在他看来,意义理论的成果是哲学中唯一不依赖于所有其他部分,相反是所有其余部分的基础。这样,他在哲学中就发动了一场堪与笛卡尔所发动的相比的革命。并且,即便在哲学中只有另外一个部分可供弗雷格应用他在意义理论中

获得的成果，他也能够完成这件事。这样，在哲学中，正像我们对待笛卡尔那样，我们也可以用弗雷格的工作，来定位整整一个时代的开端。

像弗雷格这样的哲学研究进路上的变化所引起的视角转换，不仅会自然而然地导致哲学各个部分之间等级顺序的改变，而且也会改变学科划分的方式。我这里所说的“意义理论”弗雷格直接称为“逻辑”。弗雷格习惯于把逻辑刻画为以真理为研究对象的理 NS 139 (128)
论。因此，我们可以将其称为“真理理论”，而“逻辑”这个名称似乎 670
最好还是留给传统上使用的那个领域，即关于演绎推理的研究。我在这里所说的“意义理论”通常称为“哲学逻辑”。但这个词很有误导作用，它似乎意味着有两种逻辑，数理逻辑（mathematical logic）与哲学逻辑。如果把逻辑当作是关于演绎推理的研究，那么，虽然就像弗雷格最初所发现的那样，数学技术（并且常常是高度复杂的数学技术）被证明是必要的，然而，使用这些数学技术，而不是更具有真正哲学特征的技术，并不带来在研究对象和研究动机上的任何变化——如果一门学科是由所研究的对象定义的，那么逻辑就是一个统一的学科，而不管所使用的是数学技术还是别的技术。在逻辑与意义理论之间确实有大量重叠——弗雷格的形式逻辑是其意义理论中的有机部分。然而，逻辑虽然需要详尽地研究意义理论并不关心的后果，它还是要把关于一些概念分析的工作留给意义理论去做。特别是，在对逻辑后承关系展开语义学分析时，把真理这个概念留给真理定义去单独加以解释，是十分恰当的，这种解释就是在特定模型中为语言中的句子指定真值——因为在这里我们感兴趣的是刻画有效推理，我们此前已经知道，推理只要保真就是有效的。因此,逻辑学家不需要问,使得真这个概念适用于不同语言的东西是什么,也不需要问,为语言中的句子指派真值是什么意思。但在意义理论中,就像我们在第十三章所看到的那样,我们不能把真这个概念理解为仅仅是通过对真值条件作出归纳式的规定来定义的——我们需要知道这种规定与使用语言的程序有什么联系。一种服务于逻辑的语义学需要知道的只是每个句子在何种条件下是真的;而意义理论要求真这个概念是对意义所作出的一般性解释中的有机部分,确切地说,要求真这个概念,在用来解释关于意义的何种知识使人有能力使用语言中某个句子的模型中,担负起作用。基于这些考虑,“意义理论”这个词要优于“真理理论”,而逻辑则要被视为从属于意义理论的一个部分(诚然也会以某种方式延伸到意义理论之外)。

照此看来,“逻辑哲学”这个词甚至更加不合适,它意味着逻辑就像物理学或实验心理学一样,是某种独立的理论,因而可以对它
671 提出哲学问题。实际上可以说,不存在在哲学上中立的理论,在物理学、数学或者心理学之内的那些理论,本身就要接受来自哲学的批评。不过,逻辑在意义理论中的那种定位,还是不同于其他学科在哲学相应部门中的定位。比如说,经典逻辑适应于实在论的意义理论,而直觉主义逻辑则适应于构造主义的意义理论——经典逻辑的价值及适用性,取决于由弗雷格最先制定的那种语义学是否正确,或者是否接近正确。物理学理论的表述乃至其意义,都可能遭到来自哲学的批评,但据我所知,没有人会认为这种理论的价值和适用性取决于科学哲学中的某个论点是否是真的。

弗雷格所关心的许多东西,现在被很多人称为“语言哲学”,这个词确实也可以认为与“意义理论”近似同义。弗雷格会拒绝这个词，因为他倾向于只把“语言”这个词理解为“自然语言”，而我们已 NS 74-5 (67)
经说过，他对自然语言评价甚低，认为它对获得正确的逻辑分析来说不仅不是帮助，而且是一种妨碍。但他常常仍然被迫承认，误导归误导，他还是要用自然语言来给出解释。不管怎样，他所关心的是语言的工作机制，即便他觉得可以通过发明一些不同的语言手段，来避开属于自然语言的一些表达方式所出现的问题，他努力要加以解释的，仍然是语言的工作机制，只是这种机制不属于我们实际上所拥有的这种语言。

传统上属于形而上学的许多问题，都成了弗雷格所探讨的那种意义理论的一部分，尤其是本体论问题。比如说，关于抽象对象的问题，就成了关于专名意义在更为常见的那种意义上的模型，能否转换到抽象单称词项上的问题。最重要的是，形而上学的基本问题，即实在论与唯心论之争该如何解决，就变成了意义理论该采取何种一般形式的问题——争论的双方中一方就像弗雷格的理论那样，认为真与假的概念扮演了核心角色，另一方则认为这一角色该交给关于验证和否证这样完全不同的概念。而传统形而上学中显然不属于意义理论的那些部分，比如关于空间与时间的哲学，纳入物理学哲学会更合适些。有些关于时间和空间的哲学问题，确
实可以在不明确提到任何物理学理论的情况下加以讨论，但是数 672
学哲学中的一些问题，也可以在没有明确提到数学基础研究成果的情况下讨论——很难说会有两个分开的哲学课题，一种是非科学家所理解的时间空间，另一种是在物理学理论中出现的时间空间。

主张意义理论是哲学的基础，并不意味着在意义理论的主要问题得到解决之前人们就无所作为。相反，在拥有一种满意的意义理论之前，也可以在其他领域所产生的问题上取得进步，即便这些问题在提出时似乎要自然地涉及意义概念。如果我们已经在意义理论上取得一致，那就可以在解决这些问题时援引这种理论；而若没有，我们就不得不搁置意义概念，也就是说，在不用关于意义的表达式的情况下重新表述问题。我举两个例子来说明这种搁置意义概念的方法论原则，它们都来自数学哲学。先考虑这样一场争论，双方分别具有柏拉图主义倾向和构造主义倾向，争论关系到形如"$\forall x A(x)$"的算术陈述，其中"$A(\xi)$"是可判定的数论谓词，比如这样的陈述，"所有自然数都是四个平方数之和"。对构造主义者来说，知道数学陈述的意义，就等于说当他见到时，就能够识别出这个陈述的证明，因此，要理解这种在自然数上进行全称量化的陈述，他就必须能够识别出这个关于所有自然数的陈述的证明，比如一个归纳证明。（我不想假定，这个构造主义者是一个完全意义上的直觉主义者，这样的直觉主义者会为证明的有效性承诺一种不同于柏拉图主义的标准；对这里的构造主义者来说，是否接受关于证明的有效性的经典标准，这个问题可能还没有提出来。）而另一方面，对于像弗雷格这样的柏拉图主义者来说，对这类陈述的理解与识别证明的能力无关——只需要理解谓词，一般性地掌握量词操作，知道量化域中有哪些对象（在这种情况下，就是自然数），也就足够了。孩子只要过了问最大的数是什么这个年龄段，并把握了自然数序列的无穷性，他就知道量化的定义域是什么了。这样，只要他知道说任意一个数是四个平方数之和是什么意思，知道

在其他语境下如何解释全称量词，按照这种解释，他就能够把握说 673
所有数都是四个平方数之和是什么意思。这样的孩子也许不知道在这个领域中什么是证明——除了计算，也许他从来没有见过数论的证明，甚至没有见过任何其他种类的数学证明。柏拉图主义者会极力主张，我们不应当凭这一点就否认孩子理解那个陈述，毕竟，不光是有人告诉他，他还有可能相信它。

面对这样的问题，我们会感到为难。我们知道得很清楚，孩子会做什么，以及不会做什么（比如，他会对这个陈述运用全称例示规则），但我们不知道如何解决这样一个分歧：他以某些方式处理数论陈述的能力，是否就等于说他“理解”了它，或“知道它的意义”。我们不知道如何解决这个分歧，是因为我们没有获得认可的意义理论，而让严肃的哲学问题系于我们执取分歧双方的哪一端，这也会让我们感到不足为信。在这一点上我们完全正确——问题根本不在于，知道孩子所知道的那些东西是否应当**被称为**“理解了陈述”。要在分歧的双方之间作出裁定，我们必须先在不使用“意义”这个争议概念的情况下，表述他们的分歧。要这么做，我们必须找到数论陈述的某个其他特征，关于这种特征，双方都同意它取决于陈述的意义。眼下最有可能获选的特征是，在数论中什么算作证明的有效方法，这一点是否得到了确定。不妨假定，双方都同意，只要数论陈述的意义确定下来，对于任意给定的证明，它是否有效也就确定了。这样我们就可以利用数论证明的有效性，来表达他们之间的分歧，而不必提到意义。柏拉图主义者认为，孩子对于算术陈述所拥有的那种理解（在他看来构成了完整的理解，而构造主义者则认为只是部分的，但是通过说明孩子所知道的东西本

身是什么,他们还是可以找到一种中立的刻画),足以确定什么样的证明被认为是有效的。构造主义者否认这一点,他认为,除了孩子所拥有的那种理解,仍然有余地**规定**什么算作是有效证明(当然,规定本身不是不受限制的)。然而对柏拉图主义者来说,孩子的理解就已经意味着他掌握了一个全称量化的算术陈述怎样才算是**真的**,因此,即便孩子对数论中的证明还没有概念,这里还是没
674 有进一步作出规定的余地——如果对于算术陈述精确地规定了真这个概念,那么涉及这类陈述的推理的有效性这个概念也就已经确定了,需要做的只是在特定情况下辨别它是否得到满足。

这不是说双方的分歧这样表述以后就很容易解决——关于有效推理,以及关于识别有效推理的标准,还是有大量的研究工作要做。这里仅仅是要指出,搁置意义概念,是使得争论得以推进的条件。我们一开始考虑的分歧双方,对于具备什么样的语言能力才算把握了陈述的意义有不同意见。为了避免分歧演变成关于如何正确使用"知道意义"的字面之争,我们必须找到他们都同意意义与之紧密联系的某种东西。这样我们就能用第三种特征来表述分歧,并询问要考虑的那种语言能力如何与之联系,从而完全避免使用意义这个概念。

第二个例子与此相似,因而无须说这么多。维特根斯坦关于证明在数学中的角色的观点,常常被表述成这样:一个证明的发现改变了被证明的命题,改变了表述命题所使用的词语的意义。这个观点的理由据说是,定理为所涉及词项的使用提供了新的或者说附加的标准。于是我们可以说,当我们第一次知道"圆锥体与平面相交构成一个椭圆"这个定理,也就获得了把一个平面图形描述

为“椭圆”的一个附加标准。当然，这在一种意义上是无可争议的——对于数学证明来说，如果在特定的情况下不可能用它们来对一些摹状词的使用提供支持，而在没有这样的支持时这种使用只能以更为单调的方式进行，那么数学证明也就失去了意义。这样，如果“标准”这个词被用来（维特根斯坦就坚持这么用）指称我们实际上用来确定是否使用一个表达式的任何一种程序，那么维特根斯坦的论点，“证明为我们使用某个词项提供新的或附加的标准”，也就不具备任何实质内容，而只是习常之论。这是否能够说明，证明所带来的结果是改变了词项的意义呢？由于没有一种恰当的意义理论，我们也就不能这么说——我们不知道关于使用的标准（就像在实际的使用中那样理解“标准”一词）与词项的意义之间的联系究竟是什么。如果维特根斯坦的支持者坚持认为这种联系必须是刚性的，也就是说，使用标准上的任何一种变化必定反映了意义上的变化，那么他仍然没有为维特根斯坦的论点赋予内容——如果回应说，“如果你说的‘意义’是用来规定你所理解的 675
‘实践中实际上被使用的那种标准’，那么找到一个证明，当然也就改变了词项**在这个意义上的**意义”，这个论点就还是要沦为习常之见。只有在认为有种东西并非使用标准，但仍然以同样的刚性与词项意义联系时，这个论点才有实质内容——也就是说，这时，由于意义上的变化，另外某个东西通过标准的改变而判断出必然也要改变，而这是我们词项用法的其他某个特征。但如果情况就是如此，那就一定可以在根本不用意义概念的情况下，直接讨论由对定理的证明所引起的标准上的变化，是否也会带来词项用法上的这个其他特征上的变化。这里，我们不必追问在这种情况下这个

另外的特征是什么——我们已经足够充分地说明了这样一个原则，即在这类争论中要获得推进，就必须搁置意义这个概念。至少可以再给出一个例子，它来自在一般的科学哲学范围内所产生的争论。

可能有人反对说，如果在哲学的其他分支中产生了显然是关于意义这个概念的争论，而正确的处理程序是搁置这个概念，那么意义理论就不可能是其他哲学分支的基础，相反，是与之不相关的。这样的反对意见是非常肤浅的。意义理论不是对单单一个概念（即意义这个概念）的探究，它要寻求的是对语言的工作机制做出一般性的解释，是这样一种框架，它可以用来描述语言使用中的所有特征，描述我们如何能够从句子结构，来把握其使用中的各种特征。如果真正的争论产生，并且这种争论的过程引导我们试图使用意义概念，那么这种争论之所以发生，是因为我们还不清楚该如何描述特定种类的句子在使用中的两个或更多特征，或者不清楚它们之间所存在的联系。要解决这样的争论，就要对意义理论作出实质性的贡献。一种完备的意义理论可能根本不把意义概念当作理论词项而加以使用，同样，象棋规则不使用“象棋”这个词，公理化的几何学不使用“几何”这个词——理论作为一个整体对什么是意义给予解释，但这个词本身并不在理论中得到定义。

就像前面的例子所表明的那样，常常会出现这样的情况：在解决关于意义理论的一般问题之前，出现在其他特定哲学分支中的问题提前得到解决，甚至还为解决关于意义理论的问题提供实质
676 性的贡献。这种情况并不排斥意义理论的基础性。当一种理论在逻辑上先于另外一种理论时，它一般会通过观察对后者造成的影

响而得到部分的检验和修正。我们没有必要一定按照逻辑的顺序来进入问题，但这不是否认存在这样的顺序。如果我们有一种普遍接受的意义理论，那么在前面谈到的那些情况下处理问题时，也就没有必要搁置意义概念——我们应该能够对这种局部性的问题运用这种意义理论。哲学问题之间的相互缠绕不会让事情如此惬意，即便如此，在试图解决问题时，我们还是需要弄清这些问题之间的依赖关系是怎样的。

笛卡尔把知识理论当作哲学的基础，这是因为他把哲学的任务看成是为科学确立严格性（这里“科学”按照一种非常宽泛的意义理解，它指我们认为自己知道的所有东西）。像后来的其他理性主义者们一样，笛卡尔认为，所有知识都有必要达到人们认为欧基里德让几何知识所达到的那个水准，即彻底的清晰和绝对的确定。在这个过程中，要是能够说明一些以为是知识的东西实际上不是，那事情才更妙呢。于是，对笛卡尔来说，“我们知道什么”这个问题就不仅是哲学探究的起点，而且是整个哲学的核心问题。然而，对经验论者来说，知识论具有优先性，则是出于别的理由。他们不认为哲学本质上是要追求确定性，这多半是因为这个目标看来是达不到的。对他们来说，认识论之所以优先于其他哲学分支，是因为指出了对观念进行分析的唯一可能的途径，而这进而是因为它描绘了获得观念的唯一可能的途径。只有通过对经验进行抽象，我们才能够获得观念，因此，只有通过研究这个过程，我们才能对这些观念作出恰当的解释。这样，核心的问题就从“我们知道什么”变成“我们如何知道”。

是弗雷格第一个既看到发生问题是不相关的，又意识到对观

念的经验论解释是不恰当的。如果我们的经验完全不同，那么无疑我们不可能把握到原来的思想；如果我们是以不同的方式构成的，那么无疑也不能把握到这些思想。详尽地探究这件事，并试图
677 找到我们的经验中或者构成方式中有哪些特征，决定了我们对现有概念的把握，这可能是件极有价值的事情，但这个提议根本算不上是分析我们的概念的唯一手段，而必须放到这种分析之后。（这里“概念”一词不是在弗雷格那种意义上用的，而是对应于他的“涵义”一词。）如果不可能说出何谓拥有某个概念，那么也就无从开始探究通过什么方式获得概念，因为我们无法说出所获得的东西是什么，或者说，无法说出获得概念的过程以什么作为标志。反过来说，如果有可能说出何谓拥有一个概念，也就必定可能在独立于据以拥有概念的途径的情况下，对此进行描述。比如说，对于我拥有“量”这个概念来说，我曾经是个婴儿，这是无关的，这与我会变老并死去一样无关。

经验论者关于从经验获取概念的观点不可能被认为是先天必然的，而必须当作是关于人类本性的观点，因为说人就像神话中那样是从龙牙变出来的，这没有任何矛盾。为了成其为一种概念上的真理，这个观点就不能是针对获得概念的任何一种可能的方式，而必须限制在我们可以称为“学习”的那种获得概念的过程上。事情看来应该是这样的，一种获取能力的过程要能称为“学习”的话，这个过程本身与由此获得的能力之间肯定有内在联系，但要说出这种联系是什么，却极其困难。再者，如果我们能够确定这样一种标准，那么，为了能对特定的情况使用这种标准，对于所讨论的那种能力，我们还是必须已经有了一种分析。因此，要获得这样的分

析，对学习过程的解释肯定不是必不可少的。

在弗雷格那里，对于学习过程确实有种模棱两可的态度，这种态度延续到了分析传统后来的哲学家，尤其是延续到维特根斯坦那里。一方面，基于刚才说过的理由，关于学习过程的研究对于针对涵义的分析来说不是必不可少的。另一方面，这种研究对这种分析来说常常又可以起指导作用。可以这么为这一点辩护：通过考察我们认为某人怎样才算完成了学习某个东西的过程，我们可以更加清楚地理解，知道这个东西意味着什么，比如说，知道特定表达式的涵义或者用法。不过，对弗雷格来说，学习过程的意义不管怎样都要更为深远，他认为表达式实际上以何种方式引入语言，或者能够以何种方式引入语言，这一点与表达式的涵义之间存在密切联系，因为要引入表达式就要传达其涵义，而引入表达式的方式确定了表达式的涵义。同样，也可以从启发性的角度来辩护，因 678
为当我们注意自以为知道的表达式涵义时，我们会因为已经视为当然，而忽略那种表达式使用上的一些一般性的特征，而这些特征当表达式最初引入时是必须予以掌握的。然而，一种或许有效的反对意见是，为引入表达式的方法赋予这种意义，就意味着作出了一个错误的假定，即假定表达式涵义是静态的。对单个说话者解释一个表达式，其作用与对一个词项的定义在形式理论或者公理理论中所起的作用不同，在那里据以对词项的使用进行判断的标准是不变的，并且常常需要回过头来参考这个标准。如果作用相同，那么甚至每个人都在说一种不同的语言——但事实上，说话者赋予词语的涵义随使用词语的经验在不断变化，以至于说话者既不能，也不必用定义或者实指的方式指明的那个实例，来说那就是

原来向他解释的那个涵义。弗雷格或许能够平心静气地对待这个反对意见，毕竟，它所关系到的是自然语言的词语涵义，而弗雷格从未宣称要为自然语言给出精确的解释。

在另外一个方面，弗雷格也赋予引入表达式的方式以重要性。由于自然语言的表达式涵义不是完全清晰的，对于何时给出正式的定义，也是有自由选择的余地，尽管如此，定义的顺序还是必须对应于能使我们对所定义的词项获得一种理解的那种顺序。通过规定两条直线如果方向相同就相互平行，来定义“平行”，这在形式
Gl 65 上讲也没有什么错，但弗雷格在《算术基础》中说，这样定义就违背了“平行”这个词对于“方向”这个词而言的那种优先性。这种优先性在于，如果不是先把握“平行”这个词的涵义，我们不可能对“方向”这个词的涵义获得把握。

尽管弗雷格倾向于为把词语引入语言的过程赋予一种重要性，他对这种过程的兴趣仍然只限于，它是确定词语应当具有何种用途的途径。他拒绝承认词语的涵义与心理过程之间有本质性的联系，无论这种心理过程是伴随着词语的习得，还是先于这种习得，而在心理学定律的范围内是习得的必要条件。按同样思路，我们知道，黑猩猩婴儿学不会说话，而人类婴儿可以，因而在两者间，
679 在神经学或者至少在心理构造上，应当有某种可以发现的差别，这种差别可以用来解释这种结果上的不同。但这与何谓掌握一种语言的使用是没有关系的。让我们暂时还是用“概念”这个词来对应弗雷格的“Sinn（涵义）”，而不是他的“Begriff（概念）”，这样我们就可以说，弗雷格把注意力从习得概念的过程，转移到拥有概念的表现（manifestation）上。至少对于人类来说，拥有一个概念，这首先

表现在语言的使用上。对概念的分析于是就成为对语言工作机制的解释。照此看来，对我们的观念的经验论解释，往好的方面说，也不足以阐明何谓拥有一个概念，而只是一种关于理解机制的理论，这种机制据说是通过唤起心理表象起作用的——确切地说，即使这种理论是正确的，它也不能解释词语具有特定涵义是怎么回事，而只是给出一种心理机制，来解释我们把涵义与词语联系起来的能力。弗雷格当然认为表象主义理论不光是不相关的，而且完全是错误的。从他的观点来看，还不清楚是否需要有一种理论来填补这个位置，也不清楚，如果需要，提供这样的理论如果不是经验心理学的事情，那么是不是哲学的事情。哲学所关心的，不是我们对词语和句子的理解是怎么发生的，而是这种理解本身是什么。

罗素的哲学观点在许多方面接近弗雷格，但弗雷格的新视角并不完全为罗素所分享。罗素在很大程度上还是处在古代传统的影响之下，在这个传统中认识论是首要的考虑。第一个完全采纳弗雷格视角的哲学家是维特根斯坦。他与罗素之间的区别我们比较一下《逻辑哲学论》与《逻辑原子论哲学》就会很清楚。很多同样的观点在两本书中都得到了辩护，但在罗素的书中则以认识论的形式出现，而这种形式在《逻辑哲学论》中完全没有。《逻辑哲学论》是一部纯粹讨论意义理论的著作，其中连认识论和心理学的任何一点影子，都被彻底清干净了，这就像在逾越节前屋里的酵母要彻底清干净一样。[①]

① 逾越节（the Passover）是犹太历正月十四日白昼及其前夜，是犹太人的新年。犹太人在逾越节时要食用不含酵母菌的面食。——译注

这种清除甚至做过了头。本书多次强调，弗雷格的涵义概念是一个认知性的概念，因为它关系到我们对词语或表达式的语义学角色的把握，因而与理解联系在一起。如果没有意识到这一点，也就不可能理解，为何在有了指称这个概念以后还需要涵义这个概念。在《逻辑哲学论》中，维特根斯坦对理解这个概念没有兴趣，对他来说这是某种心理的东西，因而，按照他自认从弗雷格继承过
680 来的原则，应当从逻辑中排除出去。对他来说，句子的涵义必须通过分析加以揭示，这种分析不仅是把以前潜在的东西加以明确表述，而且要揭示以前甚至连在潜在的意义上也根本没有被把握东西。因为，按照《逻辑哲学论》中的阐述，维特根斯坦关于句子涵义的概念，与理解谈不上有什么很紧密的联系。两个句子如果以重言式的方式等价(tautologically equivalent)，那就有同样涵义，这本身就足以说明，涵义在这里并不被认为与理解相联系，因为，按照“理解”一词的通常意义，人们可以理解两个句子而没有意识到它们是等价的。人们都知道，维特根斯坦在《逻辑哲学论》中以完全不同于弗雷格的方式使用“Sinn”(“涵义”)与“Bedeutung”(“指称”)。对维特根斯坦来说，专名有指称但没有涵义，而句子有涵义但没有指称。这个区别是不可避免的，因为维特根斯坦并不希望有任何概念，来扮演涵义在弗雷格的意义理论中扮演的角色。按照维特根斯坦那种清教徒式的观点，这个角色属于心理学而不是逻辑。甚至连断定，连带着句子之间所有那些用来表达语力的区别，也都被丢给心理学。

弗雷格曾下功夫区分出三个领域：外部世界，即指称领域，包含着我们所谈论的东西(当然，其他两个领域本身就是指称领域的

一部分)；只属于心理的领域；以及涵义的领域。对弗雷格来说，涵义不是心理的，因为心理的东西无关乎逻辑。我对涵义(比如思想)的把握可以是内在的、心理的活动，但我所把握的东西，即那个思想，则是客观的，而不是限于我的意识内容。只有我拥有我的痛，不可能有一种痛不属于任何人；但对思想来说，当我把握它，或者当我判断它为真时，则可能正好就是你所把握的那同一个思想，并且你可以判断它为假——交流就依赖于这种可能性。再者，思想是否存在，并不取决于有任何人来把握它，而这与痛取决于某人拥有它不同——在这种意义上，我们并不**拥有**思想；在把握思想时，我们与我们之外的某种东西建立关系，即便那个东西是不可变的，是感官不可知觉的。

我们已经看到，涵义的客观性，是由它在共同的语言之内得到表达这一点得到充分保证的——对弗雷格来说，为了保证那种客观性，甚至没有必要将其看作具有一种独立于表达手段的存在。他这么做的理由，部分在于试图克服在回答“涵义是心理的吗”这个问题时明显感觉到的那种为难。当他试图论证判断(从思想进到真值)也不是纯粹心理的时，这种为难之感还要更尖锐一些。既 681
然已经宣布逻辑不关心心理的东西，他就必须把涵义连带上语力，一同置于本质上处在心理领域之外的地方，以便使他以逻辑学家的身份对它们进行的讨论，成为合法的。

为表达式指派指称，就要在表达式与所指物之间建立对应关系。我们所建立的这种特定的对应关系，就是表达式的涵义。弗雷格坚持要在这样理解的涵义与内在的心理过程之间作出最为清晰的区分，这是对的——值得注意的是，他虽然明白并且坚持这种区分是必要的，但对支持这种区分的基础却缺乏清楚的解释。涵义的模型并不是对某种假想的心理机制做出的描述，而我们之所以并不关心内在的心理过程，是因为涵义的概念是要用来对我们用语言进行的操作进行解释的。在为属于某种特定种类词语的涵义建立模型时，我们并不是试图解释**如何**能够这样使用词语，而只是对这种用法是什么做出扩展性的描述。由于词语只能在句子中加以使用，这种模型就必须与关于一起构成句子的其他词语的涵义的模型连接起来，以得到终究能够判断为真或为假的某种东西——这样，关于正确性的检验也就与我们实际的语言实践相一致了。这不必意味着能够以或高或低的精确性预测我们的语言行为。没有必要以关于可观察的自然现象的科学理论为样板，来理解意义理论，不管这种科学理论是全面决定论式的还是局部决定论式的。意义理论针对的是我们的行为中我们作为智慧、理性生物的那一大侧面。虽然在其完整形式中，肯定不会用到专门与语言中它不加解释的使用相联系的概念（比如断定这个概念或者交流这个概念），但要求它所提供的，也不会超出解释理性的行为模式所需要的那种涵义。假设一个人类学家在观察一种陌生文化的人们在进行一种复杂的协作活动。他不知道这是在干什么——这是一种游戏、一种宗教仪式，还是在作出决策呢？也许都不是，也许它并不直接属于我们所熟悉的任何一种活动。他努力理解它，努力把它看作是一种理性行为——他试着看出怎样才算真正正确地从事这样的活动，试着看出如果这种活动产生后果，那会是一种什么样的后果，以及这种活动在共同体的生活中扮演什么角色。如果那种活动能够归入某种熟悉的活动，他就会照此来描述它，但即便不能这样做，只要他学会理解它，他也将能够将其描述成我们能够理解的样子，从而不需要依靠像“游戏”、“仪式”这样一些用来 682
说明行为目的的词。这样的描述让我们能够理解这种活动，并告诉我们怎样才算参与这种活动，告诉我们参与这种活动是在干什么。但这种描述没有必要让我们能够精确地预言，参与活动的人每一步都会干些什么——我知道足球规则，而这不会使我能够预言比赛的进程。

关于词语涵义的模型，也许会采取在一类特定句子中使用这个词的能力的形式，也许不用这种形式。比如，对具体对象的专名的涵义来说，我们所考虑的那种简单的模型，关系到重认性陈述的使用。针对特定词语的涵义模型不必采用这种形式——给出模型的方式，也许不能与涉及那个词语的任何特定语言行为直接联系起来。在这种情况下，这种模型就不能使我们能够确定地说，某个特定的说话者是否掌握了那个词的涵义。但作为整体，关于那种语言的意义理论却必须与说那种语言的实践相联系；如果充当意义理论一部分的、关于特定词语的涵义模型，不直接与特定形式句子的使用相联系，那么，在有些情况下意义理论就会允许我们说，某个特定的说话者没有掌握某个句子中所有词语的涵义，而不需要我们拥有确定的标准，来确定他弄错了哪个词。

因为意义理论是关于使用语言的实践的理论，所以涵义概念（以及语力概念）不是心理学概念。对词语涵义的掌握，是通过使用包含那个词的句子得到表现的。后期维特根斯坦通过“意义即用法”这个口号要说的就是（但不止于）这种理解，而这也是弗雷格非常接近，但从未真正表述的理解。正是因为初步觉察到这种理

解，才使弗雷格坚持认为，由于心理学必须从逻辑中排除掉，涵义以及语力就不是心理的东西；并且尽管还无法找到充分依据来否认涵义具有心理学特性，他仍然坚持这一点。在这种意义上，弗雷格预见到了维特根斯坦及其他哲学家花费数十年才发现的事实。鉴于没有充分依据像弗雷格所设想的那样否认语力和涵义属于心理学，维特根斯坦不可避免地对弗雷格的理论作出了《逻辑哲学论》中的那种修改；同样不可避免的是，罗素由于认为判断（作为从
683 思想向真值的推进）是心灵的活动，而势必得出结论说，只有断定的纯逻辑的类似物，才能成其为真的。

弗雷格因而可以被认为是"语言学哲学"之父——这个短语这里理解为不是指当代被称为"日常语言哲学"的那个支派，而是指把对概念的表达方式的研究视为概念分析的关键的所有哲学。（"概念"在此还是指"Sinn"，而不是"Begriff"。）"日常语言哲学"确实是语言学哲学中的一种，但它至少在两个基本方面与弗雷格的精神相左，即它独断地否认系统是可能的，以及认为自然语言是免予批评的。弗雷格的革命在很大程度上是由维特根斯坦加以传播的，也是因为维特根斯坦，"整个哲学都是语言批判"这个论点才得到表述。弗雷格从来没有表述过哲学的整体性纲领，也没有被冠以逻辑学家和数学哲学家以外的其他头衔——他所促成的那种视角上的变化，部分地要归因于他的哲学实践所起到的示范作用，维特根斯坦在这方面追随弗雷格；一部分归因于他摧毁了经验论的基础；还有一部分则归因于，他在建构一种行之有效的意义理论框架上达到的那种无人能及的成功。

在本世纪早期，还不可能像这里描述的这样看待弗雷格的价

值，因为那种视角上的变化还没有被意识到。相反，对弗雷格的实在论观点加以强调要自然些，这样就把他纳入到包括布伦塔诺(Brentano)和梅农在内的实在论哲学家之列。现在可以承认，他的实在论显然要比梅农的实在论更加精致，甚至比罗素和摩尔早期著作中的实在论还要精致。当黑格尔主义还在英格兰占据统治地位时，正是罗素和摩尔举起了反叛的大旗。抛弃各式各样的观念论，这或许是在哲学中求得进步的先决条件。弗雷格坚定地抨击心理主义，他不止一次地指出，它将不可避免地导致观念论。但除此而外，他很少直接抨击观念论，而只是一笔带过。弗雷格的实在论诚然也应该被他本人看作是其哲学系统的重要特征之一，而对于关于意义的实在论理论以及关于数学的实在论解释来说，他的工作都代表了一种经典的处理方式，这种方式可以归于“柏拉图主义”名下。然而，要达到在视角上的那种革命性的转换，弗雷格并没有逻辑上的必然性要成为一个实在论者，虽然或许有种历史上的必然性。关于意义的系统理论没有必要采取实在论的形式。

也就是说，不是一定要把真与假当作意义理论的核心概念；不是一 684
定要认为所有具有确定涵义的句子，都必须通过其所谈论的实在，而被理解为要么真要么假；也不是一定要把意义当成是由真值条件决定的。相反，可以按照直觉主义者解释数学陈述的意义的那种模型，把验证或否证当作核心概念，而句子被认为得到验证或否证的条件，则是我们能够能行地识别的；可以把意义理解成是由验证或否证的条件所决定的；可以否认这样的想法，即所有句子都拥有确定的真值，这种真值由实在所决定，而实在独立于我们，独立于我们辨别陈述真假的能力。我们甚至可以说，弗雷格关于系统

的意义理论的想法，其所具备的一个优点就是使我们能够这样表述实在论与观念论之间的对立，将其表述为对于一般而言何谓理解我们的语言，所做的两种解释之间的对立。但要实现关于系统的意义理论的这种想法，就必须先驳倒心理主义，从而把心理学从逻辑与语言哲学中排除出去。观念论在本质上更容易滑向心理主义，尽管关于意义的一种可行的观念论理论是否可能，正好取决于能否抵制这种诱惑。但不管怎样，在弗雷格的时代，在各派哲学中到处盛行的那种观念论从头到尾都沾染了心理主义，只有等彻底摆脱它，才有可能设想一种非心理主义版本的观念论。（实际上，这样一个版本是否可能，甚至也还不能肯定。布劳维尔的著作中就浸透了心理主义。若要坚信直觉主义是一种站得住的数学哲学，就要认为有可能清除掉它的那种心理主义形式。不过，幸亏弗雷格对心理主义发起的抨击，至少对于需要做什么，我们才有能力加以表述。）因此，把意义理论铸造成哲学的基础的这样一次革命，应当由弗雷格这样对观念论没有丝毫同情的人来完成，这几乎可以肯定是一种历史的必然性。

文献目录

刊物名称缩写

AM—*Annals of Mathematics*
An.—*Analysis*
BPdI—*Beiträge zur Philosophie des deutschen Idealismus*
DL—*Deutsche Literaturzeitung*
JDMV—*Jahresbericht der Deutschen Mathematiker-Vereinigung*
JP— *The Journal of Philosophy*
JSL—*The Journal of Symbolic Logic*
JZN—*Jenaische Zeitschrift für Naturwissenschaft*
PR—*The Philosophical Review*
QJPAM—*The Quarterly Journal of Pure and Applied Mathematics*
RM—*The Review of Metaphysics*
ZPpK—*Zeitschrift für Philosophie und philosophische Kritik.*

文集名称编写

EF—E. D. Klemke(ed.): *Essays on Frege*, Urbana, 1968.

FLPV— W. V. O. Quine: *From a Logical Point of View*, Cambridge, Mass., 1953.

FM—F. P. Ramsey: *The Foundations of Mathematics and other logical essays*, ed. R. B. Braithwaite, London, 1931.

LK—B. Russell: *Logic and Knowledge*, *Essays 1901—1950*, ed. R. C. Marsh, London, 1956.

LS—G. H. von Wright：*Logical Studies*，London，1957.

PL—P. F. Strawson(ed.)：*Philosophical Logic*，Oxford，1967.

PM—P. Benacerraf and H. Putnam(eds.)：*Philosophy of Mathematics*，*Selected Readings*，Englewood Cliffs，N. J.，1964.

SLP—George Boole：*Studies in Logic and Probability*，ed. R. Rhees，London，1952.

一、弗雷格著作的原始版本

只列出本书引用或者相关的著作

1）*Begriffsschrift*，*eine der arithmetischen nachgebildete Formelsprache des reinen Denkens*，Halle a. S.，1879.

2）'Anwendungen der Begriffsschrift' in *JZN*，XIII(1879)，Supplement II，pp. 29-33.

3）'Über die wissenschaftliche Berechtigung einer Begriffsschrift' in *ZPpK*，LXXXI(1882)，pp. 48-56.

4）'Über den Zweck der Begriffsschrift' in *JZN*，XVI(1883)，Supplement，pp. 1-10.

5）*Die Grundlagen der Arithmetik*：*eine logisch-mathematische Untersuchung über den Begriff der Zahl*，Breslau，1884.

6）'Erwiderung' in *DL*，Ⅵ(1885)，no. 28，column 1030. A brief reply to Cantor's review of A(5).

7）*Function und Begriff*：*Vortrag*，*gehalten in der Sitzung vom* 9. *Januar* 1891 *der Jenaischen Gesellschaft für Medicin und Naturwissenschaft*，Jena，1891.

8）'Über das Trägheitsgesetz' in *ZPpK*，XCVIII(1891)，pp. 145-61.

9）'Über Sinn und Bedeutung' in *ZPpK*，C(1892)，pp. 25-50.

10）'Über Begriff und Gegenstand' in *Vierteljahrsschrift für wissenschaftliche Philosophie*，XVI(1892)，pp. 192-205.

11）*Grundgesetze der Arithmetik*，*begriffsschriftlich abgeleitet*，vol. 1，Jena，1893.

12）Review of E. G. Husserl，*Philosophie der Arithmetik*，vol. I，in *ZPpK*，

CIII(1894),pp. 313-32.

13) 'Kritische Beleuchtung einiger Punkte in E. Schröders *Vorlesungen über die Algebra der Logik*' in *Archiv für systematische Philosophie*, 1 (1895),pp. 433-56.

14) Letter to the Editor, *Rivista di Matematica*, Ⅵ(1896-9),pp. 53-9.

15) 'Über die Begriffsschrift des Herrn Peano und meine eigene' in *Berichte über die Verhandlungen der Königlich Sächsischen Gesellschaften der Wissenschaften zu Leipzig*, Mathematisch-physische Classe, XLVIII (1897),pp. 361-78.

16) *Grundgesetze der Arithmetik, begriffsschriftlich abgeleitet*, vol. II, Jena,1903.

17) 'Über die Grundlagen der Geometrie' in *JDMV*, XII(1903),Part I pp. 319-24,Part II pp. 368-75.

18) 'Was ist eine Funktion?' in *Festschrift Ludwig Boltzmann gewidmet zum sechzigsten Geburtstage, 20. Februar 1904*, ed. S. Meyer,Leipzig, 1904,pp. 656-66.

19) 'Über die Grundlagen der Geometrie' in *JDMV*, XV(1906),Part I pp. 293-309,Part II pp. 377-403,Part III pp. 423-30.

20) Notes to P. E. B. Jourdain, 'The Development of the Theories of Mathematical Logic and the Principles of Mathematics: Gottlob Frege' in *QJPAM*, XLIII(1912) pp. 237-69.

21) 'Der Gedanke. Eine logische Untersuchung' in *BPdl*, I(1918),pp. 58-77.

22) 'Die Verneinung. Eine logische Untersuchung' in *BPdI*, I(1918), pp. 143-57.

23) 'Logische Untersuchungen. Dritter Teil: Gedankengefüge' in *BPdI*, III (1923),pp. 36-51.

二、弗雷格著作重印版本

1) *Begriffsschrift und andere Aufsätze, ed.* Ignacio Angelelli, Darmstadt and Hildesheim,second edn 1964.

Contains A(1)-(4).

2) *Kleine Schriften*, ed. Ignacio Angelelli, Darmstadt and Hildesheim, 1967. Contains, inter alia, A(2)-(4), (6)-(10), (12)-(15), (17)-(23).

3) *Funktion, Begriff, Bedeutung, Fünf logische Studien*, ed. Günther Patzig, Göttingen, second edn. 1966.
Contains A(3), (7), (9), (10) and(18).

4) *The Foundations of Arithmetic. A logico-mathematical enquiry into the concept of number*, ed. and trans, by J. L. Austin, Oxford and New York, second revised edn. 1953.
Contains text and English translation of A(5) on facing pages.

5) *Die Grundlagen der Arithmetik*, Breslau, 1934, Darmstadt and Hildesheim, 1961.
Reprints of A(5).

6) *Grundgesetze der Arithmetik*, Darmstadt and Hildesheim, 1962.
A reprint of A(11) and(16).

7) *Logische Untersuchungen*, ed. Günther Patzig, Göttingen, 1966.
Contains reprints of A(13) and(21)-(23).

三、弗雷格著作英文版本

1) *The Foundations of Arithmetic*, trans, by J. L. Austin, New York, 1950.
A translation of A(5). See also B(4).

2) *Translations from the Philosophical Writings of Gottlob Frege*, ed. and trans, by P. Geach and M. Black, Oxford and New York, second revised edn. 1960.
Contains translations of A(7), (9), (10), (13), (18) and(22), and of parts of A(1), (11), (12) and(16).

3) *The Basic Laws of Arithmetic*, ed. and trans, by M. Furth, Berkeley and Los Angeles, 1964.
Contains a translation of part of A(11) and of the Appendix to A(16).

4) 'The Thought: A Logical Enquiry', trans, by A. and M. Quinton, in *Mind*, LXV(1956), pp. 289-311; reprinted in *PL*, pp. 17-38, and in *EF*, pp 507-35.

A translation of A(21).

5) 'Compound Thoughts', trans, by R. H. Stoothoff, in *Mind*, LXXII (1963), pp. 1-17; reprinted in *EF*, pp. 537-58.

A translation of A(23).

6) *The Foundations of Geometry*, trans, by M. E. Szabo, in *PR*, LXIX(1960), pp. 3-17; reprinted in *EF*, pp. 559-75.

A translation of A(17).

7) 'About the Law of Inertia', trans, by R. Rand, in *Synthese*, XII(1961), pp. 350-63.

A translation of A(8).

8) 'On the Scientific Justification of a Concept-script', trans, by J. M. Bartlett, in *Mind*, LXXIII(1964), pp. 155-60.

A translation of A(3).

9) 'Begriffsschrift, a formula language, modelled upon that of arithmetic, for pure thought', trans, by S. Bauer-Mengelberg, in J. van Heijenoort(ed.), *From Frege to Gödel, a source book in mathematical logic, 1879—1931*, Cambridge, Mass., 1967, pp. 1-82.

A translation of A(1).

10) 'On the Purpose of the Begriffsschrift', trans, by V. H. Dudman, in *The Australasian Journal of Philosophy*, XLVI(1968), pp. 89-97.

A translation of A(4).

11) *Conceptual Notation and related articles*, trans, and ed. by Terrell Ward Bynum, Oxford, 1972.

Contains translations of A(1)-(4) and of some contemporary reviews of A(1).

12) *On Foundations of Geometry and Formal Theories of Arithmetic*, trans. E.-H. W. Kluge, New Haven and London, 1971.

Contains, inter alia, translations of A(17) and(19).

四、弗雷格遗著

1) G. Frege: *Nachgelassene Schriften*, ed. H. Hermes, F. Kambartel and

F. Kaulbach, Hamburg, 1969.
This contains all those of Frege's unpublished writings which survived the bombing of Münster during the Second World War, with the exception of a diary and the correspondence. An English translation is in preparation. A further volume is planned, to contain all surviving letters to and from Frege.

2) G. Frege: *Schriften zur Logik und Sprachphilosophie. Aus dem Nachlass*, ed. G. Gabriel, Hamburg, 1971.
Contains a selection from D(1).

五、弗雷格著作目录

D(1) contains a bibliography of works by Frege, including translations. *EF*, C(11) and D(2) all contain bibliographies of works both by and about Frege.

六、其他人的著作

This section of the bibliography is intended primarily to enable any reader to find a work referred to in the text. Since I have cited from classical authors—Aristotle, Aquinas, Berkeley, Hume, Kant, Mill, etc.—only well-known views, it has not seemed worth while to include them in the bibliography. On the other hand, every other work mentioned even only in passing has been listed here. Thus this bibliography is not meant to serve as a guide to what has been written about Frege: such guides will be found listed in section(E). Nor is it meant as a guide to the best that has been written about the topics discussed in the book as arising out of consideration of Frege's views: to attempt such a guide would have involved greatly expanding the bibliography, and might also have led to my listing works which I had not read at the time the various chapters were written. On the other hand, I have included a very few works which are not explicitly mentioned in the text, but contain valuable discussions of questions dealt with in it.

G. E. M. Anscombe:

Intention, Oxford, 1957.

'Modern Moral Philosophy' in *Philosophy*, XXXIII(1958), pp. 1-19.

An Introduction to Wittgenstein's Tractatus, London, 1959.

G. E. M. Anscombe and P. T. Geach:

Three Philosophers, Oxford, 1961.

J. L. Austin:

How to Do Things with Words, Oxford, 1962.

A. J. Ayer:

Language, Truth and Logic, London, 1936.

The Problem of Knowledge, Harmondsworth, 1956, and London, 1965.

Philosophical Essays, London, 1959.

N. D. Belnap:

'Tonk, Plonk and Plink' in *An.*, XXII(1962), pp. 130-34; reprinted in *PL*, pp. 132-7.

P. Bernays:

'Sur le Platonisme dans les mathématiques' in *L'Enseignement mathématique*, XXXIV(1935), pp. 52-69; English translation by D. Parsons, 'On Platonism in Mathematics' in *PM*, pp. 274-86.

G. Birkhoff and J. von Neumann:

'The Logic of Quantum Mechanics' in *AM*, XXXVII(1936), pp. 823-43.

George Boole:

The Mathematical Analysis of Logic, being an essay towards a Calculus of Deductive Reasoning, Cambridge, 1847; reprinted in *SLP*, pp. 45-124.

'The Calculus of Logic' in *The Cambridge and Dublin Mathematical Journal*, III(1848), pp. 183-98; reprinted in *SLP*, pp. 125-40.

An Investigation of the Laws of Thought, on which are founded the mathematical theories of Logic and Probabilities, London, 1854; reprinted by Dover Publications, New York, n. d.

G. Cantor:

Review of Frege, *Die Grundlagen der Arithmetik*, in *DL*, VI(1885), no. 20, columns 728-9; reprinted in G. Cantor, *Gesammelte Abhandlungen*

mathematischen und philosophischen Inhalts, ed. E. Zermelo, Berlin, 1932, pp. 440-1.

Lewis Carroll:

'What the Tortoise Said to Achilles' in *Mind*, IV(1895), pp. 278-80.

N. Chomsky:

Syntactic Structures, 's-Gravenhage, 1957.

A. Church:

'A Formulation of the Simple Theory of Types' in *JSL*, V(1940), pp. 56-68.

'On Carnap's Analysis of Statements of Assertion and Belief' in *An.*, X (1950), pp. 97-9.

'A Formulation of the Logic of Sense and Denotation' in *Structure, Method and Meaning, essays in honor of H. M. Sheffer*, ed. P. Henle, H. M. Kallen and S. K. Langer, New York, 1951, pp. 3-24.

D. Davidson:

'Truth and Meaning' in *Synthese*, XVII(1967), pp. 304-23.

'True to the Facts' in *JP*, LXVI(1969), pp. 748-64.

R. Dedekind:

Was sind und was sollen die Zahlen?, second edn., Braunschweig, 1893; English translation by W. W. Beman in *Essays on the Theory of Numbers*, Chicago, 1901.

P. Duhem:

La Théorie physique, son objet et sa structure (vol. II of *Bibliothèque de philosophie expérimentale*), Paris, 1906; English translation by P. P. Wiener, *The aim and structure of physical theory*, Princeton, 1954.

M. Dummett:

'Frege on Functions: A Reply' in *PR*, LXIV(1955), pp. 96-107; reprinted in *EF*, pp. 268-83.

'Note: Frege on Functions' in *PR*, LXV(1956), pp. 229-30; reprinted in *EF*, pp. 295-7.

'Nominalism' in *PR*, LXV(1956), pp. 491-505; reprinted in *EF*, pp. 321-36.

'Truth' in *Proceedings of the Aristotelian Society*, LIX(1958-1959), pp. 141-62; reprinted in *Truth* (in series *Contemporary Perspectives in Philosophy*), ed. G. Pitcher, Englewood Cliffs, N. J., 1964, pp. 93-111; also in *PL*, pp. 49-68.

'Frege' in *The Concise Encyclopedia of Western Philosophy and Philosophers*, ed. J. O. Urmson, New York, 1960, pp. 147-50.

'Frege, Gottlob' in *Encyclopedia of Philosophy*, ed. P. Edwards, New York, 1967, vol. III, pp. 225-37.

M. and A. Dummett:

'The Role of Government in Britain's Racial Crisis' in *Justice First*, ed. L. Donnelly, London, 1969, pp. 25-78.

A. S. Essenin-Volpin:

'Le Programme ultra-intuitionniste des fondements des mathématiques' in *Infinitistic Methods (Proceedings of the Symposium on Foundations of Mathematics, Warsaw, 2-9 September* 1959), Warsaw and Oxford, 1961, pp. 201-23.

'The ultra-intuitionistic criticism and the antitraditional program for foundations of mathematics' in *Intuitionism and Proof Theory (Proceedings of the Summer Conference at Buffalo, N. Y., 1968)*, ed. A Kino, J. Myhill and R. E. Vesley, Amsterdam, 1970, pp. 3-45.

P. T. Geach:

Review of *The Foundations of Arithmetic*, trans, by J. L. Austin, in *PR*, LX(1951), pp. 535-44; reprinted in *EF*, pp. 467-78.

'Quine on Classes and Properties' in *PR*, LXII(1953), pp. 409-12; reprinted in *EF*, pp. 479-84.

'Class and Concept' in *PR*, LXIV(1955), pp. 561-70; reprinted in *EF*, pp. 284-94.

'On Frege's Way Out' in *Mind*, LXV(1956), pp. 408-9; reprinted in *EF*, pp. 502-4.

Mental Acts, London, 1957.

'Ascriptivism' in *PR*, LXIX(1960), pp. 221-5.

Reference and Generality, *an examination of some medieval and modern*

theories, Ithaca, N. Y., 1962.

See also: G. E. M. Anscombe and P. T. Geach.

Kurt Godel:

'Russell's Mathematical Logic' in *The Philosophy of Bertrand Russell*, ed. P. A. Schilpp (*Library of Living Philosophers*), New York, 1944, pp. 125-53; reprinted in PM, pp. 211-32.

Nelson Goodman:

The Structure of Appearance, Cambridge, Mass., 1951.

'A World of Individuals' in *The Problem of Universals*, Notre Dame, 1956; reprinted in *PM*, pp. 197-209.

'On Relations that Generate' in *Philosophical Studies*, IX (1958), pp. 65-6; reprinted in *PM*, pp. 209-10.

Nelson Goodman and W. V. O. Quine:

'Steps Towards a Constructive Nominalism' in *JSL*, XII (1947), pp. 105-22.

H. P. Grice:

'Meaning' in *PR*, LXVI (1957), pp. 377-88; reprinted in *PL*, pp. 39-48.

H. P. Grice and P. F. Strawson:

'In Defense of a Dogma' in *PR*, LXV (1956), pp. 141-58.

R. Grossmann:

'Frege's Ontology' in *PR*, LXX (1961), pp. 23-40; reprinted in *EF*, pp. 79-98.

G. Harman:

'Quine on Meaning and Existence' in *RM*, XXI (1967-8), pp. 124-51, 343-67.

R. Harrop:

'On the Existence of Finite Models and Decision Procedures for Propositional Calculi' in *Proceedings of the Cambridge Philosophical Society*, IXV (1958), pp. 1-13.

L. S. Hay:

'Axiomatization of the Infinite-valued Predicate Calculus' in *JSL*, XXVIII (1963), pp. 77-86.

D. Hilbert:

Die Grundlagen der Geometrie, Leipzig, 1899.

'Axiomatisches Denken' in *Mathematische Annalen*, LXXVIII(1918), pp. 405-15; reprinted in *Gesammelte Abhandlungen*, ed. E. Zermelo, Berlin, 1935, vol. III, pp. 146-56.

D. Hilbert and W. Ackermann:

Grundzüge der theoretischen Logik, Berlin, 1928.

D. G. Husserl:

Philosophie der Arithmetik: psychologische und logische Untersuchung, vol. I, Leipzig, 1891.

Logische Untersuchungen, two vols., Halle a. S., 1900-1.

S. Jaśkowski:

'Recherches sur le système de la logique intuitionniste' in *Actes du Congrès International de Philosophie Scientifique*, sec. VI, *Philosophie des mathématiques*, Paris, 1936, pp. 58-61.

P. E. B. Jourdain:

'The Development of the Theories of Mathematical Logic and the Principles of Mathematics: Gottlob Frege' in *QJPAM*, XLIII(1912), pp. 237-69.

G. Kreisel:

'Wittgenstein's Remarks on the Foundations of Mathematics' in *The British Journal for the Philosophy of Science*, IX(1958-9), pp. 135-58.

S. Kripke:

'Naming and Necessity' in *The Semantics of Natural Language*, ed. G. Harman and D. Davidson, Dordrecht, 1972, pp. 253-355.

J. E. Littlewood:

A Mathematician's Miscellany, London, 1953.

J. C. C. McKinsey and A. Tarski:

'The Algebra of Topology' in *AM*, XLV(1944), pp. 141-91.

'On Closed elements in Closure Algebras' in *AM*, XLVII(1946), pp. 122-62.

'Some Theorems about the Sentential Calculi of Lewis and Heyting' in *JSL*, XIII(1948), pp. 1-15.

W. Marshall:

'Frege's Theory of Functions and Objects' in *PR*, LXII(1953), pp. 374-

90; reprinted in *EF*, pp. 249-67.

'Sense and Reference: A Reply' in *PR*, LXV(1956), pp. 342-61; reprinted in *EF*, pp. 298-320.

A. Meinong:

Über Annahmen, published as Supplementary Vol. II of *Zeitschrift für Psychologie und Physiologie der Sinnesorgane*, Leipzig, 1902.

Untersuchungen zur Gegenstandstheorie und Psychologie, Leipzig, 1904.

A. Prior:

Time and Modality, Oxford, 1957.

'The Runabout Inference Ticket' in *An.*, XXI (1960-1), pp. 38-9; reprinted in *PL*, pp. 129-31.

Past, Present and Future, Oxford, 1967.

Papers on Time and Tense, Oxford, 1968.

H. Putnam:

'Is Logic Empirical?' in *Boston Studies in the Philosophy of Science* (Proceedings of the Boston Colloquium for the Philosophy of Science), v (1969), ed. R. S. Cohen and M. Wartofsky, pp. 216-41.

W. V. O. Quine:

'New Foundations for Mathematical Logic' in *American Mathematical Monthly*, XLIV(1937), pp. 70-80; reprinted in *FLPV*, pp. 80-94.

'On What There is' in *RM*, v, no. 5(Sept. 1948), pp. 21-38; reprinted in *FLPV*, pp. 1-19, and in *PM*, pp. 183-96.

'Identity, Ostension and Hypostasis' in *JP*, XLVII(1950), pp. 621-33; reprinted in *FLPV*, pp. 65-79.

'Two Dogmas of Empiricism' in *PR*, LX(1951), pp. 20-43; reprinted in *FLPV*, pp. 20-46.

'Reference and Modality' in *FLPV*, pp. 139-59.

'On Frege's Way Out' in *Mind*, LXIV(1955), pp. 145-59; reprinted in *Selected Logic Papers*, New York, 1966, pp. 146-58, and in *EF*, pp. 485-501.

Review of P. T. Geach, *Reference and Generality*, in *PR*, LXIII(1964), pp. 100-4.

Word and Object, Cambridge, Mass., 1960.

'Carnap and Logical Truth' in *Synthese*, XII(1962), pp. 350-74, and in *Logic and Language: Studies dedicated to Professor Rudolf Carnap on the occasion of his 70th birthday*, ed. B. H. Kasemin and D. Vuysje, Dordrecht, 1962, pp. 39-63; reprinted in *Ways of Paradox and Other Essays*, New York, 1966, pp. 100-25.

'Ontological Relativity' in *JP*, LXV(1968), pp. 185-212; reprinted in *Ontological Relativity and other essays*, New York, 1969, pp. 26-68.

Set Theory and its Logic, Cambridge, Mass., second edn. 1969.

'On the Reasons for Indeterminacy of Translation' in *JP*, LXVII(1970), pp. 178-83.

Philosophy of Logic, Englewood Cliffs, N. J., 1970.

See also: Nelson Goodman and W. V. O. Quine.

F. P. Ramsey:

'Universals' in *Mind*, XXXIV(1925), pp. 401-17; reprinted in *FM*, pp. 112-34.

'The Foundations of Mathematics' in *Proceedings of the London Mathematical Society*, Ser, 2, XXV, Part 5(1925), pp. 338-84; reprinted in *FM*, pp. 1-61.

'Mathematical Logic' in *The Mathematical Gazette*, XIII(1926), pp. 185-94; reprinted in *FM*, pp. 62-81.

'Facts and Propositions' in *Proceedings of the Aristotelian Society*, Supplementary Vol. VII(1927), pp. 153-70; reprinted in *FM*, pp. 138-55.

H. Rasiowa and R. Sikorski:

The Mathematics of Metamathematics, Warsaw, 1963.

B. Russell:

The Principles of Mathematics, London, 1903.

'On Denoting' in *Mind*, XIV(1905), pp. 479-93; reprinted in *LK*, pp. 41-56.

'The Philosophy of Logical Atomism' in *The Monist*, XXVIII(1918), pp. 495-527, and XXIX(1919), pp. 32-63, 190-222 and 345-80; reprinted in *LK*, pp. 177-281.

Introduction to Mathematical Philosophy, London,1919.

B. Russell and A. N. Whitehead:

Principia Mathematica, three vols., Cambridge, 1910, 1912, 1913.

D. J. Shoesmith and T. J. Smiley:

'Deducibility and Many-valuedness' in *JSL*, XXXVI(1971), pp. 610-22.

B. Sobociński:

'L'Analyse de l'antinomie russellienne par Leśniewski. IV: La correction de Frege' in *Methodos*, I(1949), pp. 220-8.

E. Stenius:

Wittgenstein's Tractatus, a critical exposition of its main lines of thought, Oxford, 1960.

P. F. Strawson:

'Truth' in *An.*, IX(1949), pp. 83-97.

'On Referring' in *Mind*, LIX(1950), pp. 320-44; reprinted in *Essays in Conceptual Analysis*, ed. A. Flew, London, 1956, pp. 21-52.

Individuals, London, 1959.

See also: H. P. Grice and P. F. Strawson.

A. Tarski:

'Der Wahrheitsbegriff in den formalisierten Sprachen' in *Studia philosophica*, I(1935), pp. 261-405; trans, as 'The Concept of Truth in Formalised Languages' in *Logic, Semantics, Metamathematics*, ed. and trans, by J. H. Woodger, Oxford, 1956, pp. 152-278.

'The Semantic Conception of Truth and the Foundations of Semantics' in *Philosophy and Phenomenological Research*, IV (1943-4), pp. 341-75; reprinted in *Readings in Philosophical Analysis*, ed. H. Feigl and W. Sellars, New York, 1949, pp. 52-84, and in *Semantics and the Philosophy of Language*, ed. L. Linsky, Urbana, 1952, pp. 13-47.

See also: J. C. C. McKinsey and A. Tarski.

E. Tugendhat:

'The Meaning of "Bedeutung" in Frege' in *An.*, XXX(1970), pp. 177-89.

G. H. von Wright:

'Deontic Logic' in *Mind*, LX(1951), pp. 1-15; reprinted in *LS*, pp. 58-74.

'On Conditionals' in *LS*, pp. 127-65.

E. Waismann:

Einführung in das mathematische Denken, Vienna, 1936; trans, by T, J. Benac as *Introduction to Mathematical Thinking*, New York, 1959.

D. Wiggins:

Identity and Spatio-Temporal Continuity, Oxford, 1967.

L. Wittgenstein:

Tractatus Logico-Philosophicus, with new English translation by D. Pears and B. McGuinness on facing pages, London, 1961.

Philosophical Investigations, ed. by G. E. M. Anscombe, G. H. von Wright and R. Rhees, with English translation by G. E. M. Anscombe on facing pages, Oxford, 1953, second edn. 1958.

Remarks on the Foundations of Mathematics, ed. by G. E. M. Anscombe, G. H. von Wright and R. Rhees, with English translation by G. E. M. Anscombe on facing pages, Oxford, 1956.

Notebooks, 1914—1916, ed. G. H. von Wright and G. E. M. Anscombe, with English translation by G. E. M. Anscombe on facing pages, Oxford, 1961.

索　　引

（所列页码为原书页码，即本书边码）

① 原文分别误为 xxiii 与 xxv。——译者

① 原文误为186-92。——译者

图书在版编目(CIP)数据

弗雷格:语言哲学/(英)达米特著;黄敏译. —北京:商务印书馆,2017
(汉译世界学术名著丛书:120年纪念版:珍藏本)
ISBN 978-7-100-14992-1

Ⅰ. ①弗… Ⅱ. ①达… ②黄… Ⅲ. ①弗雷格(Frege,Gottlob 1848-1925)—语言哲学—研究
Ⅳ. ①B516.59 ②H0

中国版本图书馆CIP数据核字(2017)第178292号

汉译世界学术名著丛书
(120年纪念版·珍藏本)
弗雷格——语言哲学
〔英〕达米特 著
黄 敏 译

商 务 印 书 馆 出 版
(北京王府井大街36号 邮政编码100710)
商 务 印 书 馆 发 行
北 京 冠 中 印 刷 厂 印 刷
ISBN 978-7-100-14992-1

2017年12月第1版 开本 710×1000 1/16
2017年12月北京第1次印刷 印张 63
定价:315.00元